中国劳动统计年鉴

CHINA LABOUR STATISTICAL YEARBOOK

2011

国 家 统 计 局 人 口 和 就 业 统 计 司
人 力 资 源 和 社 会 保 障 部 规 划 财 务 司 编

Compiled By

Department of Population and Employment Statistics
National Bureau of Statistics, P.R.C

Department of Planning and Finance,
Ministry of Human Resources and Social Security, P.R.C

中国统计出版社
China Statistics Press

（京）新登字 041 号

图书在版编目（CIP）数据

中国劳动统计年鉴. 2011：汉英对照 / 国家统计局人口和就业统计司，人力资源和社会保障部规划财务司编. -- 北京：中国统计出版社，2012.2
ISBN 978-7-5037-6474-5

Ⅰ. ①中… Ⅱ. ①国… ②人… Ⅲ. ①劳动经济－统计资料－中国－2011－年鉴－汉、英 Ⅳ. ①F249.2-54

中国版本图书馆 CIP 数据核字（2012）第 009999 号

中国劳动统计年鉴—2011

作　　者 / 国家统计局人口和就业统计司，人力资源和社会保障部规划财务司编
责任编辑 / 徐　涛
装帧设计 / 李雪燕
出版发行 / 中国统计出版社
通信地址 / 北京市西城区月坛南街 57 号
邮政编码 / 100826
办公地址 / 北京市丰台区西三环南路甲 6 号
电　　话 / 邮购（010）63376907　书店（010）68783172
印　　刷 / 河北天普润印刷厂
经　　销 / 新华书店
开　　本 / 880×1230 毫米　1/16
字　　数 / 1000 千字
印　　张 / 31.25
版　　别 / 2012 年 3 月第 1 版
版　　次 / 2012 年 3 月第 1 次印刷
书　　号 / ISBN 978-7-5037-6474-5/F・3103
定　　价 / 260.00 元

本书附同版本 CD-ROM 一张，光盘内容以书面文字为准。
中国统计版图书，如有印装错误，本社发行部负责调换。

《中国劳动统计年鉴-2011》编委会和编辑部工作人员

CHINA LABOUR STATISTICAL YEARBOOK-2011

Editorial Board and Staff

编 辑 说 明

《中国劳动统计年鉴—2011》是一部全面反映中华人民共和国劳动经济情况的资料性年刊。本刊收集了2010年全国和各省、自治区、直辖市的有关劳动统计数据。主要指标还编有历年统计数据。

全书共分为14个部分：1.综合；2.就业与失业；3.城镇单位就业人员和工资总额；4.国有单位就业人员和工资总额；5.城镇集体单位就业人员和工资总额；6.其他单位就业人员和工资总额；7.乡镇企业就业人员；8.职业培训与技能鉴定；9.劳动关系；10.社会保障；11.工会工作；12.香港资料；13.澳门资料；14.台湾资料。书末还附有国外有关资料和主要统计指标解释。

参与本书编辑或提供资料的单位除国家统计局、人力资源和社会保障部外，还有农业部和全国总工会。

本书资料的取得形式主要有国家和部门的报表统计、行政记录和抽样调查。全国劳动力、就业人员等资料是运用有关资料推算的，有的资料分项相加不等于总计。望读者使用时予以注意。

恳请广大读者对本书提出宝贵意见。

《中国劳动统计年鉴》编辑部

二〇一一年十二月

PREFACE

China Labour Statistical Yearbook 2011 is an annual statistics publication, which is comprehensively reported the labour economic situation for 2010 and some main indicators series for historically years at nation and provinces, autonomous regions and municipalities levels and parts of cities.

The book is organized into 14 parts, which are:1.General Survey; 2.Employment and Unemployment; 3.Employment and Tatal Wages in Urban Units; 4.Employment and Tatal Wages in State-owned Units; 5.Employment and Tatal Wages in Urban Collective-owned Units; 6.Employment and Tatal Wages in Other Ownership Units; 7.Employment in Township and Village Enterprises; 8. Vocational Training and Skill Appraisal; 9.Labour Relation; 10.Social Security; 11.Trade Union Works; 12.Main Indicators of Hong Kong; 13.Main Indicators of Macao; 14.Main Indicators of Taiwan. In addition, Main Indicators of Other Countries and Explanatory Notes on Main Statistical Indicators are provided in the end of the book.

Besides National Bureau of Statistical and Ministry of Human Resources and Social Security, Ministry of Agriculture and All-China Federation of Trade Unions also participate in the compiling work of this book.

Data resources of this book mainly come from state and departments reporting system, administration records and sampling surveys. Since the information of labor resources and employment for the whole country are calculated according to relevant data, they are not equal to the add-results of all sub-items.

China Labour Statistical Yearbook—2011 Editorial Staff

December 2011

图1　人口及就业情况
POPULATION AND EMPLOYMENT

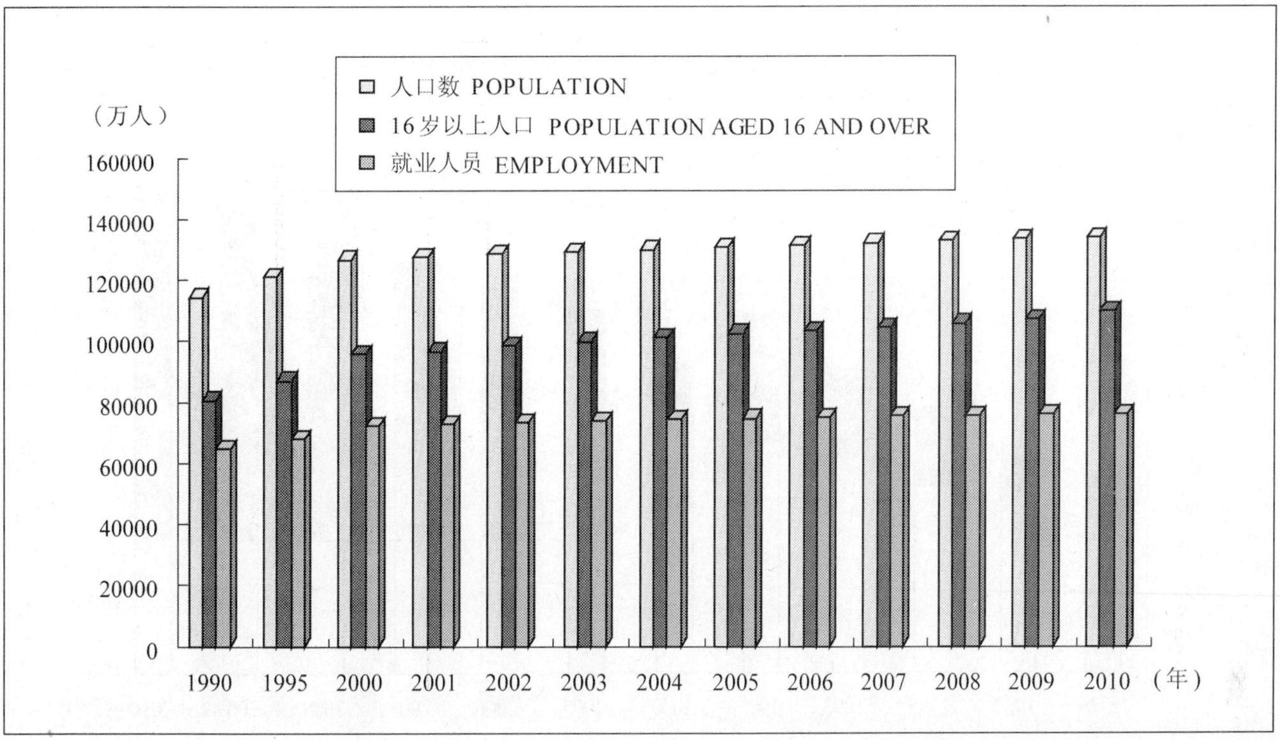

图2　就业人员产业构成
COMPOSITION OF EMPLOYMENT BY INDUSTRY

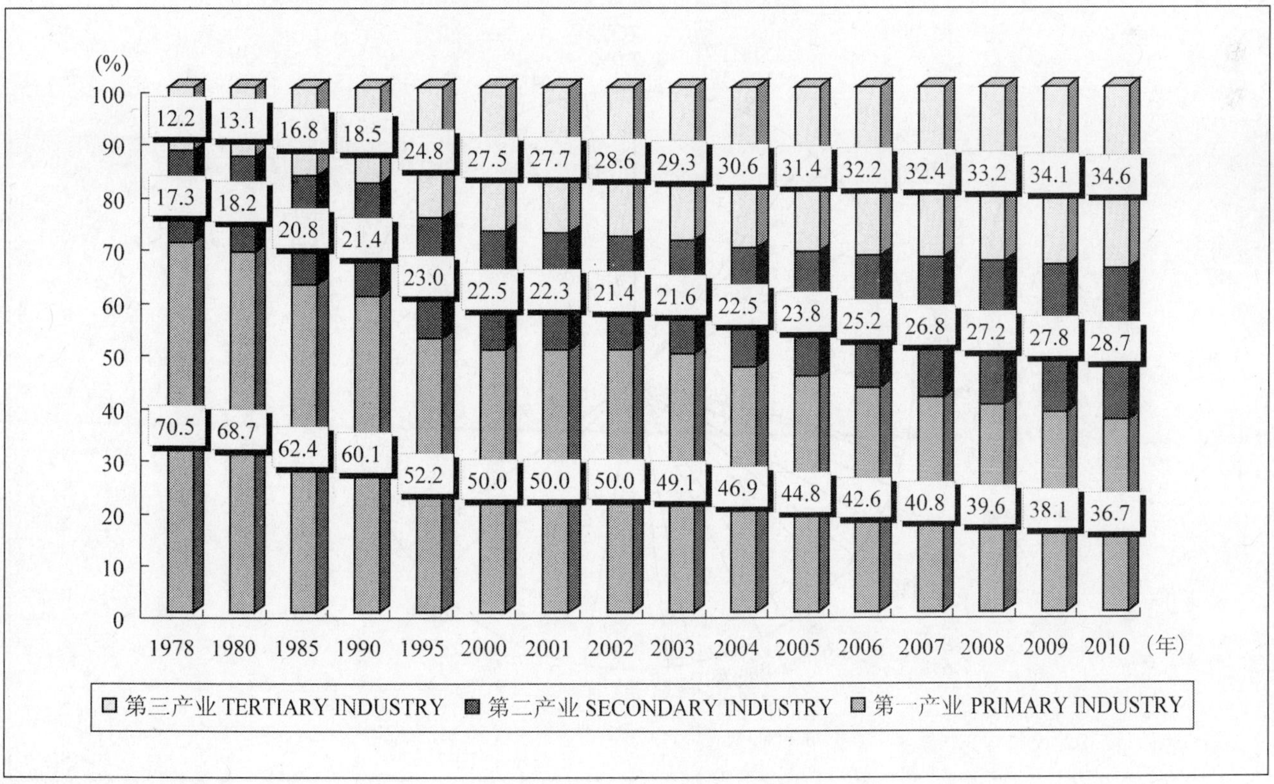

图3 城镇就业人员登记注册类型构成
COMPOSITION OF URBAN EMPLOYMENT BY OWNERSHIP

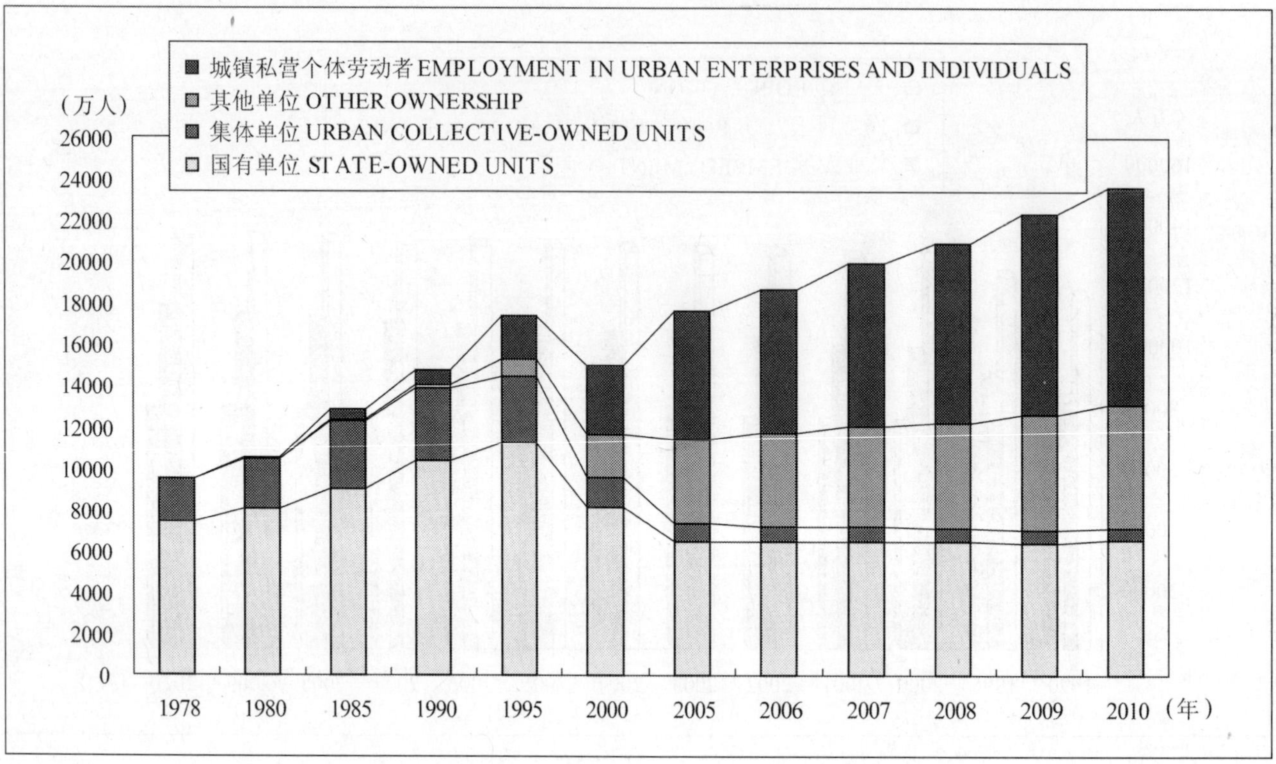

图4 2010年城镇单位就业人员行业构成
COMPOSITION OF EMPLOYMENT IN URBAN UNITS(2010)

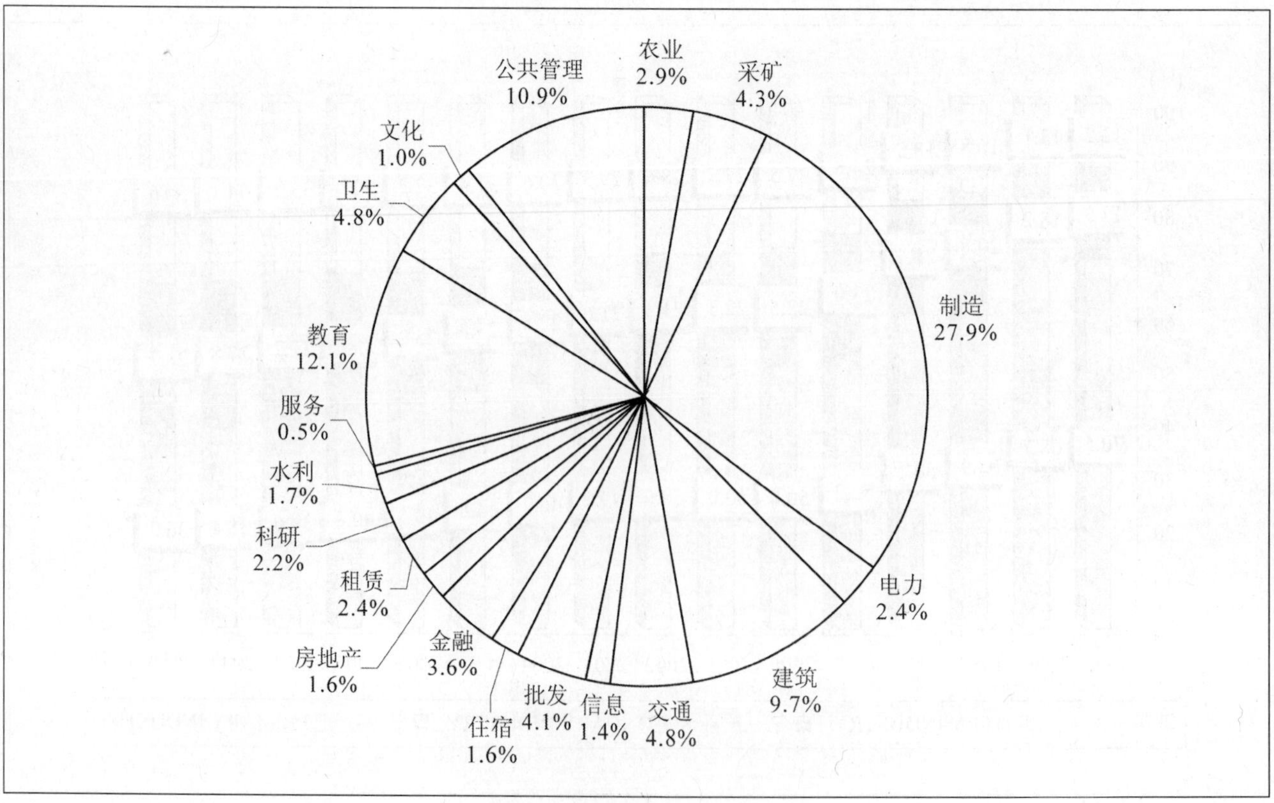

图5　2010年城镇单位女性就业人员占就业人员比重
PROPORTION OF FEMALE EMPLOYMENT IN URBAN UNITS BY SECTOR (2010)

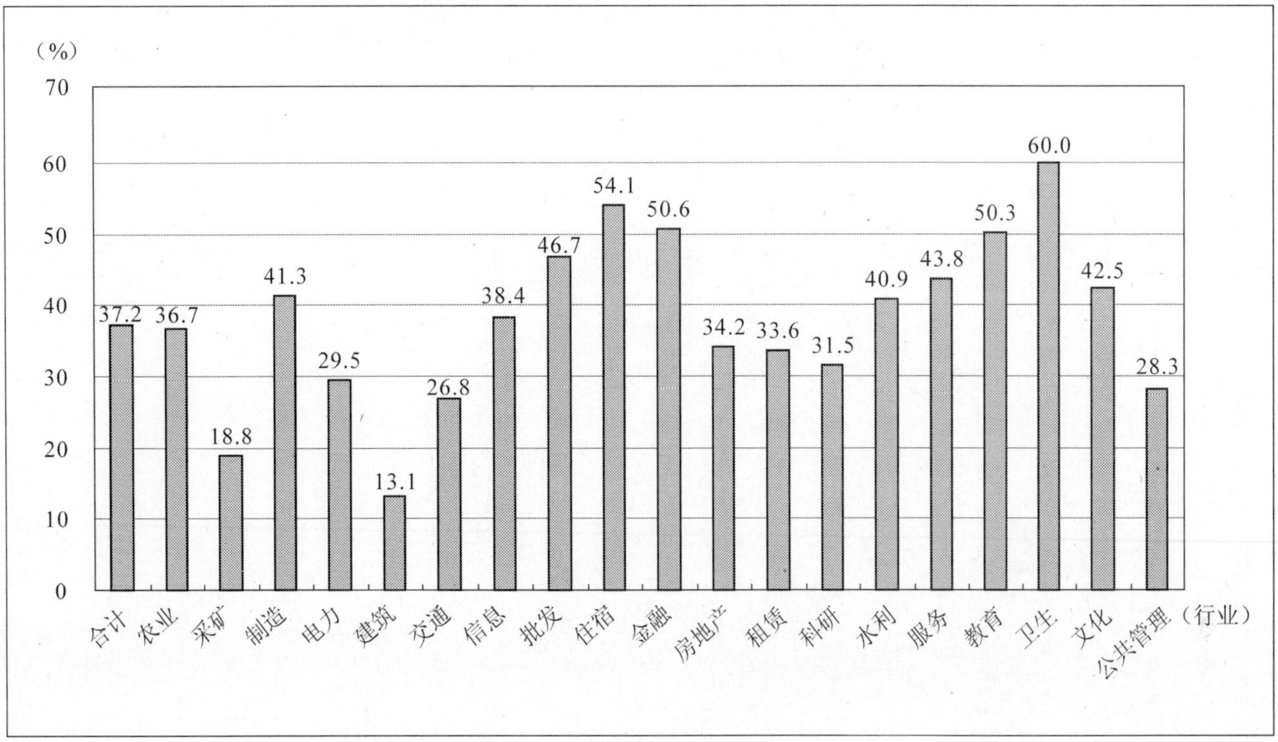

目　　录
CONTENTS

一、综　合
GENERAL SURVEY

二、就业与失业
EMPLOYMENT AND UNEMPLOYMENT

三、城镇单位就业人员和工资总额
EMPLOYMENT AND TOTAL WAGES IN URBAN UNITS

四、国有单位就业人员和工资总额
EMPLOYMENT AND TOTAL WAGES IN STATE-OWNED UNITS

五、城镇集体单位就业人员和工资总额
EMPLOYMENT AND TOTAL WAGES IN URBAN COLLECTIVE-OWNED UNITS

六、其他单位就业人员和工资总额
EMPLOYMENT AND TOTAL WAGES IN OTHER OWNERSHIP UNITS

七、乡镇企业就业人员
EMPLOYMENT IN TOWNSHIP AND VILLAGE ENTERPRISES

八、职业培训与技能鉴定
VOCATIONAL TRAINING AND SKILL APPRAISAL

九、劳动关系
LABOUR RELATION

十、社会保障
SOCIAL SECURITY

十一、工会工作
TRADE UNION WORKS

十二、香港资料
MAIN INDICATORS OF HONG KONG

十三、澳门资料
MAIN INDICATORS OF MACAO

十四、台湾资料
MAIN INDICATORS OF TAIWAN

附录一、国外有关资料
MAIN INDICATORS OF OTHER COUNTRIES

一、综　合

GENERAL SURVEY

1-1 全国劳动统计主要指标

MAIN INDICATORS OF NATIONAL LABOUR STATISTICS

指　　标	Item	2009	2010	2010年比上年增长 % Increase Rate (2009=100)
总人口(万人)	**Total Population (10000 persons)**	**133450**	**134091**	**0.5**
16岁以上人口数(万人)	**Population Above 16(10000 persons)**	**106969**	**110011**	**2.8**
经济活动人口(万人)	**Economically Active Population(10000 persons)**	**77510**	**78388**	**1.1**
全国就业人员年末人数(万人)	**Employment (end of year, 10000 persons)**	**75828**	**76105**	**0.4**
城镇就业人员	Urban Employment	33322	34687	4.1
单位就业人员	Unit Employment	12573	13051.5	3.8
#国有单位	State-owned Units	6420	6516.4	1.5
集体单位	Collective-owned Units	618	597.5	-3.3
其他单位	Other Ownership Units	5535	5937.6	7.3
城镇私营和个体就业人员	Employment in Urban Private Enterprises and Individuals	9789	10538.4	7.7
乡村就业人员	Rural Employment	42506	41418	-2.6
城镇单位就业人员工资总额(亿元)	**Total Wages of the Urban Units Employment (100 million yuan)**	**40288.2**	**47269.8**	**17.3**
#国有单位	State-owned Units	21862.7	24886.4	13.8
集体单位	Collective-owned Units	1273.3	1433.7	12.6
其他单位	Other Ownership Units	17152.1	20949.7	22.1
城镇单位就业人员平均工资(元)	**Average Wage of the Urban Units Employment (yuan)**	**32244**	**36539**	**13.3**
#国有单位	State-owned Units	34130	38359	12.4
集体单位	Collective-owned Units	20607	24010	16.5
其他单位	Other Ownership Units	31350	35801	14.2
在岗职工平均工资(元)	**Average wage of staff and workers**	**32736**	**37147**	**13.5**
#国有单位	State-owned Units	35053	39471	12.6
集体单位	Collective-owned Units	20958	24430	16.6
其他单位	Other Ownership Units	31319	35843	14.4
城镇登记失业人员年末人数(万人)	**Urban Registered Unemployment (10000 persons)**	**921**	**908**	**-1.4**
非经济活动人口(万人)	**Noneconomically Active Population (10000 persons)**	**29459**	**31623**	**7.3**

注:自2009年始，“城镇单位就业人员工资总额”和“城镇单位就业人员平均工资”即为2008年及以前的“城镇单位就业人员劳动报酬”和“城镇单位就业人员平均劳动报酬”。往年本年鉴及相关资料中1994-2008年城镇单位就业人员劳动报酬和平均劳动报酬指标与此指标统计口径相同(以下各表同).

a)Since 2009, “Total wages of the urban units employment” and “Average wage of the urban units employment” refer to “Earnings of the urban units employment” and “Average earning of the urban units employment” before 2008. Statistical coverage of “Earnings of the urban units employment” and “Average earning of the urban units employment” in this previous yearbook and relevant books from 1994 to 2008 are the same with the indicators above(The same applies to the tables followings).

1-2 人口数及构成(年末数)
POPULATION AND COMPOSITION (End of Year)

年 份 Year	总人口 (万人) Total Population (10000 persons)	按性别分 Grouped by Sex				按城乡分 Grouped by Residence			
		男 Male		女 Female		城镇 Urban		乡村 Rural	
		人口数 Population	比重(%) Proportion	人口数 Population	比重(%) Proportion	人口数 Population	比重(%) Proportion	人口数 Population	比重(%) Proportion
1952	57482	29833	51.9	27649	48.1	7163	12.5	50319	87.5
1957	64653	33469	51.8	31184	48.2	9949	15.4	54704	84.6
1962	67295	34517	51.3	32778	48.7	11659	17.3	55636	82.7
1965	72538	37128	51.2	35410	48.8	13045	18.0	59493	82.0
1970	82992	42686	51.4	40306	48.6	14424	17.4	68568	82.6
1971	85229	43819	51.4	41410	48.6	14711	17.3	70518	82.7
1972	87177	44813	51.4	42364	48.6	14935	17.1	72242	82.9
1973	89211	45876	51.4	43335	48.6	15345	17.2	73866	82.8
1974	90859	46727	51.4	44132	48.6	15595	17.2	75264	82.8
1975	92420	47564	51.5	44856	48.5	16030	17.3	76390	82.7
1976	93717	48257	51.5	45460	48.5	16341	17.4	77376	82.6
1977	94974	48908	51.5	46066	48.5	16669	17.6	78305	82.4
1978	96259	49567	51.5	46692	48.5	17245	17.9	79014	82.1
1979	97542	50192	51.5	47350	48.5	18495	19.0	79047	81.0
1980	98705	50785	51.5	47920	48.6	19140	19.4	79565	80.6
1981	100072	51519	51.5	48553	48.5	20171	20.2	79901	79.8
1982	101654	52352	51.5	49302	48.5	21480	21.1	80174	78.9
1983	103008	53152	51.6	49856	48.4	22274	21.6	80734	78.4
1984	104357	53848	51.6	50509	48.4	24017	23.0	80340	77.0
1985	105851	54725	51.7	51126	48.3	25094	23.7	80757	76.3
1986	107507	55581	51.7	51926	48.3	26366	24.5	81141	75.5
1987	109300	56290	51.5	53010	48.5	27674	25.3	81626	74.7
1988	111026	57201	51.5	53825	48.5	28661	25.8	82365	74.2
1989	112704	58099	51.6	54605	48.5	29540	26.2	83164	73.8
1990	114333	58904	51.5	55429	48.5	30195	26.4	84138	73.6
1991	115823	59466	51.3	56357	48.7	31203	26.9	84620	73.1
1992	117171	59811	51.0	57360	49.0	32175	27.5	84996	72.5
1993	118517	60472	51.0	58045	49.0	33173	28.0	85344	72.0
1994	119850	61246	51.1	58604	48.9	34169	28.5	85681	71.5
1995	121121	61808	51.0	59313	49.0	35174	29.0	85947	71.0
1996	122389	62200	50.8	60189	49.2	37304	30.5	85085	69.5
1997	123626	63131	51.1	60495	48.9	39449	31.9	84177	68.1
1998	124761	63604	51.0	61157	49.0	41608	33.4	83153	66.6
1999	125786	64126	51.0	61660	49.0	43748	34.8	82038	65.2
2000	126743	65437	51.6	61306	48.4	45906	36.2	80837	63.8
2001	127627	65672	51.5	61955	48.5	48064	37.7	79563	62.3
2002	128453	66115	51.5	62338	48.5	50212	39.1	78241	60.9
2003	129227	66556	51.5	62671	48.5	52376	40.5	76851	59.5
2004	129988	66976	51.5	63012	48.5	54283	41.8	75705	58.2
2005	130756	67375	51.5	63381	48.5	56212	43.0	74544	57.0
2006	131448	67728	51.5	63720	48.5	58288	44.3	73160	55.7
2007	132129	68048	51.5	64081	48.5	60633	45.9	71496	54.1
2008	132802	68357	51.5	64445	48.5	62403	47.0	70399	53.0
2009	133450	68647	51.4	64803	48.6	64512	48.3	68938	51.7
2010	134091	68748	51.3	65343	48.7	66978	49.9	67113	50.1

1-3 国内生产总值及构成
GROSS DOMESTIC PRODUCT AND COMPOSITION

年 份 Year	国内生产总值 Gross Domestic Product	第一产业 Primary Industry	第二产业 Secondary Industry	第三产业 Tertiary Industry
一、绝对数(亿元) Value (100 million yuan)				
1978	3645.2	1027.5	1745.2	872.5
1980	4545.6	1371.6	2192.0	982.0
1985	9016.0	2564.4	3866.6	2585.0
1986	10275.2	2788.7	4492.7	2993.8
1987	12058.6	3233.0	5251.6	3574.0
1988	15042.8	3865.4	6587.2	4590.3
1989	16992.3	4228.0	7278.0	5486.3
1990	18667.8	5062.0	7717.4	5888.4
1991	21781.5	5342.2	9102.2	7337.1
1992	26923.5	5866.6	11699.5	9357.4
1993	35333.9	6963.8	16454.4	11915.7
1994	48197.9	9572.7	22445.4	16179.8
1995	60793.7	12135.8	28679.5	19978.5
1996	71176.6	14015.4	33835.0	23326.2
1997	78973.0	14441.9	37543.0	26988.1
1998	84402.3	14817.6	39004.2	30580.5
1999	89677.1	14770.0	41033.6	33873.4
2000	99214.6	14944.7	45555.9	38714.0
2001	109655.2	15781.3	49512.3	44361.6
2002	120332.7	16537.0	53896.8	49898.9
2003	135822.8	17381.7	62436.3	56004.7
2004	159878.3	21412.7	73904.3	64561.3
2005	184937.4	22420.0	87598.1	74919.3
2006	216314.4	24040.0	103719.5	88554.9
2007	265810.3	28627.0	125831.4	111351.9
2008	314045.4	33702.0	149003.4	131340.0
2009	340902.8	35226.0	157638.8	148038.0
2010	401202.0	40533.6	187581.4	173087.0
二、构成(%) Composition (%)				
1978	100.0	28.2	47.9	23.9
1980	100.0	30.2	48.2	21.6
1985	100.0	28.4	42.9	28.7
1986	100.0	27.2	43.7	29.1
1987	100.0	26.8	43.6	29.6
1988	100.0	25.7	43.8	30.5
1989	100.0	25.1	42.8	32.1
1990	100.0	27.1	41.3	31.6
1991	100.0	24.5	41.8	33.7
1992	100.0	21.8	43.4	34.8
1993	100.0	19.7	46.6	33.7
1994	100.0	19.8	46.6	33.6
1995	100.0	19.9	47.2	32.9
1996	100.0	19.7	47.5	32.8
1997	100.0	18.3	47.5	34.2
1998	100.0	17.6	46.2	36.2
1999	100.0	16.5	45.8	37.7
2000	100.0	15.1	45.9	39.0
2001	100.0	14.4	45.1	40.5
2002	100.0	13.7	44.8	41.5
2003	100.0	12.8	46.0	41.2
2004	100.0	13.4	46.2	40.4
2005	100.0	12.1	47.4	40.5
2006	100.0	11.1	48.0	40.9
2007	100.0	10.8	47.3	41.9
2008	100.0	10.7	47.5	41.8
2009	100.0	10.3	46.3	43.4
2010	100.0	10.1	46.8	43.1

1-4 国内生产总值指数、就业人员平均工资和城镇居民消费价格指数
INDICES OF GROSS DOMESTIC PRODUCT,AVERAGE WAGE AND URBAN CONSUMER PRICE INDEX

(上年=100) (preceding year=100)

年 份 Year	国内生产总值指数 Indiccs of Gross Domestic Product	就业人员平均工资指数 Index of Average Wage of the Urban Units Employment		城镇居民消费价格指数 Urban Consumer Price Index
		货币工资 Money Wage	实际工资 Real Wage	
1979	107.6	108.6	106.7	101.9
1980	107.8	114.1	106.1	107.5
1981	105.2	101.3	98.9	102.5
1982	109.1	103.4	101.5	102.0
1983	110.9	103.5	101.4	102.0
1984	115.2	117.9	114.7	102.7
1985	113.5	117.9	105.3	111.9
1986	108.8	115.8	108.3	107.0
1987	111.6	109.8	101.0	108.8
1988	111.3	119.7	99.2	120.7
1989	104.1	110.8	95.2	116.3
1990	103.8	110.6	109.2	101.3
1991	109.2	109.3	104.0	105.1
1992	114.2	115.9	106.7	108.6
1993	114.0	124.3	107.1	116.1
1994	113.1	134.6	107.7	125.0
1995	110.9	118.9	101.8	116.8
1996	110.0	111.8	102.8	108.8
1997	109.3	107.8	104.5	103.1
1998	107.8	115.5	116.2	99.4
1999	107.6	111.7	113.2	98.7
2000	108.4	112.2	111.3	100.8
2001	108.3	116.1	115.3	100.7
2002	109.1	114.2	115.4	99.0
2003	110.0	112.9	111.9	100.9
2004	110.1	114.0	110.4	103.3
2005	111.3	114.3	112.5	101.6
2006	112.7	114.6	112.9	101.5
2007	114.2	118.5	113.4	104.5
2008	109.6	116.9	110.7	105.6
2009	109.2	111.6	112.6	99.1
2010	110.4	113.3	109.8	103.2

注:1994年及以前为城镇单位职工平均工资数(以下各表同)。
a)Data before 1994 are staff and workers figures(The same as in the following tables).

1-5 全国就业人员年末人数

NUMBER OF EMPLOYMENT AT THE YEAR-END

单位：万人、% (10000 persons,%)

年 份 Year	就业人员 Employment		城 镇 就业人员 Urban Employment	乡 村 就业人员 Rural Employment	按三次产业分 Group by Industry			构成(以合计为100) Percentage(total=100)		
	合 计 Total	占人口比重 Percentage of Total Population			第一产业 Primary Industry	第二产业 Secondary Industry	第三产业 Tertiary Industry	第一产业 Primary Industry	第二产业 Secondary Industry	第三产业 Tertiary Industry
1952	20729	36.1	2486	18243	17317	1531	1881	83.5	7.4	9.1
1953	21364	36.3	2754	18610	17747	1715	1902	83.1	8.0	8.9
1954	21832	36.2	2744	19088	18151	1882	1799	83.1	8.6	8.3
1955	22328	36.3	2802	19526	18592	1913	1823	83.3	8.6	8.1
1956	23018	36.6	2993	20025	18544	2468	2006	80.6	10.7	8.7
1957	23771	36.8	3205	20566	19309	2142	2320	81.2	9.0	9.8
1958	26600	40.3	5300	21300	15490	7076	4034	58.2	26.6	15.2
1959	26173	38.9	5389	20784	16271	5402	4500	62.2	20.6	17.2
1960	25880	39.1	6119	19761	17016	4112	4752	65.7	15.9	18.4
1961	25590	38.9	5336	20254	19747	2856	2987	77.2	11.2	11.6
1962	25910	38.5	4537	21373	21276	2059	2575	82.1	8.0	9.9
1963	26640	38.5	4603	22037	21966	2038	2636	82.5	7.6	9.9
1964	27736	39.3	4828	22908	22801	2183	2752	82.2	7.9	9.9
1965	28670	39.5	5136	23534	23396	2408	2866	81.6	8.4	10.0
1966	29805	40.0	5354	24451	24297	2600	2908	81.5	8.7	9.8
1967	30814	40.3	5446	25368	25165	2661	2988	81.7	8.6	9.7
1968	31915	40.6	5630	26285	26063	2743	3109	81.7	8.6	9.7
1969	33225	41.2	5825	27400	27117	3030	3078	81.6	9.1	9.3
1970	34432	41.5	6312	28120	27811	3518	3103	80.8	10.2	9.0
1971	35620	41.8	6868	28752	28397	3990	3233	79.7	11.2	9.1
1972	35854	41.1	7200	28654	28283	4276	3295	78.9	11.9	9.2
1973	36652	41.1	7388	29264	28857	4492	3303	78.7	12.3	9.0
1974	37369	41.1	7687	29682	29218	4712	3439	78.2	12.6	9.2
1975	38168	41.3	8222	29946	29456	5152	3560	77.2	13.5	9.3

注：全国就业人员1990年及以后的数据根据劳动力调查、人口普查推算，2001年及以后数据根据第六次人口普查数据重新修订(下表同)。

a) From 1990 to 2000, the total number of employed persons were estimated according to Labour Force Survey and Population Census, since 2001, were revised according to the 6th National Population Census. The same applies to the following tables.

单位：万人、%　　(10000 persons,%)

年 份 Year	就业人员 Employment 合 计 Total	占人口比重 Percentage of Total Population	城 镇 就业人员 Urban Employment	乡 村 就业人员 Rural Employment	按三次产业分 Group by Industry 第一产业 Primary Industry	第二产业 Secondary Industry	第三产业 Tertiary Industry	构成(以合计为100) Percentage(total=100) 第一产业 Primary Industry	第二产业 Secondary Industry	第三产业 Tertiary Industry
1976	38834	41.4	8692	30142	29443	5611	3780	75.8	14.5	9.7
1977	39377	41.5	9127	30250	29340	5831	4206	74.5	14.8	10.7
1978	40152	41.7	9514	30638	28318	6945	4890	70.5	17.3	12.2
1979	41024	42.1	9999	31025	28634	7214	5177	69.8	17.6	12.6
1980	42361	42.9	10525	31836	29122	7707	5532	68.7	18.2	13.1
1981	43725	43.7	11053	32672	29777	8003	5945	68.1	18.3	13.6
1982	45295	44.6	11428	33867	30859	8346	6090	68.1	18.4	13.5
1983	46436	45.1	11746	34690	31151	8679	6606	67.1	18.7	14.2
1984	48197	46.2	12229	35968	30868	9590	7739	64.0	19.9	16.1
1985	49873	47.1	12808	37065	31130	10384	8359	62.4	20.8	16.8
1986	51282	47.7	13292	37990	31254	11216	8811	60.9	21.9	17.2
1987	52783	48.3	13783	39000	31663	11726	9395	60.0	22.2	17.8
1988	54334	48.9	14267	40067	32249	12152	9933	59.3	22.4	18.3
1989	55329	49.1	14390	40939	33225	11976	10129	60.1	21.6	18.3
1990	64749	56.6	17041	47708	38914	13856	11979	60.1	21.4	18.5
1991	65491	56.5	17465	48026	39098	14015	12378	59.7	21.4	18.9
1992	66152	56.5	17861	48291	38699	14355	13098	58.5	21.7	19.8
1993	66808	56.4	18262	48546	37680	14965	14163	56.4	22.4	21.2
1994	67455	56.3	18653	48802	36628	15312	15515	54.3	22.7	23.0
1995	68065	56.2	19040	49025	35530	15655	16880	52.2	23.0	24.8
1996	68950	56.3	19922	49028	34820	16203	17927	50.5	23.5	26.0
1997	69820	56.5	20781	49039	34840	16547	18432	49.9	23.7	26.4
1998	70637	56.6	21616	49021	35177	16600	18860	49.8	23.5	26.7
1999	71394	56.8	22412	48982	35768	16421	19205	50.1	23.0	26.9
2000	72085	56.9	23151	48934	36043	16219	19823	50.0	22.5	27.5
2001	72797	57.0	24123	48674	36399	16234	20165	50.0	22.3	27.7
2002	73280	57.0	25159	48121	36640	15682	20958	50.0	21.4	28.6
2003	73736	57.1	26230	47506	36204	15927	21605	49.1	21.6	29.3
2004	74264	57.1	27293	46971	34830	16709	22725	46.9	22.5	30.6
2005	74647	57.1	28389	46258	33442	17766	23439	44.8	23.8	31.4
2006	74978	57.0	29630	45348	31941	18894	24143	42.6	25.2	32.2
2007	75321	57.0	30953	44368	30731	20186	24404	40.8	26.8	32.4
2008	75564	56.9	32103	43461	29923	20553	25087	39.6	27.2	33.2
2009	75828	56.8	33322	42506	28890	21080	25857	38.1	27.8	34.1
2010	76105	56.8	34687	41418	27931	21842	26332	36.7	28.7	34.6

1-6 分行业就业人员年末人数

EMPLOYMENT AT THE YEAR-END BY SECTOR

单位：万人 (10000 persons)

年 份 Year	合 计 Total	农、林、牧、渔业 Farming, Forestry, Animal Husbandry and Fishery	采掘业 Mining and Quarrying	制造业 Manufacturing	电力、煤气及水的生产和供应业 Production and Supply of Electricity, Gas and Water	建筑业 Construction	地质勘查业、水利管理业 Geological Prospecting & Water Conservancy	交通运输、仓储及邮电通信业 Transport, Storage, Post and Tele-communications
1978	40152	28318	652	5332	107	854	178	750
1980	42361	29122	697	5899	118	993	188	805
1985	49873	31130	795	7412	142	2035	197	1279
1986	51282	31254	809	8019	152	2236	197	1376
1987	52783	31663	819	8359	164	2384	200	1453
1988	54334	32249	832	8652	177	2491	204	1521
1989	55329	33225	842	8547	180	2407	199	1522
1990	64749	34117	882	8624	192	2424	197	1566
1991	65491	34956	905	8839	203	2482	199	1617
1992	66152	34795	898	9106	215	2660	202	1674
1993	66808	33966	932	9295	240	3050	144	1688
1994	67455	33386	915	9613	246	3188	139	1864
1995	68065	33018	932	9803	258	3322	135	1942
1996	68950	32909	902	9763	273	3408	129	2013
1997	69820	33095	868	9612	283	3449	129	2062
1998	70637	33232	721	8319	283	3327	116	2000
1999	71394	33493	667	8109	285	3412	111	2022
2000	72085	33355	597	8043	284	3552	110	2029
2001	73025	32974	561	8083	288	3669	105	2037
2002	73740	32487	558	8307	290	3893	98	2084

1-6 续表 continued

单位：万人 (10000 persons)

年 份 Year	批发和零售贸易、餐饮业 Wholesale and Retail Trade & Catering Services	金融、保险业 Finance and Insurance	房地产业 Real Estate Trade	社会服务业 Social Services	卫生、体育和社会福利业 Health Care, Sporting and Social Welfare	教育、文化艺术和广播电影电视业 Education, Culture and Arts, Radio, Film and Television	科学研究和综合技术服务业 Scientific Research and Polytechnical Services	国家机关政党机关和社会团体 Government Agencies, Party Agencies and Social Organizations	其 他 Others
1978	1140	76	31	179	363	1093	92	467	521
1980	1363	99	37	276	389	1147	113	527	588
1985	2306	138	36	401	467	1273	144	799	1319
1986	2413	152	38	466	482	1324	152	873	1338
1987	2576	170	39	501	496	1375	158	925	1502
1988	2743	194	42	534	508	1403	161	971	1655
1989	2770	205	43	550	518	1426	165	1022	1709
1990	2839	218	44	594	536	1457	173	1079	1798
1991	2998	234	48	604	553	1497	179	1136	1910
1992	3209	248	54	643	565	1520	183	1148	2313
1993	3459	270	66	543	416	1210	173	1030	3740
1994	3921	264	74	626	434	1436	178	1033	4155
1995	4292	276	80	703	444	1476	182	1042	4484
1996	4511	292	84	747	458	1513	183	1093	4563
1997	4795	308	87	810	471	1557	186	1093	4862
1998	4645	314	94	868	478	1573	178	1097	5118
1999	4751	328	96	923	482	1568	173	1102	4969
2000	4686	327	100	921	488	1565	174	1104	5643
2001	4737	336	107	976	493	1568	165	1101	5852
2002	4969	340	118	1094	493	1565	163	1075	6245

1-7 各地区分登记注册类型城镇就业人员年末人数及构成(2010年)

URBAN EMPLOYMENT AND COMPOSITION AT THE YEAR-END BY REGISTRATION STATUS AND REGION(2010)

单位：万人 (10000 persons)

地区	Region	合计 Total	国有单位 State-owned Units	集体单位 Collective-owned Units	其他单位 Other Ownership Units	私营企业 个体 Private Enterprises, Individuals	构成（以合计为100）Composition(Total=100) 国有单位 State-owned Units	集体单位 Collective-owned Units	其他单位 Other Ownership Units	私营企业 个体 Private Enterprises Individuals
全国总计	**National**	**34687.0**	**6516.4**	**597.5**	**5937.6**	**10538.4**	**27.6**	**2.5**	**25.2**	**44.7**
北京	Beijing	969.9	189.0	22.7	434.9	323.2	19.5	2.3	44.8	33.3
天津	Tianjin	329.0	80.8	4.3	120.6	123.3	24.6	1.3	36.6	37.5
河北	Hebei	813.6	330.0	25.9	163.7	294.1	40.6	3.2	20.1	36.1
山西	Shanxi	565.1	237.8	23.9	132.7	170.7	42.1	4.2	23.5	30.2
内蒙古	Inner Mongolia	465.2	169.4	8.9	70.8	216.0	36.4	1.9	15.2	46.4
辽宁	Liaoning	1029.6	283.2	31.1	203.8	511.4	27.5	3.0	19.8	49.7
吉林	Jilin	514.9	166.3	13.7	87.6	247.3	32.3	2.7	17.0	48.0
黑龙江	Heilongjiang	753.9	332.3	22.0	105.7	293.9	44.1	2.9	14.0	39.0
上海	Shanghai	736.0	145.5	9.1	238.3	343.1	19.8	1.2	32.4	46.6
江苏	Jiangsu	2061.1	281.2	30.3	452.2	1297.3	13.6	1.5	21.9	62.9
浙江	Zhejiang	1642.4	215.4	28.9	639.3	758.8	13.1	1.8	38.9	46.2
安徽	Anhui	770.3	206.0	17.9	149.1	397.4	26.7	2.3	19.4	51.6
福建	Fujian	785.5	155.5	16.6	335.1	278.4	19.8	2.1	42.7	35.4
江西	Jiangxi	544.9	200.6	14.0	82.8	247.5	36.8	2.6	15.2	45.4
山东	Shandong	1592.8	439.4	57.0	459.8	636.6	27.6	3.6	28.9	40.0
河南	Henan	1126.9	389.1	50.4	312.2	375.2	34.5	4.5	27.7	33.3
湖北	Hubei	962.1	277.9	21.3	211.0	451.8	28.9	2.2	21.9	47.0
湖南	Hunan	878.4	270.6	30.2	204.9	372.7	30.8	3.4	23.3	42.4
广东	Guangdong	2351.7	400.6	57.7	660.2	1233.1	17.0	2.5	28.1	52.4
广西	Guangxi	558.1	203.3	17.3	96.1	241.5	36.4	3.1	17.2	43.3
海南	Hainan	161.1	53.1	3.9	24.3	79.8	32.9	2.4	15.1	49.5
重庆	Chongqing	532.8	125.3	10.8	130.3	266.4	23.5	2.0	24.5	50.0
四川	Sichuan	1029.5	335.8	33.7	201.1	458.9	32.6	3.3	19.5	44.6
贵州	Guizhou	323.5	156.7	7.3	60.4	99.2	48.4	2.2	18.7	30.7
云南	Yunnan	647.3	191.0	10.6	121.2	324.6	29.5	1.6	18.7	50.1
西藏	Tibet	53.1	20.7	0.5	1.0	30.9	39.0	0.9	1.9	58.2
陕西	Shaanxi	482.3	253.3	14.9	96.6	117.5	52.5	3.1	20.0	24.4
甘肃	Gansu	317.9	147.4	6.9	40.1	123.6	46.4	2.2	12.6	38.9
青海	Qinghai	95.8	37.9	1.7	12.9	43.2	39.6	1.8	13.5	45.1
宁夏	Ningxia	108.0	37.2	0.8	21.3	48.6	34.4	0.8	19.8	45.1
新疆	Xinjiang	387.3	184.2	3.1	67.7	132.4	47.5	0.8	17.5	34.2

1-8 分登记注册类型城镇单位就业人员年末人数及构成
EMPLOYMENT AND COMPOSITION IN URBAN UNITS BY REGISTRATION STATUS(End of Year)

单位：万人 (10000 persons)

年 份 Yesr	合 计 Total	国有单位 State-owned Units	集体单位 Collective-owned Units	其他单位 Other Owner-ship Units	构成(以合计为100) Composition(Total=100) 国有单位 State-owned Units	集体单位 Collective-owned Units	其他单位 Other Owner-ship Units
1952	1603	1580	23		98.6	1.4	
1957	3101	2451	650		79.0	21.0	
1962	4321	3309	1012		76.6	23.4	
1965	4965	3738	1227		75.3	24.7	
1970	6216	4792	1424		77.1	22.9	
1971	6787	5318	1469		78.4	21.6	
1975	8198	6426	1772		78.4	21.6	
1978	9499	7451	2048		78.4	21.6	
1979	9967	7693	2274		77.2	22.8	
1980	10444	8019	2425		76.8	23.2	
1981	10940	8372	2568		76.5	23.5	
1982	11281	8630	2651		76.5	23.5	
1983	11515	8771	2744		76.2	23.8	
1984	11890	8637	3216	37	72.6	27.0	0.3
1985	12358	8990	3324	44	72.7	26.9	0.4
1986	12809	9333	3421	55	72.9	26.7	0.4
1987	13214	9654	3488	72	73.1	26.4	0.5
1988	13608	9984	3527	97	73.4	25.9	0.7
1989	13742	10108	3502	132	73.5	25.5	1.0
1990	14059	10346	3549	164	73.6	25.2	1.2
1991	14508	10664	3628	216	73.5	25.0	1.5
1992	14792	10889	3621	282	73.6	24.5	1.9
1993	14849	10920	3393	536	73.5	22.9	3.6
1994	14849	10890	3211	747	73.3	21.6	5.0
1995	15301	11261	3147	894	73.6	20.6	5.8
1996	15221	11244	3016	962	73.9	19.8	6.3
1997	15036	11044	2883	1109	73.5	19.2	7.4
1998	12696	9058	1963	1675	71.3	15.5	13.2
1999	12130	8572	1712	1846	70.7	14.1	15.2
2000	11612	8102	1499	2011	69.8	12.9	17.3
2001	11166	7640	1291	2235	68.4	11.6	20.0
2002	10985	7163	1122	2700	65.2	10.2	24.6
2003	10970	6876	1000	3094	62.7	9.1	28.2
2004	11099	6710	897	3492	60.5	8.1	31.5
2005	11404	6488	810	4106	56.9	7.1	36.0
2006	11713	6430	764	4519	54.9	6.5	38.6
2007	12024	6424	718	4882	53.4	6.0	40.6
2008	12193	6447	662	5084	52.9	5.4	41.7
2009	12573	6420	618	5535	51.1	4.9	44.0
2010	13052	6516	597	5938	49.9	4.6	45.5

注:1994年及以前为职工数(以下各表同)。

a)Data before 1994 are staff and workers figures(The same as in the following tables).

1-9 分行业城镇单位就业人员年末人数

EMPLOYMENT IN URBAN UNITS BY SECTOR(End of Year)

单位：万人 (10000 persons)

年 份 Year	合 计 Total	农、林、牧、渔业 Farming, Forestry, Animal Husbandry and Fishery	采掘业 Mining and Quarrying	制造业 Manufacturing	电力、煤气及水的生产和供应业 Production and Supply of Electricity, Gas and Water	建筑业 Construction	地质勘查业、水利管理业 Geological Prospecting and Water Conservancy	交通运输、仓储及邮电通信业 Transport, Storage,Post and Tele-communications
1994	15258.5	690.6	914.6	5491.6	245.9	1112.3	138.6	859.8
1995	15300.8	669.4	921.4	5493.1	257.9	1090.1	134.6	848.5
1996	15221.1	631.3	891.8	5344.0	272.8	1069.7	128.9	853.2
1997	15036.2	629.2	856.8	5129.9	283.3	1037.4	129.0	850.5
1998	12695.7	562.5	707.3	3826.1	282.9	878.1	116.2	721.5
1999	12130.2	536.5	655.2	3554.3	285.0	814.8	111.4	704.2
2000	11612.5	516.4	585.2	3300.7	283.8	780.1	110.2	680.4
2001	11165.8	483.2	548.2	3070.1	287.8	774.0	104.9	651.6
2002	10985.2	455.2	542.7	2980.7	289.6	803.2	97.7	639.5

1-9 续表 continued

单位：万人 (10000 persons)

年 份 Year	批发和零售贸易、餐饮业 Wholesale and Retail Trade & Catering Services	金融、保险业 Finance and Insurance	房地产业 Real Estate Trade	社会服务业 Social Services	卫生、体育和社会福利业 Health Care, Sporting and Social Welfare	教育、文化艺术和广播电影电视业 Education, Culture and Arts, Radio, Film and Television	科学研究和综合技术服务业 Scientific Research and Polytechnical Services	国家机关政党机关和社会团体 Government Agencies, Party Agencies and Social Organizations	其 他 Others
1994	1863.6	264.0	74.4	458.9	433.6	1435.9	177.5	1032.9	64.5
1995	1855.9	276.3	79.6	461.4	444.3	1476.1	181.9	1041.7	68.8
1996	1830.0	291.9	84.3	472.1	457.5	1512.6	182.7	1092.6	105.8
1997	1796.1	308.2	86.9	494.3	471.1	1556.7	185.8	1093.1	127.8
1998	1286.6	313.5	93.7	470.4	477.7	1573.3	177.5	1096.5	111.9
1999	1141.5	328.5	96.6	476.0	482.0	1567.8	173.6	1102.1	100.9
2000	1009.5	326.8	100.4	483.5	488.1	1565.8	174.5	1103.8	103.1
2001	874.2	335.9	107.5	491.4	493.0	1567.9	165.0	1100.9	110.1
2002	774.5	339.8	118.4	521.0	493.2	1565.1	162.7	1074.7	127.0

1-10 分行业城镇单位就业人员(国有单位)

EMPLOYMENT IN URBAN UNITS BY SECTOR(State-owned Units,End of Year)

单位：万人 (10000 persons)

年 份 Year	合 计 Total	农、林、牧、渔业 Farming, Forestry, Animal Husbandry and Fishery	采掘业 Mining and Quarrying	制造业 Manufacturing	电力、煤气及水的生产和供应业 Production and Supply of Electricity, Gas and Water	建筑业 Construction	地质勘查业、水利管理业 Geological Prospecting and Water Conservancy	交通运输、仓储及邮电通信业 Transport, Storage,Post and Tele-communications
1994	11213.9	663.7	828.3	3345.0	230.8	654.5	136.4	699.7
1995	11260.5	642.6	839.0	3347.9	238.3	627.9	132.5	699.1
1996	11243.6	605.5	813.6	3238.6	251.2	616.1	126.7	705.6
1997	11044.2	605.1	776.8	3028.2	258.0	598.0	125.9	706.1
1998	9058.1	541.1	600.7	1900.7	243.2	462.8	114.0	601.5
1999	8572.1	517.2	529.0	1665.2	240.1	419.0	109.2	585.8
2000	8101.9	496.2	451.3	1432.1	234.1	391.7	108.0	566.5
2001	7639.9	464.5	404.6	1210.0	231.9	357.6	102.8	536.2
2002	7162.9	433.4	350.4	994.9	223.5	320.6	95.6	518.2

1-10 续表 continued

单位：万人 (10000 persons)

年 份 Year	批发和零售贸易、餐饮业 Wholesale and Retail Trade & Catering Services	金融、保险业 Finance and Insurance	房地产业 Real Estate Trade	社 会 服务业 Social Services	卫生、体育和社会福利业 Health Care, Sporting and Social Welfare	教育、文化艺术和广播电影电视业 Education, Culture and Arts, Radio, Film and Television	科学研究和综合技术服务业 Scientific Research and Polytechnical Services	国家机关政党机关和社会团体 Government Agencies, Party Agencies and Social Organizations	其 他 Others
1994	1066.7	198.7	60.2	313.2	372.3	1412.4	167.5	1023.4	41.0
1995	1072.2	204.8	62.9	321.0	383.2	1443.0	170.0	1033.1	43.1
1996	1064.7	210.7	64.6	335.4	394.8	1486.2	168.7	1084.3	76.9
1997	1045.7	217.6	65.3	352.6	407.6	1502.7	170.2	1087.2	97.2
1998	706.0	217.5	65.1	331.7	417.0	1519.7	159.5	1091.1	86.4
1999	620.3	226.5	64.0	330.7	422.6	1512.9	157.0	1097.2	75.4
2000	544.0	223.4	63.3	326.7	427.3	1508.4	151.2	1098.9	78.7
2001	460.6	221.7	63.4	322.6	433.4	1507.7	141.9	1097.0	83.9
2002	380.4	216.2	61.3	327.4	437.8	1497.2	139.1	1071.0	96.0

1-11 分行业城镇单位就业人员(城镇集体单位)
EMPLOYMENT IN URBAN UNITS BY SECTOR
(Urban Collective-owned Units,End of Year)

单位：万人 (10000 persons)

年 份 Year	合 计 Total	农、林、牧、渔业 Farming, Forestry, Animal Husbandry and Fishery	采掘业 Mining and Quarrying	制造业 Manufacturing	电力、煤气及水的生产和供应业 Production and Supply of Electricity, Gas and Water	建筑业 Construction	地质勘查业、水利管理业 Geological Prospecting and Water Conservancy	交通运输、仓储及邮电通信业 Transport, Storage,Post and Tele-communications
1994	3285.4	24.3	83.0	1541.5	9.1	440.7	2.1	151.0
1995	3146.7	23.7	78.3	1438.3	9.2	440.3	2.0	139.5
1996	3015.8	21.8	73.8	1364.8	10.8	424.0	2.1	135.7
1997	2882.7	19.9	73.1	1261.3	11.3	404.1	3.0	127.0
1998	1963.2	16.2	49.3	758.4	10.8	321.4	2.1	81.3
1999	1711.8	14.6	42.5	636.8	9.7	291.2	2.0	69.1
2000	1499.3	13.9	35.1	531.7	9.4	272.5	1.9	58.4
2001	1291.0	11.8	30.9	437.1	8.4	255.2	1.6	49.1
2002	1122.0	10.9	30.7	357.1	7.1	231.3	1.4	41.4

1-11 续表 continued

单位：万人 (10000 persons)

年 份 Year	批发和零售贸易、餐饮业 Wholesale and Retail Trade & Catering Services	金融、保险业 Finance and Insurance	房地产业 Real Estate Trade	社 会 服务业 Social Services	卫生、体育和社会福利业 Health Care, Sporting and Social Welfare	教育、文化艺术和广播电影电视业 Education, Culture and Arts, Radio, Film and Television	科学研究和综合技术服务业 Scientific Research and Polytechnical Services	国家机关政党机关和社会团体 Government Agencies, Party Agencies and Social Organizations	其 他 Others
1994	732.3	62.8	6.5	107.9	60.9	22.7	8.5	9.5	22.7
1995	707.3	67.5	6.7	99.3	60.7	32.1	8.7	8.7	24.3
1996	678.5	73.2	7.7	90.3	62.1	25.0	10.4	8.4	27.5
1997	647.6	77.4	7.9	90.4	62.8	52.6	10.5	5.9	27.8
1998	424.5	72.1	7.2	72.4	59.6	51.7	9.7	5.3	21.2
1999	355.0	71.8	7.5	68.9	58.2	52.2	8.3	4.8	19.2
2000	292.5	70.4	6.8	64.2	59.4	53.3	7.9	4.9	17.0
2001	223.2	69.1	6.9	59.1	57.7	55.2	5.3	3.9	16.6
2002	174.7	66.9	8.0	52.9	52.5	58.3	4.8	3.4	20.5

1-12　分行业城镇单位就业人员(其他单位)

EMPLOYMENT IN URBAN UNITS BY SECTOR
(Other Ownership Units,End of Year)

单位：万人　　　　　　　　　　　　　　　　　　　　　　　　　　　　(10000 persons)

年　份 Year	合　计 Total	农、林、牧、渔业 Farming, Forestry, Animal Husbandry and Fishery	采掘业 Mining and Quarrying	制造业 Manufacturing	电力、煤气及水的生产和供应业 Production and Supply of Electricity, Gas and Water	建筑业 Construction	地质勘查业、水利管理业 Geological Prospecting and Water Conservancy	交通运输、仓储及邮电通信业 Transport, Storage,Post and Tele-communications
1994	759.2	2.6	3.3	605.1	6.1	17.1		9.1
1995	893.6	3.2	4.0	706.8	10.3	22.0		9.8
1996	961.7	4.0	4.4	740.5	10.8	29.5		12.0
1997	1109.4	4.2	6.9	840.4	14.1	35.3		17.4
1998	1674.5	5.2	57.3	1167.1	28.9	93.8	0.1	38.7
1999	1846.3	4.8	83.7	1252.2	35.2	104.6	0.2	49.2
2000	2011.3	6.4	98.8	1336.9	40.4	115.9	0.3	55.6
2001	2234.9	6.9	112.7	1423.0	47.5	161.2	0.5	66.2
2002	2700.3	10.9	161.6	1628.7	58.9	251.3	0.7	79.8

1-12　续表　continued

单位：万人　　　　　　　　　　　　　　　　　　　　　　　　　　　　(10000 persons)

年　份 Year	批发和零售贸易、餐饮业 Wholesale and Retail Trade & Catering Services	金融、保险业 Finance and Insurance	房地产业 Real Estate Trade	社　会服务业 Social Services	卫生、体育和社会福利业 Health Care, Sporting and Social Welfare	教育、文化艺术和广播电影电视业 Education, Culture and Arts, Radio, Film and Television	科学研究和综合技术服务业 Scientific Research and Polytechnical Services	国家机关政党机关和社会团体 Government Agencies, Party Agencies and Social Organizations	其　他 Others
1994	64.6	2.4	7.6	37.8	0.4	0.7	1.5		0.7
1995	76.3	3.9	9.9	41.2	0.4	0.9	3.1		1.4
1996	86.8	8.0	12.0	46.4	0.5	1.4	3.6		1.5
1997	102.8	13.3	13.7	51.3	0.6	1.5	5.1		2.7
1998	156.1	23.9	21.3	66.3	1.1	1.9	8.3		4.4
1999	166.3	30.2	25.1	76.4	1.2	2.7	8.3		6.3
2000	173.0	33.0	30.3	92.6	1.4	4.1	15.3		7.4
2001	190.4	45.1	37.2	109.7	1.9	5.0	17.8		9.7
2002	219.4	56.8	49.0	140.7	3.0	9.6	18.8		11.0

1-13 分行业城镇单位就业人员年末人数

URBAN UNITS EMPLOYMENT BY SECTOR

单位：万人 (10000 persons)

登记注册类型 Registration Status 年份 Year	合计 Total	农、林、牧、渔业 Agriculture, Forestry, Farming of Animals and Fishery	采矿业 Mining	制造业 Manufacturing	电力、燃气及水的生产和供应业 Production and Distribution of Electricity, Gas and Water	建筑业 Construction
全 国 National						
2003	10969.7	484.5	488.3	2980.5	297.6	833.7
2004	11098.9	466.1	500.7	3050.8	300.6	841.0
2005	11404.0	446.3	509.2	3210.9	299.9	926.6
2006	11713.2	435.2	529.7	3351.6	302.5	988.7
2007	12024.4	426.3	535.0	3465.4	303.4	1050.8
2008	12192.5	410.1	540.4	3434.3	306.5	1072.6
2009	12573.0	373.7	553.7	3491.9	307.7	1177.5
2010	13051.5	375.7	562.0	3637.2	310.5	1267.5
国有单位 State-owned Units						
2003	6875.6	457.7	264.3	870.7	224.1	299.3
2004	6709.9	439.4	268.8	746.3	219.3	281.2
2005	6488.2	423.5	241.3	614.0	209.5	272.5
2006	6430.5	414.2	241.7	554.0	208.8	262.8
2007	6423.5	406.3	232.8	518.1	202.4	271.3
2008	6447.0	392.1	242.9	485.5	203.1	267.7
2009	6420.2	356.1	243.7	437.8	198.6	262.7
2010	6516.4	357.4	234.1	416.5	203.9	278.7
集体单位 Collective-owned units						
2003	999.9	14.1	27.7	296.6	7.0	217.3
2004	897.2	12.5	27.1	259.6	6.6	198.1
2005	809.9	9.1	24.8	221.9	6.1	186.9
2006	763.6	7.1	25.1	203.9	6.0	184.9
2007	718.4	6.0	23.2	182.1	5.6	181.5
2008	661.8	4.9	22.2	165.2	5.1	169.2
2009	618.1	4.9	17.6	148.5	5.1	163.7
2010	597.5	4.4	18.8	134.4	5.2	161.7
其他单位 Other Ownership units						
2003	3094.3	12.7	196.3	1813.2	66.5	317.1
2004	3491.8	14.1	204.8	2044.9	74.7	361.7
2005	4105.9	13.7	243.1	2374.9	84.4	467.2
2006	4519.1	13.9	262.9	2593.7	87.8	540.9
2007	4882.4	14.1	279.0	2765.2	95.4	598.0
2008	5083.7	13.1	275.3	2783.6	98.4	635.6
2009	5534.7	12.6	292.4	2905.6	103.9	751.2
2010	5937.6	14.0	309.1	3086.2	101.4	827.1

单位：万人 (10000 persons)

地　区	交通运输、仓储和邮政业 Traffic, Transport, Storage and post	信息传输、计算机服务和软件业 Information Transfer, Computer and Software	批发和零售业 Wholesale and Retail Trade	住宿和餐饮业 Accommo-dation and Restaurants	金融业 Finance	房地产业 Real Estate	租赁和商务服务业 Tenancy and Business Services
全　国							
National							
2003	636.5	116.8	628.1	172.1	353.3	120.2	183.5
2004	631.8	123.7	586.7	177.1	356.0	133.4	194.4
2005	613.9	130.1	544.0	181.2	359.3	146.5	218.5
	612.7	138.2	515.7	183.9	367.4	153.9	236.7
2006	623.1	150.2	506.9	185.8	389.7	166.5	247.2
2007							
2008	627.3	159.5	514.4	193.2	417.6	172.7	274.7
2009	634.4	173.8	520.8	202.1	449.0	190.9	290.5
2010	631.1	185.8	535.1	209.2	470.1	211.6	310.1
国有单位							
State-owned Units							
2003	492.8	72.0	301.0	73.4	208.1	52.2	106.0
2004	473.4	74.1	259.6	70.5	196.4	50.9	107.9
2005	443.3	65.8	214.7	67.5	177.5	47.5	114.6
2006	433.0	65.6	186.7	63.8	165.1	45.0	121.0
2007	432.0	62.5	174.1	58.6	161.4	45.2	120.5
2008	424.5	63.0	160.7	56.6	155.4	43.5	125.9
2009	413.9	64.6	144.2	55.2	146.0	43.5	125.4
2010	403.3	62.5	137.3	54.6	144.3	45.4	131.5
集体单位							
Collective-owned units							
2003	38.7	1.8	128.6	16.2	67.0	7.4	30.2
2004	34.1	1.3	108.9	15.0	66.6	7.8	30.7
2005	30.6	1.4	89.9	13.7	63.8	8.2	35.2
2006	27.2	1.1	77.4	12.7	62.1	8.0	34.1
2007	24.6	0.9	69.0	11.6	61.3	7.7	34.4
2008	22.2	0.8	58.6	11.0	60.1	7.4	33.1
2009	20.6	1.1	52.5	10.4	53.1	8.7	36.7
2010	19.8	1.0	48.0	9.6	52.1	9.2	37.6
其他单位							
Other Ownership units							
2003	105.0	43.0	198.6	82.5	78.3	60.6	47.3
2004	124.4	48.3	218.3	91.6	93.1	74.7	55.8
2005	140.0	62.8	239.4	100.1	117.9	90.9	68.7
2006	152.6	71.5	251.6	107.3	140.2	101.0	81.6
2007	166.4	86.8	263.8	115.7	167.0	113.6	92.3
2008	180.6	95.7	295.0	125.6	202.0	121.8	115.7
2009	199.9	108.1	324.2	136.5	249.9	138.7	128.4
2010	208.0	122.3	349.9	145.1	273.7	157.1	140.9

1-13 续表 2 continued

单位：万人 (10000 persons)

地 区	科学研究、技术服务和地质勘查业 Scientific Research, Technical Service and Geologic Perambulation	水利、环境和公共设施管理业 Management of Water Conservancy, Environment and Public Establishment	居民服务和其他服务业 Resident Services and Other Services	教 育 Education	卫生、社会保障和社会福利业 Sanitation, Social Security and Social Welfare	文化体育和娱乐业 Culture, Sports and Entertainment	公共管理和社会组织 Public Management and Social Organization
全 国 National							
2003	221.9	172.5	52.8	1442.8	485.8	127.8	1171.0
2004	222.1	176.1	54.2	1466.8	494.7	123.4	1199.0
2005	227.7	180.4	53.9	1483.2	508.9	122.5	1240.8
	235.5	187.0	56.6	1504.4	525.4	122.4	1265.6
2006	243.4	193.5	57.4	1520.9	542.8	125.0	1291.2
2007							
2008	257.0	197.3	56.5	1534.0	563.6	126.0	1335.0
2009	272.6	205.7	58.8	1550.4	595.8	129.5	1394.3
2010	292.3	218.9	60.2	1581.8	632.5	131.4	1428.5
国有单位 State-owned Units							
2003	185.1	155.3	22.1	1378.3	430.9	117.0	1165.1
2004	188.6	158.0	24.2	1409.7	437.9	111.9	1191.8
2005	188.5	161.0	24.9	1424.9	452.4	110.5	1234.3
2006	193.0	165.4	27.7	1448.0	466.8	110.1	1257.5
2007	197.5	169.8	28.7	1462.9	483.2	111.3	1285.0
2008	201.6	172.8	28.8	1481.9	501.2	110.9	1328.8
2009	209.4	178.3	28.3	1490.6	529.9	111.9	1380.0
2010	219.6	189.9	28.9	1517.4	562.6	113.1	1415.6
集体单位 Collective-owned units							
2003	4.8	10.7	15.2	57.1	51.2	3.2	5.0
2004	4.5	10.2	13.5	43.1	50.0	2.8	4.8
2005	3.8	9.6	10.3	40.2	48.3	2.5	3.5
2006	3.5	10.0	9.8	36.0	48.8	2.3	3.6
2007	3.4	10.2	8.9	34.3	48.7	2.3	2.9
2008	3.4	10.8	8.8	24.6	49.8	2.3	2.4
2009	4.2	10.5	8.2	17.4	49.9	2.2	2.7
2010	4.2	10.5	7.8	17.5	51.4	2.2	2.2
其他单位 Other Ownership units							
2003	32.0	6.5	15.6	7.4	3.6	7.5	0.8
2004	29.0	7.9	16.5	14.0	6.8	8.7	2.5
2005	35.5	9.8	18.7	18.1	8.2	9.6	3.0
2006	38.9	11.6	19.0	20.4	9.8	10.0	4.4
2007	42.5	13.5	19.8	23.7	11.0	11.5	3.3
2008	52.0	13.7	19.0	27.5	12.6	12.7	3.8
2009	59.0	16.8	22.3	42.3	16.0	15.4	11.6
2010	68.6	18.5	23.5	46.8	18.6	16.2	10.7

1-14 分登记注册类型城镇单位女性就业人员年末人数

FEMALE EMPLOYMENT IN URBAN UNITS BY REGISTRATION STATUS AND REGION(End of Year)

单位：万人 (10000 persons)

年份 地区 Year Region	合计 Total	国有单位 State-owned Units	城镇集体单位 Urban Collective-owned Units	其他单位 Other Ownership Units
2001	4225.7	2788.2	509.9	927.5
2002	4156.2	2627.7	436.9	1091.5
2003	4156.1	2529.6	383.9	1242.6
2004	4227.3	2480.7	336.7	1410.0
2005	4324.6	2399.3	299.1	1626.2
2006	4445.7	2386.9	277.7	1781.1
2007	4540.3	2383.0	254.5	1902.8
2008	4579.6	2401.7	234.2	1943.7
2009	4678.5	2391.6	212.7	2074.2
2010	4861.5	2447.4	205.2	2208.9
北　京 Beijing	256.5	78.2	9.4	168.9
天　津 Tianjin	75.1	30.0	1.7	43.4
河　北 Hebei	195.7	132.7	9.3	53.7
山　西 Shanxi	136.8	90.9	10.1	35.9
内蒙古 Inner Mongolia	91.6	65.8	3.7	22.1
辽　宁 Liaoning	182.7	103.6	11.2	67.9
吉　林 Jilin	99.1	63.4	6.7	29.0
黑龙江 Heilongjiang	162.3	119.6	8.0	34.7
上　海 Shanghai	164.9	59.2	3.9	101.8
江　苏 Jiangsu	319.0	110.5	12.8	195.7
浙　江 Zhejiang	322.8	86.8	9.9	226.1
安　徽 Anhui	121.3	67.3	6.3	47.8
福　建 Fujian	216.8	58.1	5.6	153.2
江　西 Jiangxi	104.6	66.6	3.6	34.5
山　东 Shandong	359.1	156.7	19.5	182.9
河　南 Henan	267.8	149.9	18.0	99.8
湖　北 Hubei	177.4	99.3	6.6	71.5
湖　南 Hunan	170.2	99.3	7.5	63.5
广　东 Guangdong	476.0	161.3	19.4	295.3
广　西 Guangxi	114.1	78.6	4.4	31.1
海　南 Hainan	30.7	19.9	1.0	9.8
重　庆 Chongqing	89.4	44.9	3.4	41.2
四　川 Sichuan	192.7	120.4	9.3	63.0
贵　州 Guizhou	73.6	52.3	2.2	19.2
云　南 Yunnan	113.6	73.6	3.2	36.8
西　藏 Tibet	8.0	7.4	0.2	0.3
陕　西 Shaanxi	130.4	90.9	4.4	35.1
甘　肃 Gansu	63.6	49.2	2.0	12.4
青　海 Qinghai	18.6	14.5	0.7	3.5
宁　夏 Ningxia	21.0	14.5	0.3	6.2
新　疆 Xinjiang	105.9	82.3	1.2	22.4

1-15 分行业城镇单位女性就业人员年末人数

FEMALE EMPLOYMENT IN URBAN UNITS BY SECTOR(End of Year)

单位：万人　　(10000 persons)

年份 Year	合计 Total	农、林、牧、渔业 Farming, Forestry, Animal Husbandry and Fishery	采掘业 Mining and Quarrying	制造业 Manufacturing	电力、煤气及水的生产和供应业 Production and Supply of Electricity, Gas and Water	建筑业 Construction	地质勘查业、水利管理业 Geological Prospecting and Water Conservancy	交通运输、仓储及邮电通信业 Transport, Storage, Post and Telecommunications
1994	5799.1	259.3	229.4	2460.7	75.8	205.9	34.3	219.7
1995	5889.0	252.6	238.9	2482.1	81.1	207.1	33.5	221.5
1996	5883.3	237.8	233.4	2391.7	86.3	208.1	32.2	227.9
1997	5824.8	238.4	222.5	2286.3	90.3	203.6	32.6	232.1
1999	4613.4	201.5	173.6	1541.9	91.6	150.8	29.4	197.2
2000	4411.3	195.6	152.8	1425.3	91.0	144.0	29.5	193.3
2001	4225.7	181.0	138.5	1318.4	91.7	136.8	28.4	184.4
2002	4156.2	169.0	137.2	1282.8	91.4	137.2	26.4	180.8

1-15 续表 continued

单位：万人　　(10000 persons)

年份 Year	批发和零售贸易、餐饮业 Wholesale and Retail Trade & Catering Services	金融、保险业 Finance and Insurance	房地产业 Real Estate Trade	社会服务业 Social Services	卫生、体育和社会福利业 Health Care, Sporting and Social Welfare	教育、文化艺术和广播电影电视业 Education, Culture and Arts, Radio, Film and Television	科学研究和综合技术服务业 Scientific Research and Polytechnical Services	国家机关政党机关和社会团体 Government Agencies, Party Agencies and Social Organizations	其他 Others
1994	853.5	104.5	24.3	213.1	239.1	561.3	60.5	234.3	23.4
1995	858.3	111.3	26.6	215.2	247.5	588.0	61.4	238.3	25.6
1996	855.3	120.1	28.9	221.6	257.0	622.1	61.8	258.6	40.5
1997	841.2	128.1	30.4	230.4	265.6	650.3	62.7	257.9	52.4
1999	528.0	140.4	32.6	211.5	274.4	680.6	57.1	266.1	36.7
2000	461.2	141.2	34.2	210.4	278.2	689.3	57.9	268.8	38.5
2001	394.1	149.6	36.1	209.7	283.5	704.5	54.1	273.5	41.4
2002	347.5	155.9	40.4	217.0	286.0	712.9	54.4	271.2	46.0

1-16 各地区分行业城镇单位女性就业人员年末人数

FEMALE EMPLOYMENT IN URBAN UNITS BY SECTOR AND REGION

单位：万人 (10000 persons)

地 区	Region	合 计 Total	农、林、牧、渔业 Agriculture, Forestry, Farming of Animals and Fishery	采矿业 Mining	制造业 Manufacturing	电力、燃气及水的生产和供应业 Production and Distribution of Electricity, Gas and Water	建筑业 Construction
	2003	4156.1	176.1	119.7	1292.7	92.7	128.4
	2004	4227.3	172.3	117.1	1329.8	93.1	129.3
	2005	4324.6	165.7	113.0	1397.5	91.3	134.2
	2006	4445.7	163.5	115.0	1464.0	91.3	138.1
	2007	4540.3	157.3	109.7	1495.0	90.7	142.4
	2008	4579.6	148.9	105.1	1444.3	90.1	149.3
	2009	4678.5	136.1	107.6	1447.9	89.8	157.4
	2010	4861.5	137.8	105.5	1501.3	91.6	165.9
北 京	Beijing	256.5	1.3	0.6	36.5	1.9	6.9
天 津	Tianjin	75.1	0.2	0.8	29.2	0.9	1.8
河 北	Hebei	195.7	2.2	5.0	41.1	5.3	4.8
山 西	Shanxi	136.8	0.9	14.5	22.5	3.0	4.1
内蒙古	Inner Mongolia	91.6	8.9	3.2	13.1	3.2	2.1
辽 宁	Liaoning	182.7	10.3	4.4	47.6	4.3	5.8
吉 林	Jilin	99.1	5.1	3.1	19.2	2.1	3.1
黑龙江	Heilongjiang	162.3	33.4	8.5	23.6	4.2	5.5
上 海	Shanghai	164.9	0.3		60.0	1.2	1.8
江 苏	Jiangsu	319.0	4.0	3.3	156.3	3.4	6.8
浙 江	Zhejiang	322.8	0.4	0.3	160.3	3.0	12.4
安 徽	Anhui	121.3	2.2	3.8	28.8	2.6	5.4
福 建	Fujian	216.8	2.3	0.8	125.7	2.7	9.6
江 西	Jiangxi	104.6	3.9	1.5	31.0	2.9	4.2
山 东	Shandong	359.1	1.7	15.0	147.9	6.0	9.4
河 南	Henan	267.8	2.5	11.4	61.6	7.0	11.5
湖 北	Hubei	177.4	6.0	2.2	51.8	3.9	9.3
湖 南	Hunan	170.2	2.0	2.3	36.5	3.9	8.5
广 东	Guangdong	476.0	3.0	0.8	229.9	5.2	7.9
广 西	Guangxi	114.1	3.5	1.0	23.1	2.7	3.0
海 南	Hainan	30.7	5.3	0.3	3.3	0.6	0.6
重 庆	Chongqing	89.4	0.5	1.3	22.4	2.2	7.0
四 川	Sichuan	192.7	1.4	4.4	44.3	5.1	15.8
贵 州	Guizhou	73.6	0.6	1.7	12.4	2.1	2.2
云 南	Yunnan	113.6	5.5	2.3	19.2	2.7	5.9
西 藏	Tibet	8.0	0.2		0.3	0.3	0.2
陕 西	Shaanxi	130.4	1.3	4.5	28.5	3.3	4.0
甘 肃	Gansu	63.6	1.6	2.1	10.8	2.2	2.1
青 海	Qinghai	18.6	0.6	0.4	2.4	0.4	0.9
宁 夏	Ningxia	21.0	1.0	1.1	3.3	1.1	0.4
新 疆	Xinjiang	105.9	25.7	4.7	9.0	1.9	2.8

1-16 续表 1 continued

单位：万人 (10000 persons)

地 区	Region	交通运输、仓储和邮政业 Traffic, Transport, Storage and post	信息传输、计算机服务和软件业 Information Transfer, Computer and Software	批发和零售业 Wholesale and Retail Trade	住宿和餐饮业 Accommodation and Restaurants	金融业 Finance	房地产业 Real Estate	租赁和商务服务业 Tenancy and Business Services
	2003	182.5	42.1	280.3	95.0	164.5	40.4	62.7
	2004	177.6	45.2	260.2	97.8	170.5	44.9	65.6
	2005	171.0	48.7	242.3	98.9	172.0	48.3	74.0
	2006	164.7	52.4	230.3	99.5	178.6	50.8	78.0
	2007	169.3	58.5	228.8	100.8	192.9	56.0	82.1
	2008	171.5	61.9	237.2	105.2	209.1	58.5	93.8
	2009	171.2	66.0	239.6	109.2	225.8	64.2	97.5
	2010	168.8	71.3	249.7	113.2	237.7	72.4	104.1
北 京	Beijing	12.3	15.1	25.6	14.3	14.7	12.2	32.3
天 津	Tianjin	2.6	0.8	5.0	1.4	3.7	1.4	1.5
河 北	Hebei	6.7	2.5	10.7	2.5	11.7	1.4	1.4
山 西	Shanxi	5.4	1.8	7.5	2.4	6.9	0.9	2.4
内蒙古	Inner Mongolia	3.9	2.0	3.2	1.4	5.3	0.6	0.9
辽 宁	Liaoning	7.7	2.8	7.6	3.4	10.9	3.1	3.9
吉 林	Jilin	3.9	1.8	3.9	1.7	5.0	1.2	1.3
黑龙江	Heilongjiang	4.6	2.2	7.8	1.7	6.6	1.6	1.6
上 海	Shanghai	7.1	2.6	13.8	6.0	12.8	3.5	6.1
江 苏	Jiangsu	9.8	3.5	15.1	5.9	13.7	2.7	3.5
浙 江	Zhejiang	6.6	4.6	15.7	8.7	16.4	5.0	8.3
安 徽	Anhui	4.5	1.5	6.7	2.2	7.3	1.7	1.4
福 建	Fujian	4.3	1.7	6.2	4.3	6.6	2.9	4.9
江 西	Jiangxi	4.1	1.4	3.2	1.0	5.2	0.7	0.9
山 东	Shandong	9.7	2.4	19.1	5.9	16.7	3.6	3.8
河 南	Henan	8.6	1.8	16.4	5.5	11.3	3.0	3.8
湖 北	Hubei	7.2	1.6	11.7	4.7	7.6	2.0	1.6
湖 南	Hunan	6.1	2.3	7.7	5.0	9.8	3.0	2.9
广 东	Guangdong	15.2	6.4	19.0	13.6	20.5	9.0	8.4
广 西	Guangxi	4.5	1.3	4.9	2.2	4.7	1.4	2.5
海 南	Hainan	1.3	0.2	1.5	2.4	0.9	1.1	0.6
重 庆	Chongqing	4.2	0.9	5.6	2.4	5.9	1.9	1.1
四 川	Sichuan	7.4	2.1	7.2	2.9	10.1	1.7	1.7
贵 州	Guizhou	2.9	1.2	4.1	1.4	3.0	1.4	0.9
云 南	Yunnan	3.9	1.4	7.5	3.2	4.3	1.5	2.2
西 藏	Tibet	0.3	0.2	0.2	0.2	0.2	0.2	0.1
陕 西	Shaanxi	5.1	3.1	5.9	3.8	6.7	1.8	1.1
甘 肃	Gansu	3.1	0.6	2.4	1.1	3.1	0.5	0.6
青 海	Qinghai	1.2	0.4	0.8	0.2	1.0	0.2	0.3
宁 夏	Ningxia	0.9	0.3	0.9	0.3	1.1	0.3	0.4
新 疆	Xinjiang	3.6	0.8	2.6	1.3	3.9	1.0	1.8

1-16 续表 2 continued

单位：万人 (10000 persons)

地 区	Region	科学研究、技术服务和地质勘查业 Scientific Research, Technical Service and Geologic Perambulation	水利、环境和公共设施管理业 Management of Water Conservancy, Environment and Public Establishment	居民服务和其他服务业 Resident Services and Other Services	教 育 Education	卫生、社会保障和社会福利业 Sanitation, Social Security and Social Welfare	文化体育和娱乐业 Culture, Sports and Entertainment	公共管理和社会组织 Public Management and Social Organization
	2003	70.7	68.8	22.2	672.8	284.5	51.9	308.1
	2004	70.3	70.7	24.1	696.7	292.2	50.3	319.6
	2005	71.6	73.5	21.6	713.2	300.9	50.1	336.9
	2006	74.9	76.6	21.9	733.8	312.9	50.7	348.6
	2007	75.6	79.2	22.1	747.7	324.1	52.1	356.0
	2008	80.0	80.9	24.7	759.4	336.8	52.5	370.2
	2009	85.6	84.1	24.0	775.0	354.9	54.6	388.0
	2010	92.1	89.5	26.4	795.0	379.8	55.8	403.7
北 京	Beijing	15.6	3.2	3.9	23.7	14.2	7.2	14.9
天 津	Tianjin	2.0	1.1	3.4	9.5	5.3	0.7	3.7
河 北	Hebei	2.2	4.1	0.8	52.2	16.6	2.1	22.4
山 西	Shanxi	2.1	2.8	0.3	29.5	10.1	2.1	17.6
内蒙古	Inner Mongolia	1.5	3.3	0.6	18.8	7.2	1.5	10.9
辽 宁	Liaoning	3.5	5.1	1.1	29.8	15.7	2.2	13.5
吉 林	Jilin	2.1	3.5	0.5	21.3	9.2	1.6	9.3
黑龙江	Heilongjiang	3.3	3.8	2.8	25.2	12.1	1.6	12.1
上 海	Shanghai	11.0	2.0	1.4	16.0	11.2	2.0	6.0
江 苏	Jiangsu	3.1	4.7	0.4	43.3	22.0	2.3	15.1
浙 江	Zhejiang	3.9	4.0	0.6	34.5	20.4	2.7	15.0
安 徽	Anhui	1.7	2.6	0.2	23.6	12.4	1.3	11.4
福 建	Fujian	1.8	1.7	0.4	22.4	9.6	1.5	7.4
江 西	Jiangxi	1.5	2.6	0.2	19.2	9.2	1.3	10.6
山 东	Shandong	3.2	4.5	1.3	51.4	25.6	2.6	29.2
河 南	Henan	3.6	4.8	0.8	56.4	22.9	2.9	32.2
湖 北	Hubei	3.0	3.5	0.5	27.3	16.8	2.0	14.7
湖 南	Hunan	2.3	3.8	0.6	32.4	18.3	1.9	20.8
广 东	Guangdong	5.7	6.0	3.2	61.4	31.5	4.2	25.2
广 西	Guangxi	2.0	3.7	0.3	27.8	13.9	1.2	10.5
海 南	Hainan	0.5	1.2	0.1	5.3	2.5	0.5	2.6
重 庆	Chongqing	1.5	1.6	0.4	16.1	6.5	1.1	6.6
四 川	Sichuan	3.7	4.4	0.3	36.7	19.1	1.7	22.7
贵 州	Guizhou	1.1	1.5	0.4	17.4	6.9	0.8	11.6
云 南	Yunnan	2.0	2.4	0.3	24.0	10.3	1.6	13.4
西 藏	Tibet	0.2	0.1		1.8	0.7	0.2	2.7
陕 西	Shaanxi	4.0	3.0	0.7	27.0	11.3	2.0	13.3
甘 肃	Gansu	1.4	1.3	0.1	13.4	5.2	1.1	10.8
青 海	Qinghai	0.7	0.4	0.1	3.5	1.9	0.3	2.9
宁 夏	Ningxia	0.4	0.7		3.8	2.1	0.3	2.7
新 疆	Xinjiang	1.6	2.2	0.4	20.4	9.2	1.2	11.8

1-17 分细行业城镇单位女性就业人员占就业人员比重(2010年)
PROPORTION OF FEMALE EMPLOYMENT IN URBAN UNITS BY SECTOR(2010)

以就业人员为100 (Total Employment=100)

项　目	Item	合　计 Total	国有单位 State-owned Units	城镇集体单位 Urban Collective-owned Units	其他单位 Other Ownership Units
全国总计	**National Total**	**37.2**	**37.6**	**34.3**	**37.2**
农、林、牧、渔业	**Agriculture,Forestry,Farming of Animals and Fishing**	**36.7**	**36.8**	**30.9**	**36.0**
农业	Agriculture	41.1	41.1	34.1	40.2
林业	Forestry	30.5	30.5	32.9	27.9
畜牧业	Farming of Animals	39.9	40.6	33.5	36.2
渔业	Fishing	27.6	30.5	25.4	21.2
农、林、牧、渔服务业	Service Activities for Agriculture, Forestry, Farming of Animals and Fishing	30.2	29.8	29.5	40.5
采矿业	**Mining**	**18.8**	**21.4**	**17.2**	**16.9**
煤炭开采和洗选业	Mining and Washing of Coal	16.2	17.2	14.4	15.7
石油和天然气开采业	Extraction of Petroleum and Natural Gas	26.6	31.6	37.3	20.3
黑色金属矿采选业	Mining of Ferrous Metal Ores	20.5	21.1	27.1	18.9
有色金属矿采选业	Mining of Non-ferrous Metal Ores	20.6	21.7	20.6	20.0
非金属矿采选业	Mining and Processing of Nonmetal Ores	23.0	29.6	20.2	19.7
其他矿采选业	Mining of Other Ores n.e.c	29.0	24.6	42.8	32.2
制造业	**Manufacturing**	**41.3**	**30.8**	**43.0**	**42.6**
农副食品加工业	Processing of Food from Agricultural Products	43.9	33.2	40.3	45.0
食品制造业	Manufacture of Foods	49.2	42.5	49.1	49.8
饮料制造业	Manufacture of Beverage	37.6	39.8	45.0	37.2
烟草制品业	Manufacture of Tobacco	39.5	37.9	45.0	44.8
纺织业	Manufacture of Textile	62.2	56.8	54.2	62.8
纺织服装、鞋、帽制造业	Manufacture of Textile Wearing Apparel, Footware and Caps	68.7	61.3	60.3	69.1
皮革、毛皮、羽毛(绒)及其制品业	Manufacture of Leather,Fur,Feather and Its Products	62.3	47.2	63.7	62.4
木材加工及木、竹、藤、棕、草制品业	Processing of Timbers,Manufacture of Wood, Bamboo,Rattan,Palm,and Straw Products	39.2	32.4	34.4	40.3
家具制造业	Manufacture of Furniture	36.7	30.0	36.8	36.8
造纸及纸制品业	Manufacture of Paper and Paper Products	37.7	35.8	43.1	37.7
印刷业和记录媒介的复制	Printing,Reproduction of Recording Media	43.6	39.8	49.2	44.0
文教体育用品制造业	Manufacture of Articles for Culture, Education and Sport Activity	59.8	48.6	56.0	60.1
石油加工、炼焦及核燃料加工业	Processing of Petroleum ,Coking,Processing of Nucleus Fuel	30.0	31.4	47.7	28.7

1-17 续表 1 continued

以就业人员为100 (Total Employment=100)

项目	Item	合计 Total	国有单位 State-owned Units	城镇集体单位 Urban Collective-owned Units	其他单位 Other Ownership Units
化工原料及化学制品制造业	Manufacture of Chemical Raw Material and Chemical Products	31.9	32.7	39.6	31.4
医药制造业	Manufacture of Medicines	46.7	44.8	44.4	46.9
化学纤维制造业	Manufacture of Chemical Fiber	39.0	37.2	43.6	39.1
橡胶制品业	Manufacture of Rubber	38.4	41.7	47.7	37.8
塑料制品业	Manufacture of Plastic	47.4	34.4	47.4	47.7
非金属矿物制品业	Manufacture of Non-metallic Mineral Products	30.1	31.2	33.7	29.6
黑色金属冶炼及压延加工业	Manufacture and Processing of Ferrous Metals	22.5	21.7	34.7	22.3
有色金属冶炼及压延加工业	Manufacture & Processing of Non-ferrous Metals	27.0	27.6	40.9	26.3
金属制品业	Manufacture of Metal Products	31.5	28.7	37.0	31.2
通用设备制造业	Manufacture of General Purpose Machinery	28.8	27.5	35.2	28.5
专用设备制造业	Manufacture of Special Purpose Machinery	29.8	25.9	42.2	30.3
交通运输设备制造业	Manufacture of Transport Equipment	28.0	26.1	39.4	28.0
电气机械及器材制造业	Manufacture of Electrical Machinery & Equipment	44.1	30.7	44.3	44.9
通信设备、计算机及其他电子设备制造业	Manufacture of Communication Equipment, Computer and Other Electronic Equipment	52.5	37.9	45.6	52.9
仪器仪表及文化、办公用机械制造业	Manufacture of Measuring Instrument and Machinery for Cultural Activity & Office Work	47.3	36.7	56.5	48.2
工艺品及其他制造业	Manufacture of Artwork,Other Manufacture n.e.c	55.7	40.7	47.7	56.8
废弃资源和废旧材料回收加工业	Recycling and Disposal of Waste	24.0	4.3	41.5	28.4
电力、燃气及水的生产和供应业	**Production and Distribution of Electricity, Gas and Water**	**29.5**	**29.7**	**30.7**	**29.1**
电力、热力的生产和供应业	Production and Supply of Electric Power and Heat Power	26.9	27.0	27.8	26.8
燃气生产和供应业	Production and Distribution of Gas	33.9	33.4	34.6	34.2
水的生产和供应业	Production and Distribution of Water	39.1	39.8	35.3	37.6
建筑业	**Construction**	**13.1**	**15.6**	**14.6**	**12.0**
房屋和土木工程建筑业	Construction of Building & Civil Engineering	12.6	15.4	13.4	11.5
建筑安装业	Architectural Installation	17.3	17.0	27.2	15.3
建筑装饰业	Architectural Decoration	16.9	19.4	18.0	16.6
其他建筑业	Other Construction	13.0	15.9	9.7	12.3
交通运输、仓储和邮政业	**Traffic,Transport,Storage and Post**	**26.8**	**26.1**	**31.7**	**27.5**
铁路运输业	Transport Via Railway	18.0	17.1	44.2	24.0
道路运输业	Transport Via Road	31.2	31.7	28.0	30.9
城市公共交通业	Urban Public Traffic	28.0	31.2	23.9	25.9
水上运输业	Water Transport	17.7	17.5	26.4	17.2
航空运输业	Air Transport	36.4	37.0	12.5	36.1
管道运输业	Transport Via Pipeline	27.4	28.3	26.1	25.6

1-17 续表 2 continued

以就业人员为100 (Total Employment=100)

项　目	Item	合　计 Total	国有单位 State-owned Units	城镇集体单位 Urban Collective-owned Units	其他单位 Other Ownership Units
装卸搬运和其他运输服务业	Loading,Unloading,Portage and Other Transport Services	29.2	24.0	34.2	30.9
仓储业	Storage	29.0	28.5	34.9	29.4
邮政业	Post	39.7	40.9	36.0	23.2
信息传输、计算机服务和软件业	**Information Transfer, Computer Services and Software**	**38.4**	**38.9**	**34.9**	**38.2**
电信和其他信息传输服务业	Telecom & Other Information Transfer Services	41.0	39.3	38.2	42.7
计算机服务业	Computer Services	33.2	31	28	33.6
软件业	Software Industry	33.7	33.5	29.6	33.7
批发和零售业	**Wholesale and Retail Trade**	**46.7**	**38.5**	**39.6**	**50.8**
批发业	Wholesale	38.2	34.0	36.2	41.2
零售业	Retail Trade	55.1	48.8	42.4	58.0
住宿和餐饮业	**Accommodation and Restaurants**	**54.1**	**53.0**	**57.7**	**54.3**
住宿业	Accommodation	54.3	53.8	58.4	54.2
餐饮业	Restaurants	53.8	49.0	56.1	54.4
金融业	**Finance**	**50.6**	**47.1**	**43.4**	**53.7**
银行业	Bank	47.4	44.9	43.4	51.4
证券业	Securities	41.1	43.5	14.9	40.8
保险业	Insurance	57.3	56.1	65.7	57.5
其他金融活动	Other Financial Activities	49.0	51.4	40.7	48.4
房地产业	**Real Estate**	**34.2**	**34.4**	**33.4**	**34.2**
#房地产开发经营	Real Estate Exploitation Management	32.7	31.7	24.3	33.2
物业管理	Management Concerning Dwelling	34.5	34.1	36.2	34.5
房地产中介服务	Real Estate Agency Service	41.8	41.1	38.4	42.1
租赁和商务服务业	**Tenancy and Business Services**	**33.6**	**26.3**	**29.6**	**41.5**
租赁业	Tenancy	25.6	28.1	41.5	22.7
商务服务业	Business Service	33.7	26.3	29.4	41.9
科学研究、技术服务和地质勘查业	**Scientific Research,Technical Service and Geologic Perambulation**	**31.5**	**31.8**	**31.0**	**30.6**
研究与实验发展	Research and Experimental Development	33.0	32.5	35.2	36.5
#自然科学研究与实验发展	Research and Experimental Development on Physical Science	33.6	33.2	43.1	38.6
工程和技术研究与实验发展	Research and Experimental Development on Engineering and Technical Research	30.2	29.7	34.5	33.4
农业科学研究与实验发展	Research and Experimental Development on Agricultural Science Research	33.0	33.0	28.7	33.2
医学研究与实验发展	Research and Experimental Development on Medical Research	48.9	50.9	41.1	45.3
社会人文科学研究与实验发展	Research and Experimental Development on Social Science and Humanities	39.2	38.9	40.4	44.4

1-17 续表 3 continued

以就业人员为100 (Total Employment=100)

项　目	Item	合　计 Total	国有单位 State-owned Units	城镇集体单　位 Urban Collective-owned Units	其他单位 Other Ownership Units
专业技术服务业	Professional Technique Services	30.0	30.7	30.6	28.6
#气象服务	Weather Services	35.1	35.0	35.5	40.3
地震服务	Earthquake Services	30.2	30.1	50.0	33.3
海洋服务	Ocean Services	25.2	25.4	21.4	24.1
测绘服务	Plotting Services	29.5	29.2	26.1	31.3
技术检测	Technique Detection	34.7	34.1	33.5	37.9
环境监测	Environmental Monitoring	34.6	34.7	44.8	32.2
工程技术与规划管理	Engineering Technic & Programming Management	27.5	28.9	28.1	25.2
科技交流和推广服务业	Services of Science and Technique Intercommunion and Generalization	39.5	41.5	31.8	34.6
地质勘查业	Geologic Perambulation	22.9	22.5	21.0	27.6
水利、环境和公共设施管理业	**Management of Water Conservancy, Environment and Public Establishment**	**40.9**	**40.9**	**46.8**	**37.2**
水利管理业	Management of Water Conservancy	27.4	27.4	23.7	30.2
环境管理业	Environmental Management	48.8	49.0	50.5	42.2
公共设施管理业	Management of Public Establishment	38.0	38.5	35.9	35.8
居民服务和其他服务业	**Resident Services and Other Services**	**43.8**	**38.3**	**42.6**	**50.9**
居民服务业	Resident Services	42.4	39.3	41.2	49.4
其他服务业	Other Services	45.0	37.0	43.9	51.7
教育	**Education**	**50.3**	**50.1**	**55.1**	**54.5**
#初等教育	Primary Education	53.8	53.8	52.1	59.2
中等教育	Secondary Education	47.0	46.9	47.7	50.4
高等教育	Higher Education	44.6	44.4	44.3	49.0
卫生、社会保障和社会福利业	**Sanitation,Social Security & Social Welfare**	**60.0**	**60.4**	**55.9**	**61.7**
卫生	Sanitation	60.6	61.0	55.9	62.0
社会保障业	Social Security	46.8	46.7	46.5	52.1
社会福利业	Social Welfare	52.2	51.3	58.6	59.0
文化体育和娱乐业	**Culture, Sports and Entertainment**	**42.5**	**41.7**	**42.7**	**47.9**
新闻出版业	Journalism and Publishing Activities	42.9	42.2	46.2	50.0
广播、电影、电视和音像业	Broadcasting,Movies,Television and Audiovisual Activities	38.4	37.9	38.0	44.3
文化艺术业	Culture and Art	46.0	46.3	41.8	43.9
体育	Sports Activities	35.7	35.1	32.5	40.3
娱乐业	Entertainment	49.3	42.2	54.6	51.5
公共管理和社会组织	**Public Management & Social Organization**	**28.3**	**28.2**	**39.4**	**37.4**
#中国共产党机关	Chinese Communist Party Organs	24.2	24.2		
国家机构	Organ of State	28.1	28.1	34.6	39.1
人民政协和民主党派	People's Political Consultative Conference and Democratic Parties	24.6	24.6		
群众社团、社会团体和宗教组织	Mass Communities, Social Communities and Religion Organizations	41.1	41.2	46.1	39.3

1-18 分登记注册类型城镇单位就业人员工资总额及指数

TOTAL WAGES AND INDEX OF EMPLOYED PERSONS BY REGISTRATION STATUS

年份 Year	工资总额(亿元) Total Wages (100 million yuan)				指数(以上年为100) Index (preceding year=100)			
	合计 Total	国有单位 State-owned Units	集体单位 Collective-owned Units	其他单位 Other Owner-ship Units	合计 Total	国有单位 State-owned Units	集体单位 Collective-owned Units	其他单位 Other Owner-ship Units
1952	68.3	67.5	0.8					
1957	190.8	156.4	34.4		120.3	114.6	155.7	
1962	254.3	213.6	40.7		90.6	87.5	111.2	
1965	282.3	235.3	47.0		107.1	105.0	118.4	
1970	334.3	277.5	56.8		103.6	105.5	95.3	
1971	364.0	302.0	62.0		108.9	108.8	109.2	
1972	409.6	340.0	69.6		112.5	112.6	112.3	
1973	429.1	353.3	75.8		104.8	103.9	108.9	
1974	441.9	370.9	71.0		103.0	105.0	93.7	
1975	463.5	386.1	77.4		104.9	104.1	109.0	
1976	489.2	406.1	83.1		105.5	105.2	107.4	
1977	514.8	425.7	89.1		105.2	104.8	107.2	
1978	568.9	468.7	100.2		110.5	110.1	112.5	
1979	646.7	529.5	117.2		113.7	113.0	117.0	
1980	772.4	627.9	144.5		119.4	118.6	123.3	
1981	820.0	660.4	159.6		106.2	105.2	110.4	
1982	882.0	708.9	173.1		107.6	107.3	108.5	
1983	934.6	748.1	186.5		106.0	105.5	107.7	
1984	1133.4	875.8	254.0	3.6	121.3	117.1	136.2	
1985	1383.0	1064.8	312.3	5.9	122.0	121.6	123.0	163.9
1986	1659.7	1288.5	362.8	8.4	120.0	121.0	116.2	142.4
1987	1881.1	1459.3	409.1	12.7	113.3	113.3	112.8	151.2
1988	2316.2	1807.1	487.6	21.5	123.1	123.8	119.2	169.3
1989	2618.5	2050.2	534.4	33.9	113.1	113.5	109.6	157.7
1990	2951.1	2324.1	581.0	46.0	112.7	113.4	108.7	135.7
1991	3323.9	2594.9	658.6	70.4	112.6	111.7	113.4	153.0
1992	3939.2	3090.4	743.2	105.6	118.5	119.1	112.8	150.0
1993	4916.2	3812.7	849.9	253.6	124.8	123.4	114.4	240.2
1994	6656.4	5177.4	1023.3	455.6	135.4	135.8	120.4	179.7
1995	8055.8	6172.6	1210.6	672.6	118.8	117.4	115.6	142.2
1996	8964.4	6893.3	1269.4	801.7	111.3	111.7	104.9	119.2
1997	9602.4	7323.9	1283.9	994.5	107.1	106.2	101.1	124.0
1998	9540.2	6934.6	1054.9	1550.7	99.4	94.7	82.2	155.9
1999	10155.9	7289.9	995.8	1870.1	106.5	105.1	94.4	120.6
2000	10954.7	7744.9	950.7	2259.1	107.9	106.2	95.5	120.8
2001	12205.4	8515.2	898.5	2791.7	111.4	109.9	94.5	123.6
2002	13638.1	9138.0	863.9	3636.2	111.7	107.3	96.1	130.3
2003	15329.6	9911.9	867.1	4550.6	112.4	108.5	100.4	125.1
2004	17615.0	11038.2	876.2	5700.6	114.9	111.4	101.0	125.3
2005	20627.1	12291.7	906.4	7429.0	117.1	111.4	103.4	130.3
2006	24262.3	13920.6	983.8	9357.9	117.6	113.3	108.5	126.0
2007	29471.5	16689.1	1108.1	11674.3	121.5	119.9	112.6	124.8
2008	35289.5	19487.9	1203.2	14598.4	119.7	116.8	108.6	125.0
2009	40288.2	21862.7	1273.3	17152.1	114.2	112.2	105.8	117.5
2010	47269.9	24886.4	1433.7	20949.7	117.3	113.8	112.6	122.1

1-19 分行业城镇单位就业人员工资总额（1995-2002年）
TOTAL WAGES OF EMPLOYED PERSONS IN URBAN UNITS (1995-2002)

单位：亿元　　　　(100 million yuan)

登记注册类型 Registration Status / 年份 Year	合计 Total	农、林、牧、渔业 Farming, Forestry, Animal Husbandry and Fishery	采掘业 Mining and Quarrying	制造业 Manufacturing	电力、煤气及水的生产和供应业 Production and Supply of Electricity, Gas and Water	建筑业 Construction	地质勘查业、水利管理业 Geological Prospecting and Water Conservancy	交通运输、仓储及邮电通信业 Transport, Storage, Post and Telecommunications
全　国 National								
1995	8055.8	234.1	519.0	2804.2	197.5	629.2	80.2	577.7
1996	8964.4	251.3	568.8	2984.0	235.6	668.3	84.4	659.8
1997	9602.4	269.7	577.9	3044.6	269.8	696.9	92.0	719.1
1998	9540.2	257.8	517.6	2792.1	294.8	659.6	92.7	708.5
1999	10155.9	260.4	498.6	2836.4	325.6	662.2	98.0	768.5
2000	10954.7	268.9	498.4	2966.7	363.3	699.1	108.4	837.7
2001	12205.4	278.5	531.1	3088.5	416.7	750.9	115.4	918.9
2002	13638.1	289.9	597.6	3343.9	470.8	838.0	118.6	1016.7
国有单位 State-owned Units								
1995	6172.6	225.2	489.6	1764.3	180.0	412.0	79.3	518.4
1996	6893.3	240.4	538.2	1855.7	214.1	436.0	83.4	593.4
1997	7323.9	258.9	544.5	1813.7	243.0	451.5	90.1	644.3
1998	6934.6	247.9	457.1	1368.3	249.6	388.4	91.1	619.8
1999	7289.9	250.1	415.6	1293.4	267.5	377.5	96.4	659.0
2000	7744.9	255.7	382.5	1260.0	291.0	389.0	106.6	711.9
2001	8515.2	265.7	387.7	1190.5	325.2	378.9	113.6	762.7
2002	9138.0	272.7	372.5	1098.9	349.0	365.1	115.9	821.9
集体单位 Collective-owned units								
1995	1210.6	6.8	27.4	523.7	6.7	202.5	0.8	49.0
1996	1269.4	8.0	28.3	534.1	8.9	212.1	1.0	52.1
1997	1283.9	7.7	29.8	513.5	9.9	218.8	1.9	51.0
1998	1054.9	7.0	22.3	389.3	10.1	188.7	1.5	42.0
1999	995.8	7.0	19.3	343.6	9.5	183.9	1.5	39.6
2000	950.7	7.7	17.5	309.3	9.9	188.7	1.4	34.5
2001	898.5	6.8	17.5	270.6	10.5	188.0	1.2	31.4
2002	863.9	7.0	18.6	244.8	9.1	179.0	1.4	28.8
其他单位 Other Ownership units								
1995	672.6	2.2	2.0	516.1	10.7	14.7		10.3
1996	801.7	2.8	2.3	594.3	12.6	20.2		14.3
1997	994.5	3.0	3.7	717.4	16.9	26.6		23.8
1998	1550.7	3.0	38.2	1034.5	35.0	82.5		46.7
1999	1870.1	3.4	63.7	1199.5	48.5	100.9	0.2	69.9
2000	2259.1	5.5	98.4	1397.3	62.4	121.4	0.4	91.3
2001	2791.7	6.1	125.8	1627.4	81.0	184.0	0.6	124.8
2002	3636.2	10.2	206.6	2000.2	112.7	293.9	1.4	166.1

1-19 续表 continued

单位：亿元 (100 million yuan)

登记注册类型 Registration Status 年份 Year	批发和零售贸易、餐饮业 Wholesale and Retail Trade & Catering Services	金融、保险业 Finance and Insurance	房地产业 Real Estate Trade	社会服务业 Social Services	卫生、体育和社会福利业 Health Care, Sporting and Social Welfare	教育、文化艺术和广播电影电视业 Education, Culture and Arts, Radio, Film and Television	科学研究和综合技术服务业 Scientific Research and Polytechnical Services	国家机关政党机关和社会团体 Government Agencies, Party Agencies and Social Organizations	其他 Others
全国 National									
1995	771.9	199.6	56.8	274.2	256.0	727.1	123.4	563.1	41.5
1996	835.9	243.4	69.2	317.3	306.1	849.0	145.3	676.8	69.3
1997	864.0	295.3	78.7	372.0	351.6	970.0	165.6	748.6	86.7
1998	768.0	332.4	95.5	399.6	400.3	1106.7	179.1	840.8	94.8
1999	745.6	388.5	110.4	446.6	460.6	1275.0	200.6	977.5	101.5
2000	742.8	434.3	124.7	502.5	525.4	1435.9	233.7	1097.5	115.3
2001	732.5	524.7	149.0	587.9	629.3	1746.1	267.7	1325.6	142.4
2002	745.5	612.4	180.5	701.0	718.7	2033.7	304.5	1485.9	180.4
国有单位 State-owned Units									
1995	477.8	152.3	42.1	188	226.3	714.2	115.5	558.6	28.9
1996	514.2	181.5	49.7	220.7	271.2	836.2	134.0	672.7	52.2
1997	530.3	213.9	54.8	258.0	311.9	946.4	152.1	745.0	65.4
1998	438.9	235.3	60.4	269.8	358.0	1080.8	161.7	837.1	70.3
1999	417.5	267.0	65.5	296.6	413.4	1244.3	181.0	973.6	71.8
2000	410.0	300.4	72.1	319.0	473.6	1401.5	199.5	1093.1	78.9
2001	384.4	350.2	80.9	358.4	571.2	1699.0	229.6	1322.0	95.3
2002	365.8	398.1	86.2	392.6	658.0	1970.7	261.0	1482.1	127.7
集体单位 Collective-owned units									
1995	239.6	42.6	4.3	45.2	29.3	12.0	4.9	4.5	11.1
1996	254.8	49.4	5.0	44.1	34.3	11.6	6.6	4.1	15.0
1997	249.9	58.1	5.9	50.1	38.9	22.1	6.6	3.6	16.3
1998	196.0	58.4	6.3	44.6	40.4	23.6	6.2	3.7	15.0
1999	174.8	64.2	7.9	46.3	45.0	27.3	6.4	3.8	15.7
2000	154.6	67.4	7.1	46.6	49.4	29.6	7.0	4.3	15.5
2001	125.5	74.3	7.2	47.3	54.6	39.2	4.6	3.7	16.2
2002	107.9	81.9	9.0	46.5	56.0	46.3	4.6	3.4	19.6
其他单位 Other Ownership units									
1995	54.5	4.7	10.4	41.0	0.4	0.8	3.0		1.5
1996	67.0	12.5	14.5	52.5	0.6	1.3	4.7		2.1
1997	83.8	23.3	17.9	63.9	0.8	1.5	6.8		5.0
1998	133.1	38.7	28.8	85.2	1.9	2.3	11.3		9.5
1999	153.3	57.2	37.1	103.7	2.2	3.4	13.1		13.9
2000	178.3	66.5	45.5	136.8	2.4	4.8	27.2		21.0
2001	222.6	100.3	60.8	182.2	3.6	7.9	33.6		31.0
2002	271.8	132.4	85.3	261.9	4.7	16.7	38.8		33.5

1-20 分行业城镇单位就业人员工资总额（2003-2010年）
TOTAL WAGES OF EMPLOYED PERSONS IN URBAN UNITS (2003-2010)

单位：亿元 (100 million yuan)

登记注册类型 Registration Status / 年份 Year	合计 Total	农、林、牧、渔业 Agriculture, Forestry, Farming of Animals and Fishery	采矿业 Mining	制造业 Manufacturing	电力、燃气及水的生产和供应业 Production & Distribution of Electricity Gas & Water	建筑业 Construction	交通运输、仓储和邮政业 Traffic, Transport, Storage and post
全 国 National							
2003	15329.6	335.8	662.9	3772.7	552.0	965.9	1008.0
2004	17615.0	351.2	831.8	4316.4	646.8	1081.3	1144.7
2005	20627.1	368.7	1031.2	5056.6	741.8	1324.7	1279.5
2006	24262.3	403.3	1259.6	6035.8	858.0	1612.1	1471.5
2007	29471.5	464.6	1500.5	7241.2	1012.7	1946.2	1727.9
2008	35289.5	516.4	1847.3	8498.9	1180.4	2313.6	2006.3
2009	40288.2	537.4	2089.1	9302.2	1283.5	2837.9	2234.9
2010	47269.9	627.1	2458.8	11140.8	1468.3	3471.5	2541.9
国有单位 State-owned Units							
2003	9911.9	314.4	368.5	1111.8	403.8	384.3	793.0
2004	11038.2	327.6	463.2	1082.7	459.1	404.6	853.6
2005	12291.7	346.5	500.3	1048.1	505.4	442.4	918.3
2006	13920.6	378.8	588.6	1126.3	586.1	488.3	1024.3
2007	16689.1	437.1	675.5	1231.2	673.6	571.1	1185.9
2008	19487.9	486.8	854.8	1353.5	781.8	643.8	1329.6
2009	21862.7	505.1	932.2	1391.9	836.7	731.9	1446.8
2010	24886.4	590.0	1041.5	1525.7	974.9	892.2	1612.6
集体单位 Collective-owned units							
2003	867.1	8.6	19.9	227.8	10.2	180.2	31.6
2004	876.2	8.6	23.4	224.9	11.1	181.2	30.1
2005	906.4	7.2	27.9	215.6	11.1	188.9	30.3
2006	983.8	6.8	34.6	225.5	11.8	210.8	30.3
2007	1108.1	7.0	40.1	237.9	13.0	246.5	32.4
2008	1203.2	6.6	44.4	259.6	13.9	265.6	33.8
2009	1273.3	7.6	35.4	265.4	15.1	284.9	36.4
2010	1433.7	8.0	44.5	281.1	17.7	327.7	39.6
其他单位 Other Ownership units							
2003	4550.6	12.8	274.5	2433.0	138.0	401.4	183.4
2004	5700.6	15.0	345.3	3008.8	176.6	495.5	261.0
2005	7429.0	15.0	503.1	3792.9	225.4	693.3	330.9
2006	9357.9	17.7	636.3	4683.9	260.2	913.0	416.9
2007	11674.3	20.5	784.9	5772.0	326.1	1128.6	509.6
2008	14598.4	23.0	948.0	6885.9	384.7	1404.2	643.0
2009	17152.1	24.7	1121.5	7644.9	431.6	1821.1	751.7
2010	20949.7	29.1	1372.8	9334.0	475.7	2251.6	889.8

1-20 续表 1 continued

单位：亿元 (100 million yuan)

登记注册类型 Registration Status / 年份 Year	信息传输、计算机服务和软件业 Information Transfer, Computer and Software	批发和零售业 Wholesale and Retail Trade	住宿和餐饮业 Accommodation and Restaurants	金融业 Finance	房地产业 Real Estate	租赁和商务服务业 Tenancy and Business Services	科学研究、技术服务和地质勘查业 Scientific Research, Technical Service & Geologic Perambulation
全 国 National							
2003	356.0	696.3	190.9	734.4	202.7	305.2	454.4
2004	404.3	770.5	221.2	866.7	243.3	351.4	514.6
2005	491.8	832.0	249.8	1047.7	293.0	449.8	614.0
2006	587.4	920.0	280.0	1292.9	338.4	565.6	736.9
2007	699.1	1061.8	314.6	1670.3	426.2	668.9	923.9
2008	862.8	1323.9	371.2	2202.9	520.8	893.7	1154.6
2009	996.2	1509.2	418.9	2658.8	607.8	1021.4	1350.6
2010	1171.7	1783.0	484.6	3219.0	745.6	1198.5	1619.3
国有单位 State-owned Units							
2003	179.0	338.0	76.6	447.4	82.2	157.7	368.5
2004	200.6	336.7	85.5	497.2	87.3	174.9	426.6
2005	193.8	338.2	90.2	542.1	92.2	213.0	488.3
2006	212.6	349.9	95.5	573.8	96.0	246.3	575.5
2007	223.9	376.0	96.6	697.9	112.0	281.2	713.0
2008	242.5	423.6	108.8	805.6	121.6	344.3	850.4
2009	273.2	451.6	117.4	822.5	132.6	380.2	980.1
2010	289.8	499.6	130.8	940.3	152.9	435.3	1151.7
集体单位 Collective-owned units							
2003	2.3	87.0	13.8	93.9	8.8	32.5	6.2
2004	2.3	80.8	14.1	107.8	9.9	35.2	6.1
2005	3.4	74.6	13.8	118.6	11.0	45.3	6.8
2006	2.9	71.8	14.6	134.8	12.4	47.9	8.2
2007	2.6	74.0	14.8	157.7	14.0	54.6	8.4
2008	2.2	76.4	16.8	187.1	15.3	57.1	10.4
2009	3.5	78.3	17.4	197.1	19.5	69.3	14.1
2010	3.8	80.9	18.1	228.3	22.7	77.8	15.5
其他单位 Other Ownership units							
2003	174.7	271.3	100.5	193.2	111.7	115.1	79.7
2004	201.4	353.1	121.6	261.7	146.0	141.2	82.0
2005	294.5	419.2	145.8	386.9	189.8	191.5	118.8
2006	372.0	498.3	170.0	584.3	230.0	271.3	153.2
2007	472.6	611.8	203.1	814.8	300.2	333.1	202.6
2008	618.2	823.9	245.7	1210.3	383.9	492.3	293.9
2009	719.5	979.3	284.0	1639.2	455.7	571.9	356.4
2010	878.1	1202.5	335.7	2050.4	570.0	685.4	452.1

1-20 续表 2 continued

单位：亿元 (100 million yuan)

登记注册类型 Registration Status 年份 Year	水利、环境和公共设施管理业 Management of Water Conservancy, Environment & Public Establishment	居民服务和其他服务业 Resident Services and Other Services	教育 Education	卫生、社会保障和社会福利业 Sanitation, Social Security and Social Welfare	文化体育和娱乐业 Culture, Sports and Entertainment	公共管理和社会组织 Public Management and Social Organization
全国 National						
2003	202.6	66.4	2035.9	782.1	217.9	1787.6
2004	226.1	71.8	2346.2	902.3	251.5	2072.7
2005	257.3	85.1	2690.8	1047.8	275.8	2489.6
2006	289.8	102.5	3127.8	1226.1	314.9	2839.7
2007	352.2	115.8	3917.2	1496.6	378.1	3553.8
2008	413.8	132.1	4556.1	1789.3	429.3	4276.0
2009	474.3	146.8	5338.6	2095.3	488.5	4896.8
2010	555.9	168.4	6136.5	2506.4	543.7	5428.8
国有单位 State-owned Units						
2003	182.5	32.6	1970.1	717.2	202.5	1781.7
2004	202.3	37.4	2274.2	827.5	233.2	2064.1
2005	229.0	43.3	2604.2	962.0	253.6	2480.9
2006	254.4	57.4	3027.3	1121.2	288.9	2829.5
2007	308.0	62.5	3782.4	1371.4	345.6	3544.3
2008	360.7	75.8	4416.4	1637.6	386.9	4263.5
2009	411.9	81.7	5154.6	1910.9	432.3	4869.2
2010	481.2	92.6	5919.7	2277.1	478.5	5400.2
集体单位 Collective-owned units						
2003	10.6	13.1	53.0	59.4	3.0	5.2
2004	10.5	12.1	45.2	64.3	3.1	5.5
2005	10.4	11.3	50.8	71.3	3.4	4.6
2006	11.8	12.2	55.1	83.9	3.2	5.1
2007	13.4	12.8	71.6	98.6	4.0	5.0
2008	16.5	14.2	55.6	118.6	4.6	4.7
2009	17.8	15.2	48.0	136.2	5.0	7.1
2010	19.4	16.4	54.7	166.3	5.4	5.9
其他单位 Other Ownership units						
2003	9.5	20.7	12.8	5.4	12.3	0.7
2004	13.3	22.4	26.8	10.4	15.3	3.1
2005	17.9	30.5	35.8	14.5	18.8	4.1
2006	23.6	33.0	45.4	21.0	22.7	5.1
2007	30.8	40.6	63.2	26.6	28.6	4.5
2008	36.6	42.1	84.1	33.1	37.9	7.8
2009	44.6	50.0	136.1	48.1	51.1	20.6
2010	55.3	59.5	162.1	63.0	59.9	22.7

1-21 分登记注册类型城镇单位就业人员平均工资及指数
AVERAGE WAGE AND INDEX OF EMPLOYED PERSONS BY REGISTRATION STATUS

年 份 Year	平均工资(元) Average Wage (yuan)				指数（以上年为100） Index (preceding year=100)			
	合 计 Total	国有单位 State-owned Units	城镇集体单位 Urban Collective-owned Units	其他单位 Other Ownership Units	合 计 Total	国有单位 State-owned Units	城镇集体单位 Urban Collective-owned Units	其他单位 Other Ownership Units
1952	445	446	348					
1957	624	637	571		103.8	104.4	104.4	
1962	551	592	405		108.0	110.2	106.6	
1965	590	652	398		100.7	98.6	111.2	
1970	561	609	405		97.6	98.5	92.3	
1971	560	597	429		99.8	98.0	105.9	
1972	588	622	465		105.0	104.2	108.4	
1973	587	614	489		99.8	98.7	105.2	
1974	584	622	441		99.5	101.3	90.2	
1975	580	613	453		99.3	98.6	102.7	
1976	575	605	464		99.1	98.7	102.4	
1977	576	602	478		100.2	99.5	103.0	
1978	615	644	506		106.8	107.0	105.9	
1979	668	705	542		108.6	109.5	107.1	
1980	762	803	623		114.1	113.9	114.9	
1981	772	812	642		101.3	101.1	103.0	
1982	798	836	671		103.4	103.0	104.5	
1983	826	865	698		103.5	103.5	104.0	
1984	974	1034	811	1048	117.9	119.5	116.2	
1985	1148	1213	967	1436	117.9	117.3	119.2	137.0
1986	1329	1414	1092	1629	115.8	116.6	112.9	113.4
1987	1459	1546	1207	1879	109.8	109.3	110.5	115.3
1988	1747	1853	1426	2382	119.7	119.9	118.1	126.8
1989	1935	2055	1557	2707	110.8	110.9	109.2	113.6
1990	2140	2284	1681	2987	110.6	111.1	108.0	110.3
1991	2340	2477	1866	3468	109.3	108.5	111.0	116.1
1992	2711	2878	2109	3966	115.9	116.2	113.0	114.4
1993	3371	3532	2592	4966	124.3	122.7	122.9	125.2
1994	4538	4797	3245	6302	134.6	135.8	125.2	126.9
1995	5348	5553	3934	7728	118.9	117.3	121.1	119.9
1996	5980	6207	4312	8521	111.8	111.8	109.6	110.3
1997	6444	6679	4516	9092	107.8	107.6	104.7	106.7
1998	7446	7579	5314	9241	115.5	113.5	117.7	101.6
1999	8319	8443	5758	10142	111.7	111.4	108.4	109.8
2000	9333	9441	6241	11238	112.2	111.8	108.4	110.8
2001	10834	11045	6851	12437	116.1	117.0	109.8	110.7
2002	12373	12701	7636	13486	114.2	115.0	111.5	108.4
2003	13969	14358	8627	14843	112.9	113.0	113.0	110.1
2004	15920	16445	9723	16519	114.0	114.5	112.7	111.3
2005	18200	18978	11176	18362	114.3	115.4	114.9	111.2
2006	20856	21706	12866	21004	114.6	114.4	115.1	114.4
2007	24721	26100	15444	24271	118.5	120.2	120.0	115.6
2008	28898	30287	18103	28552	116.9	116.0	117.2	117.6
2009	32244	34130	20607	31350	111.6	112.7	113.8	109.8
2010	36539	38359	24010	35801	113.3	112.4	116.5	114.2

1-22 分行业城镇单位就业人员平均工资（1995-2002年）
AVERAGE WAGE OF EMPLOYED PERSONS IN URBAN UNITS BY SECTOR (1995-2002)

单位：元 (yuan)

年 份 Year	合 计 Total	农、林、牧、渔业 Farming, Forestry, Animal Husbandry and Fishery	采掘业 Mining and Quarrying	制造业 Manufacturing	电力、煤气及水的生产和供应业 Production and Supply of Electricity, Gas and Water	建筑业 Construction	地质勘查业、水利管理业 Geological Prospecting and Water Conservancy	交通运输、仓储及邮电通信业 Transport, Storage, Post and Telecommunications
全 国 National								
1995	5348	3516	5743	5199	7829	5755	5953	6910
1996	5980	4045	6477	5673	8803	6242	6571	7833
1997	6444	4306	6825	5979	9641	6652	7147	8527
1998	7446	4532	7228	7118	10457	7434	7916	9714
1999	8319	4808	7507	7874	11487	7945	8793	10825
2000	9333	5142	8317	8836	12801	8668	9590	12170
2001	10834	5676	9541	9891	14471	9415	10904	13987
2002	12373	6314	10992	11152	16296	10212	12226	15818
国有单位 State-owned Units								
1995	5553	3520	5933	5347	7720	6453	5977	7511
1996	6207	4031	6709	5792	8686	6961	6601	8482
1997	6679	4297	7086	6006	9527	7363	7166	9189
1998	7579	4525	7485	6950	10298	8129	7934	10180
1999	8443	4787	7718	7578	11210	8686	8815	11141
2000	9441	5087	8258	8513	12419	9431	9617	12418
2001	11045	5633	9426	9550	14001	10189	10952	14099
2002	12701	6234	10580	10825	15636	11139	12219	15758
集体单位 Collective-owned units								
1995	3934	2926	3675	3730	7438	4673	4283	3593
1996	4312	3805	3956	4018	8315	5103	4780	3977
1997	4516	3939	4160	4134	9045	5476	6343	4067
1998	5314	4359	4577	5004	9434	5940	6966	5130
1999	5758	4863	4556	5326	9795	6279	7555	5682
2000	6241	5529	4867	5726	10680	6822	7464	5807
2001	6851	5626	5515	6101	12233	7225	7622	6311
2002	7636	6434	6036	6757	12912	7698	9579	6895
其他单位 Other Ownership units								
1995	7728	7264	5221	7483	10740	6862	5503	10825
1996	8521	7514	5238	8175	12036	7044	5870	12240
1997	9092	7192	5385	8640	12204	7617	5961	14095
1998	9241	5817	6745	8797	12179	8988	7070	12077
1999	10142	6877	7646	9592	13843	9508	8953	14366
2000	11238	8600	9827	10450	15513	10330	13483	16399
2001	12437	8649	11087	11361	17192	11120	11583	18826
2002	13486	9392	12846	12338	19212	11291	18115	20900

1-22 续表 continued

单位：元 (yuan)

年 份 Year	批发和零售贸易、餐饮业 Wholesale and Retail Trade & Catering Services	金融、保险业 Finance and Insurance	房地产业 Real Estate Trade	社 会 服务业 Social Services	卫生、体育和社会福利业 Health Care, Sporting and Social Welfare	教育、文化艺术和广播电影电视业 Education, Culture and Arts, Radio, Film and Television	科学研究和综合技术服务业 Scientific Research and Polytechnical Services	国家机关政党机关和社会团体 Government Agencies, Party Agencies and Social Organizations	其 他 Others
全 国 National									
1995	4260	7357	7351	6037	5831	4999	6818	5484	6250
1996	4674	8402	8405	6839	6758	5699	7981	6286	7143
1997	4872	9665	9269	7642	7566	6332	8953	6939	6862
1998	5884	10595	10402	8523	8445	7101	10112	7721	8497
1999	6436	11901	11579	9393	9625	8188	11501	8920	10153
2000	7188	13178	12551	10386	10832	9224	13374	9978	11205
2001	8207	15628	14074	11996	12821	11210	16220	12061	12862
2002	9439	18023	15384	13582	14652	13073	18792	13844	14212
国有单位 State-owned Units									
1995	4567	7558	6861	5932	5980	5026	6807	5486	6827
1996	4941	8638	7861	6676	6932	5714	7941	6296	7563
1997	5141	9904	8554	7406	7757	6402	8921	6943	6854
1998	6132	10801	9368	8142	8651	7182	10061	7725	8178
1999	6647	11865	10374	8975	9856	8278	11440	8925	9635
2000	7364	13215	11462	9709	11156	9341	13059	9983	10049
2001	8162	15678	12897	11130	13243	11339	16048	12071	11293
2002	9371	18313	14144	12067	15121	13237	18792	13858	13258
集体单位 Collective-owned Units									
1995	3461	6432	6643	4659	4869	3722	5871	5213	4848
1996	3838	6858	6740	4979	5602	4609	6738	5009	5667
1997	3901	7570	7654	5676	6264	4226	6805	6166	5761
1998	4530	8074	9056	6195	6846	4556	7000	6952	7049
1999	4820	8941	10391	6640	7775	5310	7921	7922	8124
2000	5110	9571	10270	7221	8347	5642	9198	8811	9007
2001	5450	10707	10516	7902	9474	7192	9522	9304	9638
2002	6017	12283	11315	8849	10680	8042	10228	10199	9642
其他单位 Other Ownership Units									
1995	7403	13035	10996	10189	9518	9149	10080		11629
1996	7976	16495	12426	11708	12182	9592	13372		14185
1997	8264	18194	13726	12747	13914	10386	14659		18939
1998	8492	16419	14142	13012	16691	12367	14773		22038
1999	9137	19375	15021	13777	18281	13477	16240		22977
2000	10235	20904	15402	15086	18158	12413	18916		28972
2001	11634	23300	16791	16839	18482	16449	19523		32267
2002	12349	23772	17613	18947	16114	17854	20879		31279

1-23 分行业城镇单位就业人员平均工资（2003-2010年）
AVERAGE WAGE OF EMPLOYED PERSONS IN URBAN UNITS BY SECTOR (2003-2010)

单位：元 (yuan)

登记注册类型 Registration Status 年份 Year	合计 Total	农、林、牧、渔业 Agriculture, Forestry, Farming of Animals and Fishery	采矿业 Mining	制造业 Manufacturing	电力、燃气及水的生产和供应业 Production & Distribution of Electricity, Gas & Water	建筑业 Construction	交通运输、仓储和邮政业 Traffic, Transport, Storage and post
全　国 National							
2003	13969	6884	13627	12671	18574	11328	15753
2004	15920	7497	16774	14251	21543	12578	18071
2005	18200	8207	20449	15934	24750	14112	20911
2006	20856	9269	24125	18225	28424	16164	24111
2007	24721	10847	28185	21144	33470	18482	27903
2008	28898	12560	34233	24404	38515	21223	32041
2009	32244	14356	38038	26810	41869	24161	35315
2010	36539	16717	44196	30916	47309	27529	40466
国有单位 State-owned Units							
2003	14358	6819	13819	12520	18030	12495	15973
2004	16445	7417	17198	14374	20933	14076	17938
2005	18978	8122	20843	16831	24105	16032	20716
2006	21706	9145	24827	20117	28145	18166	23723
2007	26100	10706	29177	23671	33355	20963	27606
2008	30287	12384	35564	27471	38567	23394	31259
2009	34130	14160	38626	31142	42160	27750	34976
2010	38359	16522	44904	36386	47724	31777	40097
集体单位 Collective-owned units							
2003	8627	6127	7194	7594	14774	8311	8100
2004	9723	7027	8628	8581	16898	9111	8777
2005	11176	8042	11067	9671	18323	10071	9920
2006	12866	9789	13626	10978	19880	11428	11062
2007	15444	11490	17131	12985	23237	13611	13102
2008	18103	13546	19813	15455	27603	15641	15062
2009	20607	15392	20075	17620	29369	17565	17538
2010	24010	18156	23791	20841	33851	20210	19882
其他单位 Other Ownership units							
2003	14843	10077	14285	13596	20805	12227	17573
2004	16519	10332	17308	14944	23757	13271	21165
2005	18362	10952	21044	16294	26822	14593	23968
2006	21004	12677	24513	18394	29663	16780	27578
2007	24271	14686	28291	21210	34314	18825	30892
2008	28552	17400	34246	24401	38968	21767	36041
2009	31350	19456	38640	26617	41931	24325	37883
2010	35801	21359	44907	30609	47164	27522	43176

1-23 续表 1 continued

单位：元 (yuan)

登记注册类型 Registration Status 年份 Year	信息传输、计算机服务和软件业 Information Transfer, Computer and Software	批发和零售业 Wholesale and Retail Trade	住宿和餐饮业 Accommodation and Restaurants	金融业 Finance	房地产业 Real Estate	租赁和商务服务业 Tenancy and Business Services	科学研究、技术服务和地质勘查业 Scientific Research, Technical Service & Geologic Perambulation
全　国 National							
2003	30897	10894	11198	20780	17085	17020	20442
2004	33449	13012	12618	24299	18467	18723	23351
2005	38799	15256	13876	29229	20253	21233	27155
2006	43435	17796	15236	35495	22238	24510	31644
2007	47700	21074	17046	44011	26085	27807	38432
2008	54906	25818	19321	53897	30118	32915	45512
2009	58154	29139	20860	60398	32242	35494	50143
2010	64436	33635	23382	70146	35870	39566	56376
国有单位 State-owned Units							
2003	24969	10937	10482	21267	15749	15042	19775
2004	27389	12724	12137	25063	17215	16470	22711
2005	29935	15492	13428	30396	19449	19076	25989
2006	32747	18444	14851	34727	21324	20804	30023
2007	36277	21450	16432	43465	25073	23800	36456
2008	38947	25983	19091	52309	27683	27418	42643
2009	42379	30908	21177	56719	30800	30431	47277
2010	46402	35814	23864	66014	33967	33680	53235
集体单位 Collective-owned units							
2003	12486	6610	8356	14023	12002	10896	12962
2004	17633	7312	9311	16209	12793	11639	13441
2005	24524	8261	10145	18560	13259	13230	18053
2006	24058	9256	11453	21694	15625	14204	23058
2007	24875	10686	12897	25881	18557	16329	24823
2008	27892	12906	15149	31358	20856	17547	29988
2009	30904	14777	16569	37453	22516	19276	33025
2010	37576	16816	18808	44154	24617	20981	37538
其他单位 Other Ownership units							
2003	41911	13665	12425	25374	18898	25742	25591
2004	43474	16265	13553	28513	19933	27581	29233
2005	48602	17709	14692	33307	21331	29040	34523
2006	53807	19959	15922	42687	23181	34514	40707
2007	56392	23594	17780	51553	27004	37443	48861
2008	65686	28358	19800	62044	31556	43406	57827
2009	68067	30717	21064	67574	33311	45078	61697
2010	74178	35109	23505	77445	37102	50179	67716

1-23 续表 2 continued

单位：元 (yuan)

登记注册类型 Registration Status 年 份 Year	水利、环境和公共设施管理业 Management of Water Conservancy, Environment and Public Establishment	居民服务和其他服务业 Resident Services and Other Services	教 育 Education	卫生、社会保障和社会福利业 Sanitation, Social Security and Social Welfare	文化体育和娱乐业 Culture, Sports and Entertainment	公共管理和社会组织 Public Management and Social Organization
全 国 National						
2003	11774	12665	14189	16185	17098	15355
2004	12884	13680	16085	18386	20522	17372
2005	14322	15747	18259	20808	22670	20234
2006	15630	18030	20918	23590	25847	22546
2007	18383	20370	25908	27892	30430	27731
2008	21103	22858	29831	32185	34158	32296
2009	23159	25172	34543	35662	37755	35326
2010	25544	28206	38968	40232	41428	38242
国有单位 State-owned Units						
2003	11782	14419	14371	16741	17340	15382
2004	12850	16366	16217	19061	20955	17406
2005	14254	17323	18388	21500	23110	20270
2006	15517	20548	21027	24298	26374	22608
2007	18293	21744	25997	28719	31210	27790
2008	21000	26443	29925	33075	34993	32350
2009	23161	28874	34678	36575	38749	35491
2010	25478	32417	39166	41112	42367	38387
集体单位 Collective-owned units						
2003	10030	8683	9330	11610	9424	10293
2004	10433	8910	10559	12869	10953	11454
2005	11051	10690	12670	14826	13635	12906
2006	11948	12170	15338	17325	14169	14129
2007	13312	14476	21010	20442	17414	17002
2008	15413	16412	22645	24028	19686	18941
2009	16891	18509	27515	27618	22177	26039
2010	18551	20818	31486	32645	24796	26957
其他单位 Other Ownership units						
2003	14392	14038	17986	15110	16565	8763
2004	16645	13893	19964	15789	18002	12617
2005	18681	16502	20664	18084	19926	14036
2006	20388	17410	23099	21225	22712	11765
2007	23390	21014	27494	24600	25384	13994
2008	26869	20566	31211	28831	29567	21586
2009	27154	22877	32663	30579	32898	17849
2010	30217	25536	35282	34672	37107	21392

1-24 分行业城镇单位就业人员平均货币工资指数（1995-2002年）

INDICES OF MONEY AVERAGE EARNING OF EMPLOYED PERSONS IN URBAN UNITS BY SECTOR (1995-2002)

上年=100 (preceding year=100)

年 份 Year	合 计 Total	农、林、牧、渔业 Farming, Forestry, Animal Husbandry and Fishery	采掘业 Mining and Quarrying	制造业 Manufacturing	电力、煤气及水的生产和供应业 Production and Supply of Electricity, Gas and Water	建筑业 Construction	地质勘查业、水利管理业 Geological Prospecting and Water Conservancy	交通运输、仓储及邮电通信业 Transport, Storage, Post and Telecommu-nications
全 国 National								
1995	118.9	124.5	123.2	121.2	127.3	118.1	109.5	121.9
1996	111.8	115.0	112.8	109.1	112.4	108.5	110.4	113.4
1997	107.8	106.5	105.4	105.4	109.5	106.6	108.8	108.9
1998	115.5	105.2	105.9	119.1	108.5	111.8	110.8	113.9
1999	111.7	106.1	103.9	110.6	109.8	106.9	111.1	111.4
2000	112.2	106.9	110.8	112.2	111.4	109.1	109.1	112.4
2001	116.1	110.4	114.7	111.9	113.0	108.6	113.7	114.9
2002	114.2	111.2	115.2	112.7	112.6	108.5	112.1	113.1
国有单位 State-owned Units								
1995	117.3	124.6	122.4	118.8	126.3	118.3	109.4	121.6
1996	111.8	114.5	113.1	108.3	112.5	107.9	110.4	112.9
1997	107.6	106.6	105.6	103.7	109.7	105.8	108.6	108.3
1998	113.5	105.3	105.6	115.7	108.1	110.4	110.7	110.8
1999	111.4	105.8	103.1	109.0	108.9	106.9	111.1	109.4
2000	111.8	106.3	107.0	112.3	110.8	108.6	109.1	111.5
2001	117.0	110.7	114.1	112.2	112.7	108.0	113.9	113.5
2002	115.0	110.7	112.2	113.4	111.7	109.3	111.6	111.8
集体单位 Collective-owned units								
1995	121.1	116.2	131.5	121.1	129.9	118.7	115.9	115.5
1996	109.6	130.0	107.6	107.7	111.8	109.2	111.6	110.7
1997	104.7	103.5	105.2	102.9	108.8	107.3	132.7	102.3
1998	117.7	110.7	110.0	121.0	104.3	108.5	109.8	126.1
1999	108.4	111.6	99.5	106.4	103.8	105.7	108.5	110.8
2000	108.4	113.7	106.8	107.5	109.0	108.6	98.8	102.2
2001	109.8	101.8	113.3	106.5	114.5	105.9	102.1	108.7
2002	111.5	114.4	109.4	110.8	105.6	106.5	125.7	109.3
其他单位 Other Ownership units								
1995	119.9	129.2	123.1	120.8	131.6	116.0	126.2	120.3
1996	110.3	103.4	100.3	109.2	112.1	102.7	106.7	113.1
1997	106.7	95.7	102.8	105.7	101.4	108.1	101.6	115.2
1998	101.6	80.9	125.3	101.8	99.8	118.0	118.6	85.7
1999	109.8	118.2	113.4	109.0	113.7	105.8	126.6	119.0
2000	110.8	125.1	128.5	108.9	112.1	108.6	150.6	114.2
2001	110.7	100.6	112.8	108.7	110.8	107.6	85.9	114.8
2002	108.4	108.6	115.9	108.6	111.7	101.5	156.4	111.0

1-24 续表 continued

上年=100 (preceding year=100)

年 份 Year	批发和零售贸易、餐饮业 Wholesale and Retail Trade & Catering Services	金融、保险业 Finance and Insurance	房地产业 Real Estate Trade	社 会服务业 Social Services	卫生、体育和社会福利业 Health Care, Sporting and Social Welfare	教育、文化艺术和广播电影电视业 Education, Culture and Arts, Radio, Film and Television	科学研究和综合技术服务业 Scientific Research and Polytechnical Services	国家机关政党机关和社会团体 Government Agencies, Party Agencies and Social Organizations	其 他 Others
全 国 National									
1995	120.3	109.9	117.1	119.3	114.4	111.2	111.3	111.5	120.5
1996	109.7	114.2	114.3	113.3	115.9	114.0	117.1	114.6	114.3
1997	104.2	115.0	110.3	111.7	112.0	111.1	112.2	110.4	96.1
1998	120.8	109.6	112.2	111.5	111.6	112.1	112.9	111.3	123.8
1999	109.4	112.3	111.3	110.2	114.0	115.3	113.7	115.5	119.5
2000	111.7	110.7	108.4	110.6	112.5	112.7	116.3	111.9	110.4
2001	114.2	118.6	112.1	115.5	118.4	121.5	121.3	120.9	114.8
2002	115.0	115.3	109.3	113.2	114.3	116.6	115.9	114.8	110.5
国有单位 State-owned Units									
1995	118.5	108.3	115.0	116.7	114.1	111.4	110.1	111.4	119.3
1996	108.2	114.3	114.6	112.5	115.9	113.7	116.7	114.8	110.8
1997	104.0	114.7	108.8	110.9	111.9	112.0	112.3	110.3	90.6
1998	119.3	109.1	109.5	109.9	111.5	112.2	112.8	111.3	119.3
1999	108.4	109.9	110.7	110.2	113.9	115.3	113.7	115.5	117.8
2000	110.8	111.4	110.5	108.2	113.2	112.8	114.2	111.9	104.3
2001	110.8	118.6	112.5	114.6	118.7	121.4	122.9	120.9	112.4
2002	114.8	116.8	109.7	108.4	114.2	116.7	117.1	114.8	117.4
集体单位 Collective-owned Units									
1995	122.2	114.0	126.8	125.7	115.6	109.1	125.5	120.8	120.1
1996	110.9	106.6	101.5	106.9	115.1	123.8	114.8	96.1	116.9
1997	101.6	110.4	113.6	114.0	111.8	91.7	101.0	123.1	101.7
1998	116.1	106.7	118.3	109.1	109.3	107.8	102.9	112.7	122.4
1999	106.4	110.7	114.7	107.2	113.6	116.5	113.2	114.0	115.3
2000	106.0	107.0	98.8	108.8	107.4	106.3	116.1	111.2	110.9
2001	106.7	111.9	102.4	109.4	113.5	127.5	103.5	105.6	107.0
2002	110.4	114.7	107.6	112.0	112.7	111.8	107.4	109.6	100.0
其他单位 Other Ownership Units									
1995	112.2	120.7	113.3	115.7	130.8	111.0	125.3		117.6
1996	107.7	126.5	113.0	114.9	128.0	104.8	132.7		122.0
1997	103.6	110.3	110.5	108.9	114.2	108.3	109.6		133.5
1998	102.8	90.2	103.0	102.1	120.0	119.1	100.8		116.4
1999	107.6	118.0	106.2	105.9	109.5	109.0	109.9		104.3
2000	112.0	107.9	102.5	109.5	99.3	92.1	116.5		126.1
2001	113.7	111.5	109.0	111.6	101.8	132.5	103.2		111.4
2002	106.1	102.0	104.9	112.5	87.2	108.5	106.9		96.9

1-25 分行业城镇单位就业人员平均货币工资指数（2004-2010年）

INDICES OF MONEY AVERAGE EARNING OF EMPLOYED PERSONS IN URBAN UNITS BY SECTOR (2004-2010)

上年=100 (preceding year=100)

登记注册类型 Registration Status / 年份 Year	合计 Total	农、林、牧、渔业 Agriculture, Forestry, Farming of Animals and Fishery	采矿业 Mining	制造业 Manufacturing	电力、燃气及水的生产和供应业 Production & Distribution of Electricity, Gas & Water	建筑业 Construction	交通运输、仓储和邮政业 Traffic, Transport, Storage and post
全国 National							
2004	114.0	108.9	123.1	112.5	116.0	111.0	114.7
2005	114.3	109.5	121.9	111.8	114.9	112.2	115.7
2006	114.6	112.9	118.0	114.4	114.8	114.5	115.3
2007	118.5	117.0	116.8	116.0	117.8	114.3	115.7
2008	116.9	115.8	121.5	115.4	115.1	114.8	114.8
2009	111.6	114.3	111.1	109.9	108.7	113.8	110.2
2010	113.3	116.4	116.2	115.3	113.0	113.9	114.6
国有单位 State-owned Units							
2004	114.5	108.8	124.5	114.8	116.1	112.7	112.3
2005	115.4	109.5	121.2	117.1	115.2	113.9	115.5
2006	114.4	112.6	119.1	119.5	116.8	113.3	114.5
2007	120.2	117.1	117.5	117.7	118.5	115.4	116.4
2008	116.0	115.7	121.9	116.1	115.6	111.6	113.2
2009	112.7	114.3	108.6	113.4	109.3	118.6	111.9
2010	112.4	116.7	116.3	116.8	113.2	114.5	114.6
集体单位 Collective-owned units							
2004	112.7	114.7	119.9	113.0	114.4	109.6	108.4
2005	114.9	114.4	128.3	112.7	108.4	110.5	113.0
2006	115.1	121.7	123.1	113.5	108.5	113.5	111.5
2007	120.0	117.4	125.7	118.3	116.9	119.1	118.4
2008	117.2	117.9	115.7	119.0	118.8	114.9	115.0
2009	113.8	113.8	113.8	113.8	113.8	113.8	113.8
2010	116.5	118.0	118.5	118.3	115.3	115.1	113.4
其他单位 Other Ownership units							
2004	111.3	102.5	121.2	109.9	114.2	108.5	120.4
2005	111.2	106.0	121.6	109.0	112.9	110.0	113.2
2006	114.4	115.8	116.5	112.9	110.6	115.0	115.1
2007	115.6	115.8	115.4	115.3	115.7	112.2	112.0
2008	117.6	118.5	121.0	115.0	113.6	115.6	116.7
2009	109.8	111.8	112.8	109.1	107.6	111.8	105.1
2010	114.2	109.8	116.2	115.0	112.5	113.1	114.0

1-25 续表 1 continued

上年=100 (preceding year=100)

登记注册类型 Registration Status 年份 Year	信息传输、计算机服务和软件业 Information Transfer, Computer and Software	批发和零售业 Wholesale and Retail Trade	住宿和餐饮业 Accommodation and Restaurants	金融业 Finance	房地产业 Real Estate	租赁和商务服务业 Tenancy and Business Services	科学研究、技术服务和地质勘查业 Scientific Research, Technical Service & Geologic Perambulation
全 国 National							
2004	108.3	119.4	112.7	116.9	108.1	110.0	114.2
2005	116.0	117.2	110.0	120.3	109.7	113.4	116.3
2006	111.9	116.6	109.8	121.4	109.8	115.4	116.5
2007	109.8	118.4	111.9	124.0	117.3	113.5	121.5
2008	115.1	122.5	113.3	122.5	115.5	118.4	118.4
2009	105.9	112.9	108.0	112.1	107.1	107.8	110.2
2010	110.8	115.4	112.1	116.1	111.3	111.5	112.4
国有单位 State-owned Units							
2004	109.7	116.3	115.8	117.8	109.3	109.5	114.8
2005	109.3	121.8	110.6	121.3	113.0	115.8	114.4
2006	109.4	119.1	110.6	114.2	109.6	109.1	115.5
2007	110.8	116.3	110.6	125.2	117.6	114.4	121.4
2008	107.4	121.1	116.2	120.3	110.4	115.2	117.0
2009	108.8	119.0	110.9	108.4	111.3	111.0	110.9
2010	109.5	115.9	112.7	116.4	110.3	110.7	112.6
集体单位 Collective-owned units							
2004	141.2	110.6	111.4	115.6	106.6	106.8	103.7
2005	139.1	113.0	109.0	114.5	103.6	113.7	134.3
2006	98.1	112.0	112.9	116.9	117.8	107.4	127.7
2007	103.4	115.4	112.6	119.3	118.8	115.0	107.7
2008	112.1	120.8	117.5	121.2	112.4	107.5	120.8
2009	110.8	114.5	109.4	119.4	108.0	109.9	110.1
2010	121.6	113.8	113.5	117.9	109.3	108.8	113.7
其他单位 Other Ownership units							
2004	103.7	119.0	109.1	112.4	105.5	107.1	114.2
2005	111.8	108.9	108.4	116.8	107.0	105.3	118.1
2006	110.7	112.7	108.4	128.2	108.7	118.8	117.9
2007	104.8	118.2	111.7	120.8	116.5	108.5	120.0
2008	116.5	120.2	111.4	120.3	116.9	115.9	118.4
2009	103.6	108.3	106.4	108.9	105.6	103.9	106.7
2010	109.0	114.3	111.6	114.6	111.4	111.3	109.8

1-25 续表 2 continued

上年=100 (preceding year=100)

登记注册类型 Registration Status 年份 Year	水利、环境和公共设施管理业 Management of Water Conservancy, Environment and Public Establishment	居民服务和其他服务业 Resident Services and Other Services	教育 Education	卫生、社会保障和社会福利业 Sanitation, Social Security and Social Welfare	文化体育和娱乐业 Culture, Sports and Entertainment	公共管理和社会组织 Public Management and Social Organization
全国 National						
2004	109.4	108.0	113.4	113.6	120.0	113.1
2005	111.2	115.1	113.5	113.2	110.5	116.5
2006	109.1	114.5	114.6	113.4	114.0	111.4
2007	117.6	113.0	123.9	118.2	117.7	123.0
2008	114.8	112.2	115.1	115.4	112.3	116.5
2009	109.7	110.1	115.8	110.8	110.5	109.4
2010	110.3	112.1	112.8	112.8	109.7	108.3
国有单位 State-owned Units						
2004	109.1	113.5	112.8	113.9	120.8	113.2
2005	110.9	105.8	113.4	112.8	110.3	116.5
2006	108.9	118.6	114.4	113.0	114.1	111.5
2007	117.9	105.8	123.6	118.2	118.3	122.9
2008	114.8	121.6	115.1	115.2	112.1	116.4
2009	110.3	109.2	115.9	110.6	110.7	109.7
2010	110.0	112.3	112.9	112.4	109.3	108.2
集体单位 Collective-owned units						
2004	104.0	102.6	113.2	110.8	116.2	111.3
2005	105.9	120.0	120.0	115.2	124.5	112.7
2006	108.1	113.8	121.1	116.9	103.9	109.5
2007	111.4	118.9	137.0	118.0	122.9	120.3
2008	115.8	113.4	107.8	117.5	113.0	111.4
2009	109.6	112.8	121.5	114.9	112.7	137.5
2010	109.8	112.5	114.4	118.2	111.8	103.5
其他单位 Other Ownership units						
2004	115.7	99.0	111.0	104.5	108.7	144.0
2005	112.2	118.8	103.5	114.5	110.7	111.2
2006	109.1	105.5	111.8	117.4	114.0	83.8
2007	114.7	120.7	119.0	115.9	111.8	118.9
2008	114.9	97.9	113.5	117.2	116.5	154.3
2009	101.1	111.2	104.7	106.1	111.3	82.7
2010	111.3	111.6	108.0	113.4	112.8	119.8

1-26 分行业城镇单位就业人员平均实际工资指数（1995-2002年）
INDICES OF REAL AVERAGE WAGE OF EMPLOYED PERSONS IN URBAN UNITS BY SECTOR (1995-2002)

上年=100 (preceding year=100)

年　份 Year	合　计 Total	农、林、牧、渔业 Farming, Forestry, Animal Husbandry and Fishery	采掘业 Mining and Quarrying	制造业 Manufacturing	电力、煤气及水的生产和供应业 Production and Supply of Electricity, Gas and Water	建筑业 Construction	地质勘查业、水利管理业 Geological Prospecting and Water Conservancy	交通运输、仓储及邮电通信业 Transport, Storage, Post and Telecommunications
全　国 National								
1995	101.8	106.6	105.5	103.8	109.0	101.1	93.8	104.3
1996	102.8	105.7	103.7	100.3	103.3	99.7	101.5	104.2
1997	104.5	103.3	102.2	102.2	106.2	103.4	105.5	105.6
1998	116.2	105.9	106.5	119.8	109.1	112.4	111.4	114.6
1999	113.2	107.5	105.2	112.1	111.3	108.3	112.5	112.9
2000	111.3	106.1	109.9	111.3	110.6	108.2	108.2	111.5
2001	115.3	109.6	113.9	111.2	112.3	107.9	112.9	114.1
2002	115.4	112.4	116.4	113.9	113.7	109.6	113.3	114.2
国有单位 State-owned Units								
1995	100.4	106.7	104.8	101.7	108.1	101.2	93.7	104.1
1996	102.7	105.3	103.9	99.6	103.4	99.1	101.5	103.8
1997	104.4	103.4	102.4	100.6	106.4	102.6	105.3	105.1
1998	114.2	105.9	106.3	116.4	108.7	111.1	111.4	111.5
1999	112.9	107.2	104.5	110.5	110.3	108.3	112.6	110.9
2000	110.9	105.4	106.1	111.4	109.9	107.7	108.2	110.6
2001	116.2	110.0	113.4	111.4	112.0	107.3	113.1	112.7
2002	116.2	111.8	113.4	114.5	112.8	110.4	112.7	112.9
集体单位 Collective-owned units								
1995	103.7	99.5	112.6	103.7	111.3	101.6	99.2	98.8
1996	100.7	119.5	98.9	99.0	102.7	100.4	102.6	101.7
1997	101.6	100.4	102.0	99.8	105.5	104.1	128.7	99.2
1998	118.4	111.3	110.7	121.8	104.9	109.1	110.5	126.9
1999	109.8	113.0	100.9	107.8	105.2	107.1	109.9	112.2
2000	107.5	112.8	106.0	106.7	108.2	107.8	98.0	101.4
2001	109.0	101.0	112.5	105.8	113.7	105.2	101.4	107.9
2002	112.6	115.5	110.6	111.9	106.6	107.6	126.9	110.4
其他单位 Other Ownership units								
1995	102.6	110.6	105.4	103.4	112.7	99.3	108.1	103.0
1996	101.3	95.1	92.2	100.4	103.0	94.3	98.0	103.9
1997	103.5	92.8	99.7	102.5	98.3	104.9	98.5	111.7
1998	102.3	81.4	126.0	102.4	100.4	118.7	119.3	86.2
1999	111.2	119.8	114.9	110.5	115.2	107.2	128.3	120.5
2000	109.9	124.1	127.5	108.1	111.2	107.8	149.4	113.2
2001	109.9	99.9	112.0	108.0	110.1	106.9	85.3	114.0
2002	109.5	109.7	117.0	109.7	112.9	102.6	158.0	112.1

1-26 续表 continued

上年=100 (preceding year=100)

年 份 Year	批发和零售贸易、餐饮业 Wholesale and Retail Trade & Catering Services	金融、保险业 Finance and Insurance	房地产业 Real Estate Trade	社 会服务业 Social Services	卫生、体育和社会福利业 Health Care, Sporting and Social Welfare	教育、文化艺术和广播电影电视业 Education, Culture and Arts, Radio, Film and Television	科学研究和综合技术服务业 Scientific Research and Polytechnical Services	国家机关政党机关和社会团体 Government Agencies, Party Agencies and Social Organizations	其 他 Others
全 国 National									
1995	103.0	94.1	100.3	102.1	97.9	95.2	95.3	95.4	103.1
1996	100.8	105.0	105.1	104.1	106.5	104.8	107.6	105.4	105.0
1997	101.1	111.6	107.0	108.4	108.6	107.8	108.8	107.1	93.2
1998	121.5	110.3	112.9	112.2	112.3	112.8	113.6	111.9	124.6
1999	110.8	113.8	112.8	111.7	115.5	116.8	115.2	117.1	121.1
2000	110.8	109.9	107.5	109.7	111.6	111.8	115.4	111.0	109.5
2001	113.4	117.8	111.4	114.7	117.5	120.7	120.4	120.0	114.0
2002	116.2	116.5	110.4	114.4	115.4	117.8	117.0	115.9	111.6
国有单位 State-owned Units									
1995	101.5	92.7	98.4	100.0	97.7	95.4	94.3	95.3	102.1
1996	99.4	105.0	105.3	103.4	106.5	104.5	107.2	105.5	101.8
1997	100.9	111.2	105.5	107.6	108.5	108.7	109.0	107.0	87.9
1998	120.0	109.7	110.2	110.6	112.2	112.9	113.5	111.9	120.0
1999	109.8	111.3	112.2	111.7	115.4	116.8	115.2	117.1	119.4
2000	109.9	110.5	109.6	107.3	112.3	111.9	113.2	111.0	103.5
2001	110.1	117.8	111.7	113.8	117.9	120.5	122.0	120.1	111.6
2002	116.0	118.0	110.8	109.5	115.3	117.9	118.3	116.0	118.6
集体单位 Collective-owned Units									
1995	104.6	97.6	108.6	107.6	99.0	93.4	107.5	103.4	102.8
1996	101.9	98.0	93.3	98.2	105.7	113.8	105.5	88.3	107.4
1997	98.6	107.1	110.1	110.6	108.5	88.9	98.0	119.4	98.6
1998	116.8	107.3	119.0	109.8	110.0	108.5	103.5	113.4	123.1
1999	107.8	112.2	116.3	108.6	115.1	118.1	114.6	115.5	116.8
2000	105.2	106.2	98.1	107.9	106.5	105.4	115.2	110.3	110.0
2001	105.9	111.1	101.7	108.7	112.7	126.6	102.8	104.9	106.3
2002	111.5	115.9	108.7	113.1	113.9	112.9	108.5	110.7	101.1
其他单位 Other Ownership Units									
1995	96.0	103.4	97.0	99.0	112.0	95.0	107.3		100.7
1996	99.0	116.3	103.9	105.6	117.6	96.4	121.9		112.1
1997	100.5	107.0	107.1	105.6	110.8	105.0	106.3		129.5
1998	103.4	90.8	103.7	102.7	120.7	119.8	101.4		117.1
1999	109.0	119.6	107.6	107.3	111.0	110.4	111.4		105.6
2000	111.1	107.0	101.7	108.6	98.5	91.4	115.6		125.1
2001	112.9	110.7	108.3	110.8	101.1	131.6	102.5		110.6
2002	107.2	103.1	106.0	113.7	88.1	109.6	108.0		97.9

1-27 分行业城镇单位就业人员平均实际工资指数（2004-2010年）

INDICES OF REAL AVERAGE EARNING OF EMPLOYED PERSONS IN URBAN UNITS BY SECTOR (2004-2010)

上年=100 (preceding year=100)

登记注册类型 Registration Status 年 份 Year	合 计 Total	农、林、牧、渔业 Agriculture, Forestry, Farming of Animals and Fishery	采矿业 Mining	制造业 Manufacturing	电力、燃气及水的生产和供应业 Production & Distribution of Electricity, Gas & Water	建筑业 Construction	交通运输、仓储和邮政业 Traffic, Transport, Storage and post
全 国 National							
2004	110.3	105.4	119.2	108.9	112.3	107.5	111.1
2005	112.5	107.7	120.0	110.0	113.1	110.4	113.9
2006	112.9	111.3	116.3	112.7	113.2	112.9	113.6
2007	113.4	112.0	111.8	111.0	112.7	109.4	110.8
2008	110.7	109.7	115.0	109.3	109.0	108.7	108.7
2009	112.6	115.3	112.1	110.8	109.6	114.8	111.2
2010	109.8	112.8	112.6	111.7	109.5	110.4	111.0
国有单位 State-owned Units							
2004	110.9	105.3	120.5	111.1	112.4	109.1	108.7
2005	113.6	107.8	119.3	115.2	113.3	112.1	113.7
2006	112.7	111.0	117.4	117.8	115.1	111.7	112.9
2007	115.1	112.0	112.5	112.6	113.4	110.4	111.4
2008	109.9	109.5	115.4	109.9	109.5	105.7	107.2
2009	113.7	115.3	109.5	114.3	110.3	119.6	112.9
2010	108.9	113.1	112.6	113.2	109.7	111.0	111.1
集体单位 Collective-owned units							
2004	109.1	111.0	116.1	109.4	110.7	106.1	104.9
2005	113.1	112.6	126.2	110.9	106.7	108.8	111.2
2006	113.4	120.0	121.3	111.9	106.9	111.8	109.9
2007	114.9	112.3	120.3	113.2	111.9	114.0	113.4
2008	111.0	111.6	109.5	112.7	112.5	108.8	108.9
2009	114.8	114.8	114.8	114.8	114.8	114.8	114.8
2010	112.9	114.3	114.8	114.6	111.7	111.5	109.9
其他单位 Other Ownership units							
2004	107.7	99.3	117.3	106.4	110.5	105.1	116.6
2005	109.4	104.3	119.7	107.3	111.1	108.2	111.5
2006	112.7	114.1	114.8	111.2	109.0	113.3	113.4
2007	110.6	110.9	110.5	110.4	110.7	107.4	107.2
2008	111.4	112.2	114.6	108.9	107.5	109.5	110.5
2009	110.8	112.8	113.8	110.0	108.5	112.7	106.0
2010	110.7	106.4	112.6	111.4	109.0	109.6	110.4

1-27 续表 1 continued

上年=100 (preceding year=100)

登记注册类型 Registration Status 年 份 Year	信息传输、计算机服务和软件业 Information Transfer, Computer and Software	批发和零售业 Wholesale and Retail Trade	住宿和餐饮业 Accommodation and Restaurants	金融业 Finance	房地产业 Real Estate	租赁和商务服务业 Tenancy and Business Services	科学研究、技术服务和地质勘查业 Scientific Research, Technical Service & Geologic Perambulation
全 国 National							
2004	104.8	115.6	109.1	113.2	104.6	106.5	110.6
2005	114.2	115.4	108.2	118.4	107.9	111.6	114.5
2006	110.3	115.0	108.2	119.7	108.2	113.8	114.8
2007	105.1	113.3	107.1	118.7	112.3	108.6	116.2
2008	109.0	116.0	107.3	116.0	109.3	112.1	112.1
2009	106.8	113.8	108.9	113.0	108.0	108.8	111.1
2010	107.4	111.9	108.6	112.5	107.8	108.0	108.9
国有单位 State-owned Units							
2004	106.2	112.6	112.1	114.1	105.8	106.0	111.2
2005	107.6	119.8	108.9	119.4	111.2	114.0	112.6
2006	107.8	117.3	109.0	112.6	108.0	107.5	113.8
2007	106.0	111.3	105.9	119.8	112.5	109.5	116.2
2008	101.7	114.7	110.0	114.0	104.6	109.1	110.8
2009	109.7	120.0	111.9	109.4	112.2	111.9	111.8
2010	106.1	112.3	109.2	112.8	106.9	107.2	109.1
集体单位 Collective-owned units							
2004	136.7	107.1	107.9	111.9	103.2	103.4	100.4
2005	136.9	111.2	107.2	112.7	102.0	111.9	132.2
2006	96.7	110.4	111.2	115.2	116.1	105.8	125.8
2007	98.9	110.5	107.8	114.2	113.7	110.0	103.0
2008	106.2	114.4	111.2	114.7	106.4	101.8	114.4
2009	111.8	115.5	110.4	120.5	108.9	110.9	111.1
2010	117.8	110.3	110.0	114.2	105.9	105.5	110.1
其他单位 Other Ownership units							
2004	100.4	115.2	105.6	108.8	102.1	103.7	110.6
2005	110.0	107.2	106.7	115.0	105.3	103.6	116.2
2006	109.1	111.1	106.8	126.3	107.1	117.1	116.2
2007	100.3	113.1	106.9	115.6	111.5	103.8	114.9
2008	110.3	113.8	105.5	114.0	110.7	109.8	112.1
2009	104.5	109.3	107.3	109.9	106.5	104.7	107.6
2010	105.6	110.8	108.1	111.1	107.9	107.9	106.4

1-27 续表 2 continued

上年=100 (preceding year=100)

登记注册类型 Registration Status 年 份 Year	水利、环境和公共设施管理业 Management of Water Conservancy, Environment and Public Establishment	居民服务和其他服务业 Resident Services and Other Services	教 育 Education	卫生、社会保障和社会福利业 Sanitation, Social Security and Social Welfare	文化体育和娱乐业 Culture, Sports and Entertainment	公共管理和社会组织 Public Management and Social Organization
全 国 National						
2004	105.9	104.6	109.7	110.0	116.2	109.5
2005	109.4	113.3	111.7	111.4	108.7	114.6
2006	107.5	112.8	112.9	111.7	112.4	109.8
2007	112.6	108.1	118.5	113.2	112.7	117.7
2008	108.7	106.3	109.0	109.3	106.3	110.3
2009	110.7	111.1	116.8	111.8	111.5	110.3
2010	106.9	108.6	109.3	109.3	106.3	104.9
国有单位 State-owned Units						
2004	105.6	109.9	109.2	110.2	117.0	109.5
2005	109.2	104.2	111.6	111.0	108.5	114.6
2006	107.3	116.9	112.7	111.4	112.5	109.9
2007	112.8	101.3	118.3	113.1	113.3	117.6
2008	108.7	115.2	109.0	109.1	106.2	110.2
2009	110.7	111.1	116.8	111.8	111.5	110.3
2010	106.6	108.8	109.4	108.9	105.9	104.8
集体单位 Collective-owned units						
2004	100.7	99.3	109.6	107.3	112.5	107.7
2005	104.3	118.1	118.1	113.4	122.5	110.9
2006	106.5	112.2	119.3	115.1	102.4	107.9
2007	106.6	113.8	131.1	112.9	117.6	115.2
2008	109.6	107.4	102.1	111.3	107.1	105.5
2009	110.6	113.8	122.6	116.0	113.7	138.7
2010	106.4	109.0	110.9	114.5	108.3	100.3
其他单位 Other Ownership units						
2004	112.0	95.8	107.5	101.2	105.2	139.4
2005	110.5	116.9	101.9	112.7	108.9	109.5
2006	107.6	104.0	110.2	115.7	112.3	82.6
2007	109.8	115.5	113.9	110.9	107.0	113.8
2008	108.8	92.7	107.5	111.0	110.3	146.1
2009	102.0	112.2	105.6	107.0	112.3	83.4
2010	107.8	108.2	104.7	109.9	109.3	116.1

1-28 分地区全国就业人员受教育程度构成
EDUCATIONAL ATTAINMENT COMPOSITION OF EMPLOYMENT BY REGION

单位：% (%)

地 区	Region	合 计 Total	男 Male	女 Female	未上过学 Illiterate	小 学 Primary School	初 中 Junior School	高 中 Senior School	大学专科 College	大学本科 University	研究生 Graduate
全 国	**National**	**100.0**	**55.3**	**44.7**	**3.4**	**23.9**	**48.8**	**13.9**	**6.0**	**3.7**	**0.39**
北 京	Beijing	100.0	58.0	42.0	0.5	4.8	34.2	21.5	14.7	19.2	5.08
天 津	Tianjin	100.0	61.4	38.6	0.8	12.2	44.9	20.7	10.3	10.2	1.06
河 北	Hebei	100.0	56.4	43.6	1.6	19.5	58.7	12.5	4.9	2.6	0.17
山 西	Shanxi	100.0	61.0	39.0	1.2	16.2	56.6	15.2	7.0	3.5	0.21
内蒙古	Inner Mongolia	100.0	59.0	41.0	3.5	22.9	46.6	14.6	7.9	4.3	0.24
辽 宁	Liaoning	100.0	57.2	42.8	0.7	17.5	53.9	14.3	7.6	5.5	0.47
吉 林	Jilin	100.0	56.4	43.6	0.9	22.6	50.4	15.5	6.0	4.3	0.34
黑龙江	Heilongjiang	100.0	58.0	42.0	0.9	20.7	53.4	14.8	6.3	3.6	0.27
上 海	Shanghai	100.0	58.6	41.4	1.0	9.0	40.2	21.5	12.6	13.1	2.55
江 苏	Jiangsu	100.0	53.7	46.3	2.4	20.2	48.8	16.7	7.1	4.4	0.46
浙 江	Zhejiang	100.0	57.1	42.9	3.5	25.3	44.7	14.9	6.5	4.6	0.39
安 徽	Anhui	100.0	54.5	45.5	8.2	26.7	48.1	9.6	4.7	2.6	0.22
福 建	Fujian	100.0	57.4	42.6	1.6	27.0	47.1	14.3	5.7	4.0	0.28
江 西	Jiangxi	100.0	55.4	44.6	2.1	26.6	51.4	12.8	4.7	2.3	0.17
山 东	Shandong	100.0	53.7	46.3	3.6	21.2	52.3	14.1	5.4	3.2	0.26
河 南	Henan	100.0	53.2	46.8	3.8	19.1	57.3	13.0	4.7	2.0	0.16
湖 北	Hubei	100.0	54.4	45.6	3.9	22.5	49.3	15.1	5.6	3.2	0.36
湖 南	Hunan	100.0	55.8	44.2	1.7	22.7	51.3	16.3	5.2	2.5	0.20
广 东	Guangdong	100.0	56.0	44.0	0.9	15.7	53.1	19.6	6.5	3.9	0.41
广 西	Guangxi	100.0	53.3	46.7	2.1	28.6	50.6	11.4	4.7	2.5	0.18
海 南	Hainan	100.0	55.4	44.6	3.2	17.6	54.5	15.7	5.7	3.2	0.23
重 庆	Chongqing	100.0	54.2	45.8	4.0	34.6	38.7	12.3	6.1	3.9	0.34
四 川	Sichuan	100.0	53.3	46.7	5.4	35.2	42.7	9.7	4.4	2.3	0.21
贵 州	Guizhou	100.0	54.3	45.7	11.0	39.6	35.8	6.5	4.5	2.5	0.12
云 南	Yunnan	100.0	53.7	46.3	6.9	46.5	32.9	7.2	3.9	2.5	0.16
西 藏	Tibet	100.0	53.8	46.2	36.6	38.6	13.6	4.1	4.0	2.9	0.2
陕 西	Shaanxi	100.0	55.9	44.1	3.3	21.5	50.3	14.4	6.6	3.5	0.38
甘 肃	Gansu	100.0	53.6	46.4	10.0	33.8	37.1	10.9	5.2	2.8	0.20
青 海	Qinghai	100.0	55.8	44.2	13.7	34.4	30.6	9.8	6.9	4.4	0.22
宁 夏	Ningxia	100.0	56.1	43.9	6.8	26.5	41.6	12.4	7.9	4.6	0.23
新 疆	Xinjiang	100.0	56.1	43.9	2.0	26.5	46.1	11.6	9.2	4.4	0.26

资料来源：2010年第六次全国人口普查数据(下同)。
Data Resource:from the Sixth National Population census (the same as below).

1-29 分地区全国男性就业人员受教育程度构成
EDUCATIONAL ATTAINMENT COMPOSITION OF MALE EMPLOYMENT BY REGION

单位：% (%)

地 区	Region	合 计 Total	未上过学 Illiterate	小 学 Primary School	初 中 Junior School	高 中 Senior School	大学专科 College	大学本科 University	研究生 Graduate
全 国	**National**	**100.0**	**1.9**	**20.9**	**51.2**	**15.6**	**6.1**	**3.8**	**0.42**
北 京	Beijing	100.0	0.3	4.6	37.5	22.1	13.1	17.3	5.01
天 津	Tianjin	100.0	0.6	11.4	48.2	20.7	9.3	8.9	0.98
河 北	Hebei	100.0	1.0	17.0	60.8	13.8	4.7	2.5	0.17
山 西	Shanxi	100.0	0.9	14.5	58.8	16.1	6.4	3.2	0.19
内蒙古	Inner Mongolia	100.0	2.1	20.3	50.2	15.7	7.6	3.9	0.22
辽 宁	Liaoning	100.0	0.5	16.0	55.6	14.9	7.3	5.2	0.47
吉 林	Jilin	100.0	0.7	20.5	51.7	16.7	5.9	4.2	0.34
黑龙江	Heilongjiang	100.0	0.7	18.7	55.3	15.6	6.1	3.5	0.27
上 海	Shanghai	100.0	0.5	7.9	42.1	22.9	11.8	12.1	2.64
江 苏	Jiangsu	100.0	1.1	16.3	50.5	19.3	7.5	4.8	0.54
浙 江	Zhejiang	100.0	2.2	24.1	46.5	16.1	6.2	4.5	0.43
安 徽	Anhui	100.0	4.8	22.5	52.6	11.6	5.2	3.0	0.27
福 建	Fujian	100.0	0.8	22.1	51.0	16.1	5.6	4.2	0.30
江 西	Jiangxi	100.0	1.2	21.0	54.5	15.4	5.1	2.6	0.21
山 东	Shandong	100.0	2.0	17.5	54.8	16.3	5.7	3.5	0.29
河 南	Henan	100.0	2.3	16.0	59.4	15.1	4.9	2.1	0.19
湖 北	Hubei	100.0	2.0	18.8	51.6	17.5	6.1	3.5	0.42
湖 南	Hunan	100.0	1.1	20.7	51.7	18.3	5.4	2.7	0.23
广 东	Guangdong	100.0	0.4	12.8	53.6	22.0	6.6	4.1	0.47
广 西	Guangxi	100.0	1.0	24.6	53.4	13.3	4.9	2.7	0.21
海 南	Hainan	100.0	1.3	13.5	56.0	19.0	6.3	3.6	0.26
重 庆	Chongqing	100.0	2.2	32.5	40.9	13.6	6.3	4.2	0.39
四 川	Sichuan	100.0	3.2	33.0	45.3	11.0	4.6	2.6	0.25
贵 州	Guizhou	100.0	4.9	37.0	42.5	7.7	4.9	2.8	0.14
云 南	Yunnan	100.0	4.1	43.6	37.4	8.1	4.0	2.6	0.17
西 藏	Tibet	100.0	30.3	41.7	15.8	4.6	4.4	3.0	0.25
陕 西	Shaanxi	100.0	2.1	18.7	52.6	15.9	6.6	3.6	0.41
甘 肃	Gansu	100.0	6.1	30.0	41.6	13.4	5.7	3.1	0.24
青 海	Qinghai	100.0	9.1	32.9	35.4	10.9	7.0	4.4	0.25
宁 夏	Ningxia	100.0	3.8	23.2	46.3	13.8	8.0	4.6	0.24
新 疆	Xinjiang	100.0	1.7	25.3	47.8	12.2	8.6	4.1	0.27

1-30 分地区全国女性就业人员受教育程度构成
EDUCATIONAL ATTAINMENT COMPOSITION OF FEMALE EMPLOYMENT BY REGION

单位：% (%)

地 区	Region	合 计 Total	未上过学 Illiterate	小 学 Primary School	初 中 Junior School	高 中 Senior School	大学专科 College	大学本科 University	研究生 Graduate
全 国	**National**	**100.0**	**5.2**	**27.6**	**45.8**	**11.7**	**5.8**	**3.6**	**0.34**
北 京	Beijing	100.0	0.7	5.1	29.6	20.7	17.0	21.7	5.18
天 津	Tianjin	100.0	1.2	13.4	39.6	20.6	11.9	12.2	1.19
河 北	Hebei	100.0	2.4	22.8	56.0	10.8	5.2	2.7	0.17
山 西	Shanxi	100.0	1.6	18.8	53.3	13.9	8.0	4.1	0.25
内蒙古	Inner Mongolia	100.0	5.5	26.6	41.5	12.9	8.2	4.8	0.28
辽 宁	Liaoning	100.0	1.1	19.5	51.7	13.4	8.0	5.8	0.48
吉 林	Jilin	100.0	1.2	25.2	48.6	14.1	6.1	4.5	0.33
黑龙江	Heilongjiang	100.0	1.3	23.4	50.8	13.7	6.7	3.9	0.27
上 海	Shanghai	100.0	1.7	10.6	37.5	19.4	13.9	14.5	2.42
江 苏	Jiangsu	100.0	3.8	24.7	46.9	13.8	6.6	3.9	0.37
浙 江	Zhejiang	100.0	5.3	27.0	42.3	13.3	7.0	4.8	0.34
安 徽	Anhui	100.0	12.2	31.7	42.7	7.1	4.2	2.0	0.16
福 建	Fujian	100.0	2.6	33.6	42.0	11.9	5.8	3.8	0.25
江 西	Jiangxi	100.0	3.3	33.4	47.5	9.5	4.2	1.9	0.14
山 东	Shandong	100.0	5.4	25.5	49.5	11.4	4.9	2.9	0.23
河 南	Henan	100.0	5.5	22.6	54.9	10.6	4.4	1.8	0.14
湖 北	Hubei	100.0	6.1	26.8	46.6	12.3	5.1	2.8	0.29
湖 南	Hunan	100.0	2.6	25.4	50.8	13.7	5.1	2.2	0.16
广 东	Guangdong	100.0	1.4	19.4	52.5	16.5	6.3	3.5	0.33
广 西	Guangxi	100.0	3.4	33.2	47.3	9.2	4.5	2.2	0.15
海 南	Hainan	100.0	5.5	22.7	52.6	11.5	4.9	2.6	0.18
重 庆	Chongqing	100.0	6.1	37.0	36.2	10.9	5.9	3.6	0.28
四 川	Sichuan	100.0	7.9	37.6	39.7	8.3	4.2	2.1	0.17
贵 州	Guizhou	100.0	18.2	42.8	27.9	4.9	4.0	2.1	0.10
云 南	Yunnan	100.0	10.3	49.8	27.6	6.2	3.7	2.3	0.13
西 藏	Tibet	100.0	44.0	34.9	11.0	3.6	3.7	2.7	0.13
陕 西	Shaanxi	100.0	4.8	25.2	47.3	12.4	6.7	3.3	0.34
甘 肃	Gansu	100.0	14.6	38.3	32.0	8.1	4.6	2.3	0.17
青 海	Qinghai	100.0	19.4	36.4	24.5	8.4	6.8	4.4	0.18
宁 夏	Ningxia	100.0	10.6	30.8	35.5	10.5	7.8	4.5	0.22
新 疆	Xinjiang	100.0	2.4	28.1	43.9	10.7	9.9	4.8	0.24

1-31 按年龄、性别分的全国就业人员受教育程度构成
EDUCATIONAL ATTAINMENT COMPOSITION OF EMPLOYMENT BY AGE AND SEX

单位：% (%)

年 龄 Age	合 计 Total	未上过学 Illiterate	小 学 Primary School	初 中 Junior School	高 中 Senior School	大学专科 College	大学本科 University	研究生 Graduate
总计 Total	**100.0**	**3.4**	**23.9**	**48.8**	**13.9**	**6.0**	**3.7**	**0.4**
16-19	100.0	0.5	9.7	71.9	16.6	1.2	0.1	0.0
20-24	100.0	0.4	7.4	59.0	20.7	8.8	3.6	0.1
25-29	100.0	0.6	8.5	53.4	16.8	11.0	8.8	0.9
30-34	100.0	0.9	13.1	53.4	16.2	9.1	6.5	0.9
35-39	100.0	1.3	18.7	55.0	13.4	6.8	4.3	0.5
40-44	100.0	1.8	24.3	53.8	11.6	4.9	3.2	0.3
45-49	100.0	2.4	24.8	49.1	15.8	4.8	2.8	0.3
50-54	100.0	5.1	36.1	38.2	15.2	3.6	1.6	0.2
55-59	100.0	8.7	50.7	30.4	7.0	2.2	0.9	0.1
60-64	100.0	13.8	62.0	20.9	2.6	0.5	0.2	0.0
65+	100.0	24.6	58.9	14.1	1.8	0.3	0.2	0.0
男 Male	**100.0**	**1.9**	**20.9**	**51.2**	**15.6**	**6.1**	**3.8**	**0.4**
16-19	100.0	0.4	9.3	72.8	16.4	1.0	0.1	0.0
20-24	100.0	0.3	6.6	59.7	22.0	8.0	3.3	0.1
25-29	100.0	0.4	7.1	54.3	18.4	10.6	8.4	0.8
30-34	100.0	0.6	10.6	54.7	17.7	9.0	6.5	0.9
35-39	100.0	0.7	14.9	57.0	15.1	7.1	4.7	0.6
40-44	100.0	0.9	19.3	57.0	13.3	5.3	3.7	0.4
45-49	100.0	1.1	18.4	52.7	18.5	5.5	3.4	0.5
50-54	100.0	2.2	27.9	43.8	19.5	4.4	1.9	0.2
55-59	100.0	4.0	43.7	37.7	10.0	3.2	1.3	0.1
60-64	100.0	7.2	60.9	27.1	3.7	0.7	0.3	0.0
65+	100.0	15.7	62.7	18.3	2.5	0.4	0.3	0.0
女 Female	**100.0**	**5.2**	**27.6**	**45.8**	**11.7**	**5.8**	**3.6**	**0.3**
16-19	100.0	0.6	10.2	70.8	16.8	1.5	0.1	0.0
20-24	100.0	0.5	8.3	58.3	19.2	9.7	3.9	0.1
25-29	100.0	0.8	10.1	52.4	15.0	11.4	9.3	1.0
30-34	100.0	1.3	16.0	51.9	14.3	9.2	6.4	0.9
35-39	100.0	1.9	23.2	52.7	11.5	6.4	3.9	0.4
40-44	100.0	2.8	30.1	50.1	9.6	4.4	2.6	0.2
45-49	100.0	4.0	32.6	44.7	12.6	4.0	2.0	0.2
50-54	100.0	9.2	48.3	30.1	8.8	2.5	1.1	0.1
55-59	100.0	15.7	61.2	19.5	2.6	0.6	0.3	0.0
60-64	100.0	23.4	63.6	11.7	1.0	0.2	0.1	0.0
65+	100.0	39.6	52.4	7.0	0.7	0.1	0.1	0.0

1-32 按受教育程度、性别分的全国就业人员年龄构成

AGE COMPOSITION OF EMPLOYMENT BY EDUCATIONAL ATTAINMENT AND SEX

单位：% (%)

年龄 Age	合计 Total	未上过学 Illiterate	小学 Primary School	初中 Junior School	高中 Senior School	大学专科 College	大学本科 University	研究生 Graduate
总计 Total	**100.0**	**100.0**	**100.0**	**100.0**	**100.0**	**100.0**	**100.0**	**100.0**
16-19	3.2	0.5	1.3	4.8	3.9	0.7	0.1	0.1
20-24	11.1	1.3	3.4	13.4	16.5	16.4	10.8	1.8
25-29	11.1	1.9	4.0	12.2	13.5	20.4	26.4	25.6
30-34	11.0	2.9	6.1	12.1	12.9	16.8	19.2	25.7
35-39	13.7	5.0	10.8	15.5	13.3	15.6	16.0	18.5
40-44	14.7	7.9	15.0	16.2	12.3	12.1	12.8	13.0
45-49	12.2	8.5	12.6	12.2	13.9	9.8	9.1	10.1
50-54	8.0	11.9	12.1	6.3	8.8	4.9	3.4	3.3
55-59	7.4	18.9	15.8	4.6	3.8	2.7	1.8	1.5
60-64	4.0	16.2	10.4	1.7	0.8	0.3	0.2	0.2
65+	3.5	25.0	8.5	1.0	0.5	0.2	0.2	0.2
男 Male	**100.0**	**100.0**	**100.0**	**100.0**	**100.0**	**100.0**	**100.0**	**100.0**
16-19	3.1	0.6	1.4	4.5	3.3	0.5	0.1	0.1
20-24	10.5	1.6	3.3	12.2	14.7	13.9	9.0	1.4
25-29	10.8	2.2	3.7	11.5	12.7	18.9	23.7	20.5
30-34	10.9	3.2	5.5	11.6	12.3	16.2	18.4	23.8
35-39	13.5	5.1	9.6	15.0	13.0	15.7	16.4	19.5
40-44	14.3	7.0	13.2	15.9	12.2	12.6	13.9	14.9
45-49	12.0	6.5	10.6	12.4	14.2	10.9	10.8	12.9
50-54	8.6	9.8	11.5	7.4	10.8	6.3	4.4	4.4
55-59	8.0	16.3	16.8	5.9	5.1	4.3	2.7	2.1
60-64	4.3	16.0	12.6	2.3	1.0	0.5	0.3	0.3
65+	3.9	31.7	11.8	1.4	0.6	0.3	0.3	0.2
女 Female	**100.0**	**100.0**	**100.0**	**100.0**	**100.0**	**100.0**	**100.0**	**100.0**
16-19	3.3	0.4	1.2	5.2	4.8	0.8	0.1	0.1
20-24	11.9	1.2	3.6	15.1	19.5	19.7	13.1	2.6
25-29	11.5	1.8	4.2	13.1	14.8	22.4	29.9	33.6
30-34	11.3	2.8	6.5	12.8	13.8	17.7	20.4	28.6
35-39	14.1	5.0	11.8	16.2	13.8	15.5	15.5	17.0
40-44	15.2	8.3	16.7	16.7	12.6	11.5	11.3	10.1
45-49	12.3	9.5	14.6	12.0	13.3	8.4	6.8	5.8
50-54	7.3	12.8	12.7	4.8	5.5	3.1	2.1	1.6
55-59	6.7	20.0	14.8	2.8	1.5	0.7	0.6	0.6
60-64	3.6	16.3	8.4	0.9	0.3	0.1	0.1	0.1
65+	2.9	21.9	5.5	0.4	0.2	0.1	0.1	0.1

1-33 按行业、性别分的全国就业人员受教育程度构成
EDUCATIONAL ATTAINMENT COMPOSITION OF EMPLOYMENT BY SECTOR AND SEX

单位：%　　　　(%)

受教育程度	Educational Attainment	合　计 Total	农、林、牧、渔业 Farming, Forestry, Animal Husbandry and Fishery	采矿业 Mining and Quarrying	制造业 Manufacturing	电力、燃气及水的生产和供应业 Production and Supply of Electricity Gas and Water	建筑业 Construction	交通运输、仓储和邮政业 Transport, Storage, Post & Telecommunications
总　计	**Total**	**100.0**	**100.0**	**100.0**	**100.0**	**100.0**	**100.0**	**100.0**
未上过学	Illiterate	3.4	6.3	0.7	0.7	0.2	1.1	0.5
小　学	Primary School	23.9	37.2	13.1	13.1	4.2	19.9	10.0
初　中	Junior School	48.8	50.1	50.1	56.3	28.3	60.5	54.5
高　中	Senior School	13.9	5.8	23.0	20.1	33.1	12.5	24.1
大学专科	College	6.0	0.5	8.7	6.4	22.0	3.9	7.4
大学本科	University	3.7	0.10	4.1	3.1	11.5	2.0	3.2
研究生	Graduate	0.4	0.01	0.3	0.3	0.8	0.1	0.2
男	**Male**	**100.0**	**100.0**	**100.0**	**100.0**	**100.0**	**100.0**	**100.0**
未上过学	Illiterate	1.9	3.8	0.6	0.4	0.2	0.9	0.4
小　学	Primary School	20.9	33.8	13.7	10.6	4.5	18.9	10.0
初　中	Junior School	51.2	54.1	52.7	55.1	30.8	62.4	57.5
高　中	Senior School	15.6	7.6	21.6	22.8	32.9	12.7	23.6
大学专科	College	6.1	0.6	7.5	7.2	20.0	3.3	5.9
大学本科	University	3.8	0.1	3.6	3.6	10.8	1.7	2.4
研究生	Graduate	0.4	0.0	0.3	0.4	0.8	0.1	0.1
女	**Female**	**100.0**	**100.0**	**100.0**	**100.0**	**100.0**	**100.0**	**100.0**
未上过学	Illiterate	5.2	8.8	1.1	1.2	0.3	2.4	1.1
小　学	Primary School	27.6	40.7	10.3	16.3	3.4	25.9	9.9
初　中	Junior School	45.8	46.0	38.1	57.8	22.1	49.3	39.4
高　中	Senior School	11.7	4.0	29.3	16.6	33.5	11.2	26.8
大学专科	College	5.8	0.4	14.2	5.5	26.9	7.2	15.2
大学本科	University	3.6	0.1	6.7	2.4	13.1	3.8	7.2
研究生	Graduate	0.3	0.01	0.4	0.2	0.7	0.2	0.3

注：人口变动调查自2003年开始使用新国民经济行业分类。
Note:The new industry classification has been used since 2003 in the Population Changement Sampling Survey(same as below)

1-33 续表 1 continued

单位：%　　　　　　　　　　　　　　　　　　　　　　　　　　　　　　　　　　　　(%)

受教育程度	Educational Attainment	信息传输、计算机服务和软件业 Data Transmission, Computer Service & Software	批发和零售业 Wholesale and Retail Trade	住宿和餐饮业 Hotel and Catering Services	金融业 Banking	房地产业 Real Estate	租赁和商务服务业 Leasing and Business Services	科学研究、技术服务和地质勘查业 Scientific Research, Technical Services,& Geological Prospecting
总　计	**Total**	**100.0**	**100.0**	**100.0**	**100.0**	**100.0**	**100.0**	**100.0**
未上过学	Illiterate	0.1	0.8	1.0	0.1	0.7	0.4	0.1
小　学	Primary School	2.2	11.0	13.0	1.2	8.5	5.7	2.2
初　中	Junior School	18.2	50.0	58.4	12.0	33.7	29.5	13.6
高　中	Senior School	24.3	25.8	21.3	24.2	27.4	24.3	18.7
大学专科	College	27.0	8.7	4.8	32.6	18.3	20.7	23.9
大学本科	University	24.6	3.5	1.4	27.1	10.6	17.1	32.4
研究生	Graduate	3.4	0.2	0.1	2.9	0.8	2.3	8.9
男	**Male**	**100.0**	**100.0**	**100.0**	**100.0**	**100.0**	**100.0**	**100.0**
未上过学	Illiterate	0.1	0.5	0.4	0.0	0.4	0.3	0.1
小　学	Primary School	2.0	10.3	9.8	1.2	8.3	6.2	2.0
初　中	Junior School	18.3	49.2	59.2	12.2	36.8	34.2	14.3
高　中	Senior School	23.7	26.4	23.9	24.3	28.2	25.1	19.4
大学专科	College	25.5	9.2	5.0	31.8	15.8	17.4	22.8
大学本科	University	26.4	4.1	1.6	27.2	9.7	14.6	32.3
研究生	Graduate	4.0	0.3	0.1	3.3	0.8	2.1	9.1
女	**Female**	**100.0**	**100.0**	**100.0**	**100.0**	**100.0**	**100.0**	**100.0**
未上过学	Illiterate	0.2	1.1	1.5	0.1	1.2	0.6	0.2
小　学	Primary School	2.5	11.7	15.8	1.2	9.0	5.0	2.6
初　中	Junior School	18.2	50.7	57.7	11.8	28.2	21.8	12.3
高　中	Senior School	25.3	25.2	19.0	24.1	26.0	22.9	17.5
大学专科	College	29.3	8.2	4.7	33.5	22.6	26.0	26.0
大学本科	University	22.0	2.9	1.3	27.0	12.2	21.1	32.7
研究生	Graduate	2.6	0.1	0.1	2.4	0.7	2.6	8.6

1-33 续表 2 continued

单位：%　　　　　　　　　　　　　　　　　　　　　　　　　　　　　　(%)

受教育程度	Educational Attainment	水利、环境和公共设施管理业 Water Conservancy, Environment and public Utility Management	居民服务和其他服务业 Public and other Services	教育 Education	卫生、社会保障和社会福利业 Public Health Social Securities & Social Welfare	文化、体育和娱乐业 Culture Sports and Entertainment	公共管理和社会组织 Public Administrantion and Social Organizations	国际组织 International Organizations
总　计	**Total**	**100.0**	**100.0**	**100.0**	**100.0**	**100.0**	**100.0**	**100.0**
未上过学	Illiterate	2.3	1.6	0.1	0.2	0.3	0.5	0.2
小　学	Primary School	16.8	15.2	1.7	2.5	5.2	3.4	1.2
初　中	Junior School	35.7	57.0	9.0	14.3	31.5	14.7	12.8
高　中	Senior School	22.2	20.4	18.0	27.5	25.2	23.0	15.3
大学专科	College	13.9	4.4	33.3	33.9	18.6	31.6	15.0
大学本科	University	8.5	1.3	33.2	19.3	17.4	24.9	36.3
研究生	Graduate	0.7	0.1	4.7	2.3	1.9	1.9	19.1
男	**Male**	**100.0**	**100.0**	**100.0**	**100.0**	**100.0**	**100.0**	**100.0**
未上过学	Illiterate	1.5	0.9	0.1	0.1	0.2	0.3	0.3
小　学	Primary School	14.5	12.6	1.7	2.8	4.8	3.2	1.6
初　中	Junior School	35.0	58.6	9.1	18.1	30.8	15.4	21.0
高　中	Senior School	24.3	22.1	18.1	26.7	26.7	23.4	25.2
大学专科	College	14.7	4.5	32.9	28.5	19.0	31.4	14.4
大学本科	University	9.2	1.3	32.8	20.7	16.8	24.4	27.9
研究生	Graduate	0.7	0.1	5.3	3.1	1.7	1.9	9.5
女	**Female**	**100.0**	**100.0**	**100.0**	**100.0**	**100.0**	**100.0**	**100.0**
未上过学	Illiterate	3.5	2.5	0.2	0.3	0.5	0.8	
小　学	Primary School	19.9	18.2	1.7	2.3	5.7	3.8	0.8
初　中	Junior School	36.6	55.3	8.9	11.7	32.2	13.3	5.7
高　中	Senior School	19.3	18.4	17.9	28.0	23.5	22.1	6.8
大学专科	College	12.7	4.2	33.6	37.6	18.1	32.0	15.6
大学本科	University	7.4	1.2	33.5	18.3	18.0	26.1	43.6
研究生	Graduate	0.6	0.1	4.2	1.8	2.0	1.9	27.5

1-34 按职业、性别分的全国就业人员受教育程度构成

EDUCATIONAL ATTAINMENT COMPOSITION OF EMPLOYMENT BY OCCUPATION AND SEX

单位：%　　(%)

受教育程度	Educational Attainment	合　计 Total	单　位 负责人 Unit Head	专业技术人员 Professional and Technical Personnel	办事人员和有关人员 Clerk and Related Workers	商业、服务业人员 Business Service Personnel	农林牧渔水利业生产人员 Agriculture and Water Conservancy Labors	生产运输设备操作人员及有关人员 Production, Transport Equipment Operators and Related Workers	其　他 Others
总　计	**Total**	**100.0**	**100.0**	**100.0**	**100.0**	**100.0**	**100.0**	**100.0**	**100.0**
未上过学	Illiterate	3.4	0.2	0.1	0.3	1.0	6.3	0.8	1.6
小　学	Primary School	23.9	5.1	2.1	4.6	12.3	37.2	15.3	16.3
初　中	Junior School	48.8	29.4	13.9	22.1	51.7	50.2	61.0	50.3
高　中	Senior School	13.9	26.0	22.6	25.6	24.3	5.8	17.9	20.5
大学专科	College	6.0	21.1	31.3	26.1	7.6	0.5	3.8	7.4
大学本科	University	3.7	16.2	26.5	19.6	2.8	0.1	1.2	3.7
研究生	Graduate	0.4	2.1	3.5	1.7	0.1	0.0	0.1	0.3
男	**Male**	**100.0**	**100.0**	**100.0**	**100.0**	**100.0**	**100.0**	**100.0**	**100.0**
未上过学	Illiterate	1.9	0.1	0.1	0.3	0.6	3.8	0.6	1.1
小　学	Primary School	20.9	4.8	2.5	5.7	10.7	33.8	13.6	14.6
初　中	Junior School	51.2	29.4	15.8	25.3	51.2	54.2	61.0	51.0
高　中	Senior School	15.6	26.4	21.8	25.4	25.6	7.5	19.4	21.9
大学专科	College	6.1	21.0	28.7	23.8	8.3	0.6	4.1	7.4
大学本科	University	3.8	16.1	27.0	17.8	3.4	0.1	1.3	3.7
研究生	Graduate	0.4	2.1	4.0	1.6	0.2	0.0	0.1	0.3
女	**Female**	**100.0**	**100.0**	**100.0**	**100.0**	**100.0**	**100.0**	**100.0**	**100.0**
未上过学	Illiterate	5.2	0.5	0.1	0.3	1.4	8.8	1.4	2.5
小　学	Primary School	27.6	6.2	1.7	2.4	13.8	40.7	18.8	19.3
初　中	Junior School	45.8	29.1	12.2	15.6	52.2	46.0	61.1	49.0
高　中	Senior School	11.7	24.8	23.4	26.0	23.1	4.0	14.5	18.2
大学专科	College	5.8	21.1	33.7	30.8	7.0	0.3	3.2	7.3
大学本科	University	3.6	16.4	26.0	23.1	2.3	0.1	1.0	3.5
研究生	Graduate	0.3	1.9	3.0	1.8	0.1	0.0	0.1	0.3

1-35 按受教育程度、性别分的全国就业人员职业构成

OCCUPATION COMPOSITION OF EMPLOYMENT BY EDUCATIONAL ATTAINMENT AND SEX

单位：% (%)

受教育程度	Educational Attainment	合计 Total	单位负责人 Unit Head	专业技术人员 Professional and Technical Personnel	办事人员和有关人员 Clerk and Related Workers	商业、服务业人员 Business Service Personnel	农林牧渔水利业生产人员 Agriculture and Water Conservancy Labors	生产运输设备操作人员及有关人员 Production, Transport Equipment Operators and Related Workers	其他 Others
总　计	**Total**	**100.0**	**1.8**	**6.8**	**4.3**	**16.2**	**48.3**	**22.5**	**0.1**
未上过学	Illiterate	100.0	0.1	0.3	0.4	4.9	88.8	5.5	0.0
小　学	Primary School	100.0	0.4	0.6	0.8	8.4	75.4	14.4	0.1
初　中	Junior School	100.0	1.1	2.0	2.0	17.1	49.7	28.1	0.1
高　中	Senior School	100.0	3.3	11.1	8.0	28.3	20.1	29.0	0.1
大学专科	College	100.0	6.3	35.9	19.0	20.7	3.7	14.4	0.1
大学本科	University	100.0	7.7	48.8	22.8	12.4	1.1	7.1	0.1
研究生	Graduate	100.0	9.5	61.7	18.8	5.8	0.9	3.2	0.1
男	**Male**	**100.0**	**2.4**	**6.0**	**5.2**	**14.1**	**44.3**	**27.8**	**0.1**
未上过学	Illiterate	100.0	0.2	0.4	0.8	4.3	86.1	8.1	0.1
小　学	Primary School	100.0	0.5	0.7	1.4	7.2	71.8	18.1	0.1
初　中	Junior School	100.0	1.4	1.9	2.6	14.1	46.9	33.1	0.1
高　中	Senior School	100.0	4.0	8.4	8.5	23.0	21.3	34.5	0.2
大学专科	College	100.0	8.3	28.7	20.6	19.3	4.2	18.8	0.1
大学本科	University	100.0	10.1	42.6	24.4	12.5	1.2	9.1	0.1
研究生	Graduate	100.0	12.2	57.7	19.8	5.9	0.8	3.6	0.1
女	**Female**	**100.0**	**1.0**	**7.8**	**3.2**	**18.7**	**53.2**	**15.9**	**0.1**
未上过学	Illiterate	100.0	0.1	0.2	0.2	5.2	90.1	4.2	0.0
小　学	Primary School	100.0	0.2	0.5	0.3	9.4	78.7	10.9	0.1
初　中	Junior School	100.0	0.6	2.1	1.1	21.4	53.5	21.2	0.1
高　中	Senior School	100.0	2.1	15.7	7.1	37.1	18.1	19.8	0.1
大学专科	College	100.0	3.6	45.1	16.8	22.5	3.2	8.7	0.1
大学本科	University	100.0	4.6	57.1	20.7	12.2	0.9	4.4	0.1
研究生	Graduate	100.0	5.5	67.9	17.2	5.6	1.0	2.6	0.1

1-36 按行业、性别分的城镇就业人员年龄构成

AGE COMPOSITION OF URBAN EMPLOYMENT BY SECTOR AND SEX

单位：%　　　　(%)

年龄 Age	合计 Total	农、林、牧、渔业 Farming, Forestry, Animal Husbandry and Fishery	采矿业 Mining and Quarrying	制造业 Manufacturing	电力、燃气及水的生产和供应业 Production and Supply of Electricity Gas and Water	建筑业 Construction	交通运输、仓储和邮政业 Transport, Storage, Post & Telecommunications
总计 Total	**100.0**	**100.0**	**100.0**	**100.0**	**100.0**	**100.0**	**100.0**
16-19	2.8	2.3	0.7	5.0	0.5	1.7	0.9
20-24	11.6	8.0	7.0	16.6	6.2	8.8	7.5
25-29	13.4	7.9	10.6	15.1	11.3	10.6	12.5
30-34	13.5	8.2	13.0	13.9	14.4	12.3	15.1
35-39	15.8	11.6	19.4	15.6	19.8	17.6	19.1
40-44	15.5	14.5	20.5	14.4	18.9	19.4	18.0
45-49	12.3	13.3	16.3	10.2	15.1	14.6	14.3
50-54	6.9	10.5	7.9	4.9	8.2	7.8	7.7
55-59	5.0	11.4	3.7	3.0	4.7	5.1	4.0
60-64	1.9	6.7	0.6	0.8	0.6	1.5	0.7
65+	1.3	5.6	0.3	0.4	0.3	0.5	0.3
男 Male	**100.0**	**100.0**	**100.0**	**100.0**	**100.0**	**100.0**	**100.0**
16-19	2.5	2.5	0.8	4.4	0.6	1.8	0.8
20-24	10.7	7.9	7.0	16.0	6.1	8.7	7.0
25-29	12.7	7.6	10.3	15.2	10.9	10.3	12.0
30-34	13.0	8.0	12.5	13.7	13.5	12.0	15.0
35-39	15.4	11.1	18.5	14.9	18.7	17.2	19.0
40-44	15.2	13.8	19.9	13.5	18.0	19.1	17.8
45-49	12.5	12.5	16.5	10.2	14.9	14.7	14.2
50-54	8.2	10.5	9.1	6.3	10.0	8.4	8.5
55-59	6.1	11.8	4.4	4.1	6.4	5.6	4.6
60-64	2.1	7.5	0.7	1.1	0.8	1.7	0.7
65+	1.5	6.8	0.3	0.5	0.3	0.6	0.3
女 Female	**100.0**	**100.0**	**100.0**	**100.0**	**100.0**	**100.0**	**100.0**
16-19	3.1	2.0	0.6	5.8	0.4	1.3	1.1
20-24	12.9	8.2	6.7	17.4	6.4	9.4	9.9
25-29	14.4	8.2	11.4	14.9	12.4	12.5	14.6
30-34	14.1	8.5	14.7	14.2	16.6	13.9	15.2
35-39	16.3	12.1	23.0	16.7	22.5	20.0	19.3
40-44	15.9	15.3	22.9	15.8	20.9	21.2	18.9
45-49	12.1	14.1	15.6	10.1	15.5	14.3	15.1
50-54	5.3	10.5	3.5	3.0	3.9	4.6	4.0
55-59	3.5	10.9	1.1	1.4	1.1	2.1	1.4
60-64	1.5	5.9	0.3	0.4	0.2	0.5	0.4
65+	1.0	4.4	0.2	0.2	0.1	0.2	0.2

1-36 续表 1 continued

单位：% (%)

年龄 Age	信息传输、计算机服务和软件业 Data Transmission, Computer Service & Software	批发和零售业 Wholesale and Retail Trade	住宿和餐饮业 Hotel and Catering Services	金融业 Banking	房地产业 Real Estate	租赁和商务服务业 Leasing and Business Services	科学研究、技术服务和地质勘查业 Scientific Research, Technical Services,& Geological Prospecting
总计 Total	**100.0**	**100.0**	**100.0**	**100.0**	**100.0**	**100.0**	**100.0**
16-19	1.8	2.3	5.9	0.4	1.3	1.6	0.6
20-24	19.1	12.7	16.4	10.4	10.6	13.5	8.8
25-29	28.2	15.4	14.1	18.4	14.7	19.2	18.8
30-34	18.8	15.5	13.2	14.7	13.3	15.9	15.3
35-39	13.3	17.2	15.2	18.4	14.4	14.9	14.4
40-44	8.5	15.5	14.6	16.9	14.6	13.0	14.3
45-49	6.0	11.3	11.1	13.0	13.7	10.9	14.3
50-54	2.6	5.3	5.2	5.3	9.2	6.1	7.9
55-59	1.4	3.2	3.0	2.1	6.2	3.7	4.6
60-64	0.2	1.0	0.8	0.3	1.5	0.8	0.6
65+	0.1	0.6	0.4	0.1	0.7	0.5	0.4
男 Male	**100.0**	**100.0**	**100.0**	**100.0**	**100.0**	**100.0**	**100.0**
16-19	1.5	2.0	6.3	0.3	1.4	1.7	0.5
20-24	16.6	10.9	16.9	9.0	9.6	11.3	7.9
25-29	27.3	14.2	14.8	17.0	13.3	16.6	17.5
30-34	19.5	14.6	13.5	13.7	12.5	15.0	14.9
35-39	14.0	16.7	14.4	17.6	13.4	15.0	14.1
40-44	8.9	15.5	12.7	16.9	13.5	13.5	13.9
45-49	6.3	12.0	9.9	14.1	13.4	11.9	14.4
50-54	3.3	7.1	6.0	7.3	11.7	8.2	9.1
55-59	2.0	4.7	3.8	3.5	8.3	5.3	6.2
60-64	0.3	1.5	1.1	0.4	1.9	1.1	0.8
65+	0.1	0.9	0.5	0.2	0.9	0.6	0.6
女 Female	**100.0**	**100.0**	**100.0**	**100.0**	**100.0**	**100.0**	**100.0**
16-19	2.3	2.6	5.6	0.4	1.1	1.5	0.7
20-24	22.8	14.2	16.0	11.9	12.3	16.9	10.6
25-29	29.4	16.4	13.5	19.8	17.1	23.3	21.2
30-34	17.9	16.3	13.0	15.7	14.7	17.1	15.8
35-39	12.1	17.7	16.0	19.3	16.0	14.8	15.0
40-44	8.0	15.4	16.3	16.8	16.5	12.4	15.2
45-49	5.4	10.6	12.2	11.9	14.2	9.5	14.0
50-54	1.5	3.8	4.4	3.3	4.8	2.8	5.7
55-59	0.5	2.0	2.2	0.7	2.4	1.1	1.5
60-64	0.1	0.6	0.6	0.1	0.7	0.4	0.3
65+	0.1	0.4	0.3	0.1	0.3	0.2	0.2

1-36 续表 2 continued

单位：% (%)

年龄 Age	水利、环境和公共设施管理业 Water Conservancy, Environment and Public Utility Management	居民服务和其他服务业 Public and Other Services	教育 Education	卫生、社会保障和社会福利业 Public Health Social Securities & Social Welfare	文化、体育和娱乐业 Culture Sports and Entertainment	公共管理和社会组织 Public Administrantion and Social Organizations	国际组织 International Organizations
总计 Total	**100.0**	**100.0**	**100.0**	**100.0**	**100.0**	**100.0**	**100.0**
16-19	0.5	4.4	0.7	1.0	3.4	0.3	0.5
20-24	4.7	13.9	6.1	9.9	16.0	4.9	6.7
25-29	8.7	13.1	15.4	16.0	17.5	11.0	26.4
30-34	10.8	12.8	18.2	15.7	14.1	14.1	21.8
35-39	14.8	15.2	17.5	16.4	14.0	17.2	12.4
40-44	17.5	15.3	16.1	13.9	12.8	17.1	11.3
45-49	17.8	12.1	13.2	12.7	11.2	17.2	10.5
50-54	12.0	6.3	7.6	7.6	6.3	10.2	6.2
55-59	8.9	4.2	4.2	4.8	3.7	6.4	3.3
60-64	2.9	1.6	0.7	1.2	0.7	1.0	0.2
65+	1.5	1.1	0.4	0.9	0.4	0.5	0.6
男 Male	**100.0**	**100.0**	**100.0**	**100.0**	**100.0**	**100.0**	**100.0**
16-19	0.5	5.2	0.4	0.4	2.9	0.3	0.4
20-24	4.8	15.0	3.5	5.0	14.0	4.3	4.3
25-29	9.0	14.0	11.3	12.8	16.4	9.7	16.5
30-34	10.9	12.8	15.8	14.9	13.7	13.1	19.0
35-39	13.9	13.9	17.0	16.4	13.6	16.5	14.0
40-44	14.9	13.1	16.8	14.3	12.5	16.6	13.3
45-49	15.5	10.3	15.1	13.3	11.4	17.3	13.6
50-54	14.1	7.1	10.2	10.0	8.1	11.8	10.8
55-59	11.1	5.2	8.0	8.8	5.7	8.5	6.5
60-64	3.3	2.0	1.2	2.3	1.0	1.2	0.4
65+	2.0	1.4	0.6	1.8	0.6	0.7	1.4
女 Female	**100.0**	**100.0**	**100.0**	**100.0**	**100.0**	**100.0**	**100.0**
16-19	0.4	3.7	0.9	1.3	4.1	0.3	0.6
20-24	4.5	12.6	8.1	12.8	18.2	6.2	8.6
25-29	8.3	12.1	18.4	18.0	18.7	13.5	34.4
30-34	10.7	12.8	19.9	16.2	14.5	16.2	24.1
35-39	16.1	16.6	17.9	16.4	14.3	18.5	11.2
40-44	21.0	17.7	15.6	13.6	13.2	18.1	9.7
45-49	20.9	14.1	11.7	12.4	10.9	17.1	8.0
50-54	9.2	5.4	5.6	6.1	4.1	7.1	2.6
55-59	5.7	3.1	1.4	2.3	1.4	2.2	0.9
60-64	2.3	1.3	0.3	0.5	0.4	0.6	
65+	0.9	0.7	0.2	0.3	0.2	0.3	

1-37 按受教育程度、性别分的城镇就业人员行业构成
SECTOR COMPOSITION OF URBAN EMPLOYMENT BY EDUCATIONAL ATTAINMENT AND SEX

单位：% (%)

受教育程度	Educational Attainment	合计 Total	农、林、牧、渔业 Farming, Forestry, Animal Husbandry and Fishery	采矿业 Mining and Quarrying	制造业 Manufacturing	电力、燃气及水的生产和供应业 Production and Supply of Electricity Gas and Water	建筑业 Construction	交通运输、仓储和邮政业 Transport, Storage, Post & Telecommu-nications
总计	**Total**	**100.0**	**16.0**	**1.6**	**24.9**	**1.3**	**6.5**	**5.8**
未上过学	Illiterate	100.0	59.9	0.5	11.1	0.1	5.2	2.0
小学	Primary School	100.0	40.9	0.9	20.3	0.3	9.1	3.8
初中	Junior School	100.0	19.6	1.6	29.3	0.7	8.3	6.5
高中	Senior School	100.0	6.0	2.1	27.3	2.1	4.8	7.5
大学专科	College	100.0	1.5	1.6	18.0	2.7	3.5	4.7
大学本科	University	100.0	0.7	1.2	13.9	2.2	2.9	3.1
研究生	Graduate	100.0	0.5	0.8	12.6	1.4	1.5	1.6
男	**Male**	**100.0**	**14.2**	**2.2**	**25.0**	**1.6**	**9.6**	**8.3**
未上过学	Illiterate	100.0	53.9	1.1	10.9	0.3	10.8	4.2
小学	Primary School	100.0	36.7	1.5	18.5	0.4	14.5	6.4
初中	Junior School	100.0	17.8	2.2	27.9	0.9	12.4	9.7
高中	Senior School	100.0	6.4	2.6	28.6	2.4	6.8	10.1
大学专科	College	100.0	1.7	2.0	20.2	3.2	4.6	5.6
大学本科	University	100.0	0.8	1.5	16.0	2.5	3.6	3.5
研究生	Graduate	100.0	0.5	1.0	14.5	1.7	1.8	1.8
女	**Female**	**100.0**	**18.4**	**0.8**	**24.7**	**0.9**	**2.4**	**2.4**
未上过学	Illiterate	100.0	62.9	0.2	11.3	0.1	2.5	0.9
小学	Primary School	100.0	45.2	0.3	22.1	0.2	3.5	1.2
初中	Junior School	100.0	22.1	0.6	31.4	0.4	2.5	2.0
高中	Senior School	100.0	5.5	1.3	25.2	1.6	1.8	3.7
大学专科	College	100.0	1.3	1.1	15.3	2.2	2.2	3.6
大学本科	University	100.0	0.6	0.8	11.1	1.7	1.9	2.7
研究生	Graduate	100.0	0.4	0.5	9.6	0.9	1.0	1.3

1-37 续表 1 continued

单位：%　　　　　　　　(%)

受教育程度	Educational Attainment	信息传输、计算机服务和软件业 Data Transmission, Computer Service & Software	批发和零售业 Wholesale and Retail Trade	住宿和餐饮业 Hotel and Catering Services	金融业 Banking	房地产业 Real Estate	租赁和商务服务业 Leasing and Business Services	科学研究、技术服务和地质勘查业 Scientific Research, Technical Services,& Geological Prospecting
总　计	**Total**	**1.2**	**16.7**	**4.5**	**1.7**	**1.4**	**1.3**	**0.7**
未上过学	Illiterate	0.1	9.5	3.3	0.1	0.8	0.3	0.1
小　学	Primary School	0.2	12.6	4.1	0.1	0.9	0.5	0.1
初　中	Junior School	0.4	17.8	5.7	0.4	1.0	0.8	0.2
高　中	Senior School	1.4	21.7	5.1	1.9	1.8	1.5	0.6
大学专科	College	3.0	14.4	2.3	4.8	2.3	2.6	1.4
大学本科	University	4.2	8.9	1.1	6.1	2.0	3.2	2.9
研究生	Graduate	5.6	5.0	0.4	6.1	1.3	4.2	7.5
男	**Male**	**1.3**	**13.8**	**3.7**	**1.5**	**1.5**	**1.4**	**0.8**
未上过学	Illiterate	0.1	8.7	2.0	0.1	0.9	0.5	0.1
小　学	Primary School	0.2	11.1	2.9	0.1	1.1	0.6	0.1
初　中	Junior School	0.4	14.0	4.6	0.4	1.2	1.0	0.2
高　中	Senior School	1.3	17.2	4.4	1.6	1.9	1.6	0.6
大学专科	College	3.0	13.0	2.0	4.3	2.2	2.4	1.6
大学本科	University	4.7	8.6	0.9	5.4	2.0	3.0	3.3
研究生	Graduate	6.4	5.2	0.4	5.9	1.5	3.9	8.3
女	**Female**	**1.2**	**20.6**	**5.6**	**2.0**	**1.2**	**1.2**	**0.5**
未上过学	Illiterate	0.1	9.9	4.0	0.1	0.7	0.3	0.1
小　学	Primary School	0.1	14.2	5.3	0.1	0.7	0.3	0.1
初　中	Junior School	0.4	23.0	7.2	0.5	0.8	0.5	0.1
高　中	Senior School	1.4	28.5	6.2	2.3	1.6	1.4	0.5
大学专科	College	2.9	16.2	2.7	5.6	2.3	2.7	1.2
大学本科	University	3.5	9.2	1.2	7.0	1.9	3.6	2.3
研究生	Graduate	4.2	4.7	0.5	6.5	1.2	4.6	6.3

1-37 续表 2 continued

单位：%　　(%)

受教育程度	Educational Attainment	水利、环境和公共设施管理业 Water Conservancy, Environment and Public Utility Management	居民服务和其他服务业 Public and Other Services	教　育 Education	卫生、社会保障和社会福　利　业 Public Health Social Securities & Social Welfare	文化、体育和娱乐业 Culture Sports and Entertainment	公共管理和社会组织 Public Administrantion and Social Organizations	国际组织 International Organizations
总　计	**Total**	**0.7**	**3.2**	**4.3**	**2.2**	**0.9**	**5.1**	**0.0**
未上过学	Illiterate	1.2	3.9	0.4	0.4	0.2	0.9	0.0
小　学	Primary School	0.8	3.4	0.5	0.4	0.3	0.9	0.0
初　中	Junior School	0.5	3.9	0.8	0.6	0.6	1.4	0.0
高　中	Senior School	0.8	3.4	3.1	2.7	1.1	5.3	0.0
大学专科	College	0.9	1.4	11.8	6.8	1.5	14.5	0.0
大学本科	University	0.9	0.7	20.2	6.2	2.2	17.6	0.0
研究生	Graduate	0.6	0.3	28.4	7.1	2.2	12.8	0.0
男	**Male**	**0.7**	**2.9**	**3.2**	**1.5**	**0.8**	**6.0**	**0.0**
未上过学	Illiterate	1.2	3.2	0.4	0.3	0.2	1.3	0.0
小　学	Primary School	0.8	2.9	0.4	0.3	0.3	1.2	0.0
初　中	Junior School	0.5	3.5	0.6	0.5	0.5	1.7	0.0
高　中	Senior School	0.8	3.1	2.1	1.6	1.0	6.0	0.0
大学专科	College	1.0	1.4	8.7	4.0	1.5	17.5	0.0
大学本科	University	1.0	0.6	15.3	4.7	2.0	20.4	0.0
研究生	Graduate	0.7	0.3	23.5	6.3	1.8	14.4	0.0
女	**Female**	**0.7**	**3.5**	**5.7**	**3.2**	**1.0**	**3.9**	**0.0**
未上过学	Illiterate	1.1	4.2	0.4	0.4	0.2	0.8	
小　学	Primary School	0.8	3.9	0.6	0.4	0.3	0.7	0.0
初　中	Junior School	0.6	4.4	1.0	0.7	0.7	1.0	0.0
高　中	Senior School	0.7	3.8	4.6	4.3	1.2	4.4	0.0
大学专科	College	0.8	1.5	15.7	10.3	1.6	10.8	0.0
大学本科	University	0.7	0.7	26.6	8.2	2.4	13.8	0.0
研究生	Graduate	0.6	0.3	35.8	8.5	2.9	10.3	0.1

1-38 按行业、性别分的城镇就业人员受教育程度构成
EDUCATIONAL ATTAINMENT COMPOSITION OF URBAN EMPLOYMENT BY SECTOR AND SEX

单位：%　　(%)

受教育程度	Educational Attainment	合　计 Total	农、林、牧、渔业 Farming, Forestry, Animal Husbandry and Fishery	采矿业 Mining and Quarrying	制造业 Manufacturing	电力、燃气及水的生产和供应业 Production and Supply of Electricity Gas and Water	建筑业 Construction	交通运输、仓储和邮政业 Transport, Storage, Post & Telecommu-nications
总　计	**Total**	**100.0**	**100.0**	**100.0**	**100.0**	**100.0**	**100.0**	**100.0**
未上过学	Illiterate	1.2	4.5	0.4	0.5	0.1	1.0	0.4
小　学	Primary School	12.4	31.8	7.1	10.1	2.8	17.2	8.2
初　中	Junior School	44.1	54.0	44.1	52.1	24.1	55.8	49.2
高　中	Senior School	21.9	8.2	29.5	24.0	34.7	16.1	28.3
大学专科	College	11.7	1.1	12.2	8.5	24.3	6.3	9.5
大学本科	University	7.8	0.3	6.2	4.4	12.9	3.4	4.2
研究生	Graduate	0.8	0.0	0.4	0.4	0.9	0.2	0.2
男	**Male**	**100.0**	**100.0**	**100.0**	**100.0**	**100.0**	**100.0**	**100.0**
未上过学	Illiterate	0.7	2.6	0.4	0.3	0.1	0.8	0.4
小　学	Primary School	11.1	28.6	7.6	8.2	3.1	16.6	8.5
初　中	Junior School	45.1	56.6	47.0	50.3	26.2	57.9	52.3
高　中	Senior School	23.1	10.3	28.2	26.4	34.7	16.2	27.8
大学专科	College	11.4	1.4	10.8	9.2	22.5	5.4	7.6
大学本科	University	7.8	0.4	5.5	5.0	12.4	2.9	3.3
研究生	Graduate	0.9	0.0	0.4	0.5	0.9	0.2	0.2
女	**Female**	**100.0**	**100.0**	**100.0**	**100.0**	**100.0**	**100.0**	**100.0**
未上过学	Illiterate	1.9	6.4	0.5	0.9	0.2	1.9	0.7
小　学	Primary School	14.3	35.0	5.1	12.8	2.3	20.6	7.0
初　中	Junior School	42.8	51.3	33.5	54.4	19.4	44.2	34.9
高　中	Senior School	20.2	6.1	34.5	20.6	34.8	15.5	30.4
大学专科	College	12.2	0.9	17.4	7.5	28.5	11.2	17.9
大学本科	University	7.9	0.2	8.5	3.6	14.1	6.3	8.7
研究生	Graduate	0.8	0.0	0.5	0.3	0.7	0.3	0.4

1-38 续表 1 continued

单位：% (%)

受教育程度	Educational Attainment	信息传输、计算机服务和软件业 Data Transmission, Computer Service & Software	批发和零售业 Wholesale and Retail Trade	住宿和餐饮业 Hotel and Catering Services	金融业 Banking	房地产业 Real Estate	租赁和商务服务业 Leasing and Business Services	科学研究、技术服务和地质勘查业 Scientific Research, Technical Services,& Geological Prospecting
总　计	**Total**	**100.0**	**100.0**	**100.0**	**100.0**	**100.0**	**100.0**	**100.0**
未上过学	Illiterate	0.1	0.7	0.9	0.0	0.7	0.3	0.1
小　学	Primary School	1.5	9.4	11.2	1.0	7.8	4.5	1.6
初　中	Junior School	15.1	47.0	55.5	10.6	32.4	25.9	11.4
高　中	Senior School	24.3	28.4	24.6	23.9	28.1	25.1	18.8
大学专科	College	28.4	10.1	5.9	33.3	19.0	22.4	24.6
大学本科	University	26.7	4.2	1.8	28.1	11.2	19.1	34.1
研究生	Graduate	3.8	0.3	0.1	3.0	0.8	2.6	9.5
男	**Male**	**100.0**	**100.0**	**100.0**	**100.0**	**100.0**	**100.0**	**100.0**
未上过学	Illiterate	0.1	0.4	0.4	0.0	0.4	0.2	0.1
小　学	Primary School	1.4	8.9	8.6	1.0	7.6	4.9	1.5
初　中	Junior School	15.1	45.9	55.8	10.7	35.4	30.3	12.3
高　中	Senior School	23.6	28.8	27.1	23.9	28.9	26.3	19.3
大学专科	College	26.8	10.7	6.1	32.5	16.5	19.2	23.3
大学本科	University	28.6	4.9	2.0	28.4	10.3	16.6	33.9
研究生	Graduate	4.4	0.3	0.1	3.5	0.8	2.5	9.7
女	**Female**	**100.0**	**100.0**	**100.0**	**100.0**	**100.0**	**100.0**	**100.0**
未上过学	Illiterate	0.1	0.9	1.3	0.1	1.2	0.4	0.2
小　学	Primary School	1.7	9.8	13.5	1.0	8.3	3.8	1.7
初　中	Junior School	15.0	47.9	55.2	10.4	27.0	19.1	9.6
高　中	Senior School	25.4	28.1	22.4	24.0	26.6	23.4	17.7
大学专科	College	31.0	9.6	5.8	34.1	23.3	27.4	27.0
大学本科	University	23.9	3.5	1.7	27.9	12.8	23.0	34.6
研究生	Graduate	2.8	0.2	0.1	2.5	0.8	2.9	9.2

1-38 续表 2 continued

单位：% (%)

受教育程度	Educational Attainment	水利、环境和公共设施管理业 Water Conservancy, Environment and Public Utility Management	居民服务和其他服务业 Public and Other Services	教育 Education	卫生、社会保障和社会福利业 Public Health Social Securities & Social Welfare	文化、体育和娱乐业 Culture Sports and Entertainment	公共管理和社会组织 Public Administrantion and Social Organizations	国际组织 International Organizations
总　计	**Total**	**100.0**	**100.0**	**100.0**	**100.0**	**100.0**	**100.0**	**100.0**
未上过学	Illiterate	2.0	1.5	0.1	0.2	0.3	0.2	0.2
小　学	Primary School	14.3	13.4	1.4	2.0	4.3	2.3	1.0
初　中	Junior School	33.5	54.6	7.9	11.3	28.9	12.3	10.0
高　中	Senior School	24.0	23.4	15.7	26.2	25.9	22.8	15.3
大学专科	College	15.6	5.4	32.3	35.7	19.7	33.3	15.4
大学本科	University	9.8	1.7	36.9	21.9	18.8	27.0	38.1
研究生	Graduate	0.8	0.1	5.6	2.7	2.0	2.1	20.1
男	**Male**	**100.0**	**100.0**	**100.0**	**100.0**	**100.0**	**100.0**	**100.0**
未上过学	Illiterate	1.2	0.8	0.1	0.1	0.2	0.1	0.4
小　学	Primary School	12.0	11.2	1.5	2.1	3.8	2.2	1.1
初　中	Junior School	32.5	55.6	8.5	13.9	27.8	12.7	16.5
高　中	Senior School	26.1	25.1	15.0	24.4	27.6	22.9	25.8
大学专科	College	16.6	5.5	31.0	30.7	20.3	33.3	15.4
大学本科	University	10.7	1.7	37.4	25.0	18.4	26.6	30.5
研究生	Graduate	0.8	0.1	6.5	3.8	1.9	2.1	10.4
女	**Female**	**100.0**	**100.0**	**100.0**	**100.0**	**100.0**	**100.0**	**100.0**
未上过学	Illiterate	3.2	2.3	0.1	0.2	0.4	0.4	
小　学	Primary School	17.4	15.8	1.4	1.9	5.0	2.5	0.9
初　中	Junior School	34.8	53.5	7.5	9.8	30.2	11.3	4.9
高　中	Senior School	21.1	21.6	16.2	27.3	24.0	22.5	6.9
大学专科	College	14.3	5.2	33.4	38.8	18.9	33.5	15.5
大学本科	University	8.6	1.6	36.6	20.0	19.3	27.8	44.1
研究生	Graduate	0.7	0.1	4.8	2.0	2.2	2.0	27.8

1-39 按年龄、性别分的城镇就业人员职业构成

OCCUPATION COMPOSITION OF URBAN EMPLOYMENT BY AGE AND SEX

单位：%　　　　(%)

年龄 Age	合计 Total	单位负责人 Unit Head	专业技术人员 Professional and Technical Personnel	办事人员和有关人员 Clerk and Related Workers	商业、服务业人员 Business Service Personnel	农林牧渔水利业生产人员 Agriculture and Water Conservancy Labors	生产运输设备操作人员及有关人员 Production, Transport Equipment Operators and Related Workers	其他 Others
总计 Total	**100.0**	**3.4**	**13.0**	**8.7**	**28.0**	**15.9**	**30.9**	**0.2**
16-19	100.0	0.3	3.8	3.2	30.3	13.2	48.9	0.1
20-24	100.0	1.2	11.0	7.1	31.7	11.0	38.0	0.1
25-29	100.0	2.7	17.8	9.6	30.2	9.4	30.2	0.1
30-34	100.0	3.6	16.8	9.2	29.6	9.7	30.9	0.1
35-39	100.0	4.0	14.0	8.4	29.0	11.6	32.8	0.2
40-44	100.0	4.1	12.3	8.0	28.0	14.9	32.4	0.2
45-49	100.0	4.7	12.5	9.7	27.1	17.2	28.7	0.2
50-54	100.0	4.5	11.1	11.1	23.5	24.1	25.5	0.2
55-59	100.0	4.0	8.4	10.4	20.3	36.5	20.3	0.2
60-64	100.0	1.9	4.2	5.7	17.2	57.6	13.3	0.1
65+	100.0	1.1	3.9	4.9	13.7	68.6	7.7	0.1
男 Male	**100.0**	**4.4**	**10.8**	**10.0**	**23.4**	**14.1**	**37.1**	**0.2**
16-19	100.0	0.4	2.7	3.8	26.1	14.2	52.7	0.1
20-24	100.0	1.3	8.2	6.9	26.7	10.5	46.2	0.1
25-29	100.0	3.2	14.4	9.7	26.2	8.5	38.0	0.2
30-34	100.0	4.5	13.4	10.1	25.1	8.6	38.1	0.2
35-39	100.0	5.1	11.5	9.7	23.9	10.1	39.5	0.2
40-44	100.0	5.5	10.4	9.6	22.6	12.7	39.0	0.2
45-49	100.0	6.2	10.7	11.6	21.8	14.0	35.4	0.2
50-54	100.0	5.7	9.9	13.6	21.2	18.0	31.5	0.2
55-59	100.0	5.1	9.5	13.7	19.2	27.4	25.0	0.2
60-64	100.0	2.7	4.9	7.9	17.2	50.1	17.0	0.2
65+	100.0	1.5	4.5	6.7	14.1	64.0	9.1	0.2
女 Female	**100.0**	**2.1**	**16.0**	**6.9**	**34.0**	**18.4**	**22.5**	**0.1**
16-19	100.0	0.3	5.0	2.6	35.0	12.2	44.8	0.1
20-24	100.0	1.0	14.0	7.2	37.1	11.7	28.9	0.1
25-29	100.0	2.1	21.9	9.6	35.0	10.4	20.9	0.1
30-34	100.0	2.5	20.9	8.2	35.2	11.0	22.0	0.1
35-39	100.0	2.5	17.2	6.8	35.5	13.6	24.3	0.1
40-44	100.0	2.4	14.7	6.1	34.9	17.7	24.1	0.2
45-49	100.0	2.5	15.0	7.0	34.4	21.5	19.5	0.2
50-54	100.0	2.1	13.7	5.9	28.3	36.8	13.0	0.1
55-59	100.0	1.3	5.8	2.6	23.0	57.9	9.3	0.1
60-64	100.0	0.6	2.7	1.6	17.3	71.3	6.4	0.1
65+	100.0	0.5	2.6	1.5	12.8	77.5	5.0	0.1

1-40 按职业、性别分的城镇就业人员年龄构成

AGE COMPOSITION OF URBAN EMPLOYMENT BY OCCUPATION AND SEX

单位：% (%)

年龄 Age	合计 Total	单位负责人 Unit Head	专业技术人员 Professional and Technical Personnel	办事人员和有关人员 Clerk and Related Workers	商业、服务业人员 Business Service Personnel	农林牧渔水利业生产人员 Agriculture and Water Conservancy Labors	生产运输设备操作人员及有关人员 Production, Transport Equipment Operators and Related Workers	其他 Others
总计 Total	**100.0**	**100.0**	**100.0**	**100.0**	**100.0**	**100.0**	**100.0**	**100.0**
16-19	2.8	0.3	0.8	1.0	3.0	2.3	4.4	2.2
20-24	11.6	4.0	9.8	9.4	13.1	8.0	14.3	9.7
25-29	13.4	10.5	18.4	14.9	14.5	7.9	13.1	11.6
30-34	13.5	14.4	17.3	14.4	14.3	8.2	13.5	12.6
35-39	15.8	18.4	17.0	15.4	16.4	11.5	16.8	16.7
40-44	15.5	18.8	14.7	14.4	15.5	14.5	16.3	17.0
45-49	12.3	17.0	11.9	13.8	12.0	13.3	11.5	13.7
50-54	6.9	9.3	5.9	8.9	5.8	10.5	5.7	8.0
55-59	5.0	5.8	3.2	5.9	3.6	11.4	3.3	5.5
60-64	1.9	1.1	0.6	1.2	1.1	6.7	0.8	1.7
65+	1.3	0.4	0.4	0.7	0.6	5.6	0.3	1.2
男 Male	**100.0**	**100.0**	**100.0**	**100.0**	**100.0**	**100.0**	**100.0**	**100.0**
16-19	2.5	0.2	0.6	1.0	2.8	2.6	3.6	2.2
20-24	10.7	3.2	8.1	7.4	12.1	7.9	13.3	9.3
25-29	12.7	9.1	16.9	12.3	14.2	7.6	13.0	11.3
30-34	13.0	13.4	16.2	13.2	13.9	7.9	13.4	11.9
35-39	15.4	17.9	16.4	15.0	15.7	11.1	16.4	15.9
40-44	15.2	18.8	14.7	14.5	14.6	13.7	16.0	15.9
45-49	12.5	17.8	12.5	14.6	11.7	12.4	11.9	13.5
50-54	8.2	10.6	7.5	11.1	7.4	10.5	7.0	9.4
55-59	6.1	7.1	5.4	8.3	5.0	11.9	4.1	7.0
60-64	2.1	1.3	1.0	1.7	1.5	7.5	1.0	2.1
65+	1.5	0.5	0.6	1.0	0.9	6.9	0.4	1.6
女 Female	**100.0**	**100.0**	**100.0**	**100.0**	**100.0**	**100.0**	**100.0**	**100.0**
16-19	3.1	0.4	1.0	1.2	3.2	2.0	6.1	2.2
20-24	12.9	6.3	11.3	13.5	14.1	8.2	16.5	10.4
25-29	14.4	14.6	19.7	19.9	14.8	8.1	13.3	12.2
30-34	14.1	17.2	18.4	16.6	14.6	8.4	13.8	13.7
35-39	16.3	19.9	17.6	16.0	17.0	12.0	17.6	17.9
40-44	15.9	18.5	14.7	14.1	16.3	15.3	17.0	18.8
45-49	12.1	14.8	11.3	12.3	12.2	14.1	10.5	14.2
50-54	5.3	5.5	4.5	4.5	4.4	10.5	3.0	5.6
55-59	3.5	2.1	1.3	1.3	2.4	10.9	1.4	3.0
60-64	1.5	0.5	0.3	0.3	0.8	5.9	0.4	1.1
65+	1.0	0.2	0.2	0.2	0.4	4.4	0.2	0.7

1-41 按受教育程度、性别分的城镇就业人员职业构成

OCCUPATION COMPOSITION OF URBAN EMPLOYMENT BY EDUCATIONAL ATTAINMENT AND SEX

单位：% (%)

受教育程度	Educational Attainment	合计 Total	单位负责人 Unit Head	专业技术人员 Professional and Technical Personnel	办事人员和有关人员 Clerk and Related Workers	商业、服务业人员 Business Service Personnel	农林牧渔水利业生产人员 Agriculture and Water Conservancy Labors	生产运输设备操作人员及有关人员 Production, Transport Equipment Operators and Related Workers	其他 Others
总　计	**Total**	**100.0**	**3.4**	**13.0**	**8.7**	**28.0**	**15.9**	**30.9**	**0.2**
未上过学	Illiterate	100.0	0.4	0.8	1.5	20.6	60.2	16.3	0.2
小　学	Primary School	100.0	1.1	1.4	2.5	23.5	41.0	30.3	0.2
初　中	Junior School	100.0	2.0	3.3	3.9	30.8	19.6	40.3	0.2
高　中	Senior School	100.0	4.1	12.9	10.3	35.0	5.9	31.6	0.2
大学专科	College	100.0	6.6	35.9	20.4	21.7	1.3	14.0	0.1
大学本科	University	100.0	7.9	48.9	23.3	12.5	0.5	6.8	0.1
研究生	Graduate	100.0	9.6	62.2	19.0	5.8	0.3	3.1	0.1
男	**Male**	**100.0**	**4.4**	**10.8**	**10.0**	**23.4**	**14.1**	**37.1**	**0.2**
未上过学	Illiterate	100.0	0.6	1.1	3.2	17.1	54.0	23.7	0.2
小　学	Primary School	100.0	1.5	1.5	4.0	19.4	36.7	36.6	0.2
初　中	Junior School	100.0	2.5	2.9	5.0	24.7	17.8	46.9	0.2
高　中	Senior School	100.0	5.0	9.6	11.3	28.9	6.2	38.8	0.2
大学专科	College	100.0	8.8	28.2	22.5	20.4	1.5	18.5	0.1
大学本科	University	100.0	10.3	42.6	25.0	12.7	0.6	8.8	0.1
研究生	Graduate	100.0	12.2	58.1	20.0	5.9	0.3	3.5	0.1
女	**Female**	**100.0**	**2.1**	**16.0**	**6.9**	**34.0**	**18.4**	**22.5**	**0.1**
未上过学	Illiterate	100.0	0.3	0.6	0.7	22.4	63.2	12.6	0.1
小　学	Primary School	100.0	0.7	1.2	0.9	27.8	45.4	23.8	0.1
初　中	Junior School	100.0	1.3	3.7	2.3	39.4	22.1	31.1	0.1
高　中	Senior School	100.0	2.6	18.1	8.9	44.1	5.4	20.8	0.1
大学专科	College	100.0	3.8	45.5	17.9	23.2	1.1	8.3	0.1
大学本科	University	100.0	4.7	57.1	21.2	12.3	0.4	4.3	0.1
研究生	Graduate	100.0	5.6	68.5	17.4	5.6	0.3	2.5	0.1

1-42 按职业、性别分的城镇就业人员受教育程度构成

EDUCATIONAL ATTAINMENT COMPOSITION OF URBAN EMPLOYMENT BY OCCUPATION AND SEX

单位：% (%)

受教育程度	Educational Attainment	合计 Total	单位负责人 Unit Head	专业技术人员 Professional and Technical Personnel	办事人员和有关人员 Clerk and Related Workers	商业、服务业人员 Business Service Personnel	农林牧渔水利业生产人员 Agriculture and Water Conservancy Labors	生产运输设备操作人员及有关人员 Production, Transport Equipment Operators and Related Workers	其他 Others
总计	**Total**	**100.0**	**100.0**	**100.0**	**100.0**	**100.0**	**100.0**	**100.0**	**100.0**
未上过学	Illiterate	1.2	0.2	0.1	0.2	0.9	4.5	0.6	1.3
小学	Primary School	12.4	4.2	1.3	3.5	10.5	32.0	12.2	13.2
初中	Junior School	44.1	26.1	11.0	19.7	48.6	54.2	57.6	46.9
高中	Senior School	21.9	26.2	21.8	26.0	27.3	8.1	22.4	24.0
大学专科	College	11.7	22.8	32.3	27.6	9.1	0.9	5.3	9.4
大学本科	University	7.8	18.2	29.5	21.1	3.5	0.3	1.7	4.8
研究生	Graduate	0.8	2.4	4.0	1.8	0.2	0.0	0.1	0.4
男	**Male**	**100.0**	**100.0**	**100.0**	**100.0**	**100.0**	**100.0**	**100.0**	**100.0**
未上过学	Illiterate	0.7	0.1	0.1	0.2	0.5	2.7	0.4	0.9
小学	Primary School	11.1	3.9	1.6	4.4	9.1	28.8	10.9	12.0
初中	Junior School	45.1	26.0	12.3	22.5	47.5	56.8	57.0	47.3
高中	Senior School	23.1	26.5	20.5	26.0	28.5	10.2	24.1	25.2
大学专科	College	11.4	22.8	29.7	25.5	9.9	1.2	5.7	9.3
大学本科	University	7.8	18.2	30.9	19.5	4.2	0.3	1.8	4.9
研究生	Graduate	0.9	2.5	4.8	1.8	0.2	0.0	0.1	0.4
女	**Female**	**100.0**	**100.0**	**100.0**	**100.0**	**100.0**	**100.0**	**100.0**	**100.0**
未上过学	Illiterate	1.9	0.3	0.1	0.2	1.2	6.5	1.1	2.0
小学	Primary School	14.3	5.0	1.1	1.9	11.7	35.2	15.1	15.4
初中	Junior School	42.8	26.6	9.9	14.1	49.6	51.5	59.1	46.0
高中	Senior School	20.2	25.5	22.9	26.0	26.3	6.0	18.7	22.0
大学专科	College	12.2	22.5	34.6	31.6	8.3	0.7	4.5	9.5
大学本科	University	7.9	18.0	28.2	24.2	2.8	0.2	1.5	4.7
研究生	Graduate	0.8	2.1	3.3	2.0	0.1	0.0	0.1	0.4

1-43 城镇就业人员调查周平均工作时间

WEEKLY WORKING HOURS IN URBAN AREA

单位：小时／周 (hours/per week)

分组	Group	2006年11月 Nov.2006	2007年11月 Nov.2007	2008年11月 Nov.2008	2009年11月 Nov.2009	2010年11月 Nov.2010
全 部	**Total**	**47.3**	**45.5**	**44.6**	**44.7**	**47.0**
一、按年龄分组	**By Age**					
	16-19	49.9	48.1	45.8	46.8	49.1
	20-24	48.4	46.9	45.6	46.1	47.8
	25-29	48.1	46.5	45.7	45.9	47.1
	30-34	48.4	46.9	46.0	46.1	47.5
	35-39	48.3	46.7	45.9	46.1	47.8
	40-44	47.7	46.1	45.4	45.4	47.6
	45-49	46.5	45.2	44.5	44.5	46.8
	50-54	45.2	43.9	43.3	42.9	45.8
	55-59	43.9	41.8	41.0	41.1	44.7
	60-64	41.8	38.4	37.3	37.8	42.6
	65+	36.8	33.4	32.7	33.4	38.5
二、按职业分组	**By Occupation**					
单位负责人	Unit Head	47.3	47.7	47.5	47.5	47.1
专业技术人员	Professional and Technical Personnel	44.1	43.4	43.0	42.8	43.1
办事人员和有关人员	Clerk and Related Workers	44.4	43.8	43.5	43.3	44.0
商业、服务业人员	Business Service Personnel	52.0	50.3	49.1	49.0	49.8
农林牧渔水利业生产人员	Agrecultrre and Water Conservancy Labor	41.9	38.2	37.7	37.7	41.5
生产、运输设备操作人员及有关人员	Production, Transport Equipment Operators and Related Workers	50.8	49.8	48.2	48.9	49.7
其 他	Others	48.4	46.7	46.8	46.3	47.8
三、按受教育程度分组	**By Educational Attaiment**					
未上过学	Illiterate	41.5	37.3	36.4	36.9	43.5
小 学	Primary School	46.4	43.4	41.7	42.3	47.2
初 中	Junior School	49.3	47.3	46.1	46.1	48.9
高 中	Senior School	47.7	46.8	46.0	46.1	47.2
大 专	College	43.8	42.9	43.0	42.9	43.7
大学本科	University	42.1	41.7	41.7	41.5	42.1
研究生	Graduate	42.2	41.4	41.1	41.1	41.1

1-43 续表 continued

单位：小时／周 (hours/per week)

分组	Group	2006年11月 Nov.2006	2007年11月 Nov.2007	2008年11月 Nov.2008	2009年11月 Nov.2009	2010年11月 Nov.2010
四、按行业分组	**By Sector**					
农、林、牧、渔业	Farming, Forestry, Animal Husbandry and Fishing	41.9	38.2	37.6	37.6	41.5
采矿业	Mining and Quarrying	47.8	46.1	45.2	46.1	46.4
制造业	Manufacturing	50.4	49.4	47.9	48.5	49.0
电力、燃气及水的生产和供应业	Productionand Supply of Electricity, Gas and Water	43.5	43.2	43.0	42.6	43.3
建筑业	Construction	51.3	49.7	48.2	48.4	50.2
交通运输、仓储和邮政业	Transport, Storage, Post and Telecommunication Services	50.0	49.1	48.1	47.8	48.8
信息传输、计算机服务和软件业	Data Transmission, Computer Service and Software	46.3	45.1	45.4	44.1	44.2
批发和零售业	Wholesale and Retail Trade	52.5	50.9	49.6	49.6	50.3
住宿和餐饮业	Hotel and Catering Services	54.4	52.1	50.7	50.1	51.43
金融业	Banking	42.6	42.4	42.3	41.9	42.4
房地产业	Real Estate	45.8	45.7	44.9	45.4	45.81
租赁和商务服务业	Leasing and Business Service	46.4	45.0	44.5	44.7	45.1
科学研究、技术服务和地质勘查业	Scientific Research, Technical Services and Geological Prospecting	42.5	42.2	42.3	42.6	42.3
水利、环境和公共设施管理业	Water Conservancy, Environment and Public Utility Management	44.3	44.4	43.7	43.9	44.9
居民服务和其他服务业	Personal and Other Services	52.1	50.2	49.0	48.8	50.4
教　育	Education	42.4	41.7	41.5	41.4	41.9
卫生、社会保障和社会福利业	Public Health, Social Securities and Social Welfare	45.3	44.2	44.1	43.8	43.9
文化、体育和娱乐业	Cultrue, Sports and Entertainment	46.8	45.2	45.4	46.1	45.8
公共管理和社会组织	Public Administration and Social Organizations	42.0	41.8	41.5	41.3	42.1
国际组织	International Organizations	47.8	40.0	40.0	37.5	41.9

注：1.因自2002年开始使用GB2002行业分类标准，2002年以前执行GB1994行业分类标准，故2001年数字仅列出可基本对应的相近行业。
2.10月相对应的调查周是9月24日至9月30日，11月相对应的调查周是10月25日至10月31日。
3.甲栏就业身份和行业职业按主业分组，工作时间包括主业和兼职工作时间。

Note: a)Data in 2001(acoording to GB1994 Industry Classification) are the similar series in GB2002 (GB2002 Industry Classification has been used since 2003).
b)The referent week in October is 24th to 30th, September. The referent week in November is 25th to 31st, October.
c)The items about employment status, sectors and occupation are for the first job. The working hours both include the first and sencond job.

1-44 城镇男性就业人员调查周平均工作时间

MALE WEEKLY WORKING HOURS IN URBAN AREA

单位：小时／周 (hours/per week)

分　组	Group	2006年11月 Nov.2006	2007年11月 Nov.2007	2008年11月 Nov.2008	2009年11月 Nov.2009	2010年11月 Nov.2010
全 部	**Total**	**48.3**	**46.8**	**45.7**	**45.9**	**47.7**
一、按年龄分組	**By Age**					
	16-19	49.7	48.2	45.8	46.7	49.3
	20-24	49.3	47.9	46.5	47.2	48.5
	25-29	49.3	47.8	46.9	47.1	47.9
	30-34	49.4	48.1	47.1	47.2	48.2
	35-39	49.5	47.9	47.0	47.3	48.4
	40-44	48.8	47.4	46.5	46.7	48.3
	45-49	47.8	46.6	45.8	45.8	47.5
	50-54	46.9	45.7	44.9	44.7	46.6
	55-59	45.7	44.2	43.3	43.3	45.7
	60-64	43.7	40.9	39.9	40.7	44.4
	65+	38.8	35.5	34.7	35.2	40.1
二、按职业分组	**By Occupation**					
单位负责人	Unit Head	48.3	47.8	47.6	47.6	47.0
专业技术人员	Professional and Technical Personnel	44.7	43.9	43.3	43.3	43.6
办事人员和有关人员	Clerk and Related Workers	44.9	44.4	44.0	43.8	44.6
商业、服务业人员	Business Service Personnel	52.4	50.7	49.6	49.5	50.2
农林牧渔水利业生产人员	Agrecultrre and Water Conservancy Labor	44.5	41.0	40.2	40.2	43.3
生产、运输设备操作人员及有关人员	Production, Transport Equipment Operators and Related Workers	50.9	50.0	48.5	49.0	49.9
其　他	Others	48.9	48.3	46.7	47.2	48.2
三、按受教育程度分组	**By Educational Attaiment**					
未上过学	Illiterate	43.3	40.3	39.2	40.2	45.2
小　学	Primary School	48.2	45.5	43.6	44.4	48.4
初　中	Junior School	50.3	48.5	47.2	47.3	49.6
高　中	Senior School	48.3	47.4	46.5	46.7	47.6
大　专	College	44.3	43.3	43.3	43.1	44.0
大学本科	University	42.5	42.0	42.0	41.6	42.4
研究生	Graduate	42.8	41.4	41.3	41.3	41.3

1-44 续表 continued

单位：小时／周 (hours/per week)

分　组	Group	2006年11月 Nov.2006	2007年11月 Nov.2007	2008年11月 Nov.2008	2009年11月 Nov.2009	2010年11月 Nov.2010
四、按行业分组	**By Sector**					
农、林、牧、渔业	Farming, Forestry, Animal Husbandry and Fishing	44.4	40.9	40.1	40.1	43.32
采矿业	Mining and Quarrying	48.8	46.9	46.0	47.0	47.1
制造业	Manufacturing	50.3	49.6	48.0	48.6	49.0
电力、燃气及水的生产和供应业	Productionand Supply of Electricity, Gas and Water	43.9	43.8	43.5	43.2	43.7
建筑业	Construction	51.9	50.3	48.8	48.9	50.7
交通运输、仓储和邮政业	Transport, Storage, Post and Telecommunication Services	51.0	49.9	48.8	48.6	49.6
信息传输、计算机服务和软件业	Data Transmission, Computer Service and Software	46.5	45.5	45.8	44.3	44.4
批发和零售业	Wholesale and Retail Trade	53.0	51.4	50.1	50.3	50.8
住宿和餐饮业	Hotel and Catering Services	54.9	52.6	51.8	50.9	52.0
金融业	Banking	42.8	42.6	42.6	42.1	42.6
房地产业	Real Estate	46.6	46.1	45.2	46.1	46.6
租赁和商务服务业	Leasing and Business Service	47.5	45.9	45.2	45.5	45.9
科学研究、技术服务和地质勘查业	Scientific Research, Technical Services and Geological Prospecting	43.0	42.6	42.5	42.4	42.7
水利、环境和公共设施管理业	Water Conservancy, Environment and Public Utility Management	44.6	44.4	43.4	43.5	44.9
居民服务和其他服务业	Personal and Other Services	52.7	51.0	49.9	49.5	51.2
教　育	Education	42.9	41.9	41.6	41.5	42.2
卫生、社会保障和社会福利业	Public Health, Social Securities and Social Welfare	46.3	44.9	44.9	44.5	44.5
文化、体育和娱乐业	Cultrue, Sports and Entertainment	47.3	45.7	45.4	45.8	46.0
公共管理和社会组织	Public Administration and Social Organizations	42.3	42.1	41.7	41.6	42.4
国际组织	International Organizations	53.8		40.0	37.0	42.6

1-45 城镇女性就业人员调查周平均工作时间
FEMALE WEEKLY WORKING HOURS IN URBAN AREA

单位：小时／周 (hours/per week)

分 组	Group	2006年11月 Nov.2006	2007年11月 Nov.2007	2008年11月 Nov.2008	2009年11月 Nov.2009	2010年11月 Nov.2010
全 部	**Total**	**45.9**	**44.0**	**43.1**	**43.2**	**46.1**
一、按年龄分组	**By Age**					
	16-19	50.2	48.0	45.8	46.9	48.8
	20-24	47.5	46.0	44.7	45.0	47.0
	25-29	46.8	45.1	44.4	44.6	46.1
	30-34	47.2	45.5	44.7	44.9	46.6
	35-39	46.9	45.2	44.6	44.8	46.9
	40-44	46.4	44.5	44.1	44.0	46.7
	45-49	44.8	43.4	43.0	43.0	45.8
	50-54	42.4	40.8	40.5	39.8	44.2
	55-59	40.4	37.2	36.5	37.0	42.2
	60-64	38.4	34.5	33.3	33.4	39.3
	65+	33.1	29.4	29.6	30.1	35.3
二、按职业分组	**By Occupation**					
单位负责人	Unit Head	48.8	47.6	47.1	46.9	47.2
专业技术人员	Professional and Technical Personnel	43.6	43.0	42.6	42.4	42.7
办事人员和有关人员	Clerk and Related Workers	43.3	42.8	42.5	42.2	42.8
商业、服务业人员	Business Service Personnel	51.6	49.9	48.7	48.6	49.5
农林牧渔水利业生产人员	Agrecultrre and Water Conservancy Labor	39.5	35.6	35.3	35.3	39.6
生产、运输设备操作人员及有关人员	Production, Transport Equipment Operators and Related Workers	50.7	49.3	47.7	48.7	49.5
其 他	Others	47.8	43.9	46.8	44.7	47.1
三、按受教育程度分组	**By Educational Attaiment**					
未上过学	Illiterate	40.7	36.1	35.2	35.5	42.6
小 学	Primary School	44.7	41.4	40.0	40.4	45.9
初 中	Junior School	47.9	45.7	44.5	44.5	47.9
高 中	Senior School	46.8	45.8	45.4	45.3	46.5
大 专	College	43.1	42.5	42.5	42.6	43.2
大学本科	University	41.5	41.3	41.3	41.3	41.7
研究生	Graduate	40.9	41.3	40.6	40.7	40.7

1-45 续表 continued

单位：小时／周 (hours/per week)

分 组	Group	2006年11月 Nov.2006	2007年11月 Nov.2007	2008年11月 Nov.2008	2009年11月 Nov.2009	2010年11月 Nov.2010
四、按行业分组	**By Sector**					
农、林、牧、渔业	Farming, Forestry, Animal Husbandry and Fishing	39.4	35.6	35.3	35.2	39.6
采矿业	Mining and Quarrying	44.1	43.2	42.8	42.9	43.8
制造业	Manufacturing	50.5	49.2	47.7	48.4	49.0
电力、燃气及水的生产和供应业	Production and Supply of Electricity, Gas and Water	42.4	41.9	41.9	41.5	42.3
建筑业	Construction	47.9	46.0	44.8	45.4	47.7
交通运输、仓储和邮政业	Transport, Storage, Post and Telecommunication Services	45.4	45.0	44.6	44.0	45.4
信息传输、计算机服务和软件业	Data Transmission, Computer Service and Software	46.0	44.5	44.8	43.8	43.9
批发和零售业	Wholesale and Retail Trade	52.0	50.4	49.2	49.1	49.9
住宿和餐饮业	Hotel and Catering Services	53.9	51.6	49.8	49.4	50.9
金融业	Banking	42.3	42.2	42.0	41.6	42.2
房地产业	Real Estate	44.4	44.8	44.3	44.2	44.5
租赁和商务服务业	Leasing and Business Service	44.5	43.8	43.7	43.5	43.8
科学研究、技术服务和地质勘查业	Scientific Research, Technical Services and Geological Prospecting	41.6	41.6	41.8	43.0	41.7
水利、环境和公共设施管理业	Water Conservancy, Environment and Public Utility Management	43.8	44.5	44.2	44.4	44.9
居民服务和其他服务业	Personal and Other Services	51.4	49.2	47.9	48.0	49.5
教 育	Education	42.1	41.6	41.3	41.3	41.8
卫生、社会保障和社会福利业	Public Health, Social Securities and Social Welfare	44.5	43.7	43.5	43.3	43.5
文化、体育和娱乐业	Cultrue, Sports and Entertainment	46.0	44.6	45.5	46.5	45.6
公共管理和社会组织	Public Administration and Social Organizations	41.3	41.2	40.9	40.7	41.6
国际组织	International Organizations	40.0	40.0	40.0	40.0	41.3

1-46 按年龄、性别分的城镇就业人员工作时间构成
COMPOSITION OF URBAN EMPLOYMENT WORKING HOURS BY AGE AND SEX

单位：%　　　　(%)

年龄 Age	合计 Total	1-8小时 1-8 Hours	9-19小时 9-19 Hours	20-39小时 20-39 Hours	40小时 40 Hours	41-48小时 41-48 Hours	48小时以上 48 Hours+
总计 Total	**100.0**	**0.4**	**1.0**	**7.6**	**37.9**	**15.3**	**37.7**
16-19	100.0	0.4	1.0	6.9	26.0	20.7	45.0
20-24	100.0	0.3	0.8	6.0	33.8	20.0	39.1
25-29	100.0	0.3	0.6	5.4	41.2	17.2	35.4
30-34	100.0	0.3	0.6	5.4	40.8	15.6	37.3
35-39	100.0	0.3	0.6	6.0	38.9	14.8	39.4
40-44	100.0	0.3	0.8	7.0	37.8	14.3	39.8
45-49	100.0	0.3	0.9	7.9	40.3	13.6	37.0
50-54	100.0	0.4	1.3	10.2	40.2	12.6	35.2
55-59	100.0	0.6	2.2	14.7	35.7	12.1	34.7
60-64	100.0	1.1	4.5	23.9	23.9	11.3	35.3
65+	100.0	2.0	8.2	31.9	20.9	9.2	27.8
男 Male	**100.0**	**0.3**	**0.7**	**6.4**	**37.5**	**15.2**	**39.8**
16-19	100.0	0.4	1.0	7.0	25.1	20.1	46.5
20-24	100.0	0.3	0.6	5.3	32.2	19.8	41.9
25-29	100.0	0.2	0.4	4.5	39.0	17.4	38.4
30-34	100.0	0.2	0.4	4.5	39.2	15.7	40.0
35-39	100.0	0.2	0.5	4.9	38.0	14.7	41.7
40-44	100.0	0.3	0.5	5.6	37.4	14.2	42.0
45-49	100.0	0.3	0.6	6.1	40.5	13.6	38.9
50-54	100.0	0.3	0.8	7.5	42.2	13.0	36.1
55-59	100.0	0.4	1.4	10.9	39.6	12.4	35.3
60-64	100.0	0.8	3.3	20.0	25.1	12.0	38.8
65+	100.0	1.6	6.8	29.4	21.6	9.8	30.9
女 Female	**100.0**	**0.4**	**1.4**	**9.3**	**38.6**	**15.5**	**34.9**
16-19	100.0	0.4	1.0	6.8	27.0	21.4	43.4
20-24	100.0	0.4	0.9	6.8	35.6	20.2	36.0
25-29	100.0	0.3	0.8	6.5	43.8	16.9	31.7
30-34	100.0	0.3	0.8	6.5	42.9	15.5	34.0
35-39	100.0	0.3	0.9	7.4	40.0	15.0	36.5
40-44	100.0	0.4	1.1	8.8	38.3	14.5	37.0
45-49	100.0	0.4	1.4	10.3	40.0	13.5	34.4
50-54	100.0	0.7	2.5	15.7	35.9	11.8	33.4
55-59	100.0	1.1	4.4	23.6	26.5	11.3	33.1
60-64	100.0	1.6	6.8	31.2	21.7	9.9	28.7
65+	100.0	2.8	10.9	36.9	19.6	7.9	21.8

1-47 按受教育程度、性别分的城镇就业人员工作时间构成

COMPOSITION OF URBAN EMPLOYMENT WORKING HOURS BY EDUCATIONAL ATTAINMENT AND SEX

单位：% (%)

受教育程度	Educational Attainment	合 计 Total	1-8小时 1-8 Hours	9-19小时 9-19Hours	20-39小时 20-39 Hours	40小时 40 Hours	41-48小时 41-48 Hours	48小时以上 48 Hours+
总 计	**Total**	**100.0**	**0.4**	**1.0**	**7.6**	**37.9**	**15.3**	**37.7**
未上过学	Illiterate	100.0	1.4	5.3	24.3	18.7	10.6	39.8
小 学	Primary School	100.0	0.6	2.5	15.7	20.4	13.8	46.9
初 中	Junior School	100.0	0.4	1.1	8.3	25.9	16.7	47.6
高 中	Senior School	100.0	0.2	0.4	4.5	43.0	17.2	34.6
大学专科	College	100.0	0.2	0.2	3.7	64.9	13.6	17.4
大学本科	University	100.0	0.2	0.1	3.6	76.2	9.6	10.3
研究生	Graduate	100.0	0.3	0.3	3.7	83.1	5.9	6.7
男	**Male**	**100.0**	**0.3**	**0.7**	**6.4**	**37.5**	**15.2**	**39.8**
未上过学	Illiterate	100.0	1.1	4.2	20.9	18.9	10.6	44.3
小 学	Primary School	100.0	0.5	1.9	13.1	20.3	13.8	50.4
初 中	Junior School	100.0	0.3	0.9	7.0	25.7	16.3	49.8
高 中	Senior School	100.0	0.2	0.4	4.2	41.8	16.9	36.5
大学专科	College	100.0	0.2	0.2	3.5	63.4	13.6	19.0
大学本科	University	100.0	0.2	0.1	3.5	74.9	9.9	11.4
研究生	Graduate	100.0	0.3	0.3	3.5	82.4	6.1	7.5
女	**Female**	**100.0**	**0.4**	**1.4**	**9.3**	**38.6**	**15.5**	**34.9**
未上过学	Illiterate	100.0	1.5	5.9	25.9	18.5	10.5	37.6
小 学	Primary School	100.0	0.8	3.1	18.3	20.6	13.8	43.4
初 中	Junior School	100.0	0.5	1.6	10.2	26.2	17.1	44.4
高 中	Senior School	100.0	0.3	0.5	4.9	44.8	17.7	31.8
大学专科	College	100.0	0.2	0.2	4.0	66.7	13.6	15.3
大学本科	University	100.0	0.2	0.1	3.7	78.0	9.1	8.8
研究生	Graduate	100.0	0.4	0.5	3.9	84.1	5.5	5.6

1-48 按户口性质、性别分的城镇就业人员工作时间构成

COMPOSITION OF URBAN EMPLOYMENT WORKING HOURS BY REGISTRATION TYPE AND SEX

单位：%　　(%)

户口性质 Registration Type		合计 Total	1-8小时 1-8 Hours	9-19小时 9-19Hours	20-39小时 20-39 Hours	40小时 40 Hours	41-48小时 41-48 Hours	48小时以上 48 Hours+
总 计	**Total**	**100.0**	**0.4**	**1.0**	**7.6**	**37.9**	**15.3**	**37.7**
农 业	Agriculture	100.0	0.5	1.6	10.6	23.4	16.9	47.0
非农业	Non-Agriculture	100.0	0.2	0.3	4.2	54.6	13.6	27.1
男	**Male**	**100.0**	**0.3**	**0.7**	**6.4**	**37.5**	**15.2**	**39.8**
农 业	Agriculture	100.0	0.4	1.2	8.6	22.9	16.9	50.1
非农业	Non-Agriculture	100.0	0.2	0.3	3.9	53.9	13.4	28.3
女	**Female**	**100.0**	**0.4**	**1.4**	**9.3**	**38.6**	**15.5**	**34.9**
农 业	Agriculture	100.0	0.6	2.2	13.2	24.0	17.0	43.0
非农业	Non-Agriculture	100.0	0.2	0.4	4.7	55.5	13.8	25.5

1-49 按行业、性别分的城镇就业人员工作时间构成

单位：%

项　　目	Item	合　计 Total	1-8小时 1-8 Hours
总　计	**National Total**	**100.0**	**0.4**
农、林、牧、渔业	Agriculture,Forestry,Farming of Animals	100.0	1.3
采矿业	Mining	100.0	0.2
制造业	Manufacturing	100.0	0.1
电力、燃气及水的生产和供应业	Production and Distribution of Electricity,Gas and Water	100.0	0.2
建筑业	Construction	100.0	0.2
交通运输、仓储和邮政业	Traffic,Transport,Storage and Post	100.0	0.2
信息传输、计算机服务和软件业	Information Transfer, Computer Services	100.0	0.2
批发和零售业	Wholesale and Retail Trade	100.0	0.2
住宿和餐饮业	Accommodation and Restaurants	100.0	0.2
金融业	Financial Intermediation	100.0	0.2
房地产业	Real Estate	100.0	0.3
租赁和商务服务业	Tenancy and Business Services	100.0	0.2
科学研究、技术服务和地质勘察业	Scientific Research,Technical Service and Geologic Perambulation	100.0	0.2
水利、环境和公共设施管理业	Management of Water Conservancy,	100.0	0.2
居民服务和其他服务业	Resident Services and Other Services	100.0	0.3
教育	Education	100.0	0.4
卫生、社会保障和社会福利业	Sanitation,Social Security & Social Welfare	100.0	0.2
文化体育和娱乐业	Culture, Sports and Entertainment	100.0	0.3
公共管理和社会组织	Public Management & Social Organization	100.0	0.2
国际组织	International Organizations	100.0	
男	**Male**	**100.0**	**0.3**
农、林、牧、渔业	Agriculture,Forestry,Farming of Animals	100.0	1.0
采矿业	Mining	100.0	0.2
制造业	Manufacturing	100.0	0.1
电力、燃气及水的生产和供应业	Production and Distribution of Electricity,Gas and Water	100.0	0.2
建筑业	Construction	100.0	0.2
交通运输、仓储和邮政业	Traffic,Transport,Storage and Post	100.0	0.2
信息传输、计算机服务和软件业	Information Transfer, Computer Services	100.0	0.2
批发和零售业	Wholesale and Retail Trade	100.0	0.2
住宿和餐饮业	Accommodation and Restaurants	100.0	0.2
金融业	Financial Intermediation	100.0	0.2

COMPOSITION OF URBAN EMPLOYMENT WORKING HOURS BY SECTOR AND SEX

(%)

9-19小时 9-19 Hours	20-39小时 20-39 Hours	40小时 40 Hours	41-48小时 41-48 Hours	48小时以上 48 Hours+
1.0	**7.6**	**37.9**	**15.3**	**37.7**
4.8	26.0	22.3	11.5	34.1
0.2	3.1	50.3	13.3	32.8
0.2	3.2	33.7	21.8	40.9
0.1	4.9	67.3	10.5	16.9
0.4	5.1	27.4	14.2	52.7
0.4	5.3	37.2	13.5	43.5
0.1	3.2	63.3	13.6	19.5
0.4	4.5	29.9	15.8	49.3
0.4	4.5	26.2	16.6	52.1
0.2	4.4	71.8	10.7	12.6
0.4	3.5	50.8	19.2	25.8
0.3	4.0	56.7	14.6	24.2
0.1	4.0	75.3	9.1	11.3
0.3	5.3	55.2	13.3	25.6
0.8	6.7	26.2	14.7	51.3
0.4	4.6	74.7	8.4	11.6
0.2	4.4	62.4	14.1	18.7
0.4	5.3	52.5	13.7	27.8
0.2	5.1	75.3	7.3	11.9
0.2	1.8	82.1	5.9	10.1
0.7	**6.4**	**37.5**	**15.2**	**39.8**
3.6	22.0	22.7	12.2	38.5
0.2	2.9	46.7	13.8	36.2
0.2	2.7	34.5	21.7	40.8
0.1	4.7	65.1	10.9	19.0
0.4	4.7	25.8	14.2	54.8
0.4	5.2	33.9	13.4	47.0
0.1	2.9	63.0	13.4	20.3
0.4	4.1	29.6	14.9	50.9
0.4	3.7	25.6	16.2	53.8
0.1	4.1	71.4	10.7	13.4

1-49 续表

单位：%

项　　目	Item	合　计 Total	1-8小时 1-8 Hours
房地产业	Real Estate	100.0	0.3
租赁和商务服务业	Tenancy and Business Services	100.0	0.2
科学研究、技术服务和地质勘察业	Scientific Research,Technical Service and Geologic Perambulation	100.0	0.2
水利、环境和公共设施管理业	Management of Water Conservancy,	100.0	0.2
居民服务和其他服务业	Resident Services and Other Services	100.0	0.3
教育	Education	100.0	0.4
卫生、社会保障和社会福利业	Sanitation,Social Security & Social Welfare	100.0	0.2
文化体育和娱乐业	Culture, Sports and Entertainment	100.0	0.3
公共管理和社会组织	Public Management & Social Organization	100.0	0.2
国际组织	International Organizations	100.0	
女	**Female**	**100.0**	**0.4**
农、林、牧、渔业	Agriculture,Forestry,Farming of Animals	100.0	1.6
采矿业	Mining	100.0	0.2
制造业	Manufacturing	100.0	0.1
电力、燃气及水的生产和供应业	Production and Distribution of Electricity,Gas and Water	100.0	0.2
建筑业	Construction	100.0	0.2
交通运输、仓储和邮政业	Traffic,Transport,Storage and Post	100.0	0.2
信息传输、计算机服务和软件业	Information Transfer, Computer Services	100.0	0.2
批发和零售业	Wholesale and Retail Trade	100.0	0.2
住宿和餐饮业	Accommodation and Restaurants	100.0	0.2
金融业	Financial Intermediation	100.0	0.2
房地产业	Real Estate	100.0	0.3
租赁和商务服务业	Tenancy and Business Services	100.0	0.2
科学研究、技术服务和地质勘察业	Scientific Research,Technical Service and Geologic Perambulation	100.0	0.2
水利、环境和公共设施管理业	Management of Water Conservancy,	100.0	0.2
居民服务和其他服务业	Resident Services and Other Services	100.0	0.3
教育	Education	100.0	0.3
卫生、社会保障和社会福利业	Sanitation,Social Security & Social Welfare	100.0	0.2
文化体育和娱乐业	Culture, Sports and Entertainment	100.0	0.3
公共管理和社会组织	Public Management & Social Organization	100.0	0.2
国际组织	International Organizations	100.0	

continued

(%)

9-19小时 9-19 Hours	20-39小时 20-39 Hours	40小时 40 Hours	41-48小时 41-48 Hours	48小时以上 48 Hours+
0.3	3.1	48.4	19.1	28.8
0.2	3.7	52.9	15.1	27.8
0.1	3.7	73.7	9.6	12.7
0.3	4.7	57.2	12.7	24.8
0.6	5.6	24.9	14.2	54.4
0.4	4.6	73.3	8.4	12.8
0.2	4.6	59.3	13.6	22.1
0.4	4.9	52.7	13.4	28.4
0.1	4.8	74.3	7.6	12.9
0.4	1.8	75.9	6.8	15.1
1.4	**9.3**	**38.6**	**15.5**	**34.9**
6.0	30.1	21.9	10.8	29.6
0.3	3.6	63.9	11.6	20.3
0.3	3.9	32.6	22.0	41.0
0.2	5.4	72.5	9.4	12.3
0.6	7.0	36.1	14.5	41.6
0.4	5.8	52.4	13.7	27.4
0.2	3.7	63.7	13.9	18.3
0.4	4.8	30.2	16.7	47.8
0.4	5.1	26.7	17.0	50.5
0.2	4.7	72.2	10.7	11.9
0.4	4.3	55.1	19.4	20.5
0.3	4.4	62.7	13.7	18.6
0.2	4.5	78.4	8.2	8.7
0.4	6.2	52.5	14.0	26.7
1.0	7.9	27.7	15.2	48.0
0.3	4.6	75.7	8.4	10.6
0.1	4.3	64.3	14.4	16.6
0.4	5.8	52.3	14.0	27.1
0.2	5.8	77.3	6.5	9.9
	1.7	87.0	5.2	6.1

1-50 按职业、性别分的城镇就业人员工作时间构成
COMPOSITION OF URBAN EMPLOYMENT WORKING HOURS BY OCCUPATION AND SEX

单位：% (%)

职业	Occupation	合计 Total	1-8小时 1-8 Hours	9-19小时 9-19 Hours	20-39小时 20-39 Hours	40小时 40 Hours	41-48小时 41-48 Hours	48小时以上 48 Hours+
合计	**Total**	**100.0**	**0.4**	**1.0**	**7.6**	**37.9**	**15.3**	**37.7**
单位负责人	Unit Head	100.0	0.1	0.2	3.3	50.8	12.8	32.8
专业技术人员	Professional and Technical Personnel	100.0	0.2	0.2	4.1	67.7	12.0	15.7
办事人员和有关人员	Clerk and Related Workers	100.0	0.2	0.1	3.7	65.3	12.7	18.1
商业、服务业人员	Business Service Personnel	100.0	0.2	0.4	4.9	31.2	16.2	47.1
农林牧渔水利业生产人员	Agriculture and Water Conservancy Labors	100.0	1.3	4.8	26.1	22.2	11.6	34.1
生产运输设备操作人员及有关人员	Production,Transport Equipment Operators and Related Workers	100.0	0.2	0.3	4.0	30.2	18.9	46.4
其他	Others	100.0	0.3	0.7	7.5	35.7	14.7	41.1
男	**Male**	**100.0**	**0.3**	**0.7**	**6.4**	**37.5**	**15.2**	**39.8**
单位负责人	Unit Head	100.0	0.1	0.2	3.2	50.8	13.0	32.7
专业技术人员	Professional and Technical Personnel	100.0	0.3	0.2	3.9	65.7	12.0	17.8
办事人员和有关人员	Clerk and Related Workers	100.0	0.2	0.1	3.5	62.5	12.9	20.7
商业、服务业人员	Business Service Personnel	100.0	0.2	0.4	4.4	31.2	15.3	48.4
农林牧渔水利业生产人员	Agriculture and Water Conservancy Labors	100.0	1.0	3.7	22.2	22.5	12.3	38.4
生产运输设备操作人员及有关人员	Production,Transport Equipment Operators and Related Workers	100.0	0.2	0.3	3.8	30.4	18.1	47.3
其他	Others	100.0	0.3	0.6	6.7	35.0	14.5	42.8
女	**Female**	**100.0**	**0.4**	**1.4**	**9.3**	**38.6**	**15.5**	**34.9**
单位负责人	Unit Head	100.0	0.2	0.2	3.5	50.6	12.5	32.9
专业技术人员	Professional and Technical Personnel	100.0	0.2	0.2	4.2	69.5	12.0	13.8
办事人员和有关人员	Clerk and Related Workers	100.0	0.2	0.1	3.9	70.6	12.2	13.0
商业、服务业人员	Business Service Personnel	100.0	0.2	0.5	5.4	31.2	16.9	45.8
农林牧渔水利业生产人员	Agriculture and Water Conservancy Labors	100.0	1.6	6.0	30.1	21.8	10.8	29.6
生产运输设备操作人员及有关人员	Production,Transport Equipment Operators and Related Workers	100.0	0.2	0.4	4.6	29.8	20.8	44.3
其他	Others	100.0	0.3	0.8	8.8	36.8	15.1	38.2

1-51 按年龄、性别分的城镇失业人员失业原因构成

UNEMPLOYED REASON COMPOSITION OF URBAN UNEMPLOYMENT BY AGE AND SEX

单位：% (%)

年龄 Age	合计 Total	离退休 Retired	料理家务 Take Care of Housework	毕业后未工作 Job-off after Graduated	因单位原因失去工作 Lose Job for Working Unit Reasons	因个人原因失去工作 Lose Job for Individual Reasons	承包土地被征用 Land Expropriated	其他 Others
总计 Total	**100.0**	**1.5**	**14.3**	**21.8**	**22.9**	**15.7**	**4.1**	**19.5**
16-19	100.0	0.0	2.8	67.8	1.9	9.0	1.1	17.5
20-24	100.0	0.0	5.5	57.9	3.6	13.9	1.4	17.7
25-29	100.0	0.0	14.8	27.2	8.7	23.4	2.5	23.3
30-34	100.0	0.0	22.7	6.2	19.3	22.9	4.1	24.7
35-39	100.0	0.0	22.4	1.9	30.5	18.0	5.1	22.1
40-44	100.0	0.0	19.8	0.8	40.1	14.7	5.6	19.0
45-49	100.0	1.2	15.9	0.4	49.1	11.9	5.7	15.8
50-54	100.0	8.1	11.4	0.3	48.6	9.6	6.8	15.3
55-59	100.0	12.0	11.8	0.3	41.7	8.3	10.4	15.6
60-64	100.0	31.4	17.4	0.5	10.1	5.5	17.4	17.8
65+	100.0	32.0	20.0	2.4	7.9	4.9	15.5	17.3
男 Male	**100.0**	**1.3**	**2.0**	**23.8**	**27.0**	**17.9**	**4.8**	**23.2**
16-19	100.0	0.0	1.0	69.6	1.8	8.7	1.1	17.7
20-24	100.0	0.0	0.7	61.2	3.8	14.2	1.5	18.6
25-29	100.0	0.0	1.2	32.1	10.2	26.5	2.9	27.1
30-34	100.0	0.0	2.1	8.0	23.1	28.8	5.0	33.1
35-39	100.0	0.0	2.4	2.4	34.6	23.6	6.4	30.6
40-44	100.0	0.0	2.6	0.9	44.0	19.4	6.9	26.2
45-49	100.0	0.1	2.6	0.4	53.3	15.9	6.6	21.1
50-54	100.0	2.8	2.9	0.2	59.8	11.2	6.1	16.9
55-59	100.0	8.2	4.0	0.2	51.7	9.5	9.6	16.8
60-64	100.0	34.3	6.6	0.4	12.6	6.9	18.5	20.9
65+	100.0	37.4	9.1	2.1	8.4	5.8	17.8	19.4
女 Female	**100.0**	**1.7**	**27.0**	**19.8**	**18.8**	**13.5**	**3.5**	**15.7**
16-19	100.0		5.2	65.3	2.0	9.3	1.0	17.2
20-24	100.0	0.0	10.6	54.3	3.4	13.7	1.3	16.7
25-29	100.0	0.0	27.0	22.8	7.4	20.6	2.2	19.9
30-34	100.0	0.0	38.9	4.8	16.4	18.3	3.3	18.2
35-39	100.0	0.0	38.3	1.5	27.3	13.6	4.0	15.3
40-44	100.0	0.1	34.1	0.6	36.9	10.8	4.5	12.9
45-49	100.0	2.3	29.5	0.4	44.8	7.7	4.8	10.5
50-54	100.0	21.5	33.1	0.5	19.8	5.3	8.5	11.2
55-59	100.0	24.4	36.6	0.5	9.6	4.3	12.6	12.0
60-64	100.0	26.0	37.6	0.7	5.4	2.8	15.4	12.0
65+	100.0	24.6	34.6	2.8	7.3	3.7	12.4	14.5

1-52 按失业原因、性别分的城镇失业人员年龄构成
AGE COMPOSITION OF URBAN UNEMPLOYMENT BY UNEMPLOYED REASON AND SEX

单位：% (%)

年龄 Age	合计 Total	离退休 Retired	料理家务 Take Care of Housework	毕业后未工作 Job-off after Graduated	因单位原因失去工作 Lose Job for Working Unit Reasons	因个人原因失去工作 Lose Job for Individual Reasons	承包土地被征用 Land Expropriated	其他 Others
总计 Total	**100.0**	**100.0**	**100.0**	**100.0**	**100.0**	**100.0**	**100.0**	**100.0**
16-19	6.0	0.0	1.2	18.6	0.5	3.4	1.6	5.4
20-24	22.1	0.0	8.6	58.7	3.5	19.6	7.4	20.1
25-29	14.2	0.0	14.8	17.8	5.4	21.2	8.6	17.0
30-34	10.6	0.0	16.8	3.0	8.9	15.4	10.4	13.4
35-39	12.6	0.1	19.7	1.1	16.8	14.5	15.4	14.3
40-44	12.5	0.4	17.2	0.4	21.8	11.7	16.9	12.1
45-49	10.9	8.5	12.2	0.2	23.4	8.3	15.1	8.9
50-54	5.9	31.6	4.7	0.1	12.5	3.6	9.6	4.6
55-59	3.7	29.1	3.0	0.0	6.6	1.9	9.1	2.9
60-64	0.8	17.6	1.0	0.0	0.4	0.3	3.6	0.8
65+	0.6	12.6	0.8	0.1	0.2	0.2	2.2	0.5
男 Male	**100.0**	**100.0**	**100.0**	**100.0**	**100.0**	**100.0**	**100.0**	**100.0**
16-19	6.7	0.0	3.3	19.7	0.4	3.3	1.6	5.1
20-24	22.3	0.0	7.8	57.5	3.2	17.6	6.9	17.8
25-29	13.2	0.0	7.8	17.8	5.0	19.4	7.8	15.4
30-34	9.2	0.0	9.5	3.1	7.9	14.7	9.6	13.1
35-39	11.0	0.1	13.2	1.1	14.1	14.5	14.6	14.5
40-44	11.2	0.3	14.3	0.4	18.2	12.1	16.2	12.6
45-49	10.9	0.7	14.3	0.2	21.5	9.6	14.9	9.9
50-54	8.4	17.9	12.1	0.1	18.5	5.2	10.6	6.1
55-59	5.5	33.6	10.9	0.0	10.5	2.9	11.0	4.0
60-64	1.1	28.1	3.6	0.0	0.5	0.4	4.2	1.0
65+	0.7	19.1	3.1	0.1	0.2	0.2	2.5	0.6
女 Female	**100.0**	**100.0**	**100.0**	**100.0**	**100.0**	**100.0**	**100.0**	**100.0**
16-19	6.7	0.0	3.3	19.7	0.4	3.3	1.6	5.1
20-24	22.3	0.0	7.8	57.5	3.2	17.6	6.9	17.8
25-29	13.2	0.0	7.8	17.8	5.0	19.4	7.8	15.4
30-34	9.2	0.0	9.5	3.1	7.9	14.7	9.6	13.1
35-39	11.0	0.1	13.2	1.1	14.1	14.5	14.6	14.5
40-44	11.2	0.3	14.3	0.4	18.2	12.1	16.2	12.6
45-49	10.9	0.7	14.3	0.2	21.5	9.6	14.9	9.9
50-54	8.4	17.9	12.1	0.1	18.5	5.2	10.6	6.1
55-59	5.5	33.6	10.9	0.0	10.5	2.9	11.0	4.0
60-64	1.1	28.1	3.6	0.0	0.5	0.4	4.2	1.0
65+	0.7	19.1	3.1	0.1	0.2	0.2	2.5	0.6

1-53 按受教育程度、性别分的城镇失业人员失业原因构成
UNEMPLOYED REASON COMPOSITION OF URBAN UNEMPLOMENT BY EDUCATIONAL ATTAINMENT AND SEX

单位：% (%)

受教育程度	Educational Attainment	合计 Total	离退休 Retired	料理家务 Take Care of Housework	毕业后未工作 Job-off after Graduated	因单位原因失去工作 Lose Job for Working Unit Reasons	因个人原因失去工作 Lose Job for Individual Reasons	承包土地被征用 Land Expropriated	其他 Others
总计	**Total**	**100.0**	**1.5**	**14.3**	**21.8**	**22.9**	**15.7**	**4.1**	**19.5**
未上过学	Illiterate	100.0	4.1	39.8	1.8	8.0	9.9	14.7	21.8
小学	Primary School	100.0	3.3	28.9	3.8	12.9	14.7	13.0	23.3
初中	Junior School	100.0	1.6	18.7	12.1	23.7	16.2	6.0	21.8
高中	Senior School	100.0	1.4	10.6	22.5	29.7	15.4	1.9	18.4
大学专科	College	100.0	0.9	6.0	45.1	17.0	15.1	0.5	15.5
大学本科	University	100.0	0.5	3.8	52.0	11.5	17.0	0.3	14.9
研究生	Graduate	100.0	0.3	3.9	44.8	9.6	22.4	0.2	18.6
男	**Male**	**100.0**	**1.3**	**2.0**	**23.8**	**27.0**	**17.9**	**4.8**	**23.2**
未上过学	Illiterate	100.0	4.4	8.0	2.9	13.8	15.9	19.2	35.8
小学	Primary School	100.0	3.8	5.3	4.8	18.7	19.0	16.5	31.9
初中	Junior School	100.0	1.4	2.4	14.4	28.7	19.0	7.1	26.9
高中	Senior School	100.0	1.0	1.5	24.5	32.6	17.1	2.2	21.1
大学专科	College	100.0	1.0	0.9	45.3	19.4	16.1	0.6	16.8
大学本科	University	100.0	0.6	0.8	50.2	13.6	18.3	0.3	16.2
研究生	Graduate	100.0	0.3	1.5	39.0	12.1	25.3	0.2	21.5
女	**Female**	**100.0**	**1.7**	**27.0**	**19.8**	**18.8**	**13.5**	**3.5**	**15.7**
未上过学	Illiterate	100.0	4.0	53.5	1.3	5.5	7.3	12.7	15.7
小学	Primary School	100.0	3.0	48.6	3.0	8.1	11.1	10.1	16.2
初中	Junior School	100.0	1.7	34.7	9.8	18.8	13.4	4.9	16.7
高中	Senior School	100.0	2.0	21.1	20.3	26.3	13.5	1.6	15.3
大学专科	College	100.0	0.8	11.4	44.9	14.4	14.0	0.4	14.0
大学本科	University	100.0	0.5	7.1	54.0	9.1	15.6	0.2	13.4
研究生	Graduate	100.0	0.3	6.2	50.4	7.2	19.7	0.2	15.9

1-54 按失业原因、性别分的城镇失业人员受教育程度构成
EDUCATIONAL ATTAINMENT COMPOSITION OF URBAN UNEMPLOYMENT BY UNEMPLOYED REASON AND SEX

单位：%　　　　(%)

受教育程度	Educational Attainment	合　计 Total	离退休 Retired	料理家务 Take Care of Housework	毕业后未工作 Job-off after Graduated	因单位原因失去工作 Lose Job for Working Unit Reasons	因个人原因失去工作 Lose Job for Individual Reasons	承包土地被征用 Land Expropriated	其　他 Others
总　计	**Total**	**100.0**	**100.0**	**100.0**	**100.0**	**100.0**	**100.0**	**100.0**	**100.0**
未上过学	Illiterate	0.6	1.5	1.6	0.0	0.2	0.4	2.0	0.6
小　学	Primary School	7.2	15.9	14.6	1.3	4.1	6.7	22.7	8.6
初　中	Junior School	40.6	42.4	53.1	22.5	41.9	41.8	58.5	45.3
高　中	Senior School	31.3	29.9	23.2	32.3	40.4	30.7	14.6	29.4
大学专科	College	13.7	8.1	5.8	28.4	10.1	13.1	1.7	10.9
大学本科	University	6.2	2.2	1.7	14.9	3.1	6.7	0.4	4.8
研究生	Graduate	0.4	0.1	0.1	0.7	0.1	0.5	0.0	0.3
男	**Male**	**100.0**	**100.0**	**100.0**	**100.0**	**100.0**	**100.0**	**100.0**	**100.0**
未上过学	Illiterate	0.3	1.1	1.3	0.0	0.2	0.3	1.3	0.5
小　学	Primary School	6.5	18.3	17.1	1.3	4.5	6.8	22.3	8.9
初　中	Junior School	39.7	42.9	48.1	24.1	42.2	42.1	58.8	45.9
高　中	Senior School	32.8	24.6	24.4	33.9	39.7	31.3	15.4	29.8
大学专科	College	13.9	10.1	6.0	26.5	10.0	12.4	1.8	10.1
大学本科	University	6.5	3.0	2.7	13.7	3.3	6.6	0.4	4.5
研究生	Graduate	0.3	0.1	0.3	0.6	0.2	0.5	0.0	0.3
女	**Female**	**100.0**	**100.0**	**100.0**	**100.0**	**100.0**	**100.0**	**100.0**	**100.0**
未上过学	Illiterate	0.8	1.8	1.6	0.1	0.2	0.4	2.9	0.8
小　学	Primary School	8.0	14.0	14.4	1.2	3.4	6.6	23.2	8.3
初　中	Junior School	41.6	41.9	53.5	20.5	41.5	41.6	58.2	44.4
高　中	Senior School	29.6	34.1	23.1	30.3	41.4	29.8	13.6	28.9
大学专科	College	13.6	6.5	5.7	30.7	10.4	14.1	1.6	12.1
大学本科	University	6.0	1.6	1.6	16.4	2.9	7.0	0.4	5.1
研究生	Graduate	0.4	0.1	0.1	0.9	0.1	0.5	0.0	0.4

1-55 按年龄、性别分的城镇失业人员受教育程度构成

EDUCATIONAL ATTAINMENT COMPOSITION OF URBAN UNEMPLOYMENT BY AGE AND SEX

单位：%　　　　(%)

年龄 Age	合计 Total	未上过学 Illiterate	小学 Primary School	初中 Junior School	高中 Senior School	大专 College	大学本科 University	研究生 Graduate
总计 Total	**100.0**	**0.6**	**7.2**	**40.6**	**31.3**	**13.7**	**6.2**	**0.4**
16-19	100.0	0.1	3.6	52.0	39.3	4.4	0.6	0.0
20-24	100.0	0.1	2.0	27.2	32.3	26.2	12.1	0.2
25-29	100.0	0.1	2.8	31.8	28.1	22.1	13.9	1.2
30-34	100.0	0.2	5.5	42.6	31.9	13.6	5.6	0.6
35-39	100.0	0.4	8.0	49.1	30.3	9.1	2.9	0.3
40-44	100.0	0.6	10.1	51.5	28.9	6.6	2.2	0.2
45-49	100.0	0.6	8.7	46.4	36.6	5.7	1.8	0.1
50-54	100.0	1.4	13.8	43.4	35.5	4.6	1.2	0.1
55-59	100.0	2.5	25.2	48.3	18.7	4.3	1.0	0.0
60-64	100.0	6.0	42.0	35.4	11.4	4.0	1.2	0.0
65+	100.0	14.4	44.3	25.4	10.4	3.6	1.8	0.1
男 Male	**100.0**	**0.3**	**6.5**	**39.7**	**32.8**	**13.9**	**6.5**	**0.3**
16-19	100.0	0.1	3.5	52.8	39.4	3.6	0.6	0.0
20-24	100.0	0.1	1.8	26.3	34.6	25.4	11.6	0.1
25-29	100.0	0.1	2.3	28.8	29.5	23.2	15.0	1.0
30-34	100.0	0.2	4.3	40.1	33.6	14.6	6.7	0.7
35-39	100.0	0.3	6.5	46.4	32.2	10.5	3.8	0.4
40-44	100.0	0.3	8.4	49.6	30.2	8.0	3.1	0.3
45-49	100.0	0.3	7.1	45.7	37.0	7.0	2.6	0.2
50-54	100.0	0.6	10.2	44.0	38.5	5.2	1.4	0.1
55-59	100.0	1.1	20.5	51.8	20.6	4.7	1.1	0.0
60-64	100.0	3.0	37.9	39.7	13.1	4.9	1.4	0.0
65+	100.0	6.8	43.3	30.0	13.0	4.6	2.4	0.1
女 Female	**100.0**	**0.8**	**8.0**	**41.6**	**29.6**	**13.6**	**6.0**	**0.4**
16-19	100.0	0.1	3.7	51.0	39.2	5.3	0.7	
20-24	100.0	0.1	2.2	28.0	29.8	27.0	12.6	0.2
25-29	100.0	0.2	3.2	34.4	26.9	21.2	12.8	1.3
30-34	100.0	0.3	6.4	44.6	30.6	12.8	4.7	0.6
35-39	100.0	0.5	9.2	51.2	28.8	8.0	2.1	0.2
40-44	100.0	0.7	11.4	53.0	27.9	5.4	1.5	0.1
45-49	100.0	1.0	10.3	47.1	36.2	4.4	1.0	0.1
50-54	100.0	3.6	23.1	41.9	27.8	2.9	0.7	0.0
55-59	100.0	6.8	40.1	37.2	12.4	2.7	0.7	0.0
60-64	100.0	11.6	49.8	27.3	8.4	2.1	0.7	0.1
65+	100.0	24.6	45.7	19.4	6.9	2.4	1.0	0.0

1-56 按受教育程度、性别分的城镇失业人员年龄构成
AGE COMPOSITION OF URBAN UNEMPLOYMENT BY EDUCATIONAL ATTAINMENT AND SEX

单位：%　　　　　　　　　　　　　　　　　　　　　　　　　　　　　　　　(%)

年龄 Age	合计 Total	未上过学 Illiterate	小学 Primary School	初中 Junior School	高中 Senior School	大专 College	大学本科 University	研究生 Graduate
总计 Total	**100.0**	**100.0**	**100.0**	**100.0**	**100.0**	**100.0**	**100.0**	**100.0**
16-19	6.0	1.1	2.9	7.6	7.5	1.9	0.6	0.1
20-24	22.1	2.4	6.2	14.8	22.9	42.3	42.9	12.0
25-29	14.2	3.2	5.5	11.1	12.8	23.0	31.6	46.1
30-34	10.6	4.5	8.1	11.1	10.8	10.5	9.4	19.1
35-39	12.6	8.4	14.0	15.2	12.2	8.4	5.8	10.5
40-44	12.5	12.3	17.4	15.8	11.5	6.0	4.4	6.2
45-49	10.9	12.3	13.2	12.5	12.8	4.6	3.2	4.4
50-54	5.9	15.0	11.3	6.3	6.7	2.0	1.1	1.2
55-59	3.7	16.3	12.7	4.3	2.2	1.1	0.6	0.4
60-64	0.8	9.1	4.9	0.7	0.3	0.2	0.2	0.1
65+	0.6	15.4	3.7	0.4	0.2	0.2	0.2	0.1
男 Male	**100.0**	**100.0**	**100.0**	**100.0**	**100.0**	**100.0**	**100.0**	**100.0**
16-19	6.7	2.3	3.6	8.9	8.1	1.8	0.6	0.1
20-24	22.3	3.6	6.4	14.8	23.5	40.8	39.9	9.6
25-29	13.2	3.9	4.7	9.6	11.8	22.0	30.6	39.3
30-34	9.2	4.2	6.1	9.3	9.4	9.6	9.4	19.0
35-39	11.0	8.4	11.0	12.9	10.8	8.3	6.5	12.7
40-44	11.2	11.2	14.6	14.0	10.3	6.4	5.4	9.2
45-49	10.9	9.7	12.0	12.5	12.2	5.5	4.4	7.1
50-54	8.4	14.1	13.3	9.3	9.8	3.1	1.8	2.1
55-59	5.5	18.8	17.4	7.2	3.4	1.9	1.0	0.7
60-64	1.1	10.0	6.4	1.1	0.4	0.4	0.2	0.1
65+	0.7	13.8	4.5	0.5	0.3	0.2	0.3	0.1
女 Female	**100.0**	**100.0**	**100.0**	**100.0**	**100.0**	**100.0**	**100.0**	**100.0**
16-19	5.2	0.6	2.4	6.4	6.9	2.0	0.6	
20-24	22.0	1.8	6.0	14.8	22.2	43.8	46.2	14.3
25-29	15.3	3.0	6.2	12.7	13.9	24.0	32.7	52.6
30-34	12.1	4.6	9.7	12.9	12.5	11.3	9.4	19.1
35-39	14.3	8.4	16.5	17.6	13.9	8.5	5.0	8.3
40-44	13.8	12.7	19.7	17.6	13.0	5.5	3.4	3.2
45-49	11.0	13.4	14.2	12.5	13.5	3.6	1.8	1.7
50-54	3.4	15.4	9.7	3.4	3.2	0.7	0.4	0.3
55-59	1.8	15.2	8.9	1.6	0.7	0.4	0.2	0.1
60-64	0.6	8.8	3.7	0.4	0.2	0.1	0.1	0.1
65+	0.5	16.1	3.0	0.2	0.1	0.1	0.1	0.1

1-57 按年龄、性别分的城镇失业人员寻找工作方式构成
SEEKING JOB METHOD COMPOSITION OF URBAN UNEMPLOYMENT BY AGE AND SEX

单位：%　　　　(%)

年龄 Age	合　计 Total	在职业介绍机构登记 Register in Employment Agency Office	委托亲友找 工 作 Ask Friends Relatives about Job	参　加招聘会 Take Part in Employment Advertise Meeting	应 答 或刊登广告 Answer or Advertise	为自己经营作准备 Prepare for Own Business	其　他 Others
总计　Total	**100.0**	**13.1**	**36.7**	**9.5**	**0.8**	**15.8**	**24.1**
16–19	100.0	14.0	49.2	8.9	0.7	10.2	16.9
20–24	100.0	17.1	34.8	18.6	0.9	12.7	15.8
25–29	100.0	15.6	31.2	14.3	1.0	18.3	19.6
30–34	100.0	12.2	34.4	7.2	0.9	20.4	24.8
35–39	100.0	10.9	36.6	5.2	0.8	19.2	27.2
40–44	100.0	10.7	38.3	4.4	0.8	17.0	28.8
45–49	100.0	11.1	39.3	4.2	0.8	14.9	29.6
50–54	100.0	10.4	40.5	3.6	0.7	12.9	32.0
55–59	100.0	9.3	38.7	2.8	0.7	11.9	36.6
60–64	100.0	6.2	30.5	1.8	0.7	12.9	47.9
65+	100.0	8.5	24.9	3.0	1.1	14.3	48.3
男　Male	**100.0**	**13.2**	**35.6**	**9.5**	**0.8**	**18.3**	**22.8**
16–19	100.0	13.4	49.4	8.4	0.7	11.0	17.1
20–24	100.0	17.1	35.1	18.2	0.9	14.0	14.7
25–29	100.0	16.0	29.7	15.0	0.9	21.0	17.4
30–34	100.0	12.3	30.8	7.8	0.8	25.6	22.8
35–39	100.0	10.9	32.7	5.5	0.7	24.8	25.4
40–44	100.0	10.4	34.9	4.5	0.7	22.1	27.3
45–49	100.0	11.3	37.4	4.4	0.7	18.6	27.6
50–54	100.0	11.5	40.8	4.2	0.7	13.7	29.1
55–59	100.0	10.1	40.4	3.1	0.7	12.1	33.6
60–64	100.0	5.7	32.1	1.8	0.5	13.8	46.1
65+	100.0	7.6	25.3	2.8	0.9	15.4	48.0
女　Female	**100.0**	**13.1**	**37.8**	**9.5**	**0.9**	**13.2**	**25.5**
16–19	100.0	14.8	49.0	9.7	0.8	9.1	16.6
20–24	100.0	17.2	34.5	19.1	0.9	11.4	16.8
25–29	100.0	15.3	32.6	13.6	1.1	15.8	21.6
30–34	100.0	12.1	37.3	6.8	1.0	16.4	26.4
35–39	100.0	10.9	39.7	5.0	0.9	14.8	28.7
40–44	100.0	10.9	41.0	4.3	0.8	12.9	30.1
45–49	100.0	10.9	41.4	4.0	0.8	11.2	31.7
50–54	100.0	7.4	39.6	2.1	0.7	10.8	39.4
55–59	100.0	6.6	33.4	1.7	0.7	11.3	46.3
60–64	100.0	7.2	27.6	1.8	0.9	11.2	51.3
65+	100.0	9.8	24.2	3.3	1.2	12.9	48.6

1-58 按受教育程度、性别分的城镇失业人员寻找工作方式构成
SEEKING JOB METHOD COMPOSITION OF URBAN UNEMPLOYMENT BY EDUCATIONAL ATTAINMENT AND SEX

单位：%　　　　(%)

受教育程度	Educational Attainment	合计 Total	在职业介绍机构登记 Register in Employment Agency Office	委托亲友找工作 Ask Friends Relatives about Job	参加招聘会 Take Part in Employment Advertise Meeting	应答或刊登广告 Answer or Advertise	为自己经营作准备 Prepare for Own Business	其他 Others
总　计	**Total**	**100.0**	**13.1**	**36.7**	**9.5**	**0.8**	**15.8**	**24.1**
未上过学	Illiterate	100.0	7.4	33.7	2.1	0.9	13.1	42.8
小　学	Primary School	100.0	7.8	38.8	2.7	0.7	14.1	35.8
初　中	Junior School	100.0	10.7	41.6	4.5	0.8	15.5	27.0
高　中	Senior School	100.0	14.2	37.7	8.6	0.8	16.2	22.5
大学专科	College	100.0	18.2	26.9	20.9	1.0	16.1	16.8
大学本科	University	100.0	18.6	20.2	28.9	1.1	16.5	14.7
研究生	Graduate	100.0	16.9	13.9	28.2	1.5	22.1	17.4
男	**Male**	**100.0**	**13.2**	**35.6**	**9.5**	**0.8**	**18.3**	**22.8**
未上过学	Illiterate	100.0	6.8	33.6	2.0	0.5	16.4	40.6
小　学	Primary School	100.0	7.5	37.6	2.6	0.6	17.0	34.6
初　中	Junior School	100.0	10.8	40.5	4.5	0.7	18.0	25.5
高　中	Senior School	100.0	14.2	36.8	8.5	0.8	18.4	21.4
大学专科	College	100.0	17.9	26.0	20.2	1.0	18.6	16.3
大学本科	University	100.0	18.3	19.5	27.5	1.1	19.0	14.5
研究生	Graduate	100.0	16.2	13.3	25.9	1.4	27.2	16.0
女	**Female**	**100.0**	**13.1**	**37.8**	**9.5**	**0.9**	**13.2**	**25.5**
未上过学	Illiterate	100.0	7.7	33.8	2.1	1.1	11.7	43.7
小　学	Primary School	100.0	8.1	39.8	2.7	0.8	11.7	36.9
初　中	Junior School	100.0	10.7	42.6	4.4	0.9	13.0	28.4
高　中	Senior School	100.0	14.2	38.7	8.6	0.9	13.7	23.9
大学专科	College	100.0	18.5	27.9	21.6	1.1	13.5	17.5
大学本科	University	100.0	19.0	20.9	30.5	1.2	13.6	14.8
研究生	Graduate	100.0	17.6	14.4	30.5	1.6	17.2	18.8

1-59 按受教育程度、性别分的城镇失业人员未工作时间构成
UNEMPLOYMENT DURATION OF URBAN UNEMPLOYED PERSONS BY EDUCATIONAL ATTAINMENT AND SEX

单位：% (%)

受教育程度	Educational Attainment	城镇失业人员 Urban Unemployed Persons	1个月 1 Month	2-3个月 2-3 Months	4-6个月 4-6 Months	7-12个月 7-12 Months	13-24个月 13-24 Months	25个月以上 25+ Months+
总　计	**Total**	**100.0**	**6.0**	**18.7**	**22.0**	**29.9**	**11.8**	**11.5**
未上过学	Illiterate	100.0	7.2	17.6	18.6	30.3	11.1	15.2
小　学	Primary School	100.0	7.2	18.0	20.3	30.2	11.6	12.7
初　中	Junior Secondary School	100.0	6.5	18.3	20.9	30.6	11.8	11.9
高　中	Senior Secondary School	100.0	5.4	17.6	21.4	30.3	12.7	12.6
大学专科	College	100.0	5.4	20.7	25.3	28.3	11.1	9.1
大学本科	University	100.0	5.9	22.7	27.1	26.3	10.2	7.8
研究生及以上	Graduate and Higher Level	100.0	6.8	25.8	25.7	25.6	8.8	7.3
男	**Male**	**100.0**	**6.6**	**19.8**	**22.3**	**29.3**	**11.2**	**10.7**
未上过学	Illiterate	100.0	8.5	18.4	19.5	29.7	10.1	13.8
小　学	Primary School	100.0	8.2	19.2	20.0	29.5	11.2	11.9
初　中	Junior Secondary School	100.0	7.5	19.6	21.2	29.8	11.0	11.0
高　中	Senior Secondary School	100.0	5.8	18.7	21.9	29.9	12.1	11.6
大学专科	College	100.0	5.7	21.4	25.3	28.2	10.7	8.8
大学本科	University	100.0	6.3	22.9	27.0	26.0	9.9	7.9
研究生及以上	Graduate and Higher Level	100.0	7.0	25.0	25.9	26.8	8.1	7.1
女	**Female**	**100.0**	**5.4**	**17.6**	**21.8**	**30.4**	**12.4**	**12.4**
未上过学	Illiterate	100.0	6.7	17.2	18.2	30.6	11.5	15.8
小　学	Primary School	100.0	6.4	17.0	20.5	30.8	12.0	13.4
初　中	Junior Secondary School	100.0	5.6	16.9	20.7	31.5	12.5	12.7
高　中	Senior Secondary School	100.0	4.9	16.4	20.9	30.7	13.3	13.8
大学专科	College	100.0	5.0	20.1	25.4	28.4	11.5	9.5
大学本科	University	100.0	5.5	22.5	27.1	26.6	10.4	7.8
研究生及以上	Graduate and Higher Level	100.0	6.6	26.5	25.5	24.4	9.5	7.4

1-60 按年龄、性别分的城镇失业人员未工作时间构成

UNEMPLOYMENT DURATION OF URBAN UNEMPLOYED PERSONS BY AGE AND SEX

单位：%　　(%)

年 龄 Age	城 镇 失业人员 Urban Unemployed Persons	1个月 1 Month	2-3个月 2-3 Months	4-6个月 4-6 Months	7-12个月 7-12 Months	13-24个月 13-24 Months	25个月以上 25+ Months+
总计 Total	**100.0**	**6.0**	**18.7**	**22.0**	**29.9**	**11.8**	**11.5**
16-19	100.0	5.7	24.3	28.3	28.8	8.0	4.9
20-24	100.0	6.1	22.2	26.3	28.8	10.2	6.4
25-29	100.0	7.2	19.5	22.1	29.9	11.6	9.7
30-34	100.0	6.8	18.8	21.3	29.9	11.7	11.5
35-39	100.0	6.2	17.4	20.3	30.3	12.4	13.3
40-44	100.0	5.7	16.4	19.7	30.5	13.0	14.8
45-49	100.0	4.9	15.4	19.1	30.6	13.7	16.3
50-54	100.0	5.0	14.8	18.7	30.7	14.0	16.8
55-59	100.0	4.8	14.3	17.9	30.9	14.3	17.7
60-64	100.0	5.8	16.2	17.9	30.1	12.5	17.6
65+	100.0	6.6	17.2	16.6	28.8	11.7	19.0
男 Male	**100.0**	**6.6**	**19.8**	**22.3**	**29.3**	**11.2**	**10.7**
16-19	100.0	5.4	24.1	28.1	29.0	8.3	5.1
20-24	100.0	6.1	22.2	26.2	28.7	10.2	6.6
25-29	100.0	8.1	21.0	22.3	28.9	10.8	8.9
30-34	100.0	8.6	21.6	22.0	28.5	10.0	9.3
35-39	100.0	7.9	20.1	21.0	29.2	10.8	11.0
40-44	100.0	7.0	18.6	20.5	29.7	11.7	12.5
45-49	100.0	5.7	16.9	19.6	30.3	12.8	14.7
50-54	100.0	5.0	14.9	18.9	30.1	14.1	17.1
55-59	100.0	4.7	14.3	18.0	30.6	14.5	17.8
60-64	100.0	6.0	16.8	18.2	30.5	12.7	15.9
65+	100.0	6.4	17.3	17.1	28.9	11.9	18.4
女 Female	**100.0**	**5.4**	**17.6**	**21.8**	**30.4**	**12.4**	**12.4**
16-19	100.0	6.2	24.5	28.5	28.4	7.7	4.7
20-24	100.0	6.1	22.2	26.5	28.8	10.2	6.3
25-29	100.0	6.5	18.1	21.8	30.8	12.3	10.5
30-34	100.0	5.4	16.5	20.7	31.1	13.0	13.3
35-39	100.0	4.8	15.3	19.7	31.2	13.7	15.2
40-44	100.0	4.6	14.5	19.0	31.2	14.1	16.6
45-49	100.0	4.1	13.9	18.5	31.0	14.6	17.9
50-54	100.0	4.9	14.5	18.5	32.2	13.7	16.2
55-59	100.0	5.1	14.4	17.8	31.7	13.6	17.4
60-64	100.0	5.3	15.2	17.4	29.2	12.1	20.8
65+	100.0	7.0	17.0	15.9	28.7	11.5	19.9

1-61 各地区居民消费价格指数和商品零售价格指数
CONSUMER PRICE INDICES AND RETAIL PRICE INDICES BY REGION

(上年=100) (preceding year=100)

年份 Year / 地区 Region		居民消费价格 Consumer Price Index			商品零售价格 Retail Price Index	
	总指数 General	城市 Urban Household	农村 Rural Household	总指数 General	城市 Urban Household	农村 Rural Household
1994	124.1	125.0	123.4	121.7	120.9	122.9
1995	117.1	116.8	117.5	114.8	113.5	116.4
1996	108.3	108.8	107.9	106.1	105.8	106.4
1997	102.8	103.1	102.5	100.8	100.8	100.7
1998	99.2	99.4	99.0	97.4	97.4	97.6
1999	98.6	98.7	98.5	97.0	97.0	97.1
2000	100.4	100.8	99.9	98.5	98.5	98.5
2001	100.7	100.7	100.8	99.2	98.9	99.6
2002	99.2	99.0	99.6	98.7	98.5	99.1
2003	101.2	100.9	101.6	99.9	99.6	100.5
2004	103.9	103.3	104.8	102.8	102.1	104.2
2005	101.8	101.6	102.2	100.8	100.5	101.4
2006	101.5	101.5	101.5	101.0	100.9	101.4
2007	104.8	104.5	105.4	103.8	103.3	104.9
2008	105.9	105.6	106.5	105.9	105.5	106.7
2009	99.3	99.1	99.7	98.8	98.7	99.0
2010	103.3	103.2	103.6	103.1	102.8	103.6
北京 Beijing	102.4	102.4		100.4	100.4	
天津 Tianjin	103.5	103.5		103.4	103.4	
河北 Hebei	103.1	102.8	103.6	103.1	102.7	103.5
山西 Shanxi	103.0	103.1	102.8	102.3	102.5	102.0
内蒙古 Inner Mongolia	103.2	103.0	103.5	103.0	102.9	103.3
辽宁 Liaoning	103.0	102.8	104.0	103.2	102.9	104.8
吉林 Jilin	103.7	103.4	104.1	104.1	104.1	104.3
黑龙江 Heilongjiang	103.9	103.6	104.9	103.1	102.5	105.5
上海 Shanghai	103.1	103.1		101.7	101.7	
江苏 Jiangsu	103.8	103.6	104.3	103.2	103.0	103.6
浙江 Zhejiang	103.8	104.0	103.7	103.9	103.9	103.9
安徽 Anhui	103.1	103.0	103.4	103.2	102.6	104.0
福建 Fujian	103.2	103.1	103.4	103.4	103.3	103.6
江西 Jiangxi	103.0	102.9	103.3	102.7	102.6	102.9
山东 Shandong	102.9	102.6	103.5	102.7	102.4	103.2
河南 Henan	103.5	103.4	103.8	103.7	103.5	104.0
湖北 Hubei	102.9	102.8	103.1	103.1	103.0	103.4
湖南 Hunan	103.1	103.1	103.2	103.1	102.9	103.3
广东 Guangdong	103.1	103.1	103.2	103.3	103.4	103.1
广西 Guangxi	103.0	102.9	103.4	103.0	103.0	103.2
海南 Hainan	104.8	104.5	105.8	104.6	104.0	106.0
重庆 Chongqing	103.2	103.2		101.7	101.7	
四川 Sichuan	103.2	103.3	103.1	103.0	102.7	103.3
贵州 Guizhou	102.9	103.1	102.6	103.0	102.9	103.1
云南 Yunnan	103.7	103.8	103.6	103.6	103.5	103.7
西藏 Tibet	102.2	102.2	102.2	101.0	101.0	101.0
陕西 Shaanxi	104.0	103.7	104.7	103.6	103.1	104.5
甘肃 Gansu	104.1	104.4	103.6	104.6	105.3	103.2
青海 Qinghai	105.4	105.1	105.8	104.3	104.0	105.0
宁夏 Ningxia	104.1	103.7	104.6	103.2	102.7	104.5
新疆 Xinjiang	104.3	103.6	105.8	104.6	103.9	106.4

1-62 商品零售价格分类指数（2010年）
RETAIL PRICE INDICES BY CATEGORY (2010)

(上年=100) (preceding year=100)

项　目	Item	全国 National Indices	城市 Urban Indices	农村 Rural Indices
商品零售价格总指数	**Retail Price Index**	**103.1**	**102.8**	**103.6**
食品类	**Food**	**107.6**	**107.5**	**107.9**
粮食	Grain	111.7	111.7	111.7
油脂	Oil or Fat	103.7	103.4	104.0
肉禽及其制品	Meat, Poultry and Processed Products	103.0	102.7	103.5
蛋	Eggs	108.3	108.4	108.1
水产品	Aquatic Products	108.3	108.9	106.7
菜	Vegetables	119.0	118.4	120.4
调味品	Flavoring	104.1	104.5	103.6
糖	Sugar	108.2	106.7	110.6
干鲜瓜果	Dried and Fresh Melons and Fruits	114.3	113.8	115.6
糕点饼干面包	Cake, Biscuit and Bread	102.4	102.6	102.0
液体乳及乳制品	Milk and Its Products	102.9	103.2	101.9
在外用膳食品	Outward Dinner Food	103.6	103.8	103.2
主食	Staple Food	102.9	102.9	103.0
炒菜	Fried Dishes	103.6	103.8	102.8
地方小吃	Local Snack	105.2	105.3	104.8
其它食品	Other Foods	101.7	102.2	101.1
饮料、烟酒	**Beverages, Tobacco and Liquor**	**101.7**	**101.8**	**101.4**
茶及饮料	Tea and Beverages	101.5	101.7	101.1
烟草	Tobacco	100.5	100.5	100.4
酒	Liquor	103.7	104.1	102.9
服装、鞋帽	**Garments, Shoes and Hats**	**98.8**	**98.8**	**99.0**
服装	Garments	99.0	99.1	98.9
鞋袜帽	Footgear and Hats	98.3	97.9	99.3
纺织品	**Textiles**	**101.2**	**101.0**	**101.7**
衣着材料	Clothing	102.9	102.6	103.3
床上用品	Bedding	100.2	100.2	100.4
家用电器及音像器材	**Household Appliances, Music and Video Equipment**	**96.1**	**95.5**	**97.5**
文化办公用品	**Cultural and Office Appliances**	**97.8**	**97.2**	**99.2**
日用品	**Articles for Daily Use**	**100.3**	**100.2**	**100.5**
日用百货	General Merchandise for Daily Use	100.6	100.6	100.6
日用杂品	Miscellaneous for Daily Use	100.4	100.3	100.7
体育娱乐用品	**Sports and Recreation Articles**	**98.3**	**97.7**	**99.6**
交通、通信用品	**Transportation and Communication Appliances**	**95.6**	**95.3**	**96.6**
家具	**Furniture**	**100.1**	**100.2**	**100.0**
化妆品	**Cosmetics**	**100.4**	**100.4**	**100.3**
金银珠宝	**Gold, Silver and Jewelry**	**114.5**	**114.3**	**114.8**
中西药品及医疗保健用品	**Traditional Chinese and Western Medicines and Health Care Articles**	**104.3**	**104.1**	**104.8**
医疗器具及用品	Medical Apparatus and Article	103.7	103.4	104.2
中药材及中成药	Traditional Chinese Medicinal Materials and Medicines	111.1	110.8	111.6
西药	Western Medicines	101.0	101.0	101.2
书报杂志及电子出版物	**Books, Newspapers, Magazines and Electronic Publications**	**101.3**	**101.1**	**101.7**
燃料	**Fuels**	**112.3**	**112.3**	**112.5**
建筑材料及五金电料	**Building Materials and Hardware**	**103.5**	**103.4**	**103.8**
建筑装璜材料	Building Decoration Materials	104.0	103.8	104.3
五金电料	Hardware	101.9	101.9	101.8

1-63 各地区商品零售价格分类指数
RETAIL PRICE INDICES BY CATEGORY OF COMMODITIES BY REGION

(上年=100) (preceding year=100)

年份 Year 地区 Region	总指数 General Index	食品 Food	#粮食 Grain	#油脂 Oil or Fat	#肉禽及其制品 Meat, Poultry and Processed Products	#蛋 Eggs	#水产品 Aquatic Products	#菜 Vegetables	#干鲜瓜果 Dried and Fresh Melons and Fruits
1994	121.7	135.2	148.7	161.4			120.7		
1995	114.8	124.7	134.4	116.3			114.2		
1996	106.1	107.7	107.5	92.1			105.6		
1997	100.8	99.8	92.1	101.6			101.2		
1998	97.4	96.8	96.9	100.7			94.2		
1999	97.0	95.8	96.4	94.4			93.6		
2000	98.5	97.5	90.1	86.2			102.7		
2001	99.2	100.6	101.5	89.3			96.3		
2002	98.7	99.9	98.6	100.1			96.2		
2003	99.9	103.4	102.2	112.5	103.0	98.5	100.3	116.3	102.2
2004	102.8	109.9	126.5	116.8	117.1	119.8	112.5	95.2	104.1
2005	100.8	103.1	101.4	94.7	103.0	104.7	105.8	108.1	101.7
2006	101.0	102.6	102.5	98.7	97.3	96.3	101.6	108.1	117.0
2007	103.8	112.3	106.4	126.3	131.0	121.8	105.3	107.9	102.5
2008	105.9	114.4	107.0	125.0	121.7	104.3	114.5	110.4	111.3
2009	98.8	100.9	105.7	81.8	91.7	101.6	102.3	113.2	106.7
2010	103.1	107.6	111.7	103.7	103.0	108.3	108.3	119.0	114.3
北京 Beijing	100.4	105.7	109.6	100.9	101.2	107.7	110.6	124.1	109.6
天津 Tianjin	103.4	108.3	117.5	105.2	103.9	108.0	110.9	114.7	111.5
河北 Hebei	103.1	108.1	112.1	102.2	102.2	106.9	107.5	118.1	120.7
山西 Shanxi	102.3	108.6	107.6	103.9	102.6	109.0	105.9	121.6	120.2
内蒙古 Inner Mongolia	103.0	109.7	109.9	101.5	105.0	109.2	107.5	127.9	119.6
辽宁 Liaoning	103.2	108.7	112.5	102.7	101.3	111.0	107.7	124.1	109.0
吉林 Jilin	104.1	109.6	114.3	101.8	103.0	111.5	110.7	123.3	108.5
黑龙江 Heilongjiang	103.1	108.3	112.2	106.1	101.3	110.2	105.1	120.4	111.5
上海 Shanghai	101.7	107.6	112.0	105.6	104.2	106.1	116.1	111.0	112.1
江苏 Jiangsu	103.2	108.0	116.4	103.5	102.8	107.1	110.9	117.0	113.1
浙江 Zhejiang	103.9	107.5	114.2	102.7	103.5	108.1	110.4	116.1	111.1
安徽 Anhui	103.2	106.9	111.3	104.7	103.0	106.7	104.8	117.8	114.4
福建 Fujian	103.4	108.2	116.0	100.0	102.3	108.2	109.7	121.9	115.3
江西 Jiangxi	102.7	106.0	107.4	102.6	101.0	108.8	103.5	117.7	115.3
山东 Shandong	102.7	108.9	113.0	105.6	103.5	107.3	107.2	125.0	117.7
河南 Henan	103.7	108.7	111.1	104.1	104.0	108.2	107.4	119.4	119.0
湖北 Hubei	103.1	106.1	110.5	104.8	101.9	107.4	100.3	115.8	115.1
湖南 Hunan	103.1	105.4	107.3	102.8	102.4	107.9	104.4	108.4	120.9
广东 Guangdong	103.3	106.4	106.9	105.4	102.3	108.2	106.3	118.0	111.7
广西 Guangxi	103.0	107.2	106.7	103.5	103.1	106.3	109.6	123.4	114.0
海南 Hainan	104.6	108.4	110.5	105.1	103.6	104.5	107.8	118.1	118.7
重庆 Chongqing	101.7	106.5	113.1	105.2	104.7	106.4	106.0	109.3	114.9
四川 Sichuan	103.0	106.4	109.7	101.5	103.6	109.4	108.2	112.6	116.1
贵州 Guizhou	103.0	108.2	120.4	98.9	104.9	107.2	108.2	117.8	120.8
云南 Yunnan	103.6	108.6	113.2	102.7	102.3	108.4	106.8	123.4	115.3
西藏 Tibet	101.0	104.5	106.8	99.7	102.2	103.5	102.5	106.9	109.0
陕西 Shaanxi	103.6	108.9	114.1	104.2	105.5	107.2	107.7	121.5	112.7
甘肃 Gansu	104.6	109.7	122.2	99.4	104.6	109.3	108.3	110.8	117.0
青海 Qinghai	104.3	108.6	113.9	101.3	104.8	107.0	106.1	113.0	112.6
宁夏 Ningxia	103.2	108.4	112.8	101.3	106.1	107.7	104.6	112.7	119.9
新疆 Xinjiang	104.6	110.6	109.7	107.8	111.6	111.6	108.1	116.9	113.5

1-63 续表 1 continued

(上年=100) (preceding year=100)

年份 Year / 地区 Region		饮料烟酒 Beverages, Tobacco and Liquor	服装鞋帽 Garments, Shoes and Hats	纺织品 Textiles	家用电器及音像器材 Household Appliances, Music and Video Equipment	文化办公用品 Cultural and Office Appliances	日用品 Articles for Daily Use	体育娱乐用品 Sports and Recreation Articles	交通、通信用品 Transportation and Communication Appliances
	1994	111.3	119.6	114.7			113.9		
	1995	107.8	116.8	115.4			109.7		
	1996	105.1	108.5	106.4			105.3		
	1997	101.2	103.5	101.9			102.3		
	1998	98.8	99.3	99.1			99.0		
	1999	97.3	97.3	98.0			97.9		
	2000	98.0	99.2	98.6			98.1		
	2001	99.5	98.9	99.1			98.3		
	2002	99.9	97.9	99.4			98.7		
	2003	99.9	97.5	99.3	94.2	95.8	98.5	98.1	91.1
	2004	101.0	98.2	100.0	94.7	96.9	99.6	98.2	91.8
	2005	100.5	97.9	99.8	96.3	96.7	100.2	98.4	91.7
	2006	100.7	99.8	100.0	97.3	97.6	100.8	98.5	92.3
	2007	101.8	99.4	100.2	97.4	97.0	101.1	97.4	92.7
	2008	103.4	98.4	100.5	96.9	96.8	103.7	97.7	93.2
	2009	101.7	97.9	99.6	94.2	96.2	102.0	97.8	93.7
	2010	101.7	98.8	101.2	96.1	97.8	100.3	98.3	95.6
北京	Beijing	101.4	98.4	100.5	92.9	92.6	100.5	92.9	92.4
天津	Tianjin	103.8	102.7	108.6	93.8	90.8	100.5	94.9	96.1
河北	Hebei	101.1	98.0	101.9	95.7	97.3	100.2	99.4	95.1
山西	Shanxi	102.3	96.6	100.7	93.4	97.7	99.3	97.6	92.5
内蒙古	Inner Mongolia	101.7	98.9	99.7	95.6	98.1	99.9	99.2	95.7
辽宁	Liaoning	101.0	95.6	101.7	95.7	97.3	100.4	97.4	95.2
吉林	Jilin	100.5	100.8	101.1	97.4	100.3	100.6	99.2	95.6
黑龙江	Heilongjiang	102.2	98.2	100.1	93.6	95.5	100.5	98.4	90.7
上海	Shanghai	101.9	98.4	103.9	92.4	97.7	100.3	95.9	94.0
江苏	Jiangsu	102.1	101.0	103.4	95.6	96.5	100.0	95.6	96.3
浙江	Zhejiang	101.1	98.8	102.2	97.4	98.1	100.1	99.0	97.9
安徽	Anhui	101.9	97.4	100.5	94.9	99.1	100.4	99.0	96.6
福建	Fujian	101.1	96.2	98.1	96.3	98.3	100.7	98.6	96.2
江西	Jiangxi	100.3	99.1	101.9	96.1	97.9	100.3	98.7	95.3
山东	Shandong	101.8	96.9	100.3	98.4	98.5	99.9	99.1	96.2
河南	Henan	101.5	100.9	104.0	97.8	98.7	100.1	99.8	96.1
湖北	Hubei	101.9	101.0	101.8	96.1	97.4	100.7	98.5	97.2
湖南	Hunan	100.6	100.8	101.0	98.6	99.9	100.6	100.8	99.3
广东	Guangdong	101.7	99.5	97.9	96.6	98.4	100.0	98.5	94.0
广西	Guangxi	101.5	99.1	100.2	96.2	98.9	99.9	98.9	97.3
海南	Hainan	100.9	101.1	101.8	99.0	98.5	100.0	100.2	93.4
重庆	Chongqing	104.5	98.4	100.6	88.4	95.0	99.5	96.8	92.3
四川	Sichuan	102.3	99.2	101.9	97.4	98.5	100.9	97.9	96.9
贵州	Guizhou	101.1	98.3	99.5	97.9	100.1	100.8	99.2	97.6
云南	Yunnan	101.6	96.5	100.3	95.4	99.5	100.4	99.8	96.1
西藏	Tibet	101.2	101.8	102.2	94.7	96.2	98.7	96.3	92.8
陕西	Shaanxi	101.9	99.5	99.8	95.0	98.3	101.7	98.1	96.6
甘肃	Gansu	103.6	99.7	100.8	98.0	98.6	100.2	100.1	103.4
青海	Qinghai	100.8	106.2	105.6	97.3	96.9	102.1	100.7	97.0
宁夏	Ningxia	101.4	100.9	101.0	96.2	94.8	100.8	94.8	94.7
新疆	Xinjiang	101.7	98.0	103.5	97.8	99.2	100.7	97.5	96.8

1-63 续表 2 continued

(上年=100) (preceding year=100)

年份 Year 地区 Region	家具 Furniture	化妆品 Cosmetics	金银珠宝 Gold, Silver and Jewelry	中西药品及医疗保健用品 Traditional Chinese and Western Medicines and Health Care Articles	书报杂志及电子出版物 Books, Newspapers, Magazines and Electronic Publications	燃料 Fuels	建筑材料及五金电料 Building Materials and Hardware
1994		116.4				115.1	
1995		109.9				107.4	
1996		105.0				105.0	
1997		102.3				107.3	
1998		100.5				96.1	
1999		99.6				100.4	
2000		98.9				117.7	
2001		98.8				102.4	
2002		98.4				102.0	
2003	97.8	98.9	108.6	98.4	100.3	109.3	99.7
2004	98.8	98.9	111.6	96.7	101.0	112.4	103.7
2005	99.1	99.3	104.4	97.6	100.3	115.4	102.1
2006	100.1	99.8	119.7	99.1	100.2	112.4	103.0
2007	101.6	100.2	107.9	102.0	99.7	104.2	105.1
2008	102.6	100.7	116.8	103.1	101.5	116.0	107.9
2009	99.7	100.8	95.6	101.5	105.0	92.7	98.4
2010	100.1	100.4	114.5	104.3	101.3	112.3	103.5
北京 Beijing	99.4	101.1	120.3	100.9	98.8	109.9	101.5
天津 Tianjin	93.4	102.5	125.4	106.4	100.0	106.8	101.4
河北 Hebei	99.6	100.9	114.7	104.0	105.4	112.5	102.7
山西 Shanxi	98.7	99.9	111.6	103.0	102.8	111.8	100.9
内蒙古 Inner Mongolia	98.5	100.5	116.8	101.9	100.5	109.5	102.5
辽宁 Liaoning	100.9	100.1	114.6	104.3	101.1	111.6	101.2
吉林 Jilin	100.5	100.1	118.1	102.1	99.5	111.7	100.4
黑龙江 Heilongjiang	99.4	101.4	115.5	108.1	101.1	113.9	102.8
上海 Shanghai	101.1	101.0	111.7	99.8	103.2	112.8	103.3
江苏 Jiangsu	100.1	100.2	114.4	101.5	104.4	112.5	105.3
浙江 Zhejiang	101.3	99.6	115.6	108.1	100.9	114.3	104.5
安徽 Anhui	100.6	101.1	117.4	106.2	103.1	112.2	103.5
福建 Fujian	100.9	100.0	112.3	104.9	101.2	116.7	104.5
江西 Jiangxi	99.7	100.9	116.6	102.8	100.8	112.4	105.3
山东 Shandong	100.0	99.9	110.5	102.8	100.5	110.0	103.2
河南 Henan	99.6	100.3	111.3	104.0	99.4	110.5	104.3
湖北 Hubei	104.7	100.5	116.8	104.8	100.3	112.2	103.4
湖南 Hunan	100.6	100.6	114.4	102.0	100.8	113.5	104.0
广东 Guangdong	100.1	100.1	112.6	105.7	99.7	115.4	103.5
广西 Guangxi	98.3	100.7	114.0	101.7	99.5	115.3	104.8
海南 Hainan	103.5	98.3	113.7	106.1	101.5	114.5	111.9
重庆 Chongqing	101.0	100.1	119.2	104.3	100.6	109.2	103.1
四川 Sichuan	99.6	100.5	114.3	106.4	101.1	110.9	102.6
贵州 Guizhou	99.8	99.7	108.9	102.6	100.5	111.2	102.5
云南 Yunnan	99.4	99.6	117.1	104.5	106.7	109.3	102.8
西藏 Tibet	102.9	99.6	105.1	100.1	100.3	106.1	102.0
陕西 Shaanxi	105.0	101.7	113.8	107.0	100.4	108.5	103.1
甘肃 Gansu	100.2	100.4	111.4	103.6	102.3	111.1	102.3
青海 Qinghai	100.7	101.1	112.8	105.3	103.5	109.6	101.1
宁夏 Ningxia	98.8	101.1	111.9	103.6	101.0	109.9	102.3
新疆 Xinjiang	101.3	99.5	110.7	102.6	103.0	107.7	103.0

1-64 居民消费价格分类指数（2010年）

CONSUMER PRICE INDICES BY CATEGORY (2010)

（上年=100） (preceding year=100)

项　目	Item	全　国 National Indices	城　市 Urban Indices	农　村 Rural Indices
居民消费价格指数	**Consumer Price Index**	**103.3**	**103.2**	**103.6**
食品	**Food**	**107.2**	**107.1**	**107.5**
粮食	Grain	111.8	111.5	112.3
#大米	Rice	116.2	115.8	116.9
面粉	Flour	107.5	107.8	107.1
淀粉	Starches and Tubers	108.2	107.6	109.1
干豆类及豆制品	Beans and Bean Products	109.2	108.4	111.0
油脂	Oil or Fat	103.8	103.4	104.4
肉禽及其制品	Meat, Poultry and Processed Products	102.9	102.6	103.5
蛋	Eggs	108.3	108.4	108.2
水产品	Aquatic Products	108.1	108.5	106.9
菜	Vegetables	118.5	117.8	120.6
#鲜菜	Fresh Vegetables	118.7	117.8	121.3
调味品	Flavoring	104.1	104.5	103.5
糖	Carbohydrate	108.3	106.6	111.1
茶及饮料	Tea and Beverages	101.3	101.3	101.4
茶叶	Tea	102.6	102.7	102.7
饮料	Beverages	100.7	100.7	100.7
干鲜瓜果	Dried and Fresh Melons and Fruits	114.6	114.1	116.0
#鲜果	Fresh Fruits	115.6	115.0	117.5
糕点饼干面包	Cake, Biscuit and Bread	102.4	102.5	102.1
液体乳及乳制品	Milk and Its Products	102.8	103.0	102.0
在外用膳食品	Dining Out	103.6	103.7	103.2
其它食品	Other Foods	101.7	101.9	101.5
烟酒及用品	**Tobacco, Liquor and Articles**	**101.6**	**101.7**	**101.4**
烟草	Tobacco	100.5	100.5	100.4
酒	Liquor	103.6	104.1	103.1
吸烟、饮酒用品	Articles for Smoking and Drinking	100.5	100.6	100.0
衣着	**Clothing**	**99.0**	**98.9**	**99.4**
服装	Garments	99.1	99.1	99.2
衣着材料	Clothing Material	103.0	102.9	103.1
鞋袜帽	Footgear and Hats	98.2	97.9	99.0
衣着加工服务	Clothing Manufacturing Services	102.9	103.2	102.3
家庭设备用品及维修服务	**Household Facilities, Articles and Services**	**100.0**	**99.9**	**100.1**
耐用消费品	Durable Consumer Goods	98.5	98.3	99.1
家具	Furniture	100.4	100.4	100.3
家庭设备	Household Facilities	97.4	97.1	98.3

1-64 续表 continued

(上年=100) (preceding year=100)

项目	Item	全国 National Indices	城市 Urban Indices	农村 Rural Indices
室内装饰品	Interior Decorations	99.9	99.9	100.1
床上用品	Bed Articles	99.9	99.8	100.2
家庭日用杂品	Daily Use Household Articles	100.3	100.2	100.5
家庭服务及加工维修服务	Household Services and Maintenance and Renovation	106.7	107.2	104.8
医疗保健和个人用品	**Health Care and Personal Articles**	**103.2**	**103.2**	**103.2**
医疗保健	Health Care	103.3	103.2	103.4
医疗器具及用品	Medical Instrument and Articles	105.0	104.3	105.8
中药材及中成药	Traditional Chinese Medicine	111.2	111.2	111.1
西药	Western Medicine	101.0	100.9	101.3
保健器具及用品	Health Care Appliances and Articles	101.6	101.6	101.5
医疗保健服务	Health Care Services	100.9	100.8	101.0
个人用品及服务	Personal Articles and Services	103.0	103.0	103.0
化妆美容用品	Cosmetics	100.5	100.5	100.5
清洁化妆用品	Sanitation Articles	100.4	100.4	100.4
个人饰品	Personal Ornaments	108.4	109.0	106.8
个人服务	Personal Services	102.8	102.5	103.3
交通和通信	**Transportation and Communication**	**99.6**	**99.4**	**100.3**
交通	Transportation	101.7	101.5	102.2
交通工具	Transportation Facility	98.7	98.3	99.5
车用燃料及零配件	Fuels and Parts	111.5	111.7	111.0
车辆使用及维修费	Fees for Vehicles Use and Maintenance	101.7	101.8	101.5
市区公共交通费	Incity Traffic Fare	100.7	100.3	103.3
城市间交通费	Intercity Traffic Fare	101.7	102.0	101.1
通信	Communication	97.3	97.1	97.7
通信工具	Communication Facility	86.5	84.3	90.9
通信服务	Communication Service	99.7	99.6	99.9
娱乐教育文化用品及服务	**Recreation, Education and Culture Articles**	**100.6**	**100.4**	**100.9**
文娱用耐用消费品及服务	Durable Consumer Goods for Cultural and Recreational Use and Services	94.3	93.6	96.1
教育	Education	101.4	101.2	101.9
教材及参考书	Teaching Materials and Reference Books	102.6	102.4	103.0
学杂托幼费	Tuition and Child Care	101.3	101.0	101.7
文化娱乐	Cultural and Recreational Articles	101.0	101.0	100.9
文化娱乐用品	Cultural Articles	99.7	99.4	100.4
书报杂志	Newspapers and Magazines	100.6	100.5	100.8
文娱费	Expenditure on Culture and Recreation	102.3	102.4	101.7
旅游	Touring and Outing	104.9	105.0	104.3
居住	**Residence**	**104.5**	**104.5**	**104.5**
建房及装修材料	Building and Building Decoration Materials	103.3	102.9	103.5
租房	Renting	104.9	105.0	104.3
自有住房	Private Housing	103.6	103.7	102.9
水电燃料	Water, Electricity and Fuels	105.5	105.2	106.2

1-65 各地区居民消费价格分类指数

CONSUMER PRICE INDICES BY CATEGORY AND REGION

(上年=100) (preceding year=100)

年 份 / 地 区	Year / Region	总指数 General Index	食 品 Food	#粮食 Grain	#油脂 Oil or Fat	#肉禽及其制品 Meat,Poultry and Processed Products	#蛋 Eggs	#水产品 Aquatic Products	#菜 Vegetables	#鲜菜 Fresh Vegetables
	2001	100.7	100.0	99.3	91.7	101.6	106.0	97.1	100.9	101.4
	2002	99.2	99.4	98.3	98.7	99.5	102.6	96.7	98.2	98.1
	2003	101.2	103.4	102.3	112.6	103.3	98.6	100.3	117.7	120.5
	2004	103.9	109.9	126.4	118.2	117.6	120.2	112.7	95.1	93.9
	2005	101.8	102.9	101.4	94.3	102.5	104.6	105.9	109.1	110.4
	2006	101.5	102.3	102.7	98.6	97.1	96.0	101.2	108.2	108.2
	2007	104.8	112.3	106.3	126.7	131.7	121.8	105.1	107.9	107.3
	2008	105.9	114.3	107.0	125.4	121.7	104.3	114.2	111.0	110.7
	2009	99.3	100.7	105.6	81.7	91.3	101.6	102.5	113.6	115.4
	2010	103.3	107.2	111.8	103.8	102.9	108.3	108.1	118.5	118.7
北 京	Beijing	102.4	105.5	109.6	100.9	101.2	107.7	110.6	124.1	124.0
天 津	Tianjin	103.5	108.0	117.5	105.2	103.9	108.0	110.9	114.7	111.9
河 北	Hebei	103.1	107.8	112.0	101.8	102.0	108.3	108.4	117.9	118.3
山 西	Shanxi	103.0	108.5	107.5	104.0	102.5	109.0	106.1	121.7	119.9
内蒙古	Inner Mongolia	103.2	109.5	110.1	101.9	105.3	109.9	106.5	129.2	127.6
辽 宁	Liaoning	103.0	107.9	112.6	101.7	101.8	111.1	107.6	122.7	123.6
吉 林	Jilin	103.7	109.2	113.9	102.2	102.6	111.5	109.9	124.9	124.2
黑龙江	Heilongjiang	103.9	108.1	113.6	107.0	101.2	110.4	105.4	119.7	120.8
上 海	Shanghai	103.1	107.7	112.0	105.6	104.3	106.1	116.4	111.0	111.5
江 苏	Jiangsu	103.8	107.4	115.2	103.3	103.0	107.4	110.9	117.2	117.7
浙 江	Zhejiang	103.8	107.3	114.3	102.7	103.8	108.3	110.5	116.9	117.4
安 徽	Anhui	103.1	106.6	111.1	104.8	102.3	107.9	104.6	119.6	119.4
福 建	Fujian	103.2	107.8	117.0	101.6	102.3	108.3	108.6	121.2	123.7
江 西	Jiangxi	103.0	105.6	107.5	104.1	100.4	108.3	103.2	117.9	119.0
山 东	Shandong	102.9	108.3	113.0	106.2	103.6	107.1	106.8	124.7	125.5
河 南	Henan	103.5	107.9	110.3	104.7	104.0	108.4	106.9	119.1	117.9
湖 北	Hubei	102.9	105.8	110.6	105.1	102.0	107.8	100.5	115.4	115.2
湖 南	Hunan	103.1	105.4	107.2	103.9	101.8	107.2	105.4	108.6	107.7
广 东	Guangdong	103.1	105.9	107.5	105.2	102.0	107.5	106.0	117.4	118.7
广 西	Guangxi	103.0	107.1	106.8	104.1	103.2	106.6	109.0	123.1	124.0
海 南	Hainan	104.8	107.6	110.3	103.8	103.3	104.7	108.3	117.9	117.8
重 庆	Chongqing	103.2	106.5	113.1	105.2	104.7	106.4	106.0	109.3	108.7
四 川	Sichuan	103.2	106.1	109.8	101.1	103.5	109.0	108.0	111.9	110.4
贵 州	Guizhou	102.9	107.7	120.5	100.4	104.9	107.3	109.7	116.6	114.3
云 南	Yunnan	103.7	108.4	114.1	102.7	102.2	106.7	107.3	123.0	121.8
西 藏	Tibet	102.2	104.5	107.1	100.9	102.1	103.5	102.8	107.9	105.8
陕 西	Shaanxi	104.0	108.5	114.8	104.1	105.5	107.6	108.0	117.9	117.2
甘 肃	Gansu	104.1	109.4	120.8	101.0	105.2	109.1	108.8	109.8	109.4
青 海	Qinghai	105.4	108.3	112.7	102.3	104.9	107.0	104.6	112.7	110.9
宁 夏	Ningxia	104.1	108.3	112.8	101.1	105.7	108.7	104.8	110.7	108.6
新 疆	Xinjiang	104.3	110.7	108.9	107.6	113.0	112.3	107.4	120.0	120.0

(上年=100) (preceding year=100)

年 份 Year 地 区 Region	#干鲜瓜果 Dried and Fresh Melons and Fruits	#鲜果 Fresh Fruits	#在外用膳食品 Dining Out	烟酒及用品 Tobacco, Liquor and Articles	#烟草 Tobacco	#酒 Liquor	衣 着 Clothing	服 装 Garments	衣着材料 Clothing Material
2001	99.9	100.3	100.2	99.7	99.6	99.9	98.1	97.6	98.8
2002	103.1	103.6	99.9	99.9	99.9	100.1	97.6	97.4	98.9
2003	103.0	101.8	100.1	99.8	99.8	100.1	97.8	97.6	99.2
2004	104.0	102.2	104.1	101.2	100.9	102.2	98.5	98.3	100.2
2005	102.2	101.6	102.4	100.4	100.4	100.6	98.3	98.1	100.0
2006	117.9	121.5	101.6	100.6	100.2	101.2	99.4	99.0	100.5
2007	102.2	100.1	107.3	101.7	100.8	103.5	99.4	99.4	101.6
2008	110.8	109.0	111.8	102.9	100.4	107.5	98.5	98.3	102.4
2009	107.1	109.1	102.7	101.5	100.4	103.4	98.0	97.8	100.9
2010	114.6	115.6	103.6	101.6	100.5	103.6	99.0	99.1	103.0
北 京 Beijing	109.6	112.3	102.6	101.1	99.9	102.7	98.4	98.0	101.0
天 津 Tianjin	111.5	110.8	106.6	104.3	103.9	106.1	102.8	102.9	101.4
河 北 Hebei	119.4	121.2	103.2	101.5	100.3	102.6	97.5	97.5	102.8
山 西 Shanxi	120.4	123.4	104.2	102.8	101.0	107.0	96.8	97.0	102.6
内蒙古 Inner Mongolia	121.5	123.7	102.2	101.9	100.8	103.4	99.4	99.2	101.1
辽 宁 Liaoning	109.1	108.0	102.4	100.7	100.2	101.6	96.2	96.3	103.6
吉 林 Jilin	108.7	108.5	102.2	100.7	100.3	101.3	100.7	101.5	102.0
黑龙江 Heilongjiang	112.7	112.5	101.7	101.2	100.8	102.4	98.0	96.6	101.2
上 海 Shanghai	112.0	113.9	105.6	101.1	101.0	101.6	98.6	99.9	102.9
江 苏 Jiangsu	113.0	112.8	103.7	102.4	100.2	106.8	100.7	100.8	105.0
浙 江 Zhejiang	112.3	113.9	103.3	100.7	100.1	102.4	99.3	98.8	105.2
安 徽 Anhui	115.2	117.2	103.3	102.0	100.2	104.8	98.1	98.8	102.7
福 建 Fujian	115.5	116.6	103.2	101.4	100.0	103.6	95.7	96.0	103.4
江 西 Jiangxi	115.9	117.6	101.3	100.3	100.1	100.8	98.8	98.5	102.7
山 东 Shandong	116.6	118.2	102.3	102.5	101.4	103.7	97.6	97.4	101.0
河 南 Henan	117.6	119.3	104.8	101.2	99.9	103.2	101.1	100.7	106.0
湖 北 Hubei	114.8	116.4	103.3	101.5	99.9	104.5	100.9	100.9	101.3
湖 南 Hunan	122.7	125.6	102.9	100.7	100.0	102.3	100.7	101.0	102.9
广 东 Guangdong	112.0	111.2	103.9	102.3	102.0	102.9	99.6	100.4	102.7
广 西 Guangxi	112.9	113.3	104.2	101.6	100.3	103.2	99.8	100.4	103.4
海 南 Hainan	116.6	117.7	107.9	100.6	100.4	101.6	101.2	100.7	103.2
重 庆 Chongqing	114.9	119.4	104.2	104.3	101.4	112.7	98.4	99.6	100.5
四 川 Sichuan	116.3	117.7	103.6	101.8	100.1	105.3	99.1	99.1	103.8
贵 州 Guizhou	120.3	121.1	101.3	102.0	100.8	103.8	97.4	99.3	103.1
云 南 Yunnan	116.7	117.7	102.7	101.0	100.9	102.0	96.8	96.3	101.8
西 藏 Tibet	108.9	108.1	104.4	101.1	100.5	102.1	102.1	102.5	101.8
陕 西 Shaanxi	114.4	115.8	102.9	101.0	100.3	103.3	99.1	97.4	103.9
甘 肃 Gansu	117.1	120.1	106.3	102.8	100.3	106.7	100.0	100.4	101.9
青 海 Qinghai	113.1	113.2	107.4	101.1	100.7	101.9	106.7	107.7	104.4
宁 夏 Ningxia	120.7	122.0	103.8	101.4	100.7	102.9	101.3	101.3	105.3
新 疆 Xinjiang	114.1	112.7	105.8	102.0	98.7	105.3	99.2	99.3	102.7

1-65 续表 2 continued

(上年=100) (preceding year=100)

年份 Year 地区 Region	鞋袜帽 Footgear and Hats	衣着加工服务费 Clothing Manufacturing Service	家庭设备用品及维修服务 Household Facilities, Articles and Services	耐用消费品 Durable Consumer Goods	室内装饰品 Interior Decorations	床上用品 Bed Articles	家庭日用杂品 Daily Use Household Articles	家庭服务及加工维修服务费 Household Services and Maintenance and Renovation
2001	99.0	100.3	97.7	96.1	98.3	99.3	98.6	101.5
2002	98.0	99.9	97.5	95.9	98.8	98.7	98.0	101.2
2003	97.7	100.1	97.4	95.8	98.8	98.4	98.3	101.1
2004	98.3	100.7	98.6	97.1	99.2	99.3	99.8	101.9
2005	98.3	101.1	99.9	98.8	99.5	99.4	100.4	104.4
2006	100.2	101.5	101.2	100.8	100.0	99.6	101.1	105.8
2007	99.0	102.3	101.9	101.6	100.3	99.4	101.7	107.2
2008	98.2	104.1	102.8	101.2	100.2	99.7	104.9	109.0
2009	97.8	103.5	100.2	98.1	99.7	98.8	102.5	105.2
2010	98.2	102.9	100.0	98.5	99.9	99.9	100.3	106.7
北　京 Beijing	99.3	102.0	99.4	97.2	99.1	100.4	99.9	108.7
天　津 Tianjin	102.4	117.6	99.5	95.4	100.5	110.2	100.0	115.5
河　北 Hebei	97.1	102.9	99.8	97.6	100.0	100.9	100.7	112.8
山　西 Shanxi	95.6	102.2	98.5	97.0	96.6	100.1	100.2	103.1
内蒙古 Inner Mongolia	99.3	102.5	98.8	97.4	99.6	98.4	99.8	104.2
辽　宁 Liaoning	95.1	104.3	99.8	98.8	99.9	101.7	99.4	105.2
吉　林 Jilin	98.8	101.6	99.6	98.8	100.9	100.0	99.9	102.1
黑龙江 Heilongjiang	101.2	106.4	100.0	97.5	100.0	98.0	100.9	109.8
上　海 Shanghai	93.6	107.2	101.1	99.6	99.2	104.2	99.4	108.8
江　苏 Jiangsu	100.2	104.0	100.1	98.3	100.4	101.7	99.9	107.7
浙　江 Zhejiang	100.2	103.2	100.4	98.8	99.9	99.1	100.4	109.2
安　徽 Anhui	95.6	102.8	98.9	97.2	100.3	98.1	99.7	107.1
福　建 Fujian	93.6	102.4	99.2	98.1	99.0	97.5	100.2	103.9
江　西 Jiangxi	98.7	105.1	99.3	97.0	101.1	99.5	100.4	106.4
山　东 Shandong	97.1	102.8	99.6	99.1	100.0	99.5	99.7	103.2
河　南 Henan	101.2	102.5	99.6	98.6	99.5	101.1	99.6	104.9
湖　北 Hubei	100.8	103.7	101.4	100.1	102.0	102.9	101.5	108.7
湖　南 Hunan	99.8	102.9	100.5	99.4	100.5	100.3	101.2	104.3
广　东 Guangdong	96.6	100.5	100.0	98.4	100.3	98.0	99.9	105.3
广　西 Guangxi	97.8	100.9	98.8	97.7	100.9	98.0	99.9	102.9
海　南 Hainan	101.8	117.6	104.6	102.2	96.6	101.9	103.9	123.0
重　庆 Chongqing	94.8	100.0	100.2	96.0	99.6	100.6	104.9	107.4
四　川 Sichuan	98.8	102.1	100.8	98.8	99.1	99.6	101.6	108.2
贵　州 Guizhou	92.5	102.6	99.3	98.6	101.0	93.2	99.8	109.7
云　南 Yunnan	96.7	103.5	99.6	98.4	99.2	98.4	99.7	107.2
西　藏 Tibet	100.9	102.8	100.6	100.1	100.3	102.2	100.7	100.5
陕　西 Shaanxi	101.8	102.8	100.0	98.9	99.6	98.5	100.6	104.7
甘　肃 Gansu	98.1	104.9	100.6	99.5	100.0	101.0	100.2	108.4
青　海 Qinghai	104.1	105.1	101.5	99.8	100.3	107.5	101.1	112.8
宁　夏 Ningxia	101.1	104.1	100.9	100.0	102.2	100.5	99.7	112.6
新　疆 Xinjiang	98.4	102.4	101.2	100.0	100.3	101.1	100.5	110.2

1-65 续表 3 continued

(上年=100) (preceding year=100)

年份 地区	Year Region	医疗保健和个人用品 Health Care and Personal Articles	医疗保健 Health Care	医疗器具及用品 Medical Appliances and Articles	中药材及中成药 Traditional Chinese Medicine	西药 Western Medicine	保健器具及用品 Health Care Appliances and Articles	医疗保健服务 Health Care Services	个人用品及服务 Personal Articles and Services
	2001	100.0	100.3	98.3	101.4	94.8	97.3	110.5	99.5
	2002	98.8	98.5	97.2	96.6	94.5	97.1	108.2	99.5
	2003	100.9	101.2	101.0	105.0	94.5	98.2	108.9	100.2
	2004	99.7	99.1	102.3	98.9	94.9	98.6	105.2	101.2
	2005	99.9	99.5	97.4	96.5	97.7	100.0	105.2	100.8
	2006	101.1	100.2	97.2	99.9	98.4	100.3	103.0	103.2
	2007	102.1	102.1	98.2	107.9	99.1	101.1	102.2	102.1
	2008	102.9	102.2	99.7	106.8	101.1	102.1	100.5	104.4
	2009	101.2	101.4	101.6	102.6	101.0	101.1	101.0	100.8
	2010	103.2	103.3	105.0	111.2	101.0	101.6	100.9	103.0
北京	Beijing	101.5	100.6	100.3	106.1	99.0	99.9	100.0	104.6
天津	Tianjin	103.7	104.1	101.9	113.3	102.3	103.6	100.0	102.8
河北	Hebei	102.5	102.4	104.2	110.1	101.0	101.1	100.6	102.7
山西	Shanxi	102.3	102.2	111.3	112.0	100.1	101.2	100.8	102.7
内蒙古	Inner Mongolia	101.8	101.4	102.3	105.1	100.2	100.1	100.0	102.7
辽宁	Liaoning	102.4	102.4	102.6	107.6	101.4	100.1	101.4	102.6
吉林	Jilin	101.8	101.6	102.8	107.2	100.0	100.3	99.8	102.2
黑龙江	Heilongjiang	106.5	107.2	106.6	119.4	103.0	101.5	100.9	104.6
上海	Shanghai	103.7	100.8	102.1	105.5	99.6	98.6	103.7	107.1
江苏	Jiangsu	102.9	102.4	101.9	109.7	99.7	100.9	102.0	104.0
浙江	Zhejiang	105.4	106.2	102.6	117.9	103.8	105.2	100.5	103.3
安徽	Anhui	103.3	103.7	101.3	113.0	101.0	102.9	100.3	102.6
福建	Fujian	103.1	103.5	103.1	111.6	101.5	101.8	100.2	102.4
江西	Jiangxi	102.7	102.3	100.8	109.9	99.0	100.0	100.4	103.4
山东	Shandong	101.9	102.0	103.7	108.2	99.3	103.2	101.2	101.8
河南	Henan	103.2	103.6	108.5	111.9	100.3	101.0	100.9	102.4
湖北	Hubei	103.2	103.4	107.0	110.0	101.2	102.2	101.4	102.6
湖南	Hunan	101.8	101.8	106.7	104.5	100.9	100.9	100.8	101.9
广东	Guangdong	103.8	104.4	105.6	112.2	102.0	103.9	100.2	102.4
广西	Guangxi	101.5	101.3	108.5	103.2	100.6	101.2	100.0	102.0
海南	Hainan	102.0	101.9	105.8	113.5	101.5	103.0	98.3	102.4
重庆	Chongqing	102.5	103.4	100.0	112.5	100.4	99.5	101.0	101.0
四川	Sichuan	104.3	104.8	104.0	115.6	101.3	100.5	100.9	103.3
贵州	Guizhou	101.3	100.9	101.0	103.8	101.1	99.5	100.3	101.8
云南	Yunnan	104.0	104.8	103.4	114.1	101.2	100.7	100.4	101.9
西藏	Tibet	101.2	100.3	98.9	101.7	98.7	100.0	102.0	102.1
陕西	Shaanxi	105.8	106.5	111.2	117.7	101.7	101.5	101.3	104.1
甘肃	Gansu	103.5	103.9	110.4	107.9	100.9	99.2	103.7	102.8
青海	Qinghai	104.9	104.0	107.1	110.4	102.0	100.6	103.3	106.8
宁夏	Ningxia	101.8	101.7	103.3	106.7	100.4	100.6	99.9	102.2
新疆	Xinjiang	102.0	101.7	103.2	107.2	100.4	100.4	100.1	102.5

1-65 续表 4 continued

(上年=100) (preceding year=100)

年 份 Year 地 区 Region	化妆美容用品 Cosmetics	清洁化妆用品 Sanitation Articles	个人饰品 Personal Ornaments	个人服务 Personal Services	交通和通信 Transportation and Communication	交通 Transportation	交通工具 Transportation Facility
2001	99.8	97.9	97.8	101.7	99.0	101.0	96.4
2002	99.7	97.3	99.3	101.2	98.1	99.1	95.0
2003	99.5	97.1	102.9	100.8	97.8	99.5	95.9
2004	98.8	98.4	104.5	101.8	98.5	100.4	96.5
2005	99.4	99.4	101.6	101.9	99.0	101.5	97.3
2006	99.7	99.9	110.8	102.5	99.9	103.2	97.8
2007	100.1	100.3	104.5	103.1	99.1	100.8	97.7
2008	100.6	101.7	109.7	105.0	99.1	102.2	98.4
2009	100.8	102.1	96.3	103.8	97.6	98.6	98.0
2010	100.5	100.4	108.4	102.8	99.6	101.7	98.7
北 京 Beijing	99.9	99.8	114.0	99.8	100.8	103.3	96.9
天 津 Tianjin	102.1	98.8	108.3	100.0	98.1	101.9	99.3
河 北 Hebei	100.8	99.4	106.7	103.2	99.1	101.1	97.2
山 西 Shanxi	100.3	100.1	106.9	103.0	98.5	101.0	97.8
内蒙古 Inner Mongolia	100.8	100.6	107.1	102.5	99.7	101.5	98.5
辽 宁 Liaoning	99.9	100.6	109.0	101.8	99.9	102.3	99.3
吉 林 Jilin	100.3	99.7	111.0	101.1	99.1	100.7	99.1
黑龙江 Heilongjiang	102.3	101.0	106.0	106.6	99.8	101.5	99.3
上 海 Shanghai	100.4	101.4	115.7	101.8	97.4	98.7	99.5
江 苏 Jiangsu	100.6	100.7	110.2	103.4	99.8	101.7	98.4
浙 江 Zhejiang	99.4	100.2	112.2	101.5	100.3	102.3	99.5
安 徽 Anhui	101.8	100.0	107.3	102.2	99.6	102.1	99.6
福 建 Fujian	100.1	99.9	105.2	104.1	99.5	101.7	99.9
江 西 Jiangxi	100.6	100.0	107.2	104.6	99.0	102.0	99.8
山 东 Shandong	100.4	99.9	104.7	102.1	99.3	101.0	98.4
河 南 Henan	100.1	100.6	105.8	103.4	99.4	101.9	99.2
湖 北 Hubei	100.6	99.5	107.5	103.6	100.2	101.7	99.8
湖 南 Hunan	100.9	100.5	107.2	100.7	100.5	101.9	100.7
广 东 Guangdong	99.8	101.2	108.3	101.4	99.6	101.3	97.3
广 西 Guangxi	100.9	99.9	107.3	102.6	100.4	102.8	99.1
海 南 Hainan	99.5	99.2	111.3	102.2	100.6	103.7	101.2
重 庆 Chongqing	100.0	97.9	109.0	100.3	99.5	103.6	98.3
四 川 Sichuan	101.1	101.1	106.2	103.9	100.7	102.7	100.7
贵 州 Guizhou	101.7	101.9	100.1	103.5	100.8	102.6	99.8
云 南 Yunnan	99.9	100.2	106.2	102.4	100.0	102.7	98.6
西 藏 Tibet	100.4	100.0	105.5	103.2	99.8	102.9	98.5
陕 西 Shaanxi	101.1	100.2	106.6	107.4	99.8	101.5	100.2
甘 肃 Gansu	101.7	100.8	102.9	104.8	99.3	101.8	99.5
青 海 Qinghai	100.4	103.9	109.4	115.2	103.0	107.6	100.4
宁 夏 Ningxia	100.5	99.8	107.7	103.9	100.1	103.3	99.3
新 疆 Xinjiang	100.1	101.2	105.8	103.3	100.0	101.7	99.4

1-65 续表 5 continued

(上年=100) (preceding year=100)

年份 地区	Year Region	车用燃料及零配件 Fuels and Parts	车辆使用及维修费 Fees for Vehicles Use and Maintenance	市区公共交通费 Incity Traffic Fare	城市间交通费 Intercity Traffic Fare	通信 Communication	通信工具 Communication Facility	通信服务 Communication Services
	2001	99.0	100.4	105.8	104.0	96.8	80.5	101.1
	2002	98.5	100.0	101.9	101.8	97.2	83.5	100.3
	2003	108.3	98.9	100.6	101.4	96.1	82.1	99.4
	2004	107.7	101.0	101.0	102.5	96.8	84.3	99.8
	2005	110.3	102.0	102.2	103.3	96.6	84.1	99.6
	2006	112.8	102.4	104.8	105.6	96.4	82.2	100.0
	2007	103.5	102.4	101.3	103.0	97.1	81.8	100.6
	2008	113.5	100.8	100.5	104.3	95.6	80.7	98.8
	2009	92.8	101.1	100.6	100.5	96.3	81.7	99.5
	2010	111.5	101.7	100.7	101.7	97.3	86.5	99.7
北京	Beijing	112.7	104.6	101.7	104.6	95.9	79.8	100.0
天津	Tianjin	113.2	105.5	100.0	102.3	92.6	68.5	96.2
河北	Hebei	111.7	100.8	100.4	101.1	96.9	86.0	99.3
山西	Shanxi	112.1	102.6	101.0	100.7	96.4	78.9	99.9
内蒙古	Inner Mongolia	110.9	100.7	101.0	100.3	97.6	90.7	99.9
辽宁	Liaoning	111.9	102.4	101.1	103.0	97.7	83.6	100.0
吉林	Jilin	110.7	101.6	99.8	101.3	97.5	88.4	100.0
黑龙江	Heilongjiang	108.2	101.6	100.7	100.3	97.3	88.4	98.9
上海	Shanghai	113.6	100.8	91.7	106.0	95.3	71.4	100.0
江苏	Jiangsu	111.7	101.3	101.4	103.9	96.7	83.2	99.9
浙江	Zhejiang	111.6	102.5	101.7	103.0	97.6	87.9	100.0
安徽	Anhui	112.6	100.5	102.5	101.1	97.3	84.4	100.0
福建	Fujian	112.6	101.3	100.6	98.4	97.9	85.0	100.0
江西	Jiangxi	110.5	101.9	103.0	100.5	96.7	85.7	98.8
山东	Shandong	111.5	102.0	100.5	100.3	97.1	89.1	99.8
河南	Henan	112.1	100.9	102.5	100.3	97.4	88.0	99.1
湖北	Hubei	109.5	101.5	103.5	99.7	98.9	94.0	100.1
湖南	Hunan	109.3	101.0	101.4	101.3	98.8	94.3	100.0
广东	Guangdong	111.2	99.9	101.5	101.6	97.5	86.6	99.3
广西	Guangxi	110.3	102.3	100.3	103.7	98.1	90.4	100.1
海南	Hainan	112.1	100.2	100.0	100.8	96.9	80.7	100.0
重庆	Chongqing	113.1	101.5	105.7	98.3	96.4	79.6	100.0
四川	Sichuan	110.0	104.9	103.3	101.8	97.3	87.6	99.7
贵州	Guizhou	111.3	102.5	101.5	102.7	99.1	92.6	100.4
云南	Yunnan	111.7	102.9	101.2	103.3	97.1	86.8	99.7
西藏	Tibet	110.1	101.1	100.8	100.2	94.0	88.8	96.2
陕西	Shaanxi	107.4	101.5	101.4	102.1	98.1	89.0	99.8
甘肃	Gansu	109.6	100.5	102.3	102.6	95.9	84.1	99.7
青海	Qinghai	111.0	103.8	102.6	113.9	98.0	90.5	100.0
宁夏	Ningxia	111.1	103.9	103.6	103.3	96.0	84.1	99.7
新疆	Xinjiang	112.9	101.2	100.4	100.8	98.4	91.8	99.8

1-65 续表 6 continued

(上年=100) (preceding year=100)

年 份 Year / 地 区 Region	娱乐教育文化用品及服务 Recreation, Education and Culture	文娱用耐用消费品及服务 Durable Consumer Goods and Service for Recreational Use	教育 Education	教材及参考书 Teaching Materials and Reference Books	学杂托幼费 Tuition and Child Care	文化娱乐 Cultural and Recreational Articles	文化娱乐用品 Cultural Articles
2001	106.6	91.2	113.6	106.1	114.1	101.7	99.4
2002	100.6	90.5	103.7	99.0	104.0	101.2	98.9
2003	101.3	92.7	104.3	101.7	104.5	101.3	98.7
2004	101.3	93.3	103.4	102.8	103.4	101.1	99.4
2005	102.2	93.8	105.1	100.9	105.4	101.2	99.8
2006	99.5	94.2	100.0	100.3	100.0	101.0	99.6
2007	99.0	93.1	99.6	99.1	99.6	101.0	99.5
2008	99.3	92.3	100.5	100.6	100.5	101.3	99.9
2009	99.3	90.6	101.6	102.9	101.4	102.5	99.8
2010	100.6	94.3	101.4	102.6	101.3	101.0	99.7
北 京 Beijing	99.4	89.2	102.9	98.9	103.4	99.7	96.7
天 津 Tianjin	98.8	88.0	101.8	100.0	102.1	100.5	100.9
河 北 Hebei	100.1	92.9	102.0	115.0	100.7	100.3	99.5
山 西 Shanxi	100.5	91.9	102.9	107.2	102.7	101.5	98.8
内蒙古 Inner Mongolia	99.6	94.3	101.0	102.8	100.7	100.6	99.6
辽 宁 Liaoning	99.9	93.2	100.7	100.5	100.7	100.4	99.8
吉 林 Jilin	100.5	96.9	101.9	99.1	102.4	101.1	100.6
黑龙江 Heilongjiang	98.8	90.9	100.7	103.4	100.5	102.0	100.4
上 海 Shanghai	100.9	89.4	101.2	107.4	100.5	101.0	95.0
江 苏 Jiangsu	101.6	91.5	102.7	103.5	102.7	102.5	100.9
浙 江 Zhejiang	101.6	95.1	100.9	100.3	101.0	101.3	100.5
安 徽 Anhui	100.5	93.7	101.8	106.8	101.0	100.8	100.0
福 建 Fujian	100.2	95.3	100.6	101.9	100.5	100.6	100.1
江 西 Jiangxi	100.4	95.4	101.3	100.9	101.3	101.4	100.0
山 东 Shandong	99.7	96.9	100.3	101.0	100.1	100.4	100.1
河 南 Henan	100.6	96.7	101.1	100.7	101.2	100.3	99.8
湖 北 Hubei	100.2	94.4	101.3	100.7	101.4	101.6	99.5
湖 南 Hunan	101.7	97.3	102.5	100.3	102.7	101.1	101.1
广 东 Guangdong	100.4	96.0	100.4	100.5	100.4	100.3	100.3
广 西 Guangxi	98.4	95.8	97.0	99.9	96.5	101.5	99.9
海 南 Hainan	99.4	99.0	98.6	103.6	98.0	99.9	99.8
重 庆 Chongqing	102.7	86.6	105.9	100.8	106.4	101.6	97.4
四 川 Sichuan	100.6	96.2	101.2	102.7	101.0	100.8	99.8
贵 州 Guizhou	100.4	96.9	101.0	100.3	101.0	100.3	99.1
云 南 Yunnan	101.0	95.5	105.2	116.0	102.0	101.6	99.7
西 藏 Tibet	99.7	93.4	100.8	100.3	101.0	101.1	100.3
陕 西 Shaanxi	101.0	92.7	101.3	100.5	101.4	100.4	100.0
甘 肃 Gansu	100.4	95.7	101.5	105.0	100.9	100.9	99.8
青 海 Qinghai	104.7	93.0	105.3	108.8	104.6	110.7	101.3
宁 夏 Ningxia	103.9	91.6	110.0	101.3	111.4	101.9	100.1
新 疆 Xinjiang	101.2	97.5	101.9	103.0	101.7	100.9	100.4

1-65 续表 7 continued

(上年=100) (preceding year=100)

年 份 Year / 地 区 Region	书报杂志 Newspapers and Magazines	文娱费 Expenditure on Culture and Recreation	旅 游 Touring and Outing	居 住 Residence	建房及装修材料 Building and Decoration Materials	租 房 Renting	自有住房 Private Housing	水电燃料 Water, Electricity and Fuels
2001	101.9	104.4	100.3	101.2	98.8	108.6	100.0	102.5
2002	101.0	104.2	95.9	99.9	98.4	104.4	95.4	102.9
2003	100.4	104.6	95.4	102.1	99.5	103.5	99.1	105.7
2004	100.6	103.2	100.6	104.9	104.3	103.0	100.9	107.5
2005	100.8	102.9	99.6	105.4	102.6	101.9	105.6	108.6
2006	100.7	102.6	103.1	104.6	103.9	102.7	103.7	105.9
2007	100.7	102.7	102.3	104.5	105.1	104.2	107.0	103.0
2008	102.1	102.1	101.1	105.5	107.1	103.5	102.8	106.4
2009	107.6	102.1	97.5	96.4	100.2	101.6	85.3	97.9
2010	100.6	102.3	104.9	104.5	103.3	104.9	103.6	105.5
北 京 Beijing	98.1	102.5	102.6	105.0	101.4	110.0	108.3	102.0
天 津 Tianjin	100.0	100.3	101.3	102.3	101.7	103.6	102.4	101.4
河 北 Hebei	100.7	100.8	106.6	104.1	103.0	104.8	101.7	106.1
山 西 Shanxi	100.1	104.8	99.1	103.8	100.0	106.0	106.9	103.5
内蒙古 Inner Mongolia	100.0	102.4	100.6	102.2	100.8	101.5	101.2	103.8
辽 宁 Liaoning	101.8	100.3	105.8	103.4	101.7	109.1	102.0	104.0
吉 林 Jilin	100.3	102.1	99.4	102.4	100.8	100.8	101.1	103.9
黑龙江 Heilongjiang	100.7	103.3	95.5	105.6	105.6	103.9	101.9	107.1
上 海 Shanghai	101.0	104.9	115.9	103.5	102.1	106.8	103.0	103.8
江 苏 Jiangsu	103.7	103.0	107.3	105.0	105.4	106.0	103.7	104.5
浙 江 Zhejiang	101.5	101.8	109.6	106.0	105.1	104.3	106.7	106.4
安 徽 Anhui	100.5	101.8	103.5	105.5	103.0	111.3	107.6	105.1
福 建 Fujian	101.0	100.8	105.3	105.4	104.8	102.5	103.5	106.4
江 西 Jiangxi	101.5	102.4	101.4	106.9	104.6	105.6	103.3	110.2
山 东 Shandong	100.3	101.0	101.4	103.6	103.3	103.4	101.3	104.3
河 南 Henan	99.0	101.9	103.7	104.3	104.7	104.7	104.8	103.4
湖 北 Hubei	100.6	103.5	102.0	103.4	102.5	101.2	102.1	104.9
湖 南 Hunan	100.6	101.3	104.1	105.1	103.7	106.9	101.6	107.0
广 东 Guangdong	100.3	100.2	104.0	104.8	103.3	103.0	102.0	107.7
广 西 Guangxi	100.5	103.6	103.3	105.7	104.9	100.0	104.0	108.3
海 南 Hainan	101.7	98.9	105.2	109.7	116.6	111.2	104.7	108.5
重 庆 Chongqing	101.0	104.6	112.5	105.4	101.4	103.2	107.0	106.9
四 川 Sichuan	100.0	102.6	104.2	103.1	101.4	111.2	101.7	104.2
贵 州 Guizhou	101.1	100.2	106.2	102.4	100.4	102.5	100.6	105.0
云 南 Yunnan	100.0	105.3	98.5	104.6	102.4	103.5	107.6	105.2
西 藏 Tibet	101.9	101.1	107.5	102.8	104.6	105.2	100.2	101.3
陕 西 Shaanxi	99.7	101.1	108.9	104.0	102.6	110.3	104.4	102.7
甘 肃 Gansu	102.0	101.3	103.4	104.1	101.7	113.7	101.2	105.5
青 海 Qinghai	101.2	116.9	102.3	102.8	99.7	104.8	102.9	104.6
宁 夏 Ningxia	100.8	104.2	104.4	103.4	100.6	106.8	101.1	106.2
新 疆 Xinjiang	101.0	101.3	105.2	102.7	103.5	103.3	101.6	102.5

1-66 城镇居民家庭基本情况

BASIC CONDITIONS OF URBAN HOUSEHOLDS

指　　标	Item	1990	1995	2000	2009	2010
调查户数(户)	**Number of Households Surveyed (household)**	**35660**	**35520**	**42220**	**65506**	**65607**
平均每户家庭人口(人)	Average Household Size (person)	3.50	3.23	3.13	2.89	2.88
平均每户就业人口(人)	Average Number of Employed Persons Per Household (person)	1.98	1.87	1.68	1.49	1.49
平均每户就业面(%)	Proportion of Employment per Household (%)	56.57	57.89	53.67	51.56	51.74
平均每一就业者负担人数(包括就业者本人)(人)	Number of Dependents per Employee (including the employee himself or herself) (person)	1.77	1.73	1.86	1.94	1.93
平均每人全部年收入(元)	**Per Capita Annual Income (yuan)**	**1516.21**	**4279.02**	**6295.91**	**18858.09**	**21033.42**
工资性收入	Income from Wages and Salaries	1149.70	3390.21	4480.50	12382.11	13707.68
经营净收入	Net Business Income	22.50	72.62	246.24	1528.68	1713.51
财产性收入	Income from Properties	15.60	90.43	128.38	431.84	520.33
转移性收入	Income from Transfer	328.41	725.76	1440.78	4515.45	5091.9
#可支配收入	Disposable Income	1510.16	4282.95	6279.98	17174.65	19109.44
平均每人总支出(元)	**Per Capita Annual Expenditure (yuan)**	**1413.94**	**4102.94**	**6147.38**	**17248.30**	**18258.38**
平均每人消费性支出(元)	**Per Capita Annual Consumption Expenditure (yuan)**	**1278.89**	**3537.57**	**4998.00**	**12264.55**	**13471.45**
食　品	Food	693.77	1771.99	1971.32	4478.54	4804.71
衣　着	Clothing	170.90	479.20	500.46	1284.20	1444.34
居　住	Residence	60.86	283.76	565.29	1228.91	1332.14
家庭设备用品及服务	Household Facilities, Articles and Services	108.45	263.36	374.49	786.94	908.01
医疗保健	Health Care and Medical Services	25.67	110.11	318.07	856.41	871.77
交通和通信	Transport and Communication	40.51	183.22	426.95	1682.57	1983.70
教育文化娱乐服务	Education, Cultural and Recreation Services	112.26	331.01	669.58	1472.76	1627.64
其他商品和服务	Miscellaneous Goods and Services	66.57	114.92	171.83	474.21	499.15
平均每人消费性支出构成(人均消费性支出=100)	**Composition of Per Capita Annual Consumption Expenditure (%)**					
食　品	Food	54.25	50.09	39.44	36.52	35.67
衣　着	Clothing	13.36	13.55	10.01	10.47	10.72
居　住	Residence	6.98	8.02	11.31	10.02	9.89
家庭设备用品及服务	Household Facilities, Articles and Services	10.14	7.44	7.49	6.42	6.74
医疗保健	Health Care and Medical Services	2.01	3.11	6.36	6.98	6.47
交通和通信	Transport and Communication	1.20	5.18	8.54	13.72	14.73
教育文化娱乐服务	Education, Cultural and Recreation Services	11.12	9.36	13.40	12.01	12.08
其他商品和服务	Miscellaneous Goods and Services	0.94	3.25	3.44	3.87	3.71

注：1.本表和下表为城镇住户抽样调查资料。
2.从2002年起，城镇住户调查对象由原来的非农业人口改为城市市区和县城关镇住户，本篇章相关资料均按新口径计算，历史数据作了相应调整。

a) Data from the table and next are obtained from the sample survey on urban households.

b) Since 2002, the objects of urban households survey are changed from non-farm households to households in the district areas of all city and county towns. The relative data in the chapter are calculated according to the new standard, and historical data have been adjusted accordingly.

1-67 各地区城镇居民平均每人全年家庭收入来源（2010年）

PER CAPITA ANNUAL INCOME OF URBAN HOUSEHOLDS BY SOURCES AND REGION (2010)

单位：元 (yuan)

地 区	Region	可支配收入 Disposable Income	总收入 Total Income	工资性收入 Income from Wages and Salaries	经营净收入 Net Business Income	财产性收入 Income from Properties	转移性收入 Income from Transfers
全 国	**National Average**	**19109.44**	**21033.42**	**13707.68**	**1713.51**	**520.33**	**5091.90**
北 京	Beijing	29072.93	33360.42	23099.09	1170.65	655.91	8434.77
天 津	Tianjin	24292.60	26942.00	16780.41	931.81	333.17	8896.61
河 北	Hebei	16263.43	17334.42	10566.30	1043.72	323.97	5400.43
山 西	Shanxi	15647.66	16893.00	10784.74	1044.85	198.59	4864.81
内蒙古	Inner Mongolia	17698.15	19014.24	12614.46	2013.77	432.82	3953.19
辽 宁	Liaoning	17712.58	20014.57	11712.68	1797.82	249.59	6254.48
吉 林	Jilin	15411.47	16794.45	10621.43	1363.73	163.83	4645.45
黑龙江	Heilongjiang	13856.51	15095.55	9087.59	1266.72	102.05	4639.19
上 海	Shanghai	31838.08	35738.51	25439.97	1628.22	512.12	8158.20
江 苏	Jiangsu	22944.26	25115.40	14816.87	2519.06	471.04	7308.57
浙 江	Zhejiang	27359.02	30134.79	18313.60	3640.87	1470.13	6710.19
安 徽	Anhui	15788.17	17626.71	11442.43	1172.36	427.01	4584.91
福 建	Fujian	21781.31	24149.59	15682.48	2135.92	1420.84	4910.35
江 西	Jiangxi	15481.12	16558.01	10613.83	1266.21	344.77	4333.20
山 东	Shandong	19945.83	21736.94	15731.23	1703.72	490.22	3811.78
河 南	Henan	15930.26	17141.80	10804.88	1478.06	222.07	4636.80
湖 北	Hubei	16058.37	17572.83	11460.49	1391.83	378.34	4342.17
湖 南	Hunan	16565.70	17657.06	10782.04	1880.90	541.11	4453.02
广 东	Guangdong	23897.80	26896.86	18902.43	2666.53	956.60	4371.30
广 西	Guangxi	17063.89	18742.21	12061.82	1474.90	576.87	4628.62
海 南	Hainan	15581.05	16929.63	10957.92	1716.74	559.76	3695.21
重 庆	Chongqing	17532.43	18990.54	12738.20	1263.20	312.64	4676.51
四 川	Sichuan	15461.16	17128.89	11310.70	1198.69	378.08	4241.43
贵 州	Guizhou	14142.74	15138.80	9627.99	1174.02	213.83	4122.96
云 南	Yunnan	16064.54	17478.91	10845.21	1122.89	1162.12	4348.70
西 藏	Tibet	14980.47	16538.98	14707.14	395.66	233.04	1203.14
陕 西	Shaanxi	15695.21	17064.71	12078.35	573.19	187.39	4225.78
甘 肃	Gansu	13188.55	14307.28	9882.50	687.96	72.23	3664.59
青 海	Qinghai	13854.99	15480.81	10061.58	943.96	73.90	4401.37
宁 夏	Ningxia	15344.49	17536.78	10821.22	2238.13	189.52	4287.91
新 疆	Xinjiang	13643.77	15421.59	11327.91	1131.78	151.94	2809.96

1-68 农村居民家庭基本情况

BASIC CONDITIONS OF RURAL HOUSEHOLDS

指 标	Item	1990	1995	2000	2009	2010
调查户数(户)	**Number of Households Surveyed (household)**	**66960**	**67340**	**68116**	**68190**	**68190**
调查户人口(人)	**Number of Residents Surveyed (person)**					
常住人口	Number of Usual Residents in the Households Surveyed	321429	301878	286162	271403	269676
平均每户常住人口	Average Number of Permanent Residents Per Household	4.80	4.48	4.20	3.98	3.95
平均每户整半劳动力	Average Number of Full/Semi Labour Force Per Household	2.92	2.88	2.76	2.85	2.85
平均每个劳动力负担人口(含本人)	Average Number of Dependents per Labour Force (including the laborer himself or herself)	1.64	1.56	1.52	1.40	1.39
平均每人年收入(元)	**Per Capita Annual Income (yuan)**					
总收入	Total Income	990.38	2337.87	3146.21	7115.57	8119.51
工资性收入	Income from Wages and Salaries	138.80	353.70	702.30	2061.25	2431.05
家庭经营收入	Income from Household Operations	815.79	1877.42	2251.28	4404.01	4937.48
财产性收入	Income from Properties	35.79	40.98	45.04	167.20	202.25
转移性收入	Income from Transfers		65.77	147.59	483.12	548.74
现金收入	Cash Income	676.67	1595.56	2381.60	6270.20	7088.76
工资性收入	Income from Wages and Salaries	136.43	352.88	700.41	2057.77	2427.89
家庭经营收入	Income from Household Operations	481.19	1116.73	1498.81	3590.81	3955.36
财产性收入	Income from Properties	59.05	38.19	38.89	148.44	168.33
转移性收入	Income from Transfers		87.76	143.49	473.18	537.18
平均每人年支出(元)	**Per Capita Annual Expenditures (yuan)**					
总支出	Total Expenditure	903.47	2138.33	2652.42	6333.89	6991.79
家庭经营费用支出	Expenditure for Household Operations	241.09	621.71	654.27	1700.11	1915.62
购置生产性固定资产	Purchase of Productive Fixed Assets	20.29	62.33	63.90	201.03	193.26
税费支出	Taxes and Fees	38.66	88.65	95.52	10.12	8.57
生活消费支出	Expenses on Household Consumption	584.63	1310.36	1670.13	3993.45	4381.82
财产性支出	Expenses on Properties	18.80	55.28	19.74	38.93	49.25
转移性支出	Expenses on Transfers			148.86	390.26	443.27
现金支出	Cash Expenditure	639.06	1545.81	2140.37	5694.82	6307.43
家庭经营费用支出	Expenditure for Household Operations	162.90	454.74	544.49	1554.63	1757.58
购买生产性固定资产	Purchase of Productive Fixed Assets	20.46	62.32	63.91	201.03	193.26
税费支出	Taxes and Fees	33.37	76.96	89.81	10.06	8.56
生活消费支出	Expenses on Household Consumption	374.74	859.43	1284.74	3504.84	3859.33
财产性支出	Expenses on Properties	47.59	92.35	9.82	38.93	49.25
转移性支出	Expenses on Transfers			147.60	385.34	439.45
平均每人年纯收入(元)	**Per Capita Annual Net Income (yuan)**	**686.31**	**1577.74**	**2253.42**	**5153.17**	**5919.01**
工资性收入	Income from Wages and Salaries	138.80	353.70	702.30	2061.25	2431.05
家庭经营纯收入	Income from Household Operations	518.55	1125.79	1427.27	2526.78	2832.80
财产性收入	Income from Properties	28.96	40.98	45.04	167.20	202.25
转移性收入	Income from Transfers		57.27	78.81	397.95	452.92

注：本表和下表为农村住户抽样调查资料。

a) Data from this table and next are obtained from the sample surveys on rural households.

1-69 各地区按来源分农村居民家庭人均纯收入（2010年）

PER CAPITA ANNUAL NET INCOME OF RURAL HOUSEHOLDS BY SOURCES AND REGION (2010)

单位：元 (yuan)

地 区	Region	纯收入 Net Income	工资性收入 Income from Wages and Salaries	家庭经营纯收入 Income from Household Operations	财产性收入 Income from Properties	转移性收入 Income from Transfers
全 国	**National Average**	**5919.01**	**2431.05**	**2832.80**	**202.25**	**452.92**
北 京	Beijing	13262.29	8229.19	1816.84	1339.88	1876.38
天 津	Tianjin	10074.86	5261.97	3895.19	368.41	549.29
河 北	Hebei	5957.98	2653.42	2729.80	182.45	392.31
山 西	Shanxi	4736.25	2108.60	2028.46	214.17	385.01
内蒙古	Inner Mongolia	5529.59	1036.78	3669.93	164.26	658.61
辽 宁	Liaoning	6907.93	2649.97	3486.14	234.15	537.67
吉 林	Jilin	6237.44	1072.14	4085.92	377.45	701.93
黑龙江	Heilongjiang	6210.72	1241.59	3941.65	344.10	683.39
上 海	Shanghai	13977.96	9605.73	589.74	970.25	2812.24
江 苏	Jiangsu	9118.24	4896.39	3215.02	398.94	607.89
浙 江	Zhejiang	11302.55	5822.48	4307.13	525.38	647.57
安 徽	Anhui	5285.17	2203.94	2626.42	141.95	312.86
福 建	Fujian	7426.86	3094.60	3558.44	245.10	528.71
江 西	Jiangxi	5788.56	2394.62	2919.42	100.21	374.31
山 东	Shandong	6990.28	2958.06	3456.89	238.29	337.04
河 南	Henan	5523.73	1943.86	3240.43	59.29	280.14
湖 北	Hubei	5832.27	2186.11	3234.94	106.92	304.30
湖 南	Hunan	5621.96	2655.59	2463.90	101.58	400.89
广 东	Guangdong	7890.25	4799.52	2203.74	401.15	485.85
广 西	Guangxi	4543.41	1707.18	2510.15	33.78	292.30
海 南	Hainan	5275.37	1261.86	3563.31	107.77	342.43
重 庆	Chongqing	5276.66	2335.23	2323.51	90.50	527.41
四 川	Sichuan	5086.89	2248.18	2263.34	144.01	431.36
贵 州	Guizhou	3471.93	1303.85	1706.33	117.19	344.56
云 南	Yunnan	3952.03	930.00	2510.12	176.84	335.07
西 藏	Tibet	4138.71	1108.84	2308.78	169.12	551.97
陕 西	Shaanxi	4104.98	1734.48	1882.21	97.02	391.27
甘 肃	Gansu	3424.65	1199.45	1855.99	39.87	329.34
青 海	Qinghai	3862.68	1269.81	1973.12	120.68	499.07
宁 夏	Ningxia	4674.89	1788.28	2421.50	98.66	366.45
新 疆	Xinjiang	4642.67	556.26	3649.98	126.53	309.91

二、就业与失业

EMPLOYMENT AND UNEMPLOYMENT

2-1 年末城镇登记失业人数及登记失业率

URBAN REGISTERED UNEMPLOYMENT AND UNEMPLOYMENT RATE AT THE YEAR-END

单位：万人、% (10000 persons,%)

年 份 Year	登记失业人数 Urban Registered Unemployment 合 计 Total	# 失业青年 Youth	比上年增长 Increase over Preceeding year 合 计 Total	# 失业青年 Youth	登记失业率 Registered Unemployment Rate
1978	530.0	249.1			5.3
1979	567.6	258.2	7.1	3.7	5.4
1980	541.5	382.5	-4.6	48.1	4.9
1981	439.5	343.0	-18.8	-10.3	3.8
1982	379.4	293.8	-13.7	-14.3	3.2
1983	271.4	222.0	-28.5	-24.4	2.3
1984	235.7	195.9	-13.2	-11.8	1.9
1985	238.5	196.9	1.2	0.5	1.8
1986	264.4	209.3	10.9	6.3	2.0
1987	276.6	235.1	4.6	12.3	2.0
1988	296.2	245.3	7.1	4.3	2.0
1989	377.9	309.0	27.6	26.0	2.6
1990	383.2	312.7	1.4	1.2	2.5
1991	352.2	288.4	-8.1	-7.8	2.3
1992	363.9	299.8	3.3	4.0	2.3
1993	420.1	331.9	15.4	10.7	2.6
1994	476.4	301.0	13.4	-9.3	2.8
1995	519.6	310.2	9.1	3.1	2.9
1996	552.8		6.3		3.0
1997	576.8		4.3		3.1
1998	571.0		-1.0		3.1
1999	575.0		0.7		3.1
2000	595.0		3.5		3.1
2001	681.0		14.4		3.6
2002	770.0		13.1		4.0
2003	800.0		3.9		4.3
2004	827.0		3.4		4.2
2005	839.0		1.5		4.2
2006	847.0		1.0		4.1
2007	830.0		-2.0		4.0
2008	886.0		6.7		4.2
2009	921.0		4.0		4.3
2010	908.0		-1.4		4.1

2-2 各地区年末城镇登记失业人数及登记失业率

URBAN REGISTERED UNEMPLOYMENT AND UNEMPLOYMENT RATE AT THE YEAR-END BY REGION

单位：万人、%　　　　(10000 persons, %)

地　区 Region	登记失业人员 Unemployment						登记失业率 Unemployment Rate					
	2005	2006	2007	2008	2009	2010	2005	2006	2007	2008	2009	2010
北　京 Beijing	10.6	10.4	10.6	10.3	8.2	7.7	2.1	2.0	1.8	1.8	1.4	1.4
天　津 Tianjin	11.7	11.7	15.0	13.0	15.0	16.1	3.7	3.6	3.6	3.6	3.6	3.6
河　北 Hebei	27.8	28.7	29.3	32.2	34.5	35.1	3.9	3.8	3.8	4.0	3.9	3.9
山　西 Shanxi	14.3	15.6	16.1	17.5	21.6	20.4	3.0	3.2	3.2	3.3	3.9	3.6
内蒙古 Inner Mongolia	17.7	18.0	18.5	19.9	20.1	20.8	4.3	4.1	4.0	4.1	4.0	3.9
辽　宁 Liaoning	60.4	54.1	44.5	41.7	41.6	38.9	5.6	5.1	4.3	3.9	3.9	3.6
吉　林 Jilin	27.6	26.3	23.9	24.3	23.4	22.7	4.2	4.2	3.9	4.0	4.0	3.8
黑龙江 Heilongjiang	31.3	31.2	31.5	32.1	31.4	36.2	4.4	4.4	4.3	4.2	4.3	4.3
上　海 Shanghai	27.5	27.8	26.7	26.6	27.9	27.7		4.4	4.2	4.2	4.3	4.4
江　苏 Jiangsu	41.6	40.4	39.3	41.1	40.7	40.6	3.6	3.4	3.2	3.3	3.2	3.2
浙　江 Zhejiang	29.0	29.1	28.6	30.7	30.7	31.1	3.7	3.5	3.3	3.5	3.3	3.2
安　徽 Anhui	27.8	28.2	28.0	29.3	30.1	26.9	4.4	4.3	4.1	3.9	3.9	3.7
福　建 Fujian	14.9	15.1	14.9	15.0	15.2	14.5	4.0	3.9	3.9	3.9	3.9	3.8
江　西 Jiangxi	22.8	25.3	24.3	26.0	27.3	26.3	3.5	3.6	3.4	3.4	3.4	3.3
山　东 Shandong	42.9	43.7	43.5	45.0	45.1	44.5	3.3	3.3	3.2	3.7	3.4	3.4
河　南 Henan	33.0	35.4	33.1	36.5	38.5	38.2	3.5	3.5	3.4	3.4	3.5	3.4
湖　北 Hubei	52.6	52.6	54.1	55.1	55.3	55.7	4.3	4.2	4.2	4.2	4.2	4.2
湖　南 Hunan	41.9	43.3	44.4	47.0	47.8	43.2	4.3	4.3	4.3	4.2	4.1	4.2
广　东 Guangdong	34.5	36.2	36.2	38.1	39.5	39.3	2.6	2.6	2.5	2.6	2.6	2.5
广　西 Guangxi	18.5	20.0	18.5	18.8	19.1	19.1	4.2	4.2	3.8	3.8	3.7	3.7
海　南 Hainan	5.1	5.2	5.4	5.6	5.3	4.8	3.6	3.6	3.5	3.7	3.5	3.0
重　庆 Chongqing	16.9	15.4	14.1	13.0	13.4	13.0	4.1	4.0	4.0	4.0	4.0	3.9
四　川 Sichuan	34.3	36.1	34.8	37.9	36.3	34.6	4.6	4.5	4.2	4.6	4.3	4.1
贵　州 Guizhou	12.1	12.1	12.1	12.5	12.3	12.2	4.2	4.1	4.0	4.0	3.8	3.6
云　南 Yunnan	13.0	13.8	14.0	14.8	15.4	15.7	4.2	4.3	4.2	4.2	4.3	4.2
西　藏 Tibet					2.0	2.1					3.8	4.0
陕　西 Shaanxi	21.5	21.5	21.0	20.8	21.5	21.4	4.2	4.0	4.0	3.9	3.9	3.9
甘　肃 Gansu	9.3	9.7	9.5	9.4	10.3	10.7	3.3	3.6	3.3	3.2	3.3	3.2
青　海 Qinghai	3.6	3.7	3.7	3.9	4.1	4.2	3.9	3.9	3.8	3.8	3.8	3.8
宁　夏 Ningxia	4.4	4.2	4.4	4.8	4.8	4.8	4.5	4.3	4.3	4.4	4.4	4.4
新　疆 Xinjiang	11.1	11.6	11.7	11.8	11.9	11.0	3.9	3.9	3.9	3.7	3.8	3.2
新疆兵团 Xingjiang Production and Construction Crops	2.7	3.0	2.6	2.8	3.0	2.5	2.8	3.0	2.6	2.8	2.9	2.4

2-3 各地区城镇登记失业人员情况(2010年)

BASIC CONDITIONS OF URBAN REGISTERED UNEMPLOYMENT BY REGION (2010)

单位：万人 (10000 persons)

地　区	Region	上年末结转登记失业人员 Unemployment at Last Year-end	本年新登记的失业人员 Unemployment Newly Regis-tered This Year	#女　性 Female	#就业转失业人数 Unemploy-employed
北　京	Beijing	8.2	22.9	9.3	13.4
天　津	Tianjin	15.0	12.0	6.0	9.1
河　北	Hebei	34.5	42.3	18.2	17.9
山　西	Shanxi	21.6	32.5	11.9	7.4
内蒙古	Inner Mongolia	20.1	31.2	12.4	5.1
辽　宁	Liaoning	41.6	122.3	57.3	88.4
吉　林	Jilin	23.4	44.0	19.8	14.2
黑龙江	Heilongjiang	31.4	70.1	28.2	36.0
上　海	Shanghai	27.9	37.5	15.1	23.4
江　苏	Jiangsu	40.7	96.0	46.4	60.3
浙　江	Zhejiang	30.7	47.3	21.8	20.3
安　徽	Anhui	30.1	28.5	14.6	10.8
福　建	Fujian	15.2	30.3	13.4	8.3
江　西	Jiangxi	27.3	38.1	16.5	8.2
山　东	Shandong	45.1	85.2	40.8	35.4
河　南	Henan	38.5	40.1	1.4	10.1
湖　北	Hubei	55.3	51.9	22.9	11.1
湖　南	Hunan	47.8	48.5	20.1	12.8
广　东	Guangdong	39.5	66.1	31.1	22.7
广　西	Guangxi	19.1	24.7	9.8	6.2
海　南	Hainan	5.3	4.1	1.8	1.6
重　庆	Chongqing	13.4	21.0	9.0	12.5
四　川	Sichuan	36.3	67.5	30.0	26.0
贵　州	Guizhou	12.3	16.9	8.0	3.2
云　南	Yunnan	15.4	27.7	12.0	7.2
西　藏		2.0	1.9	0.5	0.1
陕　西	Shaanxi	21.5	25.5	12.5	4.1
甘　肃	Gansu	10.3	20.3	9.3	6.3
青　海	Qinghai	4.1	6.3	2.1	2.1
宁　夏	Ningxia	4.8	6.9	3.1	2.2
新　疆	Xinjiang	11.9	39.5	18.8	9.1
新疆兵团	Xingjiang Production and Construction Crops	2.3	3.2	1.4	1.1

2-3 续表 continued

单位：万人 (10000 persons)

地区	Region	本年失业人员就业人数 From the Unemployed This Year	#女性 Female	本年末登记失业人数 Unemployment at the Year-end	#女性 Female	#长期失业者 Long-term Unemployment
北京	Beijing	21.2	8.7	7.7	2.8	4.7
天津	Tianjin	10.9	4.9	16.1	8.5	6.4
河北	Hebei	41.4	16.6	35.1	18.9	7.9
山西	Shanxi	33.8	12.6	20.4	8.2	2.9
内蒙古	Inner Mongolia	30.3	12.8	20.8	8.6	2.4
辽宁	Liaoning	115.6	56.2	38.9	20.5	14.1
吉林	Jilin	42.7	19.4	22.7	10.8	3.7
黑龙江	Heilongjiang	64.5	26.5	36.2	13.7	3.9
上海	Shanghai	39.9	17.7	27.6	9.8	9.1
江苏	Jiangsu	94.7	46.4	40.6	18.9	10.3
浙江	Zhejiang	46.6	21.2	31.1	14.2	10.2
安徽	Anhui	31.7	12.7	26.9	13.0	5.8
福建	Fujian	30.8	13.9	14.5	6.1	4.9
江西	Jiangxi	38.3	16.5	26.3	9.8	1.0
山东	Shandong	83.8	39.0	44.5	18.2	10.8
河南	Henan	40.4	14.8	38.2	14.1	7.9
湖北	Hubei	49.6	21.6	55.7	20.3	3.5
湖南	Hunan	50.8	20.5	43.2	15.1	4.9
广东	Guangdong	59.6	31.3	39.3	16.4	10.0
广西	Guangxi	21.2	9.9	19.1	8.9	3.2
海南	Hainan	4.6	2.2	4.8	1.7	0.0
重庆	Chongqing	19.6	7.9	13.0	6.8	3.9
四川	Sichuan	65.9	29.1	34.6	14.1	4.1
贵州	Guizhou	16.9	7.9	12.2	5.5	1.8
云南	Yunnan	27.4	11.5	15.7	6.4	3.4
西藏		1.1	0.3	2.1	0.3	0.1
陕西	Shaanxi	25.6	12.2	21.4	6.2	1.8
甘肃	Gansu	19.7	8.8	10.7	4.7	1.4
青海	Qinghai	6.1	2.7	4.2	1.6	1.1
宁夏	Ningxia	6.9	2.6	4.8	2.6	0.3
新疆	Xinjiang	40.4	18.0	11.0	4.6	1.6
新疆兵团	Xingjiang Production and Construction Crops	3.0	1.3	2.5	1.3	0.3

2-4 公共就业服务工作情况(2010年)

SITUATIONS OF PUBLIC EMPLOYMENT SERVICES (2010)

单位：人 (person)

项目	Item	本期单位登记招聘人数 Total Registered Job Vacancies This Year	本期登记求职人数 Total Registered Job-seekers This Year	#女性 Female	#城镇登记失业人员 Urban Registered Unemployed persons	#高校毕业生 College Graduates	#农村劳动者 Rural Labours	本期职业指导人数 Person-times of Vocational Guidance This Year	#女性 Female
总计	**Total**	**67544645**	**53885373**	**22756674**	**12225230**	**7281611**	**23115049**	**24864579**	**10809032**
市(地、州)及以上公共就业(人才)服务机构	Public Employment (Talent) Services Institution of City (Prefecture) and Above	22730052	18454833	7640640	4136957	3998368	6515515	6114512	2609149
区(县)公共就业(人才)服务机构	Public Employment (Talent) Services Institution of District (County)	33730327	26043678	10896651	5793964	2660535	11448677	13172809	5994934
街道公共就业服务机构	Public Employment (Talent) Services Institution of Street	3576587	2547374	1254639	1111774	289430	832876	1732307	633949
乡镇公共就业服务机构	Public Employment (Talent) Services Institution of Town	4316468	3903813	1719658	513459	129631	2692491	2284464	913862
社区公共就业服务窗口	Public Employment (Talent) Services Window of Community	1435737	1276553	582160	606483	125433	348497	882046	382034
行政村公共就业服务窗口	Public Employment (Talent) Services Window of Administrative Village	1755474	1659122	662926	62593	78214	1276993	678441	275104

2-4 续表 continued

单位：人 (person)

项目	Item	本期创业服务人数 Person-times of Vocational Guidance	#女性 Female	本期介绍成功人数 Placed Job-seekers	#女性 Female	#城镇登记失业人员 Urban Registered Unemployed persons	#高校毕业生 College Graduates	#农村劳动者 Rural Labours
总计	**Total**	**2112476**	**884622**	**25519990**	**11065740**	**6591819**	**2721126**	**12466336**
市(地、州)及以上公共就业(人才)服务机构	Public Employment (Talent) Services Institution of City (Prefecture) and Above	668163	268714	7073781	3003165	1908174	1256364	2731743
区(县)公共就业(人才)服务机构	Public Employment (Talent) Services Institution of District (County)	988327	395220	13038572	5609240	3444059	1158283	6535073
街道公共就业服务机构	Public Employment (Talent) Services Institution of Street	188220	85258	1446077	705903	614666	140566	547251
乡镇公共就业服务机构	Public Employment (Talent) Services Institution of Town	145099	75422	2382773	1051100	276977	70558	1764627
社区公共就业服务窗口	Public Employment (Talent) Services Window of Community	80053	37121	745268	334601	317711	64346	277594
行政村公共就业服务窗口	Public Employment (Talent) Services Window of Administrative Village	42614	22887	833519	361731	30232	31009	610048

2-5 各地区公共就业服务工作情况(2010年)

SITUATIONS OF PUBLIC EMPLOYMENT SERVICES BY REGION (2010)

单位：人 (person)

项 目	Region	本期单位登记招聘人数 Total Registered Job Vacancies This Year	本期登记求职人数 Total Registered Job-seekers This Year	#女性 Female	#城镇登记失业人员 Urban Registered Unemployed persons	#高校毕业生 College Graduates	#农村劳动者 Rural Labours	本期职业指导人数 Person-times of Vocational Guidance This Year	女 性 Female
总 计	**National Total**	**67544645**	**53885373**	**22756674**	**12225230**	**7281611**	**23115049**	**24864579**	**10809032**
北 京	Beijing	1811089	335296	152197	174254	23408	90168	778401	142323
天 津	Tianjin	1269704	1530230	774142	277154	359073	601790	1145441	600876
河 北	Hebei	2177966	1618187	728465	271378	359872	708339	636829	289771
山 西	Shanxi	1223766	1466054	575604	375758	341773	676009	538039	213670
内蒙古	Inner Mongolia	963659	906762	426020	451099	76419	384415	532069	229358
辽 宁	Liaoning	5197901	4406652	1842702	1129856	1855109	386804	692427	344527
吉 林	Jilin	983245	981360	431863	378662	169362	311858	585286	280289
黑龙江	Heilongjiang	1295246	1459037	565476	822811	223527	233066	712363	298620
上 海	Shanghai	1682496	1810600			9274		77880	
江 苏	Jiangsu	5801115	5027504	2365883	1298319	406406	1892634	2020870	967006
浙 江	Zhejiang	5872109	2991497	1115692	359811	443409	1657293	1333526	462454
安 徽	Anhui	2470030	1667088	760758	567707	179352	640421	778591	375857
福 建	Fujian	4074660	3075004	1342118	469167	107274	2453025	724397	335865
江 西	Jiangxi	1791722	1162481	525130	323704	96178	544107	608933	266487
山 东	Shandong	3490948	2363231	1051572	778522	341202	806036	1196388	548645
河 南	Henan	1333152	1176372	557874	162540	15300	748638	381492	145836
湖 北	Hubei	2364222	1905709	876328	595285	161394	737256	1238918	522936
湖 南	Hunan	2369319	1886895	812566	624805	291407	734304	1668265	646282
广 东	Guangdong	8951958	7306739	3285087	717821	483609	4357654	2540150	1275138
广 西	Guangxi	2884074	1686118	783159	292664	185572	869413	812425	398548
海 南	Hainan	549580	385974	168736	34891	68802	50875	101510	48036
重 庆	Chongqing	810778	799548	376016	290206	65402	427480	722426	330828
四 川	Sichuan	1894053	1379583	641760	613997	104918	555585	1246103	564074
贵 州	Guizhou	645435	530519	228925	126514	187558	120245	160152	72265
云 南	Yunnan	722269	617713	228358	173773	60248	306729	454744	174640
西 藏	Tibet	28259	39933	17583	14868	7539	17526	47143	21214
陕 西	Shaanxi	2552466	2807764	1150195	266077	486851	1756362	1067569	498086
甘 肃	Gansu	498785	417784	181848	166101	33994	162493	321632	134798
青 海	Qinghai	595252	551486	165891	62907	16624	150369	460102	154189
宁 夏	Ningxia	534626	954891	314906	94526	8724	470955	871123	288541
新 疆	Xinjiang	578940	510852	247705	275186	101406	191604	346342	151073
兵 团	Xinjiang Production and Construction Corps	125821	126510	62115	34867	10625	71596	63043	26800

2-5 续表 continued

单位：人 (person)

项 目	Region	本期创业服务人数 Person-times of Vocational Guidance	#女性 Female	本期介绍成功人数 Placed Job-seekers	#女性 Female	#城镇登记失业人员 Urban Registered Unemployed persons	#高校毕业生 College Graduates	#农村劳动者 Rural Labours
总 计	**National Total**	**2112476**	**884622**	**25519990**	**11065740**	**6591819**	**2721126**	**12466336**
北 京	Beijing	11253	2533	201936	79158	123485	1236	51271
天 津	Tianjin	16640	8691	1168395	581682	357903	195359	520116
河 北	Hebei	121046	54300	805458	290985	158943	173611	382451
山 西	Shanxi	29896	9270	680331	204330	247548	63484	365804
内蒙古	Inner Mongolia	34640	15336	542242	229674	235388	48881	235431
辽 宁	Liaoning	66153	25536	1605477	767102	576466	510160	230223
吉 林	Jilin	102934	49850	511119	213170	201834	67234	160878
黑龙江	Heilongjiang	35201	14802	711879	295419	430897	56971	120606
上 海	Shanghai			266982			51	
江 苏	Jiangsu	227558	100374	2081372	985332	735197	168653	958395
浙 江	Zhejiang	64759	21372	1550065	554634	221516	196720	857104
安 徽	Anhui	99410	41132	839588	371471	252803	83117	360004
福 建	Fujian	30097	13748	1633972	641918	183215	38020	1345185
江 西	Jiangxi	53385	24807	647838	294870	192578	55875	333954
山 东	Shandong	250378	86445	1227876	546803	397582	170865	492405
河 南	Henan	135252	47286	1132866	568242	141138	30906	730224
湖 北	Hubei	95355	41739	952713	441145	328911	81102	415373
湖 南	Hunan	136491	65242	741383	322412	263285	94063	302505
广 东	Guangdong	61405	27941	2382833	1251450	280880	175406	1370504
广 西	Guangxi	50815	18549	808553	363300	137388	75774	452223
海 南	Hainan	7360	3226	80774	34460	19206	16104	20127
重 庆	Chongqing	95653	42495	360006	169698	131050	36036	190025
四 川	Sichuan	126066	50456	754639	336737	311786	56138	325061
贵 州	Guizhou	55233	27613	207040	90405	52001	69113	42587
云 南	Yunnan	39382	16507	413877	145821	118918	35235	236770
西 藏	Tibet			21664	9090	9380	2208	10076
陕 西	Shaanxi	93518	40244	1148347	516489	132619	123981	832257
甘 肃	Gansu	22204	10667	224428	89589	74552	14733	106964
青 海	Qinghai	11377	5888	497258	161463	48496	11957	441020
宁 夏	Ningxia	12583	5541	861410	286258	42330	5973	358846
新 疆	Xinjiang	24416	12019	337282	152979	166169	55541	130464
兵 团	Xinjiang Production and Construction Corps	2016	1013	120387	69654	18355	6619	87483

2-6 劳动就业服务企业、社区就业实体和生产自救基地综合情况(2010年)

GENERAL CONDITIONS ABOUT THE LABOUR EMPLOYMENT SERVICE COMPANIES,THE COMMUNITY EMPLOYMENT UNITS AND SELF-RELIEVED BASES (2010)

单位：个、万人　　(unit,10000 persons)

项　目	Item	年末实有实体数 Number of Units at the Year-end	#本年新举办 Newly Run This Year	上年末就业人数 Employment of Last Year-end	#女性 Female
总　计	Total	**180733**	**18395**	**396.8**	**160.0**
劳动就业服务企业	Labour Employment Service Companies	20480	1274	173.8	64.9
社区就业实体	Community Employment Units	160253	17121	222.9	95.1

2-6 续表 1 continued

单位：个、万人　　(unit,10000 persons)

项　目	Item	本年增加就业人数 Newly Added This Year	#女性 Female	#下岗失业人员 Unemployment and Laid-off Workers	#就业困难人员 Employment Difficulty	#其他人员 Others
总　计	Total	**59.4**	**29.0**	**30.8**	**11.8**	**16.8**
劳动就业服务企业	Labour Employment Service Companies	18.1	8.7	9.6	3.2	5.3
社区就业实体	Community Employment Units	41.3	20.3	21.2	8.6	11.5

2-6 续表 2 continued

单位：个、万人　　(unit,10000 persons)

项　目	Item	本年减少就业人数 Employment Decreased This Year	年末实有就业人数 Employment at This Year-end	#女性 Female	#残疾人 The Disabled
总　计	Total	**64.6**	**391.6**	**147.6**	**3.7**
劳动就业服务企业	Labour Employment Service Companies	41.4	150.6	63.4	1.3
社区就业实体	Community Employment Units	23.2	241.0	84.2	2.3

2-7 各地区劳动就业服务企业、社区就业实体和生产自救基地综合情况(2010年)

ABOUT THE LABOUR EMPLOYMENT SERVICE COMPANIES, THE COMMUNITY EMPLOYMENT UNITS AND SELF-RELIEVED BASES BY REGION (2010)

单位：个、万人 (unit,10000 persons)

地区	Region	年末实有实体数 Number of Units at the Year-end	#本年新举办 Newly Run This Year	上年末就业人数 Employment of Last Year-end	本年增加就业人数 Newly Added This Year	本年减少就业人数 Employment Decreased This Year	年末实有就业人数 Employment at This Year-end
全国	National	**180733**	**18395**	**396.8**	**59.4**	**64.6**	**391.6**
北京	Beijing						
天津	Tianjin						
河北	Hebei	24697	3405	33.3	7.1	3.8	36.6
山西	Shanxi	973	13	11.1	0.1	1.8	9.4
内蒙古	Inner Mongolia	32863	2595	14.0	1.2	0.3	14.9
辽宁	Liaoning	23708	3256	11.5	3.6	1.4	13.7
吉林	Jilin	12849	1103	16.3	4.0	9.0	11.3
黑龙江	Heilongjiang	2185	1	10.7	0.5	4.3	7.0
上海	Shanghai						
江苏	Jiangsu	5003	283	11.1	1.6	4.1	8.6
浙江	Zhejiang						
安徽	Anhui	3964	837	32.9	0.8	6.2	27.5
福建	Fujian	61		0.2	0.0	0.0	0.2
江西	Jiangxi	973	88	4.0	0.3	0.6	3.7
山东	Shandong	661	53	21.2	0.7	1.5	20.3
河南	Henan	6338	390	25.2	0.2	1.5	23.9
湖北	Hubei	6404	1292	21.2	3.8	6.2	18.8
湖南	Hunan	5172	864	74.6	7.3	5.5	76.4
广东	Guangdong	5539	614	22.5	1.3	1.1	22.8
广西	Guangxi	438	222	1.5	0.6	0.3	1.8
海南	Hainan						
重庆	Chongqing	361		4.9	0.3	0.6	4.6
四川	Sichuan	38043	2573	62.7	21.3	13.5	70.6
贵州	Guizhou	137		1.4	0.2	0.4	1.2
云南	Yunnan	173	2	2.2	0.0	1.0	1.2
陕西	Shaanxi	2157	343	6.5	1.3	0.6	7.2
甘肃	Gansu	518	258	1.2	2.0	0.1	3.1
青海	Qinghai	75	11	0.5	0.0	0.0	0.5
宁夏	Ningxia	7412	191	5.8	1.2	0.5	6.4
新疆	Xinjiang	29	1	0.2	0.0	0.1	0.0

三、城镇单位就业人员和工资总额

EMPLOYMENT AND TOTAL WAGES IN URBAN UNITS

3-1 分行业就业人员和工资总额(2010年)

EMPLOYMENT AND TOTAL WAGES BY SECTOR(2010)

项　　目	Item	年末人数 (千人) Year-end Figures (1000 persons)	#女 性 Female	工资总额 (亿元) Total Wages (100 million yuan)	平均工资 (元) Average Wage (yuan)
全 国 总 计	**National Total**	**130515**	**48615**	**47269.9**	**36539**
农、林、牧、渔业	**Agriculture,Forestry,Farming of Animals and Fishing**	**3757**	**1378**	**627.1**	**16717**
农业	Agriculture	1962	806	306.2	15495
林业	Forestry	928	283	143.3	15719
畜牧业	Farming of Animals	287	114	40.3	14175
渔业	Fishing	43	12	9.0	21399
农、林、牧、渔服务业	Service Activities for Agriculture, Forestry, Farming of Animals and Fishing	538	163	128.3	23882
采矿业	**Mining**	**5620**	**1055**	**2458.8**	**44196**
煤炭开采和洗选业	Mining and Washing of Coal	3883	630	1696.0	44119
石油和天然气开采业	Extraction of Petroleum and Natural Gas	1026	273	558.0	55099
黑色金属矿采选业	Mining of Ferrous Metal Ores	202	41	68.6	34067
有色金属矿采选业	Mining of Non-ferrous Metal Ores	288	59	81.9	28757
非金属矿采选业	Mining and Processing of Nonmetal Ores	217	50	53.2	24702
其它采矿业	Mining of Other Ores	5	1	1.2	22167
制造业	**Manufacturing**	**36372**	**15013**	**11140.8**	**30916**
农副食品加工业	Processing of Food from Agricultural Products	1239	544	273.9	22607
食品制造业	Manufacture of Foods	827	407	213.7	26565
饮料制造业	Manufacture of Beverage	837	314	237.7	28776
烟草制品业	Manufacture of Tobacco	203	80	152.8	78675
纺织业	Manufacture of Textile	2329	1449	505.8	21735
纺织服装、鞋、帽制造业	Manufacture of Textile Wearing Apparel, Footware,and Caps	2029	1393	482.9	23710
皮革、毛皮、羽毛(绒)及其制品业	Manufacture of Leather,Fur,Feather & Its Products	933	581	210.5	22490
木材加工及木、竹、藤、棕、草制品业	Processing of Timbers,Manufacture of Wood, Bamboo,Rattan,Palm,and Straw Products	296	116	60.3	20538
家具制造业	Manufacture of Furniture	362	133	90.1	25125
造纸及纸制品业	Manufacture of Paper and Paper Products	636	240	160.4	25326
印刷业和记录媒介的复制	Printing,Reproduction of Recording Media	403	176	115.3	28513
文教体育用品制造业	Manufacture of Articles for Culture,	474	283	110.7	23095
石油加工、炼焦及核燃料加工业	Processing of Petroleum ,Coking,Processing of Nucleus Fuel	564	169	257.2	45754
化工原料及化学制品制造业	Manufacture of Chemical Raw Material and Chemical Products	2240	714	703.5	31418

注:不含城镇私营和个体就业人员(以下各表同)。

a)Exclude urban Private and individuals Employment.(same as below)

3-1 续表 1 continued

项　目	Item	年末人数(千人) Year-end Figures (1000 persons)	#女 性 Female	工资总额(亿元) Total Wages (100 million yuan)	平均工资(元) Average Wage (yuan)
医药制造业	Manufacture of Medicines	1007	470	327.0	33004
化学纤维制造业	Manufacture of Chemical Fiber	216	84	59.0	27896
橡胶制品业	Manufacture of Rubber	452	174	125.0	27806
塑料制品业	Manufacture of Plastic	835	395	217.8	26136
非金属矿物制品业	Manufacture of Non-metallic Mineral Products	1927	579	467.4	24297
黑色金属冶炼及压延加工业	Manufacture and Processing of Ferrous Metals	1966	442	806.7	41220
有色金属冶炼及压延加工业	Manufacture & Processing of Non-ferrous Metals	1005	272	312.3	30560
金属制品业	Manufacture of Metal Products	1129	356	312.2	27945
通用设备制造业	Manufacture of General Purpose Machinery	2150	620	692.1	32749
专用设备制造业	Manufacture of Special Purpose Machinery	1838	548	610.9	33897
交通运输设备制造业	Manufacture of Transport Equipment	3267	914	1294.0	40493
电气机械及器材制造业	Manufacture of Electrical Machinery & Equipment	2320	1024	688.9	30088
通信设备、计算机及其他电子设备制造业	Manufacture of Communication Equipment, Computer and Other Electronic Equipment	3579	1878	1270.8	36156
仪器仪表及文化、办公用机械制造业	Manufacture of Measuring Instrument and Machinery for Cultural Activity & Office Work	711	336	232.0	32993
工艺品及其他制造业	Manufacture of Artwork,Other Manufacture	560	312	137.1	24265
废弃资源和废旧材料回收加工业	Recycling and Disposal of Waste	40	9	12.5	31307
电力、燃气及水的生产和供应业	**Production and Distribution of Electricity, Gas and Water**	**3105**	**916**	**1468.3**	**47309**
电力、热力的生产和供应业	Production and Supply of Electric Power and Heat Power	2374	640	1217.8	51273
燃气生产和供应业	Production and Distribution of Gas	189	64	76.1	40505
水的生产和供应业	Production and Distribution of Water	542	212	174.4	32255
建筑业	**Construction**	**12675**	**1659**	**3471.5**	**27529**
房屋和土木工程建筑业	Construction of Building & Civil Engineering	11012	1386	2965.6	27048
建筑安装业	Architectural Installation	1031	179	332.0	32520
建筑装饰业	Architectural Decoration	307	52	83.0	27460
其他建筑业	Other Construction	325	42	91.0	28147
交通运输、仓储和邮政业	**Traffic,Transport,Storage and Post**	**6311**	**1688**	**2541.9**	**40466**
铁路运输业	Transport Via Railway	1756	316	851.0	48274
道路运输业	Transport Via Road	1617	504	443.0	27540
城市公共交通业	Urban Public Traffic	1120	314	345.8	31350
水上运输业	Water Transport	445	79	251.4	56482
航空运输业	Air Transport	272	99	245.2	91913
管道运输业	Transport Via Pipeline	27	7	14.0	52167

3-1 续表 2 continued

项　　目	Item	年末人数 (千人) Year-end Figures (1000 persons)	#女 性 Female	工资总额 (亿元) Total Wages (100 million yuan)	平均工资 (元) Average Wage (yuan)
装卸搬运和其他运输服务业	Loading,Unloading,Portage and Other Transport Services	286	84	121.1	42935
仓储业	Storage	254	74	77.3	30407
邮政业	Post	534	212	193.1	36287
信息传输、计算机服务和软件业	**Information Transfer, Computer Services and Software**	**1858**	**713**	**1171.7**	**64436**
电信和其他信息传输服务业	Telecom & Other Information Transfer Services	1211	496	657.4	54785
计算机服务业	Computer Services	201	67	151.9	76839
软件业	Software Industry	446	150	362.3	86137
批发和零售业	**Wholesale and Retail Trade**	**5351**	**2497**	**1783.0**	**33635**
批发业	Wholesale	2666	1018	1123.6	42270
零售业	Retail Trade	2685	1478	659.3	24950
住宿和餐饮业	**Accommodation and Restaurants**	**2092**	**1132**	**484.6**	**23382**
住宿业	Accommodation	1250	678	306.5	24517
餐饮业	Restaurants	843	454	178.1	21657
金融业	**Finance**	**4701**	**2377**	**3219.0**	**70146**
银行业	Bank	2853	1353	2289.1	81533
证券业	Securities	165	68	254.0	168116
保险业	Insurance	1587	909	601.2	39070
其他金融活动	Other Financial Activities	96	47	74.7	81666
房地产业	**Real Estate**	**2116**	**724**	**745.6**	**35870**
房地产开发经营	Real Estate Exploitation Management	964	315	411.7	43339
物业管理	Management Concerning Dwelling	855	295	225.9	26920
房地产中介服务	Real Estate Agency Service	109	46	40.0	38548
租赁和商务服务业	**Tenancy and Business Services**	**3101**	**1041**	**1198.5**	**39566**
租赁业	Tenancy	51	13	16.4	32194
商务服务业	Business Service	3050	1028	1182.1	39692
科学研究、技术服务和地质勘查业	**Scientific Research,Technical Service and Geologic Perambulation**	**2923**	**921**	**1619.3**	**56376**
研究与试验发展	Research and Experimental Development	716	236	427.0	60493
#自然科学研究与试验发展	Research and Experimental Development on Physical Science	145	49	90.6	63903
工程和技术研究与试验发展	Research and Experimental Development on Engineering and Technical Research	373	113	249.6	67726
农业科学研究与试验发展	Research and Experimental Development on Agricultural Science Research	108	36	39.6	37091
医学研究与试验发展	Research and Experimental Development on Medical Research	39	19	21.0	54911
社会人文科学研究与试验发展	Research and Experimental Development on Social Science and Humanities	51	20	26.1	51847

项 目	Item	年末人数（千人） Year-end Figures (1000 persons)	#女 性 Female	工资总额（亿元） Total Wages (100 million yuan)	平均工资（元） Average Wage (yuan)
专业技术服务业	Professional Technique Services	1320	396	761.8	58677
#气象服务	Weather Services	56	20	22.2	39715
地震服务	Earthquake Services	18	5	8.1	45620
海洋服务	Ocean Services	8	2	5.1	62705
测绘服务	Plotting Services	51	15	23.3	46430
技术检测	Technique Detection	201	70	94.9	47722
环境监测	Environmental Monitoring	57	20	22.8	40288
工程技术与规划管理	Engineering Technic & Programming Management	804	221	511.1	64741
科技交流和推广服务业	Services of Science and Technique Intercommunion and Generalization	520	205	271.2	53665
地质勘查业	Geologic Perambulation	367	84	159.4	43909
水利、环境和公共设施管理业	**Management of Water Conservancy, Environment and Public Establishment**	**2189**	**895**	**555.9**	**25544**
水利管理业	Management of Water Conservancy	470	129	134.5	28605
环境管理业	Environmental Management	1046	511	223.3	21593
公共设施管理业	Management of Public Establishment	672	255	198.1	29485
居民服务和其他服务业	**Resident Services and Other Services**	**602**	**264**	**168.4**	**28206**
居民服务业	Resident Services	289	123	84.1	29175
其他服务业	Other Services	314	141	84.3	27302
教育	**Education**	**15818**	**7950**	**6136.5**	**38968**
#初等教育	Primary Education	5974	3215	2111.3	35419
中等教育	Secondary Education	6901	3243	2640.7	38457
高等教育	Higher Education	1908	850	1004.1	52996
卫生、社会保障和社会福利业	**Sanitation,Social Security & Social Welfare**	**6325**	**3798**	**2506.4**	**40232**
卫生	Sanitation	6028	3651	2409.4	40615
社会保障业	Social Security	159	74	52.3	32761
社会福利业	Social Welfare	138	72	44.7	32410
文化体育和娱乐业	**Culture, Sports and Entertainment**	**1314**	**558**	**543.7**	**41428**
新闻出版业	Journalism and Publishing Activities	287	123	160.9	56267
广播、电影、电视和音像业	Broadcasting,Movies,Television and Audiovisual Activities	416	160	177.4	42714
文化艺术业	Culture and Art	425	195	142.3	33679
体育	Sports Activities	90	32	36.9	41047
娱乐业	Entertainment	97	48	26.2	26566
公共管理和社会组织	**Public Management & Social Organization**	**14285**	**4037**	**5428.8**	**38242**
#中国共产党机关	Chinese Communist Party Organs	567	137	230.2	40854
国家机构	Organ of State	13265	3732	5034.4	38193
人民政协和民主党派	People's Political Consultative Conference and Democratic Parties	94	23	43.8	46428
群众社团、社会团体和宗教组织	Mass Communities, Social Communities and Religion Organizations	268	110	104.6	39192

3-2 各地区分行业就业人员和工资总额(2010年)
EMPLOYMENT AND TOTAL WAGES BY SECTOR AND REGION(2010)

地 区	Region	总计 Total 年末人数(人) Year-end Figures (person)	#女性 Female	工资总额(千元) Total Wages (1000 yuan)	平均工资(元) Average Wage (yuan)
全 国	**National**	**130515034**	**48614980**	**4726988554**	**36539**
北 京	Beijing	6466348	2564870	413606419	65158
天 津	Tianjin	2056532	750974	105119895	51489
河 北	Hebei	5195833	1956977	162956009	31451
山 西	Shanxi	3944041	1368225	128653546	33057
内蒙古	Inner Mongolia	2491914	916401	88823637	35211
辽 宁	Liaoning	5181466	1826733	178722346	34437
吉 林	Jilin	2676249	990715	77629651	29003
黑龙江	Heilongjiang	4599946	1622877	127763819	27735
上 海	Shanghai	3928725	1649370	261123880	66115
江 苏	Jiangsu	7637532	3190296	299876126	39772
浙 江	Zhejiang	8835917	3228257	351745748	40640
安 徽	Anhui	3729376	1213229	122511792	33341
福 建	Fujian	5071395	2168427	160227935	32340
江 西	Jiangxi	2973995	1045976	83674111	28363
山 东	Shandong	9562020	3591126	316668229	33321
河 南	Henan	7516773	2677708	221362249	29819
湖 北	Hubei	5102601	1774000	160127186	31811
湖 南	Hunan	5056991	1702028	147987168	29670
广 东	Guangdong	11185213	4759944	448429232	40432
广 西	Guangxi	3166764	1140732	95273605	30673
海 南	Hainan	813129	307141	25002913	30775
重 庆	Chongqing	2663578	894254	89771918	34727
四 川	Sichuan	5705848	1927266	184051815	32567
贵 州	Guizhou	2243269	736493	66912346	30433
云 南	Yunnan	3227731	1136032	93046438	29195
西 藏	Tibet	222116	79573	10894797	49898
陕 西	Shaanxi	3648056	1304075	121500124	33384
甘 肃	Gansu	1942926	635628	56894576	29096
青 海	Qinghai	526042	186419	18960166	36121
宁 夏	Ningxia	593142	210143	22590751	37166
新 疆	Xinjiang	2549566	1059091	85080127	32003

3-2 续表 1 continued

地 区	Region	农、林、牧、渔业 Agriculture Forestry,Farming of Animals & Fishing 年末人数(人) Year-end Figures (person)	#女 性 Female	工资总额(千元) Total Wages (1000 yuan)	平均工资(元) Average Wage (yuan)	农 业 Agriculture 年末人数(人) Year-end Figures (person)	#女 性 Female	工资总额(千元) Total Wages (1000 yuan)	平均工资(元) Average Wage (yuan)
全 国	**National**	**3757384**	**1378072**	**62705832**	**16717**	**1961965**	**806111**	**30617341**	**15495**
北 京	Beijing	32285	13208	975090	29889	8911	4227	232489	24862
天 津	Tianjin	7138	2113	290398	40221	1229	433	45336	36124
河 北	Hebei	66360	21592	829307	12423	42011	13727	329269	7789
山 西	Shanxi	32007	9441	657974	20570	9254	3006	190261	20392
内蒙古	Inner Mongolia	266890	88615	4830973	18292	110224	43217	1736044	15858
辽 宁	Liaoning	279344	103414	2796112	10040	230690	89198	1732287	7507
吉 林	Jilin	166900	51413	2508935	15220	32957	12908	424303	12853
黑龙江	Heilongjiang	929199	334209	11767866	12916	492615	200690	6531139	13184
上 海	Shanghai	15361	3181	522150	39575	6712	1401	158375	33611
江 苏	Jiangsu	99310	39904	2061320	20736	78088	33771	1523715	19467
浙 江	Zhejiang	14444	3998	491308	34088	2535	879	52049	20363
安 徽	Anhui	61393	21945	1046009	16945	33196	12722	499582	14984
福 建	Fujian	66839	23336	1208252	18041	34034	14108	380303	11163
江 西	Jiangxi	120860	38577	1963207	16265	52779	18488	880709	16561
山 东	Shandong	50501	16678	1222318	24143	8300	3114	158317	18944
河 南	Henan	71223	25191	1238961	17433	26369	11136	409850	15674
湖 北	Hubei	138358	60085	2704714	19541	99578	48225	2065875	20710
湖 南	Hunan	52909	19975	818865	15435	36354	14818	535051	14708
广 东	Guangdong	88150	29550	1337725	15270	37983	14182	435573	11514
广 西	Guangxi	107910	35156	1855490	17023	56022	19894	833059	14661
海 南	Hainan	122717	53458	2360172	18042	4796	1666	49402	10228
重 庆	Chongqing	18693	5184	381326	20544	1934	716	35993	18477
四 川	Sichuan	50291	14237	1011577	19980	2405	904	53022	21955
贵 州	Guizhou	20905	5770	378640	18175	4586	1455	66722	14638
云 南	Yunnan	144926	54779	2302272	15922	39636	17322	382871	9803
西 藏	Tibet	8815	1517	176721	20238	730	306	13882	18964
陕 西	Shaanxi	43633	12924	1031199	23934	6375	1155	94115	14882
甘 肃	Gansu	52776	15950	1032717	19735	18982	6572	309451	16207
青 海	Qinghai	17453	5781	451523	26020	4951	2201	68786	14098
宁 夏	Ningxia	26339	9840	547344	20940	15378	6099	235008	15731
新 疆	Xinjiang	583455	257051	11905367	20022	462351	207571	10154503	21383

3-2 续表 2 continued

地 区	Region	林业 Forestry 年末人数(人) Year-end Figures (person)	#女性 Female	工资总额(千元) Total Wages (1000 yuan)	平均工资(元) Average Wage (yuan)	畜牧业 Farming of Animals 年末人数(人) Year-end Figures (person)	#女性 Female	工资总额(千元) Total Wages (1000 yuan)	平均工资(元) Average Wage (yuan)
全 国	**National**	**928113**	**283014**	**14332439**	**15719**	**286533**	**114459**	**4027533**	**14175**
北 京	Beijing	4535	1624	133629	28750	13532	5344	422049	30771
天 津	Tianjin	613	164	23803	38024	2051	619	69812	33972
河 北	Hebei	6088	1624	122415	20058	2714	1074	29627	10797
山 西	Shanxi	7561	1876	136312	17912	4353	1406	87274	20198
内蒙古	Inner Mongolia	90554	21599	1619178	18221	29467	11349	410039	14022
辽 宁	Liaoning	16143	3841	327242	21091	6246	2585	68223	10602
吉 林	Jilin	90374	24126	1301861	14735	6995	2463	77737	11310
黑龙江	Heilongjiang	313814	86375	3485201	11851	94427	39383	1232785	13216
上 海	Shanghai	976	345	36445	38444	3431	776	110672	34979
江 苏	Jiangsu	5097	1989	89493	17340	2141	775	37885	18895
浙 江	Zhejiang	2869	771	78420	27324	790	258	18202	23336
安 徽	Anhui	10820	3623	191046	17614	619	235	6903	11134
福 建	Fujian	12950	3052	306259	23660	767	248	14446	19083
江 西	Jiangxi	43810	13748	638949	14759	3087	1141	62059	20241
山 东	Shandong	5194	1284	103379	19888	1855	722	43934	24047
河 南	Henan	8205	2123	150313	18080	8208	2184	136392	16725
湖 北	Hubei	6137	1983	97161	15925	4015	1635	55004	14778
湖 南	Hunan	8255	2892	118761	14387	1032	495	22899	22189
广 东	Guangdong	19246	5410	334051	17242	3048	891	82043	26508
广 西	Guangxi	28084	8954	520208	18348	2403	745	49757	20689
海 南	Hainan	114050	50822	2241612	18348	660	225	9102	19082
重 庆	Chongqing	1657	465	32039	19441	2351	1070	34717	15816
四 川	Sichuan	18901	5650	367395	19189	2336	739	37664	15436
贵 州	Guizhou	4965	1359	76828	15381	1206	473	17623	14897
云 南	Yunnan	63648	25015	945035	14795	612	213	10158	17159
西 藏	Tibet	3409	119	24809	7373	176	59	4631	27402
陕 西	Shaanxi	10522	2923	258435	24543	3691	1260	100913	27459
甘 肃	Gansu	13665	3526	214906	16289	965	282	16541	16965
青 海	Qinghai	2605	636	76946	30034	2534	709	43877	17227
宁 夏	Ningxia	4679	1832	113570	23206	168	33	5620	33452
新 疆	Xinjiang	8687	3264	166738	20971	80653	35068	708945	8817

地 区	Region	渔业 Fishing 年末人数(人) Year-end Figures (person)	#女 性 Female	工资总额(千元) Total Wages (1000 yuan)	平均工资(元) Average Wage (yuan)	农、林、牧、渔服务业 Service Activities for Agriculture, Forestry,Farming of Animals & Fishing 年末人数(人) Year-end Figures (person)	#女 性 Female	工资总额(千元) Total Wages (1000 yuan)	平均工资(元) Average Wage (yuan)
全 国	**National**	**42648**	**11756**	**900463**	**21399**	**538125**	**162732**	**12828056**	**23882**
北 京	Beijing	423	112	29202	68711	4884	1901	157721	35174
天 津	Tianjin	290	84	11075	35726	2955	813	140372	47200
河 北	Hebei	897	96	19894	21600	14650	5071	328102	22303
山 西	Shanxi	207	58	4508	21673	10632	3095	239619	22782
内蒙古	Inner Mongolia	4750	1801	59936	12912	31895	10649	1005776	31552
辽 宁	Liaoning	6941	1702	236378	36518	19324	6088	431982	22351
吉 林	Jilin	3179	1190	50318	15823	33395	10726	654716	19588
黑龙江	Heilongjiang	4740	942	56250	11685	23603	6819	462491	19620
上 海	Shanghai	1658	36	63590	36885	2584	623	153068	57849
江 苏	Jiangsu	1950	468	37353	18999	12034	2901	372874	31065
浙 江	Zhejiang	626	133	20235	31766	7624	1957	322402	42589
安 徽	Anhui	1064	304	11947	11510	15694	5061	336531	21188
福 建	Fujian	507	229	9992	19865	18581	5699	497252	26590
江 西	Jiangxi	2782	965	41450	15106	18402	4235	340040	18455
山 东	Shandong	2061	502	45227	22935	33091	11056	871461	26190
河 南	Henan	757	185	12066	15918	27684	9563	530340	19150
湖 北	Hubei	4131	1405	72423	17699	24497	6837	414251	16739
湖 南	Hunan	1708	496	39369	23406	5560	1274	102785	18023
广 东	Guangdong	2010	562	44741	22182	25863	8505	441317	17450
广 西	Guangxi	255	55	4628	16588	21146	5508	447838	21186
海 南	Hainan	842	233	10828	12860	2369	512	49228	19739
重 庆	Chongqing	161	28	3153	19956	12590	2905	275424	21838
四 川	Sichuan	81	16	1674	20667	26568	6928	551822	20787
贵 州	Guizhou	118	37	2232	18915	10030	2446	215235	21569
云 南	Yunnan	69	17	1210	17042	40961	12212	962998	23487
西 藏	Tibet					4500	1033	133399	29870
陕 西	Shaanxi	44	19	2503	55622	23001	7567	575233	25553
甘 肃	Gansu	23	2	412	17913	19141	5568	491407	25802
青 海	Qinghai					7363	2235	261914	35562
宁 夏	Ningxia	103	27	2594	23798	6011	1849	190552	31606
新 疆	Xinjiang	271	52	5275	21270	31493	11096	869906	27951

3-2 续表 4 continued

地 区	Region	采矿业 Mining 年末人数(人) Year-end Figures (person)	#女性 Female	工资总额(千元) Total Wages (1000 yuan)	平均工资(元) Average Wage (yuan)	煤炭开采和洗选业 Mining and Washing of Coal 年末人数(人) Year-end Figures (person)	#女性 Female	工资总额(千元) Total Wages (1000 yuan)	平均工资(元) Average Wage (yuan)
全 国	**National**	**5620370**	**1055494**	**245883715**	**44196**	**3882674**	**630189**	**169596867**	**44119**
北 京	Beijing	45448	5564	3100126	68514	16783	1780	947663	56128
天 津	Tianjin	89574	8483	5350791	59897	246	119	11363	49404
河 北	Hebei	277623	49610	13430367	49514	201638	32428	10197865	51178
山 西	Shanxi	796138	144874	40462340	52252	789129	143648	40292954	52503
内蒙古	Inner Mongolia	184798	32371	7796350	42248	142147	23634	6636202	46790
辽 宁	Liaoning	351886	44443	14414659	41238	166492	21629	5647641	34078
吉 林	Jilin	155909	31207	5311590	33584	77815	8476	2193171	28330
黑龙江	Heilongjiang	422324	84974	16902965	39793	294525	40376	9316448	31273
上 海	Shanghai	866	304	54499	62356				
江 苏	Jiangsu	125681	32672	5188521	41573	80113	20264	3587371	45393
浙 江	Zhejiang	17399	2681	490599	28330	2153	537	76965	35999
安 徽	Anhui	321148	38257	18282457	57314	297312	32474	17317388	58700
福 建	Fujian	47920	7722	1404470	29328	30514	2812	976381	32078
江 西	Jiangxi	89831	14846	2503436	27978	66303	9621	1924413	29284
山 东	Shandong	667808	150347	31042444	46560	475920	87783	21854645	45884
河 南	Henan	526480	113652	24159252	46887	396106	77236	18735008	47888
湖 北	Hubei	98602	21667	3251785	31989	18067	1961	405835	22647
湖 南	Hunan	153521	22548	3794500	24867	110310	14884	2711048	24654
广 东	Guangdong	33930	8268	1593441	47254	163	47	4069	24811
广 西	Guangxi	43827	10301	1273178	28708	16300	2258	478548	28471
海 南	Hainan	8993	2589	273621	30151	163	43	1801	7830
重 庆	Chongqing	94170	13495	2946012	31491	83050	11228	2420731	29350
四 川	Sichuan	204116	44410	7642093	37984	121813	20762	3556895	29511
贵 州	Guizhou	118050	17418	3813292	32779	107135	14651	3559822	33740
云 南	Yunnan	151612	22892	4047846	27175	93050	11158	2428797	26616
西 藏	Tibet	2227	426	58920	26315	35		930	26571
陕 西	Shaanxi	246629	45487	10255385	42417	116084	14626	5094773	44569
甘 肃	Gansu	91018	21208	3925949	43258	68352	14710	3023185	44276
青 海	Qinghai	20022	4484	787527	40320	8177	1290	241051	30045
宁 夏	Ningxia	57620	10844	4097386	71685	56975	10682	4087245	71856
新 疆	Xinjiang	175200	47450	8227914	47805	45804	9072	1866659	41406

地区	Region	石油和天然气开采业 Extraction of Petroleum and Natural Gas 年末人数(人) Year-end Figures (person)	#女性 Female	工资总额(千元) Total Wages (1000 yuan)	平均工资(元) Average Wage (yuan)	黑色金属矿采选业 Mining of Ferrous Metal Ores 年末人数(人) Year-end Figures (person)	#女性 Female	工资总额(千元) Total Wages (1000 yuan)	平均工资(元) Average Wage (yuan)
全国	**National**	**1025619**	**273201**	**55801980**	**55099**	**202450**	**41462**	**6855572**	**34067**
北京	Beijing	23186	3036	1914799	82856	4164	575	202865	50869
天津	Tianjin	80226	6996	4968801	62207				
河北	Hebei	31304	9034	1737414	63073	25365	3998	979668	39305
山西	Shanxi	1315	345	47170	39806	2897	236	54127	18404
内蒙古	Inner Mongolia	4950	1148	137683	28418	10928	1691	342528	28925
辽宁	Liaoning	139431	14571	7344147	53412	22136	4290	709863	31736
吉林	Jilin	58596	19048	2629482	42783	6538	1028	208565	31745
黑龙江	Heilongjiang	119344	42654	7414617	62613	734	232	7942	11460
上海	Shanghai	275	68	35516	128681				
江苏	Jiangsu	17526	5742	887084	50584	4520	838	133968	29104
浙江	Zhejiang					1514	278	71842	47202
安徽	Anhui					16179	4118	747665	45743
福建	Fujian					3500	618	126502	36010
江西	Jiangxi					2474	672	44927	18466
山东	Shandong	123513	47880	6851619	55472	17573	3912	742376	42830
河南	Henan	94154	26852	4500666	50881	3580	566	100881	28481
湖北	Hubei	36847	11860	1693913	42027	18233	3903	606716	33345
湖南	Hunan					4830	578	93402	19390
广东	Guangdong	8953	2607	713830	79981	4682	1127	219561	47278
广西	Guangxi					6014	1858	150367	25383
海南	Hainan	32	6	2083	65094	5292	1765	203499	38302
重庆	Chongqing	7317	1511	430043	59505	593	139	18315	28177
四川	Sichuan	46165	14445	3055578	67483	8952	2052	265007	31403
贵州	Guizhou	221	67	10711	44629	5082	1292	117325	23233
云南	Yunnan	232	73	9223	39754	13121	2762	319934	24663
西藏	Tibet					983	120	24085	24157
陕西	Shaanxi	105610	26437	4605210	44800	4929	1052	121270	25852
甘肃	Gansu	10829	3831	654997	61278	950	126	20821	23186
青海	Qinghai	3638	958	314090	87175	505	158	11451	22630
宁夏	Ningxia	67	12	3334	49761	400	90	803	24333
新疆	Xinjiang	111888	34020	5839970	53264	5782	1388	209297	38137

3-2 续表 6 continued

地 区	Region	有色金属矿采选业 Mining of Non-ferrous Metal Ores				非金属矿采选业 Mining and Processing of Nonmetal Ores			
		年末人数（人） Year-end Figures (person)	#女 性 Female	工资总额（千元） Total Wages (1000 yuan)	平均工资（元） Average Wage (yuan)	年末人数（人） Year-end Figures (person)	#女 性 Female	工资总额（千元） Total Wages (1000 yuan)	平均工资（元） Average Wage (yuan)
全 国	**National**	**287700**	**59385**	**8193714**	**28757**	**216761**	**49761**	**5318473**	**24702**
北 京	Beijing	3	1	58	19333	1312	172	34741	27507
天 津	Tianjin					9102	1368	370627	40163
河 北	Hebei	7075	1326	162389	23067	12241	2824	353031	28315
山 西	Shanxi	1923	492	57208	29641	829	149	10103	12172
内蒙古	Inner Mongolia	17782	3498	484531	27146	8991	2400	195406	23906
辽 宁	Liaoning	13217	1828	488241	36501	9920	2070	203096	20565
吉 林	Jilin	9960	2039	222075	22913	2465	388	52530	21328
黑龙江	Heilongjiang	4885	1091	102931	21058	2803	607	60549	21418
上 海	Shanghai	37	10	2524	68216	388	184	10463	26760
江 苏	Jiangsu	1628	514	64528	39037	21774	5291	512675	23452
浙 江	Zhejiang	2056	331	62538	30403	11676	1535	279254	24074
安 徽	Anhui	3052	690	96120	31402	4605	975	121284	26557
福 建	Fujian	3471	406	101847	30132	9894	3799	190389	19016
江 西	Jiangxi	17126	3389	452061	26012	3296	854	66809	20129
山 东	Shandong	35186	7853	1175300	34077	15588	2912	417832	27756
河 南	Henan	23460	5927	643387	28141	8937	3005	179130	20055
湖 北	Hubei	6641	1090	165044	25190	18651	2843	376948	20352
湖 南	Hunan	25996	4767	712845	27705	12317	2304	273250	22834
广 东	Guangdong	9647	1877	349057	36444	10478	2608	306720	29484
广 西	Guangxi	15511	4606	487846	31236	5781	1516	149427	25861
海 南	Hainan	528	95	11435	22118	2948	672	54323	18396
重 庆	Chongqing	53	3	1789	17713	3157	614	75134	24260
四 川	Sichuan	9672	2704	364427	38345	17363	4427	397468	22991
贵 州	Guizhou	2957	550	58402	20146	2655	858	67032	25429
云 南	Yunnan	35263	6450	950227	27441	9634	2352	326104	34143
西 藏	Tibet	943	194	31546	33453	266	112	2359	8936
陕 西	Shaanxi	18231	3055	398476	21964	1766	316	35040	19434
甘 肃	Gansu	10155	2310	206393	20322	449	153	10273	22880
青 海	Qinghai	3320	679	110518	35801	4382	1399	110417	25601
宁 夏	Ningxia					47	8	1070	22766
新 疆	Xinjiang	7922	1610	229971	29567	3046	1046	74989	22265

3-2 续表 7 continued

地 区	Region	其他采矿业 Mining of Other Ores				制造业 Manufacturing			
		年末人数(人) Year-end Figures (person)	#女 性 Female	工资总额(千元) Total Wages (1000 yuan)	平均工资(元) Average Wage (yuan)	年末人数(人) Year-end Figures (person)	#女 性 Female	工资总额(千元) Total Wages (1000 yuan)	平均工资(元) Average Wage (yuan)
全 国	**National**	**5166**	**1496**	**117109**	**22167**	**36371514**	**15012591**	**1114078986**	**30916**
北 京	Beijing					1005543	364958	48231881	48298
天 津	Tianjin					752956	292195	31922101	42482
河 北	Hebei					1196714	410975	33042866	27894
山 西	Shanxi	45	4	778	17289	717355	224667	17695318	25350
内蒙古	Inner Mongolia					372494	131031	11221520	30024
辽 宁	Liaoning	690	55	21671	30783	1448232	475506	46324508	32126
吉 林	Jilin	535	228	5767	10372	607685	192453	18775037	31153
黑龙江	Heilongjiang	33	14	478	14485	667652	235983	17743540	26764
上 海	Shanghai	166	42	5996	35271	1413166	599533	74305856	52163
江 苏	Jiangsu	120	23	2895	24125	3354648	1562831	106319619	32209
浙 江	Zhejiang					3516985	1602753	103000592	29671
安 徽	Anhui					760144	287796	21692586	29238
福 建	Fujian	541	87	9351	17158	2412046	1256958	63965144	26627
江 西	Jiangxi	632	310	15226	24092	715888	309502	18053344	25579
山 东	Shandong	28	7	672	24000	3463537	1478881	95365386	27773
河 南	Henan	243	66	180	735	1588235	615637	40605781	25864
湖 北	Hubei	163	10	3329	20677	1385297	518493	41446539	30689
湖 南	Hunan	68	15	3955	35631	1062435	364814	29702190	28691
广 东	Guangdong	7	2	204	29143	4766581	2298697	148708702	31277
广 西	Guangxi	221	63	6990	31629	625095	230840	15863340	26179
海 南	Hainan	30	8	480	16000	80444	32546	2113193	26772
重 庆	Chongqing					624629	223588	19495551	31894
四 川	Sichuan	151	20	2718	18000	1242032	442774	35133097	28577
贵 州	Guizhou					369420	124015	10715139	29381
云 南	Yunnan	312	97	13561	42115	588358	192075	16618634	28550
西 藏	Tibet					7977	3131	214822	26984
陕 西	Shaanxi	9	1	616	19871	810080	284756	21273909	26015
甘 肃	Gansu	283	78	10280	36325	352602	107992	10406118	28173
青 海	Qinghai					97600	23986	2811849	28459
宁 夏	Ningxia	131	52	4934	37954	105891	32961	3114340	29560
新 疆	Xinjiang	758	314	7028	9272	259793	90264	8196484	31588

3-2 续表 8 continued

地 区	Region	农副食品加工业 Processing of Food from Agricultural Products 年末人数(人) Year-end Figures (person)	#女性 Female	工资总额(千元) Total Wages (1000 yuan)	平均工资(元) Average Wage (yuan)	食品制造业 Manufacture of Foods 年末人数(人) Year-end Figures (person)	#女性 Female	工资总额(千元) Total Wages (1000 yuan)	平均工资(元) Average Wage (yuan)
全 国	**National**	**1238801**	**543721**	**27388541**	**22607**	**827193**	**407341**	**21371150**	**26565**
北 京	Beijing	32454	13579	1042347	31262	36788	18181	1644265	45123
天 津	Tianjin	12923	4386	395328	30478	17582	6446	543880	32154
河 北	Hebei	31712	14073	592818	18886	22589	10553	637902	27401
山 西	Shanxi	10257	3942	138174	13701	9980	4202	165295	16675
内蒙古	Inner Mongolia	20231	8469	399571	19423	29384	11621	646660	22418
辽 宁	Liaoning	50930	22030	1140591	22729	19232	8510	357693	19031
吉 林	Jilin	36035	13240	705361	19287	12464	6204	213403	17243
黑龙江	Heilongjiang	50698	18363	853066	17146	41741	17904	784950	19034
上 海	Shanghai	8519	3029	300711	35790	34916	15791	1701807	48900
江 苏	Jiangsu	44897	18440	1147285	25537	43613	21624	1123136	26932
浙 江	Zhejiang	34404	15690	837205	24656	51020	30843	1214703	28319
安 徽	Anhui	24556	11369	508968	20302	23796	11618	508361	21999
福 建	Fujian	69400	41752	1527867	22398	63733	37023	1609306	27037
江 西	Jiangxi	22882	8928	464331	20145	14326	6873	288701	21611
山 东	Shandong	261323	136787	6424395	24743	74997	36651	1699730	22785
河 南	Henan	113786	49755	2574858	23507	74516	39998	1382489	19091
湖 北	Hubei	41313	16711	887305	21748	28968	15089	610507	22053
湖 南	Hunan	39736	12132	825248	21055	31340	18578	550613	19669
广 东	Guangdong	70864	29433	1473056	21886	84454	37989	3156970	37039
广 西	Guangxi	91953	35095	1872892	23319	10565	5468	193230	18738
海 南	Hainan	15113	6758	249050	17010	5383	2831	191353	31887
重 庆	Chongqing	15992	6437	316258	19865	10221	4511	284277	28608
四 川	Sichuan	40228	17140	769064	20190	29940	12595	694646	23110
贵 州	Guizhou	6100	2626	92177	16513	3782	1921	63614	17174
云 南	Yunnan	41416	16650	814455	19291	12673	6059	245576	18886
西 藏	Tibet	129	52	3369	26116	162	38	5571	34389
陕 西	Shaanxi	13583	5062	263973	19538	18730	10144	348042	18531
甘 肃	Gansu	12029	4204	206772	17195	3811	1509	76556	19843
青 海	Qinghai	1158	338	22592	17888	1570	405	25968	16808
宁 夏	Ningxia	4589	1247	105313	24646	2017	1034	46983	23777
新 疆	Xinjiang	19591	6004	434141	23369	12900	5128	354963	25289

3-2 续表 9 continued

地 区	Region	饮料制造业 Manufacture of Beverage 年末人数（人）Year-end Figures (person)	#女 性 Female	工资总额（千元）Total Wages (1000 yuan)	平均工资（元）Average Wage (yuan)	烟草制品业 Manufacture of Tobacco 年末人数（人）Year-end Figures (person)	#女 性 Female	工资总额（千元）Total Wages (1000 yuan)	平均工资（元）Average Wage (yuan)
全 国	**National**	**836576**	**314461**	**23771103**	**28776**	**203306**	**80386**	**50579580**	**78675**
北 京	Beijing	29416	10118	1233731	42650	857	253	610470	135748
天 津	Tianjin	16312	4913	654355	41825	893	209	558455	113988
河 北	Hebei	20581	8033	402139	19950	6348	1844	1165572	73250
山 西	Shanxi	17984	6981	558789	31588	1161	461	114773	71854
内蒙古	Inner Mongolia	17794	7408	313503	17844	2364	660	649199	49258
辽 宁	Liaoning	22763	7907	565232	24769	2511	1128	563064	76195
吉 林	Jilin	18248	6398	366529	19840	4287	1497	126238	59980
黑龙江	Heilongjiang	22364	7683	475239	21565	4916	1858	371968	67177
上 海	Shanghai	9046	2821	690673	75220	4513	1151	1154550	151586
江 苏	Jiangsu	46979	19653	1275664	27299	5676	2211	7297744	94824
浙 江	Zhejiang	43028	15000	1720895	36812	3297	1136	10729735	108473
安 徽	Anhui	35921	14359	849080	24514	7622	2356	826315	66837
福 建	Fujian	34972	15365	956920	28857	4712	1992	3074230	92388
江 西	Jiangxi	15142	6058	316167	21570	9452	4069	830087	67142
山 东	Shandong	79664	32164	2038595	25721	5650	1994	10388260	73325
河 南	Henan	44235	18235	952824	21700	13935	6860	2294847	79992
湖 北	Hubei	50846	19154	1112594	22331	13696	5564	1767711	67661
湖 南	Hunan	19442	7211	445208	23227	22147	10647	608515	62128
广 东	Guangdong	47383	14948	1954288	41197	6229	1836	4339240	184751
广 西	Guangxi	17808	6018	455628	24723	3516	1535	351898	87122
海 南	Hainan	2340	684	71644	30474	596	219	22088	103382
重 庆	Chongqing	13978	6519	364480	28578	4813	2069	303206	74475
四 川	Sichuan	101263	34650	3183815	32987	14918	5661	742008	63942
贵 州	Guizhou	26958	10530	1180456	43742	10770	4291	45185	55544
云 南	Yunnan	31678	13869	444520	13986	39166	15980	115759	85351
西 藏	Tibet	71	38	706	9944			1343	
陕 西	Shaanxi	21299	6897	514973	24768	6293	2020	807728	54736
甘 肃	Gansu	13566	5178	254057	18830	1683	577	86953	57020
青 海	Qinghai	2789	745	67959	27458			22789	
宁 夏	Ningxia	1366	640	32375	24106	400	179	94534	90611
新 疆	Xinjiang	11340	4284	318065	28753	885	129	515116	44858

3-2 续表 10 continued

地 区	Region	纺织业 Manufacture of Textile				纺织服装、鞋、帽制造业 Manufacture of Textile Wearing Apparel, Footware and Caps			
		年末人数（人）Year-end Figures (person)	#女性 Female	工资总额（千元）Total Wages (1000 yuan)	平均工资（元）Average Wage (yuan)	年末人数（人）Year-end Figures (person)	#女性 Female	工资总额（千元）Total Wages (1000 yuan)	平均工资（元）Average Wage (yuan)
全 国	**National**	**2328899**	**1448623**	**50579580**	**21735**	**2028582**	**1392659**	**48288818**	**23710**
北 京	Beijing	21856	14645	610470	27274	43959	33620	1070941	23626
天 津	Tianjin	17428	8436	558455	30582	17318	10501	436161	25034
河 北	Hebei	77200	46605	1165572	14367	17754	12774	291970	16203
山 西	Shanxi	10902	6935	114773	9948	5976	3735	106437	17645
内蒙古	Inner Mongolia	26980	17475	649199	23250	2591	2089	64573	24176
辽 宁	Liaoning	29753	18998	563064	19055	62547	44381	1291867	20536
吉 林	Jilin	9322	5705	126238	13220	7315	5025	120309	16298
黑龙江	Heilongjiang	25743	17127	371968	14908	3054	2002	39661	13532
上 海	Shanghai	34628	21963	1154550	31466	86010	66310	2637494	29621
江 苏	Jiangsu	300894	197948	7297744	24314	250558	188207	5572752	22330
浙 江	Zhejiang	418979	251863	10729735	25513	355567	258452	9204073	25893
安 徽	Anhui	45808	32469	826315	17609	22250	18231	399850	18679
福 建	Fujian	138465	84622	3074230	22334	486282	291126	11969612	24515
江 西	Jiangxi	47212	34465	830087	17171	28110	19970	541805	19193
山 东	Shandong	489298	284543	10388260	21893	174147	128657	4288394	24374
河 南	Henan	125947	84591	2294847	18298	32068	23216	620992	19386
湖 北	Hubei	97656	68574	1767711	18288	60888	43777	1291735	21420
湖 南	Hunan	35544	23065	608515	17221	19617	13325	428672	22173
广 东	Guangdong	188501	107868	4339240	22535	309054	198014	7080715	22749
广 西	Guangxi	22261	16350	351898	16060	4119	3117	77032	18104
海 南	Hainan	920	357	22088	23573	3918	3552	69838	16772
重 庆	Chongqing	16068	9931	303206	19015	6605	5045	158345	26251
四 川	Sichuan	46400	31075	742008	15982	15582	9740	271191	17659
贵 州	Guizhou	3252	1405	45185	13959	1902	1284	41945	21790
云 南	Yunnan	8070	5048	115759	14705	2269	1589	41371	18354
西 藏	Tibet	172	110	1343	7182	179	104	1573	8788
陕 西	Shaanxi	51191	32926	807728	15917	3181	1808	64581	20366
甘 肃	Gansu	6457	4052	86953	13550	1005	558	13752	13122
青 海	Qinghai	1225	401	22789	17790	1841	224	33512	18313
宁 夏	Ningxia	3549	1623	94534	26238	995	823	20554	20973
新 疆	Xinjiang	27218	17448	515116	18073	1921	1403	37111	19677

地 区	Region	皮革、毛皮、羽毛(绒)及其制品业 Manufacture of Leather, Fur, Feather and Its Products				木材加工及木、竹、藤、棕、草制品业 Processing of Timbers,Manufacture of Wood, Bamboo, Rattan, Palm, and Straw Products			
		年末人数(人) Year-end Figures (person)	#女性 Female	工资总额(千元) Total Wages (1000 yuan)	平均工资(元) Average Wage (yuan)	年末人数(人) Year-end Figures (person)	#女性 Female	工资总额(千元) Total Wages (1000 yuan)	平均工资(元) Average Wage (yuan)
全 国	**National**	**933463**	**581320**	**21045806**	**22490**	**295549**	**115735**	**6029544**	**20538**
北 京	Beijing	2295	1359	62155	27225	3241	877	92146	27991
天 津	Tianjin	4286	3040	109112	26574	2292	899	62823	27196
河 北	Hebei	5264	3051	96547	18703	3247	1299	66567	20438
山 西	Shanxi	234	150	1421	5996	1226	550	28799	26518
内蒙古	Inner Mongolia	3268	2010	71069	21747	4718	1925	79277	17500
辽 宁	Liaoning	8061	5256	200481	23290	12242	5161	296319	24522
吉 林	Jilin	1128	664	16190	12798	27515	10215	426489	15873
黑龙江	Heilongjiang	579	127	5388	9708	23999	9078	365384	15313
上 海	Shanghai	14419	8740	390648	26828	5737	2125	207841	34990
江 苏	Jiangsu	44962	30024	1189019	26317	18366	9965	415651	22618
浙 江	Zhejiang	168570	90344	3985503	23996	27197	11486	636900	23967
安 徽	Anhui	6392	4546	109682	16918	4240	1876	75407	18023
福 建	Fujian	272259	176901	6325194	23173	36888	17108	734340	19711
江 西	Jiangxi	34938	22197	611784	17334	6414	2372	114721	17668
山 东	Shandong	82958	59953	1957223	23331	18810	6394	489405	26406
河 南	Henan	15143	5950	331021	21789	11287	3936	214321	19298
湖 北	Hubei	7251	4705	110124	15761	10961	3262	230730	21708
湖 南	Hunan	17637	11514	327359	18832	10931	3314	180103	16478
广 东	Guangdong	216284	138484	4619466	21110	20962	7624	465590	21983
广 西	Guangxi	4266	2517	60316	14636	13031	4931	247746	19319
海 南	Hainan	35	16	542	15486	943	240	13643	14123
重 庆	Chongqing	3910	2386	83228	22117	2387	933	61325	25930
四 川	Sichuan	15317	6107	302703	19656	9522	2954	211256	22417
贵 州	Guizhou	37	25	391	10861	1551	651	23160	14403
云 南	Yunnan	598	408	7696	11732	13328	4913	211674	15905
西 藏	Tibet	82	30	1311	15988	1125	477	25218	22416
陕 西	Shaanxi	823	176	22383	26774	1745	580	29091	16700
甘 肃	Gansu	1142	440	23788	19990	682	244	7742	11352
青 海	Qinghai	59	34	843	13820				
宁 夏	Ningxia	993	32	18867	19000				
新 疆	Xinjiang	273	134	4352	15378	962	346	15876	15236

地 区	Region	家具制造业 Manufacture of Furniture 年末人数(人) Year-end Figures (person)	#女性 Female	工资总额(千元) Total Wages (1000 yuan)	平均工资(元) Average Wage (yuan)	造纸及纸制品业 Manufacture of Paper and Paper Products 年末人数(人) Year-end Figures (person)	#女性 Female	工资总额(千元) Total Wages (1000 yuan)	平均工资(元) Average Wage (yuan)
全 国	**National**	**361740**	**132610**	**9013987**	**25125**	**635535**	**239814**	**16038936**	**25326**
北 京	Beijing	17647	4923	498499	29294	9969	4584	286800	28239
天 津	Tianjin	14317	4876	400851	27848	7142	2420	215985	28672
河 北	Hebei	5620	2372	92208	16231	13905	5146	342238	23263
山 西	Shanxi	974	419	10811	11088	1774	826	26602	15253
内蒙古	Inner Mongolia	899	260	16936	18673	3877	1185	73474	18956
辽 宁	Liaoning	14220	5298	303441	21275	13441	4505	229993	17018
吉 林	Jilin	4224	1780	61867	14709	6707	1880	114891	17194
黑龙江	Heilongjiang	9963	4131	206452	20388	10982	3631	204234	18657
上 海	Shanghai	18397	7439	617710	34146	9936	3855	413123	40932
江 苏	Jiangsu	17922	8471	562899	31487	47978	15179	1896364	39266
浙 江	Zhejiang	85805	32410	2210764	25663	68185	23719	1943540	28657
安 徽	Anhui	1673	606	33690	20745	9022	3710	239940	26884
福 建	Fujian	35767	13813	874189	24519	57542	23238	1303848	23827
江 西	Jiangxi	5386	1722	99011	18441	8446	3146	187376	21765
山 东	Shandong	25969	9066	524124	20600	102722	39819	2441099	23829
河 南	Henan	3638	1389	92969	24965	37243	14469	749683	20259
湖 北	Hubei	6773	2208	151649	22897	17372	5980	361143	21512
湖 南	Hunan	3222	943	58013	18799	29614	10640	766603	25524
广 东	Guangdong	67679	23059	1655075	25049	67105	28651	1937080	28043
广 西	Guangxi	1379	750	21819	15950	31793	12043	624075	20030
海 南	Hainan	539	297	7300	13645	8626	3058	280488	36057
重 庆	Chongqing	963	269	28935	28877	4719	2089	99702	22405
四 川	Sichuan	13586	4507	399265	29807	19692	6880	401549	20202
贵 州	Guizhou	724	176	10394	13676	3345	1135	69295	20747
云 南	Yunnan	1664	569	29449	18406	13634	4649	249147	18525
西 藏	Tibet	104	22	1481	13587				
陕 西	Shaanxi	1460	471	24815	16666	11946	6015	181903	15611
甘 肃	Gansu	887	249	14354	16183	2187	631	24316	11497
青 海	Qinghai					25	8	436	17440
宁 夏	Ningxia	226	93	3150	13938	11262	4434	243710	21702
新 疆	Xinjiang	113	22	1867	16522	5344	2289	130299	24772

地 区	Region	印刷业和记录媒介的复制 Printing, Reproduction of Recording Media 年末人数(人) Year-end Figures (person)	#女 性 Female	工资总额(千元) Total Wages (1000 yuan)	平均工资(元) Average Wage (yuan)	文教体育用品制造业 Manufacture of Articles for Culture, Education and Sport Activity 年末人数(人) Year-end Figures (person)	#女 性 Female	工资总额(千元) Total Wages (1000 yuan)	平均工资(元) Average Wage (yuan)
全 国	**National**	**402716**	**175668**	**11532033**	**28513**	**473685**	**283034**	**11067009**	**23095**
北 京	Beijing	39513	15843	1495685	36514	7748	3644	214764	26960
天 津	Tianjin	7206	3044	235587	32666	9648	4424	238319	24378
河 北	Hebei	14679	7199	365185	24915	1688	941	27530	16128
山 西	Shanxi	7440	3550	154559	20564	1500	531	19485	12794
内蒙古	Inner Mongolia	3175	1651	63114	19748	15	11	279	18600
辽 宁	Liaoning	10049	4674	228779	22553	4659	2373	96921	20920
吉 林	Jilin	6829	2996	131036	18529	351	91	5017	14417
黑龙江	Heilongjiang	8624	3967	162537	18762	1034	544	18910	17756
上 海	Shanghai	18130	7183	953328	51817	19197	9425	616407	31302
江 苏	Jiangsu	20915	9887	628429	29874	35298	24687	711207	20824
浙 江	Zhejiang	28390	11388	762230	27676	53097	30517	1433413	27116
安 徽	Anhui	10921	4266	239410	22248	4535	3658	74911	16370
福 建	Fujian	15334	7144	425144	27512	61267	35685	1506547	23862
江 西	Jiangxi	7274	3208	208947	28916	11207	7650	207140	18756
山 东	Shandong	26544	11542	673098	25700	38150	23482	900867	23793
河 南	Henan	13862	5758	358987	25936	1498	672	31179	20926
湖 北	Hubei	17170	7999	431601	25966	2499	1398	48444	19487
湖 南	Hunan	12225	4876	352345	29033	2995	2222	36101	12610
广 东	Guangdong	58473	27231	1632670	27315	212124	128286	4762145	21936
广 西	Guangxi	7280	2876	162713	22524	494	240	9817	19994
海 南	Hainan	1449	600	30215	20667				
重 庆	Chongqing	8119	3359	246402	30409	1337	1153	14177	13671
四 川	Sichuan	16972	7110	494395	29072	2355	837	78036	32788
贵 州	Guizhou	5051	2171	108474	21374	622	399	9612	15706
云 南	Yunnan	14784	6833	372892	25339	161	56	2380	13371
西 藏	Tibet	360	177	7614	21328	30	29	372	12400
陕 西	Shaanxi	11253	4453	357572	31262	137	55	2416	17896
甘 肃	Gansu	3600	1581	68024	18869	20	12	316	15800
青 海	Qinghai	1729	547	38105	23066	6	1	121	20167
宁 夏	Ningxia	537	265	12408	22809	13	11	176	13538
新 疆	Xinjiang	4829	2290	130548	26851				

3-2 续表 14 continued

地区 Region	石油加工、炼焦及核燃料加工业 Processing of Petroleum ,Coking, Processing of Nucleus Fuel				化学原料及化学制品制造业 Manufacture of Chemical Raw Material and Chemical Products			
	年末人数(人) Year-end Figures (person)	#女性 Female	工资总额(千元) Total Wages (1000 yuan)	平均工资(元) Average Wage (yuan)	年末人数(人) Year-end Figures (person)	#女性 Female	工资总额(千元) Total Wages (1000 yuan)	平均工资(元) Average Wage (yuan)
全 国 National	**563847**	**169100**	**25723428**	**45754**	**2240192**	**713945**	**70354980**	**31418**
北 京 Beijing	15205	4893	927769	58369	39713	15466	1837192	47079
天 津 Tianjin	15361	4964	946631	59250	40846	11063	1888034	45812
河 北 Hebei	24565	7670	910352	37516	103173	33912	2316042	22267
山 西 Shanxi	84291	18394	2197027	26256	87997	27973	1871982	20883
内蒙古 Inner Mongolia	6143	1478	287719	47628	28553	9409	712740	24931
辽 宁 Liaoning	70853	24555	3634078	51578	100331	30872	3239755	31900
吉 林 Jilin	5561	1486	86611	15639	60356	16775	2221729	36286
黑龙江 Heilongjiang	55741	17634	2848219	51940	25744	9205	599914	23517
上 海 Shanghai	22297	6018	1800297	77512	52745	15801	3711185	69317
江 苏 Jiangsu	15249	4026	923520	58860	189276	60206	6601385	34972
浙 江 Zhejiang	10055	2263	739933	75059	156747	46930	5840502	37515
安 徽 Anhui	1534	349	42361	28316	53437	15804	1404230	26469
福 建 Fujian	2961	922	321583	108350	48257	17950	1248535	25803
江 西 Jiangxi	7438	2042	279520	38087	26452	7887	602499	22414
山 东 Shandong	59090	19020	2557317	43332	235296	69840	6624498	28626
河 南 Henan	19778	5196	673025	34211	115563	39127	2846695	24707
湖 北 Hubei	11989	3503	509657	43206	104820	31609	2354646	22878
湖 南 Hunan	23039	8669	763084	33131	97001	32436	2251532	23338
广 东 Guangdong	23241	6281	1633513	69606	143447	56009	6547809	44609
广 西 Guangxi	2343	508	113962	49398	49674	17105	1089170	21899
海 南 Hainan	576	86	28265	48817	4325	1625	237608	53515
重 庆 Chongqing	2560	540	78947	30935	50265	16723	1652679	32997
四 川 Sichuan	2429	712	62529	24942	126097	40252	3334191	26267
贵 州 Guizhou	9919	3278	287844	29063	48796	13463	1447192	29965
云 南 Yunnan	12009	3127	252853	22272	71655	21306	1786464	24970
西 藏 Tibet					20	3	168	8400
陕 西 Shaanxi	11351	3778	529752	47431	49587	15247	1317533	26595
甘 肃 Gansu	9640	4278	426670	44776	48136	14814	1808847	37669
青 海 Qinghai	1492	521	122129	80720	20625	6113	724786	35879
宁 夏 Ningxia	943	232	32200	34328	22914	7333	741576	32716
新 疆 Xinjiang	36194	12677	1706061	47915	38344	11687	1493862	39388

3-2 续表 15 continued

地区	Region	医药制造业 Manufacture of Medicines				化学纤维制造业 Manufacture of Chemical Fiber			
		年末人数（人）Year-end Figures (person)	#女性 Female	工资总额（千元）Total Wages (1000 yuan)	平均工资（元）Average Wage (yuan)	年末人数（人）Year-end Figures (person)	#女性 Female	工资总额（千元）Total Wages (1000 yuan)	平均工资（元）Average Wage (yuan)
全国	**National**	**1007494**	**470338**	**32703750**	**33004**	**216100**	**84384**	**5899974**	**27896**
北京	Beijing	52277	26371	4004821	78810	768	358	31601	36831
天津	Tianjin	26858	11794	1777157	66851	848	279	25174	29862
河北	Hebei	54846	26632	1537882	28238	4199	1676	62597	14732
山西	Shanxi	19410	9316	337118	17672	759	316	5578	6136
内蒙古	Inner Mongolia	13954	5937	272844	19437				
辽宁	Liaoning	22080	10673	520132	24256	8934	3175	238193	26691
吉林	Jilin	37095	19548	650261	17650	9697	3354	217089	21787
黑龙江	Heilongjiang	36418	17450	1114433	30531	1121	287	11612	10643
上海	Shanghai	32570	15386	2265688	69619	1354	401	68199	49099
江苏	Jiangsu	78296	36321	2428423	31923	28514	11430	1001195	35550
浙江	Zhejiang	78506	31465	2801364	36377	64041	26326	1910873	30713
安徽	Anhui	22591	12091	493302	21960	5318	1687	120527	24653
福建	Fujian	13597	6792	405471	30407	15881	6405	388419	24773
江西	Jiangxi	53740	24728	1232216	23235	5157	1884	114740	21956
山东	Shandong	78805	36717	1977500	25763	12877	5405	317913	24847
河南	Henan	60211	29703	1370657	22797	18762	7634	583479	34044
湖北	Hubei	44320	20954	1109328	25829	6171	2286	116457	19351
湖南	Hunan	27114	11926	603342	22541	2470	1062	52468	21601
广东	Guangdong	63859	28979	2664813	41917	10790	4017	250756	23294
广西	Guangxi	24380	12055	584099	24304	60	23	2083	35914
海南	Hainan	8529	4456	209103	25392	669	166	14425	21276
重庆	Chongqing	20132	9794	672522	34206	714	282	12569	18484
四川	Sichuan	45833	18760	1261027	27509	10388	3981	213456	21309
贵州	Guizhou	20585	10334	482100	24462				
云南	Yunnan	15204	7466	337089	23147	334	57	16808	50323
西藏	Tibet	1380	700	75301	54804				
陕西	Shaanxi	35835	16502	1054922	30928	258	67	3209	12486
甘肃	Gansu	9415	4420	267281	28620	1932	557	27746	13561
青海	Qinghai	2342	205	43448	18194				
宁夏	Ningxia	4460	1704	87191	19510				
新疆	Xinjiang	2852	1159	62915	22478	4084	1269	92808	23901

地 区	Region	橡胶制品业 Manufacture of Rubber				塑料制品业 Manufacture of Plastic			
		年末人数（人）Year-end Figures (person)	#女 性 Female	工资总额（千元）Total Wages (1000 yuan)	平均工资（元）Average Wage (yuan)	年末人数（人）Year-end Figures (person)	#女 性 Female	工资总额（千元）Total Wages (1000 yuan)	平均工资（元）Average Wage (yuan)
全 国	**National**	**452335**	**173883**	**12500430**	**27806**	**834943**	**395455**	**21778430**	**26136**
北 京	Beijing	8271	3202	233481	28697	19856	8780	643648	31929
天 津	Tianjin	12231	3184	460057	38344	25321	12910	878062	32966
河 北	Hebei	15610	8217	236678	14592	18525	8620	413632	21718
山 西	Shanxi	3851	1289	53540	13935	2615	1189	40488	15124
内蒙古	Inner Mongolia	327	78	7580	23180	2718	1013	65870	27911
辽 宁	Liaoning	19911	5253	551309	28509	24027	10151	704124	28358
吉 林	Jilin	1804	431	47692	26673	8250	3284	155698	18809
黑龙江	Heilongjiang	5348	1765	108051	20121	8833	3670	158985	18571
上 海	Shanghai	18453	7578	764927	40082	54635	30930	1877722	33776
江 苏	Jiangsu	40340	15524	1236395	31123	60803	29005	1873869	30987
浙 江	Zhejiang	46875	14929	1389755	30100	113507	52593	2900291	25985
安 徽	Anhui	20723	7726	604649	30657	13970	5823	371564	27327
福 建	Fujian	39611	17568	1139278	27369	113319	57650	2785042	24969
江 西	Jiangxi	3917	1467	61784	15830	8555	3624	159078	19222
山 东	Shandong	78125	26396	2259077	29100	51002	24372	1222349	24184
河 南	Henan	21231	7297	511441	23731	23490	10125	497132	21355
湖 北	Hubei	6165	2664	133052	21709	24334	10723	572420	23888
湖 南	Hunan	8070	3918	216767	26715	13041	5709	313982	24389
广 东	Guangdong	51713	25576	1326398	25267	183011	87641	4768770	25782
广 西	Guangxi	3162	1099	83732	26356	9950	5408	161941	16759
海 南	Hainan	1057	502	24257	22460	1078	377	17603	17107
重 庆	Chongqing	8191	3430	185530	23033	5586	2379	124658	23414
四 川	Sichuan	13773	7446	263371	24619	16999	6734	388085	23100
贵 州	Guizhou	13472	3952	375985	28827	4344	1963	87053	20401
云 南	Yunnan	1411	399	24877	17074	7849	3787	140250	18004
西 藏	Tibet								
陕 西	Shaanxi	3906	1598	71201	18313	4191	1795	102201	23823
甘 肃	Gansu	81	18	939	11593	5474	2087	108425	20791
青 海	Qinghai	63	3	1436	22794	290	79	2828	9522
宁 夏	Ningxia	3180	836	91931	27352	870	431	19046	21767
新 疆	Xinjiang	1463	538	35260	23808	8500	2603	223614	26426

地 区	Region	非金属矿物制品业 Manufacture of Non-metallic Mineral Products 年末人数(人) Year-end Figures (person)	#女性 Female	工资总额(千元) Total Wages (1000 yuan)	平均工资(元) Average Wage (yuan)	黑色金属冶炼及压延加工业 Manufacture & Processing of Ferrous Metals 年末人数(人) Year-end Figures (person)	#女性 Female	工资总额(千元) Total Wages (1000 yuan)	平均工资(元) Average Wage (yuan)
全 国	**National**	**1927364**	**579405**	**46739407**	**24297**	**1966059**	**441756**	**80671116**	**41220**
北 京	Beijing	58628	13457	2050250	34466	34888	6850	2092151	59546
天 津	Tianjin	16554	3829	596491	36750	44992	8725	2075081	45807
河 北	Hebei	94098	34085	2148598	22743	220312	42493	9278202	42399
山 西	Shanxi	46170	11915	802850	17111	81508	17122	3178688	38996
内蒙古	Inner Mongolia	29594	6777	762580	24709	72211	21403	3384985	46323
辽 宁	Liaoning	52012	13132	1179598	22334	223878	38443	9005534	40272
吉 林	Jilin	34474	8666	695474	19698	35190	8043	937623	26752
黑龙江	Heilongjiang	34431	9006	676371	19164	23725	5470	625649	26619
上 海	Shanghai	32762	8062	1464591	43588	49791	8008	5094122	100053
江 苏	Jiangsu	106275	35694	3112517	29788	100514	24427	3505388	35126
浙 江	Zhejiang	98171	25666	2867694	29300	44656	7880	1823640	41384
安 徽	Anhui	41166	10908	1058920	25796	58425	10151	2766920	47348
福 建	Fujian	118993	44198	3232796	26987	30567	7403	1022370	33796
江 西	Jiangxi	60201	22544	1174754	19727	58663	16926	2256754	39346
山 东	Shandong	202682	64489	5000384	24603	140291	28953	6280657	45504
河 南	Henan	151170	41912	3311905	21743	90836	23798	3335190	37076
湖 北	Hubei	81556	23091	1952258	24598	101973	22935	5422928	53241
湖 南	Hunan	102506	28970	2043335	20176	65678	16391	2375263	36499
广 东	Guangdong	163735	56888	3907238	24822	40439	8702	1816882	44255
广 西	Guangxi	58470	20203	1190627	20416	44087	11134	1503131	33889
海 南	Hainan	5098	1361	120488	22954	1130	178	29334	25530
重 庆	Chongqing	39824	11493	1004143	25614	32266	7860	1460233	44861
四 川	Sichuan	101031	30885	2236568	22234	143252	41993	4205265	28742
贵 州	Guizhou	33175	9058	605030	17882	43742	12027	1116069	27131
云 南	Yunnan	50109	13860	978251	19686	63012	15479	2109665	33536
西 藏	Tibet	3678	1070	83476	22814				
陕 西	Shaanxi	35921	10022	658916	18240	28379	6557	775354	28440
甘 肃	Gansu	28144	7065	627974	22409	43577	10488	1593296	38685
青 海	Qinghai	10659	2570	228004	20705	15827	3228	533271	33685
宁 夏	Ningxia	7866	2476	235659	29274	8087	1838	198953	24227
新 疆	Xinjiang	28211	6053	731667	25596	24163	6851	868518	37191

地 区	Region	有色金属冶炼及压延加工业 Manufacture and Processing of Non-ferrous Metals 年末人数（人）Year-end Figures (person)	#女 性 Female	工资总额（千元）Total Wages (1000 yuan)	平均工资（元）Average Wage (yuan)	金属制品业 Manufacture of Metal Products 年末人数（人）Year-end Figures (person)	#女 性 Female	工资总额（千元）Total Wages (1000 yuan)	平均工资（元）Average Wage (yuan)
全 国	**National**	**1004657**	**271524**	**31234087**	**30560**	**1128641**	**355761**	**31224990**	**27945**
北 京	Beijing	6714	1698	243610	35841	43233	10921	1435583	33720
天 津	Tianjin	4620	1302	171837	39277	27622	7387	1036070	37802
河 北	Hebei	10764	2766	218372	20580	34568	11392	779687	22592
山 西	Shanxi	52717	13633	1396660	26244	11865	4702	236939	20498
内蒙古	Inner Mongolia	35899	9155	1188204	33069	3801	1093	84121	21664
辽 宁	Liaoning	33582	9717	816437	23645	61332	12722	1786546	29727
吉 林	Jilin	7475	1994	171104	22893	6350	1969	110728	17245
黑龙江	Heilongjiang	8304	2380	232610	27791	15229	5161	312136	20416
上 海	Shanghai	10181	3560	405600	38981	51732	18197	2018478	37777
江 苏	Jiangsu	47057	16087	1319515	28163	123928	36860	3749774	31004
浙 江	Zhejiang	36428	9088	1147590	31599	127673	44729	3478673	27750
安 徽	Anhui	29313	6339	1025009	35173	23244	6756	671207	29121
福 建	Fujian	24045	5755	983558	42700	65032	23882	1849733	28229
江 西	Jiangxi	46116	11766	1798285	38978	12751	3284	291242	22540
山 东	Shandong	51430	12033	1380552	27597	88891	24795	2290926	26000
河 南	Henan	95865	25769	3059491	32337	41890	14559	956303	22920
湖 北	Hubei	30734	8256	853463	27492	47567	15757	1122569	25263
湖 南	Hunan	58442	15015	1677430	28961	24178	6099	577574	24270
广 东	Guangdong	38962	10580	1142807	30574	196211	71512	5336681	27247
广 西	Guangxi	33071	7929	1085273	32575	12126	2470	278604	23142
海 南	Hainan	95	18	1815	23269	1032	202	32167	31413
重 庆	Chongqing	18053	5609	575094	32444	25279	9234	649918	25783
四 川	Sichuan	24004	6410	753634	30747	34650	9278	913899	27213
贵 州	Guizhou	27186	6606	838428	30134	13382	3860	318430	24508
云 南	Yunnan	107664	26391	3207071	29914	7579	2047	146321	19276
西 藏	Tibet	49	21	988	21021				
陕 西	Shaanxi	57447	19676	2007940	34284	12774	3684	373996	29446
甘 肃	Gansu	73203	23183	2495564	26853	3647	911	65556	17985
青 海	Qinghai	19538	5158	475813	23744	6234	923	193851	27876
宁 夏	Ningxia	9372	1768	353176	37716	1015	230	22371	23087
新 疆	Xinjiang	6327	1862	207157	33129	3826	1145	104907	27738

地 区	Region	通用设备制造业 Manufacture of General Purpose Machinery 年末人数(人) Year-end Figures (person)	#女 性 Female	工资总额(千元) Total Wages (1000 yuan)	平均工资(元) Average Wage (yuan)	专用设备制造业 Manufacture of Special Purpose Machinery 年末人数(人) Year-end Figures (person)	#女 性 Female	工资总额(千元) Total Wages (1000 yuan)	平均工资(元) Average Wage (yuan)
全 国	**National**	**2150231**	**619597**	**69205449**	**32749**	**1837703**	**548219**	**61091697**	**33897**
北 京	Beijing	63966	15668	3105048	48792	77743	22189	4185585	54256
天 津	Tianjin	51321	17157	2557118	50398	45530	11602	2181602	47480
河 北	Hebei	81259	23447	1838668	23063	69645	18205	2122778	30375
山 西	Shanxi	44146	13343	1029415	23399	142114	49226	3436435	27922
内蒙古	Inner Mongolia	14737	4405	331684	24620	29586	9593	1059363	35764
辽 宁	Liaoning	162132	40771	4893755	30439	97060	28130	3201728	33875
吉 林	Jilin	19192	4679	382798	19873	20129	5719	459757	22399
黑龙江	Heilongjiang	87320	27106	2454368	28088	47254	12676	1365642	28947
上 海	Shanghai	109022	29610	6977055	63297	80551	25940	4612651	56639
江 苏	Jiangsu	256363	77226	8922629	35516	130722	44616	4388823	34428
浙 江	Zhejiang	264100	78090	8376053	32558	117745	35410	3584677	31943
安 徽	Anhui	61396	20448	1733579	28985	29350	8480	774154	26723
福 建	Fujian	42858	12598	1226672	29280	47615	15041	1415362	30234
江 西	Jiangxi	21087	6949	490550	25149	20706	7558	463031	23580
山 东	Shandong	249583	68035	6935015	28544	174662	50722	4865185	27955
河 南	Henan	89853	25297	2259006	25351	111191	33459	3435140	31062
湖 北	Hubei	113453	36225	3197622	29778	35621	9336	1071264	30822
湖 南	Hunan	62704	14345	1745193	28351	126235	21245	4720776	39899
广 东	Guangdong	110691	35273	3704810	33904	159729	66200	5478459	33909
广 西	Guangxi	15207	4672	348046	22868	37979	6742	906012	23879
海 南	Hainan	963	233	23230	25527	984	276	16757	16875
重 庆	Chongqing	44188	11996	1405884	32875	39179	12995	1428005	35459
四 川	Sichuan	71642	20986	2373249	33336	60576	16491	2407247	39922
贵 州	Guizhou	13229	3909	333643	25314	8804	2485	288561	33620
云 南	Yunnan	16479	3978	430529	26683	18232	5351	534077	29340
西 藏	Tibet					6	1	102	17000
陕 西	Shaanxi	47300	13614	1234655	25375	84071	22139	1839949	20994
甘 肃	Gansu	19223	5277	401852	20946	14441	3832	456839	31576
青 海	Qinghai	3867	979	104012	26863	1982	486	77178	38589
宁 夏	Ningxia	9812	2372	311505	31936	4894	1248	226944	48153
新 疆	Xinjiang	3138	909	77806	24787	3367	826	87614	25395

地 区	Region	交通运输设备制造业 Manufacture of Transport Equipment				电气机械及器材制造业 Manufacture of Electrical Machinery and Equipment			
		年末人数(人) Year-end Figures (person)	#女 性 Female	工资总额(千元) Total Wages (1000 yuan)	平均工资(元) Average Wage (yuan)	年末人数(人) Year-end Figures (person)	#女 性 Female	工资总额(千元) Total Wages (1000 yuan)	平均工资(元) Average Wage (yuan)
全 国	**National**	**3267378**	**914408**	**129401614**	**40493**	**2319631**	**1024060**	**68893692**	**30088**
北 京	Beijing	130685	31229	6928066	55767	54206	18653	2635628	50423
天 津	Tianjin	100145	36475	4281612	42726	48234	19460	1846145	38215
河 北	Hebei	117999	26681	3631615	31428	49621	18379	1413629	29731
山 西	Shanxi	35298	10847	920452	26773	19844	6262	487230	25801
内蒙古	Inner Mongolia	11263	2365	380901	33912	2806	829	78658	27844
辽 宁	Liaoning	157709	37326	6566959	42084	71674	33602	1942164	27204
吉 林	Jilin	204434	52318	9452924	48140	10366	3648	255401	24513
黑龙江	Heilongjiang	54742	15644	1680376	30759	36953	11004	1141566	31730
上 海	Shanghai	183501	44055	12814918	71003	96150	48635	4296120	44226
江 苏	Jiangsu	227092	63250	9475890	42687	295744	133506	9406013	32871
浙 江	Zhejiang	230451	68420	7578610	33936	389380	185479	11240471	28956
安 徽	Anhui	98439	25132	3631462	38672	68511	29610	1700042	26414
福 建	Fujian	87618	28181	2861990	33307	102948	53470	3080694	28902
江 西	Jiangxi	59892	17001	2046799	35310	50954	23354	1033428	20988
山 东	Shandong	217223	57856	8110142	38372	146401	60008	4141436	28682
河 南	Henan	114767	34595	3280614	29104	72311	24249	1949076	27419
湖 北	Hubei	261331	72163	9895834	38844	63876	24376	1651665	27705
湖 南	Hunan	90521	26257	3352321	38043	40710	12233	1173416	29360
广 东	Guangdong	256188	73827	11563014	45992	531746	260662	14809823	28072
广 西	Guangxi	67175	13906	2947197	46324	14617	5462	327549	22888
海 南	Hainan	7524	1685	189119	26158	4100	1126	73348	21447
重 庆	Chongqing	195243	62286	6364056	33608	25057	9775	736581	31144
四 川	Sichuan	110007	33518	3639466	33370	43126	15097	1566682	36796
贵 州	Guizhou	46961	17042	1635619	34327	4007	1538	97556	23650
云 南	Yunnan	19271	6064	645271	33384	10405	3034	297956	29757
西 藏	Tibet								
陕 西	Shaanxi	163752	51625	5017094	30160	41225	13362	837484	18811
甘 肃	Gansu	12381	3341	330169	26605	14759	4852	341918	23350
青 海	Qinghai	823	173	17862	19543	1213	262	19457	15430
宁 夏	Ningxia	305	120	6214	19603	3944	1187	108078	27970
新 疆	Xinjiang	4638	1026	155048	32389	4743	946	204478	37457

地区 Region		通信设备、计算机及其他电子设备制造业 Manufacture of Communication Equipment, Computer and Other Electronic Equipment				仪器仪表及文化、办公用机械制造业 Manufacture of Measuring Instrument and Machinery for Cultural Activity & Office Work			
		年末人数（人）Year-end Figures (person)	#女性 Female	工资总额（千元）Total Wages (1000 yuan)	平均工资（元）Average Wage (yuan)	年末人数（人）Year-end Figures (person)	#女性 Female	工资总额（千元）Total Wages (1000 yuan)	平均工资（元）Average Wage (yuan)
全国	**National**	**3579060**	**1878120**	**127082553**	**36156**	**710621**	**335996**	**23204245**	**32993**
北京	Beijing	106797	46854	6868855	64343	31852	11238	1902943	59918
天津	Tianjin	137026	74444	6193439	46425	15949	7361	683531	41097
河北	Hebei	60613	24871	1223645	24802	8542	3283	188200	22631
山西	Shanxi	7004	3020	151080	21694	2867	1331	51810	18745
内蒙古	Inner Mongolia	2724	1526	48447	17077	159	7	4821	30321
辽宁	Liaoning	57481	29795	1769823	30699	24300	11261	601094	25695
吉林	Jilin	3306	1792	102439	30837	6035	2237	192361	32521
黑龙江	Heilongjiang	8097	3484	319043	39223	10040	4664	200239	21078
上海	Shanghai	268939	149182	11252366	42283	72078	32679	3808896	52606
江苏	Jiangsu	673470	374647	22812223	34693	76081	37599	2521273	33734
浙江	Zhejiang	246449	124667	8273080	34172	71761	31879	2066057	29539
安徽	Anhui	26411	12476	643868	27692	4542	2244	146355	35148
福建	Fujian	216970	120372	7266699	34519	38679	22680	960715	24615
江西	Jiangxi	30718	19466	577476	19766	13697	7496	332380	25931
山东	Shandong	203202	107768	6651404	30856	28972	9841	1069284	36910
河南	Henan	20264	7860	517096	25657	19680	7693	485190	24829
湖北	Hubei	68504	28756	2824070	41860	16395	6969	496323	30974
湖南	Hunan	51395	33281	1116144	23972	17199	5473	674338	40372
广东	Guangdong	1165814	604862	42423503	36909	170459	100113	4644696	27554
广西	Guangxi	36962	27953	720246	21106	2022	926	68923	27124
海南	Hainan	2233	1063	79654	35355	583	298	10335	19875
重庆	Chongqing	11454	6961	326302	29288	14565	5786	480389	33149
四川	Sichuan	101540	46469	2863288	28389	8595	3314	217863	25844
贵州	Guizhou	9905	4587	399564	40722	2830	1476	49876	17668
云南	Yunnan	2224	691	71115	32863	3780	1753	53036	14147
西藏	Tibet								
陕西	Shaanxi	44712	18276	1248770	28541	45005	15174	1193749	26243
甘肃	Gansu	10957	2241	185997	16872	1129	469	19319	17066
青海	Qinghai	78		1236	14541	625	36	16153	25082
宁夏	Ningxia					2069	681	60436	29978
新疆	Xinjiang	3811	756	151681	45964	131	35	3660	26912

地 区	Region	工艺品及其他制造业 Manufacture of Artwork, Other Manufacture n.e.c 年末人数(人) Year-end Figures (person)	#女 性 Female	工资总额(千元) Total Wages (1000 yuan)	平均工资(元) Average Wage (yuan)	废弃资源和废旧材料回收加工业 Recycling and Disposal of Waste 年末人数(人) Year-end Figures (person)	#女 性 Female	工资总额(千元) Total Wages (1000 yuan)	平均工资(元) Average Wage (yuan)
全 国	**National**	**559704**	**311799**	**13709863**	**24265**	**39509**	**9469**	**1250513**	**31307**
北 京	Beijing	13586	5218	684739	50319	1412	287	54265	38513
天 津	Tianjin	11176	6226	339115	30240	975	439	33438	34508
河 北	Hebei	6936	4552	144680	20551	852	204	24470	27189
山 西	Shanxi	4979	2344	83931	17094	512	163	3372	6573
内蒙古	Inner Mongolia	2310	951	53154	22609	413	248	3798	9196
辽 宁	Liaoning	9986	5557	194585	19464	542	150	8720	16484
吉 林	Jilin	1325	520	22234	16555	2221	295	56894	24077
黑龙江	Heilongjiang	4306	2878	66365	15434	349	84	8319	17477
上 海	Shanghai	11952	5533	605729	48794	1005	126	86180	83025
江 苏	Jiangsu	25168	15613	607640	24015	1698	498	71459	39113
浙 江	Zhejiang	76388	41729	1780260	23337	6513	2362	171633	28477
安 徽	Anhui	3643	1960	73841	20783	1395	748	40913	27851
福 建	Fujian	125699	70134	3011215	23534	775	188	25808	33301
江 西	Jiangxi	25051	10867	632122	24663	4	1	43	10750
山 东	Shandong	63734	41197	1431529	22313	1039	382	26872	25232
河 南	Henan	32694	22046	868071	27889	1521	489	30362	20336
湖 北	Hubei	6235	2984	117421	19412	4860	1485	125552	24896
湖 南	Hunan	6454	3113	124289	19351	1228	205	28954	23350
广 东	Guangdong	104674	57536	2382466	22075	2760	616	60497	20633
广 西	Guangxi	5256	2267	73674	14009	89	38	1334	15333
海 南	Hainan	606	282	9976	16142				
重 庆	Chongqing	2650	1636	52002	19773	311	108	5984	19684
四 川	Sichuan	1877	990	50437	26490	438	202	6861	15700
贵 州	Guizhou	4485	1716	153222	34595	504	107	16601	30517
云 南	Yunnan	1597	637	28981	19218	103	25	1149	11969
西 藏	Tibet	429	259	6193	14710	1		36	12000
陕 西	Shaanxi	2640	1026	48334	17007	85	7	1354	16119
甘 肃	Gansu	1553	924	15065	10010	7841		353452	45077
青 海	Qinghai	1540	547	38060	23937				
宁 夏	Ningxia	213	124	5380	25377				
新 疆	Xinjiang	562	433	5153	10084	63	12	2193	35371

地区	Region	电力、燃气及水的生产和供应业 Production and Distribution of Electricity,Gas and Water				电力、热力的生产和供应业 Production and Supply of Electric Power and Heat Power			
		年末人数(人) Year-end Figures (person)	#女性 Female	工资总额(千元) Total Wages (1000 yuan)	平均工资(元) Average Wage (yuan)	年末人数(人) Year-end Figures (person)	#女性 Female	工资总额(千元) Total Wages (1000 yuan)	平均工资(元) Average Wage (yuan)
全国	**National**	**3105096**	**915658**	**146827785**	**47309**	**2373539**	**639639**	**121784650**	**51273**
北京	Beijing	67987	19126	5715715	85178	49319	12772	4602262	93622
天津	Tianjin	32754	9046	2682343	82607	22669	5525	2153649	94870
河北	Hebei	199376	53094	9042555	45478	164114	38289	8106610	49514
山西	Shanxi	99414	30333	4236357	43023	75073	20623	3739492	50271
内蒙古	Inner Mongolia	101427	32492	4965955	48860	85108	25800	4493180	52939
辽宁	Liaoning	165861	42931	7035947	42658	120123	26946	5846844	48923
吉林	Jilin	81981	21442	2698494	33044	60961	14468	2238673	36864
黑龙江	Heilongjiang	143476	42294	5245717	36613	97902	25439	3700516	37814
上海	Shanghai	54099	12072	5161074	93049	30237	5289	3338787	107668
江苏	Jiangsu	129007	34005	8504670	66131	91553	20166	6991714	76472
浙江	Zhejiang	125864	29950	9656427	77180	93992	19516	8150582	87157
安徽	Anhui	95966	25871	3837504	40467	75408	17851	3287663	44190
福建	Fujian	92339	27109	4704834	50529	74575	20655	4019919	53367
江西	Jiangxi	94785	29451	3544497	37312	78777	22976	3142891	39712
山东	Shandong	203573	60313	8474541	42025	158830	42623	7116964	45304
河南	Henan	210900	69748	7887189	37196	157264	46899	6393042	40586
湖北	Hubei	118585	38747	4597400	39067	88082	26329	3788107	43293
湖南	Hunan	121841	39341	4416733	36134	94324	29190	3594582	37884
广东	Guangdong	187585	52138	11100682	58158	131494	32635	8649764	63805
广西	Guangxi	89565	26698	3526358	39264	72805	20396	3038462	41592
海南	Hainan	19513	6168	793989	40553	13437	3788	633478	46883
重庆	Chongqing	66151	22447	3328574	50326	45803	14101	2467253	53430
四川	Sichuan	152647	50728	6135291	39844	118294	37837	4938364	41311
贵州	Guizhou	69803	21063	3338146	47822	57430	16129	3016120	52471
云南	Yunnan	84928	27147	3735109	44110	72836	22484	3354763	46238
西藏	Tibet	7672	2747	314673	41225	5212	1635	205844	39761
陕西	Shaanxi	110181	33366	4373917	39677	88575	24826	3778450	42540
甘肃	Gansu	68085	21673	2538834	37624	55790	16617	2202627	39867
青海	Qinghai	12350	3657	590315	44721	10346	2799	528964	47453
宁夏	Ningxia	36833	11053	2045303	55543	31850	9048	1911972	59745
新疆	Xinjiang	60548	19408	2598642	43855	51356	15988	2353112	46888

3-2 续表 24 continued

地　区	Region	燃气生产和供应业 Production and Distribution of Gas 年末人数（人） Year-end Figures (person)	#女性 Female	工资总额（千元） Total Wages (1000 yuan)	平均工资（元） Average Wage (yuan)	水的生产和供应业 Production and Distribution of Water 年末人数（人） Year-end Figures (person)	#女性 Female	工资总额（千元） Total Wages (1000 yuan)	平均工资（元） Average Wage (yuan)
全　国	**National**	**189450**	**64237**	**7606525**	**40505**	**542107**	**211782**	**17436610**	**32255**
北　京	Beijing	8926	2625	608934	68343	9742	3729	504519	55841
天　津	Tianjin	5679	1858	267662	48835	4406	1663	261032	60861
河　北	Hebei	9824	3481	277550	28411	25438	11324	658395	25980
山　西	Shanxi	6828	2633	117572	17421	17513	7077	379293	21884
内蒙古	Inner Mongolia	1897	610	55875	23310	14422	6082	416900	29022
辽　宁	Liaoning	14149	4685	378333	27039	31589	11300	810770	25791
吉　林	Jilin	4827	1389	135436	28724	16193	5585	324385	19998
黑龙江	Heilongjiang	8619	3033	254832	29805	36955	13822	1290369	35005
上　海	Shanghai	10914	2445	910141	81379	12948	4338	912146	68727
江　苏	Jiangsu	8296	2661	372395	45732	29158	11178	1140561	39286
浙　江	Zhejiang	5134	1570	261025	52059	26738	8864	1244820	46822
安　徽	Anhui	6067	2148	180472	30542	14491	5872	369369	25433
福　建	Fujian	2630	736	127418	49425	15134	5718	557497	36661
江　西	Jiangxi	2201	853	70103	34415	13807	5622	331503	23994
山　东	Shandong	12410	4242	461403	37075	32333	13448	896174	27904
河　南	Henan	14903	6121	460311	31157	38733	16728	1033836	26009
湖　北	Hubei	6056	2092	169683	28351	24447	10326	639610	26435
湖　南	Hunan	4290	1354	181425	43104	23227	8797	640726	27692
广　东	Guangdong	11278	3248	570075	52000	44813	16255	1880843	42416
广　西	Guangxi	1575	306	55976	36754	15185	5996	431920	28351
海　南	Hainan	1226	302	50248	40852	4850	2078	110263	22796
重　庆	Chongqing	9613	3865	444570	47477	10735	4481	416751	39320
四　川	Sichuan	14535	5357	544937	37980	19818	7534	651990	32447
贵　州	Guizhou	3028	996	88785	28576	9345	3938	233241	25314
云　南	Yunnan	3127	1031	134671	41655	8965	3632	245675	27638
西　藏	Tibet	1852	805	91750	49541	608	307	17079	28276
陕　西	Shaanxi	4809	1887	182472	38733	16797	6653	412995	24723
甘　肃	Gansu	1562	724	61321	40105	10733	4332	274886	25685
青　海	Qinghai	39	13	1272	31800	1965	845	60079	29846
宁　夏	Ningxia	893	358	29099	32622	4090	1647	104232	26522
新　疆	Xinjiang	2263	809	60779	28151	6929	2611	184751	26737

3-2 续表 25 continued

地区	Region	建筑业 Construction				房屋和土木工程建筑业 Construction of Building and Civil Engineering			
		年末人数(人) Year-end Figures (person)	#女性 Female	工资总额(千元) Total Wages (1000 yuan)	平均工资(元) Average Wage (yuan)	年末人数(人) Year-end Figures (person)	#女性 Female	工资总额(千元) Total Wages (1000 yuan)	平均工资(元) Average Wage (yuan)
全国	**National**	**12675144**	**1658631**	**347154830**	**27529**	**11012191**	**1385607**	**296563039**	**27048**
北京	Beijing	393501	68522	17978599	46421	283116	46446	13903637	49388
天津	Tianjin	102114	18228	5695001	53686	57832	10937	3072713	50885
河北	Hebei	365283	48474	8958613	23159	320557	39576	7602838	22183
山西	Shanxi	225162	40765	6023794	25936	201610	35389	5628320	27115
内蒙古	Inner Mongolia	135521	20826	4290475	24946	125102	18722	3938604	24449
辽宁	Liaoning	311940	58271	9486916	27535	252600	44939	7785497	27436
吉林	Jilin	134348	30903	3069600	21165	102093	16749	2557937	22698
黑龙江	Heilongjiang	270259	54902	7165379	22904	219692	43640	5821530	22321
上海	Shanghai	113395	17729	7868919	69051	78487	12471	5561818	70024
江苏	Jiangsu	523463	68397	15362583	29679	447061	58689	12810507	28858
浙江	Zhejiang	1801993	124147	49347077	28595	1686659	111927	45643414	28439
安徽	Anhui	421286	54280	11503356	28046	357678	44917	9895406	28434
福建	Fujian	624024	95608	16441810	30138	507535	81337	13381703	30740
江西	Jiangxi	294090	42043	7381970	25293	257601	34548	6364348	24907
山东	Shandong	802723	94429	21069877	25807	684833	79330	17508506	25367
河南	Henan	936620	114592	21660085	24151	790176	93272	18002790	23880
湖北	Hubei	724781	92949	19622985	27661	633482	77291	17196954	27716
湖南	Hunan	755701	85429	17331870	23674	676090	75972	15443302	23602
广东	Guangdong	643889	78751	18227507	29019	539890	62641	14249760	26998
广西	Guangxi	305035	29840	7780859	27688	283227	26870	7205694	27552
海南	Hainan	67549	5744	1656364	25237	60561	4816	1462337	24913
重庆	Chongqing	479505	69914	12452640	27730	440455	63715	11389558	27657
四川	Sichuan	999073	158460	23690075	24036	898143	140814	21339173	23910
贵州	Guizhou	232870	21717	5397673	25437	211112	19033	4795282	25029
云南	Yunnan	376134	59039	7546626	21002	334596	51622	6538799	20464
西藏	Tibet	7769	2412	193986	27908	7748	2401	192762	27816
陕西	Shaanxi	252309	40099	6622098	25357	224742	35142	5685020	24351
甘肃	Gansu	153922	20756	3263918	20836	137648	16775	2749115	19553
青海	Qinghai	40593	9081	1142079	26423	35135	8005	922571	24690
宁夏	Ningxia	30200	4448	1274316	25284	27123	4214	1151356	25227
新疆	Xinjiang	150092	27876	7647780	28908	129607	23407	6761788	28148

3-2 续表 26 continued

地 区	Region	建筑安装业 Architectural Installation 年末人数(人) Year-end Figures (person)	#女 性 Female	工资总额(千元) Total Wages (1000 yuan)	平均工资(元) Average Wage (yuan)	建筑装饰业 Architectural Decoration 年末人数(人) Year-end Figures (person)	#女 性 Female	工资总额(千元) Total Wages (1000 yuan)	平均工资(元) Average Wage (yuan)
全 国	**National**	**1030706**	**178782**	**33195992**	**32520**	**307117**	**51880**	**8297842**	**27460**
北 京	Beijing	63965	12402	2652253	42735	34120	7679	1011691	32034
天 津	Tianjin	36102	5797	2373743	62619	3119	703	103968	32777
河 北	Hebei	36079	7427	1106445	30921	3517	503	70995	23125
山 西	Shanxi	18429	4532	292885	16000	2283	383	40512	17706
内蒙古	Inner Mongolia	9070	1884	311173	33135	387	70	7993	22141
辽 宁	Liaoning	47484	11181	1450548	29917	7835	1432	173675	20983
吉 林	Jilin	27489	13266	415501	15101	2458	495	50399	20371
黑龙江	Heilongjiang	35860	7588	1021618	27529	7318	2902	173682	22066
上 海	Shanghai	25328	3871	1923193	76112	6855	914	266931	39835
江 苏	Jiangsu	54416	6051	1955791	37250	14138	2176	390930	28764
浙 江	Zhejiang	47137	5774	1542686	32406	41449	3819	1463006	31511
安 徽	Anhui	43895	6876	1183457	27554	7047	1090	149545	21425
福 建	Fujian	50200	7391	1428837	28739	14550	2809	399384	31102
江 西	Jiangxi	13976	2549	260440	19458	6295	1211	122425	19180
山 东	Shandong	87442	12127	2815206	29325	10929	1633	297359	27074
河 南	Henan	95083	13509	2440476	25990	22755	3629	547323	25879
湖 北	Hubei	51859	10796	1489052	30077	10839	1525	306518	28689
湖 南	Hunan	37325	4956	924617	25402	10655	1485	276145	25607
广 东	Guangdong	47378	7391	1801817	39021	46981	7465	1250465	29374
广 西	Guangxi	15428	1785	397891	30504	2669	170	60818	19393
海 南	Hainan	2328	421	71066	30885	3970	396	107809	27218
重 庆	Chongqing	19042	3016	543341	29317	8345	1455	223739	26957
四 川	Sichuan	72081	11938	1676411	26576	16881	3633	396800	23087
贵 州	Guizhou	16355	1742	487600	32195	1888	463	38642	19196
云 南	Yunnan	22815	4167	624597	30156	12246	2179	219274	17689
西 藏	Tibet								
陕 西	Shaanxi	18340	3043	701425	37371	4992	1346	113099	24023
甘 肃	Gansu	14025	3709	470348	33156	1520	68	13431	11917
青 海	Qinghai	3486	620	103463	28581	162	49	2432	17371
宁 夏	Ningxia	2679	125	101617	25837	241	75	9958	27738
新 疆	Xinjiang	15610	2848	628495	35959	673	123	8894	13374

3-2 续表 27 continued

地区	Region	其他建筑业 Other Construction 年末人数(人) Year-end Figures (person)	#女性 Female	工资总额(千元) Total Wages (1000 yuan)	平均工资(元) Average Wage (yuan)	交通运输、仓储和邮政业 Traffic, Transport, Storage and Post 年末人数(人) Year-end Figures (person)	#女性 Female	工资总额(千元) Total Wages (1000 yuan)	平均工资(元) Average Wage (yuan)
全国	**National**	**325130**	**42362**	**9097957**	**28147**	**6311113**	**1688437**	**254194868**	**40466**
北京	Beijing	12300	1995	411018	33879	510042	123164	26054397	51342
天津	Tianjin	5061	791	144577	31334	124988	25893	6979940	55912
河北	Hebei	5130	968	178335	34033	251018	67176	8314590	33141
山西	Shanxi	2840	461	62077	15178	203545	53608	7747447	37888
内蒙古	Inner Mongolia	962	150	32705	28588	162826	39445	6451995	39991
辽宁	Liaoning	4021	719	77196	19280	302229	76898	11590634	38451
吉林	Jilin	2308	393	45763	19465	145051	38814	4445459	30422
黑龙江	Heilongjiang	7389	772	148549	21056	251840	46418	7795733	31501
上海	Shanghai	2725	473	116977	45658	363014	71498	21496793	58405
江苏	Jiangsu	7848	1481	205355	26971	312346	98279	11980861	38584
浙江	Zhejiang	26748	2627	697971	26098	252133	66243	12109957	48359
安徽	Anhui	12666	1397	274948	22500	151386	45049	4443093	29408
福建	Fujian	51739	4071	1231886	25846	166591	43157	6505165	39741
江西	Jiangxi	16218	3735	634757	38321	152611	41464	5860991	38628
山东	Shandong	19519	1339	448806	23340	346895	97137	13626396	39435
河南	Henan	28606	4182	669496	23966	291456	85710	9208739	31748
湖北	Hubei	28601	3337	630461	21924	254154	71894	8778588	34668
湖南	Hunan	31631	3016	687806	22482	210287	61453	6957065	32921
广东	Guangdong	9640	1254	925465	79995	560969	151730	27426850	49623
广西	Guangxi	3711	1015	116456	35172	180035	45141	6047321	33697
海南	Hainan	690	111	15152	22548	43013	12721	1798111	42036
重庆	Chongqing	11663	1728	296002	28388	143128	41582	4737047	33613
四川	Sichuan	11968	2075	277691	21562	230645	73732	8384003	36496
贵州	Guizhou	3515	479	76149	22072	94925	29066	3047307	32106
云南	Yunnan	6477	1071	163956	24508	134067	38569	4809806	35897
西藏	Tibet	21	11	1224	58286	6922	3252	271074	39032
陕西	Shaanxi	4235	568	122554	29083	191082	51050	6765814	35846
甘肃	Gansu	729	204	31024	41868	101369	31475	3170054	30928
青海	Qinghai	1810	407	113613	54179	32740	11949	1422979	43523
宁夏	Ningxia	157	34	11385	24275	28744	8737	1038758	36498
新疆	Xinjiang	4202	1498	248603	40208	111062	36133	4927901	45572

3-2 续表 28 continued

地区	Region	铁路运输业 Transport Via Railway 年末人数(人) Year-end Figures (person)	#女性 Female	工资总额(千元) Total Wages (1000 yuan)	平均工资(元) Average Wage (yuan)	道路运输业 Transport Via Road 年末人数(人) Year-end Figures (person)	#女性 Female	工资总额(千元) Total Wages (1000 yuan)	平均工资(元) Average Wage (yuan)
全国	**National**	**1756385**	**315864**	**85103395**	**48274**	**1616625**	**504146**	**44304256**	**27540**
北京	Beijing	116901	17138	6644062	55895	51532	15237	1915958	37198
天津	Tianjin	19804	4315	1055963	53026	17526	3769	847958	48784
河北	Hebei	60233	8537	2626940	43690	90642	27288	2168356	24032
山西	Shanxi	107817	17248	5697842	52655	45638	14760	910240	19825
内蒙古	Inner Mongolia	92318	12581	4461676	48831	33012	11227	928628	28024
辽宁	Liaoning	102274	14140	4722208	44975	65815	21900	1336549	20194
吉林	Jilin	69227	13775	2588519	36461	26025	8234	445635	17195
黑龙江	Heilongjiang	118915	1236	4675875	41000	64412	22163	1405700	21581
上海	Shanghai	27223	3885	1783602	63548	24698	3209	1027257	40709
江苏	Jiangsu	61423	27107	2486999	40708	81189	23203	2581150	32011
浙江	Zhejiang	25788	3891	1610281	58907	89728	24636	3368922	38155
安徽	Anhui	37140	5414	1743184	47841	51578	18367	1072796	20802
福建	Fujian	33765	5119	1597274	47656	41650	10944	1189248	28936
江西	Jiangxi	64038	10899	3316223	51887	48205	15829	1514448	31925
山东	Shandong	70233	11049	3479478	49115	104576	36276	3066350	29473
河南	Henan	103114	20239	4962423	48326	93380	31209	2108155	22675
湖北	Hubei	88502	19199	4117257	46189	62321	20353	1411224	22672
湖南	Hunan	76653	14589	3623021	46384	62099	21617	1416423	22886
广东	Guangdong	60660	13954	3663243	59690	171423	48686	5874221	35037
广西	Guangxi	53163	7656	2545032	48231	59559	18542	1423431	23869
海南	Hainan	4253	893	231850	57417	11895	3438	358741	29875
重庆	Chongqing	25009	4618	1219413	48565	49304	14873	1276792	26473
四川	Sichuan	54950	13951	2592362	47079	78388	25874	1908442	24378
贵州	Guizhou	29146	6635	1449206	49415	25472	7796	480183	18794
云南	Yunnan	41108	9129	2322021	55559	44379	14884	979521	21829
西藏	Tibet	162	52	5436	33556	2840	834	109340	38258
陕西	Shaanxi	101513	21449	4135693	40865	45847	14335	1173754	25764
甘肃	Gansu	45864	11449	1798793	38396	28393	9691	699849	24575
青海	Qinghai	13108	3719	794788	59517	9204	3727	293797	32579
宁夏	Ningxia	12046	2421	574926	47226	8188	2815	214299	26346
新疆	Xinjiang	40035	9577	2577805	64389	27707	8430	796889	28882

地 区	Region	城市公共交通业 Urban Public Traffic				水上运输业 Water Transport			
		年末人数 (人) Year-end Figures (person)	#女 性 Female	工资总额 (千元) Total Wages (1000 yuan)	平均工资 (元) Average Wage (yuan)	年末人数 (人) Year-end Figures (person)	#女 性 Female	工资总额 (千元) Total Wages (1000 yuan)	平均工资 (元) Average Wage (yuan)
全 国	**National**	**1119633**	**314055**	**34579179**	**31350**	**444930**	**78820**	**25142024**	**56482**
北 京	Beijing	217499	50264	6900044	32202	95	24	15237	158719
天 津	Tianjin	23001	5665	857028	38864	23780	3415	2195003	91519
河 北	Hebei	29679	11502	636824	21685	26909	5280	1619214	59268
山 西	Shanxi	17067	7642	317398	18851	42	10	1061	24674
内蒙古	Inner Mongolia	12440	4676	334033	27330	178	62	9605	52201
辽 宁	Liaoning	38102	14039	803034	21170	31549	7259	1499204	52929
吉 林	Jilin	17992	6860	417579	23784	181	43	5678	31370
黑龙江	Heilongjiang	12061	3940	238074	19319	3235	667	87721	27041
上 海	Shanghai	159943	25429	5394780	33528	55668	6697	5095692	88818
江 苏	Jiangsu	43708	12899	1604642	37475	58536	12915	2227214	37738
浙 江	Zhejiang	46627	12400	1844204	39741	22970	4164	1695946	72931
安 徽	Anhui	24301	8424	583513	23975	8283	1939	203645	24091
福 建	Fujian	29511	7117	880566	31263	12716	1971	575639	45380
江 西	Jiangxi	12956	4312	317724	24521	3475	695	78347	22334
山 东	Shandong	51122	17185	1466147	29018	50869	7932	2788813	54880
河 南	Henan	39597	16032	888051	22769	1386	323	32692	23656
湖 北	Hubei	38939	12196	975042	25708	18351	2921	630146	34478
湖 南	Hunan	25477	9467	569826	22428	4368	1052	108291	25302
广 东	Guangdong	128174	33328	5315358	42869	72695	8281	4909230	67138
广 西	Guangxi	16264	3473	425291	25902	16439	4374	450680	28022
海 南	Hainan	3375	1022	77729	23851	4969	882	233838	47003
重 庆	Chongqing	19376	6699	649558	34775	21585	6065	536384	24968
四 川	Sichuan	32556	10603	937657	29118	4665	1396	109380	21638
贵 州	Guizhou	13043	4124	303646	23493	1212	186	16812	13792
云 南	Yunnan	14597	3863	362327	25608	504	190	9391	18633
西 藏	Tibet	401	198	10747	26276	24	6	1143	47625
陕 西	Shaanxi	18651	6515	703627	42189	139	36	3209	23254
甘 肃	Gansu	12664	4912	328301	25951	60	24	1051	17517
青 海	Qinghai	4192	1964	77463	18261				
宁 夏	Ningxia	4055	1726	93136	24311	47	11	1758	37404
新 疆	Xinjiang	12263	5579	265830	21170				

3-2 续表 30 continued

地区	Region	航空运输业 Air Transport 年末人数(人) Year-end Figures (person)	#女性 Female	工资总额(千元) Total Wages (1000 yuan)	平均工资(元) Average Wage (yuan)	管道运输业 Transport Via Pipeline 年末人数(人) Year-end Figures (person)	#女性 Female	工资总额(千元) Total Wages (1000 yuan)	平均工资(元) Average Wage (yuan)
全国	**National**	**272023**	**99028**	**24521814**	**91913**	**27341**	**7483**	**1397356**	**52167**
北京	Beijing	37309	13054	5194770	143032	2325	490	53810	25251
天津	Tianjin	3868	703	334291	86964	216	52	23628	109389
河北	Hebei	1943	718	127911	66275	1694	335	126837	76824
山西	Shanxi	3373	1266	223993	64719				
内蒙古	Inner Mongolia	3746	1953	163476	43969				
辽宁	Liaoning	9949	3611	918160	87369	2418	592	131067	53981
吉林	Jilin	4700	1396	285525	61403	1245	284	70232	56321
黑龙江	Heilongjiang	4188	1476	289954	69617	521	141	33130	64961
上海	Shanghai	36763	14812	4493961	122321				
江苏	Jiangsu	8574	2633	784618	92265	11291	3685	565871	51002
浙江	Zhejiang	8385	2527	697292	85831				
安徽	Anhui	2601	870	144733	55817				
福建	Fujian	11707	4101	754731	66784				
江西	Jiangxi	2587	782	180674	74751				
山东	Shandong	11033	3851	927559	86244	1507	251	75099	51438
河南	Henan	281	12	17981	63989				
湖北	Hubei	5853	2204	522099	90017	1035	282	60684	58802
湖南	Hunan	3954	1645	248629	64212	124	30	2882	22693
广东	Guangdong	44182	17210	3829192	88743	176	24	14451	82108
广西	Guangxi	4140	1434	234477	58342				
海南	Hainan	9634	3708	593753	61965				
重庆	Chongqing	7093	2501	440420	65519	1027	315	33518	32573
四川	Sichuan	17673	5612	1480560	87566	735	298	27195	37000
贵州	Guizhou	4043	1717	269299	67851				
云南	Yunnan	11519	3760	602221	55361	222	54	11449	53251
西藏	Tibet	870	364	54689	62861				
陕西	Shaanxi	604	191	31460	55485	2066	476	106208	52814
甘肃	Gansu	1153	368	65943	55554				
青海	Qinghai	162	68	7248	45873	549	139	52521	97442
宁夏	Ningxia	1253	463	58631	50983				
新疆	Xinjiang	8883	4018	543564	62818	190	35	8774	47685

3-2 续表 31 continued

地区 Region	装卸搬运和其他运输服务业 Loading, Unloading,Portage and Other Transport Services 年末人数(人) Year-end Figures (person)	#女性 Female	工资总额(千元) Total Wages (1000 yuan)	平均工资(元) Average Wage (yuan)	仓储业 Storage 年末人数(人) Year-end Figures (person)	#女性 Female	工资总额(千元) Total Wages (1000 yuan)	平均工资(元) Average Wage (yuan)
全　国 National	**285980**	**83610**	**12109396**	**42935**	**254309**	**73671**	**7729214**	**30407**
北　京 Beijing	32614	12382	2249746	68873	13883	3802	527770	38824
天　津 Tianjin	23111	4216	1001519	42796	9931	2615	455341	44105
河　北 Hebei	4152	850	97949	23855	8428	2829	188785	22595
山　西 Shanxi	4455	1459	79515	17865	8382	2988	121817	14469
内蒙古 Inner Mongolia	1659	422	39502	27818	6229	1934	125511	20495
辽　宁 Liaoning	22876	3925	1238507	56685	10417	2755	301445	28728
吉　林 Jilin	1862	687	43748	23571	12011	2874	288269	24137
黑龙江 Heilongjiang	6706	2301	122008	18639	20258	4759	297511	14688
上　海 Shanghai	18208	6015	1198792	62340	13963	3679	795420	56178
江　苏 Jiangsu	8714	2411	316374	36244	8035	2106	314333	39043
浙　江 Zhejiang	16084	5303	732180	47037	8634	1865	370091	43255
安　徽 Anhui	3539	993	67597	18186	5773	1809	131059	22682
福　建 Fujian	13263	3223	657923	50135	5076	1268	186151	36422
江　西 Jiangxi	2341	552	36381	14777	5610	2043	109579	19502
山　东 Shandong	12770	4069	520569	41499	20846	6429	588386	28322
河　南 Henan	7023	2369	146049	21057	23217	7723	522094	22393
湖　北 Hubei	13801	5750	372663	27130	7562	1952	201716	26700
湖　南 Hunan	13100	3055	328144	24969	6228	1892	167531	26554
广　东 Guangdong	28095	10528	1388008	49767	19956	6044	897192	45478
广　西 Guangxi	7972	1656	265026	32226	5688	1750	167130	30059
海　南 Hainan	5296	1330	177971	33378	383	127	5612	14926
重　庆 Chongqing	3112	666	53864	17466	5654	1291	177861	31220
四　川 Sichuan	11679	2855	409794	35678	5020	1560	137882	27532
贵　州 Guizhou	5144	1976	100919	19452	3409	1217	87039	26067
云　南 Yunnan	6900	1043	116158	17394	2372	810	67631	27958
西　藏 Tibet					230	62	10463	45491
陕　西 Shaanxi	2688	930	70347	26180	7077	2352	159993	22218
甘　肃 Gansu	84	71	1988	23667	3727	991	76501	20477
青　海 Qinghai	1744	520	71053	44050	1550	619	56319	36571
宁　夏 Ningxia	719	270	25629	39858	424	129	12588	27605
新　疆 Xinjiang	6269	1783	179473	49157	4336	1397	180194	43243

3-2 续表 32 continued

地区	Region	邮政业 Post 年末人数(人) Year-end Figures (person)	#女性 Female	工资总额(千元) Total Wages (1000 yuan)	平均工资(元) Average Wage (yuan)	信息传输、计算机服务和软件业 Information Transfer, Computer Services & Software 年末人数(人) Year-end Figures (person)	#女性 Female	工资总额(千元) Total Wages (1000 yuan)	平均工资(元) Average Wage (yuan)
全国	**National**	**533887**	**211760**	**19308234**	**36287**	**1857708**	**713377**	**117165393**	**64436**
北京	Beijing	37884	10773	2553000	67156	417332	151004	42025620	105560
天津	Tianjin	3751	1143	209209	56224	22414	7874	1592216	73276
河北	Hebei	27338	9837	721774	25964	62510	24979	2414848	38840
山西	Shanxi	16771	8235	395581	23067	41225	18311	1373229	33916
内蒙古	Inner Mongolia	13244	6590	389564	29598	39103	20247	1446053	37530
辽宁	Liaoning	18829	8677	640460	34211	70266	27514	3806516	56013
吉林	Jilin	11808	4661	300274	25486	52094	18472	1743830	33772
黑龙江	Heilongjiang	21544	9735	645760	30394	55829	22154	2248082	40416
上海	Shanghai	26548	7772	1707289	64780	67134	25947	7710439	115524
江苏	Jiangsu	30876	11320	1099660	35975	86533	34755	4963534	58902
浙江	Zhejiang	33917	11457	1791041	54469	111581	46373	8225108	77125
安徽	Anhui	18171	7233	496566	27287	38045	15167	1375268	36316
福建	Fujian	18903	9414	663633	35513	46460	17072	2648687	59117
江西	Jiangxi	13399	6352	307615	22929	33218	13767	1066584	32566
山东	Shandong	23939	10095	713995	30020	65508	23516	3301994	50315
河南	Henan	23458	7803	531294	22627	48658	18105	1708696	35042
湖北	Hubei	17790	7037	487757	27862	45379	15849	1730495	39222
湖南	Hunan	18284	8106	492318	27067	56700	23150	2191513	39592
广东	Guangdong	35608	13675	1535955	43117	175707	63742	11746386	68204
广西	Guangxi	16810	6256	536254	32009	35717	13031	1508004	42633
海南	Hainan	3208	1321	118617	36998	7274	2460	447997	60215
重庆	Chongqing	10968	4554	349237	32049	28598	9479	1794409	62634
四川	Sichuan	24979	11583	780731	31254	63230	20916	2717584	42615
贵州	Guizhou	13456	5415	340203	25394	27144	12117	1002882	37097
云南	Yunnan	12466	4836	339087	27173	35102	14217	1284093	37346
西藏	Tibet	2395	1736	79256	33134	3662	1715	189156	51682
陕西	Shaanxi	12497	4766	381523	30032	70856	31492	3078140	42498
甘肃	Gansu	9424	3969	197628	20906	17716	5850	441240	24896
青海	Qinghai	2231	1193	69790	31282	7827	3587	319508	41668
宁夏	Ningxia	2012	902	57791	28525	6423	3001	272951	42469
新疆	Xinjiang	11379	5314	375372	33228	18463	7514	790331	43124

地 区	Region	电信和其他信息传输服务业 Telecom and Other Information Transfer Services 年末人数(人) Year-end Figures (person)	#女 性 Female	工资总额(千元) Total Wages (1000 yuan)	平均工资(元) Average Wage (yuan)	计算机服务业 Computer Services 年末人数(人) Year-end Figures (person)	#女 性 Female	工资总额(千元) Total Wages (1000 yuan)	平均工资(元) Average Wage (yuan)
全 国	**National**	**1210936**	**496388**	**65736286**	**54785**	**200970**	**66782**	**15194665**	**76839**
北 京	Beijing	89462	36089	9960993	115687	100454	34674	10941126	110416
天 津	Tianjin	13192	4187	978164	75162	2536	940	98877	44985
河 北	Hebei	61439	24579	2388909	39073	418	111	7597	18395
山 西	Shanxi	39949	17893	1336515	34078	713	198	19023	26793
内蒙古	Inner Mongolia	38661	20071	1427349	37474	240	102	11171	46546
辽 宁	Liaoning	45664	17215	2234643	49894	3108	1330	154472	51405
吉 林	Jilin	36816	15549	1353932	36758	11671	1745	278308	24725
黑龙江	Heilongjiang	50804	20249	2071050	40900	2686	1118	87537	32602
上 海	Shanghai	29655	12396	3361870	113489	7540	3484	710434	89826
江 苏	Jiangsu	64805	29567	3661906	57775	2136	837	105577	50685
浙 江	Zhejiang	77264	35462	6053336	81007	5824	1593	314826	56879
安 徽	Anhui	34971	14372	1210040	34703	537	201	14069	26545
福 建	Fujian	33948	13483	1890242	57076	1650	545	84995	52080
江 西	Jiangxi	30481	13004	985872	32820	1841	393	41911	22765
山 东	Shandong	50769	19485	2738624	53585	5991	1908	164538	27663
河 南	Henan	44894	16898	1601930	35556	1439	396	35815	24906
湖 北	Hubei	36206	13559	1351821	37896	3196	898	117671	37238
湖 南	Hunan	49925	21313	1989258	40541	2525	911	48103	21181
广 东	Guangdong	108204	38981	7219557	67562	20672	9884	1194542	58847
广 西	Guangxi	34864	12773	1481680	42935	273	78	13803	50193
海 南	Hainan	5217	1776	363650	68036	1374	457	56279	41170
重 庆	Chongqing	26268	8815	1741843	64118	1434	384	25010	28980
四 川	Sichuan	46506	17540	2238415	48116	15184	2864	410593	26076
贵 州	Guizhou	25434	11501	966253	38123	948	338	20326	21832
云 南	Yunnan	31233	13130	1198977	39198	1878	444	36800	20298
西 藏	Tibet	3662	1715	189156	51682				
陕 西	Shaanxi	53581	25648	2029168	35865	2677	580	139370	55815
甘 肃	Gansu	15968	5584	395205	24745	1450	181	35313	24055
青 海	Qinghai	7768	3577	318127	41820	30	2	555	17344
宁 夏	Ningxia	6134	2928	260899	42319	178	47	8891	58493
新 疆	Xinjiang	17192	7049	736902	43081	367	139	17133	47460

地 区	Region	软件业 Software Industry 年末人数(人) Year-end Figures (person)	#女 性 Female	工资总额(千元) Total Wages (1000 yuan)	平均工资(元) Average Wage (yuan)	批发和零售业 Wholesale and Retail Trade 年末人数(人) Year-end Figures (person)	#女 性 Female	工资总额(千元) Total Wages (1000 yuan)	平均工资(元) Average Wage (yuan)
全 国	**National**	**445802**	**150207**	**36234442**	**86137**	**5350880**	**2496782**	**178297110**	**33635**
北 京	Beijing	227416	80241	21123501	99204	553851	256398	34470772	64150
天 津	Tianjin	6686	2747	515175	79051	123866	50405	5455149	44710
河 北	Hebei	653	289	18342	29536	225492	106673	4494217	19780
山 西	Shanxi	563	220	17691	31591	175876	74993	3295901	18890
内蒙古	Inner Mongolia	202	74	7533	37292	67495	31725	1619503	24342
辽 宁	Liaoning	21494	8969	1417401	70290	169184	75622	4960895	28616
吉 林	Jilin	3607	1178	111590	31478	89413	38931	2040074	22999
黑龙江	Heilongjiang	2339	787	89495	38894	177025	77886	4500703	25702
上 海	Shanghai	29939	10067	3638135	124547	264288	138383	16393713	61509
江 苏	Jiangsu	19592	4351	1196051	63613	290309	151344	9054749	31451
浙 江	Zhejiang	28493	9318	1856946	70376	310371	157193	12123356	39901
安 徽	Anhui	2537	594	151159	61173	139711	67292	3727141	26935
福 建	Fujian	10862	3044	673450	66983	138617	62060	4519289	32850
江 西	Jiangxi	896	370	38801	44548	78752	32339	1942778	24868
山 东	Shandong	8748	2123	398832	46533	382277	190869	9050407	23845
河 南	Henan	2325	811	70951	31256	381887	164074	8508455	22403
湖 北	Hubei	5977	1392	261003	49358	214645	117156	5283978	25081
湖 南	Hunan	4250	926	154152	38413	162542	76707	4483729	27604
广 东	Guangdong	46831	14877	3332287	73941	426028	190262	16060182	38378
广 西	Guangxi	580	180	12521	21330	119119	49106	3079978	26093
海 南	Hainan	683	227	28068	38555	35177	14619	825631	23955
重 庆	Chongqing	896	280	27556	44445	111448	55981	3205468	29667
四 川	Sichuan	1540	512	68576	45596	171332	72439	4905486	29046
贵 州	Guizhou	762	278	16303	21536	102978	41234	2825903	27776
云 南	Yunnan	1991	643	48316	24365	155697	74888	4254751	26268
西 藏	Tibet					5961	2274	234837	39462
陕 西	Shaanxi	14598	5264	909602	68104	124128	58751	2923256	23836
甘 肃	Gansu	298	85	10722	37754	56547	24449	1152927	20563
青 海	Qinghai	29	8	826	28483	17408	7995	432306	24898
宁 夏	Ningxia	111	26	3161	28736	15437	8583	444700	29497
新 疆	Xinjiang	904	326	36296	42156	64019	26151	2026876	32343

地 区	Region	批发业 Wholesale 年末人数(人) Year-end Figures (person)	#女性 Female	工资总额(千元) Total Wages (1000 yuan)	平均工资(元) Average Wage (yuan)	零售业 Retail Trade 年末人数(人) Year-end Figures (person)	#女性 Female	工资总额(千元) Total Wages (1000 yuan)	平均工资(元) Average Wage (yuan)
全 国	**National**	**2666280**	**1018498**	**112362308**	**42270**	**2684600**	**1478284**	**65934802**	**24950**
北 京	Beijing	285992	118480	24909514	89528	267859	137918	9561258	36900
天 津	Tianjin	70165	21884	3765424	54727	53701	28521	1689725	31757
河 北	Hebei	117488	44160	2760728	23209	108004	62513	1733489	16013
山 西	Shanxi	99241	32312	2326794	23625	76635	42681	969107	12753
内蒙古	Inner Mongolia	35893	13809	1035166	28829	31602	17916	584337	19081
辽 宁	Liaoning	86825	30260	3066932	34153	82359	45362	1893963	22665
吉 林	Jilin	45480	15070	1218359	26675	43933	23861	821715	19098
黑龙江	Heilongjiang	92305	34574	2487387	27384	84720	43312	2013316	23889
上 海	Shanghai	120384	55514	10793083	89121	143904	82869	5600630	38513
江 苏	Jiangsu	123932	48437	4795028	39122	166377	102907	4259721	25764
浙 江	Zhejiang	160681	67727	7921034	50289	149690	89466	4202322	28719
安 徽	Anhui	84082	33143	2650970	31455	55629	34149	1076171	19893
福 建	Fujian	76648	29018	3119777	40489	61969	33042	1399512	23124
江 西	Jiangxi	44679	16655	1271566	28789	34073	15684	671212	19768
山 东	Shandong	163870	63742	4559179	27989	218407	127127	4491228	20729
河 南	Henan	167418	59574	4331506	25945	214469	104500	4176949	19625
湖 北	Hubei	79051	32734	2364414	30064	135594	84422	2919564	22113
湖 南	Hunan	61691	20574	2410563	38561	100851	56133	2073166	20749
广 东	Guangdong	238329	93258	10039398	42670	187699	97004	6020784	32866
广 西	Guangxi	64825	22186	1857211	29152	54294	26920	1222767	22506
海 南	Hainan	19176	7518	535342	28198	16001	7101	290289	18751
重 庆	Chongqing	52580	20437	1821972	35013	58868	35544	1383496	24701
四 川	Sichuan	89557	33661	2939721	33076	81775	38778	1965765	24569
贵 州	Guizhou	63697	21469	2074340	32835	39281	19765	751563	19489
云 南	Yunnan	74954	27571	2844138	32833	80743	47317	1410613	18721
西 藏	Tibet	3261	1096	160484	49213	2700	1178	74353	27641
陕 西	Shaanxi	55793	20398	1597914	28712	68335	38353	1325342	19786
甘 肃	Gansu	28070	10708	675232	24244	28477	13741	477695	16929
青 海	Qinghai	8683	3281	268033	31349	8725	4714	164273	18640
宁 夏	Ningxia	7635	3216	279028	37839	7802	5367	165672	21510
新 疆	Xinjiang	43895	16032	1482071	34916	20124	10119	544805	26943

3-2 续表 36 continued

地区	Region	住宿和餐饮业 Accommodation and Restaurants 年末人数(人) Year-end Figures (person)	#女性 Female	工资总额(千元) Total Wages (1000 yuan)	平均工资(元) Average Wage (yuan)	住宿业 Accommodation 年末人数(人) Year-end Figures (person)	#女性 Female	工资总额(千元) Total Wages (1000 yuan)	平均工资(元) Average Wage (yuan)
全国	**National**	**2092175**	**1131565**	**48464552**	**23382**	**1249666**	**678000**	**30652384**	**24517**
北京	Beijing	279558	142918	8925608	31978	145851	72858	5310602	35958
天津	Tianjin	48321	14281	1026480	22742	15672	7314	494973	31662
河北	Hebei	45294	24597	799636	17314	30646	16877	548276	17548
山西	Shanxi	42315	23613	629736	15064	27163	15247	410623	15185
内蒙古	Inner Mongolia	23644	13912	495358	21335	17801	10230	370327	21206
辽宁	Liaoning	63793	34248	1386574	21613	36991	19649	871515	23483
吉林	Jilin	30288	17314	545792	17594	20751	11568	389518	18551
黑龙江	Heilongjiang	36667	17310	744508	20804	20421	11258	365516	18050
上海	Shanghai	116677	60224	3826824	32815	40705	18166	1916366	45895
江苏	Jiangsu	106410	59223	2533338	24029	61516	33642	1584732	25710
浙江	Zhejiang	156029	87214	3717108	24679	99592	54500	2668983	27036
安徽	Anhui	36886	22053	666545	18188	28869	17577	537829	18674
福建	Fujian	75834	43034	1673576	22268	46122	26164	1103508	23915
江西	Jiangxi	16188	9856	299858	18268	13359	8152	251544	18454
山东	Shandong	110249	59383	2392897	21810	61066	32116	1425167	23238
河南	Henan	99471	55458	1991529	20201	72898	40999	1422561	19763
湖北	Hubei	76740	47016	1547458	20601	38494	23337	820336	21616
湖南	Hunan	90403	50128	1778026	19963	64050	35768	1313935	20706
广东	Guangdong	252327	136052	6180038	24781	121773	64151	3408346	27922
广西	Guangxi	42942	21871	754435	17211	33904	17726	612525	17687
海南	Hainan	43658	23951	816666	18875	39578	21674	757750	19330
重庆	Chongqing	42606	24200	903222	21389	26619	15051	545195	20616
四川	Sichuan	54698	28803	1212042	22262	38124	20675	838490	22399
贵州	Guizhou	25655	13823	488664	18935	17999	9769	360708	19858
云南	Yunnan	58115	32499	930213	16030	49246	27650	797386	16203
西藏	Tibet	3415	1803	75527	22090	3350	1758	73442	21897
陕西	Shaanxi	63084	37597	1104213	18171	35173	20104	640813	18440
甘肃	Gansu	18889	11258	332036	17588	15663	9263	285660	18208
青海	Qinghai	4749	2432	88021	18574	3719	1910	61759	16669
宁夏	Ningxia	4211	2651	81450	17799	2698	1712	51242	18620
新疆	Xinjiang	23059	12843	517174	21954	19853	11135	412757	20611

3-2 续表 37 continued

地 区	Region	餐饮业 Restaurants 年末人数(人) Year-end Figures (person)	#女 性 Female	工资总额(千元) Total Wages (1000 yuan)	平均工资(元) Average Wage (yuan)	金融业 Finance 年末人数(人) Year-end Figures (person)	#女 性 Female	工资总额(千元) Total Wages (1000 yuan)	平均工资(元) Average Wage (yuan)
全 国	**National**	**842509**	**453565**	**17812168**	**21657**	**4700814**	**2376621**	**321902839**	**70146**
北 京	Beijing	133707	70060	3615006	27505	272388	146938	42630607	164643
天 津	Tianjin	32649	6967	531507	18015	69531	37216	5993658	89166
河 北	Hebei	14648	7720	251360	16824	242448	117034	10718140	45176
山 西	Shanxi	15152	8366	219113	14842	137879	69455	6454212	47037
内蒙古	Inner Mongolia	5843	3682	125031	21726	101227	53052	4592109	45588
辽 宁	Liaoning	26802	14599	515059	19045	206506	108827	10904051	53676
吉 林	Jilin	9537	5746	156274	15590	102438	50187	4321807	43174
黑龙江	Heilongjiang	16246	6052	378992	24394	141723	65796	5923751	42537
上 海	Shanghai	75972	42058	1910458	25519	236320	128169	36213577	155763
江 苏	Jiangsu	44894	25581	948606	21662	269023	137333	18636600	71115
浙 江	Zhejiang	56437	32714	1048125	20195	294164	164239	28253229	98135
安 徽	Anhui	8017	4476	128716	16405	146894	72802	6707124	46561
福 建	Fujian	29712	16870	570068	19648	129221	66260	8923867	70532
江 西	Jiangxi	2829	1704	48314	17360	105030	52397	4047896	38926
山 东	Shandong	49183	27267	967730	19999	332428	167021	17259725	53148
河 南	Henan	26573	14459	568968	21386	225973	112929	9243973	41871
湖 北	Hubei	38246	23679	727122	19565	161069	75588	7777286	49830
湖 南	Hunan	26353	14360	464091	18124	186436	97685	8130457	44428
广 东	Guangdong	130554	71901	2771692	21769	411676	204863	36477508	90519
广 西	Guangxi	9038	4145	141910	15420	97751	46725	5776355	60153
海 南	Hainan	4080	2277	58916	14490	21078	9096	1305463	62984
重 庆	Chongqing	15987	9149	358027	22684	106572	59013	5741293	58751
四 川	Sichuan	16574	8128	373552	21961	213085	100530	11090081	52854
贵 州	Guizhou	7656	4054	127956	16742	64278	30248	3825749	61474
云 南	Yunnan	8869	4849	132827	15065	90275	42966	5371945	60775
西 藏	Tibet	65	45	2085	32077	8237	1923	797492	98092
陕 西	Shaanxi	27911	17493	463400	17811	141411	67297	6443137	48138
甘 肃	Gansu	3226	1995	46376	14538	68059	31354	2394734	35311
青 海	Qinghai	1030	522	26262	25398	19648	9648	802428	41641
宁 夏	Ningxia	1513	939	30208	16561	26700	11437	1409951	53674
新 疆	Xinjiang	3206	1708	104417	29572	71346	38593	3734634	53127

3-2 续表 38 continued

地区	Region	银行业 Bank 年末人数(人) Year-end Figures (person)	#女性 Female	工资总额(千元) Total Wages (1000 yuan)	平均工资(元) Average Wage (yuan)	证券业 Securities 年末人数(人) Year-end Figures (person)	#女性 Female	工资总额(千元) Total Wages (1000 yuan)	平均工资(元) Average Wage (yuan)
全国	**National**	**2852827**	**1353058**	**228911309**	**81533**	**164932**	**67722**	**25397847**	**168116**
北京	Beijing	121754	64991	24102807	204714	34620	14370	7760079	275180
天津	Tianjin	41014	19493	4653224	114623	1684	695	189038	118223
河北	Hebei	144778	62758	8255614	57167	3280	1449	297122	93700
山西	Shanxi	102276	49587	5466062	53823	2105	880	250575	132160
内蒙古	Inner Mongolia	73846	36089	3826748	52067	627	315	23164	37122
辽宁	Liaoning	135129	65212	8182895	61260	3033	1319	328875	113995
吉林	Jilin	75870	36117	3519360	46724	2643	1146	186963	72466
黑龙江	Heilongjiang	91586	41221	4512156	49657	2000	977	124437	62879
上海	Shanghai	115836	62495	24067215	209446	19186	8164	4062205	218586
江苏	Jiangsu	162046	76306	14148733	89295	7431	3007	799602	131104
浙江	Zhejiang	188329	102835	21720030	119243	13054	5160	1543075	133507
安徽	Anhui	87321	38417	4719960	55045	3046	1327	320678	101320
福建	Fujian	79631	37535	7076945	90370	3255	1295	352375	118845
江西	Jiangxi	72354	33723	3157370	44165	737	305	39084	54663
山东	Shandong	187204	82965	12480206	67773	5102	2140	821246	175218
河南	Henan	140473	65563	7009175	50426	2355	1041	229353	108390
湖北	Hubei	97656	43378	5530087	57186	7201	2925	488433	72479
湖南	Hunan	105197	52116	5227532	50641	8806	3547	765420	90851
广东	Guangdong	244929	119159	24191290	100093	27173	10363	4909546	182592
广西	Guangxi	68027	29895	4637326	69215	1937	703	221274	114650
海南	Hainan	16522	6961	1043550	63678	952	384	77321	82344
重庆	Chongqing	47607	23589	3787197	82343	4564	2118	328880	89540
四川	Sichuan	123854	56903	7902212	64389	3723	1397	577330	160414
贵州	Guizhou	47917	21309	3253609	69467	485	120	33717	74595
云南	Yunnan	66213	29910	4597653	70271	1647	703	132568	86930
西藏	Tibet	7032	1334	702639	101157	536	219	63497	118465
陕西	Shaanxi	80380	35571	4582063	59936	3083	1348	364178	126144
甘肃	Gansu	49144	20079	1933890	39613	39	18	1214	31128
青海	Qinghai	15165	7129	660978	44709	25	10	1331	53240
宁夏	Ningxia	18855	9007	1205427	65349				
新疆	Xinjiang	44882	21411	2757356	62104	603	277	105267	177516

3-2 续表 39 continued

地 区	Region	保险业 Insurance				其他金融活动 Other Financial Activities			
		年末人数（人） Year-end Figures (person)	#女 性 Female	工资总额（千元） Total Wages (1000 yuan)	平均工资（元） Average Wage (yuan)	年末人数（人） Year-end Figures (person)	#女 性 Female	工资总额（千元） Total Wages (1000 yuan)	平均工资（元） Average Wage (yuan)
全 国	**National**	**1587397**	**908977**	**60122802**	**39070**	**95658**	**46864**	**7470881**	**81666**
北 京	Beijing	102309	61366	8360095	83828	13705	6211	2407626	181584
天 津	Tianjin	26450	16862	1077969	43742	383	166	73427	193229
河 北	Hebei	90954	51115	2073235	24026	3436	1712	92169	27269
山 西	Shanxi	30703	17530	668031	21544	2795	1458	69544	25234
内蒙古	Inner Mongolia	25152	15772	689622	27583	1602	876	52575	32716
辽 宁	Liaoning	64625	40545	2233518	35426	3719	1751	158763	43664
吉 林	Jilin	22582	12290	511670	24463	1343	634	103814	80789
黑龙江	Heilongjiang	46616	22775	1220459	27167	1521	823	66699	44734
上 海	Shanghai	97287	55972	7330776	76989	4011	1538	753381	199360
江 苏	Jiangsu	96290	56936	3485484	36726	3256	1084	202781	77664
浙 江	Zhejiang	87973	53448	4577303	51118	4808	2796	412821	88779
安 徽	Anhui	53477	31765	1519509	29126	3050	1293	146977	49504
福 建	Fujian	44969	26770	1392014	31697	1366	660	102533	77092
江 西	Jiangxi	30686	17759	774385	25337	1253	610	77057	63110
山 东	Shandong	137746	80810	3820057	28577	2376	1106	138216	61731
河 南	Henan	79681	44640	1863430	24422	3464	1685	142015	42342
湖 北	Hubei	52116	27012	1567876	32221	4096	2273	190890	48035
湖 南	Hunan	66971	38980	1934532	29290	5462	3042	202973	38275
广 东	Guangdong	123972	67660	6078097	50644	15602	7681	1298575	90229
广 西	Guangxi	24307	14336	738588	31159	3480	1791	179167	52789
海 南	Hainan	3212	1575	166429	55054	392	176	18163	48178
重 庆	Chongqing	52530	32389	1515429	32734	1871	917	109787	62344
四 川	Sichuan	81824	40257	2460526	30757	3684	1973	150013	42849
贵 州	Guizhou	14200	7989	460438	34669	1676	830	77985	46866
云 南	Yunnan	20426	11379	564178	28836	1989	974	77546	41380
西 藏	Tibet	625	353	28521	47220	44	17	2835	64432
陕 西	Shaanxi	55105	28813	1416778	27395	2843	1565	80118	28665
甘 肃	Gansu	18477	11061	451169	24302	399	196	8461	21366
青 海	Qinghai	4215	2412	132248	31691	243	97	7871	27330
宁 夏	Ningxia	7352	2257	184369	25246	493	173	20155	38760
新 疆	Xinjiang	24565	16149	826067	34342	1296	756	45944	36726

3-2 续表 40 continued

地 区	Region	房地产业 Real Estate 年末人数(人) Year-end Figures (person)	#女 性 Female	工资总额(千元) Total Wages (1000 yuan)	平均工资(元) Average Wage (yuan)	房地产开发经营 Real Estate Exploitation Management 年末人数(人) Year-end Figures (person)	#女 性 Female	工资总额(千元) Total Wages (1000 yuan)	平均工资(元) Average Wage (yuan)
全 国	**National**	**2116302**	**724435**	**74558190**	**35870**	**964467**	**314980**	**41166099**	**43339**
北 京	Beijing	315401	122238	15845413	50814	74378	29977	7047485	95854
天 津	Tianjin	36104	14183	1633787	47385	12266	4327	919909	76826
河 北	Hebei	41637	14138	1132365	27894	22278	7181	608343	27830
山 西	Shanxi	25818	8672	338623	17847	18073	5552	192630	16981
内蒙古	Inner Mongolia	15442	5678	469396	26475	6868	2108	221181	23948
辽 宁	Liaoning	88233	31107	2439779	28147	33333	10801	1121065	34163
吉 林	Jilin	35819	11752	809862	23153	12794	3810	305275	23837
黑龙江	Heilongjiang	49179	15969	1051779	21881	15245	4851	340249	21621
上 海	Shanghai	111507	35337	5451676	48306	28308	9140	2376558	82205
江 苏	Jiangsu	73098	27088	3123350	43305	43111	15732	2108048	49610
浙 江	Zhejiang	136451	50001	5597924	42290	58410	21500	3542300	61835
安 徽	Anhui	48812	16691	1302101	27250	26135	7988	795394	30919
福 建	Fujian	90291	28777	3234153	36917	44245	14370	2170372	49971
江 西	Jiangxi	21075	7269	542771	25857	13324	4490	342918	25791
山 东	Shandong	113859	36287	3375475	29793	79052	23403	2531251	32145
河 南	Henan	89734	30392	2571527	28913	65986	20151	2048471	31216
湖 北	Hubei	65850	20315	2012090	30760	54286	15886	1770540	32841
湖 南	Hunan	96974	30161	2632978	27550	63877	17954	1893212	30130
广 东	Guangdong	290336	90402	10653517	37590	69372	23189	3581403	51571
广 西	Guangxi	42685	13517	1150079	27597	22903	7333	732980	32847
海 南	Hainan	31805	11127	824317	26157	16245	5592	577290	35932
重 庆	Chongqing	55865	19255	1747776	32396	34059	11016	1260383	38443
四 川	Sichuan	54011	17144	1599899	29995	42339	13000	1264979	30305
贵 州	Guizhou	38581	14201	880112	22997	19363	6641	540816	27987
云 南	Yunnan	41347	14990	892444	22236	24237	8302	577347	24793
西 藏	Tibet	308	109	13296	43451	93	32	5299	58878
陕 西	Shaanxi	51443	17627	1944549	37842	36585	11816	1560613	43571
甘 肃	Gansu	17277	4853	394643	22936	12326	3242	296466	24148
青 海	Qinghai	6322	2343	137042	21948	2398	814	51346	21784
宁 夏	Ningxia	8063	3012	231972	28610	4228	1529	144373	33022
新 疆	Xinjiang	22975	9800	523495	23005	8350	3253	237603	28195

3-2 续表 41 continued

地区	Region	物业管理 Management Concerning Dwelling 年末人数(人) Year-end Figures (person)	#女性 Female	工资总额(千元) Total Wages (1000 yuan)	平均工资(元) Average Wage (yuan)	房地产中介服务 Real Estate Agency Service 年末人数(人) Year-end Figures (person)	#女性 Female	工资总额(千元) Total Wages (1000 yuan)	平均工资(元) Average Wage (yuan)
全国	**National**	**854701**	**294684**	**22586966**	**26920**	**109269**	**45647**	**3996460**	**38548**
北京	Beijing	184394	70051	6045263	32931	20876	8945	1004209	53975
天津	Tianjin	21555	8635	563185	27823	966	417	48435	50611
河北	Hebei	11252	4020	270195	24410	800	378	17685	22471
山西	Shanxi	4813	1917	90561	19236	521	230	10030	19363
内蒙古	Inner Mongolia	3247	1395	65082	20466	1277	565	37492	29732
辽宁	Liaoning	39610	14467	833647	21578	4437	2077	165478	36970
吉林	Jilin	15221	4863	300230	20544	2354	1061	53182	23594
黑龙江	Heilongjiang	26454	8495	510236	20519	513	215	13718	27004
上海	Shanghai	61547	18396	2015038	32145	15681	5616	620076	40902
江苏	Jiangsu	20714	7814	531292	26119	1068	552	46750	44062
浙江	Zhejiang	62134	22064	1416820	23729	5642	2306	147284	28727
安徽	Anhui	16623	6262	365337	22719	1598	759	29764	19178
福建	Fujian	33612	11408	757935	23079	2327	891	67131	29743
江西	Jiangxi	2599	810	56748	22342	2077	762	55358	26666
山东	Shandong	27716	10288	654717	23809	2784	1073	74783	26804
河南	Henan	15804	7202	317875	20601	7944	3039	204860	25971
湖北	Hubei	7899	2736	159450	20566	1375	687	33952	23676
湖南	Hunan	25344	9140	514095	20570	3454	1466	105285	31885
广东	Guangdong	168303	46248	5101408	31193	23497	10489	984589	45644
广西	Guangxi	14616	4322	272844	19229	1120	421	28105	24524
海南	Hainan	11664	3970	180341	15595	553	222	11493	20783
重庆	Chongqing	15501	5555	324817	20510	2955	1278	96085	33099
四川	Sichuan	6883	2177	177594	26059	1144	416	33495	29880
贵州	Guizhou	13930	5575	239169	17450	902	309	20194	23373
云南	Yunnan	12216	4327	215057	17957	1078	518	27149	24930
西藏	Tibet	98	41	2359	24071				
陕西	Shaanxi	8178	3307	183514	22239	987	341	27424	25346
甘肃	Gansu	3770	1161	63165	16822	192	52	3151	16411
青海	Qinghai	3413	1326	72671	21532	148	76	4643	30953
宁夏	Ningxia	3377	1246	74044	22595	389	209	11196	28781
新疆	Xinjiang	12214	5466	212277	17828	610	277	13464	22328

3-2 续表 42 continued

地 区	Region	租赁和商务服务业 Tenancy and Business Services 年末人数(人) Year-end Figures (person)	#女 性 Female	工资总额(千元) Total Wages (1000 yuan)	平均工资(元) Average Wage (yuan)	租赁业 Tenancy 年末人数(人) Year-end Figures (person)	#女 性 Female	工资总额(千元) Total Wages (1000 yuan)	平均工资(元) Average Wage (yuan)
全 国	**National**	**3100650**	**1041024**	**119845181**	**39566**	**50601**	**12969**	**1638824**	**32194**
北 京	Beijing	778074	322584	47899935	63794	6353	1706	251894	39882
天 津	Tianjin	69457	14961	1996560	28880	1019	283	55254	53801
河 北	Hebei	49195	14140	1024378	21159	483	116	8538	15165
山 西	Shanxi	63738	23647	1219359	19819	984	400	11984	12154
内蒙古	Inner Mongolia	28268	8978	896718	31840	695	56	40281	48011
辽 宁	Liaoning	122209	39179	3021699	24598	307	94	8002	25981
吉 林	Jilin	44540	13051	1054584	23918	779	226	17833	24976
黑龙江	Heilongjiang	59256	16317	1583444	28238	1326	689	45588	35041
上 海	Shanghai	186433	60715	11489995	60905	7073	546	311587	41903
江 苏	Jiangsu	120431	35096	3489469	29776	1078	253	28913	27510
浙 江	Zhejiang	260081	82934	8318303	32450	1284	289	54633	44671
安 徽	Anhui	46287	13592	1198917	28122	756	177	24740	32425
福 建	Fujian	122881	48718	2804291	24511	427	109	16432	40078
江 西	Jiangxi	29199	8764	631319	21725	1798	604	88195	47750
山 东	Shandong	119025	38299	3430199	28987	4127	1626	113938	26721
河 南	Henan	112886	38278	2739956	24560	4124	1572	88461	21209
湖 北	Hubei	51349	16203	1364362	26647	2350	951	64349	27209
湖 南	Hunan	83830	28689	2051039	25086	2023	423	48222	23546
广 东	Guangdong	300637	83710	12022879	41195	2737	571	82776	33772
广 西	Guangxi	88648	25299	2268069	25994	1345	354	48949	37682
海 南	Hainan	21798	5881	450915	20703	692	154	16627	23451
重 庆	Chongqing	52905	10858	1319088	25440	3588	162	107812	29717
四 川	Sichuan	59089	16946	2005493	34221	1280	482	27069	21148
贵 州	Guizhou	33105	9217	716342	22036	1657	635	27842	17081
云 南	Yunnan	71754	21558	1613969	23969	1184	110	20695	18090
西 藏	Tibet	1437	671	40128	27828				
陕 西	Shaanxi	35003	10504	1012249	28327	381	131	8542	22479
甘 肃	Gansu	18516	6474	399331	21608	184	43	2660	14457
青 海	Qinghai	8304	3302	342568	42784	217	92	9725	52005
宁 夏	Ningxia	13971	4045	331777	26137	23	11	638	27739
新 疆	Xinjiang	48344	18414	1107846	22517	327	104	6645	18613

3-2 续表 43 continued

地 区	Region	商务服务业 Business Service 年末人数（人）Year-end Figures (person)	#女 性 Female	工资总额（千元）Total Wages (1000 yuan)	平均工资（元）Average Wage (yuan)	科学研究、技术服务和地质勘查业 Scientific Research,Technical Service and Geologic Perambulation 年末人数（人）Year-end Figures (person)	#女 性 Female	工资总额（千元）Total Wages (1000 yuan)	平均工资（元）Average Wage (yuan)
全 国	**National**	**3050049**	**1028055**	**118206357**	**39692**	**2922915**	**921371**	**161929322**	**56376**
北 京	Beijing	771721	320878	47648041	63997	457409	155691	39185712	88018
天 津	Tianjin	68438	14678	1941306	28505	64681	20016	5069537	80485
河 北	Hebei	48712	14024	1015840	21230	88780	22005	4313145	49179
山 西	Shanxi	62754	23247	1207375	19944	59872	20998	2011412	33847
内蒙古	Inner Mongolia	27573	8922	856437	31344	43454	15397	1742824	40047
辽 宁	Liaoning	121902	39085	3013697	24594	119638	35470	5663185	48030
吉 林	Jilin	43761	12825	1036751	23901	66694	20591	2573065	38732
黑龙江	Heilongjiang	57930	15628	1537856	28077	120058	32919	4792282	39938
上 海	Shanghai	179360	60169	11178408	61685	232486	110092	18736702	83338
江 苏	Jiangsu	119353	34843	3460556	29797	108597	31211	6408999	60437
浙 江	Zhejiang	258797	82645	8263670	32391	140155	38551	7749430	56621
安 徽	Anhui	45531	13415	1174177	28043	66790	17371	2343959	36068
福 建	Fujian	122454	48609	2787859	24455	54304	18046	2237818	41592
江 西	Jiangxi	27401	8160	543124	19958	50556	14928	1530976	30430
山 东	Shandong	114898	36673	3316261	29071	109649	32310	4936762	45803
河 南	Henan	108762	36706	2651495	24691	114937	35636	4163057	36436
湖 北	Hubei	48999	15252	1300013	26620	108268	30192	4925779	45518
湖 南	Hunan	81807	28266	2002817	25126	83325	22627	3003416	36381
广 东	Guangdong	297900	83139	11940103	41257	180596	56616	12167048	69434
广 西	Guangxi	87303	24945	2219120	25818	69755	19546	2502463	36182
海 南	Hainan	21106	5727	434288	20611	16727	5113	510335	30680
重 庆	Chongqing	49317	10696	1211276	25119	54617	15008	2967983	55381
四 川	Sichuan	57809	16464	1978424	34513	136480	37386	7252081	53854
贵 州	Guizhou	31448	8582	688500	22297	42956	10972	1205831	29670
云 南	Yunnan	70570	21448	1593274	24070	62391	19801	2131323	34588
西 藏	Tibet	1437	671	40128	27828	6760	1991	397728	63810
陕 西	Shaanxi	34622	10373	1003707	28390	128218	39824	6223128	48734
甘 肃	Gansu	18332	6431	396671	21680	51779	14342	1792712	34730
青 海	Qinghai	8087	3210	332843	42563	23101	6718	1113186	48822
宁 夏	Ningxia	13948	4034	331139	26134	11979	3768	436027	36666
新 疆	Xinjiang	48017	18310	1101201	22545	47903	16235	1841417	38593

地 区	Region	研究与试验发展 Research and Experimental Development 年末人数(人) Year-end Figures (person)	#女 性 Female	工资总额(千元) Total Wages (1000 yuan)	平均工资(元) Average Wage (yuan)	自然科学研究与试验发展 Research and Experimental Development on Physical Science 年末人数(人) Year-end Figures (person)	#女 性 Female	工资总额(千元) Total Wages (1000 yuan)	平均工资(元) Average Wage (yuan)
全 国	**National**	**715800**	**235864**	**42696240**	**60493**	**144748**	**48579**	**9057054**	**63903**
北 京	Beijing	137450	51159	11451167	84881	32960	12345	2842272	88943
天 津	Tianjin	16052	5575	914539	57945	6837	2328	370048	55009
河 北	Hebei	15193	4398	746148	49624	1921	553	90011	47399
山 西	Shanxi	18164	7172	613383	34130	3605	1613	122646	35032
内蒙古	Inner Mongolia	9480	3922	442145	46312	427	143	16109	37550
辽 宁	Liaoning	33332	9094	1755109	52996	11281	3584	614699	55558
吉 林	Jilin	17920	5426	895994	50696	5096	1322	304015	59845
黑龙江	Heilongjiang	17983	5144	780537	46425	5482	1848	257571	46451
上 海	Shanghai	51359	16634	5057341	96953	19871	6295	1730881	86007
江 苏	Jiangsu	36417	11241	2627762	74481	7919	2465	540524	69476
浙 江	Zhejiang	16508	5740	992800	60662	1464	496	129800	89456
安 徽	Anhui	14927	4464	575500	41561	2882	738	91961	41387
福 建	Fujian	6497	2167	287135	44434	1338	430	55452	41882
江 西	Jiangxi	12078	3994	359133	29940	5421	1627	169381	31977
山 东	Shandong	19398	6464	1034025	54075	4714	1404	268648	58389
河 南	Henan	25350	8387	919547	36516	635	218	18378	29033
湖 北	Hubei	25594	8530	1040858	41124	4020	1070	235540	59330
湖 南	Hunan	15746	5074	496006	32123	2499	808	85332	34617
广 东	Guangdong	32103	11569	2003528	64875	4579	1794	223679	51850
广 西	Guangxi	15704	5182	575681	36907	4433	1608	161047	36744
海 南	Hainan	6033	2284	160412	26168	279	76	5820	20935
重 庆	Chongqing	10713	3403	670680	64619	143	71	3357	25052
四 川	Sichuan	54962	13433	2850800	52302	6399	2124	308899	49172
贵 州	Guizhou	4721	1450	147673	31998	1037	204	38249	38753
云 南	Yunnan	14907	5473	702998	47918	3168	1220	88805	28889
西 藏	Tibet	1425	559	78271	55043	184	60	12653	68766
陕 西	Shaanxi	55727	18823	3206211	57363	2353	807	120918	51542
甘 肃	Gansu	15257	4101	565976	37343	1365	402	38819	29769
青 海	Qinghai	6707	1953	465548	71458	597	155	32961	56731
宁 夏	Ningxia	2072	729	62937	30611	530	233	20861	40117
新 疆	Xinjiang	6021	2320	216396	36326	1309	538	57718	45269

3-2 续表 45 continued

地区	Region	工程和技术研究与试验发展 Research and Experimental Development on Engineering and Technical Research 年末人数(人) Year-end Figures (person)	#女性 Female	工资总额(千元) Total Wages (1000 yuan)	平均工资(元) Average Wage (yuan)	农业科学研究与试验发展 Research and Experimental Development on Agricultural Science Research 年末人数(人) Year-end Figures (person)	#女性 Female	工资总额(千元) Total Wages (1000 yuan)	平均工资(元) Average Wage (yuan)
全国	**National**	**373283**	**112737**	**24960519**	**67726**	**108035**	**35625**	**3960994**	**37091**
北京	Beijing	79039	26825	6923168	89054	5644	2516	403089	71916
天津	Tianjin	4819	1594	297013	63998	915	327	49967	53327
河北	Hebei	9576	2528	523711	55396	2417	854	84723	35169
山西	Shanxi	9238	3314	329369	35973	3227	1231	95992	29691
内蒙古	Inner Mongolia	3793	1677	179721	46632	2941	1107	133128	45251
辽宁	Liaoning	12944	3195	843375	64860	6726	1397	193765	28617
吉林	Jilin	6364	1667	380976	61727	4025	1325	124101	31181
黑龙江	Heilongjiang	5390	1301	310759	58271	5911	1514	170060	35908
上海	Shanghai	23962	7557	2703619	110904	1821	568	116768	62812
江苏	Jiangsu	21146	5917	1742929	86173	3506	1057	158311	45296
浙江	Zhejiang	6279	1785	369078	59490	4203	1389	253733	59885
安徽	Anhui	9264	2689	396739	44844	2080	758	51754	24822
福建	Fujian	1644	538	106400	64878	2424	749	83906	34874
江西	Jiangxi	2664	714	101746	38250	2237	834	42669	19006
山东	Shandong	8103	2691	452258	57096	3397	1085	144142	42208
河南	Henan	15254	4852	588454	38911	6931	2303	214151	30987
湖北	Hubei	15728	5124	590034	37668	3406	1227	105870	31295
湖南	Hunan	4533	1317	181931	41489	7479	2474	192390	26097
广东	Guangdong	16612	5663	1202344	75877	7972	2910	405275	51918
广西	Guangxi	1178	356	51742	43118	5476	1401	155457	28239
海南	Hainan	413	148	12195	30564	3899	1481	105963	26086
重庆	Chongqing	6226	1909	323164	53548	1665	509	55702	33515
四川	Sichuan	39202	7807	2156522	55466	4521	1426	157447	34065
贵州	Guizhou	1019	260	38513	39460	2148	766	56555	26452
云南	Yunnan	6081	2088	481897	80036	3985	1419	93164	23736
西藏	Tibet	466	171	23844	51277	618	285	29772	48331
陕西	Shaanxi	45579	14580	2808819	61369	1498	467	49800	33289
甘肃	Gansu	10048	2519	403460	40217	2945	799	93884	32097
青海	Qinghai	4728	1300	374191	82113	997	337	40948	41445
宁夏	Ningxia	430	102	13220	31401	630	214	13306	20758
新疆	Xinjiang	1561	549	49328	31886	2391	896	85202	35724

3-2 续表 46 continued

地 区	Region	医学研究与试验发展 Research and Experimental Development on Medical Research				社会人文科学研究与试验发展 Research and Experimental Development on Social Science and Humanities			
		年末人数 (人) Year-end Figures (person)	#女 性 Female	工资总额 (千元) Total Wages (1000 yuan)	平均工资 (元) Average Wage (yuan)	年末人数 (人) Year-end Figures (person)	#女 性 Female	工资总额 (千元) Total Wages (1000 yuan)	平均工资 (元) Average Wage (yuan)
全 国	**National**	**39010**	**19061**	**2103866**	**54911**	**50724**	**19862**	**2613807**	**51847**
北 京	Beijing	10523	5568	681331	66014	9284	3905	601307	64761
天 津	Tianjin	2949	1068	164957	56280	532	258	32554	59514
河 北	Hebei	254	90	7475	29781	1025	373	40228	39324
山 西	Shanxi	838	475	20313	24652	1256	539	45063	35821
内蒙古	Inner Mongolia	619	249	29174	46979	1700	746	84013	49390
辽 宁	Liaoning	977	395	36322	39352	1404	523	66948	49335
吉 林	Jilin	1014	512	32508	31746	1421	600	54394	38360
黑龙江	Heilongjiang	49	28	1252	24549	1151	453	40895	35623
上 海	Shanghai	3876	1697	396624	101025	1829	517	109449	58373
江 苏	Jiangsu	2950	1536	139344	48333	896	266	46654	52011
浙 江	Zhejiang	1205	601	48032	41159	3357	1469	192157	58106
安 徽	Anhui	301	133	7277	24584	400	146	27769	69947
福 建	Fujian	332	168	11500	34535	759	282	29877	39364
江 西	Jiangxi	1358	674	29999	21520	398	145	15338	38441
山 东	Shandong	1387	678	71334	52107	1797	606	97643	53768
河 南	Henan	898	433	31277	34868	1632	581	67287	41587
湖 北	Hubei	1247	689	59056	55193	1193	420	50358	41176
湖 南	Hunan	363	182	4890	14092	872	293	31463	36081
广 东	Guangdong	1644	731	85834	52627	1296	471	86396	67182
广 西	Guangxi	1379	805	56046	41670	3238	1012	151389	47832
海 南	Hainan	314	141	8905	31246	1128	438	27529	24891
重 庆	Chongqing	854	327	35153	41749	1825	587	253304	148478
四 川	Sichuan	1566	859	88454	58852	3274	1217	139478	43330
贵 州	Guizhou	85	40	1346	16217	432	180	13010	30186
云 南	Yunnan	806	395	18572	23598	867	351	20560	23796
西 藏	Tibet					157	43	12002	76446
陕 西	Shaanxi	615	275	16492	27305	5682	2694	210182	37017
甘 肃	Gansu	333	192	10805	32742	566	189	19008	33642
青 海	Qinghai	191	91	7755	39769	194	70	9693	49964
宁 夏	Ningxia	20	7	665	33250	462	173	14885	32786
新 疆	Xinjiang	63	22	1174	19246	697	315	22974	33344

地 区 Region	专业技术服务业 Professional Technique Services				气象服务 Weather Services			
	年末人数(人) Year-end Figures (person)	#女性 Female	工资总额(千元) Total Wages (1000 yuan)	平均工资(元) Average Wage (yuan)	年末人数(人) Year-end Figures (person)	#女性 Female	工资总额(千元) Total Wages (1000 yuan)	平均工资(元) Average Wage (yuan)
全 国 National	**1320320**	**396153**	**76180242**	**58677**	**56148**	**19736**	**2220288**	**39715**
北 京 Beijing	180863	59349	16676469	95380	2228	906	154797	70943
天 津 Tianjin	41978	12190	3764432	91990	432	167	21420	48462
河 北 Hebei	39412	11498	1967125	50669	2001	799	52470	26183
山 西 Shanxi	23189	8572	845188	36607	1627	639	48299	29833
内蒙古 Inner Mongolia	19478	7032	749174	38360	2811	1081	97125	34837
辽 宁 Liaoning	62015	18887	2995894	49145	1752	647	76113	43443
吉 林 Jilin	35946	11324	1299025	36129	1234	490	36690	29733
黑龙江 Heilongjiang	34254	11139	1151206	33100	1596	589	46492	29094
上 海 Shanghai	40414	13065	4478740	109360	586	269	53904	91518
江 苏 Jiangsu	54895	15558	3065682	57075	1737	578	93084	53651
浙 江 Zhejiang	88981	22283	5028129	57834	2222	756	138794	62295
安 徽 Anhui	33773	8532	1261096	37762	2235	528	68604	30889
福 建 Fujian	38911	13350	1638367	42709	1543	529	63213	40809
江 西 Jiangxi	14638	4204	469015	32153	1596	464	46507	29268
山 东 Shandong	54609	16087	2254016	42337	2379	808	88891	37907
河 南 Henan	56963	17857	2146869	37830	2009	739	68869	34263
湖 北 Hubei	60329	15780	3188676	52514	2037	639	76843	36926
湖 南 Hunan	42848	11402	1770843	41549	2277	785	78452	34576
广 东 Guangdong	124835	38130	8934267	73766	2613	879	147446	56645
广 西 Guangxi	32537	8905	1296066	40333	2494	858	98678	39757
海 南 Hainan	8067	2221	266722	33767	477	167	18836	40077
重 庆 Chongqing	33328	8939	1920258	58525	784	290	32138	41630
四 川 Sichuan	55488	17645	3353279	61188	3234	1025	119824	37823
贵 州 Guizhou	17756	4131	509300	32464	1660	486	48048	29138
云 南 Yunnan	28117	8666	936598	33794	2402	788	69763	29362
西 藏 Tibet	2585	934	182581	71265	1015	424	96073	94560
陕 西 Shaanxi	41321	12141	1979507	48399	2561	950	74804	29450
甘 肃 Gansu	16494	4718	580118	35421	2200	737	58648	26719
青 海 Qinghai	6724	2095	236096	36111	1657	612	62569	37990
宁 夏 Ningxia	6118	1927	252490	41838	465	151	14083	30417
新 疆 Xinjiang	23454	7592	983014	41777	2284	956	68811	30062

3-2 续表 48 continued

地 区	Region	地震服务 Earthquake Services 年末人数(人) Year-end Figures (person)	#女 性 Female	工资总额(千元) Total Wages (1000 yuan)	平均工资(元) Average Wage (yuan)	海洋服务 Ocean Services 年末人数(人) Year-end Figures (person)	#女 性 Female	工资总额(千元) Total Wages (1000 yuan)	平均工资(元) Average Wage (yuan)
全 国	**National**	**17772**	**5372**	**809572**	**45620**	**8056**	**2033**	**506281**	**62705**
北 京	Beijing	1212	454	86803	70116	516	171	33279	64619
天 津	Tianjin	425	115	19386	43272	1241	347	77089	59945
河 北	Hebei	642	189	22939	36011				
山 西	Shanxi	748	325	19727	26268				
内蒙古	Inner Mongolia	908	320	38595	42788				
辽 宁	Liaoning	442	126	16278	36995	76	8	2536	33368
吉 林	Jilin	365	81	12292	33769				
黑龙江	Heilongjiang	326	67	10185	31338				
上 海	Shanghai	16		453	32357	709	162	51302	70859
江 苏	Jiangsu	620	158	36145	58677	614	79	52995	87306
浙 江	Zhejiang	179	30	10629	59713	1395	166	105104	75887
安 徽	Anhui	476	125	17499	36996				
福 建	Fujian	423	119	18387	43468	163	38	5463	33722
江 西	Jiangxi	175	45	5179	29936	5		88	17600
山 东	Shandong	884	197	41950	48385	1221	428	65500	54088
河 南	Henan	746	238	25209	33792	10	6	252	25200
湖 北	Hubei	472	127	14831	31422	152	63	3446	23284
湖 南	Hunan	245	64	8122	31976	45	7	1641	36467
广 东	Guangdong	477	158	31849	66769	1087	289	85688	78902
广 西	Guangxi	338	71	14657	44015	5	1	130	26000
海 南	Hainan	231	76	11705	50671	195	40	8310	42835
重 庆	Chongqing	23	4	635	31750				
四 川	Sichuan	2949	788	185598	62052				
贵 州	Guizhou	66	28	4028	61969				
云 南	Yunnan	1270	417	41618	32796	622	228	13458	21883
西 藏	Tibet	86	31	8832	99236				
陕 西	Shaanxi	1222	410	36369	31625				
甘 肃	Gansu	793	238	27790	35044				
青 海	Qinghai	284	92	12612	45367				
宁 夏	Ningxia	304	90	10758	35042				
新 疆	Xinjiang	425	189	18512	43867				

3-2 续表 49 continued

地 区	Region	测绘服务 Plotting Services 年末人数(人) Year-end Figures (person)	#女 性 Female	工资总额(千元) Total Wages (1000 yuan)	平均工资(元) Average Wage (yuan)	技术检测 Technique Detection 年末人数(人) Year-end Figures (person)	#女 性 Female	工资总额(千元) Total Wages (1000 yuan)	平均工资(元) Average Wage (yuan)
全 国	**National**	**51316**	**15143**	**2332361**	**46430**	**200761**	**69656**	**9485320**	**47722**
北 京	Beijing	3285	1137	269088	82720	25379	9935	2014823	81217
天 津	Tianjin	225	66	14135	59894	5602	2077	413760	75093
河 北	Hebei	1291	400	38773	30103	7554	2458	205560	27324
山 西	Shanxi	896	351	38661	43734	3689	1477	101167	27596
内蒙古	Inner Mongolia	986	316	40657	41318	4903	1803	180115	36773
辽 宁	Liaoning	1724	625	89180	53242	13559	4430	507524	37692
吉 林	Jilin	1618	412	57937	35522	7073	2453	209510	29638
黑龙江	Heilongjiang	3066	908	114174	36878	6500	2192	180647	27635
上 海	Shanghai	594	112	56772	92613	6577	2791	507584	76918
江 苏	Jiangsu	3599	1213	131445	40062	8351	2712	480373	58199
浙 江	Zhejiang	4126	921	223261	55194	12744	4359	675790	54093
安 徽	Anhui	1858	572	66050	35606	4916	1433	173283	35429
福 建	Fujian	1210	302	52907	41463	3867	1252	142810	37444
江 西	Jiangxi	1073	321	32399	30422	3216	976	124181	38940
山 东	Shandong	2566	328	119826	57306	9156	2933	340539	37620
河 南	Henan	2945	1037	100955	34491	11447	3917	334952	29715
湖 北	Hubei	1872	624	92676	49322	6101	1897	257828	42081
湖 南	Hunan	2003	454	96583	48316	4112	1164	141117	34177
广 东	Guangdong	2528	648	138885	54529	22618	8116	1389597	62378
广 西	Guangxi	1774	487	58595	33349	4866	1530	155629	32075
海 南	Hainan	498	164	25592	52229	1097	398	33278	30474
重 庆	Chongqing	1612	321	106819	68299	1511	471	48508	32296
四 川	Sichuan	1103	399	39523	36293	7585	2850	286161	37998
贵 州	Guizhou	1142	357	31351	28948	1578	491	37435	23844
云 南	Yunnan	1975	695	53141	27294	2625	937	67962	26049
西 藏	Tibet					116	47	6377	55939
陕 西	Shaanxi	3846	1301	172941	45739	4603	1340	134202	29149
甘 肃	Gansu	294	113	9726	33082	3154	847	112965	36452
青 海	Qinghai	85	27	3869	43472	906	323	35120	38215
宁 夏	Ningxia	520	182	20174	40838	1177	419	39691	34070
新 疆	Xinjiang	1002	350	36266	35520	4179	1628	146832	35527

3-2 续表 50 continued

地 区 Region	环境监测 Environmental Monitoring 年末人数(人) Year-end Figures (person)	#女 性 Female	工资总额(千元) Total Wages (1000 yuan)	平均工资(元) Average Wage (yuan)	工程技术与规划管理 Engineering Technic & Programming Management 年末人数(人) Year-end Figures (person)	#女 性 Female	工资总额(千元) Total Wages (1000 yuan)	平均工资(元) Average Wage (yuan)
全 国 National	**57211**	**19811**	**2281492**	**40288**	**804297**	**220924**	**51113992**	**64741**
北 京 Beijing	2362	965	141067	62752	126715	38217	12633455	102912
天 津 Tianjin	470	189	28541	60468	27651	7388	2743552	103071
河 北 Hebei	1935	733	53973	28214	19935	6109	732463	37610
山 西 Shanxi	2328	949	60072	25927	12893	4543	554300	43153
内蒙古 Inner Mongolia	1639	631	67128	42087	7835	2743	313087	39288
辽 宁 Liaoning	3602	1187	153058	42587	32770	9581	1610247	50151
吉 林 Jilin	1601	614	51569	32701	21877	6650	850872	38837
黑龙江 Heilongjiang	1381	474	38334	27819	16999	5292	580473	33491
上 海 Shanghai	1509	586	86063	55958	22950	6984	3035341	130043
江 苏 Jiangsu	3864	1409	175011	45552	32176	8063	1843496	58442
浙 江 Zhejiang	3072	926	194877	65483	62284	14158	3527593	58066
安 徽 Anhui	1884	615	55537	30167	20791	4803	816835	39671
福 建 Fujian	1643	577	55863	34462	17955	4074	883838	50170
江 西 Jiangxi	974	364	25730	26390	7059	1886	222162	31512
山 东 Shandong	1639	525	79881	48296	33919	9789	1402899	42157
河 南 Henan	3361	1302	92275	27463	36445	10618	1523940	41837
湖 北 Hubei	2177	798	67349	30378	42618	10516	2454322	57014
湖 南 Hunan	986	411	38078	38658	30469	7688	1318080	43701
广 东 Guangdong	3221	1115	159896	49734	72640	18720	5777253	82200
广 西 Guangxi	1657	598	57184	34741	18741	4642	800444	43425
海 南 Hainan	338	116	13788	40081	4548	1031	137072	31124
重 庆 Chongqing	718	242	40090	57436	21279	5042	1445861	69230
四 川 Sichuan	1875	595	66420	35671	38365	11871	2643751	70000
贵 州 Guizhou	816	238	25080	31117	10417	2036	291279	34487
云 南 Yunnan	8032	2273	321077	40855	10368	2990	356338	34727
西 藏 Tibet	77	29	4525	58766	1291	403	66774	52744
陕 西 Shaanxi	1815	568	55071	30409	25507	7122	1389407	55041
甘 肃 Gansu	1067	285	31648	29913	8833	2441	335339	38172
青 海 Qinghai	207	90	8199	39418	3344	870	104812	33168
宁 夏 Ningxia	252	101	7609	30315	2504	822	134833	55282
新 疆 Xinjiang	709	306	26499	38349	13119	3832	583874	43821

3-2 续表 51 continued

地 区	Region	科技交流和推广服务业 Services of Science and Technique Intercommunion and Generalization 年末人数(人) Year-end Figures (person)	#女 性 Female	工资总额(千元) Total Wages (1000 yuan)	平均工资(元) Average Wage (yuan)	地质勘查业 Geologic Perambulation 年末人数(人) Year-end Figures (person)	#女 性 Female	工资总额(千元) Total Wages (1000 yuan)	平均工资(元) Average Wage (yuan)
全 国	**National**	**519759**	**205293**	**27116198**	**53665**	**367036**	**84061**	**15936642**	**43909**
北 京	Beijing	109722	36990	8901511	83236	29374	8193	2156565	75645
天 津	Tianjin	3988	1354	255527	68968	2663	897	135039	52402
河 北	Hebei	3646	1399	96325	26609	30529	4710	1503547	49747
山 西	Shanxi	5735	2113	144506	26089	12784	3141	408335	31832
内蒙古	Inner Mongolia	3981	1438	140363	35383	10515	3005	411142	39246
辽 宁	Liaoning	13939	5390	489111	35922	10352	2099	423071	41413
吉 林	Jilin	7175	2624	179744	25111	5653	1217	198302	35123
黑龙江	Heilongjiang	8735	3849	290175	32963	59086	12787	2570364	43128
上 海	Shanghai	139337	80167	9111388	69928	1376	226	89233	63062
江 苏	Jiangsu	8841	2697	370790	42318	8444	1715	344765	41598
浙 江	Zhejiang	28298	9331	1401107	51507	6368	1197	327394	51509
安 徽	Anhui	8202	2221	203850	24924	9888	2154	303513	31728
福 建	Fujian	4733	1602	147168	31147	4163	927	165148	38804
江 西	Jiangxi	2763	882	71611	25927	21077	5848	631217	30105
山 东	Shandong	9897	2855	332916	34034	25745	6904	1315805	51322
河 南	Henan	17421	5480	520489	30207	15203	3912	576152	38176
湖 北	Hubei	15331	4243	411467	26974	7014	1639	284778	41088
湖 南	Hunan	12328	3525	352628	28606	12403	2626	383939	31561
广 东	Guangdong	14857	5144	819666	55316	8801	1773	409587	48679
广 西	Guangxi	17116	4591	443568	25876	4398	868	187148	43624
海 南	Hainan	1515	364	47199	31237	1112	244	36002	32909
重 庆	Chongqing	4432	1245	134093	30469	6144	1421	242952	40485
四 川	Sichuan	10093	2850	274024	27340	15937	3458	773978	50485
贵 州	Guizhou	13677	3825	304714	22412	6802	1566	244144	36207
云 南	Yunnan	11723	3832	274556	23517	7644	1830	217171	28726
西 藏	Tibet	638	238	33973	51788	2112	260	102903	64597
陕 西	Shaanxi	16590	5569	574621	34695	14580	3291	462789	32270
甘 肃	Gansu	10684	3601	317724	29515	9344	1922	328894	35289
青 海	Qinghai	3959	1269	127704	32437	5711	1401	283838	48845
宁 夏	Ningxia	1390	483	42872	30645	2399	629	77728	32360
新 疆	Xinjiang	9013	4122	300808	33681	9415	2201	341199	36704

3-2 续表 52 continued

地 区 Region	水利、环境和公共设施管理业 Management of Water Conservancy, Environment and Public Establishment 年末人数（人）Year-end Figures (person)	#女 性 Female	工资总额（千元）Total Wages (1000 yuan)	平均工资（元）Average Wage (yuan)	水利管理业 Management of Water Conservancy 年末人数（人）Year-end Figures (person)	#女 性 Female	工资总额（千元）Total Wages (1000 yuan)	平均工资（元）Average Wage (yuan)
全 国 National	**2189109**	**894925**	**55589039**	**25544**	**470460**	**129032**	**13446895**	**28605**
北 京 Beijing	87581	32424	3655921	41376	8367	2412	482243	58018
天 津 Tianjin	35488	10797	1563687	44067	6341	1752	344165	54105
河 北 Hebei	101110	40628	2201092	21663	20389	6341	511321	25323
山 西 Shanxi	63814	28315	1050205	16657	14402	4407	297917	20765
内蒙古 Inner Mongolia	72815	32959	2009888	27729	17138	5821	536323	31258
辽 宁 Liaoning	128253	51424	3122251	24753	20898	5810	535819	25731
吉 林 Jilin	81438	34587	1491380	18375	17332	5028	338258	19549
黑龙江 Heilongjiang	97157	37872	1824167	18663	15328	3894	320780	20841
上 海 Shanghai	58657	20056	2615122	44376	5589	1507	350217	61173
江 苏 Jiangsu	122790	46853	3765685	30940	33203	8194	1164726	35061
浙 江 Zhejiang	109052	39574	3511442	32462	10942	2380	543486	49930
安 徽 Anhui	63752	25631	1322143	20949	19275	5193	455093	23671
福 建 Fujian	44317	17032	1184112	26824	8197	1915	251744	30463
江 西 Jiangxi	55932	25830	1096423	19757	8583	2252	218992	24891
山 东 Shandong	116100	44873	2941236	25387	24899	6398	798360	32864
河 南 Henan	122182	47818	2982389	24648	37549	10379	1000795	26655
湖 北 Hubei	89392	35417	1929889	21730	28329	7856	637331	22578
湖 南 Hunan	86746	37839	1896105	22133	17384	4821	380646	21957
广 东 Guangdong	140123	59568	4373349	31351	28247	6535	871864	30880
广 西 Guangxi	74266	37307	1484036	20150	13011	2994	286182	22034
海 南 Hainan	22252	11507	454397	20652	4089	1015	66701	16190
重 庆 Chongqing	37234	16275	768185	21818	3937	1252	110035	28258
四 川 Sichuan	97691	43700	1987852	20555	13051	3603	325172	24868
贵 州 Guizhou	33323	15488	677664	20737	6126	1630	143392	23596
云 南 Yunnan	52959	24437	940627	17788	11936	3029	279248	23697
西 藏 Tibet	1695	764	54897	32464	266	68	14047	53208
陕 西 Shaanxi	78919	30245	1838588	23514	26190	8237	713289	27259
甘 肃 Gansu	33914	12632	792483	23186	16481	4232	424171	25723
青 海 Qinghai	11328	4076	282648	25591	5383	1201	170980	32755
宁 夏 Ningxia	17849	7154	451708	25155	6079	1783	192243	31671
新 疆 Xinjiang	50980	21843	1319468	25575	21519	7093	681355	30566

地区	Region	环境管理业 Environmental Management				公共设施管理业 Management of Public Establishment			
		年末人数（人）Year-end Figures (person)	#女性 Female	工资总额（千元）Total Wages (1000 yuan)	平均工资（元）Average Wage (yuan)	年末人数（人）Year-end Figures (person)	#女性 Female	工资总额（千元）Total Wages (1000 yuan)	平均工资（元）Average Wage (yuan)
全国	**National**	**1046487**	**510717**	**22332184**	**21593**	**672162**	**255176**	**19809960**	**29485**
北京	Beijing	40442	15161	1559449	38839	38772	14851	1614229	40462
天津	Tianjin	13345	4397	471821	35782	15802	4648	747701	46916
河北	Hebei	40002	18387	701816	17636	40719	15900	987955	23738
山西	Shanxi	32567	17192	415310	12955	16845	6716	336978	20247
内蒙古	Inner Mongolia	41690	21712	993662	24251	13987	5426	479903	33443
辽宁	Liaoning	67898	31253	1436991	21993	39457	14361	1149441	28755
吉林	Jilin	45932	23167	758210	16772	18174	6392	394912	21173
黑龙江	Heilongjiang	60778	26274	999374	16464	21051	7704	504013	23280
上海	Shanghai	37786	13045	1442300	38132	15282	5504	822605	53478
江苏	Jiangsu	54310	26507	1285819	23977	35277	12152	1315140	37723
浙江	Zhejiang	52223	23090	1392919	26777	45887	14104	1575037	34795
安徽	Anhui	25762	13149	399260	15769	18715	7289	467790	25197
福建	Fujian	22922	10957	529707	23129	13198	4160	402661	31029
江西	Jiangxi	30582	17200	482443	15987	16767	6378	394988	23910
山东	Shandong	50602	22591	1018882	19867	40599	15884	1123994	27905
河南	Henan	42468	20252	886780	21333	42165	17187	1094814	26139
湖北	Hubei	37947	19510	740893	19606	23116	8051	551665	24202
湖南	Hunan	42830	22463	847821	20305	26532	10555	667638	25122
广东	Guangdong	68726	35756	1860844	27209	43150	17277	1640641	38268
广西	Guangxi	43378	26438	784372	18250	17877	7875	413482	23386
海南	Hainan	11791	7526	217883	18868	6372	2966	169813	26806
重庆	Chongqing	20636	10282	355348	18461	12661	4741	302802	25098
四川	Sichuan	58173	30089	1016210	17766	26467	10008	646470	24455
贵州	Guizhou	15945	9390	207711	13301	11252	4468	326561	29725
云南	Yunnan	23733	13322	340453	14087	17290	8086	320926	18957
西藏	Tibet	1083	536	32147	29793	346	160	8703	25009
陕西	Shaanxi	26105	11711	470160	18181	26624	10297	655139	25039
甘肃	Gansu	9576	5461	163941	17319	7857	2939	204371	24854
青海	Qinghai	4417	2109	77906	17951	1528	766	33762	22735
宁夏	Ningxia	6210	2796	120410	19315	5560	2575	139055	24598
新疆	Xinjiang	16628	8994	321342	19551	12833	5756	316771	24621

地 区	Region	居民服务和其他服务业 Resident Services and Other Services 年末人数(人) Year-end Figures (person)	#女性 Female	工资总额(千元) Total Wages (1000 yuan)	平均工资(元) Average Wage (yuan)	居民服务业 Resident Services 年末人数(人) Year-end Figures (person)	#女性 Female	工资总额(千元) Total Wages (1000 yuan)	平均工资(元) Average Wage (yuan)
全 国	**National**	**602479**	**263749**	**16844210**	**28206**	**288843**	**122611**	**8411890**	**29175**
北 京	Beijing	74442	39115	2029654	27625	25480	12884	780622	30313
天 津	Tianjin	68646	34306	1580954	23529	6869	2673	176818	24252
河 北	Hebei	20344	8453	690597	34932	4947	1616	115117	23824
山 西	Shanxi	7259	3119	150342	20623	3523	1727	64875	18389
内蒙古	Inner Mongolia	20455	6093	817067	39550	4803	1908	110427	22573
辽 宁	Liaoning	28700	10525	704264	25101	14160	6773	315361	22393
吉 林	Jilin	10998	5423	191923	17511	3524	1261	90262	25782
黑龙江	Heilongjiang	65029	27813	1952058	29803	54398	22606	1732260	31540
上 海	Shanghai	32955	13759	1180343	35226	13029	4972	458847	34471
江 苏	Jiangsu	10449	3976	356338	34349	5539	2158	214610	38564
浙 江	Zhejiang	16298	6323	537584	35127	11918	4846	407031	37622
安 徽	Anhui	5305	2346	122337	23258	3893	1820	91175	23688
福 建	Fujian	14312	4449	468677	33977	6759	2258	194629	29915
江 西	Jiangxi	5015	1947	111808	22375	2243	911	52263	23447
山 东	Shandong	35321	12623	1147330	32461	25075	10861	872163	35045
河 南	Henan	19387	7690	449946	23650	11590	4223	237897	20929
湖 北	Hubei	12007	4913	313428	26086	5119	2271	125258	24134
湖 南	Hunan	14916	6110	350025	23740	8495	3781	209022	24594
广 东	Guangdong	64015	32216	1896401	29956	31737	13915	1045788	33339
广 西	Guangxi	8305	2737	185684	21791	5373	1620	129287	23236
海 南	Hainan	3127	1478	62852	20526	2420	1160	44561	18668
重 庆	Chongqing	9087	4277	227121	26049	2530	1140	77668	30494
四 川	Sichuan	9502	3387	227052	24029	6684	2446	165097	24894
贵 州	Guizhou	10150	3860	222318	21966	6292	2030	150430	23912
云 南	Yunnan	7728	3182	139862	18340	3546	1439	67708	19301
西 藏	Tibet	55	12	2448	44509	25	6	1014	40560
陕 西	Shaanxi	17201	7413	463056	26147	10662	4962	283007	26064
甘 肃	Gansu	2287	1183	48733	21384	1402	619	33568	24574
青 海	Qinghai	3048	1062	103225	32969	2666	1051	83057	31049
宁 夏	Ningxia	360	107	8408	23356	228	83	5571	24542
新 疆	Xinjiang	5776	3852	102375	18330	3914	2591	76497	19823

3-2 续表 55 continued

地区 Region	其他服务业 Other Services 年末人数（人） Year-end Figures (person)	#女性 Female	工资总额（千元） Total Wages (1000 yuan)	平均工资（元） Average Wage (yuan)	教育 Education 年末人数（人） Year-end Figures (person)	#女性 Female	工资总额（千元） Total Wages (1000 yuan)	平均工资（元） Average Wage (yuan)
全国 National	**313636**	**141138**	**8432320**	**27302**	**15817543**	**7949946**	**613653701**	**38968**
北京 Beijing	48962	26231	1249032	26175	405595	237265	26213040	65150
天津 Tianjin	61777	31633	1404136	23441	164272	95003	10908960	66285
河北 Hebei	15397	6837	575480	38525	863053	521760	28851108	33588
山西 Shanxi	3736	1392	85467	22719	486279	295390	14865761	30620
内蒙古 Inner Mongolia	15652	4185	706640	44818	347000	187711	15110224	43397
辽宁 Liaoning	14540	3752	388903	27830	522950	297824	21688609	41656
吉林 Jilin	7474	4162	101661	13629	366907	212921	11577804	31548
黑龙江 Heilongjiang	10631	5207	219798	20783	461453	252180	16014075	34630
上海 Shanghai	19926	8787	721496	35723	261381	160268	18564231	69738
江苏 Jiangsu	4910	1818	141728	29471	854818	433275	42078496	49340
浙江 Zhejiang	4380	1477	130553	29109	611068	345473	38517147	63693
安徽 Anhui	1412	526	31162	22085	604859	235944	19489857	32445
福建 Fujian	7553	2191	274048	37603	447065	224198	18019171	40550
江西 Jiangxi	2772	1036	59545	21512	476499	192122	14211567	29980
山东 Shandong	10246	1762	275167	26312	1091020	513775	41865859	38621
河南 Henan	7797	3467	212049	27690	1141093	563815	37628827	33090
湖北 Hubei	6888	2642	188170	27571	657018	272860	22317614	34230
湖南 Hunan	6421	2329	141003	22579	701544	324217	22285440	31825
广东 Guangdong	32278	18301	850613	26633	1123191	614453	48078640	42928
广西 Guangxi	2932	1117	56397	19072	580604	277590	18540977	32182
海南 Hainan	707	318	18291	27098	117600	52538	4758144	40791
重庆 Chongqing	6557	3137	149453	24215	350075	161290	12955239	37497
四川 Sichuan	2818	941	61955	21993	819528	366609	28053803	34408
贵州 Guizhou	3858	1830	71888	18770	419133	173610	12701346	30466
云南 Yunnan	4182	1743	72154	17522	517788	240253	16561655	32301
西藏 Tibet	30	6	1434	47800	39553	17586	2053081	52781
陕西 Shaanxi	6539	2451	180049	26277	551262	269720	21846408	39785
甘肃 Gansu	885	564	15165	16610	342117	133713	10113426	29725
青海 Qinghai	382	11	20168	44228	75170	34809	3159409	42447
宁夏 Ningxia	132	24	2837	21331	79023	37586	2791757	35785
新疆 Xinjiang	1862	1261	25878	14993	338625	204188	11832026	35016

3-2 续表 56 continued

地区 Region	初等教育 Primary Education 年末人数(人) Year-end Figures (person)	#女性 Female	工资总额(千元) Total Wages (1000 yuan)	平均工资(元) Average Wage (yuan)	中等教育 Secondary Education 年末人数(人) Year-end Figures (person)	#女性 Female	工资总额(千元) Total Wages (1000 yuan)	平均工资(元) Average Wage (yuan)
全国 National	**5973521**	**3215286**	**211131007**	**35419**	**6901181**	**3243418**	**264068206**	**38457**
北京 Beijing	60682	43939	4102847	67953	99745	62737	6846824	68621
天津 Tianjin	33468	22402	2336213	69464	54833	33155	3727777	67335
河北 Hebei	369620	237696	11754248	31934	385171	223570	12866959	33602
山西 Shanxi	195302	130327	5878804	30060	220537	125381	6674291	30370
内蒙古 Inner Mongolia	143068	80376	5977786	41467	152133	78918	6667941	43809
辽宁 Liaoning	160085	104937	6070816	37871	231770	130164	9229847	39967
吉林 Jilin	149795	95542	4367566	29070	140600	79482	4374497	31125
黑龙江 Heilongjiang	164154	94979	5228504	31779	194305	107153	6343765	32579
上海 Shanghai	40786	31545	3143676	75551	84184	51204	6357413	73867
江苏 Jiangsu	294556	166224	14198665	48246	387189	180505	19418255	50170
浙江 Zhejiang	194249	124697	12576028	65282	267036	136069	17380635	65682
安徽 Anhui	253030	104892	7855841	31135	273620	95034	8915640	32878
福建 Fujian	172648	99594	6401136	37260	198489	85020	7933106	40147
江西 Jiangxi	217363	98695	5843406	27040	192904	65473	5645835	29399
山东 Shandong	396802	192957	13495825	34179	525729	238143	20045531	38347
河南 Henan	413394	215648	12896475	31243	566013	267930	18876684	33464
湖北 Hubei	204944	94856	6015639	29442	295422	110789	9329935	31960
湖南 Hunan	222498	112081	6566263	29574	363759	157487	11418030	31420
广东 Guangdong	457666	277744	16598217	36287	491242	237084	21137688	43157
广西 Guangxi	266797	133406	8189257	30848	244770	109906	7910445	32593
海南 Hainan	48841	21631	2037415	41715	45503	19413	1814081	40316
重庆 Chongqing	137342	68111	4477982	33031	150185	63902	5508428	37185
四川 Sichuan	342636	160398	11119621	32478	368347	153777	12804921	35045
贵州 Guizhou	217007	93436	6639093	30562	153689	54444	4653789	30699
云南 Yunnan	253679	115653	8095942	32063	187192	85077	6240940	33865
西藏 Tibet	21700	9440	1091956	51136	13433	5926	727435	55289
陕西 Shaanxi	197601	105665	6788823	34353	234752	111592	8649315	36987
甘肃 Gansu	140612	59072	4165966	29663	157204	54408	4371983	28091
青海 Qinghai	32737	14306	1392587	42925	30372	13948	1327311	44278
宁夏 Ningxia	33123	16365	1188889	36154	34278	14903	1216652	36105
新疆 Xinjiang	137336	88672	4635521	33776	156775	90824	5652253	36132

3-2 续表 57 continued

地 区	Region	高等教育 Higher Education 年末人数(人) Year-end Figures (person)	#女 性 Female	工资总额(千元) Total Wages (1000 yuan)	平均工资(元) Average Wage (yuan)	卫生、社会保障和社会福利业 Sanitation,Social Security & Social Welfare 年末人数(人) Year-end Figures (person)	#女 性 Female	工资总额(千元) Total Wages (1000 yuan)	平均工资(元) Average Wage (yuan)
全 国	**National**	**1907578**	**850346**	**100411351**	**52996**	**6325394**	**3797777**	**250640521**	**40232**
北 京	Beijing	153819	72627	11296506	74114	206652	142175	14225505	70182
天 津	Tianjin	41425	19142	2651221	64642	89762	52583	5202146	60149
河 北	Hebei	69109	33282	3054205	44149	278163	166140	8442307	30645
山 西	Shanxi	43501	21510	1604507	37081	160890	100616	3817119	24049
内蒙古	Inner Mongolia	31275	14991	1625782	51653	123003	72027	4683439	38375
辽 宁	Liaoning	90537	41835	4790420	53528	256478	156903	9282810	36638
吉 林	Jilin	58637	26823	2265330	38853	153156	92204	4335821	28476
黑龙江	Heilongjiang	70695	32490	3413679	48144	196615	121080	6269427	32095
上 海	Shanghai	83498	36768	6135351	71169	167159	111878	12405969	73470
江 苏	Jiangsu	119724	51080	6224151	52497	363225	219702	16502533	46337
浙 江	Zhejiang	85429	37950	6081524	72022	324320	203829	19859458	62508
安 徽	Anhui	58528	24105	2172092	37466	219857	124238	6883207	31811
福 建	Fujian	47607	20617	2405087	51289	157454	95954	6290987	40844
江 西	Jiangxi	47408	20017	2244816	47652	167768	91908	5199255	31494
山 东	Shandong	112896	50051	6202161	55538	434664	255892	16256796	38044
河 南	Henan	88040	39014	3664899	42272	408455	228548	12603054	31177
湖 北	Hubei	119206	49577	5868554	49582	300924	167583	10003068	33751
湖 南	Hunan	76868	34651	3163008	41402	310625	183489	11159989	36476
广 东	Guangdong	107629	49858	7805551	73045	502531	314658	25884207	52308
广 西	Guangxi	41487	17429	1653811	40474	229408	138671	7426638	33100
海 南	Hainan	10267	5103	513389	51007	41365	25392	1435767	35308
重 庆	Chongqing	46564	19502	2508501	54475	116235	65342	5039172	44249
四 川	Sichuan	78008	34105	3203721	41460	329923	191361	12689929	39209
贵 州	Guizhou	22902	10715	732220	31989	118576	68977	3500306	29993
云 南	Yunnan	39503	18241	1048332	27031	157594	102993	4473027	28988
西 藏	Tibet	1773	776	109293	62346	15179	7340	725602	48293
陕 西	Shaanxi	91032	37718	5387665	59926	192276	112682	6633940	34809
甘 肃	Gansu	29193	11221	1086234	37269	99826	51964	2836709	28881
青 海	Qinghai	5475	2395	225795	41151	31984	19142	1157408	37126
宁 夏	Ningxia	7651	3718	258429	34334	33006	20621	1024110	31896
新 疆	Xinjiang	27892	13035	1015117	36632	138321	91885	4390816	32323

地 区	Region	卫 生 Sanitation 年末人数(人) Year-end Figures (person)	#女 性 Female	工资总额(千元) Total Wages (1000 yuan)	平均工资(元) Average Wage (yuan)	社会保障业 Social Security 年末人数(人) Year-end Figures (person)	#女 性 Female	工资总额(千元) Total Wages (1000 yuan)	平均工资(元) Average Wage (yuan)
全 国	**National**	**6028416**	**3651304**	**240935399**	**40615**	**158832**	**74358**	**5230314**	**32761**
北 京	Beijing	192429	133948	13631355	72315	4860	2448	240774	50424
天 津	Tianjin	78891	47255	4844442	64043	8554	4311	238140	27866
河 北	Hebei	265544	160277	8085995	30801	5820	2740	168494	29303
山 西	Shanxi	150282	95463	3557837	24013	7406	3666	178910	24332
内蒙古	Inner Mongolia	114864	68218	4402568	38623	5073	2395	169853	33937
辽 宁	Liaoning	238399	148842	8760967	37209	8672	3882	257384	29745
吉 林	Jilin	144753	88353	4113462	28590	4065	1821	113220	28032
黑龙江	Heilongjiang	185876	115742	5968620	32324	5581	2878	152823	27615
上 海	Shanghai	154187	104677	11832509	75953	6437	3180	334967	51844
江 苏	Jiangsu	348382	212285	15814574	46329	9125	4327	423771	46815
浙 江	Zhejiang	311328	196963	19277443	63652	6457	2708	330521	39208
安 徽	Anhui	213916	121445	6728777	31965	3171	1340	84645	27086
福 建	Fujian	149419	91926	6026888	41255	4884	2378	156816	32474
江 西	Jiangxi	160713	88625	4988447	31567	3945	1810	113894	28841
山 东	Shandong	420126	249122	15701242	38022	7458	3130	297231	40330
河 南	Henan	391595	221038	12155367	31371	8515	3698	239872	28314
湖 北	Hubei	288585	161417	9703614	34186	6076	2740	150843	24314
湖 南	Hunan	298243	177644	10823315	36879	7129	3211	199061	27978
广 东	Guangdong	481301	302980	24897776	52566	7900	3692	397818	50338
广 西	Guangxi	218798	132684	7179462	33572	7031	3777	156177	22462
海 南	Hainan	39749	24592	1386716	35499	945	491	29457	31640
重 庆	Chongqing	111327	62918	4894764	44871	2274	1062	66452	30137
四 川	Sichuan	317904	185598	12347946	39614	6901	3221	204912	29672
贵 州	Guizhou	113744	66807	3404207	30411	3110	1402	55355	18019
云 南	Yunnan	151263	99851	4299003	29028	3720	1839	109310	30038
西 藏	Tibet	14792	7149	708570	48413	10	7	509	50900
陕 西	Shaanxi	183197	108544	6376060	35128	5424	2499	154445	28401
甘 肃	Gansu	97031	50876	2753001	28844	1510	594	45469	30232
青 海	Qinghai	30088	18279	1094975	37337	768	346	26971	35771
宁 夏	Ningxia	31466	19840	978529	32013	903	401	26064	28800
新 疆	Xinjiang	130224	87946	4196968	32767	5108	2364	106156	22250

地 区	Region	社会福利业 Social Welfare 年末人数(人) Year-end Figures (person)	#女 性 Female	工资总额(千元) Total Wages (1000 yuan)	平均工资(元) Average Wage (yuan)	文化、体育和娱乐业 Culture, Sports and Entertainment 年末人数(人) Year-end Figures (person)	#女 性 Female	工资总额(千元) Total Wages (1000 yuan)	平均工资(元) Average Wage (yuan)
全 国	**National**	**138146**	**72115**	**4474808**	**32410**	**1313736**	**557780**	**54373504**	**41428**
北 京	Beijing	9363	5779	353376	37509	152505	72149	11796649	76415
天 津	Tianjin	2317	1017	119564	52007	17518	6785	954800	54182
河 北	Hebei	6799	3123	187818	26050	49843	21288	1322815	26208
山 西	Shanxi	3202	1487	80372	25069	46327	21074	1151719	24927
内蒙古	Inner Mongolia	3066	1414	111018	36387	33259	14930	1251322	37805
辽 宁	Liaoning	9407	4179	264459	28556	51052	21598	1860797	36478
吉 林	Jilin	4338	2030	109139	25118	37055	15918	996170	26684
黑龙江	Heilongjiang	5158	2460	147984	28701	39458	15978	1175315	29827
上 海	Shanghai	6535	4021	238493	36086	47142	20315	3246477	68533
江 苏	Jiangsu	5718	3090	264188	46058	56732	22880	2732167	48360
浙 江	Zhejiang	6535	4158	251494	39137	62055	26838	3444022	56313
安 徽	Anhui	2770	1453	69785	25367	33973	13300	963025	28435
福 建	Fujian	3151	1650	107283	34529	36928	14978	1312858	35654
江 西	Jiangxi	3110	1473	96914	31172	31678	12769	966699	30555
山 东	Shandong	7080	3640	258323	36977	66728	26373	2736599	41008
河 南	Henan	8345	3812	207815	25029	69958	28907	1975835	28511
湖 北	Hubei	6263	3426	148611	23481	50673	20395	1642579	32390
湖 南	Hunan	5253	2634	137613	25679	45782	19284	1515200	32908
广 东	Guangdong	13330	7986	588613	44303	94467	41946	4453476	47213
广 西	Guangxi	3579	2210	90999	25540	31999	12194	1023606	32141
海 南	Hainan	671	309	19594	29288	11889	5091	343226	29492
重 庆	Chongqing	2634	1362	77956	30076	25990	11235	876800	34163
四 川	Sichuan	5118	2542	137071	27218	44393	16933	1417308	32101
贵 州	Guizhou	1722	768	40744	24080	18264	7834	445737	24531
云 南	Yunnan	2611	1303	64714	25171	35530	15704	883976	24834
西 藏	Tibet	377	184	16523	43596	6209	2410	310792	50858
陕 西	Shaanxi	3655	1639	103435	28494	46419	19869	1373030	29724
甘 肃	Gansu	1285	494	38239	30038	28354	10775	810198	28769
青 海	Qinghai	1128	517	35462	32415	7331	3153	274188	38694
宁 夏	Ningxia	637	380	19517	30687	7645	3233	259023	34118
新 疆	Xinjiang	2989	1575	87692	29397	26580	11644	857096	32609

3-2 续表 60 continued

地区	Region	新闻出版业 Journalism and Publishing Activities 年末人数(人) Year-end Figures (person)	#女性 Female	工资总额(千元) Total Wages (1000 yuan)	平均工资(元) Average Wage (yuan)	广播、电影、电视和音像业 Broadcasting, Movies, Television and Audiovisual Activities 年末人数(人) Year-end Figures (person)	#女性 Female	工资总额(千元) Total Wages (1000 yuan)	平均工资(元) Average Wage (yuan)
全国	**National**	**286533**	**122784**	**16085118**	**56267**	**415729**	**159762**	**17738489**	**42714**
北京	Beijing	68332	33671	6031169	88606	24049	10539	2650611	102253
天津	Tianjin	3015	892	166880	55040	3632	1535	204325	56350
河北	Hebei	10190	4431	346379	33441	18141	7303	417530	23291
山西	Shanxi	8294	4112	255694	31106	15513	6623	404526	26006
内蒙古	Inner Mongolia	4805	2141	175916	36718	12172	5006	488400	40307
辽宁	Liaoning	10291	4426	479551	46631	17396	6588	634222	36677
吉林	Jilin	9740	4139	263094	26407	11103	4301	290660	26259
黑龙江	Heilongjiang	5985	2232	201626	34070	14085	5094	398470	28321
上海	Shanghai	7678	3402	787620	100257	15276	6706	1243118	84017
江苏	Jiangsu	10049	4005	625040	62292	24151	8733	1266370	52929
浙江	Zhejiang	13541	5838	975485	72830	22830	8785	1342241	59470
安徽	Anhui	5166	1990	212153	41697	15339	5434	414746	27083
福建	Fujian	5332	2076	243504	45557	14799	5238	546234	36818
江西	Jiangxi	6703	2547	248520	37109	11451	4358	382443	33460
山东	Shandong	14143	4868	735284	51635	24091	8438	970347	40475
河南	Henan	15083	6155	594430	39822	23303	9333	597882	25998
湖北	Hubei	11232	4375	469632	41984	18587	7158	624335	33878
湖南	Hunan	7051	2933	283331	39716	20101	7714	741916	36681
广东	Guangdong	19827	8269	1203671	60899	23218	9018	1254908	54905
广西	Guangxi	5528	1741	231977	42471	8808	3024	306507	34775
海南	Hainan	2900	1158	98438	34287	3590	1361	120749	33928
重庆	Chongqing	9127	4431	328198	36531	7679	2954	312972	40911
四川	Sichuan	7685	2557	300799	39605	13064	4328	435465	33482
贵州	Guizhou	3114	1596	69468	22344	6074	2348	159870	26372
云南	Yunnan	3729	1540	87573	23254	8375	3246	240933	28734
西藏	Tibet	602	240	20776	35394	2896	1041	156962	54805
陕西	Shaanxi	6064	2257	230544	37950	12625	5104	418587	32464
甘肃	Gansu	3478	1313	125518	36488	8639	2645	237319	27828
青海	Qinghai	1202	552	39354	37986	2342	869	103137	43944
宁夏	Ningxia	1816	902	77447	43122	2014	811	61179	30257
新疆	Xinjiang	4831	1995	176047	36283	10386	4127	311525	30485

3-2 续表 61 continued

地区	Region	文化艺术业 Culture and Art 年末人数（人）Year-end Figures (person)	#女性 Female	工资总额（千元）Total Wages (1000 yuan)	平均工资（元）Average Wage (yuan)	体育 Sports Activities 年末人数（人）Year-end Figures (person)	#女性 Female	工资总额（千元）Total Wages (1000 yuan)	平均工资（元）Average Wage (yuan)
全国	**National**	**424717**	**195337**	**14231563**	**33679**	**89691**	**32048**	**3694694**	**41047**
北京	Beijing	30736	14362	1883083	62103	11365	4481	679363	59468
天津	Tianjin	6347	2770	343850	53980	2752	781	167695	61247
河北	Hebei	14975	7021	383468	25647	3465	1127	110063	30744
山西	Shanxi	19653	9231	412137	21074	2290	863	68318	29885
内蒙古	Inner Mongolia	13981	7049	500249	35919	1914	610	72171	38450
辽宁	Liaoning	17294	8138	571113	32766	3149	1023	115059	36996
吉林	Jilin	12736	6263	338923	26657	2943	971	88995	30137
黑龙江	Heilongjiang	13514	6256	375437	27853	3115	955	103412	33316
上海	Shanghai	12773	5575	684131	52260	7866	2925	398331	49667
江苏	Jiangsu	17095	7721	632843	37056	3523	1561	137185	38698
浙江	Zhejiang	19540	9367	892251	46339	2320	849	140844	61077
安徽	Anhui	10745	4908	263434	24510	2033	658	59413	29196
福建	Fujian	10838	4994	345221	32114	3295	1219	112345	34441
江西	Jiangxi	10688	4829	250089	23399	2260	742	72506	32239
山东	Shandong	20385	9186	764250	37583	3474	1233	146394	41743
河南	Henan	25649	11289	614308	24114	2904	1065	89700	30899
湖北	Hubei	16003	7099	407596	25070	2673	895	76629	28518
湖南	Hunan	13317	6129	348473	26109	1788	638	52763	29793
广东	Guangdong	21911	10594	994340	45706	10811	4394	521342	48429
广西	Guangxi	13286	5541	356647	27045	2202	826	84360	37560
海南	Hainan	2735	1284	72787	27834	369	105	10605	28740
重庆	Chongqing	6517	2771	164751	25507	836	320	23246	29500
四川	Sichuan	18669	8333	516705	27874	2691	761	81192	30160
贵州	Guizhou	5945	2619	149511	25773	1309	441	35397	26085
云南	Yunnan	14233	7033	351898	24901	2552	855	58151	21577
西藏	Tibet	2333	1048	111120	48694	378	81	21934	58026
陕西	Shaanxi	22690	9974	585972	26401	1586	547	50645	32299
甘肃	Gansu	14221	6111	389593	27529	1391	437	45057	31933
青海	Qinghai	3071	1498	110939	36674	574	173	16397	30309
宁夏	Ningxia	2867	1320	93301	32795	813	152	19966	25020
新疆	Xinjiang	9970	5024	323143	32954	1050	360	35216	33667

3-2 续表 62 continued

地区	Region	娱乐业 Entertainment 年末人数(人) Year-end Figures (person)	#女性 Female	工资总额(千元) Total Wages (1000 yuan)	平均工资(元) Average Wage (yuan)	公共管理和社会组织 Public Management & Social Organization 年末人数(人) Year-end Figures (person)	#女性 Female	工资总额(千元) Total Wages (1000 yuan)	平均工资(元) Average Wage (yuan)
全国	**National**	**97066**	**47849**	**2623640**	**26566**	**14284708**	**4036745**	**542878976**	**38242**
北京	Beijing	18023	9096	552423	29633	410754	149429	22646175	55680
天津	Tianjin	1772	807	72050	38820	136948	36606	9221387	67714
河北	Hebei	3072	1406	65375	17882	771590	224221	22933063	29923
山西	Shanxi	577	245	11044	18846	559128	176334	15472698	27751
内蒙古	Inner Mongolia	387	124	14586	37690	352793	108912	14132468	40338
辽宁	Liaoning	2922	1423	60852	21012	494712	135029	18232140	36941
吉林	Jilin	533	244	14498	22904	313535	93132	9138424	29247
黑龙江	Heilongjiang	2759	1441	96370	34017	415747	120823	13063028	31568
上海	Shanghai	3549	1707	133277	36939	186685	59910	13879521	73073
江苏	Jiangsu	1914	860	70729	36954	630662	151472	36813294	58861
浙江	Zhejiang	3824	1999	93201	25647	575474	149943	36795677	64667
安徽	Anhui	690	310	13279	19442	466882	113604	15605163	33622
福建	Fujian	2664	1451	65554	24935	303952	73959	12680774	42000
江西	Jiangxi	576	293	13141	22894	435020	106197	12718732	29395
山东	Shandong	4635	2648	120324	25721	1050155	292120	37171988	35726
河南	Henan	3019	1065	79515	26505	1057238	321528	30034998	28474
湖北	Hubei	2178	868	64387	29906	549510	146678	18877149	34198
湖南	Hunan	3525	1870	88717	24886	780474	208382	23488028	30156
广东	Guangdong	18700	9671	479215	24976	942475	252322	50040694	53350
广西	Guangxi	2175	1062	44115	20634	394098	105162	13226735	33864
海南	Hainan	2295	1183	40647	18277	97150	25662	3771753	39376
重庆	Chongqing	1831	759	47633	26700	246070	65831	8885012	36936
四川	Sichuan	2284	954	83147	35808	774082	226771	26897069	35015
贵州	Guizhou	1822	830	31491	17105	403153	115863	11729295	29537
云南	Yunnan	6641	3030	145421	21977	461426	134043	14508260	31650
西藏	Tibet					88263	27490	4769617	54848
陕西	Shaanxi	3454	1987	87282	25219	493922	133372	16294108	33224
甘肃	Gansu	625	269	12711	20144	367873	107727	11047814	30227
青海	Qinghai	142	61	4361	31832	89064	29214	3541957	40648
宁夏	Ningxia	135	48	7130	54427	82848	27062	2729470	33119
新疆	Xinjiang	343	138	11165	30928	353025	117947	12532485	35950

地 区	Region	中国共产党机关 Chinese Communist Party Organs				国家机构 Organ of State			
		年末人数（人）Year-end Figures (person)	#女 性 Female	工资总额（千元）Total Wages (1000 yuan)	平均工资（元）Average Wage (yuan)	年末人数（人）Year-end Figures (person)	#女 性 Female	工资总额（千元）Total Wages (1000 yuan)	平均工资（元）Average Wage (yuan)
全 国	**National**	**567170**	**137463**	**23022725**	**40854**	**13265121**	**3731998**	**503441341**	**38193**
北 京	Beijing	11180	3406	792714	69384	322007	115682	19426454	61025
天 津	Tianjin	3539	919	290960	83084	129902	33950	8719404	67489
河 北	Hebei	30910	7051	1043197	34086	725325	211784	21340906	29619
山 西	Shanxi	19000	5054	639521	33682	526570	165692	14400920	27427
内蒙古	Inner Mongolia	18220	4759	826642	45688	324664	100683	12859723	39889
辽 宁	Liaoning	23226	5446	903422	39018	456796	122956	16821149	36911
吉 林	Jilin	13036	3402	420978	32303	290468	86934	8304928	28695
黑龙江	Heilongjiang	13988	3526	472259	33859	392676	113780	12281254	31426
上 海	Shanghai	2662	869	258864	96125	177695	55945	13288589	73478
江 苏	Jiangsu	15229	2776	963355	63743	605649	145442	35178369	58576
浙 江	Zhejiang	18511	4344	1375762	75591	522436	133213	34037375	65897
安 徽	Anhui	15879	2813	602997	38123	441340	107706	14660162	33424
福 建	Fujian	14197	3478	632750	44676	280179	67073	11649015	41879
江 西	Jiangxi	18465	4180	572487	31519	402978	97466	11723115	29239
山 东	Shandong	40838	8962	1612320	39969	989116	276962	34788435	35499
河 南	Henan	40165	10007	1293258	32293	982272	299294	27743417	28310
湖 北	Hubei	14795	2903	533511	35201	512783	134196	17663699	34310
湖 南	Hunan	24428	5428	743244	30406	736063	195702	22141678	30149
广 东	Guangdong	29749	7383	1644686	56447	896602	238498	47484289	53191
广 西	Guangxi	16783	4153	632615	37993	364979	95795	12211643	33761
海 南	Hainan	3864	791	179477	46666	89832	23550	3442522	38862
重 庆	Chongqing	8212	2027	324815	40285	233004	62238	8377866	36798
四 川	Sichuan	38533	10718	1422184	37218	718185	209885	24799083	34797
贵 州	Guizhou	16756	4077	562368	33918	376045	108390	10786234	29127
云 南	Yunnan	23590	6449	843851	36131	421940	121728	13196403	31477
西 藏	Tibet	7686	2375	471296	61551	74906	23287	4088897	55531
陕 西	Shaanxi	25122	5529	895394	35922	457325	123786	14999498	33032
甘 肃	Gansu	26722	6133	821404	30960	332052	98922	9939106	30128
青 海	Qinghai	5029	1378	236633	47440	81364	26934	3184441	40037
宁 夏	Ningxia	3626	813	141770	39012	76508	25268	2482315	32640
新 疆	Xinjiang	23230	6314	867991	37624	323460	109257	11420452	35775

3-2 续表 64 continued

地 区	Region	人民政协和民主党派 People's Political Consultative Conference and Democratic Parties 年末人数(人) Year-end Figures (person)	#女 性 Female	工资总额(千元) Total Wages (1000 yuan)	平均工资(元) Average Wage (yuan)	群众社团、社会团体和宗教组织 Mass Communities, Social Communities and Religion Organizations 年末人数(人) Year-end Figures (person)	#女 性 Female	工资总额(千元) Total Wages (1000 yuan)	平均工资(元) Average Wage (yuan)
全 国	**National**	**94477**	**23281**	**4379414**	**46428**	**268270**	**110290**	**10464185**	**39192**
北 京	Beijing	2065	743	159988	78541	29116	12649	1701786	59526
天 津	Tianjin	857	244	67440	78419	1821	753	131444	73391
河 北	Hebei	5408	1319	219705	40883	9596	3778	326113	34141
山 西	Shanxi	3384	928	130122	38566	10174	4660	302135	29817
内蒙古	Inner Mongolia	3348	893	163866	49372	5970	2554	247769	41628
辽 宁	Liaoning	3360	921	145434	43284	10036	4757	342219	34171
吉 林	Jilin	2024	550	76160	37591	4420	1814	142087	32117
黑龙江	Heilongjiang	2813	779	115251	40956	5754	2269	189677	32964
上 海	Shanghai	888	367	69147	76830	3659	1604	211841	57519
江 苏	Jiangsu	2814	693	220090	78491	6970	2561	451480	64980
浙 江	Zhejiang	3164	773	256049	80926	12032	4505	660720	55083
安 徽	Anhui	2710	560	117497	43469	6200	2130	216240	34549
福 建	Fujian	2611	677	136292	52020	6965	2731	262717	37617
江 西	Jiangxi	3286	766	113445	34682	8586	3429	254919	29742
山 东	Shandong	5535	1004	250015	45243	14666	5192	521218	35658
河 南	Henan	5415	1219	192376	35487	22228	9041	718270	32352
湖 北	Hubei	3482	646	149384	40871	18450	8933	530555	28904
湖 南	Hunan	4029	949	144011	36184	15954	6303	459095	28631
广 东	Guangdong	3431	988	245912	71486	12693	5453	665807	52508
广 西	Guangxi	2889	786	131120	45496	6010	2359	202203	33859
海 南	Hainan	750	227	43635	58414	2704	1094	106119	40659
重 庆	Chongqing	1837	468	73834	40680	3017	1098	108497	36118
四 川	Sichuan	6282	1611	280515	44746	11082	4557	395287	35873
贵 州	Guizhou	2893	734	114318	39763	7459	2662	266375	36340
云 南	Yunnan	5592	1415	216767	38882	8353	3609	230399	27981
西 藏	Tibet	1021	324	65926	64824	4650	1504	143498	30833
陕 西	Shaanxi	4067	943	155559	38486	7408	3114	243657	33052
甘 肃	Gansu	4006	687	122235	30743	5093	1985	165069	32417
青 海	Qinghai	1194	253	58443	49654	1477	649	62440	43512
宁 夏	Ningxia	936	214	41437	44748	1778	767	63948	35468
新 疆	Xinjiang	2386	600	103441	43499	3949	1776	140601	35740

3-3 各地区分行业在岗职工人数和工资(2010年)
ON-POST STAFF AND WORKERS AND WAGES BY SECTOR AND REGION(2010)

地 区	Region	总 计 Total		农、林、牧、渔业 Agriculture,Forestry,Farming of Animals and Fishing		采矿业 Mining		制造业 Manufacturing	
		年末人数(人) Year-end Figures (person)	平均工资(元) Average Wage (yuan)	年末人数(人) Year-end Figures (person)	平均工资(元) Average Wage (yuan)	年末人数(人) Year-end Figures (person)	平均工资(元) Average Wage (yuan)	年末人数(人) Year-end Figures (person)	平均工资(元) Average Wage (yuan)
全 国	**National**	**122506439**	**37147**	**3278413**	**17345**	**5458906**	**44496**	**35186372**	**30700**
北 京	Beijing	5876526	65683	31562	30158	45321	68538	971634	47175
天 津	Tianjin	1850020	52963	6514	41709	79636	63668	697113	41250
河 北	Hebei	4802264	32306	65713	12432	253095	49729	1150268	27831
山 西	Shanxi	3844789	33544	29269	20414	790516	52403	707133	25436
内蒙古	Inner Mongolia	2448797	35507	266405	18305	183595	42364	370254	30100
辽 宁	Liaoning	4934115	35057	275967	10109	349532	41419	1400414	32256
吉 林	Jilin	2595066	29399	163949	15388	154524	33621	599518	31128
黑龙江	Heilongjiang	4074662	29603	601042	13085	419097	39970	635970	27314
上 海	Shanghai	3177863	71874	8698	45586	735	66796	1172142	53348
江 苏	Jiangsu	7105818	40505	97366	20876	124584	41781	3195104	31728
浙 江	Zhejiang	8121410	41505	13249	35696	15663	28920	3381871	29515
安 徽	Anhui	3440629	34341	51998	17115	318983	57521	741367	29459
福 建	Fujian	4859413	32647	44743	22923	46914	29399	2389857	26383
江 西	Jiangxi	2796206	29092	118013	16403	85722	28530	697559	25733
山 东	Shandong	9199028	33729	49182	24296	643018	46599	3415206	27756
河 南	Henan	7232890	30303	68981	17654	515478	47034	1568315	25982
湖 北	Hubei	4767087	32588	117968	20043	90071	32966	1343222	30997
湖 南	Hunan	4700983	30483	38085	16518	150711	25033	1028671	28846
广 东	Guangdong	10903779	40358	86587	15302	32534	47741	4727244	30796
广 西	Guangxi	2919792	31842	89513	17652	42056	29258	596690	26678
海 南	Hainan	792121	31025	120789	18093	8950	30273	78687	25988
重 庆	Chongqing	2502226	35326	17923	20894	92480	31769	596219	31960
四 川	Sichuan	5408523	33112	48645	20424	191407	37255	1224088	28693
贵 州	Guizhou	2106750	31458	18861	19557	114931	33128	356731	29930
云 南	Yunnan	3036763	30177	131234	16961	144248	27327	551166	29541
西 藏	Tibet	197762	54397	4283	34197	1845	29222	7230	28423
陕 西	Shaanxi	3427709	34299	42446	24402	236740	43304	787105	26139
甘 肃	Gansu	1879553	29588	51880	19869	88709	43815	345352	28375
青 海	Qinghai	502601	37182	16482	27003	19173	41169	94688	28970
宁 夏	Ningxia	546532	39144	24758	21601	53919	74968	104410	29707
新 疆	Xinjiang	2454762	32361	576308	20174	164719	48338	251144	31666

3-3 续表 1 continued

地 区	Region	电力、燃气及水的生产和供应业 Production and Distribution of Electricity,Gas and Water 年末人数（人）Year-end Figures (person)	平均工资（元）Average Wage (yuan)	建筑业 Construction 年末人数（人）Year-end Figures (person)	平均工资（元）Average Wage (yuan)	交通运输、仓储和邮政业 Traffic,Transport, Storage and Post 年末人数（人）Year-end Figures (person)	平均工资（元）Average Wage (yuan)	信息传输、计算机服务和软件业 Information Transfer, Computer Services and Software 年末人数（人）Year-end Figures (person)	平均工资（元）Average Wage (yuan)
全 国	**National**	**2989181**	**48323**	**11330429**	**28127**	**5821048**	**41536**	**1678219**	**66598**
北 京	Beijing	66886	86108	357635	47292	477846	51443	395355	103898
天 津	Tianjin	31267	84128	94588	56047	110073	59129	21831	73462
河 北	Hebei	171100	50546	283952	24489	230426	34208	39551	48848
山 西	Shanxi	97682	43496	214881	26500	200260	38176	37041	36266
内蒙古	Inner Mongolia	100582	49105	134073	24935	157575	40516	38478	37904
辽 宁	Liaoning	162664	43069	291077	28545	295375	38833	67085	56870
吉 林	Jilin	80617	33314	128987	21496	142422	30740	51047	34274
黑龙江	Heilongjiang	138433	37299	240878	24310	241501	31895	52966	41546
上 海	Shanghai	52755	94366	90130	75983	262786	67827	59469	118833
江 苏	Jiangsu	125283	67381	456547	30515	282109	39846	68828	66544
浙 江	Zhejiang	113080	81252	1573756	29074	222211	50084	90742	84146
安 徽	Anhui	94720	40795	339188	28558	138598	30272	31809	38885
福 建	Fujian	90217	51335	563328	30344	155547	41046	41816	61552
江 西	Jiangxi	90279	38274	255420	26128	136806	40876	28567	34846
山 东	Shandong	196462	42906	752171	25909	327993	40174	61457	51649
河 南	Henan	204760	37757	850394	24664	272889	32975	42977	37513
湖 北	Hubei	115709	39462	622641	28361	236709	35691	43951	39770
湖 南	Hunan	118498	36586	641420	24458	192927	34281	48026	41925
广 东	Guangdong	185659	58418	593150	29233	537362	50213	169287	69297
广 西	Guangxi	84158	40831	261467	28695	164727	34907	30804	44937
海 南	Hainan	19334	40737	65948	25564	42038	42442	7219	60500
重 庆	Chongqing	64596	51172	458691	28014	132810	34321	26820	64592
四 川	Sichuan	148278	40351	925785	24466	212812	37351	59608	43762
贵 州	Guizhou	67141	48953	214381	26039	81722	34188	24671	38493
云 南	Yunnan	81466	45185	342260	21483	125733	37187	29350	37561
西 藏	Tibet	7373	42323	6162	29089	6652	39989	2704	59865
陕 西	Shaanxi	106391	40398	227296	26183	174273	37415	60012	44792
甘 肃	Gansu	66042	38353	143188	21117	99326	31304	16641	25524
青 海	Qinghai	12166	46018	38178	27202	31899	44372	6724	44658
宁 夏	Ningxia	36253	55997	21547	28579	28101	37010	5627	44918
新 疆	Xinjiang	59330	44435	141310	29339	99540	47070	17756	43777

3-3 续表 2 continued

地区	Region	批发和零售业 Wholesale and Retail Trade		住宿和餐饮业 Accommodation and Restaurants		金融业 Finance		房地产业 Real Estate	
		年末人数(人) Year-end Figures (person)	平均工资(元) Average Wage (yuan)	年末人数(人) Year-end Figures (person)	平均工资(元) Average Wage (yuan)	年末人数(人) Year-end Figures (person)	平均工资(元) Average Wage (yuan)	年末人数(人) Year-end Figures (person)	平均工资(元) Average Wage (yuan)
全 国	**National**	**5060584**	**33520**	**1910029**	**23812**	**3699360**	**80772**	**1948087**	**36392**
北 京	Beijing	517357	61680	249018	32813	206842	200349	286319	50670
天 津	Tianjin	110099	45215	33477	26888	43236	115555	34204	48032
河 北	Hebei	214527	19965	42912	17165	174592	54353	37991	29108
山 西	Shanxi	172509	19087	41323	15157	117509	52644	25383	17940
内蒙古	Inner Mongolia	66955	24562	23217	21469	90414	48340	15364	26517
辽 宁	Liaoning	163999	28635	60283	21708	153289	61507	84195	28395
吉 林	Jilin	87108	23155	29909	17431	90273	45596	34845	23287
黑龙江	Heilongjiang	168387	26351	33496	21663	115919	47892	41652	23203
上 海	Shanghai	198313	68573	67217	41986	209731	165442	66427	61788
江 苏	Jiangsu	270380	32073	93676	25196	197591	86044	67389	44558
浙 江	Zhejiang	281840	40854	143304	25565	225793	115512	125506	43443
安 徽	Anhui	135356	27265	34880	18507	104005	55579	42364	27896
福 建	Fujian	134672	33155	74470	22175	100129	84307	86007	36990
江 西	Jiangxi	75114	25382	15315	18594	87172	43156	20540	26204
山 东	Shandong	370705	24177	105517	21847	229638	67492	110827	30053
河 南	Henan	369555	22774	96341	20535	173817	49042	87167	29326
湖 北	Hubei	206453	25361	68319	21266	132639	55213	61724	31486
湖 南	Hunan	156002	27828	83926	20658	142768	51822	92851	27901
广 东	Guangdong	418867	37776	243829	24654	359911	96974	281734	37828
广 西	Guangxi	113436	26877	40282	17493	82018	66125	38446	28974
海 南	Hainan	34900	23961	43231	18804	20742	63483	31376	26265
重 庆	Chongqing	107725	30054	41892	21380	63528	78593	48823	32674
四 川	Sichuan	167187	29346	52491	22384	162681	60129	51193	30482
贵 州	Guizhou	98219	28297	23251	18932	56643	66565	36164	23306
云 南	Yunnan	148811	27716	55739	16197	81147	65511	38331	22383
西 藏	Tibet	5663	40503	3165	22697	7988	100847	308	43451
陕 西	Shaanxi	116892	24261	61015	18313	106671	56848	48722	38876
甘 肃	Gansu	55938	20661	18234	17786	65858	35715	16750	23373
青 海	Qinghai	17139	25232	4549	18906	18201	43591	6027	22346
宁 夏	Ningxia	14469	30662	4034	19106	20325	63894	7197	30891
新 疆	Xinjiang	62007	32726	21717	21599	58290	59082	22261	23288

3-3 续表 3 continued

地 区 Region	租赁和商务服务业 Tenancy and Business Services 年末人数(人) Year-end Figures (person)	租赁和商务服务业 Tenancy and Business Services 平均工资(元) Average Wage (yuan)	科学研究、技术服务和地质勘查业 Scientific Research, Technical Service and Geologic Perambulation 年末人数(人) Year-end Figures (person)	科学研究、技术服务和地质勘查业 Scientific Research, Technical Service and Geologic Perambulation 平均工资(元) Average Wage (yuan)	水利、环境和公共设施管理业 Management of Water Conservancy,Environment and Public Establishment 年末人数(人) Year-end Figures (person)	水利、环境和公共设施管理业 Management of Water Conservancy,Environment and Public Establishment 平均工资(元) Average Wage (yuan)	居民服务和其他服务业 Resident Services and Other Services 年末人数(人) Year-end Figures (person)	居民服务和其他服务业 Resident Services and Other Services 平均工资(元) Average Wage (yuan)
全 国 National	**2809369**	**38502**	**2729935**	**57316**	**1933713**	**27229**	**562555**	**28665**
北 京 Beijing	664110	60327	399671	92098	83448	42328	67643	27806
天 津 Tianjin	64904	29149	54831	85713	30572	48242	63280	24104
河 北 Hebei	45098	21221	83945	50671	91979	22716	19327	35369
山 西 Shanxi	62520	19937	58542	34195	61405	16910	7079	20466
内蒙古 Inner Mongolia	28058	32062	42866	40147	68919	28789	18342	41137
辽 宁 Liaoning	104393	26905	113079	48882	109585	27105	28296	25196
吉 林 Jilin	38956	25510	65078	39063	71203	19886	10816	17549
黑龙江 Heilongjiang	55587	29638	116123	40283	80620	20614	59671	31121
上 海 Shanghai	139712	64956	218920	84527	40221	54451	25894	37597
江 苏 Jiangsu	109459	30646	100422	62123	105930	33414	9490	35448
浙 江 Zhejiang	240230	33283	124410	59341	89917	34683	14246	35723
安 徽 Anhui	33665	23984	62600	36781	55373	22716	4947	23621
福 建 Fujian	120667	24595	51571	42553	40555	28073	13819	34346
江 西 Jiangxi	26484	22711	48143	30997	47362	21490	4753	22744
山 东 Shandong	114671	29576	106449	46371	105359	26888	35081	32517
河 南 Henan	108842	24968	112598	36756	116174	25417	17883	24760
湖 北 Hubei	49975	26830	99132	46921	76268	23339	10906	27168
湖 南 Hunan	80596	25379	77293	37292	73081	23959	14149	24148
广 东 Guangdong	292765	40669	175227	69482	136003	31806	62213	30008
广 西 Guangxi	83879	26700	64988	37357	62093	21895	7928	22169
海 南 Hainan	20813	21076	16154	31064	20800	21195	3112	20470
重 庆 Chongqing	51067	25547	50484	55793	33817	22883	8931	26171
四 川 Sichuan	56503	34020	129243	55068	87374	21865	9273	24461
贵 州 Guizhou	31988	22233	40778	30385	27925	22963	9756	22243
云 南 Yunnan	69304	24187	59474	35428	45203	19068	7458	18248
西 藏 Tibet	1271	29888	6152	67498	1544	34314	46	53535
陕 西 Shaanxi	32349	29206	121718	49946	67539	25795	16924	26379
甘 肃 Gansu	13262	23707	50138	35304	30494	25056	2211	21471
青 海 Qinghai	8139	43244	22106	50236	8975	30093	3023	32900
宁 夏 Ningxia	13353	25810	11682	37101	15140	28034	358	23447
新 疆 Xinjiang	46749	22531	46118	38696	48835	26220	5700	18453

3-3 续表 4 continued

地 区	Region	教育 Education 年末人数(人) Year-end Figures (person)	教育 Education 平均工资(元) Average Wage (yuan)	卫生、社会保障和社会福利业 Sanitation, Social Security and Social Welfare 年末人数(人) Year-end Figures (person)	卫生、社会保障和社会福利业 Sanitation, Social Security and Social Welfare 平均工资(元) Average Wage (yuan)	文化体育和娱乐业 Culture, Sports and Entertainment 年末人数(人) Year-end Figures (person)	文化体育和娱乐业 Culture, Sports and Entertainment 平均工资(元) Average Wage (yuan)	公共管理和社会组织 Public Management and Social Organization 年末人数(人) Year-end Figures (person)	公共管理和社会组织 Public Management and Social Organization 平均工资(元) Average Wage (yuan)
全 国	**National**	**15269443**	**39624**	**5954907**	**41132**	**1238318**	**42245**	**13647571**	**39329**
北 京	Beijing	358212	68543	189600	72652	140129	79718	367938	60303
天 津	Tianjin	155133	68830	80577	62896	15926	57024	122759	73700
河 北	Hebei	837527	34140	265477	31268	47779	26746	747005	30504
山 西	Shanxi	473555	31211	155474	24389	45290	25114	547418	28117
内蒙古	Inner Mongolia	344433	43621	121157	38693	32921	37935	345189	40973
辽 宁	Liaoning	506770	42266	241998	37552	49246	37218	476868	37842
吉 林	Jilin	362022	31678	149700	28787	36561	26789	297531	30326
黑龙江	Heilongjiang	448268	35066	189533	32674	38047	30492	397472	32359
上 海	Shanghai	225658	76099	128890	81238	37885	72469	172280	76974
江 苏	Jiangsu	821170	50377	333255	48061	52424	50552	594811	61267
浙 江	Zhejiang	572195	66152	298775	64564	54028	60798	540594	67291
安 徽	Anhui	**582654**	**33157**	206607	32808	31652	29319	429863	35302
福 建	Fujian	432374	41333	145628	42629	34482	36812	292617	43077
江 西	Jiangxi	463373	30462	155204	32644	29124	31192	411256	30373
山 东	Shandong	1071773	38991	414512	39021	65308	41420	1023699	36267
河 南	Henan	1127006	33264	395881	31545	68059	28925	1035773	28801
湖 北	Hubei	627116	35047	289541	34262	48178	33112	526565	34929
湖 南	Hunan	676301	32412	293251	37362	43712	33691	748715	30788
广 东	Guangdong	1097287	43266	489364	52704	87845	48768	926911	53864
广 西	Guangxi	543428	33531	212566	34365	30186	33344	371127	35180
海 南	Hainan	114677	41333	39605	35765	11694	29740	92052	40747
重 庆	Chongqing	335625	38251	111597	44828	25266	34544	233932	37911
四 川	Sichuan	796977	34909	311185	39574	42630	32657	731163	36215
贵 州	Guizhou	405628	31124	109810	31231	17698	24805	370452	31265
云 南	Yunnan	504601	32874	147145	30206	34250	25246	439843	32762
西 藏	Tibet	37555	55008	13093	54080	5543	55500	79185	59627
陕 西	Shaanxi	533044	40543	177463	36124	44490	30292	466619	34290
甘 肃	Gansu	333970	30216	96634	29488	27617	29438	357309	30797
青 海	Qinghai	72609	43386	29996	38688	7130	39400	85397	41825
宁 夏	Ningxia	74033	37090	29502	34011	7291	35077	74533	35616
新 疆	Xinjiang	334469	35256	131887	33381	25927	33014	340695	36753

3-4 各地区分行业其他就业人员和平均工资(2010年)

OTHER EMPLOYMENT AND AVERAGE WAGE BY SECTOR AND REGION(2010)

地 区 Region	总 计 Total		农、林、牧、渔业 Agriculture,Forestry, Farming of Animals and Fishing		采矿业 Mining		制造业 Manufacturing	
	年末人数(人) Year-end Figures (person)	平均工资(元) Average Wage (yuan)	年末人数(人) Year-end Figures (person)	平均工资(元) Average Wage (yuan)	年末人数(人) Year-end Figures (person)	平均工资(元) Average Wage (yuan)	年末人数(人) Year-end Figures (person)	平均工资(元) Average Wage (yuan)
全 国 National	**8008595**	**27218**	**478971**	**12424**	**161464**	**34036**	**1185142**	**37393**
北 京 Beijing	589822	59931	723	19319	127	61756	33909	80455
天 津 Tianjin	206512	38128	624	24268	9938	28768	55843	58485
河 北 Hebei	393569	20875	647	11771	24528	47314	46446	29685
山 西 Shanxi	99252	16205	2738	22262	5622	31852	10222	19547
内蒙古 Inner Mongolia	43117	18846	485	10880	1203	30809	2240	17848
辽 宁 Liaoning	247351	22291	3377	5435	2354	14775	47818	28393
吉 林 Jilin	81183	16526	2951	6588	1385	30217	8167	32864
黑龙江 Heilongjiang	525284	13988	328157	12618	3227	16079	31682	15666
上 海 Shanghai	750862	40950	6663	27758	131	36946	241024	46061
江 苏 Jiangsu	531714	29977	1944	13739	1097	14303	159544	41803
浙 江 Zhejiang	714507	30685	1195	15829	1736	22682	135114	33722
安 徽 Anhui	288747	21635	9395	16027	2165	27214	18777	21250
福 建 Fujian	211982	25148	22096	8085	1006	26181	22189	53036
江 西 Jiangxi	177789	16849	2847	10382	4109	16662	18329	19506
山 东 Shandong	362992	23207	1319	18376	24790	45552	48331	28726
河 南 Henan	283883	16317	2242	10287	11002	22966	19920	15947
湖 北 Hubei	335514	20999	20390	16644	8531	24774	42075	20874
湖 南 Hunan	356008	18882	14824	12640	2810	16190	33764	23756
广 东 Guangdong	281434	43286	1563	13479	1396	35977	39337	85725
广 西 Guangxi	246972	16723	18397	14055	1771	14409	28405	14745
海 南 Hainan	21008	20678	1928	14183	43	12953	1757	74461
重 庆 Chongqing	161352	24441	770	12046	1690	16991	28410	30503
四 川 Sichuan	297325	22488	1646	6812	12709	47981	17944	20428
贵 州 Guizhou	136519	14615	2044	5953	3119	19636	12689	13146
云 南 Yunnan	190968	13908	13692	4749	7364	24317	37192	13736
西 藏 Tibet	24354	13103	4532	6874	382	12186	747	13028
陕 西 Shaanxi	220347	18428	1187	7373	9889	21876	22975	20972
甘 肃 Gansu	63373	13703	896	11505	2309	20898	7250	17703
青 海 Qinghai	23441	14834	971	9473	849	20029	2912	14314
宁 夏 Ningxia	46610	17184	1581	12024	3701	30775	1481	19079
新 疆 Xinjiang	94804	22629	7147	6773	10481	40138	8649	29561

3-4 续表 1 continued

地 区	Region	电力、燃气及水的生产和供应业 Production & Distribution of Electricity,Gas & Water		建筑业 Construction		交通运输、仓储和邮政业 Traffic,Transport, Storage and Post		信息传输、计算机服务和软件业 Information Transfer, Computer Services and Software	
		年末人数（人）Year-end Figures (person)	平均工资（元）Average Wage (yuan)	年末人数（人）Year-end Figures (person)	平均工资（元）Average Wage (yuan)	年末人数（人）Year-end Figures (person)	平均工资（元）Average Wage (yuan)	年末人数（人）Year-end Figures (person)	平均工资（元）Average Wage (yuan)
全 国	**National**	**115915**	**20680**	**1344715**	**22657**	**490065**	**27679**	**179489**	**44041**
北 京	Beijing	1101	24805	35866	38458	32196	49882	21977	136189
天 津	Tianjin	1487	42953	7526	31333	14915	33192	583	65110
河 北	Hebei	28276	13826	81331	18825	20592	21176	22959	21838
山 西	Shanxi	1732	15151	10281	19535	3285	20116	4184	14700
内蒙古	Inner Mongolia	845	18336	1448	25952	5251	24473	625	15170
辽 宁	Liaoning	3197	17536	20863	15854	6854	22303	3181	37922
吉 林	Jilin	1364	14984	5361	14536	2629	13436	1047	14834
黑龙江	Heilongjiang	5043	17372	29381	16387	10339	22896	2863	18783
上 海	Shanghai	1344	44543	23265	40966	100228	32970	7665	88265
江 苏	Jiangsu	3724	24562	66916	23998	30237	26741	17705	29337
浙 江	Zhejiang	12784	40485	228237	25279	29922	35076	20839	46010
安 徽	Anhui	1246	15174	82098	26037	12788	20089	6236	23344
福 建	Fujian	2122	23648	60696	28220	11044	21927	4644	37167
江 西	Jiangxi	4506	17993	38670	19852	15805	19074	4651	18660
山 东	Shandong	7111	16217	50552	24389	18902	26183	4051	29645
河 南	Henan	6140	17068	86226	18523	18567	13136	5681	15993
湖 北	Hubei	2876	23454	102140	23595	17445	20810	1428	22700
湖 南	Hunan	3343	20122	114281	19263	17360	18807	8674	26642
广 东	Guangdong	1926	32950	50739	26451	23607	36300	6420	40060
广 西	Guangxi	5407	15409	43568	22071	15308	19957	4913	28254
海 南	Hainan	179	20700	1601	12090	975	23965	55	21185
重 庆	Chongqing	1555	16996	20814	21426	10318	23936	1778	32165
四 川	Sichuan	4369	23288	73288	18410	17833	26032	3622	23330
贵 州	Guizhou	2662	18945	18489	19516	13203	19255	2473	22522
云 南	Yunnan	3462	18499	33874	16216	8334	16938	5752	36199
西 藏	Tibet	299	13925	1607	23556	270	14792	958	28003
陕 西	Shaanxi	3790	19409	25013	18256	16809	19432	10844	28339
甘 肃	Gansu	2043	14252	10734	15358	2043	9672	1075	14845
青 海	Qinghai	184	16993	2415	15679	841	16002	1103	22087
宁 夏	Ningxia	580	18876	8653	18546	643	14421	796	24975
新 疆	Xinjiang	1218	13416	8782	20102	11522	29577	707	26295

3-4 续表 2 continued

地 区	Region	批发和零售业 Wholesale and Retail Trade 年末人数(人) Year-end Figures (person)	平均工资(元) Average Wage (yuan)	住宿和餐饮业 Accommodation and Restaurants 年末人数(人) Year-end Figures (person)	平均工资(元) Average Wage (yuan)	金融业 Finance 年末人数(人) Year-end Figures (person)	平均工资(元) Average Wage (yuan)	房地产业 Real Estate 年末人数(人) Year-end Figures (person)	平均工资(元) Average Wage (yuan)
全 国	**National**	**290296**	**35581**	**182146**	**18779**	**1001454**	**30739**	**168215**	**29719**
北 京	Beijing	36494	98569	30540	25127	65546	59853	29082	52166
天 津	Tianjin	13767	41406	14844	13551	26295	43725	1900	36306
河 北	Hebei	10965	16171	2382	20066	67856	20235	3646	15024
山 西	Shanxi	3367	9900	992	10948	20370	16099	435	13944
内蒙古	Inner Mongolia	540	10016	427	14645	10813	22785	78	16288
辽 宁	Liaoning	5185	27969	3510	20008	53217	30843	4038	22303
吉 林	Jilin	2305	16897	379	30536	12165	23366	974	18147
黑龙江	Heilongjiang	8638	12528	3171	11668	25804	18282	7527	15190
上 海	Shanghai	65975	39861	49460	19980	26589	82590	45080	28313
江 苏	Jiangsu	19929	23031	12734	15370	71432	30519	5709	28917
浙 江	Zhejiang	28531	30343	12725	14989	68371	45065	10945	28838
安 徽	Anhui	4355	16873	2006	12917	42889	24975	6448	22972
福 建	Fujian	3945	22651	1364	27666	29092	22974	4284	35481
江 西	Jiangxi	3638	14404	873	12540	17858	18293	535	12215
山 东	Shandong	11572	12648	4732	20606	102790	21084	3032	20437
河 南	Henan	12332	11143	3130	9955	52156	17527	2567	14482
湖 北	Hubei	8192	18037	8421	14491	28430	24352	4126	19129
湖 南	Hunan	6540	22775	6477	10368	43668	20364	4123	19912
广 东	Guangdong	7161	74660	8498	28793	51765	44719	8602	29957
广 西	Guangxi	5683	11695	2660	13561	15733	28459	4239	14204
海 南	Hainan	277	23269	427	29050	336	31640	429	18273
重 庆	Chongqing	3723	17902	714	22073	43044	26502	7042	24116
四 川	Sichuan	4145	17576	2207	19591	50404	28568	2818	21721
贵 州	Guizhou	4759	17102	2404	18965	7635	21654	2417	18551
云 南	Yunnan	6886	10098	2376	12272	9128	16939	3016	20317
西 藏	Tibet	298	19362	250	14396	249	7913		
陕 西	Shaanxi	7236	16178	2069	13979	34740	20887	2721	17632
甘 肃	Gansu	609	11545	655	12327	2201	24049	527	8425
青 海	Qinghai	269	9966	200	10665	1447	18376	295	12430
宁 夏	Ningxia	968	11974	177	7382	6375	21925	866	13770
新 疆	Xinjiang	2012	19716	1342	27370	13056	26441	714	14026

3-4 续表 3 continued

地区	Region	租赁和商务服务业 Tenancy and Business Services		科学研究、技术服务和地质勘查业 Scientific Research, Technical Service & Geologic Perambulation		水利、环境和公共设施管理业 Management of Water Conservancy,Environment & Public Establishment		居民服务和其他服务业 Resident Services and Other Services	
		年末人数(人) Year-end Figures (person)	平均工资(元) Average Wage (yuan)	年末人数(人) Year-end Figures (person)	平均工资(元) Average Wage (yuan)	年末人数(人) Year-end Figures (person)	平均工资(元) Average Wage (yuan)	年末人数(人) Year-end Figures (person)	平均工资(元) Average Wage (yuan)
全 国	**National**	**291281**	**49971**	**192980**	**42744**	**255396**	**12715**	**39924**	**21685**
北 京	Beijing	113964	85370	57738	59337	4133	22806	6799	25843
天 津	Tianjin	4553	25246	9850	51063	4916	17010	5366	16330
河 北	Hebei	4097	20473	4835	22260	9131	10713	1017	27695
山 西	Shanxi	1218	13859	1330	18673	2409	10325	180	26855
内蒙古	Inner Mongolia	210	12960	588	32898	3896	8394	2113	26368
辽 宁	Liaoning	17816	10896	6559	33780	18668	11188	404	18772
吉 林	Jilin	5584	12478	1616	25688	10235	8006	182	15301
黑龙江	Heilongjiang	3669	12721	3935	28354	16537	8882	5358	14865
上 海	Shanghai	46721	48690	13566	64792	18436	21064	7061	26388
江 苏	Jiangsu	10972	21589	8175	39402	16860	15570	959	24045
浙 江	Zhejiang	19851	22583	15745	35101	19135	21641	2052	29507
安 徽	Anhui	12622	40128	4190	24758	8379	9585	358	18185
福 建	Fujian	2214	20327	2733	23274	3762	13721	493	25148
江 西	Jiangxi	2715	11400	2413	19104	8570	10210	262	15706
山 东	Shandong	4354	12777	3200	25971	10741	10669	240	25296
河 南	Henan	4044	13517	2339	21411	6008	9919	1504	9873
湖 北	Hubei	1374	19837	9136	30045	13124	12328	1101	15663
湖 南	Hunan	3234	18086	6032	24430	13665	12471	767	15731
广 东	Guangdong	7872	61784	5369	67927	4120	15843	1802	28281
广 西	Guangxi	4769	13415	4767	20052	12173	11066	377	13952
海 南	Hainan	985	12873	573	19703	1452	12647	15	31933
重 庆	Chongqing	1838	22591	4133	47336	3417	11178	156	19484
四 川	Sichuan	2586	38502	7237	31655	10317	9860	229	11131
贵 州	Guizhou	1117	16247	2178	15129	5398	9198	394	15135
云 南	Yunnan	2450	17818	2917	18014	7756	10007	270	20848
西 藏	Tibet	166	12102	608	28475	151	13603	9	12167
陕 西	Shaanxi	2654	16097	6500	23092	11380	9770	277	10040
甘 肃	Gansu	5254	16420	1641	17936	3420	8791	76	18770
青 海	Qinghai	165	22551	995	16919	2353	8235	25	41115
宁 夏	Ningxia	618	32615	297	18215	2709	9708	2	7000
新 疆	Xinjiang	1595	22305	1785	35895	2145	9387	76	10181

3-4 续表 4 continued

地区	Region	教育 Education 年末人数(人) Year-end Figures (person)	教育 Education 平均工资(元) Average Wage (yuan)	卫生、社会保障和社会福利业 Sanitation,Social Security & Social Welfare 年末人数(人) Year-end Figures (person)	卫生、社会保障和社会福利业 Sanitation,Social Security & Social Welfare 平均工资(元) Average Wage (yuan)	文化体育和娱乐业 Culture, Sports and Entertainment 年末人数(人) Year-end Figures (person)	文化体育和娱乐业 Culture, Sports and Entertainment 平均工资(元) Average Wage (yuan)	公共管理和社会组织 Public Management & Social Organization 年末人数(人) Year-end Figures (person)	公共管理和社会组织 Public Management & Social Organization 平均工资(元) Avcragc Wage (yuan)
全国	**National**	**548100**	**20209**	**370487**	**25443**	**75418**	**28221**	**637137**	**14658**
北京	Beijing	47383	38587	17052	42375	12376	44601	42816	15960
天津	Tianjin	9139	21641	9185	25410	1592	26091	14189	15412
河北	Hebei	25526	13785	12686	17085	2064	13598	24585	12033
山西	Shanxi	12724	9245	5416	14013	1037	17129	11710	11010
内蒙古	Inner Mongolia	2567	13508	1846	17565	338	24611	7604	10973
辽宁	Liaoning	16180	22539	14480	20669	1806	16470	17844	12731
吉林	Jilin	4885	21898	3456	16096	494	18976	16004	8790
黑龙江	Heilongjiang	13185	18755	7082	16357	1411	11612	18275	13836
上海	Shanghai	35723	29431	38269	45584	9257	52305	14405	24550
江苏	Jiangsu	33648	23590	29970	26843	4308	22014	35851	18670
浙江	Zhejiang	38873	26498	25545	37962	8027	25875	34880	23356
安徽	Anhui	22205	13383	13250	17858	2321	16651	37019	14110
福建	Fujian	14691	16523	11826	18983	2446	18654	11335	14557
江西	Jiangxi	13126	12772	12564	17268	2554	23188	23764	12321
山东	Shandong	19247	16434	20152	17948	1420	19851	26456	14338
河南	Henan	14087	18102	12574	19077	1899	12908	21465	11976
湖北	Hubei	29902	17001	11383	21493	2495	18310	22945	17374
湖南	Hunan	25243	15986	17374	21339	2070	17246	31759	15260
广东	Guangdong	25904	29435	13167	37607	6622	24329	15564	23513
广西	Guangxi	37176	11915	16842	16665	1813	11120	22971	12454
海南	Hainan	2923	18955	1760	24851	195	14183	5098	13621
重庆	Chongqing	14450	18367	4638	29896	724	18516	12138	16073
四川	Sichuan	22551	16243	18738	33001	1763	18343	42919	14168
贵州	Guizhou	13505	10341	8766	14268	566	15961	32701	9375
云南	Yunnan	13187	10039	10449	11379	1280	14220	21583	8883
西藏	Tibet	1998	11195	2086	11729	666	11315	9078	12635
陕西	Shaanxi	18218	15516	14813	17313	1929	15624	27303	14874
甘肃	Gansu	8147	9344	3192	11683	737	10231	10564	11169
青海	Qinghai	2561	17477	1988	13333	201	15000	3667	13535
宁夏	Ningxia	4990	13552	3504	13039	354	14342	8315	10629
新疆	Xinjiang	4156	15546	6434	10483	653	15965	12330	13340

3-5 各地区分行业不在岗职工人数及平均生活费(2010年)

NOT-ON-POST STAFF AND WORKERS AND AVERAGE LIVING SUBSIDIES BY SECTOR AND REGION(2010)

地区	Region	总计 Total		农、林、牧、渔业 Agriculture,Forestry, Farming of Animals and Fishing		采矿业 Mining		制造业 Manufacturing	
		年末人数(人) Year-end Figures (person)	平均生活费(元) Average Living Subsidy (yuan)	年末人数(人) Year-end Figures (person)	平均生活费(元) Average Living Subsidy (yuan)	年末人数(人) Year-end Figures (person)	平均生活费(元) Average Living Subsidy (yuan)	年末人数(人) Year-end Figures (person)	平均生活费(元) Average Living Subsidy (yuan)
全 国	**National**	**6380254**	**8629**	**485102**	**2822**	**380597**	**8617**	**1959091**	**7158**
北 京	Beijing	165936	19252	580	14180	762	30223	24856	14855
天 津	Tianjin	135284	7398	1274	7474	2451	25888	67317	3880
河 北	Hebei	386634	9193	3194	9348	13074	11337	153457	6342
山 西	Shanxi	343231	7818	1534	2894	36466	13253	116488	7631
内蒙古	Inner Mongolia	120396	12636	22648	3586	3957	13888	29908	10652
辽 宁	Liaoning	794265	5020	34312	1791	66746	3690	366474	4396
吉 林	Jilin	253539	8205	55309	5111	26232	6578	60603	7379
黑龙江	Heilongjiang	530707	5522	151496	1241	55116	784	102335	3209
上 海	Shanghai	307822	9856	1660	7814	44	8720	117553	8913
江 苏	Jiangsu	287050	10948	7974	6960	20539	12847	98936	9657
浙 江	Zhejiang	83769	10302	1674	4990	3095	4404	22057	12059
安 徽	Anhui	188153	7647	3767	3805	23747	12390	56695	7067
福 建	Fujian	80280	6818	11251	1480	2325	2440	15120	7901
江 西	Jiangxi	255822	4569	38040	1362	10073	7575	88154	3988
山 东	Shandong	447101	11882	6341	3969	31748	13787	125085	7679
河 南	Henan	313280	6645	2854	3307	30611	4871	73305	8218
湖 北	Hubei	243081	10675	11426	6442	3435	10720	59279	10582
湖 南	Hunan	252964	7923	10836	4248	9700	6143	50877	8429
广 东	Guangdong	222376	9208	7177	3624	2976	25279	48150	5035
广 西	Guangxi	120623	6578	16688	4186	2178	4940	29922	7703
海 南	Hainan	106462	2980	65595	862	784	5642	7335	4034
重 庆	Chongqing	62945	10846	199	4464	1292	7521	20481	11474
四 川	Sichuan	164910	13482	1794	10269	6285	14275	51999	12999
贵 州	Guizhou	75353	7821	754	5072	2763	5441	26402	6486
云 南	Yunnan	92589	14615	11610	3798	2354	12353	33405	15174
西 藏	Tibet	671	44906					37	16103
陕 西	Shaanxi	200830	8549	2498	15991	10675	14180	78160	6838
甘 肃	Gansu	70562	12760	743	14448	2435	28822	25603	12187
青 海	Qinghai	11606	13526	534	1234	331	4890	1830	11094
宁 夏	Ningxia	12420	16735	458	5262	1966	21516	1762	17471
新 疆	Xinjiang	49593	16457	10882	3373	6437	31695	5506	17775

3-5 续表 1 continued

地 区	Region	电力、燃气及水的生产和供应业 Production & Distribution of Electricity,Gas & Water 年末人数(人) Year-end Figures (person)	平均生活费(元) Average Living Subsidy (yuan)	建筑业 Construction 年末人数(人) Year-end Figures (person)	平均生活费(元) Average Living Subsidy (yuan)	交通运输、仓储和邮政业 Traffic,Transport, Storage and Post 年末人数(人) Year-end Figures (person)	平均生活费(元) Average Living Subsidy (yuan)	信息传输、计算机服务和软件业 Information Transfer, Computer Services and Software 年末人数(人) Year-end Figures (person)	平均生活费(元) Average Living Subsidy (yuan)
全 国	**National**	**147657**	**15970**	**550094**	**5443**	**530892**	**11729**	**43479**	**18388**
北 京	Beijing	3586	18207	26387	14201	15093	24141	2543	24187
天 津	Tianjin	1514	21574	6396	10124	16672	11391	697	19441
河 北	Hebei	4453	18889	31537	4186	23061	10125	2084	17363
山 西	Shanxi	5038	7895	36184	7646	29395	11659	985	17766
内蒙古	Inner Mongolia	4528	20109	13718	5145	12268	15670	1196	19798
辽 宁	Liaoning	17396	14633	100215	2509	43336	7889	2130	15030
吉 林	Jilin	4225	13725	28775	1752	19015	7155	448	18268
黑龙江	Heilongjiang	7542	10332	37761	1507	34922	11126	3025	12296
上 海	Shanghai	801	23823	9718	11442	27928	15191	627	28142
江 苏	Jiangsu	3215	18509	19870	9048	31226	11387	1570	23017
浙 江	Zhejiang	1369	16302	5243	8147	10953	11808	660	26830
安 徽	Anhui	2888	13369	14876	6470	17011	4830	739	14876
福 建	Fujian	2258	13141	5881	4185	9177	11819	397	18798
江 西	Jiangxi	5751	9457	15871	5500	17593	7958	1226	9870
山 东	Shandong	14640	21581	16986	7675	33171	12563	5859	21407
河 南	Henan	11983	13695	20072	4917	27825	10182	795	17047
湖 北	Hubei	9046	16386	16553	7072	37807	13820	3695	13982
湖 南	Hunan	10132	12219	31722	4866	23045	9342	1755	16215
广 东	Guangdong	7776	20566	15769	6259	18709	15762	3149	25275
广 西	Guangxi	4532	11111	8861	6696	7529	11119	1827	15877
海 南	Hainan	2260	16200	1169	1035	4459	9883	722	12694
重 庆	Chongqing	2714	17009	8258	3960	10068	10492	469	11161
四 川	Sichuan	8096	18646	21740	6734	17720	12046	1342	11063
贵 州	Guizhou	2096	16328	9980	4379	6029	13063	716	15505
云 南	Yunnan	3897	25190	6628	7912	7778	14722	1348	20277
西 藏	Tibet	88	33103	65	26853	16	8500	1	7000
陕 西	Shaanxi	2034	15361	18975	4484	12307	8679	1821	20528
甘 肃	Gansu	1400	19864	11859	5735	7510	18419	641	17042
青 海	Qinghai	133	12893	1535	4116	1916	25142	96	23495
宁 夏	Ningxia	399	11585	1834	7229	2178	22719	59	10769
新 疆	Xinjiang	1867	19527	5656	8405	5175	18859	857	21896

3-5 续表 2 continued

地区 Region	批发和零售业 Wholesale and Retail Trade		住宿和餐饮业 Accommodation and Restaurants		金融业 Finance		房地产业 Real Estate	
	年末人数（人） Year-end Figures (person)	平均生活费（元） Average Living Subsidy (yuan)	年末人数（人） Year-end Figures (person)	平均生活费（元） Average Living Subsidy (yuan)	年末人数（人） Year-end Figures (person)	平均生活费（元） Average Living Subsidy (yuan)	年末人数（人） Year-end Figures (person)	平均生活费（元） Average Living Subsidy (yuan)
全 国 National	**915479**	**4541**	**79273**	**5860**	**181449**	**29882**	**111382**	**7226**
北 京 Beijing	17103	18673	6191	15701	3940	62138	15821	15799
天 津 Tianjin	9993	8690	2349	8984	2274	43004	909	13601
河 北 Hebei	82175	3631	5418	4076	13710	29559	1231	9733
山 西 Shanxi	55842	2032	4044	1861	8224	23695	10925	1644
内蒙古 Inner Mongolia	3885	6529	733	4947	2976	24895	56	24855
辽 宁 Liaoning	65122	2210	4332	2648	11895	32484	13470	3280
吉 林 Jilin	13965	6054	1234	4167	6117	25745	1118	6598
黑龙江 Heilongjiang	39690	2990	1977	3178	6052	24661	2180	6505
上 海 Shanghai	35812	6869	5502	9333	3027	49177	8408	9068
江 苏 Jiangsu	51289	5346	4223	6754	8424	36214	5746	8552
浙 江 Zhejiang	9553	7164	2057	7835	7532	43211	3281	6752
安 徽 Anhui	39946	4067	2818	4625	7107	23098	2291	5170
福 建 Fujian	16909	3644	2204	4582	2087	29882	1320	4227
江 西 Jiangxi	34599	2328	2551	4207	7109	15994	2576	4192
山 东 Shandong	98184	4324	5400	4527	18037	32932	3903	7988
河 南 Henan	92110	3188	5030	2000	8518	18634	1160	5636
湖 北 Hubei	25204	7286	2472	5802	10567	23019	2419	8196
湖 南 Hunan	26709	4930	2404	6344	4928	24137	9436	4396
广 东 Guangdong	68222	2036	3797	5010	14429	35025	5580	9417
广 西 Guangxi	25245	3522	3132	2992	3670	27659	1550	4750
海 南 Hainan	13825	1893	866	1381	1428	24457	1310	3464
重 庆 Chongqing	7461	8930	984	3689	3612	28066	835	8762
四 川 Sichuan	16573	11448	3146	5238	8099	27325	904	8282
贵 州 Guizhou	11272	6350	1297	6410	2490	31461	5223	3696
云 南 Yunnan	9673	18523	1053	6478	2836	30132	1657	7221
西 藏 Tibet	38	48553	91	72560	147	59026		
陕 西 Shaanxi	33160	3901	2424	3290	5495	28438	7176	5799
甘 肃 Gansu	6285	6088	965	4992	2119	22059	269	8608
青 海 Qinghai	751	14020	129	13060	780	26412	57	7933
宁 夏 Ningxia	1383	11972	52	5831	808	27498	90	11520
新 疆 Xinjiang	3501	13004	398	12554	3012	29825	481	11671

3-5 续表 3 continued

地 区	Region	租赁和商务服务业 Tenancy and Business Services 年末人数(人) Year-end Figures (person)	平均生活费(元) Average Living Subsidy (yuan)	科学研究、技术服务和地质勘查业 Scientific Research, Technical Service & Geologic Perambulation 年末人数(人) Year-end Figures (person)	平均生活费(元) Average Living Subsidy (yuan)	水利、环境和公共设施管理业 Management of Water Conservancy,Environment & Public Establishment 年末人数(人) Year-end Figures (person)	平均生活费(元) Average Living Subsidy (yuan)	居民服务和其他服务业 Resident Services and Other Services 年末人数(人) Year-end Figures (person)	平均生活费(元) Average Living Subsidy (yuan)
全 国	**National**	**281823**	**8034**	**106153**	**12688**	**67637**	**10626**	**32849**	**6164**
北 京	Beijing	20295	19402	10798	19948	4151	18717	935	17530
天 津	Tianjin	15608	2237	1619	18892	742	24000	1524	17054
河 北	Hebei	4908	3609	5210	15760	2636	13243	620	7813
山 西	Shanxi	19453	5710	2788	6775	776	6027	945	1252
内蒙古	Inner Mongolia	5040	19239	1995	10634	363	20777	1597	9764
辽 宁	Liaoning	29016	3610	6848	9316	5076	11967	2780	1696
吉 林	Jilin	4269	16576	3587	13126	2623	7476	246	3277
黑龙江	Heilongjiang	24595	14141	3917	12144	9255	3031	4179	3696
上 海	Shanghai	69351	6723	2733	17698	2031	14993	11288	5405
江 苏	Jiangsu	8899	7722	2601	13416	6286	19366	1067	5812
浙 江	Zhejiang	3938	6814	2165	14687	1097	18182	247	11678
安 徽	Anhui	2253	4328	3351	10697	1711	5828	430	2396
福 建	Fujian	4142	3276	1645	8745	625	10723	501	8892
江 西	Jiangxi	8378	1600	4959	5305	1770	7919	428	2712
山 东	Shandong	6415	10062	5109	13028	3709	15184	1116	7161
河 南	Henan	5062	9760	3122	7144	2353	3277	498	1945
湖 北	Hubei	3980	4606	6145	11193	7186	7209	1649	3335
湖 南	Hunan	10797	4729	7458	8707	7788	7093	319	7584
广 东	Guangdong	8702	5862	2642	15018	2407	8395	128	11979
广 西	Guangxi	6461	2646	2637	10778	710	8409	245	4123
海 南	Hainan	3296	8118	943	1153	299	4599	4	22400
重 庆	Chongqing	679	2942	1102	14719	205	5624	74	5479
四 川	Sichuan	3235	15975	7985	15415	1108	15596	63	12000
贵 州	Guizhou	1189	4026	2244	9803	93	8415	476	15459
云 南	Yunnan	3406	13075	2328	11553	142	12056	85	7775
西 藏	Tibet	23	11950	39	51926				
陕 西	Shaanxi	3886	9247	4296	12293	1857	15255	1167	7570
甘 肃	Gansu	1792	5628	3130	16775	69	9527	9	21778
青 海	Qinghai	1773	8373	1311	16875	29	4632	18	
宁 夏	Ningxia	82	13386	596	15745	55	10510		
新 疆	Xinjiang	900	10700	850	7703	485	4769	211	8498

3-5 续表 4 continued

地 区	Region	教 育 Education 年末人数(人) Year-end Figures (person)	教 育 Education 平均生活费(元) Average Living Subsidy (yuan)	卫生、社会保障和社会福利业 Sanitation, Social Security & Social Welfare 年末人数(人) Year-end Figures (person)	卫生、社会保障和社会福利业 Sanitation, Social Security & Social Welfare 平均生活费(元) Average Living Subsidy (yuan)	文化体育和娱乐业 Culture, Sports and Entertainment 年末人数(人) Year-end Figures (person)	文化体育和娱乐业 Culture, Sports and Entertainment 平均生活费(元) Average Living Subsidy (yuan)	公共管理和社会组织 Public Management & Social Organization 年末人数(人) Year-end Figures (person)	公共管理和社会组织 Public Management & Social Organization 平均生活费(元) Average Living Subsidy (yuan)
全 国	**National**	**122008**	**20672**	**89700**	**8253**	**33416**	**14099**	**262173**	**17801**
北 京	Beijing	5445	27613	1596	20331	3276	24741	2578	22247
天 津	Tianjin	1426	18533	1566	12760	379	15618	574	32287
河 北	Hebei	6318	25749	3225	12158	1254	15093	29069	28139
山 西	Shanxi	3983	26819	1323	6297	1544	8183	7294	6607
内蒙古	Inner Mongolia	4820	33175	1256	14697	395	17409	9057	28441
辽 宁	Liaoning	4772	17463	12451	8114	1328	17557	6566	23984
吉 林	Jilin	11894	19560	2647	8887	1335	17885	9897	23522
黑龙江	Heilongjiang	17415	22972	4132	8563	766	16358	24352	22472
上 海	Shanghai	5061	25298	2787	23182	2720	29333	771	23548
江 苏	Jiangsu	2865	26268	3926	11803	1181	16932	7213	29080
浙 江	Zhejiang	2732	29121	2796	948	517	15369	2803	7672
安 徽	Anhui	1252	17979	2338	6616	432	4521	4501	10595
福 建	Fujian	1889	14116	936	3785	393	6329	1220	13009
江 西	Jiangxi	4449	13321	2225	6621	1634	5263	8436	6211
山 东	Shandong	12409	33864	6110	17789	2444	15480	50435	21028
河 南	Henan	2585	8810	4672	4893	1609	3575	19116	7519
湖 北	Hubei	7159	12390	10165	8335	2141	10117	22753	12653
湖 南	Hunan	8618	15583	10808	9001	2064	6953	23568	9513
广 东	Guangdong	1138	23483	2531	7865	1901	10598	7193	20969
广 西	Guangxi	1516	1456	931	10182	1461	3542	1528	17443
海 南	Hainan	339	11093	383	6846	399	8088	1046	31111
重 庆	Chongqing	1098	13159	2270	10255	510	11454	634	17809
四 川	Sichuan	5287	23395	3661	13625	1224	12900	4649	19139
贵 州	Guizhou	981	15340	455	10562	253	1876	640	16700
云 南	Yunnan	601	13885	470	24681	429	14914	2889	26607
西 藏	Tibet	25	47923	31	55548		500	70	31845
陕 西	Shaanxi	3228	26617	2781	16573	1503	9124	7387	19217
甘 肃	Gansu	2095	19588	525	12054	139	12070	2974	19713
青 海	Qinghai	89	20957	16	18684	43	6256	235	24000
宁 夏	Ningxia	37	17938	140	9601	16	10551	505	21529
新 疆	Xinjiang	482	22974	547	16169	126	16475	2220	37849

3-6 各地区分登记注册类型城镇单位年末人数(2010年)
EMPLOYMENT AND NOT-ON-POST STAFF AND WORKERS IN URBAN UNITS BY REGISTRATION STATUS AND REGION(2010)

单位：千人 (1000 persons)

地区	Region	就业人员 Employment				在岗职工 On-post Staff and Workers			
		合计 Total	国有单位 State-owned Units	集体单位 Collective-owned Units	其他单位 Other Ownership Units	合计 Total	国有单位 State-owned Units	集体单位 Collective-owned Units	其他单位 Other Ownership Units
全　国	**National**	**130515**	**65164**	**5975**	**59376**	**122506**	**61451**	**5580**	**55475**
北　京	Beijing	6466	1890	227	4349	5877	1751	211	3915
天　津	Tianjin	2057	808	43	1206	1850	748	36	1066
河　北	Hebei	5196	3300	259	1637	4802	3126	243	1433
山　西	Shanxi	3944	2378	239	1327	3845	2319	228	1298
内蒙古	Inner Mongolia	2492	1694	89	708	2449	1667	86	696
辽　宁	Liaoning	5181	2832	311	2038	4934	2716	296	1923
吉　林	Jilin	2676	1663	137	876	2595	1612	134	849
黑龙江	Heilongjiang	4600	3323	220	1057	4075	2895	209	971
上　海	Shanghai	3929	1455	91	2383	3178	1224	68	1885
江　苏	Jiangsu	7638	2812	303	4522	7106	2640	274	4193
浙　江	Zhejiang	8836	2154	289	6393	8121	1965	276	5881
安　徽	Anhui	3729	2060	179	1491	3441	1898	164	1379
福　建	Fujian	5071	1555	166	3351	4859	1457	154	3248
江　西	Jiangxi	2974	2006	140	828	2796	1878	125	793
山　东	Shandong	9562	4394	570	4598	9199	4224	546	4429
河　南	Henan	7517	3891	504	3122	7233	3777	478	2978
湖　北	Hubei	5103	2779	213	2110	4767	2608	196	1963
湖　南	Hunan	5057	2706	302	2049	4701	2539	273	1890
广　东	Guangdong	11185	4006	577	6602	10904	3883	562	6459
广　西	Guangxi	3167	2033	173	961	2920	1875	136	909
海　南	Hainan	813	531	39	243	792	515	38	240
重　庆	Chongqing	2664	1253	108	1303	2502	1188	103	1212
四　川	Sichuan	5706	3358	337	2011	5409	3177	320	1911
贵　州	Guizhou	2243	1567	73	604	2107	1468	64	574
云　南	Yunnan	3228	1910	106	1212	3037	1813	98	1126
西　藏	Tibet	222	207	5	10	198	187	5	7
陕　西	Shaanxi	3648	2533	149	966	3428	2394	140	894
甘　肃	Gansu	1943	1474	69	401	1880	1425	68	387
青　海	Qinghai	526	379	17	129	503	360	16	127
宁　夏	Ningxia	593	372	8	213	547	340	7	200
新　疆	Xinjiang	2550	1842	31	677	2455	1784	30	641

3-6 续表 continued

单位：千人 (1000 persons)

地区 Region	其他就业人员 Others				不在岗职工 Not-on-post Staff and Workers			
	合计 Total	国有单位 State-owned Units	集体单位 Collective-owned Units	其他单位 Other Ownership Units	合计 Total	国有单位 State-owned Units	集体单位 Collective-owned Units	其他单位 Other Ownership Units
全 国 National	**8009**	**3713**	**395**	**3900**	**6380**	**3433**	**1355**	**1592**
北 京 Beijing	590	139	16	435	166	63	9	94
天 津 Tianjin	207	60	7	140	135	61	8	67
河 北 Hebei	394	174	16	204	387	222	65	99
山 西 Shanxi	99	59	11	30	343	167	74	103
内蒙古 Inner Mongolia	43	27	3	12	120	63	26	31
辽 宁 Liaoning	247	116	15	115	794	288	389	117
吉 林 Jilin	81	51	4	27	254	144	74	36
黑龙江 Heilongjiang	525	428	11	86	531	327	153	51
上 海 Shanghai	751	231	23	497	308	146	43	119
江 苏 Jiangsu	532	173	30	329	287	120	42	124
浙 江 Zhejiang	715	189	13	512	84	37	11	36
安 徽 Anhui	289	161	15	112	188	94	36	58
福 建 Fujian	212	98	12	102	80	47	18	15
江 西 Jiangxi	178	128	15	35	256	177	45	34
山 东 Shandong	363	169	24	169	447	223	82	142
河 南 Henan	284	114	26	143	313	162	56	95
湖 北 Hubei	336	171	17	147	243	168	20	55
湖 南 Hunan	356	168	29	159	253	165	30	58
广 东 Guangdong	281	123	15	143	222	120	70	32
广 西 Guangxi	247	158	37	52	121	80	20	21
海 南 Hainan	21	16	2	3	106	91	11	4
重 庆 Chongqing	161	65	5	91	63	28	7	28
四 川 Sichuan	297	181	17	100	165	105	16	44
贵 州 Guizhou	137	99	8	30	75	51	8	16
云 南 Yunnan	191	97	8	86	93	60	7	25
西 藏 Tibet	24	21		4	1	1		
陕 西 Shaanxi	220	139	9	72	201	131	27	43
甘 肃 Gansu	63	49	1	13	71	48	4	18
青 海 Qinghai	23	20	1	2	12	8	1	3
宁 夏 Ningxia	47	32	1	13	12	6	1	6
新 疆 Xinjiang	95	58	1	36	50	31	2	17

3-7 各地区分登记注册类型城镇单位工资总额和生活费(2010年)

WAGES AND LIVING SUBSIDIES IN URBAN UNITS BY REGISTRATION STATUS AND REGION(2010)

单位：亿元 (100 million yuan)

地区	Region	就业人员工资总额 Earnings of Employment				在岗职工 Wages of On-post Staff and Workers			
		合计 Total	国有单位 State-owned Units	集体单位 Collective-owned Units	其他单位 Other Ownership Units	合计 Total	国有单位 State-owned Units	集体单位 Collective-owned Units	其他单位 Other Ownership Units
全国	**National**	**47269.9**	**24886.4**	**1433.7**	**20949.7**	**45116.9**	**24149.5**	**1362.6**	**19604.8**
北京	Beijing	4136.1	1264.3	61.2	2810.6	3789.1	1221.2	56.7	2511.1
天津	Tianjin	1051.2	456.0	18.0	577.2	973.8	443.0	15.6	515.3
河北	Hebei	1629.6	1054.4	57.8	517.3	1548.6	1023.6	55.1	469.9
山西	Shanxi	1286.5	769.3	51.1	466.1	1268.8	760.3	49.6	458.9
内蒙古	Inner Mongolia	888.2	629.9	26.7	231.7	879.8	625.3	26.1	228.4
辽宁	Liaoning	1787.2	1004.7	63.1	719.4	1731.0	986.1	61.0	684.0
吉林	Jilin	776.3	498.3	23.3	254.7	762.7	492.3	22.8	247.6
黑龙江	Heilongjiang	1277.6	940.6	44.1	292.9	1200.6	882.3	42.2	276.0
上海	Shanghai	2611.2	1055.5	38.4	1517.4	2310.0	976.3	31.9	1301.8
江苏	Jiangsu	2998.8	1383.7	90.7	1524.4	2841.3	1344.3	85.3	1411.8
浙江	Zhejiang	3517.5	1325.3	100.8	2091.4	3305.3	1269.8	97.3	1938.2
安徽	Anhui	1225.1	691.5	42.6	491.1	1162.5	659.7	40.0	462.8
福建	Fujian	1602.3	614.7	43.5	944.1	1551.3	598.6	41.1	911.6
江西	Jiangxi	836.7	600.0	24.7	212.0	807.1	579.7	22.4	205.1
山东	Shandong	3166.7	1683.5	147.1	1336.1	3081.2	1644.2	143.3	1293.6
河南	Henan	2213.6	1215.5	101.5	896.6	2171.7	1200.1	98.6	873.0
湖北	Hubei	1601.3	970.0	50.3	581.0	1530.4	933.6	46.9	549.9
湖南	Hunan	1479.9	860.2	63.3	556.4	1413.8	831.0	59.0	523.8
广东	Guangdong	4484.3	1951.2	129.0	2404.1	4363.8	1913.2	126.0	2324.6
广西	Guangxi	952.7	658.2	36.5	258.0	912.6	636.1	30.7	245.9
海南	Hainan	250.0	169.6	7.5	72.9	246.0	167.1	7.3	71.6
重庆	Chongqing	897.7	456.4	25.0	416.3	863.0	443.5	24.2	395.2
四川	Sichuan	1840.5	1226.6	78.5	535.3	1775.3	1185.2	75.4	514.7
贵州	Guizhou	669.1	483.1	17.3	168.8	649.6	470.5	15.7	163.3
云南	Yunnan	930.5	631.4	25.4	273.7	903.7	619.5	24.5	259.7
西藏	Tibet	108.9	105.1	0.8	3.1	105.8	102.4	0.8	2.7
陕西	Shaanxi	1215.0	878.8	31.9	304.3	1176.3	856.3	30.4	289.6
甘肃	Gansu	568.9	444.3	15.6	109.1	560.6	438.0	15.4	107.2
青海	Qinghai	189.6	155.4	3.5	30.7	185.9	152.4	3.3	30.2
宁夏	Ningxia	225.9	131.5	3.7	90.8	216.5	127.2	3.4	86.0
新疆	Xinjiang	850.8	577.5	10.9	262.4	828.7	567.0	10.5	251.2

3-7 续表 continued

单位：亿元 (100 million yuan)

地 区	Region	其他就业人员劳动报酬 Earnings of Others				不在岗职工生活费 Living Subsidies of Not-on-post Staff and Workers			
		合 计 Total	国有单位 State-owned Units	集体单位 Collective-owned Units	其他单位 Other Ownership Units	合 计 Total	国有单位 State-owned Units	集体单位 Collective-owned Units	其他单位 Other Ownership Units
全 国	**National**	**2153.0**	**736.9**	**71.2**	**1344.9**	**573.2**	**371.3**	**26.8**	**175.1**
北 京	Beijing	347.0	43.0	4.5	299.5	33.1	14.7	1.3	17.1
天 津	Tianjin	77.4	13.1	2.4	61.9	11.3	5.1	0.3	5.9
河 北	Hebei	81.0	30.9	2.7	47.4	36.2	25.3	1.4	9.5
山 西	Shanxi	17.7	9.1	1.5	7.1	28.3	13.3	2.3	12.7
内蒙古	Inner Mongolia	8.4	4.6	0.6	3.3	15.4	11.0	0.5	3.9
辽 宁	Liaoning	56.2	18.7	2.1	35.4	40.8	26.9	2.4	11.5
吉 林	Jilin	13.6	6.0	0.5	7.1	21.5	16.3	0.5	4.7
黑龙江	Heilongjiang	77.1	58.3	1.9	16.9	29.3	25.8	0.7	2.9
上 海	Shanghai	301.2	79.2	6.4	215.6	34.4	17.8	1.7	15.0
江 苏	Jiangsu	157.4	39.4	5.4	112.6	33.0	16.9	2.2	13.9
浙 江	Zhejiang	212.1	55.5	3.5	153.1	12.0	6.2	0.8	5.1
安 徽	Anhui	62.6	31.8	2.6	28.2	14.7	8.9	0.9	5.0
福 建	Fujian	51.0	16.0	2.5	32.5	5.7	3.8	0.4	1.5
江 西	Jiangxi	29.6	20.3	2.3	6.9	12.6	8.9	0.6	3.1
山 东	Shandong	85.5	39.3	3.8	42.4	52.3	36.7	3.0	12.5
河 南	Henan	41.9	15.5	2.9	23.6	20.8	13.0	1.1	6.6
湖 北	Hubei	70.8	36.4	3.4	31.1	28.6	20.8	1.0	6.8
湖 南	Hunan	66.1	29.2	4.3	32.6	20.8	14.5	1.0	5.3
广 东	Guangdong	120.5	38.0	3.0	79.5	20.5	12.3	1.3	7.0
广 西	Guangxi	40.1	22.1	5.8	12.2	8.9	6.7	0.4	1.8
海 南	Hainan	4.1	2.5	0.2	1.3	3.2	2.5		0.6
重 庆	Chongqing	34.8	12.9	0.8	21.1	7.1	3.5	0.3	3.3
四 川	Sichuan	65.2	41.5	3.1	20.6	23.1	17.3	1.1	4.7
贵 州	Guizhou	19.6	12.6	1.5	5.4	6.7	4.6	0.2	1.9
云 南	Yunnan	26.7	11.9	0.9	14.0	13.8	10.4	0.5	2.9
西 藏	Tibet	3.1	2.8		0.4	0.3	0.3		
陕 西	Shaanxi	38.7	22.5	1.5	14.7	17.4	13.5	0.4	3.5
甘 肃	Gansu	8.3	6.3	0.1	1.8	9.3	7.1	0.2	2.0
青 海	Qinghai	3.7	3.0	0.2	0.5	1.6	1.3		0.3
宁 夏	Ningxia	9.4	4.3	0.3	4.8	2.2	1.3		0.8
新 疆	Xinjiang	22.1	10.5	0.4	11.3	8.4	4.9	0.2	3.4

3-8 各地区分登记注册类型城镇单位平均工资和平均生活费(2010年)

AVERAGE WAGE AND AVERAGE LIVING SUBSIDY IN URBAN UNITS BY REGISTRATION STATUS AND REGION(2010)

单位：元 (yuan)

地 区	Region	就业人员平均工资 Average Wage of Employment				在岗职工 On-post Staff and Workers			
		合计 Tota	国有单位 State-owned Units	集体单位 Collective-owned Units	其他单位 Other Ownership Units	合计 Tota	国有单位 State-owned Units	集体单位 Collective-owned Units	其他单位 Other Ownership Units
全 国	**National**	**36539**	**38359**	**24010**	**35801**	**37147**	**39471**	**24430**	**35843**
北 京	Beijing	65158	67403	26677	66246	65683	70320	26607	65755
天 津	Tianjin	51489	56635	37686	48557	52963	59442	40874	48825
河 北	Hebei	31451	31977	21825	31953	32306	32830	22220	32916
山 西	Shanxi	33057	32664	21579	35863	33544	33119	21993	36384
内蒙古	Inner Mongolia	35211	37255	29287	31275	35507	37602	29822	31402
辽 宁	Liaoning	34437	35522	19904	35191	35057	36371	20237	35527
吉 林	Jilin	29003	30082	16877	28874	29399	30661	17060	28959
黑龙江	Heilongjiang	27735	28373	19596	27469	29603	30675	19971	28519
上 海	Shanghai	66115	71885	41106	63544	71874	78651	45395	68432
江 苏	Jiangsu	39772	49553	30263	34273	40505	51245	31502	34260
浙 江	Zhejiang	40640	62367	35665	33476	41505	65440	36038	33689
安 徽	Anhui	33341	33793	23869	33867	34341	35014	24537	34587
福 建	Fujian	32340	40090	26652	28978	32647	41689	27234	28802
江 西	Jiangxi	28363	30031	17898	26044	29092	30985	18194	26272
山 东	Shandong	33321	38490	25626	29328	33729	39093	26049	29542
河 南	Henan	29819	31470	20385	29272	30303	31924	20769	29770
湖 北	Hubei	31811	35044	23954	28262	32588	35981	24429	28799
湖 南	Hunan	29670	31900	21595	27844	30483	32863	22168	28419
广 东	Guangdong	40432	49027	22453	36779	40358	49610	22470	36347
广 西	Guangxi	30673	32587	21533	28146	31842	34090	23059	28350
海 南	Hainan	30775	31582	20434	30560	31025	32028	20733	30346
重 庆	Chongqing	34727	37195	23817	33223	35326	38075	24205	33552
四 川	Sichuan	32567	36729	23441	27081	33112	37502	23645	27345
贵 州	Guizhou	30433	31469	24065	28517	31458	32718	24703	29006
云 南	Yunnan	29195	33140	24213	23253	30177	34330	25137	23768
西 藏	Tibet	49898	51420	16206	33642	54397	55581	16447	47722
陕 西	Shaanxi	33384	34528	20400	32445	34299	35495	20650	33292
甘 肃	Gansu	29096	29889	22084	27375	29588	30475	22249	27616
青 海	Qinghai	36121	41417	20289	23171	37182	42906	20672	23442
宁 夏	Ningxia	37166	35330	38127	40148	39144	37377	40815	42014
新 疆	Xinjiang	32003	31006	31249	34477	32361	31390	31997	34807

单位：元 (yuan)

地区	Region	其他就业人员平均工资 Average Wage of Others				不在岗职工平均生活费 Average Living Subsidy of Not-On-post Staff and Workers			
		合计 Tota	国有单位 State-owned Units	集体单位 Collective-owned Units	其他单位 Other Ownership Units	合计 Tota	国有单位 State-owned Units	集体单位 Collective-owned Units	其他单位 Other Ownership Units
全国	**National**	**27218**	**19943**	**18055**	**35200**	**8629**	**10314**	**1965**	**10437**
北京	Beijing	59931	30965	27593	70672	19252	22488	13304	17671
天津	Tianjin	38128	21767	25056	46435	7398	7028	3259	8408
河北	Hebei	20875	17183	16002	24767	9193	11180	2085	9337
山西	Shanxi	16205	15161	13407	18672	7818	7382	3095	11853
内蒙古	Inner Mongolia	18846	16504	16082	24405	12636	16999	1930	12416
辽宁	Liaoning	22291	15894	13513	29754	5020	9057	607	9444
吉林	Jilin	16526	11818	10992	26180	8205	10998	628	12329
黑龙江	Heilongjiang	13988	13282	13808	17157	5522	7807	441	5525
上海	Shanghai	40950	34889	27988	44397	9856	10631	3431	11234
江苏	Jiangsu	29977	23304	18648	34428	10948	13379	5078	10588
浙江	Zhejiang	30685	30062	27721	30994	10302	8674	7338	14579
安徽	Anhui	21635	19599	16813	25251	7647	9213	2391	8329
福建	Fujian	25148	16484	19643	34949	6818	7803	2025	9617
江西	Jiangxi	16849	15994	15487	20714	4569	4889	1372	6257
山东	Shandong	23207	23395	15870	24020	11882	16476	3874	9030
河南	Henan	16317	14966	12533	18061	6645	8079	2053	6843
湖北	Hubei	20999	21005	18864	21252	10675	10882	5089	11936
湖南	Hunan	18882	17389	15926	21011	7923	8593	3322	8366
广东	Guangdong	43286	30783	21797	56328	9208	10243	1786	21391
广西	Guangxi	16723	14376	15966	24587	6578	7245	2125	7882
海南	Hainan	20678	16463	14096	50046	2980	2694	444	16537
重庆	Chongqing	24441	20705	15774	28081	10846	12903	4163	10464
四川	Sichuan	22488	23119	19392	21818	13482	15656	7011	10410
贵州	Guizhou	14615	12965	19063	18925	7821	8745	2318	7507
云南	Yunnan	13908	11805	12203	16576	14615	17650	6678	10308
西藏	Tibet	13103	13590	4636	10472	44906	46267		18281
陕西	Shaanxi	18428	16932	16356	21620	8549	10261	1625	7791
甘肃	Gansu	13703	12826	12466	18130	12760	14278	5254	10498
青海	Qinghai	14834	15034	15249	13603	13526	15450	5215	10281
宁夏	Ningxia	17184	13453	21895	22407	16735	20594	3660	13828
新疆	Xinjiang	22629	18655	19087	28457	16457	15286	8279	19630

3-9 各地区城镇单位就业人员增加来源(2010年)

INCREASE OF EMPLOYMENT IN URBAN UNITS BY REGION(2010)

单位：人 (person)

地区	Region	合计 Total	从农村招收 Recruited from Countryside	从城镇招收 Recruited from Cities and Towns	录用的复员转业军人 Recruited Demobilized and Transferred Armymen	录用的大、中专、技工学校毕业生 Recruited Graduates	调入 Transferred Into	#由外省、自治区、直辖市调入 Transferred from Other Regions	其他 Others
全 国	**National**	**18978121**	**7592262**	**3659525**	**201143**	**3740857**	**1514880**	**85749**	**2269454**
北 京	Beijing	1643386	584480	523924	6967	200265	130214	9519	197536
天 津	Tianjin	390652	113639	67719	1663	48492	69300	2004	89839
河 北	Hebei	495658	153675	64948	9978	151715	54006	1481	61336
山 西	Shanxi	336539	55968	31283	6521	151005	38906	459	52856
内蒙古	Inner Mongolia	214882	67571	36125	3531	37232	41440	5909	28983
辽 宁	Liaoning	399452	128667	82363	5839	81135	50161	1796	51287
吉 林	Jilin	217074	38258	60554	4624	40997	39912	2375	32729
黑龙江	Heilongjiang	346283	27180	45664	6447	47843	132524	577	86625
上 海	Shanghai	1202046	354973	311102	3001	100308	88246	6000	344416
江 苏	Jiangsu	1734556	677048	333524	9239	487847	82357	5479	144541
浙 江	Zhejiang	2356363	1328146	342375	13867	331080	67722	9695	273173
安 徽	Anhui	354238	79428	93510	5215	103351	30176	1012	42558
福 建	Fujian	1222972	752107	177506	7293	189897	40062	2256	56107
江 西	Jiangxi	232302	51733	38818	4320	47677	37408	1781	52346
山 东	Shandong	847635	263880	144870	13735	297064	70461	2281	57625
河 南	Henan	378503	103472	51290	18115	106629	57097	2118	41900
湖 北	Hubei	402376	114155	110027	5598	111796	30120	1259	30680
湖 南	Hunan	347917	91882	67893	11409	87361	46991	957	42381
广 东	Guangdong	3003034	1715317	551480	20181	501916	78758	11201	135382
广 西	Guangxi	328670	100469	52868	3700	65691	35727	1142	70215
海 南	Hainan	73976	12313	14946	1272	23415	10110	1513	11920
重 庆	Chongqing	466587	182368	118194	5735	92765	39930	3576	27595
四 川	Sichuan	509357	163163	108024	8104	100451	61995	5801	67620
贵 州	Guizhou	204213	57861	37100	2882	43409	26620	2155	36341
云 南	Yunnan	364594	142272	53512	4573	70272	33410	723	60555
西 藏	Tibet	12680	1587	1169	266	5280	2899	72	1479
陕 西	Shaanxi	269086	52583	46295	8359	90025	37000	685	34824
甘 肃	Gansu	113168	17468	11220	3124	40999	24138	449	16219
青 海	Qinghai	49000	10134	7955	829	11084	12079	187	6919
宁 夏	Ningxia	68480	20721	12442	1203	18311	8193	382	7610
新 疆	Xinjiang	392442	129744	60825	3553	55545	36918	905	105857

3-10 各地区城镇单位就业人员减少去向(2010年)
DECREASE OF EMPLOYMENT IN URBAN UNITS BY REGION(2010)

单位：人 (person)

地 区	Region	合 计 Total	离休、退休、退职 Retired and Resigned	开除、除名、辞退 Expelled Expunged and Dismissed	终止、解除合同 Contract Closed or Terminated	不在岗职工 Not-on-post Staff & Workers	死 亡 Death	调 出 Transferred Out	#调到外省、自治区、直辖市 Transferred to Other Regions	其 他 Others
全 国	**National**	**15865869**	**2309013**	**909228**	**8617232**	**399996**	**95419**	**1410671**	**79019**	**2124310**
北 京	Beijing	1394718	92446	36639	951484	14291	2883	115361	20865	181614
天 津	Tianjin	393792	38523	16885	190322	7009	1352	67504	2590	72197
河 北	Hebei	421261	114435	42907	145393	17867	4780	54275	2602	41604
山 西	Shanxi	246304	54979	9071	98479	16458	3347	33899	1787	30071
内蒙古	Inner Mongolia	179005	25569	9932	73323	13597	2144	34768	1439	19672
辽 宁	Liaoning	381436	97444	17918	176137	9639	5694	41366	2129	33238
吉 林	Jilin	185123	39403	10377	67140	9625	3374	36710	7261	18494
黑龙江	Heilongjiang	372972	73851	10068	82072	50106	6452	132603	1966	17820
上 海	Shanghai	1072142	176512	46314	423075	38888	1903	71422	2970	314028
江 苏	Jiangsu	1488242	199980	106444	945736	11609	3391	71937	3932	149145
浙 江	Zhejiang	1840868	125329	85797	1286035	19328	2307	89984	4988	232088
安 徽	Anhui	270205	55671	14641	121189	11213	3386	25106	1447	38999
福 建	Fujian	975438	146165	80413	575399	10435	1967	35626	1106	125433
江 西	Jiangxi	182380	34690	11698	51950	14458	2166	29033	720	38385
山 东	Shandong	725279	102832	51573	358546	19297	6567	70229	2746	116235
河 南	Henan	316111	70310	17014	121816	20543	5326	53651	1188	27451
湖 北	Hubei	286398	64535	13873	133085	12598	3920	27270	2091	31117
湖 南	Hunan	246855	57612	9132	98091	11968	4033	40075	1221	25944
广 东	Guangdong	2654598	360521	167382	1822358	16618	5277	72746	3742	209696
广 西	Guangxi	251444	46960	12164	116287	7350	3410	30565	786	34708
海 南	Hainan	80940	15854	5964	23983	10128	769	18716	842	5526
重 庆	Chongqing	354500	56253	23090	176102	6234	1984	36814	3494	54023
四 川	Sichuan	383595	66755	22613	159865	14354	4320	53502	2780	62186
贵 州	Guizhou	143549	24710	8110	52555	4628	2263	25196	1256	26087
云 南	Yunnan	278041	33223	28031	110924	8438	2710	32227	475	62488
西 藏	Tibet	7038	1735	128	1531	268	209	2536	86	631
陕 西	Shaanxi	199024	55320	13487	68543	7232	3487	29318	636	21637
甘 肃	Gansu	89126	28707	4358	18781	5630	2020	20124	410	9506
青 海	Qinghai	40800	5945	2968	11975	4050	428	8792	122	6642
宁 夏	Ningxia	60464	8290	10265	18906	1950	510	7234	376	13309
新 疆	Xinjiang	344221	34454	19972	136150	4187	3040	42082	966	104336

四、国有单位就业人员和工资总额

EMPLOYMENT AND TOTAL WAGES IN STATE-OWNED UNITS

4-1 分行业国有单位就业人员和工资总额(2010年)

EMPLOYMENT AND TOTAL WAGES IN STATE-OWNED UNITS BY SECTOR (2010)

项 目	Item	年末人数(千人) Year-end Figures (1000 persons)	#女 性 Female	工资总额(亿元) Total Wages (100 million yuan)	平均工资(元) Average Wage (yuan)
全 国 总 计	**National Total**	**65164**	**24474**	**24886.4**	**38359**
按隶属关系分组	**Grouped by Administrtive Relationship**				
中央	Under Central Government	10914	3433	5781.3	52964
省、自治区、直辖市	Under Provincial Government	10917	3658	4450.6	40918
地区	Under Perfectural Government	11857	4648	4714.2	39878
县及县以下	At and Below County Level	30915	12528	9712.1	31631
其他	Other	563	206	228.2	40794
按国民经济行业分组	**Grouped by Sector**				
农、林、牧、渔业	**Agriculture,Forestry,Farming of Animals and Fishing**	**3574**	**1314**	**590.0**	**16522**
农业	Agriculture	1906	784	295.9	15405
林业	Forestry	906	277	139.2	15627
畜牧业	Farming of Animals	243	99	31.3	12991
渔业	Fishing	28	9	4.7	16755
农、林、牧、渔服务业	Service Activities for Agriculture, Forestry, Farming of Animals and Fishing	491	146	118.9	24244
采矿业	**Mining**	**2341**	**502**	**1041.5**	**44904**
煤炭开采和洗选业	Mining and Washing of Coal	1522	262	651.9	43106
石油和天然气开采业	Extraction of Petroleum and Natural Gas	573	181	309.2	54977
黑色金属矿采选业	Mining of Ferrous Metal Ores	71	15	29.5	42355
有色金属矿采选业	Mining of Non-ferrous Metal Ores	103	22	31.8	31166
非金属矿采选业	Mining and Processing of Nonmetal Ores	70	21	18.5	26461
其他采矿业	Mining of Other Ores	3	1	0.7	21199
制造业	**Manufacturing**	**4165**	**1282**	**1525.7**	**36386**
农副食品加工业	Processing of Food from Agricultural Products	101	34	19.0	19515
食品制造业	Manufacture of Foods	57	24	11.8	20981
饮料制造业	Manufacture of Beverage	104	41	31.5	30789
烟草制品业	Manufacture of Tobacco	155	59	125.7	84056
纺织业	Manufacture of Textile	117	66	20.9	17836
纺织服装、鞋、帽制造业	Manufacture of Textile Wearing Apparel, Footware,and Caps	38	23	9.5	24393
皮革、毛皮、羽毛(绒)及其制品业	Manufacture of Leather,Fur,Feather & Its Products	12	6	2.9	23432
木材加工及木、竹、藤、棕、草制品业	Processing of Timbers,Manufacture of Wood, Bamboo,Rattan,Palm,and Straw Products	30	10	5.6	19277
家具制造业	Manufacture of Furniture	7	2	1.4	18222
造纸及纸制品业	Manufacture of Paper and Paper Products	50	18	13.6	27344
印刷业和记录媒介的复制	Printing,Reproduction of Recording Media	88	35	28.0	31056

4-1 续表 1 continued

项 目	Item	年末人数（千人） Year-end Figures (1000 persons)	#女 性 Female	工资总额（亿元） Total Wages (100 million yuan)	平均工资（元） Average Wage (yuan)
文教体育用品制造业	Manufacture of Articles for Culture, Education and Sport Activity	7	3	1.6	22987
石油加工、炼焦及核燃料加工业	Processing of Petroleum ,Coking,Processing of Nucleus Fuel	123	39	64.0	52191
化工原料及化学制品制造业	Manufacture of Chemical Raw Material and Chemical Products	379	124	123.1	32288
医药制造业	Manufacture of Medicines	93	42	28	30050
化学纤维制造业	Manufacture of Chemical Fiber	19	7	4.2	23063
橡胶制品业	Manufacture of Rubber	26	11	6.6	24434
塑料制品业	Manufacture of Plastic	20	7	4.8	24411
非金属矿物制品业	Manufacture of Non-metallic Mineral Products	210	66	53.0	24811
黑色金属冶炼及压延加工业	Manufacture and Processing of Ferrous Metals	609	132	275.9	45063
有色金属冶炼及压延加工业	Manufacture & Processing of Non-ferrous Metals	267	74	95.4	33263
金属制品业	Manufacture of Metal Products	58	17	20.9	35236
通用设备制造业	Manufacture of General Purpose Machinery	309	85	103.6	33626
专用设备制造业	Manufacture of Special Purpose Machinery	345	89	114.5	33053
交通运输设备制造业	Manufacture of Transport Equipment	641	168	262.8	40876
电气机械及器材制造业	Manufacture of Electrical Machinery & Equipment	113	35	34.6	29996
通信设备、计算机及其他电子设备制造业	Manufacture of Communication Equipment, Computer and Other Electronic Equipment	84	32	32.6	38801
仪器仪表及文化、办公用机械制造业	Manufacture of Measuring Instrument and Machinery for Cultural Activity & Office Work	75	28	20.5	27069
工艺品及其他制造业	Manufacture of Artwork,Other Manufacture	20	8	5.7	28036
废弃资源和废旧材料回收加工业	Recycling and Disposal of Waste	9		4.2	44373
电力、燃气及水的生产和供应业	**Production and Distribution of Electricity, Gas and Water**	**2039**	**605**	**974.9**	**47724**
电力、热力的生产和供应业	Production and Supply of Electric Power and Heat Power	1574	425	828	52502
燃气生产和供应业	Production and Distribution of Gas	79	26	31	39114
水的生产和供应业	Production and Distribution of Water	387	154	115.9	29995
建筑业	**Construction**	**2787**	**434**	**892.2**	**31777**
房屋和土木工程建筑业	Construction of Building & Civil Engineering	2389	367	751.4	31066
建筑安装业	Architectural Installation	295	50	100.7	35230
建筑装饰业	Architectural Decoration	25	5	7.0	28883
其他建筑业	Other Construction	78	12	33.0	41961
交通运输、仓储和邮政业	**Traffic,Transport,Storage and Post**	**4033**	**1054**	**1612.6**	**40097**
铁路运输业	Transport Via Railway	1619	276	788.9	48604
道路运输业	Transport Via Road	900	285	243.9	27107
城市公共交通业	Urban Public Traffic	459	143	142.9	31691
水上运输业	Water Transport	168	29	94.0	55903

4-1 续表 2 continued

项　　目	Item	年末人数 (千人) Year-end Figures (1000 persons)	#女 性 Female	工资总额 (亿元) Total Wages (100 million yuan)	平均工资 (元) Average Wage (yuan)
航空运输业	Air Transport	117	43	77.8	67614
管道运输业	Transport Via Pipeline	18	5	9.4	52873
装卸搬运和其他运输服务业	Loading,Unloading,Portage and Other Transport Services	89	21	40.1	46585
仓储业	Storage	168	48	43.8	26003
邮政业	Post	494	202	171.8	34873
信息传输、计算机服务和软件业	**Information Transfer, Computer Services and Software**	**625**	**243**	**289.8**	**46402**
电信和其他信息传输服务业	Telecom & Other Information Transfer Services	592	233	269.8	45601
计算机服务业	Computer Services	23	7	13.3	57418
软件业	Software Industry	10	3	6.7	68964
批发和零售业	**Wholesale and Retail Trade**	**1373**	**529**	**499.6**	**35814**
批发业	Wholesale	951	323	391.0	40211
零售业	Retail Trade	421	206	108.6	25698
住宿和餐饮业	**Accommodation and Restaurants**	**546**	**289**	**130.8**	**23864**
住宿业	Accommodation	451	243	108.5	23892
餐饮业	Restaurants	95	46	22.3	23730
金融业	**Finance**	**1443**	**680**	**940.3**	**66014**
银行业	Bank	1126	506	813.7	73014
证券业	Securities	16	7	26.1	167495
保险业	Insurance	263	148	80.2	30973
其他金融活动	Other Financial Activities	37	19	20.3	57241
房地产业	**Real Estate**	**454**	**156**	**152.9**	**33967**
房地产开发经营	Real Estate Exploitation Management	153	48	60.7	39761
物业管理	Management Concerning Dwelling	180	61	49.2	27769
房地产中介服务	Real Estate Agency Service	24	10	7.0	29656
租赁和商务服务业	**Tenancy and Business Services**	**1315**	**346**	**435.3**	**33680**
租赁业	Tenancy	10	3	3.4	31936
商务服务业	Business Service	1305	343	431.9	33695
科学研究、技术服务和地质勘查业	**Scientific Research,Technical Service and Geologic Perambulation**	**2196**	**698**	**1151.7**	**53235**
研究与试验发展	Research and Experimental Development	636	207	368.1	58616
#自然科学研究与试验发展	Research and Experimental Development on Physical Science	135	45	82.5	62400
工程和技术研究与试验发展	Research and Experimental Development on Engineering and Technical Research	323	96	209.8	65728
农业科学研究与试验发展	Research and Experimental Development on Agricultural Science Research	105	35	38.1	36741
医学研究与试验发展	Research and Experimental Development on Medical Research	25	13	12.3	48993
社会人文科学研究与试验发展	Research and Experimental Development on Social Science and Humanities	48	19	25.4	53145

4-1 续表 3 continued

项　　目	Item	年末人数（千人）Year-end Figures (1000 persons)	#女 性 Female	工资总额（亿元）Total Wages (100 million yuan)	平均工资（元）Average Wage (yuan)
专业技术服务业	Professional Technique Services	856	263	476.2	56321
#气象服务	Weather Services	55	19	21.6	39694
地震服务	Earthquake Services	17	5	7.9	45705
海洋服务	Ocean Services	7	2	4.4	60622
测绘服务	Plotting Services	42	12	19.9	47471
技术检测	Technique Detection	163	56	78.3	48446
环境监测	Environmental Monitoring	54	19	21.3	39872
工程技术与规划管理	Engineering Technic & Programming Management	476	138	299.5	63839
科技交流和推广服务业	Services of Science and Technique Intercommunion and Generalization	371	154	169.3	47024
地质勘查业	Geologic Perambulation	333	75	138.1	41865
水利、环境和公共设施管理业	**Management of Water Conservancy, Environment and Public Establishment**	**1899**	**777**	**481.2**	**25478**
水利管理业	Management of Water Conservancy	453	124	129.1	28461
环境管理业	Environmental Management	912	447	192.6	21384
公共设施管理业	Management of Public Establishment	534	206	159.5	29851
居民服务和其他服务业	**Resident Services and Other Services**	**289**	**111**	**92.6**	**32417**
居民服务业	Resident Services	168	66	56.6	33620
其他服务业	Other Services	120	44	36.0	30690
教育	**Education**	**15174**	**7598**	**5919.7**	**39166**
#初等教育	Primary Education	5842	3143	2068.9	35480
中等教育	Secondary Education	6689	3138	2562.9	38502
高等教育	Higher Education	1817	806	969.8	53672
卫生、社会保障和社会福利业	**Sanitation,Social Security & Social Welfare**	**5626**	**3396**	**2277.1**	**41112**
卫生	Sanitation	5351	3262	2185.5	41527
社会保障业	Social Security	153	72	50.4	32647
社会福利业	Social Welfare	122	62	41.2	33907
文化体育和娱乐业	**Culture, Sports and Entertainment**	**1131**	**471**	**478.5**	**42367**
新闻出版业	Journalism and Publishing Activities	262	110	146.8	56287
广播、电影、电视和音像业	Broadcasting,Movies,Television and Audiovisual Activities	378	143	159.7	42264
文化艺术业	Culture and Art	389	180	131.4	33906
体育	Sports Activities	78	28	32.3	40952
娱乐业	Entertainment	24	10	8.3	34117
公共管理和社会组织	**Public Management & Social Organization**	**14156**	**3988**	**5400.2**	**38387**
#中国共产党机关	Chinese Communist Party Organs	567	137	230.2	40855
国家机构	Organ of State	13255	3728	5030.9	38196
人民政协和民主党派	People's Political Consultative Conference and Democratic Parties	94	23	43.8	46428
群众社团、社会团体和宗教组织	Mass Communities, Social Communities and Religion Organizations	225	93	90.9	40634

4-2 各地区分行业国有单位就业人员和工资总额(2010年)

EMPLOYMENT AND TOTAL WAGES IN STATE-OWNED UNITS BY SECTOR AND REGION (2010)

地　区	Region	总　计 Total			
		年末人数 (人) Year-end Figures (person)	#女 性 Female	工资总额 (千元) Total Wages (1000 yuan)	平均工资 (元) Average Wage (yuan)
全　国	**National**	**65164379**	**24473805**	**2488642640**	**38359**
北　京	Beijing	1889981	781580	126425122	67403
天　津	Tianjin	807866	300305	45602612	56635
河　北	Hebei	3300027	1326512	105443564	31977
山　西	Shanxi	2377678	908708	76931657	32664
内蒙古	Inner Mongolia	1694396	658401	62985740	37255
辽　宁	Liaoning	2832302	1035706	100470188	35522
吉　林	Jilin	1663043	634069	49829588	30082
黑龙江	Heilongjiang	3323456	1195595	94058656	28373
上　海	Shanghai	1454881	591758	105549717	71885
江　苏	Jiangsu	2812132	1105495	138366864	49553
浙　江	Zhejiang	2154305	868242	132526090	62367
安　徽	Anhui	2059534	672895	69148133	33793
福　建	Fujian	1555094	581129	61467937	40090
江　西	Jiangxi	2006061	665582	60002893	30031
山　东	Shandong	4393755	1567123	168354993	38490
河　南	Henan	3891105	1498949	121553863	31470
湖　北	Hubei	2778946	992857	96996137	35044
湖　南	Hunan	2706298	992892	86020757	31900
广　东	Guangdong	4006487	1612565	195116399	49027
广　西	Guangxi	2033187	785752	65824485	32587
海　南	Hainan	530712	198598	16960029	31582
重　庆	Chongqing	1252928	448683	45640955	37195
四　川	Sichuan	3357697	1204105	122664364	36729
贵　州	Guizhou	1566688	522562	48306566	31469
云　南	Yunnan	1909630	735923	63141079	33140
西　藏	Tibet	207267	74243	10510675	51420
陕　西	Shaanxi	2532663	908675	87878066	34528
甘　肃	Gansu	1473550	491570	44431159	29889
青　海	Qinghai	379408	145278	15541732	41417
宁　夏	Ningxia	371782	144998	13147179	35330
新　疆	Xinjiang	1841520	823055	57745441	31006

4-2 续表 1 continued

地区	Region	中央属单位 Units Under Central Government 年末人数(人) Year-end Figures (person)	#女性 Female	工资总额(千元) Total Wages (1000 yuan)	平均工资(元) Average Wage (yuan)	省、自治区、直辖市属单位 Units Under Provincial Government 年末人数(人) Year-end Figures (person)	#女性 Female	工资总额(千元) Total Wages (1000 yuan)	平均工资(元) Average Wage (yuan)
全 国	**National**	**10913601**	**3433423**	**578129266**	**52964**	**10916952**	**3657898**	**445058958**	**40918**
北 京	Beijing	858965	327019	70529556	82745	419685	138209	24646078	58993
天 津	Tianjin	145357	38047	10125297	70284	359538	120369	17340270	48522
河 北	Hebei	491063	128284	21617999	43296	385142	119608	15272357	39234
山 西	Shanxi	350159	97988	16553472	47816	532633	168940	21306241	40712
内蒙古	Inner Mongolia	291718	86470	12901653	44348	249263	84108	9795891	39445
辽 宁	Liaoning	569702	134495	28865792	50460	305427	99692	12283339	40511
吉 林	Jilin	318758	89653	15002712	47361	265575	79028	8149219	31013
黑龙江	Heilongjiang	788786	210921	33765422	43439	1189474	439899	22807839	19262
上 海	Shanghai	528513	197732	44651689	84416	409094	141837	29112000	69980
江 苏	Jiangsu	353192	123636	20151636	57595	380980	139154	20117711	53308
浙 江	Zhejiang	211797	75473	16842376	79921	252412	94992	16765592	67687
安 徽	Anhui	216456	59812	9076659	42127	394791	103101	16830174	42756
福 建	Fujian	161353	52238	9384153	58473	227922	73520	9727937	43647
江 西	Jiangxi	211336	60704	9315446	43989	370256	107992	13734080	37298
山 东	Shandong	624860	185997	31443936	50363	602278	178220	29417650	48985
河 南	Henan	396803	102196	17774283	45841	345231	120976	14149459	41422
湖 北	Hubei	571434	172708	27324102	48073	274391	100876	11022910	40415
湖 南	Hunan	309530	97118	14433210	46689	374182	133311	13914158	37224
广 东	Guangdong	419776	154000	34045288	81636	430291	161112	25087496	58722
广 西	Guangxi	192317	55889	9648441	50535	297466	104796	10832209	36820
海 南	Hainan	24935	8524	1170438	46848	242456	89207	6960647	27754
重 庆	Chongqing	174935	54365	7797170	44764	330151	108171	13772725	42657
四 川	Sichuan	664506	213751	34025022	51446	363028	117729	14304641	38846
贵 州	Guizhou	168235	46692	7205561	44420	328843	88666	10769386	34414
云 南	Yunnan	182091	60077	9978274	53761	464411	166547	15448624	33430
西 藏	Tibet	16940	5651	1375857	81828	44936	17514	2326839	52536
陕 西	Shaanxi	603539	179894	23602134	38027	415861	127442	15656749	37887
甘 肃	Gansu	201510	61206	8285967	40845	309097	94037	10533213	32297
青 海	Qinghai	75298	27015	4019540	53747	103001	38132	3967235	38723
宁 夏	Ningxia	68300	20106	3439086	49293	84902	34522	2880097	33469
新 疆	Xinjiang	721437	305762	23777095	31771	164235	66191	6126192	37005

4-2 续表 2 continued

地区 Region	地区属单位 Units Under Prefectural Government				县及县以下属单位 Units at and Below County Level			
	年末人数 (人) Year-end Figures (person)	#女性 Female	工资总额 (千元) Total Wages (1000 yuan)	平均工资 (元) Average Wage (yuan)	年末人数 (人) Year-end Figures (person)	#女性 Female	工资总额 (千元) Total Wages (1000 yuan)	平均工资 (元) Average Wage (yuan)
全 国 National	**11856516**	**4648107**	**471423930**	**39878**	**30914609**	**12527900**	**971212461**	**31631**
北 京 Beijing	494570	264373	26940376	55004	74751	32428	2277442	30855
天 津 Tianjin	193422	98652	11898861	61348	89558	40241	4983787	55625
河 北 Hebei	575060	229852	17442989	30462	1847388	848340	51083627	27842
山 西 Shanxi	388593	156667	10818873	28143	1101252	483388	28162834	25689
内蒙古 Inner Mongolia	348108	137269	11511622	33089	803948	350119	28707198	35814
辽 宁 Liaoning	732231	274170	25560515	34927	1193828	515764	32444586	27261
吉 林 Jilin	331511	128749	9047724	27377	743053	336162	17533602	23618
黑龙江 Heilongjiang	432687	166412	13468773	30668	910606	377235	23966541	26263
上 海 Shanghai	479081	234059	29281713	60386	37274	17729	2454611	65465
江 苏 Jiangsu	543066	211885	28619021	53204	1496657	616238	67570648	45371
浙 江 Zhejiang	384674	145911	23083855	61243	1285157	544730	74917338	58979
安 徽 Anhui	390286	146658	12770561	33107	1015298	350548	29072393	28800
福 建 Fujian	372276	128032	15536895	43010	786180	324999	26553829	33983
江 西 Jiangxi	363165	134703	11167339	30729	1058562	361322	25721564	24453
山 东 Shandong	783014	287084	30760911	39366	2355220	905099	75674776	32353
河 南 Henan	706604	279703	22657297	32398	2356870	963283	64490334	27462
湖 北 Hubei	541523	191249	21328888	39574	1387754	526563	37238349	26906
湖 南 Hunan	461379	173124	15390216	33593	1533013	579748	41521143	27192
广 东 Guangdong	955635	358700	53551981	56484	2116892	903002	77756552	36935
广 西 Guangxi	454514	167874	15597591	34432	1086572	456283	29670752	27484
海 南 Hainan	64906	24880	2302162	35829	190480	72579	6306839	33355
重 庆 Chongqing					733632	282172	23692038	33080
四 川 Sichuan	568265	201398	19916099	35417	1739415	664372	53771785	31163
贵 州 Guizhou	172527	59885	5228574	30508	890504	324616	24935275	28272
云 南 Yunnan	212526	87291	6881234	32116	1050095	421816	30823329	29558
西 藏 Tibet	45064	17742	2297991	51477	100327	33336	4509988	45710
陕 西 Shaanxi	364720	138316	12611722	34509	1122672	452027	35013449	31272
甘 肃 Gansu	185814	68437	5471176	25763	749178	259184	18570402	25890
青 海 Qinghai	38930	16482	1496756	39619	161786	63489	6048358	37840
宁 夏 Ningxia	78040	33851	2497313	32305	139428	56118	4289951	31108
新 疆 Xinjiang	194325	84699	6284902	32625	757259	364970	21449141	28534

4-2 续表 3 continued

地　区	Region	其他隶属关系单位 Other Units 年末人数(人) Year-end Figures (person)	#女性 Female	工资总额(千元) Total Wages (1000 yuan)	平均工资(元) Average Wage (yuan)	农、林、牧、渔业 Agriculture Forestry, Farming of Animals and Fishing 年末人数(人) Year-end Figures (person)	#女性 Female	工资总额(千元) Total Wages (1000 yuan)	平均工资(元) Average Wage (yuan)
全　国	**National**	**562701**	**206477**	**22818025**	**40794**	**3573883**	**1314240**	**58997292**	**16522**
北　京	Beijing	42010	19551	2031670	48493	12802	4777	493860	37287
天　津	Tianjin	19991	2996	1254397	62041	5914	1736	245044	41184
河　北	Hebei	1374	428	26592	18077	63330	20596	787698	12340
山　西	Shanxi	5041	1725	90237	17954	24576	7136	495492	20224
内蒙古	Inner Mongolia	1359	435	69376	35890	258602	85654	4724453	18488
辽　宁	Liaoning	31114	11585	1315956	42196	268904	100479	2478680	9229
吉　林	Jilin	4146	477	96331	23513	161175	49697	2432470	15286
黑龙江	Heilongjiang	1903	1128	50081	26611	921774	331622	11689780	12936
上　海	Shanghai	919	401	49704	52155	5908	1592	253723	45146
江　苏	Jiangsu	38237	14582	1907848	50419	94313	38587	1937018	20476
浙　江	Zhejiang	20265	7136	916929	47406	11822	3182	420518	35598
安　徽	Anhui	42703	12776	1398346	33336	60778	21798	1035719	16947
福　建	Fujian	7363	2340	265123	36665	60008	20275	1055331	17558
江　西	Jiangxi	2742	861	64464	23518	117459	37301	1894056	16143
山　东	Shandong	28383	10723	1057720	36892	38003	11287	953361	25135
河　南	Henan	85597	32791	2482490	29026	48188	15979	826870	17193
湖　北	Hubei	3844	1461	81888	21825	132309	57852	2620914	19793
湖　南	Hunan	28194	9591	762030	26713	49658	18847	758881	15229
广　东	Guangdong	83893	35751	4675082	56884	82182	27851	1187606	14552
广　西	Guangxi	2318	910	75492	32966	100528	32868	1683593	16567
海　南	Hainan	7935	3408	219943	27855	120837	52881	2337626	18132
重　庆	Chongqing	14210	3975	379022	27436	13847	3346	299571	21549
四　川	Sichuan	22483	6855	646817	29050	44301	12743	889997	19934
贵　州	Guizhou	6579	2703	167770	25673	19293	5209	355487	18500
云　南	Yunnan	507	192	9618	18859	138795	52788	2200431	15884
西　藏	Tibet					8781	1495	176396	20264
陕　西	Shaanxi	25871	10996	994012	38031	42468	12616	1008907	24074
甘　肃	Gansu	27951	8706	1570401	56333	51206	15581	1000260	19701
青　海	Qinghai	393	160	9843	24793	14084	4447	421513	29956
宁　夏	Ningxia	1112	401	40732	37164	25344	9511	521927	20745
新　疆	Xinjiang	4264	1433	108111	26330	576694	254507	11810110	20070

4-2 续表 4 continued

地区	Region	采矿业 Mining 年末人数(人) Year-end Figures (person)	#女性 Female	工资总额(千元) Total Wages (1000 yuan)	平均工资(元) Average Wage (yuan)	制造业 Manufacturing 年末人数(人) Year-end Figures (person)	#女性 Female	工资总额(千元) Total Wages (1000 yuan)	平均工资(元) Average Wage (yuan)
全国	**National**	**2340763**	**501507**	**104148903**	**44904**	**4164781**	**1282395**	**152567718**	**36386**
北京	Beijing					63285	19911	3665346	57312
天津	Tianjin	11199	2538	710082	63542	74395	14270	3450431	44080
河北	Hebei	122183	23188	5449928	46885	294138	93805	9137639	31041
山西	Shanxi	277406	53940	14146658	53117	146475	47271	3665369	25051
内蒙古	Inner Mongolia	61384	11964	2941118	48195	23414	8502	745322	31307
辽宁	Liaoning	83622	10903	2121616	25120	297462	61690	11519646	39186
吉林	Jilin	68409	8109	1975239	28959	115129	29168	4831300	43398
黑龙江	Heilongjiang	188458	51826	9833032	50211	194034	55495	6371941	32965
上海	Shanghai	432	99	42231	97531	126811	28584	8685364	65813
江苏	Jiangsu	73749	19021	3278476	44932	145989	46005	6078218	41876
浙江	Zhejiang	2940	497	74628	25085	59077	16846	2555150	43220
安徽	Anhui	129717	13266	6964625	53238	86258	28648	2864864	33393
福建	Fujian	18317	4867	501653	27308	39048	14195	1331026	34107
江西	Jiangxi	62062	10535	1869576	30294	139858	51337	4422940	31536
山东	Shandong	455798	116217	22954169	50519	272396	87327	8675194	32068
河南	Henan	152556	36886	6282819	43428	158721	58426	4647442	29696
湖北	Hubei	44776	13658	2024712	42085	284578	89459	11872061	41939
湖南	Hunan	59011	10672	1457411	24645	148484	48444	5090588	34567
广东	Guangdong	16675	4738	830667	49586	101950	33667	4553732	44857
广西	Guangxi	27270	6969	855151	31093	140335	41638	4212810	30069
海南	Hainan	7648	2337	244122	31548	7854	2709	174707	22401
重庆	Chongqing	35546	4444	1272646	36056	137265	43636	4904349	35648
四川	Sichuan	111332	27665	5083705	46629	262531	85387	10008883	37871
贵州	Guizhou	26823	4532	817952	30703	116548	41472	4298494	36791
云南	Yunnan	38750	9394	1320338	34169	140311	46387	6814335	48949
西藏	Tibet	2087	415	55733	26540	4225	1724	128571	30532
陕西	Shaanxi	184254	36940	7921008	43950	328953	108586	8475006	24639
甘肃	Gansu	34435	7835	1118542	32590	170635	49439	6048990	32046
青海	Qinghai	8097	2069	468366	58692	28293	8250	1220660	43163
宁夏	Ningxia	5243	772	224012	42726	17664	5772	657089	37772
新疆	Xinjiang	30584	5211	1308688	42145	38665	14345	1460251	37410

4-2 续表 5 continued

地区	Region	电力、燃气及水的生产和供应业 Production and Distribution of Electricity, Gas and Water 年末人数（人）Year-end Figures (person)	#女性 Female	工资总额（千元）Total Wages (1000 yuan)	平均工资（元）Average Wage (yuan)	建筑业 Construction 年末人数（人）Year-end Figures (person)	#女性 Female	工资总额（千元）Total Wages (1000 yuan)	平均工资（元）Average Wage (yuan)
全 国	**National**	**2039272**	**604995**	**97491620**	**47724**	**2787291**	**434360**	**89217332**	**31777**
北 京	Beijing	20469	5745	1807534	90644	50564	8800	2291413	46729
天 津	Tianjin	16254	4144	1544780	93481	20625	3885	1041753	52334
河 北	Hebei	162746	42820	7021971	43242	118383	20898	3839598	29618
山 西	Shanxi	72702	23286	3290646	45681	118024	23597	3741309	32855
内蒙古	Inner Mongolia	67749	22720	3195965	46871	21594	5185	865548	33494
辽 宁	Liaoning	100657	25492	4545890	45381	106829	19784	3683311	33176
吉 林	Jilin	52452	13428	1863057	35271	39266	6526	1092812	27247
黑龙江	Heilongjiang	113057	33435	4293238	37953	110508	24093	3285945	26461
上 海	Shanghai	39339	9198	3952582	97810	38046	6209	2611097	67626
江 苏	Jiangsu	68067	17660	5003611	73775	49067	10964	2164512	43867
浙 江	Zhejiang	75055	16969	6356192	85108	57773	7056	2041853	37292
安 徽	Anhui	55381	15498	2086869	37745	95108	12482	3407313	35540
福 建	Fujian	56394	16564	3044847	53866	102033	12098	3097929	33878
江 西	Jiangxi	71655	22317	2756032	38336	145508	21654	4404634	30097
山 东	Shandong	145805	42924	6390403	44064	191148	23148	5768929	28831
河 南	Henan	136832	47275	5168416	37545	141745	23258	4175588	30267
湖 北	Hubei	86372	28479	3430929	39999	160350	24182	5495933	35280
湖 南	Hunan	83039	26908	3041416	36575	128900	22583	3639202	28212
广 东	Guangdong	112806	31954	6693117	57724	154560	19525	5708403	37394
广 西	Guangxi	69343	20860	2715002	39080	37881	5674	1200127	31389
海 南	Hainan	14796	4598	602684	40667	39138	2985	1077550	26956
重 庆	Chongqing	21094	7388	938340	44570	69102	8156	1885787	31085
四 川	Sichuan	81675	26843	3658308	44559	325274	54942	9454724	28886
贵 州	Guizhou	56295	17665	2761920	49229	159592	11022	3843454	27232
云 南	Yunnan	46912	15073	2259483	48121	64372	10633	2034122	33996
西 藏	Tibet	7672	2747	314673	41225	3360	686	81383	23768
陕 西	Shaanxi	88880	26534	3593879	40347	109991	19650	3248159	27572
甘 肃	Gansu	55938	17927	2082707	37507	61726	10044	1474380	23494
青 海	Qinghai	9695	3014	508866	48626	20641	5277	662950	31903
宁 夏	Ningxia	25064	7868	1480022	57303	12479	1258	352397	23365
新 疆	Xinjiang	25077	7662	1088241	44620	33704	8106	1545217	28028

4-2 续表 6 continued

地区	Region	交通运输、仓储和邮政业 Traffic, Transport, Storage and Post				信息传输、计算机服务和软件业 Information Transfer, Computer Services and Software			
		年末人数（人）Year-end Figures (person)	#女性 Female	工资总额（千元）Total Wages (1000 yuan)	平均工资（元）Average Wage (yuan)	年末人数（人）Year-end Figures (person)	#女性 Female	工资总额（千元）Total Wages (1000 yuan)	平均工资（元）Average Wage (yuan)
全国	**National**	**4033062**	**1053926**	**161255858**	**40097**	**625103**	**243192**	**28981737**	**46402**
北京	Beijing	106841	15756	6144866	56613	12916	4809	1045219	85206
天津	Tianjin	63661	12481	3197027	50571	2658	922	195169	74806
河北	Hebei	195158	53066	5930310	30460	31911	11924	1279307	40148
山西	Shanxi	172646	41611	7033541	40566	29493	12151	1025439	34951
内蒙古	Inner Mongolia	147681	33685	6100145	41696	32007	16662	1179861	37446
辽宁	Liaoning	220658	49973	8703445	38982	21778	7994	1020378	46914
吉林	Jilin	103429	22234	3692306	35420	24744	10354	968615	39307
黑龙江	Heilongjiang	229725	38729	7254290	32148	27745	9988	1044088	37783
上海	Shanghai	148650	27835	8805023	58631	18320	6267	2138911	115411
江苏	Jiangsu	184389	65345	7737943	42264	25344	9936	1210563	47846
浙江	Zhejiang	123123	32704	6274776	51265	21609	8968	1527644	72818
安徽	Anhui	98233	27115	3149534	32259	21463	8414	687704	32388
福建	Fujian	120450	31039	4665501	39334	17008	5193	900516	53965
江西	Jiangxi	133162	34626	5380584	40624	18240	6667	505709	27776
山东	Shandong	238335	62801	9505537	40015	24138	8515	1284638	53884
河南	Henan	215945	61713	7569565	35183	28094	9551	906652	32006
湖北	Hubei	174010	46748	6240325	35875	21088	7102	704080	33879
湖南	Hunan	149404	43411	5342777	35565	27744	12356	1081300	39382
广东	Guangdong	254992	78125	12487803	49389	50473	15621	3590424	70904
广西	Guangxi	123139	28934	4650502	38053	20281	6826	906377	45168
海南	Hainan	18082	5757	647203	36026	1893	599	71275	37493
重庆	Chongqing	97048	27284	3328718	34885	10318	3421	379671	35794
四川	Sichuan	164348	52084	6387918	38996	31940	11566	1424320	44039
贵州	Guizhou	77746	23092	2602566	33380	12375	6661	455596	37013
云南	Yunnan	88235	25483	3596054	40485	16505	6660	617457	38042
西藏	Tibet	6908	3251	270846	39094	3662	1715	189156	51682
陕西	Shaanxi	153010	39785	5317048	34595	39592	19144	1509353	35768
甘肃	Gansu	83921	25033	2770490	32660	11337	3774	284136	25125
青海	Qinghai	27598	9734	1321618	48101	6429	3213	274614	43652
宁夏	Ningxia	25981	7721	955627	37217	4448	2173	200672	44564
新疆	Xinjiang	86554	26771	4191970	50196	9550	4046	372893	39022

4-2 续表 7 continued

地 区	Region	批发和零售业 Wholesale and Retail Trade 年末人数(人) Year-end Figures (person)	#女 性 Female	工资总额(千元) Total Wages (1000 yuan)	平均工资(元) Average Wage (yuan)	住宿和餐饮业 Accommodation and Restaurants 年末人数(人) Year-end Figures (person)	#女 性 Female	工资总额(千元) Total Wages (1000 yuan)	平均工资(元) Average Wage (yuan)
全 国	**National**	**1372549**	**528814**	**49958258**	**35814**	**546121**	**289285**	**13081865**	**23864**
北 京	Beijing	41391	16844	3697218	88989	52030	25534	1843988	34691
天 津	Tianjin	33052	16903	1603411	47613	6533	2842	187931	29452
河 北	Hebei	89238	41915	2174957	23225	26707	14735	475288	17391
山 西	Shanxi	85489	30719	1971109	23277	20019	10870	302592	15122
内蒙古	Inner Mongolia	34311	13048	969723	28883	11036	6280	239495	22000
辽 宁	Liaoning	38474	14955	1348548	33644	17585	8139	420442	23632
吉 林	Jilin	27589	8420	784515	28497	11865	6250	222127	18523
黑龙江	Heilongjiang	62480	21552	1699382	27426	20134	7945	425395	21732
上 海	Shanghai	30829	11417	2271908	70047	15512	7021	641160	40773
江 苏	Jiangsu	48446	17956	1899904	38980	19191	10093	480600	24853
浙 江	Zhejiang	31314	11276	2096057	66811	19389	10680	571681	29491
安 徽	Anhui	52717	19979	1506457	28589	10248	6111	187528	18279
福 建	Fujian	39011	13178	1875485	46442	18566	10628	455331	24800
江 西	Jiangxi	42232	14581	1167206	27729	9228	5523	169315	17868
山 东	Shandong	90758	36970	2783250	30567	48963	25684	1099255	22394
河 南	Henan	132952	50456	3629262	27428	37571	20560	790723	21193
湖 北	Hubei	53372	22564	1498195	28212	13410	8064	265146	20113
湖 南	Hunan	35206	13172	1607844	44343	24415	13761	517841	21323
广 东	Guangdong	81941	30838	3258716	39807	41796	22096	1305684	31073
广 西	Guangxi	44311	15714	1442749	32407	15600	7740	276473	16833
海 南	Hainan	6253	2286	205565	32996	8411	4645	155107	18267
重 庆	Chongqing	27776	12848	1111514	39279	8200	4342	166159	20544
四 川	Sichuan	58235	21598	2390815	41334	18307	9726	471351	26240
贵 州	Guizhou	36810	11763	1586336	42975	8683	4737	195225	22212
云 南	Yunnan	36983	12802	2004860	39751	14740	8345	249639	16885
西 藏	Tibet	4485	1770	194797	43443	3309	1731	73208	22104
陕 西	Shaanxi	48769	19841	1319315	26497	19433	10829	356898	18367
甘 肃	Gansu	23370	8121	609845	26201	9966	5822	191955	19321
青 海	Qinghai	6625	3440	216597	32848	2150	1035	46599	21239
宁 夏	Ningxia	7407	3372	270044	36761	1229	694	26589	21495
新 疆	Xinjiang	20723	8516	762674	37771	11895	6823	271140	22612

4-2 续表 8 continued

地　区	Region	金融业 Finance 年末人数(人) Year-end Figures (person)	#女 性 Female	工资总额(千元) Total Wages (1000 yuan)	平均工资(元) Average Wage (yuan)	房地产业 Real Estate 年末人数(人) Year-end Figures (person)	#女 性 Female	工资总额(千元) Total Wages (1000 yuan)	平均工资(元) Average Wage (yuan)
全　国	**National**	**1442882**	**679918**	**94028482**	**66014**	**453789**	**156279**	**15292444**	**33967**
北　京	Beijing	21959	9635	3312552	154381	30909	10927	1488055	48120
天　津	Tianjin	8521	4241	808790	96468	8752	3629	424613	49032
河　北	Hebei	26517	9249	1325919	50304	18654	6688	497723	27173
山　西	Shanxi	53286	26266	2723088	51122	8468	3253	160797	19074
内蒙古	Inner Mongolia	44645	21920	2106399	47477	8421	3203	264053	31589
辽　宁	Liaoning	73042	36070	4793347	65817	24945	8100	690608	27388
吉　林	Jilin	42053	19478	1822300	43527	11834	4020	291287	24971
黑龙江	Heilongjiang	50760	23354	2678713	53065	26374	7718	618798	24842
上　海	Shanghai	49973	26753	8482795	171849	27667	9069	1533699	54415
江　苏	Jiangsu	85552	39617	5319771	63785	17449	6528	843331	48565
浙　江	Zhejiang	67678	37389	6931279	104153	17500	6477	828662	47997
安　徽	Anhui	54386	24584	2378381	44923	11642	4255	296680	25857
福　建	Fujian	49635	24405	3105607	63242	23288	7765	956234	42164
江　西	Jiangxi	40609	18380	1419535	35105	10927	3912	276690	25487
山　东	Shandong	77698	32218	4598707	59396	26365	8925	727922	27648
河　南	Henan	63229	28163	2585982	41585	13292	4786	378252	28528
湖　北	Hubei	76134	34279	3967737	52857	19847	5712	586982	29725
湖　南	Hunan	44978	22004	2110475	48109	16841	5511	450356	26754
广　东	Guangdong	134773	66791	13115437	98815	43495	14144	1675326	38748
广　西	Guangxi	49575	24774	2973932	60761	11391	3912	360134	31580
海　南	Hainan	8692	3192	468045	53997	5094	1597	106620	20898
重　庆	Chongqing	27479	13290	1551241	58630	13528	4873	337802	25995
四　川	Sichuan	88261	42230	5161013	59311	10657	3751	330998	30448
贵　州	Guizhou	19130	7972	1101909	58099	8325	3210	169920	20233
云　南	Yunnan	44876	21277	2609823	58950	4553	1940	111530	24599
西　藏	Tibet	6988	1318	700636	101483	263	87	12073	46257
陕　西	Shaanxi	42316	19266	1731405	41541	14161	5637	354745	25785
甘　肃	Gansu	30421	11990	1067980	35116	7750	2263	216144	28096
青　海	Qinghai	14839	7220	609122	41997	1833	644	48493	26128
宁　夏	Ningxia	12476	6246	740638	60044	3265	1134	112793	32703
新　疆	Xinjiang	32401	16347	1725924	53725	6299	2609	141124	22817

地区 Region	租赁和商务服务业 Tenancy and Business Services				科学研究、技术服务和地质勘查业 Scientific Research,Technical Service and Geologic Perambulation			
	年末人数（人）Year-end Figures (person)	#女性 Female	工资总额（千元）Total Wages (1000 yuan)	平均工资（元）Average Wage (yuan)	年末人数（人）Year-end Figures (person)	#女性 Female	工资总额（千元）Total Wages (1000 yuan)	平均工资（元）Average Wage (yuan)
全　国 National	**1315071**	**345553**	**43533649**	**33680**	**2195629**	**698367**	**115171842**	**53235**
北　京 Beijing	231177	64204	11762650	51821	199195	71953	18445262	94407
天　津 Tianjin	49353	8303	975175	19763	42162	13001	3324507	80197
河　北 Hebei	28441	6214	617093	22506	78515	19882	3308624	42546
山　西 Shanxi	33051	9472	731019	22272	56727	19924	1957422	34773
内蒙古 Inner Mongolia	18490	5875	635555	34367	41388	14712	1669962	40372
辽　宁 Liaoning	63226	22468	1517218	23601	96330	27966	4352870	45731
吉　林 Jilin	27190	6712	669936	24753	55711	17260	2265707	40835
黑龙江 Heilongjiang	36955	7428	1076633	31067	108474	28083	4412932	40860
上　海 Shanghai	87800	17544	3729405	41913	198794	98534	14661670	76884
江　苏 Jiangsu	53250	13977	1530535	29142	76346	22353	4521602	60075
浙　江 Zhejiang	88746	22039	2930437	34184	75146	21890	4718406	64009
安　徽 Anhui	19943	6109	423507	21743	57612	15174	2037838	36372
福　建 Fujian	33319	10898	931851	29138	38272	10849	1638182	42987
江　西 Jiangxi	20052	6279	489721	24570	49567	14798	1498447	30371
山　东 Shandong	46863	10383	1444395	31014	86049	25261	4074653	47734
河　南 Henan	51679	15012	1272734	25057	96191	30514	3476050	36398
湖　北 Hubei	26227	7663	659194	25209	95057	26805	4362427	45842
湖　南 Hunan	34711	11413	864386	25328	69165	19010	2399333	34986
广　东 Guangdong	150338	30911	5089213	35292	103442	31757	7225636	71451
广　西 Guangxi	40450	11569	1024188	25487	62886	17874	2288263	36628
海　南 Hainan	13267	3007	281424	21110	12620	3935	410669	32362
重　庆 Chongqing	24131	5877	548691	23057	29538	8569	1489122	51630
四　川 Sichuan	36700	10250	1505036	41002	129134	35136	6955007	54707
贵　州 Guizhou	9749	2984	271405	29093	37244	9526	1025693	29404
云　南 Yunnan	24460	6622	607987	25874	53799	17131	1871943	35186
西　藏 Tibet	438	167	11692	26694	6760	1991	397728	63810
陕　西 Shaanxi	20628	6963	714612	35068	116380	36713	5629936	48583
甘　肃 Gansu	13575	4263	301737	22310	49279	13670	1710561	34793
青　海 Qinghai	5191	2232	282495	56715	20975	6134	1046029	50499
宁　夏 Ningxia	2427	826	63459	26619	10182	3173	328282	32349
新　疆 Xinjiang	23244	7889	570266	25371	42689	14789	1667079	39433

4-2 续表 10 continued

地 区	Region	水利、环境和公共设施管理业 Management of Water Conservancy, Environment and Public Establishment 年末人数(人) Year-end Figures (person)	#女 性 Female	工资总额(千元) Total Wages (1000 yuan)	平均工资(元) Average Wage (yuan)	居民服务和其他服务业 Resident Services and Other Services 年末人数(人) Year-end Figures (person)	#女 性 Female	工资总额(千元) Total Wages (1000 yuan)	平均工资(元) Average Wage (yuan)
全 国	**National**	**1898588**	**776760**	**48115631**	**25478**	**288672**	**110618**	**9259933**	**32417**
北 京	Beijing	60184	23596	2578552	42729	12819	5046	467124	37674
天 津	Tianjin	29645	9364	1345571	45370	39002	17991	816927	21759
河 北	Hebei	93956	37456	2056272	21766	16341	6854	620367	39296
山 西	Shanxi	59078	25843	992051	17010	4130	1580	95539	23099
内蒙古	Inner Mongolia	68321	30606	1891690	27802	17182	4346	747818	42728
辽 宁	Liaoning	121487	49030	2966421	24863	20043	6840	535533	27518
吉 林	Jilin	67728	27620	1268470	18815	7677	3832	137194	17908
黑龙江	Heilongjiang	89895	34867	1681064	18604	46013	18340	1602471	34202
上 海	Shanghai	47277	15364	2141934	45302	9589	4074	401251	41256
江 苏	Jiangsu	90543	33229	3000573	33268	4867	1529	207468	42892
浙 江	Zhejiang	66308	24654	2351718	35759	7340	2461	307656	48056
安 徽	Anhui	58127	23025	1209006	21019	3128	916	83575	26787
福 建	Fujian	38476	15193	1032656	26840	7848	2232	276527	35871
江 西	Jiangxi	50499	22310	1026705	20489	3591	1096	87385	24389
山 东	Shandong	105557	40717	2686050	25432	22952	9899	833477	36238
河 南	Henan	115724	45001	2799709	24438	7128	2452	174861	24757
湖 北	Hubei	78727	32103	1728655	22015	7298	2636	209691	28553
湖 南	Hunan	79657	34842	1738524	22104	4767	1511	141721	29905
广 东	Guangdong	107096	44535	3397380	31746	18651	6121	713492	38760
广 西	Guangxi	69712	35648	1355932	19624	2201	833	69500	31677
海 南	Hainan	19121	10304	375214	19823	812	300	27369	33582
重 庆	Chongqing	29875	13198	625751	22183	1671	526	59333	34738
四 川	Sichuan	88622	40387	1840542	20978	3855	1207	118691	30725
贵 州	Guizhou	30428	14262	639138	21387	3459	706	101888	29705
云 南	Yunnan	44268	19854	793633	17689	2874	1011	57409	20017
西 藏	Tibet	1695	764	54897	32464	55	12	2448	44509
陕 西	Shaanxi	76329	29169	1773746	23494	5134	1808	158559	30300
甘 肃	Gansu	33870	12623	791113	23176	1768	858	41695	23690
青 海	Qinghai	10695	3899	265215	25307	2361	846	78572	33153
宁 夏	Ningxia	17448	6970	443474	25246	162	50	4484	27851
新 疆	Xinjiang	48240	20327	1263975	25919	3954	2705	79908	20406

4-2 续表 11 continued

地 区	Region	教 育 Education				卫生、社会保障和社会福利业 Sanitation,Social Security and Social Welfare			
		年末人数(人) Year-end Figures (person)	#女 性 Female	工资总额(千元) Total Wages (1000 yuan)	平均工资(元) Average Wage (yuan)	年末人数(人) Year-end Figures (person)	#女 性 Female	工资总额(千元) Total Wages (1000 yuan)	平均工资(元) Average Wage (yuan)
全 国	**National**	**15173936**	**7598133**	**591966940**	**39166**	**5626102**	**3396082**	**227708270**	**41112**
北 京	Beijing	335770	194599	23298808	69808	175296	121257	12847530	74533
天 津	Tianjin	158751	91893	10615713	66762	85856	50295	5055548	61187
河 北	Hebei	857646	518255	28667445	33582	258799	155043	8082459	31462
山 西	Shanxi	473682	287451	14558141	30784	140731	88693	3470367	25039
内蒙古	Inner Mongolia	343498	185573	15015893	43562	109257	64860	4324232	39920
辽 宁	Liaoning	506422	290502	21169376	41976	231455	142462	8660055	37900
吉 林	Jilin	360473	209335	11404721	31605	140062	84367	4067900	29233
黑龙江	Heilongjiang	455568	248930	15838311	34691	188768	116347	6079294	32423
上 海	Shanghai	244259	150265	17769569	71138	145288	97871	10980336	74940
江 苏	Jiangsu	825972	416402	40982804	49728	271238	165679	13015848	49060
浙 江	Zhejiang	553298	309584	36188764	66045	269851	170932	17054490	64455
安 徽	Anhui	585697	226261	18977612	32591	163462	94874	5407706	33820
福 建	Fujian	431263	216788	17362685	40502	126480	78602	5390033	43653
江 西	Jiangxi	466716	188503	13972792	30095	159128	87248	5001918	31956
山 东	Shandong	1042504	489160	40333395	38926	371058	220533	14534171	39878
河 南	Henan	1020141	501442	34050147	33480	366823	205445	11380225	31360
湖 北	Hubei	631528	263000	21549097	34350	279718	158076	9439129	34244
湖 南	Hunan	659807	302171	21005024	31884	277989	164389	10215766	37346
广 东	Guangdong	1074542	581654	46289644	43154	465636	290905	24336626	53079
广 西	Guangxi	570517	272248	18310437	32336	225073	135939	7299785	33163
海 南	Hainan	105892	46699	4468489	42416	35578	22143	1282676	36694
重 庆	Chongqing	337860	155101	12565371	37684	101735	57618	4593016	46131
四 川	Sichuan	810264	362682	27726154	34392	278242	163630	11069996	40552
贵 州	Guizhou	410939	168838	12528597	30635	114828	66599	3422750	30288
云 南	Yunnan	508797	235360	16399761	32533	152127	99231	4376775	29350
西 藏	Tibet	39553	17586	2053081	52781	15179	7340	725602	48293
陕 西	Shaanxi	533872	261508	21091007	39657	179796	106105	6340805	35693
甘 肃	Gansu	341565	133449	10102250	29740	97245	50591	2775938	29008
青 海	Qinghai	73077	33299	3129801	43244	30578	18224	1127674	37886
宁 夏	Ningxia	77683	36693	2758928	35965	32813	20480	1019434	31940
新 疆	Xinjiang	336380	202902	11783123	35102	136013	90304	4330186	32422

地 区	Region	文化体育和娱乐业 Culture, Sports and Entertainment 年末人数(人) Year-end Figures (person)	#女 性 Female	工资总额(千元) Total Wages (1000 yuan)	平均工资(元) Average Wage (yuan)	公共管理和社会组织 Public Management and Social Organization 年末人数(人) Year-end Figures (person)	#女 性 Female	工资总额(千元) Total Wages (1000 yuan)	平均工资(元) Average Wage (yuan)
全 国	**National**	**1130598**	**471112**	**47845269**	**42367**	**14156287**	**3988269**	**540019597**	**38387**
北 京	Beijing	108150	50464	9656755	87781	354224	127723	21578390	61594
天 津	Tianjin	15977	6009	891922	55728	135556	35858	9168218	68010
河 北	Hebei	46787	19917	1263295	26670	770577	224007	22907671	29928
山 西	Shanxi	43101	19499	1107808	25771	558594	176146	15463270	27760
内蒙古	Inner Mongolia	32623	14694	1236040	38041	352793	108912	14132468	40338
辽 宁	Liaoning	46833	19505	1743107	37232	492550	133354	18199697	37038
吉 林	Jilin	32987	14186	910301	27477	313270	93073	9129331	29243
黑龙江	Heilongjiang	37754	15171	1133400	30008	414980	120672	13039949	31571
上 海	Shanghai	36505	15112	2663541	72515	183882	58950	13783518	73660
江 苏	Jiangsu	47704	19144	2341100	49247	630656	151470	36812987	58861
浙 江	Zhejiang	54199	23068	3113634	58089	552137	141570	36182545	66281
安 徽	Anhui	31132	12012	875304	28217	464502	112374	15567911	33716
福 建	Fujian	32338	12635	1174864	36508	303340	73725	12671679	42055
江 西	Jiangxi	30704	12373	942981	30750	434864	106142	12716667	29401
山 东	Shandong	61922	23920	2612414	42227	1047443	291234	37095073	35745
河 南	Henan	63561	26170	1831092	29084	1040733	315860	29607474	28515
湖 北	Hubei	46671	18787	1531911	32745	547474	145688	18809019	34204
湖 南	Hunan	37921	15638	1207936	31902	774601	206249	23349976	30210
广 东	Guangdong	70751	29778	3691590	52602	940388	251554	49965903	53389
广 西	Guangxi	28817	10648	977540	33946	393877	105084	13221990	33871
海 南	Hainan	8330	3308	273148	33161	96394	25316	3750536	39440
重 庆	Chongqing	21217	9085	704954	33617	245698	65681	8878919	36967
四 川	Sichuan	40287	15592	1299026	32426	773732	226686	26887880	35018
贵 州	Guizhou	16033	6796	409210	25690	402388	115516	11719026	29568
云 南	Yunnan	28654	12756	730296	25441	459619	133176	14485203	31719
西 藏	Tibet	6187	2410	310581	51015	85660	27034	4757174	56391
陕 西	Shaanxi	34828	14227	1041029	29962	493869	133354	16292649	33224
甘 肃	Gansu	27937	10620	800846	28868	367606	107667	11041590	30232
青 海	Qinghai	7183	3087	270591	39007	89064	29214	3541957	40648
宁 夏	Ningxia	7619	3223	257838	34074	82848	27062	2729470	33119
新 疆	Xinjiang	25886	11278	841215	32908	352968	117918	12531457	35953

4-3 各地区分行业国有单位在岗职工人数和平均工资(2010年)

ON-POST STAFF AND WORKERS AND AVERAGE WAGE IN STATE-OWNED UNITS BY SECTOR AND REGION(2010)

地 区	Region	总 计 Total		农、林、牧、渔业 Agriculture,Forestry,Farming of Animals and Fishing		采矿业 Mining		制造业 Manufacturing	
		年末人数(人) Year-end Figures (person)	平均工资(元) Average Wage (yuan)	年末人数(人) Year-end Figures (person)	平均工资(元) Average Wage (yuan)	年末人数(人) Year-end Figures (person)	平均工资(元) Average Wage (yuan)	年末人数(人) Year-end Figures (person)	平均工资(元) Average Wage (yuan)
全 国	**National**	**61451100**	**39471**	**3109223**	**17174**	**2260010**	**45215**	**4023141**	**36852**
北 京	Beijing	1750536	70320	12586	37649			60308	58101
天 津	Tianjin	747688	59442	5414	42483	11184	63581	69356	45658
河 北	Hebei	3126342	32830	62757	12344	117890	47465	282538	31221
山 西	Shanxi	2318999	33119	23796	20504	274200	53243	143521	25164
内蒙古	Inner Mongolia	1667032	37602	258155	18499	61151	48177	23391	31330
辽 宁	Liaoning	2715820	36371	265595	9289	83158	25224	293948	39447
吉 林	Jilin	1612468	30661	158276	15459	68296	28973	113829	43660
黑龙江	Heilongjiang	2895108	30675	593643	13119	187764	50329	188365	33381
上 海	Shanghai	1224357	78651	4428	50107	305	123003	109814	69750
江 苏	Jiangsu	2639509	51245	92904	20578	73473	45010	141224	42151
浙 江	Zhejiang	1964849	65440	10777	37515	2034	27808	56646	44079
安 徽	Anhui	1898206	35014	51543	17113	129340	53337	83305	33975
福 建	Fujian	1457350	41689	38024	23051	17899	27119	37596	34683
江 西	Jiangxi	1878304	30985	114663	16283	59044	31038	131331	32782
山 东	Shandong	4224437	39093	37728	25197	431319	50780	269857	32198
河 南	Henan	3776619	31924	46542	17398	145489	43546	156202	29934
湖 北	Hubei	2607613	35981	111953	20365	39724	45440	277034	42595
湖 南	Hunan	2538687	32863	35068	16331	58063	24863	144090	35103
广 东	Guangdong	3883470	49610	80704	14581	16498	49908	99127	45305
广 西	Guangxi	1875296	34090	83211	17274	26423	31626	131094	31099
海 南	Hainan	514629	32028	119008	18180	7620	31687	7749	22599
重 庆	Chongqing	1187567	38075	13670	21617	35422	36113	129678	36348
四 川	Sichuan	3176849	37502	42764	20425	100726	45903	257755	38127
贵 州	Guizhou	1468124	32718	17377	19997	26563	30804	109942	38229
云 南	Yunnan	1813043	34330	125692	16961	34590	35194	132738	50644
西 藏	Tibet	186577	55581	4265	34292	1705	29731	3585	33436
陕 西	Shaanxi	2393640	35495	41364	24532	176244	44996	319327	24710
甘 肃	Gansu	1424571	30475	50409	19833	32888	33117	168952	32174
青 海	Qinghai	359749	42906	13113	31478	7854	59175	26224	45200
宁 夏	Ningxia	339689	37377	23841	21414	5131	43509	17625	37834
新 疆	Xinjiang	1783972	31390	569953	20226	28013	42188	36990	37753

4-3 续表 1 continued

地区	Region	电力、燃气及水的生产和供应业 Production and Distribution of Electricity,Gas and Water		建筑业 Construction		交通运输、仓储和邮政业 Traffic,Transport, Storage and Post		信息传输、计算机服务和软件业 Information Transfer, Computer Services and Software	
		年末人数（人） Year-end Figures (person)	平均工资（元） Average Wage (yuan)	年末人数（人） Year-end Figures (person)	平均工资（元） Average Wage (yuan)	年末人数（人） Year-end Figures (person)	平均工资（元） Average Wage (yuan)	年末人数（人） Year-end Figures (person)	平均工资（元） Average Wage (yuan)
全 国	**National**	**1953226**	**48932**	**2522085**	**32748**	**3716215**	**41353**	**563563**	**48731**
北 京	Beijing	19954	92244	43369	50168	102983	57431	11659	88867
天 津	Tianjin	15856	95274	19560	53315	60593	51434	2556	76781
河 北	Hebei	136134	48938	100952	31307	177855	31454	22961	49286
山 西	Shanxi	71996	45931	114082	33241	169503	40933	27449	36792
内蒙古	Inner Mongolia	67149	47126	21594	33494	142996	42256	31836	37596
辽 宁	Liaoning	99071	45710	101300	34198	215778	39341	21101	48011
吉 林	Jilin	51701	35640	38344	27510	101310	35868	23879	40593
黑龙江	Heilongjiang	109178	38686	105013	28365	220408	32514	26628	38718
上 海	Shanghai	38552	98770	29934	75834	111428	64646	17359	119880
江 苏	Jiangsu	67825	73969	46124	44189	163844	44289	20436	52762
浙 江	Zhejiang	64817	91730	49412	40758	104256	53625	18497	76132
安 徽	Anhui	54744	38003	67426	38648	88434	33609	17082	35035
福 建	Fujian	55125	54523	98860	34273	110080	41000	16170	55238
江 西	Jiangxi	67964	39442	128315	31109	118150	43280	16352	28869
山 东	Shandong	139788	45262	167487	28739	221662	41222	21171	57345
河 南	Henan	131835	38290	134846	30887	202366	36521	24836	33894
湖 北	Hubei	84358	40358	134185	35710	160422	37249	20451	34398
湖 南	Hunan	80512	37118	112000	29386	135727	37303	21718	43131
广 东	Guangdong	111608	58133	140060	38565	242218	50349	49503	71736
广 西	Guangxi	64539	40904	36371	31998	109757	40075	18110	47090
海 南	Hainan	14672	40889	39061	26985	17340	36615	1847	38026
重 庆	Chongqing	20753	45063	61175	32261	89644	35725	9975	36218
四 川	Sichuan	79032	45109	299170	29826	148092	40475	30220	45329
贵 州	Guizhou	54379	50247	154360	27590	65192	36105	10828	39452
云 南	Yunnan	45297	49316	62090	34315	81162	42568	14457	38960
西 藏	Tibet	7373	42323	2306	27642	6638	40057	2704	59865
陕 西	Shaanxi	85843	41184	99575	28823	138884	36215	34573	36577
甘 肃	Gansu	54264	38233	56419	24335	82070	33095	10426	25966
青 海	Qinghai	9603	49864	19504	33230	26773	49260	5357	47501
宁 夏	Ningxia	24594	57904	6322	29691	25340	37803	4272	45130
新 疆	Xinjiang	24710	44915	32869	28508	75310	52637	9150	39481

4-3 续表 2 continued

地 区	Region	批发和零售业 Wholesale and Retail Trade		住宿和餐饮业 Accommodation and Restaurants		金融业 Finance		房地产业 Real Estate	
		年末人数 (人) Year-end Figures (person)	平均工资 (元) Average Wage (yuan)	年末人数 (人) Year-end Figures (person)	平均工资 (元) Average Wage (yuan)	年末人数 (人) Year-end Figures (person)	平均工资 (元) Average Wage (yuan)	年末人数 (人) Year-end Figures (person)	平均工资 (元) Average Wage (yuan)
全 国	**National**	**1306575**	**36940**	**506168**	**24190**	**1243674**	**71873**	**415292**	**35223**
北 京	Beijing	38621	93003	48460	35420	21823	154745	27392	49719
天 津	Tianjin	32027	54242	5234	30733	7140	103687	7840	52796
河 北	Hebei	85602	23406	25402	17279	23731	54196	16416	29219
山 西	Shanxi	83190	23686	19207	15309	48044	55212	8367	19120
内蒙古	Inner Mongolia	34032	29394	10755	22226	42081	49278	8395	31621
辽 宁	Liaoning	36736	34737	15884	24356	64610	70523	23910	27510
吉 林	Jilin	26942	28880	11645	18616	38079	46283	11401	25450
黑龙江	Heilongjiang	59341	28126	17364	23528	49601	53651	24305	25882
上 海	Shanghai	25929	77156	10758	45681	45477	180471	15133	79077
江 苏	Jiangsu	43766	41003	18039	25171	65307	75605	16643	49670
浙 江	Zhejiang	28515	70520	17725	29867	55965	116448	15492	51323
安 徽	Anhui	50382	28987	9590	18673	37024	50972	11114	26279
福 建	Fujian	37620	47563	17895	25106	38350	75776	22200	43150
江 西	Jiangxi	39857	28402	8390	18447	32646	39743	10667	25807
山 东	Shandong	86651	31393	47262	22631	65990	66041	25357	28476
河 南	Henan	126646	28199	36075	21514	51528	46986	12866	28849
湖 北	Hubei	51290	28655	12392	20583	67649	56580	18865	30369
湖 南	Hunan	31932	46264	21743	22090	37059	53975	15863	27369
广 东	Guangdong	79524	40259	39870	30588	115125	107405	42707	39077
广 西	Guangxi	41700	33855	13801	17731	44106	64854	10457	33342
海 南	Hainan	6181	33292	8346	18152	8476	54557	4895	21283
重 庆	Chongqing	26835	40057	7889	20555	23139	65962	12947	26530
四 川	Sichuan	56806	41845	16959	26746	73730	63910	9801	32389
贵 州	Guizhou	34906	44525	6935	22953	17858	60052	7512	20798
云 南	Yunnan	34843	46496	13989	17170	41892	61924	4353	24883
西 藏	Tibet	4243	44867	3059	22733	6982	101571	263	46257
陕 西	Shaanxi	46226	27103	18241	18702	37670	44388	12542	26673
甘 肃	Gansu	22917	26541	9534	19651	29072	35576	7431	28863
青 海	Qinghai	6519	33161	1950	22248	13744	43940	1624	27000
宁 夏	Ningxia	6816	38999	1119	21095	10858	65273	2641	39088
新 疆	Xinjiang	19980	38496	10656	22106	28918	57591	5893	23366

4-3 续表 3 continued

地 区 Region	租赁和商务服务业 Tenancy and Business Services		科学研究、技术服务和地质勘查业 Scientific Research, Technical Service and Geologic Perambulation		水利、环境和公共设施管理业 Management of Water Conservancy,Environment and Public Establishment		居民服务和其他服务业 Resident Services and Other Services	
	年末人数(人) Year-end Figures (person)	平均工资(元) Average Wage (yuan)	年末人数(人) Year-end Figures (person)	平均工资(元) Average Wage (yuan)	年末人数(人) Year-end Figures (person)	平均工资(元) Average Wage (yuan)	年末人数(人) Year-end Figures (person)	平均工资(元) Average Wage (yuan)
全 国 National	**1208193**	**34966**	**2078137**	**54369**	**1680926**	**27224**	**268054**	**33229**
北 京 Beijing	221488	52512	179337	99684	57306	44104	11752	39483
天 津 Tianjin	47956	19819	35973	87862	25701	49559	37626	21934
河 北 Hebei	26737	23162	75332	43348	85183	22874	15356	40122
山 西 Shanxi	32618	22302	55458	35140	57277	17240	3960	22890
内蒙古 Inner Mongolia	18286	34744	40807	40477	64931	28766	15206	44900
辽 宁 Liaoning	47291	28308	92271	46840	103437	27290	19854	27615
吉 林 Jilin	22915	27150	54658	41093	59897	20316	7503	17965
黑龙江 Heilongjiang	33779	33651	105148	41169	74914	20688	41410	36054
上 海 Shanghai	61902	48971	190003	78178	31620	56760	5408	53048
江 苏 Jiangsu	50179	29995	70442	61954	80972	35571	4596	43760
浙 江 Zhejiang	77920	36015	67695	67240	55558	38485	5965	49410
安 徽 Anhui	17070	23556	53805	37125	49934	22855	2817	27576
福 建 Fujian	32140	29557	36151	44102	35233	28143	7620	36526
江 西 Jiangxi	17791	25902	47183	30949	42634	22338	3345	25053
山 东 Shandong	45426	31675	83343	48462	95825	26964	22826	36347
河 南 Henan	50124	25249	94629	36670	110044	25202	6993	24996
湖 北 Hubei	25436	25420	87275	47127	68305	23543	6404	30391
湖 南 Hunan	32599	26011	64070	36169	66549	24042	4313	31579
广 东 Guangdong	148518	35434	99860	72138	104023	32193	17841	39335
广 西 Guangxi	36446	26866	58747	37800	57660	21388	2003	33336
海 南 Hainan	12410	21771	12093	32925	17685	20404	802	33632
重 庆 Chongqing	23759	23141	28049	52838	26784	23386	1580	35621
四 川 Sichuan	34747	40740	122219	55962	80103	22226	3738	31150
贵 州 Guizhou	9166	30030	35509	30143	25065	23996	3232	30801
云 南 Yunnan	23887	26080	52140	35803	37644	19049	2797	20065
西 藏 Tibet	377	29658	6152	67498	1544	34314	46	53535
陕 西 Shaanxi	19049	36421	110722	49757	65342	25777	4983	30710
甘 肃 Gansu	8408	25906	47701	35394	30450	25047	1701	23903
青 海 Qinghai	5050	57697	20124	51881	8342	30040	2336	33064
宁 夏 Ningxia	2317	26358	9936	32745	14843	28104	162	27851
新 疆 Xinjiang	22402	25643	41305	39475	46121	26612	3879	20628

4-3 续表 4 continued

地 区	Region	教 育 Education 年末人数（人）Year-end Figures (person)	教 育 Education 平均工资（元）Average Wage (yuan)	卫生、社会保障和社会福利业 Sanitation, Social Security and Social Welfare 年末人数（人）Year-end Figures (person)	卫生、社会保障和社会福利业 Sanitation, Social Security and Social Welfare 平均工资（元）Average Wage (yuan)	文化体育和娱乐业 Culture, Sports and Entertainment 年末人数（人）Year-end Figures (person)	文化体育和娱乐业 Culture, Sports and Entertainment 平均工资（元）Average Wage (yuan)	公共管理和社会组织 Public Management and Social Organization 年末人数（人）Year-end Figures (person)	公共管理和社会组织 Public Management and Social Organization 平均工资（元）Average Wage (yuan)
全 国	**National**	**14687470**	**39852**	**5303036**	**42092**	**1069158**	**43224**	**13536954**	**39458**
北 京	Beijing	307593	73392	163369	77341	100234	91845	322302	66140
天 津	Tianjin	150618	69163	77054	63935	14582	58705	121418	74075
河 北	Hebei	833513	34153	247154	32112	44835	27229	745994	30510
山 西	Shanxi	461438	31374	135741	25432	42228	25923	546924	28126
内蒙古	Inner Mongolia	340956	43789	107780	40223	32342	38198	345189	40973
辽 宁	Liaoning	492718	42656	218986	38799	45287	37962	474885	37936
吉 林	Jilin	356890	31752	137033	29553	32602	27597	297268	30322
黑龙江	Heilongjiang	443242	35130	181913	33022	36372	30699	396720	32363
上 海	Shanghai	214109	77498	112413	82943	29724	75690	170061	77480
江 苏	Jiangsu	795649	50723	249102	51124	44179	51516	594805	61267
浙 江	Zhejiang	519604	68532	248532	66730	46622	63253	518817	68970
安 徽	Anhui	564635	33297	152895	35047	28987	29058	428079	35372
福 建	Fujian	417413	41273	116825	45733	30064	37924	292085	43126
江 西	Jiangxi	453627	30588	147062	33149	28183	31404	411100	30380
山 东	Shandong	1025901	39272	355129	40889	60710	42641	1021005	36288
河 南	Henan	1008903	33661	354962	31750	61966	29502	1019767	28839
湖 北	Hubei	603847	35149	269113	34775	44367	33471	524543	34938
湖 南	Hunan	636196	32484	262253	38300	35893	32780	743039	30845
广 东	Guangdong	1051389	43579	453374	53503	66467	54153	925054	53897
广 西	Guangxi	534361	33694	208318	34451	27265	35204	370927	35187
海 南	Hainan	103019	43052	33943	37224	8163	33577	91319	40820
重 庆	Chongqing	324477	38431	97635	46757	20592	34074	233564	37945
四 川	Sichuan	788414	34889	262947	40897	38799	32969	730827	36219
贵 州	Guizhou	397890	31293	106216	31574	15476	26039	369718	31301
云 南	Yunnan	497386	33071	142205	30581	27685	25812	438196	32831
西 藏	Tibet	37555	55008	13093	54080	5521	55695	79166	59630
陕 西	Shaanxi	517055	40382	166108	37013	33326	30546	466566	34290
甘 肃	Gansu	333441	30231	94242	29601	27200	29550	357046	30802
青 海	Qinghai	70563	44220	28690	39542	6982	39738	85397	41825
宁 夏	Ningxia	72755	37283	29319	34065	7265	35034	74533	35616
新 疆	Xinjiang	332313	35344	129630	33498	25240	33324	340640	36756

4-4 各地区分行业国有单位其他就业人员和平均工资(2010年)

OTHER EMPLOYMENT AND AVERSGE WAGE IN STATE-OWNED UNITS BY SECTOR AND REGION(2010)

地区	Region	总计 Total		农、林、牧、渔业 Agriculture,Forestry,Farming of Animals and Fishing		采矿业 Mining		制造业 Manufacturing	
		年末人数(人) Year-end Figures (person)	平均工资(元) Average Wage (yuan)	年末人数(人) Year-end Figures (person)	平均工资(元) Average Wage (yuan)	年末人数(人) Year-end Figures (person)	平均工资(元) Average Wage (yuan)	年末人数(人) Year-end Figures (person)	平均工资(元) Average Wage (yuan)
全国	**National**	**3713279**	**19943**	**464660**	**12183**	**80753**	**36074**	**141640**	**22454**
北京	Beijing	139445	30965	216	18804			2977	41137
天津	Tianjin	60178	21767	500	26704	15	30231	5039	22140
河北	Hebei	173685	17183	573	11992	4293	29763	11600	26191
山西	Shanxi	58679	15161	780	11213	3206	43051	2954	19564
内蒙古	Inner Mongolia	27364	16504	447	11993	233	51717	23	9720
辽宁	Liaoning	116482	15894	3309	5352	464	6098	3514	17549
吉林	Jilin	50575	11818	2899	6570	113	20932	1300	23566
黑龙江	Heilongjiang	428348	13282	328131	12618	694	18771	5669	19264
上海	Shanghai	230524	34889	1480	26011	127	35468	16997	38327
江苏	Jiangsu	172623	23304	1409	13981	276	15245	4765	33540
浙江	Zhejiang	189456	30062	1045	15845	906	18846	2431	23314
安徽	Anhui	161328	19599	9235	16039	377	19527	2953	17465
福建	Fujian	97744	16484	21984	7968	418	34747	1452	18877
江西	Jiangxi	127757	15994	2796	10283	3018	16071	8527	11674
山东	Shandong	169318	23395	275	16208	24479	45956	2539	15176
河南	Henan	114486	14966	1646	11001	7067	22629	2519	14318
湖北	Hubei	171333	21005	20356	16653	5052	26740	7544	18023
湖南	Hunan	167611	17389	14590	12567	948	12095	4394	16734
广东	Guangdong	123017	30783	1478	12992	177	19492	2823	29447
广西	Guangxi	157891	14376	17317	13284	847	9604	9241	13341
海南	Hainan	16083	16463	1829	14217	28	9857	105	8047
重庆	Chongqing	65361	20705	177	15082	124	21750	7587	23844
四川	Sichuan	180848	23119	1537	6160	10606	52742	4776	23898
贵州	Guizhou	98564	12965	1916	5549	260	21533	6606	11221
云南	Yunnan	96587	11805	13103	4416	4160	26084	7573	16922
西藏	Tibet	20690	13590	4516	6869	382	12186	640	14331
陕西	Shaanxi	139023	16932	1104	7104	8010	21725	9626	21463
甘肃	Gansu	48979	12826	797	10935	1547	20573	1683	18047
青海	Qinghai	19659	15034	971	9473	243	40217	2069	17374
宁夏	Ningxia	32093	13453	1503	11667	112	6830	39	17717
新疆	Xinjiang	57548	18655	6741	6190	2571	41676	1675	29869

4-4 续表 1 continued

地区 Region	电力、燃气及水的生产和供应业 Production and Distribution of Electricity,Gas and Water		建筑业 Construction		交通运输、仓储和邮政业 Traffic,Transport, Storage and Post		信息传输、计算机服务和软件业 Information Transfer, Computer Services and Software	
	年末人数（人） Year-end Figures (person)	平均工资（元） Average Wage (yuan)	年末人数（人） Year-end Figures (person)	平均工资（元） Average Wage (yuan)	年末人数（人） Year-end Figures (person)	平均工资（元） Average Wage (yuan)	年末人数（人） Year-end Figures (person)	平均工资（元） Average Wage (yuan)
全 国 National	**86046**	**19855**	**265206**	**23502**	**316847**	**25196**	**61540**	**24607**
北 京 Beijing	515	20081	7195	28237	3858	35315	1257	50052
天 津 Tianjin	398	14766	1065	33811	3068	33717	102	15440
河 北 Hebei	26612	13620	17431	23671	17303	20319	8950	17342
山 西 Shanxi	706	18979	3942	22188	3143	20417	2044	13856
内蒙古 Inner Mongolia	600	16436			4685	24752	171	11736
辽 宁 Liaoning	1586	19316	5529	16175	4880	23211	677	13340
吉 林 Jilin	751	9803	922	16189	2119	14381	865	12742
黑龙江 Heilongjiang	3879	17193	5495	12321	9317	24127	1117	14209
上 海 Shanghai	787	53371	8112	35431	37222	39778	961	36387
江 苏 Jiangsu	242	22568	2943	37497	20545	25848	4908	27564
浙 江 Zhejiang	10238	42209	8361	20098	18867	37802	3112	52126
安 徽 Anhui	637	15114	27682	28418	9799	20246	4381	21983
福 建 Fujian	1269	28244	3173	22713	10370	22272	838	28153
江 西 Jiangxi	3691	17767	17193	22893	15012	19570	1888	18375
山 东 Shandong	6017	16236	23661	29461	16673	23733	2967	29023
河 南 Henan	4997	16082	6899	17287	13579	14571	3258	17083
湖 北 Hubei	2014	25214	26165	32947	13588	19813	637	18061
湖 南 Hunan	2527	19319	16900	20568	13677	19178	6026	25653
广 东 Guangdong	1198	18983	14500	26689	12774	31668	970	27817
广 西 Guangxi	4804	14873	1510	15713	13382	20300	2171	29332
海 南 Hainan	124	14552	77	17587	742	22010	46	15533
重 庆 Chongqing	341	14264	7927	23173	7404	24793	343	23265
四 川 Sichuan	2643	27853	26104	18354	16256	25347	1720	20873
贵 州 Guizhou	1916	20022	5232	19480	12554	19216	1547	19224
云 南 Yunnan	1615	15243	2282	26727	7073	17549	2048	31632
西 藏 Tibet	299	13925	1054	14962	270	14792	958	28003
陕 西 Shaanxi	3037	16691	10416	16791	14126	18325	5019	27905
甘 肃 Gansu	1674	14113	5307	13950	1851	9753	911	15329
青 海 Qinghai	92	20339	1137	11143	825	16059	1072	22586
宁 夏 Ningxia	470	14431	6157	14691	641	14430	176	31711
新 疆 Xinjiang	367	14479	835	18858	11244	29939	400	28078

4-4 续表 2 continued

地区 Region	批发和零售业 Wholesale and Retail Trade		住宿和餐饮业 Accommodation and Restaurants		金融业 Finance		房地产业 Real Estate	
	年末人数（人） Year-end Figures (person)	平均工资（元） Average Wage (yuan)	年末人数（人） Year-end Figures (person)	平均工资（元） Average Wage (yuan)	年末人数（人） Year-end Figures (person)	平均工资（元） Average Wage (yuan)	年末人数（人） Year-end Figures (person)	平均工资（元） Average Wage (yuan)
全 国 National	**65974**	**16746**	**39953**	**19801**	**199208**	**29233**	**38497**	**20487**
北 京 Beijing	2770	34993	3570	24468	136	99704	3517	35834
天 津 Tianjin	1025	6267	1299	24606	1381	58922	912	17933
河 北 Hebei	3636	18673	1305	19612	2786	16570	2238	11342
山 西 Shanxi	2299	9864	812	10442	5242	14816	101	15442
内蒙古 Inner Mongolia	279	6598	281	14141	2564	17858	26	18810
辽 宁 Liaoning	1738	10029	1701	17108	8432	31334	1035	24275
吉 林 Jilin	647	9700	220	13810	3974	17006	433	12178
黑龙江 Heilongjiang	3139	13902	2770	10896	1159	27422	2069	14242
上 海 Shanghai	4900	29881	4754	29085	4496	87072	12534	23788
江 苏 Jiangsu	4680	20486	1152	20238	20245	25604	806	24969
浙 江 Zhejiang	2799	28708	1664	25210	11713	46483	2008	21240
安 徽 Anhui	2335	19948	658	12680	17362	32016	528	16422
福 建 Fujian	1391	18768	671	15882	11285	21459	1088	23051
江 西 Jiangxi	2375	16488	838	11972	7963	16070	260	12020
山 东 Shandong	4107	13257	1701	15717	11708	23006	1008	7963
河 南 Henan	6306	11870	1496	14189	11701	17339	426	18433
湖 北 Hubei	2082	17656	1018	14143	8485	23233	982	17173
湖 南 Hunan	3274	28430	2672	15131	7919	20147	978	16654
广 东 Guangdong	2417	23450	1926	40987	19648	46114	788	22456
广 西 Guangxi	2611	10495	1799	11323	5469	27239	934	11593
海 南 Hainan	72	7639	65	31873	216	30985	199	11397
重 庆 Chongqing	941	17324	311	20254	4340	19232	581	13998
四 川 Sichuan	1429	22646	1348	20805	14531	34897	856	11205
贵 州 Guizhou	1904	16071	1748	19284	1272	27441	813	15238
云 南 Yunnan	2140	6473	751	11721	2984	15498	200	17460
西 藏 Tibet	242	17924	250	14396	6			
陕 西 Shaanxi	2543	15631	1192	13080	4646	18113	1619	17510
甘 肃 Gansu	453	9033	432	12162	1349	25933	319	8460
青 海 Qinghai	106	13689	200	10665	1095	19929	209	15834
宁 夏 Ningxia	591	12774	110	25720	1618	26714	624	13148
新 疆 Xinjiang	743	19336	1239	26640	3483	21732	406	14060

4-4 续表 3 continued

地 区 Region	租赁和商务服务业 Tenancy and Business Services		科学研究、技术服务和地质勘查业 Scientific Research, Technical Service and Geologic Perambulation		水利、环境和公共设施管理业 Management of Water Conservancy,Environment and Public Establishment		居民服务和其他服务业 Resident Services and Other Services	
	年末人数（人） Year-end Figures (person)	平均工资（元） Average Wage (yuan)	年末人数（人） Year-end Figures (person)	平均工资（元） Average Wage (yuan)	年末人数（人） Year-end Figures (person)	平均工资（元） Average Wage (yuan)	年末人数（人） Year-end Figures (person)	平均工资（元） Average Wage (yuan)
全 国 National	**106878**	**19501**	**117492**	**32726**	**217662**	**11890**	**20618**	**21718**
北 京 Beijing	9689	35594	19858	46448	2878	17050	1067	18407
天 津 Tianjin	1397	17730	6189	34135	3944	16705	1376	16772
河 北 Hebei	1704	11957	3183	22643	8773	10641	985	28209
山 西 Shanxi	433	20103	1269	18888	1801	9818	170	28048
内蒙古 Inner Mongolia	204	13031	581	33021	3390	8642	1976	26940
辽 宁 Liaoning	15935	9397	4059	21759	18050	11159	189	19068
吉 林 Jilin	4275	11305	1053	28100	7831	7531	174	15445
黑龙江 Heilongjiang	3176	12128	3326	29512	14981	7894	4603	17007
上 海 Shanghai	25898	24674	8791	49063	15657	20653	4181	25324
江 苏 Jiangsu	3071	15923	5904	36764	9571	14129	271	28968
浙 江 Zhejiang	10826	21831	7451	34685	10750	21011	1375	38615
安 徽 Anhui	2873	11301	3807	24965	8193	9754	311	19474
福 建 Fujian	1179	18641	2121	23736	3243	13043	228	15828
江 西 Jiangxi	2261	13185	2384	18960	7865	10496	246	15382
山 东 Shandong	1437	12233	2706	23230	9732	10111	126	19687
河 南 Henan	1555	18656	1562	18545	5680	9800	135	12346
湖 北 Hubei	791	18464	7782	31133	10422	11916	894	15767
湖 南 Hunan	2112	15428	5095	19972	13108	12296	454	13340
广 东 Guangdong	1820	24781	3582	52663	3073	15749	810	26274
广 西 Guangxi	4004	12605	4139	19804	12052	11006	198	15317
海 南 Hainan	857	11549	527	19008	1436	12459	10	29500
重 庆 Chongqing	372	17959	1489	29137	3091	11535	91	18081
四 川 Sichuan	1953	45570	6915	32003	8519	9731	117	16878
贵 州 Guizhou	583	14435	1735	12782	5363	9143	227	13238
云 南 Yunnan	573	15615	1659	15597	6624	9646	77	18273
西 藏 Tibet	61	8377	608	28475	151	13603	9	12167
陕 西 Shaanxi	1579	17369	5658	22832	10987	9730	151	11028
甘 肃 Gansu	5167	16620	1578	17424	3420	8791	67	18138
青 海 Qinghai	141	25067	851	17041	2353	8235	25	41115
宁 夏 Ningxia	110	32226	246	15524	2605	9714		
新 疆 Xinjiang	842	17995	1384	38206	2119	9344	75	10024

4-4 续表 4 continued

地　区	Region	教　育 Education 年末人数(人) Year-end Figures (person)	教　育 Education 平均工资(元) Average Wage (yuan)	卫生、社会保障和社会福利业 Sanitation, Social Security and Social Welfare 年末人数(人) Year-end Figures (person)	卫生、社会保障和社会福利业 Sanitation, Social Security and Social Welfare 平均工资(元) Average Wage (yuan)	文化体育和娱乐业 Culture, Sports and Entertainment 年末人数(人) Year-end Figures (person)	文化体育和娱乐业 Culture, Sports and Entertainment 平均工资(元) Average Wage (yuan)	公共管理和社会组织 Public Management and Social Organization 年末人数(人) Year-end Figures (person)	公共管理和社会组织 Public Management and Social Organization 平均工资(元) Average Wage (yuan)
全　国	**National**	**486466**	**17895**	**323066**	**24597**	**61440**	**27701**	**619333**	**14662**
北　京	Beijing	28177	28420	11927	35540	7916	46575	31922	15658
天　津	Tianjin	8133	20575	8802	25773	1395	24275	14138	15398
河　北	Hebei	24133	11969	11645	17156	1952	13606	24583	12034
山　西	Shanxi	12244	9224	4990	14016	873	18834	11670	11028
内蒙古	Inner Mongolia	2542	13413	1477	17718	281	18939	7604	10973
辽　宁	Liaoning	13704	17432	12469	21340	1546	15829	17665	12767
吉　林	Jilin	3583	16956	3029	15854	385	17464	16002	8790
黑龙江	Heilongjiang	12326	17781	6855	16300	1382	11535	18260	13838
上　海	Shanghai	30150	26864	32875	45544	6781	58475	13821	24737
江　苏	Jiangsu	30323	23261	22136	25251	3525	20942	35851	18670
浙　江	Zhejiang	33694	26288	21319	37205	7577	25917	33320	23659
安　徽	Anhui	21062	13227	10567	17894	2145	16887	36423	14215
福　建	Fujian	13850	16194	9655	18516	2274	16918	11255	14629
江　西	Jiangxi	13089	12791	12066	17381	2521	23333	23764	12321
山　东	Shandong	16603	15815	15929	17514	1212	18180	26438	14343
河　南	Henan	11238	15674	11861	19163	1595	12596	20966	12013
湖　北	Hubei	27681	16860	10605	21572	2304	18612	22931	17376
湖　南	Hunan	23611	15497	15736	21206	2028	17256	31562	15243
广　东	Guangdong	23153	24927	12262	37347	4284	24271	15334	23534
广　西	Guangxi	36156	11723	16755	16672	1552	11746	22950	12458
海　南	Hainan	2873	18969	1635	25526	167	12025	5075	13580
重　庆	Chongqing	13383	18133	4100	30834	625	18072	12134	16075
四　川	Sichuan	21850	15996	15295	34402	1488	18043	42905	14170
贵　州	Guizhou	13049	10231	8612	14241	557	15975	32670	9373
云　南	Yunnan	11411	9034	9922	11144	969	14741	21423	8886
西　藏	Tibet	1998	11195	2086	11729	666	11315	6494	15989
陕　西	Shaanxi	16817	15270	13688	17690	1502	16201	27303	14874
甘　肃	Gansu	8124	9350	3003	11648	737	10231	10560	11169
青　海	Qinghai	2514	17522	1888	12427	201	15000	3667	13535
宁　夏	Ningxia	4928	13559	3494	13052	354	14342	8315	10629
新　疆	Xinjiang	4067	15184	6383	10404	646	16070	12328	13338

4-5 各地区分行业国有单位不在岗职工和平均生活费(2010年)
ON-POST STAFF AND WORKERS AND AVERAGE LIVING SUBSIDY IN STATE-OWNED UNITS BY SECTOR AND REGION(2010)

地区	Region	总计 Total		农、林、牧、渔业 Agriculture,Forestry,Farming of Animals and Fishing		采矿业 Mining		制造业 Manufacturing	
		年末人数(人) Year-end Figures (person)	平均工资(元) Average Wage (yuan)	年末人数(人) Year-end Figures (person)	平均工资(元) Average Wage (yuan)	年末人数(人) Year-end Figures (person)	平均工资(元) Average Wage (yuan)	年末人数(人) Year-end Figures (person)	平均工资(元) Average Wage (yuan)
全 国	**National**	**3433055**	**10314**	**459989**	**2854**	**138794**	**10827**	**748318**	**8963**
北 京	Beijing	63039	22488	420	13907			6578	15511
天 津	Tianjin	60698	7028	974	7038	73	5226	23016	3481
河 北	Hebei	222105	11180	3041	9403	7540	11922	73896	6679
山 西	Shanxi	166827	7382	1491	2982	12604	7013	40827	4824
内蒙古	Inner Mongolia	62779	16999	15311	5223	2213	12901	1233	8060
辽 宁	Liaoning	288320	9057	33335	1764	10739	8962	107830	9185
吉 林	Jilin	143636	10998	55218	5119	2487	4243	24817	12712
黑龙江	Heilongjiang	326886	7807	145205	1261	3763	5786	25596	6390
上 海	Shanghai	145526	10631	775	7676	44	8720	48460	9462
江 苏	Jiangsu	120114	13379	7450	6891	11364	13469	28388	8997
浙 江	Zhejiang	37187	8674	1654	4972	1639	1643	8033	14838
安 徽	Anhui	94093	9213	3767	3805	7593	12965	27702	9686
福 建	Fujian	46862	7803	11086	1487	1724	1659	4783	8599
江 西	Jiangxi	176945	4889	38037	1362	9085	7924	42582	3766
山 东	Shandong	222687	16476	1993	11648	21547	15423	33820	10687
河 南	Henan	161905	8079	1629	3195	13833	4933	19864	10831
湖 北	Hubei	168337	10882	11265	6431	2313	12536	30154	10072
湖 南	Hunan	165035	8593	10581	4285	7994	5035	23148	7971
广 东	Guangdong	119552	10243	6894	3564	2437	24612	16462	5448
广 西	Guangxi	79855	7245	15342	3756	2027	4996	17534	9867
海 南	Hainan	91169	2694	65595	862	760	5706	5265	2512
重 庆	Chongqing	28047	12903	191	4340	419	6742	7848	9347
四 川	Sichuan	105054	15656	1774	10274	4070	16369	29008	15326
贵 州	Guizhou	51429	8745	749	5097	808	5022	17250	8002
云 南	Yunnan	59729	17650	11489	3781	1444	16729	18058	21197
西 藏	Tibet	626	46267					27	11931
陕 西	Shaanxi	131160	10261	2124	18732	9061	17377	46684	8150
甘 肃	Gansu	48071	14278	743	14448	37	3500	16409	14589
青 海	Qinghai	8182	15450	534	1234	24	2411	327	8275
宁 夏	Ningxia	6299	20594	454	5268	2	5500	709	25064
新 疆	Xinjiang	30901	15286	10868	3371	1150	35989	2010	27397

地 区	Region	电力、燃气及水的生产和供应业 Production and Distribution of Electricity,Gas and Water		建筑业 Construction		交通运输、仓储和邮政业 Traffic,Transport, Storage and Post		信息传输、计算机服务和软件业 Information Transfer, Computer Services and Software	
		年末人数（人） Year-end Figures (person)	平均工资（元） Average Wage (yuan)	年末人数（人） Year-end Figures (person)	平均工资（元） Average Wage (yuan)	年末人数（人） Year-end Figures (person)	平均工资（元） Average Wage (yuan)	年末人数（人） Year-end Figures (person)	平均工资（元） Average Wage (yuan)
全 国	**National**	**101391**	**16155**	**249321**	**6714**	**334372**	**14301**	**26760**	**17760**
北 京	Beijing	937	13656	2795	16227	8672	26802	1612	24209
天 津	Tianjin	456	19576	1880	9082	12825	7480	695	18814
河 北	Hebei	3871	19690	16397	6060	14727	13789	1334	17537
山 西	Shanxi	3302	8998	29806	8158	21136	15626	805	17628
内蒙古	Inner Mongolia	2986	22432	4802	10168	8954	20296	1073	19084
辽 宁	Liaoning	10620	15051	26748	4998	23790	10338	1217	13291
吉 林	Jilin	3335	13483	6045	5423	9707	11666	361	18682
黑龙江	Heilongjiang	5802	10941	13134	2754	30003	12433	1780	10605
上 海	Shanghai	497	19204	4834	11495	10052	17249	149	55022
江 苏	Jiangsu	1749	18985	5629	10804	13779	15301	882	21273
浙 江	Zhejiang	895	14373	1166	8227	4785	14833	194	31820
安 徽	Anhui	2100	13607	8022	7464	8557	7248	639	14470
福 建	Fujian	1680	14048	2338	7153	6414	15927	244	17720
江 西	Jiangxi	4825	9087	11290	5555	11685	10703	1014	9231
山 东	Shandong	10548	25430	4359	11969	19150	16340	2239	24344
河 南	Henan	8878	14319	11428	5223	20096	12579	531	14549
湖 北	Hubei	6366	13858	11607	6933	24218	16637	2741	13051
湖 南	Hunan	7845	11934	15454	6069	14515	12404	436	15510
广 东	Guangdong	5843	17215	7930	7334	9153	17449	2174	22449
广 西	Guangxi	3752	11069	3033	8291	5029	14584	1461	14862
海 南	Hainan	1868	15968	852	1181	2475	12500	345	6943
重 庆	Chongqing	1297	13483	2708	5043	7129	14346	119	16144
四 川	Sichuan	3911	22355	16768	7240	11684	16404	1020	11451
贵 州	Guizhou	1858	16856	8263	4866	5288	13756	205	16154
云 南	Yunnan	2331	27291	3765	10992	6089	16185	752	18711
西 藏	Tibet	88	33103	54	28368	16	8500	1	7000
陕 西	Shaanxi	1432	18165	14925	5018	10056	9218	1464	20713
甘 肃	Gansu	1281	20664	8687	5867	6528	19872	609	17365
青 海	Qinghai	129	12897	1328	4278	1758	27263	81	24711
宁 夏	Ningxia	235	13055	388	11521	1952	24570	35	7122
新 疆	Xinjiang	674	22181	2886	6768	4150	21170	548	21481

4-5 续表 2 continued

地区 Region	批发和零售业 Wholesale and Retail Trade		住宿和餐饮业 Accommodation and Restaurants		金融业 Finance		房地产业 Real Estate	
	年末人数(人) Year-end Figures (person)	平均工资(元) Average Wage (yuan)	年末人数(人) Year-end Figures (person)	平均工资(元) Average Wage (yuan)	年末人数(人) Year-end Figures (person)	平均工资(元) Average Wage (yuan)	年末人数(人) Year-end Figures (person)	平均工资(元) Average Wage (yuan)
全 国 National	**391334**	**6517**	**47646**	**5544**	**72241**	**31895**	**50472**	**7403**
北 京 Beijing	5905	22637	1657	17729	592	58397	4527	15153
天 津 Tianjin	4338	13354	1058	9805	197	34329	369	13294
河 北 Hebei	43785	4827	4634	4151	2245	27773	879	11462
山 西 Shanxi	27114	2649	2635	2325	2359	25805	6065	2316
内蒙古 Inner Mongolia	1534	14854	205	7824	2040	24947	45	30039
辽 宁 Liaoning	15630	5912	2141	4014	4302	47001	4332	5819
吉 林 Jilin	3757	14363	724	4777	2605	25989	485	7286
黑龙江 Heilongjiang	14247	6336	1126	4399	3023	25121	1410	11282
上 海 Shanghai	19966	6728	1623	10284	1682	64294	3900	11119
江 苏 Jiangsu	15188	5696	1787	6852	4395	38534	1609	10871
浙 江 Zhejiang	1938	10571	1309	8148	2206	48133	1105	8995
安 徽 Anhui	16606	6415	1882	5189	2704	27402	890	6015
福 建 Fujian	8099	4982	1968	4609	710	34100	822	4737
江 西 Jiangxi	18591	3723	2391	4193	3493	17910	2401	4226
山 东 Shandong	36558	7142	3166	5206	6785	32886	1862	7260
河 南 Henan	42798	5103	4041	1926	2964	21645	408	8291
湖 北 Hubei	12148	8640	1981	5962	6466	24215	964	12005
湖 南 Hunan	10382	6473	1591	7639	1770	29815	5199	3770
广 东 Guangdong	33150	2536	3208	3822	6187	38887	2619	8724
广 西 Guangxi	13330	4641	2345	2677	2282	30265	620	6979
海 南 Hainan	6620	3026	569	1178	577	29514	662	3941
重 庆 Chongqing	2685	15625	187	6922	1552	31164	241	7722
四 川 Sichuan	6232	24646	1157	6381	2813	26840	516	7532
贵 州 Guizhou	6517	8111	933	7427	867	31957	3492	2883
云 南 Yunnan	4810	29943	480	7506	1444	33523	376	5343
西 藏 Tibet	37	49432	91	72560	147	59026		
陕 西 Shaanxi	14906	5411	1653	3768	1581	25743	4337	8559
甘 肃 Gansu	2349	9558	615	4457	1280	23707	181	10697
青 海 Qinghai	467	20425	120	13520	760	26097	52	8200
宁 夏 Ningxia	555	24760	36	4833	553	32005	37	14103
新 疆 Xinjiang	1092	19113	333	13727	1660	30559	67	4871

4-5 续表 3 continued

地　区 Region		租赁和商务服务业 Tenancy and Business Services		科学研究、技术服务和地质勘查业 Scientific Research, Technical Service and Geologic Perambulation		水利、环境和公共设施管理业 Management of Water Conservancy,Environment and Public Establishment		居民服务和其他服务业 Resident Services and Other Services	
		年末人数(人) Year-end Figures (person)	平均工资(元) Average Wage (yuan)	年末人数(人) Year-end Figures (person)	平均工资(元) Average Wage (yuan)	年末人数(人) Year-end Figures (person)	平均工资(元) Average Wage (yuan)	年末人数(人) Year-end Figures (person)	平均工资(元) Average Wage (yuan)
全　国	**National**	**155935**	**9125**	**98732**	**12882**	**61368**	**10778**	**14223**	**7241**
北　京	Beijing	6441	27402	9257	20244	2344	23945	446	20283
天　津	Tianjin	8109	2429	1378	19810	716	23957	764	23758
河　北	Hebei	2747	4165	5087	15682	2124	13061	429	10162
山　西	Shanxi	2115	2951	2745	6745	724	6210	235	4120
内蒙古	Inner Mongolia	3485	20931	1956	10707	362	20758	1338	11332
辽　宁	Liaoning	15436	6161	5669	10594	4817	12310	209	7830
吉　林	Jilin	2534	18307	3414	13259	2338	7920	127	3877
黑龙江	Heilongjiang	19425	16808	3808	12417	8748	3161	3375	4217
上　海	Shanghai	37227	5483	2200	19569	1596	15001	2879	4188
江　苏	Jiangsu	6338	8399	2308	14103	5716	19958	91	7149
浙　江	Zhejiang	1472	5031	1756	14072	981	19232	134	13815
安　徽	Anhui	1367	2726	2867	10994	1544	5954	235	2148
福　建	Fujian	690	7232	1631	8774	498	12861	326	11461
江　西	Jiangxi	7937	1664	4935	5314	1770	7919	327	2954
山　东	Shandong	3330	15715	4640	13275	3615	15374	829	7384
河　南	Henan	3212	15571	2977	7148	2143	3559	53	404
湖　北	Hubei	2594	5233	6048	11165	6885	7261	1390	3213
湖　南	Hunan	7969	4641	7268	9004	7352	6973	169	7479
广　东	Guangdong	6318	4974	2409	15992	2254	8637	73	12455
广　西	Guangxi	4468	2443	2551	10967	663	9104	117	7095
海　南	Hainan	2395	9480	939	1155	295	3990	2	39000
重　庆	Chongqing	84	2528	996	16914	137	7854	15	2857
四　川	Sichuan	2934	17419	7931	15426	1088	15755	56	13153
贵　州	Guizhou	507	9102	2220	9786	77	10449	126	8794
云　南	Yunnan	2013	13734	2265	11731	120	13770	28	5966
西　藏	Tibet			39	51926				
陕　西	Shaanxi	2296	13807	4077	12748	1825	15437	249	7059
甘　肃	Gansu	462	7848	3100	16780	69	9527	9	21778
青　海	Qinghai	1344	8773	867	19844	29	4632	8	
宁　夏	Ningxia	8	8778	584	15959	53	10440		
新　疆	Xinjiang	678	12054	810	7543	485	4769	184	9306

4-5 续表 4 continued

地 区	Region	教 育 Education		卫生、社会保障和社会福利业 Sanitation, Social Security and Social Welfare		文化体育和娱乐业 Culture, Sports and Entertainment		公共管理和社会组织 Public Management and Social Organization	
		年末人数（人） Year-end Figures (person)	平均工资（元） Average Wage (yuan)	年末人数（人） Year-end Figures (person)	平均工资（元） Average Wage (yuan)	年末人数（人） Year-end Figures (person)	平均工资（元） Average Wage (yuan)	年末人数（人） Year-end Figures (person)	平均工资（元） Average Wage (yuan)
全 国	**National**	**116950**	**21026**	**75329**	**8591**	**30566**	**14471**	**259314**	**17917**
北 京	Beijing	4927	29110	1335	21187	2469	25232	2125	24067
天 津	Tianjin	1363	19264	1545	12868	368	15608	574	32287
河 北	Hebei	6277	25860	2894	13504	1178	16012	29020	28171
山 西	Shanxi	3206	26914	1112	7019	1270	9805	7276	6605
内蒙古	Inner Mongolia	4786	33412	1032	15512	367	18160	9057	28441
辽 宁	Liaoning	4302	18824	9373	10436	1322	17592	6508	24174
吉 林	Jilin	11893	19557	2579	8823	1323	17953	9887	23528
黑龙江	Heilongjiang	17379	23080	3950	9146	766	16358	24346	22475
上 海	Shanghai	4147	28054	2306	22887	2445	31911	744	23109
江 苏	Jiangsu	2658	27678	2461	14557	1109	17267	7213	29080
浙 江	Zhejiang	2555	29636	2230	843	489	15415	2646	7639
安 徽	Anhui	1194	18456	1683	6438	415	4687	4326	10811
福 建	Fujian	1819	13920	495	4153	366	6739	1169	13487
江 西	Jiangxi	4448	13324	2110	6810	1606	5298	8418	6223
山 东	Shandong	11647	35681	4808	20833	2409	15525	49382	21435
河 南	Henan	2267	8614	4249	5200	1495	3608	19039	7536
湖 北	Hubei	7059	12464	9900	8422	1963	10266	22275	12761
湖 南	Hunan	8453	15675	9510	9733	2025	6748	23374	9553
广 东	Guangdong	1085	24342	2445	7853	1727	10571	7184	20983
广 西	Guangxi	1515	1453	871	10592	1388	3369	1527	17455
海 南	Hainan	238	10967	289	8777	397	8106	1026	31716
重 庆	Chongqing	1031	13968	330	13000	444	12251	634	17809
四 川	Sichuan	5278	23389	3054	15081	1111	12741	4649	19139
贵 州	Guizhou	974	15589	402	11031	253	1876	640	16700
云 南	Yunnan	533	14871	456	25064	387	14967	2889	26607
西 藏	Tibet	25	47923	31	55548		500	70	31845
陕 西	Shaanxi	3211	26815	2741	16566	1151	11599	7387	19217
甘 肃	Gansu	2095	19588	509	12073	139	12070	2969	19698
青 海	Qinghai	69	26611	8	25273	42	6405	235	24000
宁 夏	Ningxia	37	17938	140	9601	16	10551	505	21529
新 疆	Xinjiang	479	23114	481	17897	126	16475	2220	37849

4-6 各地区国有控股企业就业人员和工资总额(2010年)

EMPLOYMENT AND TOTAL WAGES IN STATE-OWNED CONTROLLING SHARE HOLD ENTERPRISES BY REGION(2010)

地 区	Region	年末人数（人） Year-End Person (person)					工资总额和生活费	
		就业人员年末人数 Year-end Employment	#女 性 Female	在岗职工 On-post Staff and Workers	其他就业人员 Other Employment	不在岗职工 Not-on-post Staff and Workers	就业人员工资总额（千元） Ttoal Wages of Employment (1000 yuan)	在岗职工 On-post Staff and Workers
全 国	National	**37822492**	**11782889**	**34621509**	**3200983**	**3508249**	**1603473875**	**1520174623**
北 京	Beijing	2333433	781326	2073444	259989	107851	164466462	152400782
天 津	Tianjin	791669	221644	719847	71822	110564	42189563	39588683
河 北	Hebei	1788709	538878	1597077	191632	229756	63916571	59528371
山 西	Shanxi	1786440	476900	1745444	40996	236487	73921362	73112321
内蒙古	Inner Mongolia	932150	290621	916198	15952	66076	33593005	33218417
辽 宁	Liaoning	2082518	592487	2001118	81400	330651	77158800	75579020
吉 林	Jilin	787777	221919	762505	25272	88265	28133601	27545336
黑龙江	Heilongjiang	2420262	745275	2006922	413340	272054	66956311	61083780
上 海	Shanghai	1628016	534141	1280888	347128	223408	122745764	110636111
江 苏	Jiangsu	1422770	516069	1285845	136925	146153	66217039	62387037
浙 江	Zhejiang	1397841	468260	1187785	210056	45003	76439787	69136934
安 徽	Anhui	1207572	327447	1098412	109160	118293	48215050	45549119
福 建	Fujian	788011	250524	717840	70171	44714	32356691	31054586
江 西	Jiangxi	781790	228925	712486	69304	128304	25369149	24071578
山 东	Shandong	2644099	786331	2483184	160915	202444	106126389	101900481
河 南	Henan	1958701	621513	1849402	109299	169322	70743516	69229118
湖 北	Hubei	1353921	420245	1231995	121926	129855	52369661	49342319
湖 南	Hunan	1304103	405477	1169760	134343	129552	44025300	41238727
广 东	Guangdong	1843976	592085	1745305	98671	91880	103163051	99592534
广 西	Guangxi	793185	263504	720106	73079	65049	26233329	24925799
海 南	Hainan	272033	95107	268059	3974	89758	7607087	7545619
重 庆	Chongqing	737762	239972	671479	66283	35615	26981236	25583953
四 川	Sichuan	1599029	484354	1490615	108414	100625	60213746	57286992
贵 州	Guizhou	768290	207106	726568	41722	56106	25865027	25158646
云 南	Yunnan	740568	250920	691885	48683	63340	28975152	28105479
西 藏	Tibet	46553	16846	41692	4861	503	2140886	2052535
陕 西	Shaanxi	1417377	443258	1319844	97533	128560	49093863	47198673
甘 肃	Gansu	644598	192481	626795	17803	44820	22843184	22572478
青 海	Qinghai	114164	39424	106363	7801	4642	3999339	3863010
宁 夏	Ningxia	218146	63321	201932	16214	9046	10450109	10085866
新 疆	Xinjiang	1217029	466529	1170714	46315	39553	40963845	39600319

4-6 续表 continued

地 区	Region	Total Wages and Living Subsidies 其他就业人员 Others	不在岗职工生活费（千元） Living Subsidies of Not-on-post Staff and Workers (1000 yuan)	就业人员平均工资（元） Average Earnings of Employment (yuan)	在岗职工 Average Wage of On-post Staff and Workers	其他就业人员 Average Earnings of Others	不在岗职工平均生活费（元） Average Living Subsidy of Not-on-post Staff and Workers (yuan)
全 国	**National**	**83299252**	**37286727**	**42593**	**44131**	**26033**	**10215**
北 京	Beijing	12065680	2241676	71915	74854	48071	20050
天 津	Tianjin	2600880	846286	53188	54963	35656	7159
河 北	Hebei	4388200	2139821	35634	37290	22235	9079
山 西	Shanxi	809041	2278842	41878	42442	19029	9496
内蒙古	Inner Mongolia	374588	947024	35883	36140	22015	13820
辽 宁	Liaoning	1579780	2945264	37128	37879	19051	8600
吉 林	Jilin	588265	1035732	36018	36480	22596	11196
黑龙江	Heilongjiang	5872531	1663490	27734	30785	13658	5980
上 海	Shanghai	12109653	2698769	75050	85651	35221	10505
江 苏	Jiangsu	3830002	1936823	46859	48828	28281	12679
浙 江	Zhejiang	7302853	711629	55306	59004	34713	15751
安 徽	Anhui	2665931	1135246	40279	41935	24050	9326
福 建	Fujian	1302105	420104	42243	44601	18684	9018
江 西	Jiangxi	1297571	750043	32443	33798	18609	5660
山 东	Shandong	4225908	2695762	40180	41082	26266	13251
河 南	Henan	1514398	1475460	36582	37668	15775	8589
湖 北	Hubei	3027342	1825379	39051	40504	24642	12059
湖 南	Hunan	2786573	1187816	34136	35688	20770	8825
广 东	Guangdong	3570517	1261234	56694	57881	36058	13488
广 西	Guangxi	1307530	558800	33201	34723	18088	8210
海 南	Hainan	61468	231471	27135	27284	16248	2557
重 庆	Chongqing	1397283	490538	37436	38772	22954	13688
四 川	Sichuan	2926754	1535123	37927	38698	27292	14432
贵 州	Guizhou	706381	486076	34888	35941	17071	8324
云 南	Yunnan	869673	1043201	38976	40730	16292	16583
西 藏	Tibet	88351	23098	46054	49269	18307	45469
陕 西	Shaanxi	1895190	1206776	34508	35534	20075	9359
甘 肃	Gansu	270706	631667	35449	35964	16157	13620
青 海	Qinghai	136329	49808	35146	36550	16829	10411
宁 夏	Ningxia	364243	181068	47181	49429	20883	18793
新 疆	Xinjiang	1363526	652701	31907	32009	29216	16228

4-7 各地区国有单位就业人员增加来源(2010年)

INCREASE OF EMPLOYMENT IN STATE-OWNED UNITS BY REGION(2010)

单位：人 (person)

地 区	Region	合 计 Total	从农村招收 Recruited from Countryside	从城镇招收 Recruited from Cities and Towns	录用的复员转业军人 Recruited Demobilized and Transferred Armymen	录用的大、中专、技工学校毕业生 Recruited Graduates	调 入 Transferred Into	#由外省、自治区、直辖市调入 Transferred from Other Regions	其 他 Others
全 国	**National**	**4380475**	**617599**	**637876**	**102177**	**1133434**	**1025536**	**35363**	**863853**
北 京	Beijing	270629	98154	45741	3560	46134	44315	5090	32725
天 津	Tianjin	63116	4592	7578	757	15215	19327	429	15647
河 北	Hebei	194068	24903	21008	7013	58408	43396	583	39340
山 西	Shanxi	126423	17221	14746	3326	39700	25550	260	25880
内蒙古	Inner Mongolia	109366	10956	11199	2726	23218	37469	5516	23798
辽 宁	Liaoning	114717	10471	12644	3337	30366	29828	688	28071
吉 林	Jilin	87784	6541	16162	3116	18762	25321	2203	17882
黑龙江	Heilongjiang	254497	6878	15304	4875	30464	124787	237	72189
上 海	Shanghai	233626	6173	93823	1804	26249	39504	813	66073
江 苏	Jiangsu	199731	12681	27109	4283	61317	51909	1417	42432
浙 江	Zhejiang	224082	41621	35025	3623	53241	33652	945	56920
安 徽	Anhui	111774	8590	13429	2430	43655	22260	280	21410
福 建	Fujian	140810	38451	22035	2177	34557	25387	973	18203
江 西	Jiangxi	115065	11868	9038	2976	30191	34695	1625	26297
山 东	Shandong	187724	19793	28001	8238	64667	49853	1035	17172
河 南	Henan	143009	13673	6795	8005	44287	45568	660	24681
湖 北	Hubei	123457	12565	22270	2753	45709	21021	597	19139
湖 南	Hunan	136501	13167	13997	7392	37321	41246	447	23378
广 东	Guangdong	336500	91393	59498	4803	85095	49545	2887	46166
广 西	Guangxi	111584	12502	16183	1784	35745	25272	387	20098
海 南	Hainan	29057	1600	4701	394	7781	5734	912	8847
重 庆	Chongqing	138846	34835	29495	2100	33060	25740	1407	13616
四 川	Sichuan	219891	29012	29215	3914	62424	53065	2209	42261
贵 州	Guizhou	122916	26943	15259	1542	27563	23922	1747	27687
云 南	Yunnan	139810	23080	11482	2588	41151	27261	224	34248
西 藏	Tibet	11969	1438	971	263	5097	2815	64	1385
陕 西	Shaanxi	138092	13000	18427	6479	49469	29525	360	21192
甘 肃	Gansu	72849	3140	5646	2431	32061	20048	313	9523
青 海	Qinghai	32720	1735	4562	576	8056	11708	97	6083
宁 夏	Ningxia	25772	2401	3153	568	7883	5371	290	6396
新 疆	Xinjiang	164090	18222	23380	2344	34588	30442	668	55114

4-8 各地区国有单位就业人员减少去向(2010年)

DECREASE OF EMPLOYMENT IN STATE-OWNED UNITS BY REGION(2010)

单位：人 (person)

地 区	Region	合 计 Total	离休、退休、退职 Retired and Resigned	开除、除名、辞退 Expelled Expunged and Dismissed	终止、解除合同 Contract Closed or Terminated	不在岗职工 Not-on-post Staff & Workers	死 亡 Death	调 出 Transferred Out	#调到外省、自治区、直辖市 Transferred to Other Regions	其 他 Others
全 国	**National**	**3692285**	**955036**	**119725**	**929547**	**223239**	**68602**	**911804**	**30903**	**484332**
北 京	Beijing	254130	39065	12407	126265	6683	1379	37414	2273	30917
天 津	Tianjin	67189	20225	2067	14373	2584	751	15576	255	11613
河 北	Hebei	158671	51684	9306	31531	10313	3439	35976	1599	16422
山 西	Shanxi	93187	33844	2118	11840	6502	2161	18981	807	17741
内蒙古	Inner Mongolia	87005	18961	1567	13957	10380	1739	31050	1109	9351
辽 宁	Liaoning	114513	49323	2716	19772	4992	3744	27249	1764	6717
吉 林	Jilin	79612	27288	1833	8726	7400	2621	24078	6769	7666
黑龙江	Heilongjiang	266548	51379	2585	35314	44850	5102	116137	1398	11181
上 海	Shanghai	200691	32070	1891	76633	6293	998	31435	537	51371
江 苏	Jiangsu	147307	46497	3738	30806	4650	2009	37087	703	22520
浙 江	Zhejiang	161106	25449	3535	56081	3725	1273	38252	462	32791
安 徽	Anhui	95627	32717	2954	17827	8258	2526	19801	731	11544
福 建	Fujian	104902	23538	3472	35545	2842	1419	23626	280	14460
江 西	Jiangxi	107319	25951	5802	16886	10332	1821	27014	485	19513
山 东	Shandong	164624	56161	6834	28868	9023	4173	47096	1247	12469
河 南	Henan	126292	40912	2690	16360	14816	3390	41777	510	6347
湖 北	Hubei	110239	43335	3961	23803	8725	3182	18579	633	8654
湖 南	Hunan	117537	35453	2944	20225	7902	3272	34778	745	12963
广 东	Guangdong	279736	55804	9574	140306	5546	3738	42374	1071	22394
广 西	Guangxi	95119	28989	3070	24506	2428	2605	21415	325	12106
海 南	Hainan	46277	8723	2975	6965	9934	669	15247	309	1764
重 庆	Chongqing	111325	23246	4101	39605	3213	1326	23968	1281	15866
四 川	Sichuan	169791	42965	5221	36510	9569	3409	47924	2437	24193
贵 州	Guizhou	78053	18203	3507	13806	3381	1790	22151	1103	15215
云 南	Yunnan	111822	23840	3681	27529	3761	2133	25917	166	24961
西 藏	Tibet	6457	1653	107	1216	244	198	2459	77	580
陕 西	Shaanxi	99263	39624	3652	20525	4183	2835	21395	405	7049
甘 肃	Gansu	56365	22183	2734	4802	3613	1613	18596	297	2824
青 海	Qinghai	24039	4386	1004	3404	2897	355	7914	75	4079
宁 夏	Ningxia	23403	5140	786	4003	1264	364	5357	288	6489
新 疆	Xinjiang	134136	26428	6893	21558	2936	2568	31181	762	42572

五、城镇集体单位就业人员和工资总额

EMPLOYMENT AND TOTAL WAGES IN URBAN COLLECTIVE-OWNED UNITS

5-1 分行业城镇集体单位就业人员和工资总额(2010年)

EMPLOYMENT AND TOTAL WAGES IN URBAN COLLECTIVE-OWNED UNITS BY SECTOR (2010)

项　目	Item	年末人数 (千人) Year-end Figures (1000 persons)	#女 性 Female	工资总额 (千元) Total Wages (1000 yuan)	平均工资 (元) Average Wage (yuan)
全 国 总 计	**National Total**	**5975**	**2052**	**143371787**	**24010**
农、林、牧、渔业	**Agriculture,Forestry,Farming of Animals and Fishing**	**44**	**14**	**801069**	**18156**
农业	Agriculture	8	3	142897	16903
林业	Forestry	6	2	93098	15016
畜牧业	Farming of Animals	2	1	40257	17196
渔业	Fishing	2	1	37731	17019
农、林、牧、渔服务业	Service Activities for Agriculture, Forestry, Farming of Animals and Fishing	25	7	487086	19555
采矿业	**Mining**	**188**	**32**	**4454107**	**23791**
煤炭开采和洗选业	Mining and Washing of Coal	124	18	3065962	24932
石油和天然气开采业	Extraction of Petroleum and Natural Gas			4546	28772
黑色金属矿采选业	Mining of Ferrous Metal Ores	20	5	439605	21658
有色金属矿采选业	Mining of Non-ferrous Metal Ores	19	4	432505	22982
非金属矿采选业	Mining and Processing of Nonmetal Ores	25	5	501844	20619
其他采矿业	Mining of Other Ores	1		9645	15358
制造业	**Manufacturing**	**1344**	**578**	**28107689**	**20841**
农副食品加工业	Processing of Food from Agricultural Products	34	14	640479	18545
食品制造业	Manufacture of Foods	25	12	387156	15060
饮料制造业	Manufacture of Beverage	12	5	203982	17338
烟草制品业	Manufacture of Tobacco	4	2	170026	42592
纺织业	Manufacture of Textile	80	43	1836116	22662
纺织服装、鞋、帽制造业	Manufacture of Textile Wearing Apparel, Footware,and Caps	62	38	1163348	18804
皮革、毛皮、羽毛(绒)及其制品业	Manufacture of Leather,Fur,Feather & Its Products	29	19	572012	19553
木材加工及木、竹、藤、棕、草制品业	Processing of Timbers,Manufacture of Wood, Bamboo,Rattan,Palm,and Straw Products	19	6	392635	21331
家具制造业	Manufacture of Furniture	9	3	163418	17067
造纸及纸制品业	Manufacture of Paper and Paper Products	25	11	444125	17615
印刷业和记录媒介的复制	Printing,Reproduction of Recording Media	41	20	870096	21185
文教体育用品制造业	Manufacture of Articles for Culture, Education and Sport Activity	19	11	415310	21864
石油加工、炼焦及核燃料加工业	Processing of Petroleum ,Coking,Processing of Nucleus Fuel	20	9	549621	28255
化工原料及化学制品制造业	Manufacture of Chemical Raw Material and Chemical Products	79	31	1572198	19810
医药制造业	Manufacture of Medicines	26	12	542170	21071
化学纤维制造业	Manufacture of Chemical Fiber	4	2	160895	38986
橡胶制品业	Manufacture of Rubber	20	10	359256	17781
塑料制品业	Manufacture of Plastic	46	22	928727	20109
非金属矿物制品业	Manufacture of Non-metallic Mineral Products	132	44	2345468	17582
黑色金属冶炼及压延加工业	Manufacture and Processing of Ferrous Metals	54	19	1545428	28070
有色金属冶炼及压延加工业	Manufacture & Processing of Non-ferrous Metals	24	10	585711	24428
金属制品业	Manufacture of Metal Products	88	32	1771598	20349
通用设备制造业	Manufacture of General Purpose Machinery	145	51	2985697	20833
专用设备制造业	Manufacture of Special Purpose Machinery	55	23	1180809	21553
交通运输设备制造业	Manufacture of Transport Equipment	110	43	2088157	18859
电气机械及器材制造业	Manufacture of Electrical Machinery & Equipment	79	35	1828311	22637

项 目	Item	年末人数（千人）Year-end Figures (1000 persons)	#女 性 Female	工资总额（千元）Total Wages (1000 yuan)	平均工资（元）Average Wage (yuan)
通信设备、计算机及其他电子设备制造业	Manufacture of Communication Equipment, Computer and Other Electronic Equipment	42	19	1184529	28307
仪器仪表及文化、办公用机械制造业	Manufacture of Measuring Instrument and Machinery for Cultural Activity & Office Work	27	16	525999	19174
工艺品及其他制造业	Manufacture of Artwork,Other Manufacture	29	14	614996	20678
废弃资源和废旧材料回收加工业	Recycling and Disposal of Waste	4	2	79416	19551
电力、燃气及水的生产和供应业	**Production and Distribution of Electricity,Gas and Water**	**52**	**16**	**1770260**	**33851**
电力、热力的生产和供应业	Production & Supply of Electric Power & Heat Power	31	9	1191951	37693
燃气生产和供应业	Production and Distribution of Gas	2	1	69345	27962
水的生产和供应业	Production and Distribution of Water	18	6	508964	27977
建筑业	**Construction**	**1617**	**236**	**32774472**	**20210**
房屋和土木工程建筑业	Construction of Building & Civil Engineering	1444	194	28682352	19880
建筑安装业	Architectural Installation	134	36	3309466	23824
建筑装饰业	Architectural Decoration	18	3	392924	21691
其他建筑业	Other Construction	21	2	389730	17798
交通运输、仓储和邮政业	**Traffic,Transport,Storage and Post**	**198**	**63**	**3959130**	**19882**
铁路运输业	Transport Via Railway	32	14	717375	21772
道路运输业	Transport Via Road	73	20	1479963	20401
城市公共交通业	Urban Public Traffic	20	5	378349	18452
水上运输业	Water Transport	20	5	352578	17263
航空运输业	Air Transport	1		22067	31301
管道运输业	Transport Via Pipeline			1505	13559
装卸搬运和其他运输服务业	Loading,Unloading,Portage & Other Transport Services	42	14	784068	18844
仓储业	Storage	9	3	180881	20753
邮政业	Post	2	1	42344	26954
信息传输、计算机服务和软件业	**Information Transfer, Computer Services**	**10**	**4**	**375497**	**37576**
	and Software	7	3	233455	35334
电信和其他信息传输服务业	Telecom & Other Information Transfer Services	2	1	117172	48358
计算机服务业	Computer Services	2	1	117172	48358
软件业	Software Industry	1		24870	25826
批发和零售业	**Wholesale and Retail Trade**	**480**	**190**	**8086691**	**16816**
批发业	Wholesale	220	79	4090284	18531
零售业	Retail Trade	260	110	3996407	15362
住宿和餐饮业	**Accommodation and Restaurants**	**96**	**55**	**1811200**	**18808**
住宿业	Accommodation	68	39	1311357	19351
餐饮业	Restaurants	28	16	499843	17520
金融业	**Finance**	**521**	**226**	**22829672**	**44154**
银行业	Bank	512	222	22554692	44346
证券业	Securities			14038	40808
保险业	Insurance	2	1	32910	19067
其他金融活动	Other Financial Activities	7	3	228032	35787
房地产业	**Real Estate**	**92**	**31**	**2267671**	**24617**
房地产开发经营	Real Estate Exploitation Management	30	7	744843	25035
物业管理	Management Concerning Dwelling	38	14	928636	24821
房地产中介服务	Real Estate Agency Service	3	1	58806	20824
租赁和商务服务业	**Tenancy and Business Services**	**376**	**111**	**7775366**	**20981**
租赁业	Tenancy	5	2	111931	22121
商务服务业	Business Service	371	109	7663435	20965

5-1 续表 2 continued

项 目	Item	年末人数（千人）Year-end Figures (1000 persons)	#女性 Female	工资总额（千元）Total Wages (1000 yuan)	平均工资（元）Average Wage (yuan)
科学研究、技术服务和地质勘查业	**Scientific Research,Technical Service and Geologic Perambulation**	**42**	**13**	**1548400**	**37538**
研究与实验发展	Research and Experimental Development	4	2	249771	57511
#自然科学研究与实验发展	Research and Experimental Development on Physical Science			11416	48579
工程和技术研究与实验发展	Research and Experimental Development on Engineering and Technical Research	3	1	193347	70180
农业科学研究与实验发展	Research and Experimental Development on Agricultural Science Research	1		17182	27316
医学研究与实验发展	Research and Experimental Development on Medical Research	1		19828	35094
社会人文科学研究与实验发展	Research and Experimental Development on Social Science and Humanities			7998	50302
专业技术服务业	Professional Technique Services	26	8	887656	33855
#气象服务	Weather Services			9061	40271
地震服务	Earthquake Services			258	13579
海洋服务	Ocean Services			1340	47857
测绘服务	Plotting Services	1		34332	36562
技术检测	Technique Detection	7	2	205625	28715
环境监测	Environmental Monitoring			10701	29808
工程技术与规划管理	Engineering Technic & Programming Management	15	4	534453	35831
科技交流和推广服务业	Services of Science and Technique Intercommunion and Generalization	9	3	353015	38589
地质勘查业	Geologic Perambulation	2		57958	37660
水利、环境和公共设施管理业	**Management of Water Conservancy, Environment and Public Establishment**	**105**	**49**	**1940107**	**18551**
水利管理业	Management of Water Conservancy	6	2	157404	24702
环境管理业	Environmental Management	83	42	1418030	17144
公共设施管理业	Management of Public Establishment	15	6	364673	23524
居民服务和其他服务业	**Resident Services and Other Services**	**78**	**33**	**1637464**	**20818**
居民服务业	Resident Services	37	15	741972	20281
其他服务业	Other Services	42	18	895492	21285
教育	**Education**	**175**	**97**	**5474882**	**31486**
#初等教育	Primary Education	73	38	2354994	32160
中等教育	Secondary Education	52	25	1772758	34803
高等教育	Higher Education	5	2	174632	36059
卫生、社会保障和社会福利业	**Sanitation,Social Security & Social Welfare**	**514**	**287**	**16628519**	**32645**
卫生	Sanitation	502	281	16333417	32797
社会保障业	Social Security	3	1	129956	41854
社会福利业	Social Welfare	8	5	165146	20015
文化体育和娱乐业	**Culture, Sports and Entertainment**	**22**	**9**	**542282**	**24796**
新闻出版业	Journalism and Publishing Activities	3	1	87366	32026
广播、电影、电视和音像业	Broadcasting,Movies,Television and Audiovisual Activities	4	2	98741	23033
文化艺术业	Culture and Art	12	5	300057	24449
体育	Sports Activities			12586	29067
娱乐业	Entertainment	2	1	43532	20257
公共管理和社会组织	**Public Management & Social Organization**	**22**	**9**	**587309**	**26957**
#中国共产党机关	Chinese Communist Party Organs				
国家机构	Organ of State				
人民政协和民主党派	People's Political Consultative Conference and Democratic Parties				
群众社团、社会团体和宗教组织	Mass Communities, Social Communities and Religion Organizations	8	4	203844	24723

5-2 各地区分行业城镇集体单位就业人员和工资总额(2010年)

EMPLOYMENT AND TOTAL WAGES IN URBAN COLLECTIVE-OWNED UNITS BY SECTOR AND REGION (2010)

地区	Region	总计 Total				农、林、牧、渔业 Agriculture Forestry, Farming of Animals and Fishing			
		年末人数(人) Year-end Figures (person)	#女性 Female	工资总额(千元) Total Wages (1000 yuan)	平均工资(元) Average Wage (yuan)	年末人数(人) Year-end Figures (person)	平均人数(人) Average Figures (person)	工资总额(千元) Total Wages (1000 yuan)	平均工资(元) Average Wage (yuan)
全国	**National**	**5974960**	**2052358**	**143371787**	**24010**	**43950**	**13578**	**801069**	**18156**
北京	Beijing	227094	94494	6119799	26677	6285	2695	103953	16648
天津	Tianjin	43055	16653	1797709	37686	1	1	50	50000
河北	Hebei	259079	93117	5781628	21825	1759	479	24547	13845
山西	Shanxi	238916	100714	5113720	21579	1144	233	23119	20051
内蒙古	Inner Mongolia	89087	36667	2668136	29287	1273	85	18997	14715
辽宁	Liaoning	310985	111913	6310169	19904	1495	342	29222	19276
吉林	Jilin	137428	66959	2328910	16877	362	103	6603	18090
黑龙江	Heilongjiang	219955	80266	4411249	19596	990	385	13585	13695
上海	Shanghai	91162	39363	3838640	41106	795	195	28228	35066
江苏	Jiangsu	303133	127592	9071340	30263	1942	503	60033	30786
浙江	Zhejiang	289007	99067	10083837	35665	556	149	21340	37837
安徽	Anhui	178800	62718	4256191	23869	605	145	10055	16675
福建	Fujian	165762	55570	4354119	26652	299	107	6886	19235
江西	Jiangxi	140377	35599	2471990	17898	341	38	4590	13421
山东	Shandong	570450	194539	14707412	25626	3217	1181	59061	17688
河南	Henan	504070	180481	10152285	20385	9152	3654	149923	16408
湖北	Hubei	213230	65924	5027777	23954	1423	289	22944	16506
湖南	Hunan	302189	74592	6328489	21595	1214	391	16868	13792
广东	Guangdong	576629	193961	12900918	22453	1659	383	30248	18410
广西	Guangxi	172654	43946	3646721	21533	794	188	13227	16764
海南	Hainan	39405	10193	754495	20434	884	311	6242	7126
重庆	Chongqing	107666	33784	2496845	23817	1185	272	24234	20891
四川	Sichuan	336935	92870	7854410	23441	4173	745	84033	20181
贵州	Guizhou	72563	21960	1727131	24065	247	82	5555	22490
云南	Yunnan	105875	31869	2537174	24213	910	359	17075	18888
西藏	Tibet	4786	2345	78650	16206	34	22	325	12037
陕西	Shaanxi	149186	44324	3189731	20400	609	112	10575	16421
甘肃	Gansu	68837	20030	1558060	22084	225	35	3568	15858
青海	Qinghai	17160	6527	345663	20289	110	27	1802	16382
宁夏	Ningxia	8098	2779	365789	38127	8	1	112	14000
新疆	Xinjiang	31387	11542	1092800	31249	259	66	4069	14637

5-2 续表 1 continued

地 区	Region	采矿业 Mining				制造业 Manufacturing			
		年末人数(人) Year-end Figures (person)	#女 性 Female	工资总额(千元) Total Wages (1000 yuan)	平均工资(元) Average Wage (yuan)	年末人数(人) Year-end Figures (person)	#女 性 Female	工资总额(千元) Total Wages (1000 yuan)	平均工资(元) Average Wage (yuan)
全 国	**National**	**188397**	**32460**	**4454107**	**23791**	**1344416**	**578299**	**28107689**	**20841**
北 京	Beijing	1087	128	33513	31917	44285	17996	1058593	23549
天 津	Tianjin	30	9	593	19767	8047	3001	201359	23457
河 北	Hebei	3351	1455	99542	29529	69936	32955	1208168	16903
山 西	Shanxi	22199	4824	596453	27172	51790	24749	974633	19254
内蒙古	Inner Mongolia	2720	915	82506	29636	20762	8428	443076	21365
辽 宁	Liaoning	11800	3302	215993	17549	125933	48801	2191458	17334
吉 林	Jilin	2658	647	53456	20735	44039	19869	681533	15317
黑龙江	Heilongjiang	16630	3247	377772	22800	80348	33591	1348507	16794
上 海	Shanghai					12923	4758	388111	29267
江 苏	Jiangsu	2564	509	48741	19174	69927	30864	1570389	22469
浙 江	Zhejiang	4130	415	91005	22062	58101	24851	1517631	26518
安 徽	Anhui	3930	771	88206	22140	20782	10487	494958	23583
福 建	Fujian	1219	132	31432	26020	29323	13985	678621	23167
江 西	Jiangxi	2034	327	37022	18157	11715	4527	147241	12830
山 东	Shandong	19373	2551	469565	24219	186253	69074	5011037	27210
河 南	Henan	11522	2799	230324	20086	86640	39149	1758559	20485
湖 北	Hubei	13507	2104	302412	22820	43995	17680	912888	20891
湖 南	Hunan	39263	3579	961715	25048	51578	16733	1026720	20319
广 东	Guangdong	156	32	2953	18929	158498	86691	3106725	19157
广 西	Guangxi	671	185	14655	21679	32207	14177	571779	17622
海 南	Hainan	20	2	198	9900	2077	1016	31214	14921
重 庆	Chongqing	6477	730	148803	22407	24520	9470	504691	20582
四 川	Sichuan	4160	536	109062	26369	33816	13858	661304	19411
贵 州	Guizhou	6169	1466	146230	23851	10522	4037	187443	17590
云 南	Yunnan	3451	929	79678	24615	16167	6534	262642	15949
西 藏	Tibet	131	8	3075	23654	1839	869	41094	21812
陕 西	Shaanxi	5780	534	152718	26458	22773	8692	398514	16166
甘 肃	Gansu	2299	228	59276	26101	15520	6890	527450	33867
青 海	Qinghai	282	21	3819	13124	5757	2507	90036	15832
宁 夏	Ningxia					741	397	17704	23605
新 疆	Xinjiang	784	75	13390	18727	3602	1663	93611	25280

5-2 续表 2 continued

地 区	Region	电力、燃气及水的生产和供应业 Production and Distribution of Electricity, Gas and Water				建筑业 Construction			
		年末人数（人）Year-end Figures (person)	#女 性 Female	工资总额（千元）Total Wages (1000 yuan)	平均工资（元）Average Wage (yuan)	年末人数（人）Year-end Figures (person)	#女 性 Female	工资总额（千元）Total Wages (1000 yuan)	平均工资（元）Average Wage (yuan)
全 国	**National**	**52112**	**16021**	**1770260**	**33851**	**1616798**	**235872**	**32774472**	**20210**
北 京	Beijing	843	167	14940	19105	17596	3150	659396	33237
天 津	Tianjin	251	66	8440	33492	6087	1341	331660	34044
河 北	Hebei	489	246	13053	26317	60385	6432	1337260	20610
山 西	Shanxi	1593	380	38724	24649	24026	5037	372022	14663
内蒙古	Inner Mongolia	780	347	20329	26367	13334	2785	381556	24206
辽 宁	Liaoning	2261	972	49062	20485	62862	14523	1414844	20830
吉 林	Jilin	964	344	23994	26425	25095	12909	317276	12453
黑龙江	Heilongjiang	950	324	23791	24757	43441	8633	1050906	21376
上 海	Shanghai	916	363	53399	57729	3964	309	99593	25042
江 苏	Jiangsu	3791	860	121114	32032	49041	9935	1130549	24157
浙 江	Zhejiang	3424	846	146539	42723	66890	5987	1654787	26006
安 徽	Anhui	807	289	17351	22891	51628	7951	1095528	21862
福 建	Fujian	2432	675	128696	50311	50381	8128	1238397	25532
江 西	Jiangxi	302	103	4098	13570	75583	9618	1264049	17098
山 东	Shandong	1859	661	52267	28222	130310	18454	2995635	21846
河 南	Henan	3604	1193	78871	21994	124655	16562	2256850	18623
湖 北	Hubei	1151	456	21759	18518	70812	8241	1518846	22194
湖 南	Hunan	2771	928	65587	23635	116605	13185	2133529	19250
广 东	Guangdong	14531	4024	708394	48577	171783	19640	2869791	16937
广 西	Guangxi	616	206	10191	16517	79845	8959	1459241	19032
海 南	Hainan	301	98	3394	11238	18975	1485	346964	21155
		1285	400	23830	18705	39509	7006	871607	23412
重 庆	Chongqing								
四 川	Sichuan	2983	1204	74045	24309	172696	24497	3333191	19418
贵 州	Guizhou	837	188	17085	20412	21853	3037	379541	17698
云 南	Yunnan	745	270	16456	22238	34628	5192	557085	16488
西 藏	Tibet					2342	1151	28305	11983
陕 西	Shaanxi	967	221	23396	24144	47289	7446	878963	18377
甘 肃	Gansu	357	106	5136	14801	25109	2510	423850	15778
青 海	Qinghai	10	6	184	18400	4284	1045	85027	19682
宁 夏	Ningxia					2038	180	93410	25328
新 疆	Xinjiang	292	78	6135	21010	3752	544	194814	26618

5-2 续表 3 continued

地 区	Region	交通运输、仓储和邮政业 Traffic, Transport, Storage and Post				信息传输、计算机服务和软件业 Information Transfer, Computer Services and Software			
		年末人数 (人) Year-end Figures (person)	#女 性 Female	工资总额 (千元) Total Wages (1000 yuan)	平均工资 (元) Average Wage (yuan)	年末人数 (人) Year-end Figures (person)	#女 性 Female	工资总额 (千元) Total Wages (1000 yuan)	平均工资 (元) Average Wage (yuan)
全 国	**National**	**197797**	**62692**	**3959130**	**19882**	**10044**	**3506**	**375497**	**37576**
北 京	Beijing	8148	1634	169248	20751	1208	410	95838	79932
天 津	Tianjin	1105	141	31946	25721	68	35	2228	32765
河 北	Hebei	5290	1374	83847	15892	544	257	11039	20750
山 西	Shanxi	5013	1823	81237	16176	79	38	1187	15025
内蒙古	Inner Mongolia	2851	824	63801	24259	16	12	511	31938
辽 宁	Liaoning	8908	3449	126231	14106	234	101	3611	15301
吉 林	Jilin	11396	6331	85104	7182	395	43	7666	19408
黑龙江	Heilongjiang	5657	2086	70366	12592	262	105	3776	14412
上 海	Shanghai	5287	1196	149508	27433	318	76	21553	65312
江 苏	Jiangsu	10343	3604	285408	27469	684	194	22109	32182
浙 江	Zhejiang	12820	2082	586822	44991	887	412	35673	40172
安 徽	Anhui	7501	2432	102513	13474	165	53	3271	19824
福 建	Fujian	3199	920	60492	19401	35	18	671	19171
江 西	Jiangxi	5736	1423	77982	13674	213	75	4725	22288
山 东	Shandong	10769	3003	203965	18938	1923	812	74572	38819
河 南	Henan	18931	6369	296548	15727	460	191	9978	21691
湖 北	Hubei	10020	4688	194593	19269	44	10	727	18641
湖 南	Hunan	12952	3255	214429	16678	195	54	4068	20755
广 东	Guangdong	18259	5449	427127	23362	1058	341	43760	43542
广 西	Guangxi	9256	2992	169688	18315	112	44	1927	17360
海 南	Hainan	881	307	21294	20108	43	11	995	23140
		2920	715	60313	20798	159	40	2429	15471
重 庆	Chongqing								
四 川	Sichuan	9438	2481	173591	18139	265	33	6069	23076
贵 州	Guizhou	3350	1586	61901	18308	29	9	689	23759
云 南	Yunnan	2075	304	32621	16030	221	36	4577	20710
西 藏	Tibet	14	1	228	13412				
陕 西	Shaanxi	3920	1452	88479	20775	380	81	10760	27103
甘 肃	Gansu	941	335	15142	16212	43	15	1016	23628
青 海	Qinghai	106	57	1925	17991				
宁 夏	Ningxia	20	6	668	33400				
新 疆	Xinjiang	691	373	22113	31863	4		72	18000

5-2 续表 4 continued

地 区	Region	批发和零售业 Wholesale and Retail Trade				住宿和餐饮业 Accommodation and Restaurants			
		年末人数（人） Year-end Figures (person)	#女 性 Female	工资总额（千元） Total Wages (1000 yuan)	平均工资（元） Average Wage (yuan)	年末人数（人） Year-end Figures (person)	#女 性 Female	工资总额（千元） Total Wages (1000 yuan)	平均工资（元） Average Wage (yuan)
全 国	**National**	**479504**	**189799**	**8086691**	**16816**	**95509**	**55145**	**1811200**	**18808**
北 京	Beijing	15656	7303	433432	27139	11140	5995	257065	22781
天 津	Tianjin	6083	2010	155655	25199	715	404	15830	21537
河 北	Hebei	35571	13680	423075	11761	3167	1524	42668	13511
山 西	Shanxi	35963	14220	475940	13162	3326	1922	49167	14721
内蒙古	Inner Mongolia	3218	1238	68879	21511	1913	1180	37758	19800
辽 宁	Liaoning	18613	6439	332219	17802	3407	1787	65791	19328
吉 林	Jilin	6763	2757	95154	15166	2852	1894	34681	11837
黑龙江	Heilongjiang	14218	6138	234524	16529	3492	2025	54492	16247
上 海	Shanghai	10790	4051	434367	38714	1475	815	46351	30315
江 苏	Jiangsu	19188	8379	393793	20035	3527	2160	84371	22754
浙 江	Zhejiang	9306	4101	285996	30996	6103	3569	147658	23986
安 徽	Anhui	13432	4861	198966	14487	1261	768	21089	16764
福 建	Fujian	12946	3975	212288	16408	2930	1803	63085	21356
江 西	Jiangxi	7897	2673	99223	12878	498	297	7734	15530
山 东	Shandong	47986	20895	804390	16690	6025	3089	120000	19611
河 南	Henan	84110	33734	1278539	15279	10042	5915	158611	15976
湖 北	Hubei	10812	6069	185191	17053	3120	1982	69877	22636
湖 南	Hunan	7226	2392	124715	17293	2668	1702	46801	17535
广 东	Guangdong	37255	13585	620463	16674	9884	5653	187591	18666
广 西	Guangxi	15359	5185	235368	15364	2417	1443	36312	14387
海 南	Hainan	3368	964	28033	8301	1192	629	25339	21657
重 庆	Chongqing	5960	2350	95543	16343	1878	1153	26639	14314
四 川	Sichuan	11318	4257	182872	16016	3834	2372	74340	18844
贵 州	Guizhou	7051	2978	107723	15680	795	402	12233	15564
云 南	Yunnan	11055	4652	159392	14259	2891	1723	43220	14878
西 藏	Tibet	265	184	3990	15586	89	65	1122	12467
陕 西	Shaanxi	15788	5663	227181	14193	2580	1566	37554	14590
甘 肃	Gansu	5534	2182	69304	12413	633	361	11062	17150
青 海	Qinghai	1215	781	17356	14451	521	340	8813	16948
宁 夏	Ningxia	733	315	10090	13765	4	3	49	12250
新 疆	Xinjiang	4825	1788	93030	19177	1130	604	23897	19832

5-2 续表 5 continued

地 区	Region	金融业 Finance 年末人数（人） Year-end Figures (person)	#女 性 Female	工资总额（千元） Total Wages (1000 yuan)	平均工资（元） Average Wage (yuan)	房地产业 Real Estate 年末人数（人） Year-end Figures (person)	#女 性 Female	工资总额（千元） Total Wages (1000 yuan)	平均工资（元） Average Wage (yuan)
全 国	**National**	**520764**	**226040**	**22829672**	**44154**	**91699**	**30635**	**2267671**	**24617**
北 京	Beijing					16961	7006	450325	26499
天 津	Tianjin	3405	1289	422765	126161	498	233	14648	29355
河 北	Hebei	40305	17766	1857157	45920	1006	331	25525	25809
山 西	Shanxi	37539	17639	1606404	42963	1137	450	13504	11929
内蒙古	Inner Mongolia	22771	11358	1107413	48654	98	57	1136	11592
辽 宁	Liaoning	23839	10153	777504	32698	2484	788	52928	21053
吉 林	Jilin	17999	8122	570397	31740	355	159	3663	10934
黑龙江	Heilongjiang	19512	7610	515575	26631	1543	538	33676	21247
上 海	Shanghai	11	5	937	85182	3079	899	108408	35152
江 苏	Jiangsu	23086	9424	1430237	62617	2478	1100	82414	33943
浙 江	Zhejiang	10453	5360	765313	74701	5021	1695	183136	36848
安 徽	Anhui	17246	7215	738011	43392	942	386	19200	20361
福 建	Fujian	12071	5114	631311	52666	2468	825	72580	30280
江 西	Jiangxi	17973	8643	558810	31144	217	76	3983	18355
山 东	Shandong	38365	17161	1686524	44675	7857	2377	213236	27747
河 南	Henan	33061	14590	1010739	30551	5773	1863	122253	21561
湖 北	Hubei	20806	9527	894584	43536	1197	409	31571	26397
湖 南	Hunan	16213	7820	574305	35640	3202	746	70294	21797
广 东	Guangdong	43146	17226	1616239	38185	22388	6414	520444	23661
广 西	Guangxi	16111	6062	831426	51805	1340	449	39622	29525
海 南	Hainan	2978	1191	82767	27981	918	290	13355	14376
		3552	1820	198108	56667	1297	244	23129	18488
重 庆	Chongqing								
四 川	Sichuan	27312	11892	1316342	48800	1574	494	31662	20283
贵 州	Guizhou	9484	4139	596518	64551	1683	605	37651	22318
云 南	Yunnan	18451	6904	1125967	61230	821	351	15601	18956
西 藏	Tibet								
陕 西	Shaanxi	18780	7492	813303	42599	3819	1283	52372	10291
甘 肃	Gansu	11760	4264	309159	26372	358	83	5466	15268
青 海	Qinghai	1787	801	67846	39263	593	267	14463	26685
宁 夏	Ningxia	3619	1565	226745	65401	10	2	167	16700
新 疆	Xinjiang	9129	3888	497266	55117	582	215	11259	19822

5-2 续表 6 continued

地区	Region	租赁和商务服务业 Tenancy and Business Services				科学研究、技术服务和地质勘查业 Scientific Research,Technical Service and Geologic Perambulation			
		年末人数(人) Year-end Figures (person)	#女性 Female	工资总额(千元) Total Wages (1000 yuan)	平均工资(元) Average Wage (yuan)	年末人数(人) Year-end Figures (person)	#女性 Female	工资总额(千元) Total Wages (1000 yuan)	平均工资(元) Average Wage (yuan)
全国	**National**	**376211**	**111251**	**7775366**	**20981**	**41708**	**12917**	**1548400**	**37538**
北京	Beijing	56973	23989	1209677	21291	7248	2700	335107	47352
天津	Tianjin	3041	983	100892	30620	474	117	25234	53462
河北	Hebei	10112	2569	156950	15398	214	79	3617	17224
山西	Shanxi	24728	11872	370231	16230	500	143	6717	13515
内蒙古	Inner Mongolia	1666	331	38925	23520	176	73	6088	34989
辽宁	Liaoning	20317	5863	356264	17558	3030	1134	128158	44223
吉林	Jilin	2751	981	61773	23605	795	279	17869	22505
黑龙江	Heilongjiang	5476	1828	93970	17315	1216	501	31736	26077
上海	Shanghai	15261	6676	517108	32803	1930	529	150779	75730
江苏	Jiangsu	16690	3690	388791	24357	1143	373	45342	39984
浙江	Zhejiang	32477	5074	962571	30425	4270	1124	202026	47681
安徽	Anhui	5208	1009	92450	17082	1848	423	56938	30694
福建	Fujian	16411	3344	315503	19218	702	193	31828	43720
江西	Jiangxi	7052	1778	70947	10115				
山东	Shandong	26840	11129	642001	23955	4365	1291	120223	28221
河南	Henan	17470	5841	257949	14845	2857	1083	73984	26124
湖北	Hubei	7179	1658	164196	22948	822	226	22029	27779
湖南	Hunan	17610	7902	310045	18725	951	219	25368	26959
广东	Guangdong	43445	5518	997250	23843	4189	1015	151400	35988
广西	Guangxi	7686	1746	124323	16780	626	122	18304	29193
海南	Hainan	847	274	12713	15045	487	172	11073	23560
		1336	447	23952	20264	242	69	5582	23454
重庆	Chongqing								
四川	Sichuan	7433	1160	117438	16268	611	142	21987	33619
贵州	Guizhou	4729	722	68495	14411	347	80	6231	17652
云南	Yunnan	7176	1201	97340	14101	1065	359	19803	19588
西藏	Tibet	50	45	300	4688				
陕西	Shaanxi	6914	802	61129	7710	845	233	16198	19192
甘肃	Gansu	2912	1456	52798	18231	407	128	8523	22023
青海	Qinghai	1409	256	19366	14366	288	96	4811	16705
宁夏	Ningxia	584	89	10376	17767				
新疆	Xinjiang	4428	1018	79643	17970	60	14	1445	24083

5-2 续表 7 continued

地区 Region		水利、环境和公共设施管理业 Management of Water Conservancy, Environment and Public Establishment				居民服务和其他服务业 Resident Services and Other Services			
		年末人数（人） Year-end Figures (person)	#女性 Female	工资总额（千元） Total Wages (1000 yuan)	平均工资（元） Average Wage (yuan)	年末人数（人） Year-end Figures (person)	#女性 Female	工资总额（千元） Total Wages (1000 yuan)	平均工资（元） Average Wage (yuan)
全国	**National**	**105160**	**49171**	**1940107**	**18551**	**78476**	**33445**	**1637464**	**20818**
北京	Beijing	3393	1437	67486	20085	8338	3290	160646	19244
天津	Tianjin	129	42	2342	18155	7168	3622	206349	28880
河北	Hebei	1705	741	29594	17206	3025	1123	51923	17227
山西	Shanxi	4002	2192	46532	11748	1598	909	22143	13669
内蒙古	Inner Mongolia	2757	1485	28649	10595	2076	1120	36543	18217
辽宁	Liaoning	2575	1130	46137	17931	3090	1432	57650	18657
吉林	Jilin	8421	5201	118778	14142	1611	831	20665	12924
黑龙江	Heilongjiang	3621	1306	55325	15133	12860	6525	256354	20023
上海	Shanghai	4481	1787	128641	28211	2522	1382	78900	30677
江苏	Jiangsu	18583	8378	356709	19440	1951	1011	68005	33699
浙江	Zhejiang	12088	5520	286410	23957	1348	544	35225	23898
安徽	Anhui	1054	449	17891	15735	194	82	2819	14456
福建	Fujian	1246	477	25022	20765	1397	297	25899	20061
江西	Jiangxi	3786	2530	45230	12097	542	240	10108	18615
山东	Shandong	4317	1797	61666	14134	2269	786	53757	23681
河南	Henan	1207	391	25541	21499	4115	1255	75066	18918
湖北	Hubei	5066	2343	80592	16022	1941	773	41632	21593
湖南	Hunan	2638	1212	52635	20987	2256	1079	37084	16402
广东	Guangdong	11387	4849	262832	23015	7441	2605	171265	23940
广西	Guangxi	720	374	11953	16717	2613	621	56428	21745
海南	Hainan	120	33	1396	11258	32	18	464	14500
重庆	Chongqing	2640	1416	41660	16447	512	175	11004	21367
四川	Sichuan	4759	1866	86588	18279	3003	1117	47690	15626
贵州	Guizhou	1688	695	19179	11491	948	361	17450	18663
云南	Yunnan	1915	1166	29235	15575	860	228	13107	15366
西藏	Tibet								
陕西	Shaanxi	579	197	7147	10358	3805	1627	50092	11553
甘肃	Gansu					339	262	4755	14027
青海	Qinghai	109	59	2516	21143	394	57	19928	42490
宁夏	Ningxia	174	98	2421	14673				
新疆	Xinjiang					228	73	4513	19453

5-2 续表 8 continued

地 区	Region	教 育 Education 年末人数（人）Year-end Figures (person)	#女 性 Female	工资总额（千元）Total Wages (1000 yuan)	平均工资（元）Average Wage (yuan)	卫生、社会保障和社会福利业 Sanitation,Social Security and Social Welfare 年末人数（人）Year-end Figures (person)	#女 性 Female	工资总额（千元）Total Wages (1000 yuan)	平均工资（元）Average Wage (yuan)
全 国	**National**	**175404**	**96626**	**5474882**	**31486**	**513740**	**287125**	**16628519**	**32645**
北 京	Beijing	12303	6696	430526	35651	13300	8805	579280	44625
天 津	Tianjin	2713	1653	152022	55341	2732	1464	111778	41004
河 北	Hebei	1213	800	25820	21339	18246	10285	333585	19108
山 西	Shanxi	4240	2817	104897	24728	17617	10334	299746	17002
内蒙古	Inner Mongolia	280	128	8811	31694	12355	6285	322458	26252
辽 宁	Liaoning	3121	1911	76281	24575	15337	8536	357424	23376
吉 林	Jilin	761	499	23049	31317	9713	5843	192970	19765
黑龙江	Heilongjiang	2377	1170	69867	29642	6684	4013	159491	23987
上 海	Shanghai	2458	1639	125339	48941	20625	13167	1330616	63423
江 苏	Jiangsu	6262	5008	216208	34771	69369	40561	2689502	39079
浙 江	Zhejiang	15900	10845	748872	48023	42512	25547	2294720	55115
安 徽	Anhui	2027	807	59737	28610	46896	22965	1182354	25062
福 建	Fujian	1218	866	47315	41001	26557	14369	749963	28530
江 西	Jiangxi	53	47	761	14093	6292	3156	133844	21391
山 东	Shandong	22965	10744	721273	31639	53334	28663	1355672	25724
河 南	Henan	68050	34087	1842960	27336	17531	10011	434709	24899
湖 北	Hubei	5015	2376	130126	25937	13925	6004	361303	26311
湖 南	Hunan	5522	2758	177170	32213	18570	10327	468622	25342
广 东	Guangdong	8094	6289	247915	30885	20559	13116	842837	41795
广 西	Guangxi	1309	623	27773	22254	677	452	19367	29568
海 南	Hainan	337	151	10239	30293	5362	2969	144160	27319
		486	352	9725	20260	13189	6916	415298	31863
重 庆	Chongqing								
四 川	Sichuan	949	410	29140	31066	47427	25402	1476563	31745
贵 州	Guizhou	1730	958	43331	26261	892	527	16086	18115
云 南	Yunnan	1693	742	32485	18854	957	589	20078	21451
西 藏	Tibet								
陕 西	Shaanxi	3949	2040	106753	26999	9293	4474	232766	23629
甘 肃	Gansu	270	141	4846	17948	1924	995	48899	25914
青 海	Qinghai	8	7	198	24750	198	152	4638	23307
宁 夏	Ningxia					167	123	4047	24527
新 疆	Xinjiang	101	62	1443	14876	1500	1075	45743	30928

5-2 续表 9 continued

地 区 Region	文化体育和娱乐业 Culture, Sports and Entertainment 年末人数(人) Year-end Figures (person)	#女 性 Female	工资总额(千元) Total Wages (1000 yuan)	平均工资(元) Average Wage (yuan)	公共管理和社会组织 Public Management and Social Organization 年末人数(人) Year-end Figures (person)	#女 性 Female	工资总额(千元) Total Wages (1000 yuan)	平均工资(元) Average Wage (yuan)
全 国 National	**21543**	**9209**	**542282**	**24796**	**21728**	**8567**	**587309**	**26957**
北 京 Beijing	1664	879	44403	27494	666	214	16371	24805
天 津 Tianjin	87	53	4172	47409	421	189	9746	23260
河 北 Hebei	1748	807	28866	16438	1013	214	25392	25779
山 西 Shanxi	2322	1099	29068	12524	100	33	1996	19569
内蒙古 Inner Mongolia	41	16	700	17073				
辽 宁 Liaoning	364	163	5344	14681	1315	1087	24048	18315
吉 林 Jilin	234	89	5220	21933	264	58	9059	34056
黑龙江 Heilongjiang	211	90	3513	16340	467	151	14023	30028
上 海 Shanghai	1661	606	87029	51772	2666	910	89773	33472
江 苏 Jiangsu	2558	1037	77318	30179	6	2	307	51167
浙 江 Zhejiang	913	402	31904	35607	1808	544	86209	47947
安 徽 Anhui	894	395	17602	19755	2380	1230	37252	15528
福 建 Fujian	737	293	29511	39612	191	49	4619	24057
江 西 Jiangxi	11	8	198	18000	132	40	1445	10947
山 东 Shandong	874	334	22051	25259	1549	537	40517	26090
河 南 Henan	1744	768	24188	13909	3146	1026	66693	21193
湖 北 Hubei	462	134	7049	15225	1933	955	65458	32860
湖 南 Hunan	476	225	10345	21552	279	85	8189	28733
广 东 Guangdong	1243	529	38614	31191	1654	602	55070	33275
广 西 Guangxi	159	71	2285	14462	136	47	2852	20971
海 南 Hainan	547	254	14048	24431	36	18	607	17343
	222	109	5076	22762	297	100	5222	17823
重 庆 Chongqing								
四 川 Sichuan	890	337	20735	24082	294	67	7758	26478
贵 州 Guizhou	74	29	2045	27267	135	59	1745	12926
云 南 Yunnan	53	11	849	16019	741	319	9963	13409
西 藏 Tibet	22		211	9174				
陕 西 Shaanxi	1091	396	21011	14561	25	13	820	32800
甘 肃 Gansu	149	26	5955	39966	57	13	1855	32544
青 海 Qinghai	89	48	2935	32611				
宁 夏 Ningxia								
新 疆 Xinjiang	3	1	37	12333	17	5	320	18824

5-3 各地区分行业城镇集体单位在岗职工人数和平均工资(2010年)

ON-POST STAFF AND WORKERS AND AVERAGE WAGE IN URBAN COLLECTIVE-OWNED UNITS BY SECTOR AND REGION(2010)

地 区	Region	总 计 Total		农、林、牧、渔业 Agriculture,Forestry,Farming of Animals and Fishing		采矿业 Mining		制造业 Manufacturing	
		年末人数(人) Year-end Figures (person)	平均工资(元) Average Wage (yuan)	年末人数(人) Year-end Figures (person)	平均工资(元) Average Wage (yuan)	年末人数(人) Year-end Figures (person)	平均工资(元) Average Wage (yuan)	年末人数(人) Year-end Figures (person)	平均工资(元) Average Wage (yuan)
全 国	**National**	**5580002**	**24430**	**41749**	**18420**	**182618**	**23938**	**1298421**	**20991**
北 京	Beijing	211242	26607	6080	16840	1080	31844	42086	22626
天 津	Tianjin	36310	40874	1	50000	30	19767	6731	24454
河 北	Hebei	242718	22220	1685	14038	3041	27993	68251	16930
山 西	Shanxi	227931	21993	1123	20220	21763	27470	49743	19239
内蒙古	Inner Mongolia	85763	29822	1238	15224	2720	29636	20189	21580
辽 宁	Liaoning	295513	20237	1492	19235	11652	17669	119016	17654
吉 林	Jilin	133567	17060	362	18090	2643	20737	43692	15355
黑龙江	Heilongjiang	208950	19971	988	13717	16189	22949	76129	17244
上 海	Shanghai	68297	45395	452	46032			9212	29995
江 苏	Jiangsu	273535	31502	1636	32775	2347	20708	67623	22590
浙 江	Zhejiang	275914	36038	543	38287	4119	22061	57467	26579
安 徽	Anhui	163532	24537	445	17167	3789	22492	19589	23941
福 建	Fujian	153773	27234	293	19144	1207	26132	28709	23430
江 西	Jiangxi	124944	18194	331	13223	1952	18499	10208	13229
山 东	Shandong	546073	26049	3198	17773	19349	24233	184274	27385
河 南	Henan	478030	20769	8887	16764	11519	20088	83633	21066
湖 北	Hubei	196378	24429	1416	16546	12791	22893	42604	21008
湖 南	Hunan	272704	22168	1165	13899	38052	25234	50164	20463
广 东	Guangdong	561506	22470	1586	19024	156	18929	156097	19006
广 西	Guangxi	135749	23059	491	16568	671	21679	30114	17967
海 南	Hainan	37681	20733	831	7055	20	9900	2049	15019
重 庆	Chongqing	102630	24205	1124	21719	6412	22583	23677	20617
四 川	Sichuan	320369	23645	4160	20212	4160	26369	32749	19425
贵 州	Guizhou	64132	24703	247	22490	5019	24602	9929	17930
云 南	Yunnan	97885	25137	870	19268	3036	24289	15580	15981
西 藏	Tibet	4676	16447	18	13053	131	23654	1745	22706
陕 西	Shaanxi	139888	20650	526	17232	5766	26490	22247	16252
甘 肃	Gansu	67631	22249	184	16880	2288	26186	15276	33989
青 海	Qinghai	15855	20672	110	16382	95	19442	5673	15640
宁 夏	Ningxia	6839	40815	8	14000			729	23744
新 疆	Xinjiang	29987	31997	259	14637	621	19764	3236	26850

5-3 续表 1 continued

地 区	Region	电力、燃气及水的生产和供应业 Production and Distribution of Electricity,Gas and Water		建筑业 Construction		交通运输、仓储和邮政业 Traffic,Transport, Storage and Post		信息传输、计算机服务和软件业 Information Transfer, Computer Services and Software	
		年末人数(人) Year-end Figures (person)	平均工资(元) Average Wage (yuan)	年末人数(人) Year-end Figures (person)	平均工资(元) Average Wage (yuan)	年末人数(人) Year-end Figures (person)	平均工资(元) Average Wage (yuan)	年末人数(人) Year-end Figures (person)	平均工资(元) Average Wage (yuan)
全 国	**National**	**51112**	**34053**	**1438127**	**20498**	**184000**	**20217**	**9156**	**37820**
北 京	Beijing	769	19006	16292	33411	7629	20764	1056	79869
天 津	Tianjin	220	36667	4749	33743	960	26630	64	33719
河 北	Hebei	489	26317	49215	21558	5133	16061	529	20499
山 西	Shanxi	1538	24807	21159	14677	4985	16184	67	16821
内蒙古	Inner Mongolia	780	26367	12570	24558	2301	24842	16	31938
辽 宁	Liaoning	2233	20571	59852	21180	7912	15086	234	15301
吉 林	Jilin	964	26425	24987	12403	11316	7169	395	19408
黑龙江	Heilongjiang	950	24757	40937	21715	5141	13540	252	14000
上 海	Shanghai	824	58137	2555	29608	3814	27524	298	68706
江 苏	Jiangsu	3779	32077	38433	26430	10067	27833	414	39578
浙 江	Zhejiang	3285	42906	65062	26068	12179	45900	719	43988
安 徽	Anhui	795	23040	43456	22695	7432	13397	151	20364
福 建	Fujian	2409	50645	43692	26116	3060	19724	31	21129
江 西	Jiangxi	287	13986	65250	17195	5234	14073	213	22288
山 东	Shandong	1859	28222	120318	22208	10226	19128	1923	38819
河 南	Henan	3570	22201	112527	18593	17361	16794	460	21691
湖 北	Hubei	1149	18535	61801	22357	8850	19780	42	19189
湖 南	Hunan	2726	23790	94490	19915	11972	16993	175	20500
广 东	Guangdong	14286	48954	166681	16840	16793	23488	888	43449
广 西	Guangxi	614	16528	48150	20677	9038	18519	112	17360
海 南	Hainan	301	11238	17803	21743	738	18286	43	23140
重 庆	Chongqing	1265	18777	36794	24183	2874	20781	144	16164
四 川	Sichuan	2960	24387	164573	19495	9088	18181	261	22707
贵 州	Guizhou	832	20508	16567	16993	3207	18136	29	23759
云 南	Yunnan	699	22848	31461	17008	1292	20463	213	21202
西 藏	Tibet			2342	11983	14	13412		
陕 西	Shaanxi	882	25681	43152	18336	3723	20995	380	27103
甘 肃	Gansu	345	15033	24637	15937	863	16670	43	23628
青 海	Qinghai	10	18400	3602	20226	106	17991		
宁 夏	Ningxia			1457	27404	20	33400		
新 疆	Xinjiang	292	21010	3563	26913	672	32161	4	18000

5-3 续表 2 continued

地 区 Region	批发和零售业 Wholesale and Retail Trade		住宿和餐饮业 Accommodation and Restaurants		金融业 Finance		房地产业 Real Estate	
	年末人数(人) Year-end Figures (person)	平均工资(元) Average Wage (yuan)	年末人数(人) Year-end Figures (person)	平均工资(元) Average Wage (yuan)	年末人数(人) Year-end Figures (person)	平均工资(元) Average Wage (yuan)	年末人数(人) Year-end Figures (person)	平均工资(元) Average Wage (yuan)
全 国 National	**457763**	**16996**	**90508**	**18967**	**501398**	**45106**	**84965**	**25160**
北 京 Beijing	13887	28248	10193	23097			16176	26710
天 津 Tianjin	4901	28081	534	22589	3200	136010	472	30273
河 北 Hebei	34930	11750	3165	13511	39277	46861	1006	25809
山 西 Shanxi	35385	13312	3311	14679	34564	45895	1118	11925
内蒙古 Inner Mongolia	3062	21278	1796	20159	22628	48876	98	11592
辽 宁 Liaoning	18273	17958	3360	19417	23296	33177	2232	21353
吉 林 Jilin	6672	15242	2846	11835	17764	32000	355	10934
黑龙江 Heilongjiang	13921	16829	3298	16590	18999	27070	1153	25576
上 海 Shanghai	7997	43277	669	33510	6	48333	1989	43467
江 苏 Jiangsu	18423	20370	3427	23361	22498	63570	2418	34959
浙 江 Zhejiang	8602	31894	5866	23920	9749	76823	4320	39242
安 徽 Anhui	12971	14577	1244	16365	16710	44066	932	20409
福 建 Fujian	12013	16681	2895	21335	11658	53707	2123	30913
江 西 Jiangxi	7633	13184	486	15409	16732	31454	205	18741
山 东 Shandong	46810	16960	5690	19907	35095	47435	7550	27935
河 南 Henan	81611	15521	9326	16967	32165	30887	4781	23853
湖 北 Hubei	10179	17407	3097	22711	20430	44054	1183	26576
湖 南 Hunan	6893	17587	2598	17548	15340	37152	2987	22268
广 东 Guangdong	36686	16655	9763	18681	42726	38190	21371	23840
广 西 Guangxi	14025	16072	2242	14680	15867	52254	1296	29830
海 南 Hainan	3247	8378	1191	21669	2951	28113	904	14361
重 庆 Chongqing	5861	16447	1875	14311	3217	60371	1282	18493
四 川 Sichuan	10543	16399	3371	19931	26161	49576	1534	20479
贵 州 Guizhou	6560	16073	783	15620	9004	66395	1594	22974
云 南 Yunnan	10121	14707	2685	14931	18071	62235	785	19351
西 藏 Tibet	265	15586	89	12467				
陕 西 Shaanxi	14435	14362	2443	14874	17748	43301	3674	10137
甘 肃 Gansu	5519	12405	624	17212	11690	26384	282	18121
青 海 Qinghai	1211	14477	521	16948	1634	41433	554	27513
宁 夏 Ningxia	471	16252	4	12250	3327	66510	10	16700
新 疆 Xinjiang	4656	19320	1116	19922	8891	55872	581	19845

5-3 续表 3 continued

地区 Region	租赁和商务服务业 Tenancy and Business Services		科学研究、技术服务和地质勘查业 Scientific Research, Technical Service and Geologic Perambulation		水利、环境和公共设施管理业 Management of Water Conservancy,Environment and Public Establishment		居民服务和其他服务业 Resident Services and Other Services	
	年末人数（人） Year-end Figures (person)	平均工资（元） Average Wage (yuan)	年末人数（人） Year-end Figures (person)	平均工资（元） Average Wage (yuan)	年末人数（人） Year-end Figures (person)	平均工资（元） Average Wage (yuan)	年末人数（人） Year-end Figures (person)	平均工资（元） Average Wage (yuan)
全 国 National	**357373**	**21277**	**38082**	**38947**	**90092**	**19685**	**73715**	**21275**
北 京 Beijing	55354	21368	5947	52154	3351	20172	7825	19309
天 津 Tianjin	1416	39396	284	76352	16	44375	7035	29048
河 北 Hebei	10056	15406	192	17182	1703	17219	2993	17300
山 西 Shanxi	23969	16427	492	13661	3488	11703	1589	13693
内蒙古 Inner Mongolia	1663	23555	176	34989	2251	11470	1939	18411
辽 宁 Liaoning	20039	17604	2772	45841	2333	18585	3036	18701
吉 林 Jilin	2496	24559	763	22946	6104	15881	1607	12924
黑龙江 Heilongjiang	5456	17333	1115	26646	3554	15308	12178	21116
上 海 Shanghai	12457	35548	1723	81743	3984	29267	1501	36790
江 苏 Jiangsu	14035	26293	1118	40458	14857	21304	1613	35804
浙 江 Zhejiang	31473	30863	3839	49462	11125	24733	1246	23769
安 徽 Anhui	4138	17685	1833	30856	929	16884	176	14633
福 建 Fujian	16362	19235	628	48365	901	23060	1330	20740
江 西 Jiangxi	6675	10621			3200	12907	526	18552
山 东 Shandong	25689	24168	4352	28502	3703	14426	2261	23804
河 南 Henan	16049	15587	2807	25905	1191	21514	3256	21583
湖 北 Hubei	7039	23011	690	28973	2800	18105	1753	22310
湖 南 Hunan	17255	18714	924	27125	2414	22308	2256	16402
广 东 Guangdong	42005	24353	4073	36292	10821	23551	7281	24246
广 西 Guangxi	7450	17021	552	30043	661	17050	2462	22325
海 南 Hainan	841	15066	479	23613	120	11258	32	14500
重 庆 Chongqing	1126	20439	236	24017	2597	16472	477	21517
四 川 Sichuan	7324	16316	597	33881	3799	20384	2910	16167
贵 州 Guizhou	4670	14437	315	18794	1674	11512	924	18861
云 南 Yunnan	7058	14114	755	22441	1790	15905	839	15349
西 藏 Tibet	50	4688						
陕 西 Shaanxi	6227	7595	787	19567	541	10207	3710	11670
甘 肃 Gansu	2828	18649	401	22165			339	14027
青 海 Qinghai	1403	14375	172	18163	109	21143	394	42490
宁 夏 Ningxia	570	17785			76	20895		
新 疆 Xinjiang	4200	18269	60	24083			227	19437

5-3 续表 4 continued

地区 Region		教育 Education 年末人数(人) Year-end Figures (person)	教育 Education 平均工资(元) Average Wage (yuan)	卫生、社会保障和社会福利业 Sanitation, Social Security and Social Welfare 年末人数(人) Year-end Figures (person)	卫生、社会保障和社会福利业 Sanitation, Social Security and Social Welfare 平均工资(元) Average Wage (yuan)	文化体育和娱乐业 Culture, Sports and Entertainment 年末人数(人) Year-end Figures (person)	文化体育和娱乐业 Culture, Sports and Entertainment 平均工资(元) Average Wage (yuan)	公共管理和社会组织 Public Management and Social Organization 年末人数(人) Year-end Figures (person)	公共管理和社会组织 Public Management and Social Organization 平均工资(元) Average Wage (yuan)
全 国	**National**	**164030**	**32197**	**477548**	**33050**	**19788**	**25184**	**19557**	**28330**
北 京	Beijing	9741	38051	11948	44963	1392	27377	436	27248
天 津	Tianjin	2628	56800	2576	42358	81	50815	412	23376
河 北	Hebei	1102	22322	17229	19293	1711	16587	1011	25816
山 西	Shanxi	4112	25215	17278	17103	2166	12854	81	21807
内蒙古	Inner Mongolia	280	31694	12015	26531	41	17073		
辽 宁	Liaoning	2333	24642	14043	23735	262	17240	1143	19716
吉 林	Jilin	761	31337	9361	20070	217	21959	262	34265
黑龙江	Heilongjiang	1528	28065	6499	24114	211	16340	452	30624
上 海	Shanghai	1891	53334	15470	70455	1341	56535	2114	37042
江 苏	Jiangsu	5534	37344	62820	40032	2487	30318	6	51167
浙 江	Zhejiang	14516	50550	39369	56256	795	39117	1640	50004
安 徽	Anhui	1812	29915	44541	25502	805	20022	1784	18244
福 建	Fujian	1132	43132	24538	29413	652	42772	140	31077
江 西	Jiangxi	53	14093	5816	21954	11	18000	132	10947
山 东	Shandong	21981	32562	49399	26193	847	25688	1549	26090
河 南	Henan	66951	27507	17182	24993	1633	14205	3121	21239
湖 北	Hubei	4908	26115	13259	26707	461	15197	1926	32940
湖 南	Hunan	5274	33018	17272	25840	478	21594	269	28668
广 东	Guangdong	7648	31479	20042	41913	1110	31640	1493	34547
广 西	Guangxi	1092	24202	643	30359	147	14240	122	22541
海 南	Hainan	334	30528	5243	27568	525	25031	29	18172
重 庆	Chongqing	467	20592	12687	32212	222	22762	293	17934
四 川	Sichuan	948	31082	44124	32112	817	23196	290	26609
贵 州	Guizhou	1719	26375	854	18415	74	27267	131	13260
云 南	Yunnan	1130	19552	837	23729	41	12195	622	14526
西 藏	Tibet					22	9174		
陕 西	Shaanxi	3776	27906	8848	24254	998	14984	25	32800
甘 肃	Gansu	270	17948	1836	26285	149	39966	57	32544
青 海	Qinghai	8	24750	164	25006	89	32611		
宁 夏	Ningxia			167	24527				
新 疆	Xinjiang	101	14876	1488	31061	3	12333	17	18824

5-4 各地区分行业城镇集体单位其他就业人员和平均工资(2010年)

OTHER EMPLOYMENT AND AVERAGE WAGE IN URBAN COLLECTIVE-OWNED UNITS BY SECTOR AND REGION(2010)

地 区	Region	总 计 Total		农、林、牧、渔业 Agriculture,Forestry, Farming of Animals and Fishing		采矿业 Mining		制造业 Manufacturing	
		年末人数(人) Year-end Figures (person)	平均工资(元) Average Wage (yuan)	年末人数(人) Year-end Figures (person)	平均工资(元) Average Wage (yuan)	年末人数(人) Year-end Figures (person)	平均工资(元) Average Wage (yuan)	年末人数(人) Year-end Figures (person)	平均工资(元) Average Wage (yuan)
全 国	**National**	**394958**	**18055**	**2201**	**13038**	**5779**	**18994**	**45995**	**16591**
北 京	Beijing	15852	27593	205	11000	7	42857	2199	41594
天 津	Tianjin	6745	25056					1316	18424
河 北	Hebei	16361	16002	74	9405	310	44425	1685	15893
山 西	Shanxi	10985	13407	21	10952	436	11782	2047	19618
内蒙古	Inner Mongolia	3324	16082	35	2596			573	15378
辽 宁	Liaoning	15472	13513	3	26111	148	10904	6917	11541
吉 林	Jilin	3861	10992			15	20400	347	12629
黑龙江	Heilongjiang	11005	13808	2	2500	441	16056	4219	8367
上 海	Shanghai	22865	27988	343	20219			3711	27334
江 苏	Jiangsu	29598	18648	306	17569	217	2747	2304	18928
浙 江	Zhejiang	13093	27721	13	18769	11	22455	634	20966
安 徽	Anhui	15268	16813	160	15313	141	12539	1193	17806
福 建	Fujian	11989	19643	6	25600	12	14833	614	11568
江 西	Jiangxi	15433	15487	10	20000	82	9988	1507	10157
山 东	Shandong	24377	15870	19	3550	24	13846	1979	11746
河 南	Henan	26040	12533	265	4509	3	12667	3007	4818
湖 北	Hubei	16852	18864	7	8714	716	21549	1391	17321
湖 南	Hunan	29485	15926	49	11300	1211	19366	1414	15363
广 东	Guangdong	15123	21797	73	5205			2401	30190
广 西	Guangxi	36905	15966	303	17079			2093	12471
海 南	Hainan	1724	14096	53	8250			28	9459
重 庆	Chongqing	5036	15774	61	5984	65	13286	843	19580
四 川	Sichuan	16566	19392	13	10154			1067	18959
贵 州	Guizhou	8431	19063			1150	20568	593	11833
云 南	Yunnan	7990	12203	40	10462	415	29152	587	15124
西 藏	Tibet	110	4636	16	9625			94	4198
陕 西	Shaanxi	9298	16356	83	10940	14	13357	526	12115
甘 肃	Gansu	1206	12466	41	11268	11	8727	244	25033
青 海	Qinghai	1305	15249			187	9610	84	28927
宁 夏	Ningxia	1259	21895					12	15769
新 疆	Xinjiang	1400	19087			163	12426	366	11138

5-4 续表 1 continued

地 区	Region	电力、燃气及水的生产和供应业 Production & Distribution of Electricity,Gas & Water 年末人数（人）Year-end Figures (person)	电力、燃气及水的生产和供应业 平均工资（元）Average Wage (yuan)	建筑业 Construction 年末人数（人）Year-end Figures (person)	建筑业 平均工资（元）Average Wage (yuan)	交通运输、仓储和邮政业 Traffic,Transport, Storage and Post 年末人数（人）Year-end Figures (person)	交通运输、仓储和邮政业 平均工资（元）Average Wage (yuan)	信息传输、计算机服务和软件业 Information Transfer, Computer Services and Software 年末人数（人）Year-end Figures (person)	信息传输、计算机服务和软件业 平均工资（元）Average Wage (yuan)
全 国	**National**	**1000**	**22029**	**178671**	**17896**	**13797**	**15104**	**888**	**35024**
北 京	Beijing	74	20322	1304	31394	519	20556	152	80392
天 津	Tianjin	31	10000	1338	34502	145	19348	4	17500
河 北	Hebei			11170	16296	157	10235	15	29400
山 西	Shanxi	55	11000	2867	14560	28	14786	12	5000
内蒙古	Inner Mongolia			764	17646	550	22253		
辽 宁	Liaoning	28	10350	3010	14574	996	5398		
吉 林	Jilin			108	19539	80	9038		
黑龙江	Heilongjiang			2504	18692	516	3055	10	24800
上 海	Shanghai	92	50580	1409	16647	1473	27192	20	12700
江 苏	Jiangsu	12	19077	10608	15793	276	14502	270	20759
浙 江	Zhejiang	139	38362	1828	23578	641	28231	168	23821
安 徽	Anhui	12	13583	8172	17431	69	21493	14	14000
福 建	Fujian	23	11864	6689	22154	139	12468	4	4000
江 西	Jiangxi	15	5600	10333	16472	502	9601		
山 东	Shandong			9992	17188	543	12805		
河 南	Henan	34	1057	12128	18986	1570	4316		
湖 北	Hubei	2	8500	9011	21245	1170	15375	2	8500
湖 南	Hunan	45	14244	22115	16129	980	12864	20	23000
广 东	Guangdong	245	26593	5102	20393	1466	21324	170	44006
广 西	Guangxi	2	13000	31695	16642	218	9844		
海 南	Hainan			1172	13071	143	31776		
重 庆	Chongqing	20	10455	2715	13393	46	21809	15	6273
四 川	Sichuan	23	11895	8123	17808	350	16211	4	47000
贵 州	Guizhou	5	4400	5286	19940	143	22068		
云 南	Yunnan	46	10649	3167	10820	783	8322	8	7625
西 藏	Tibet								
陕 西	Shaanxi	85	8165	4137	18827	197	16392		
甘 肃	Gansu	12	8333	472	7110	78	11451		
青 海	Qinghai			682	16449				
宁 夏	Ningxia			581	16875				
新 疆	Xinjiang			189	24538	19	21263		

5-4 续表 2 continued

地区 Region	批发和零售业 Wholesale and Retail Trade		住宿和餐饮业 Accommodation and Restaurants		金融业 Finance		房地产业 Real Estate	
	年末人数（人） Year-end Figures (person)	平均工资（元） Average Wage (yuan)	年末人数（人） Year-end Figures (person)	平均工资（元） Average Wage (yuan)	年末人数（人） Year-end Figures (person)	平均工资（元） Average Wage (yuan)	年末人数（人） Year-end Figures (person)	平均工资（元） Average Wage (yuan)
全 国 National	**21741**	**13078**	**5001**	**15879**	**19366**	**19424**	**6734**	**17571**
北 京 Beijing	1769	18538	947	19360			785	22145
天 津 Tianjin	1182	12724	181	17988	205	19385	26	12654
河 北 Hebei	641	12388	2	14000	1028	8497		
山 西 Shanxi	578	5831	15	23933	2975	12087	19	12158
内蒙古 Inner Mongolia	156	26130	117	14450	143	13497		
辽 宁 Liaoning	340	9366	47	13340	543	12228	252	18448
吉 林 Jilin	91	9141	6	12500	235	10532		
黑龙江 Heilongjiang	297	4575	194	3663	513	10897	390	9238
上 海 Shanghai	2793	25413	806	27530	5	129400	1090	19853
江 苏 Jiangsu	765	11806	100	11263	588	24364	60	15073
浙 江 Zhejiang	704	19900	237	25680	704	44804	701	19834
安 徽 Anhui	461	11914	17	37292	536	22803	10	15800
福 建 Fujian	933	13001	35	23323	413	21317	345	26634
江 西 Jiangxi	264	4469	12	20417	1241	27095	12	11750
山 东 Shandong	1176	6614	335	14826	3270	15783	307	22326
河 南 Henan	2499	7243	716	1119	896	17593	992	9635
湖 北 Hubei	633	11545	23	12652	376	14014	14	12333
湖 南 Hunan	333	11599	70	17042	873	9959	215	14309
广 东 Guangdong	569	17998	121	17429	420	37603	1017	19956
广 西 Guangxi	1334	8202	175	10960	244	21470	44	20523
海 南 Hainan	121	6260	1	8000	27	11792	14	15357
重 庆 Chongqing	99	11105	3	16333	335	20034	15	18133
四 川 Sichuan	775	10771	463	10672	1151	29156	40	12421
贵 州 Guizhou	491	9098	12	11917	480	28018	89	10539
云 南 Yunnan	934	9376	206	14191	380	15935	36	10333
西 藏 Tibet								
陕 西 Shaanxi	1353	12340	137	9526	1032	28264	145	15559
甘 肃 Gansu	15	15533	9	12778	70	24560	76	4684
青 海 Qinghai	4	10625			153	10943	39	9560
宁 夏 Ningxia	262	9047			292	52212		
新 疆 Xinjiang	169	15043	14	10833	238	23583	1	7000

5-4 续表 3 continued

地区	Region	租赁和商务服务业 Tenancy and Business Services		科学研究、技术服务和地质勘查业 Scientific Research, Technical Service & Geologic Perambulation		水利、环境和公共设施管理业 Management of Water Conservancy,Environment & Public Establishment		居民服务和其他服务业 Resident Services and Other Services	
		年末人数(人) Year-end Figures (person)	平均工资(元) Average Wage (yuan)	年末人数(人) Year-end Figures (person)	平均工资(元) Average Wage (yuan)	年末人数(人) Year-end Figures (person)	平均工资(元) Average Wage (yuan)	年末人数(人) Year-end Figures (person)	平均工资(元) Average Wage (yuan)
全 国	**National**	**18838**	**15434**	**3626**	**22957**	**15068**	**11810**	**4761**	**13831**
北 京	Beijing	1619	18776	1301	25415	42	14340	513	18262
天 津	Tianjin	1625	23277	190	18883	113	14442	133	19767
河 北	Hebei	56	13778	22	17667	2	6000	32	10636
山 西	Shanxi	759	10172	8	4625	514	12047	9	9222
内蒙古	Inner Mongolia	3	4000			506	6792	137	14621
辽 宁	Liaoning	278	13864	258	26931	242	11718	54	14829
吉 林	Jilin	255	11482	32	12000	2317	9574	4	12889
黑龙江	Heilongjiang	20	13217	101	19863	67	5576	682	534
上 海	Shanghai	2804	21324	207	26319	497	19215	1021	21375
江 苏	Jiangsu	2655	14510	25	18960	3726	11992	338	24538
浙 江	Zhejiang	1004	17112	431	31544	963	15319	102	25644
安 徽	Anhui	1070	14632	15	15850	125	6432	18	12722
福 建	Fujian	49	13531	74	8107	345	14997	67	7853
江 西	Jiangxi	377	1178			586	7704	16	20688
山 东	Shandong	1151	17339	13	13563	614	12668	8	11739
河 南	Henan	1421	7066	50	38320	16	20438	859	8687
湖 北	Hubei	140	19814	132	21692	2266	13441	188	14963
湖 南	Hunan	355	19164	27	21333	224	7041		
广 东	Guangdong	1440	9364	116	24757	566	12775	160	10741
广 西	Guangxi	236	9453	74	22838	59	12648	151	12215
海 南	Hainan	6	12167	8	20500				
重 庆	Chongqing	210	17850	6	1667	43	13300	35	19432
四 川	Sichuan	109	13559	14	21643	960	9996	93	6558
贵 州	Guizhou	59	12077	32	6188	14	9071	24	11167
云 南	Yunnan	118	13410	310	12493	125	10578	21	16048
西 藏	Tibet								
陕 西	Shaanxi	687	8959	58	14103	38	12947	95	7235
甘 肃	Gansu	84	4262	6	13000				
青 海	Qinghai	6	12500	116	14543				
宁 夏	Ningxia	14	16917			98	9360		
新 疆	Xinjiang	228	12465					1	23000

5-4 续表 4 continued

地区	Region	教育 Education		卫生、社会保障和社会福利业 Sanitation, Social Security & Social Welfare		文化体育和娱乐业 Culture, Sports and Entertainment		公共管理和社会组织 Public Management & Social Organization	
		年末人数(人) Year-end Figures (person)	平均工资(元) Average Wage (yuan)	年末人数(人) Year-end Figures (person)	平均工资(元) Average Wage (yuan)	年末人数(人) Year-end Figures (person)	平均工资(元) Average Wage (yuan)	年末人数(人) Year-end Figures (person)	平均工资(元) Average Wage (yuan)
全国	**National**	**11374**	**21092**	**36192**	**27332**	**1755**	**20342**	**2171**	**14784**
北京	Beijing	2562	26399	1352	41697	272	28078	230	20205
天津	Tianjin	85	11764	156	20257	6	8000	9	18000
河北	Hebei	111	10990	1017	15757	37	7900	2	7500
山西	Shanxi	128	9094	339	11874	156	7942	19	9789
内蒙古	Inner Mongolia			340	16663				
辽宁	Liaoning	788	24379	1294	19467	102	8108	172	8900
吉林	Jilin		24000	352	12643	17	21588	2	6500
黑龙江	Heilongjiang	849	32650	185	19508			15	12067
上海	Shanghai	567	33283	5155	41588	320	31358	552	19605
江苏	Jiangsu	728	14875	6549	29772	71	26521		
浙江	Zhejiang	1384	21914	3143	40864	118	10266	168	26595
安徽	Anhui	215	16493	2355	17695	89	17378	596	8250
福建	Fujian	86	15811	2019	18109	85	15395	51	4120
江西	Jiangxi			476	14682				
山东	Shandong	984	10344	3935	19624	27	11815		
河南	Henan	1099	17032	349	19634	111	9577	25	15400
湖北	Hubei	107	17689	666	18612	1	28000	7	10286
湖南	Hunan	248	15012	1298	18702	-2	11500	10	31000
广东	Guangdong	446	19536	517	37154	133	27725	161	21556
广西	Guangxi	217	10768	34	15118	12	17167	14	7286
海南	Hainan	3	4000	119	15830	22	9364	7	13333
重庆	Chongqing	19	12211	502	22391			4	11400
四川	Sichuan	1	16000	3303	27022	73	38157	4	17000
贵州	Guizhou	11	9273	38	11000			4	2000
云南	Yunnan	563	17514	120	7576	12	29083	119	7555
西藏	Tibet								
陕西	Shaanxi	173	7162	445	11936	93	8419		
甘肃	Gansu			88	18047				
青海	Qinghai			34	15059				
宁夏	Ningxia								
新疆	Xinjiang			12	13273				

5-5 各地区分行业城镇集体单位不在岗职工人数及平均生活费(2010年)
NOT-ON-POST STAFF AND WORKERS AND AVERAGE LIVING SUBSIDIES IN URBAN COLLECTIVE-OWNED UNITS BY SECTOR AND REGION(2010)

地 区 Region	总 计 Total		农、林、牧、渔业 Agriculture,Forestry, Farming of Animals and Fishing		采矿业 Mining		制造业 Manufacturing	
	年末人数(人) Year-end Figures (person)	平均生活费(元) Average Living Subsidy (yuan)	年末人数(人) Year-end Figures (person)	平均生活费(元) Average Living Subsidy (yuan)	年末人数(人) Year-end Figures (person)	平均生活费(元) Average Living Subsidy (yuan)	年末人数(人) Year-end Figures (person)	平均生活费(元) Average Living Subsidy (yuan)
全 国 National	**1354813**	**1965**	**20759**	**589**	**114818**	**390**	**473215**	**1287**
北 京 Beijing	9273	13304	64	11113			1139	8483
天 津 Tianjin	8005	3259					3978	1995
河 北 Hebei	65170	2085	141	7862	559		27348	2473
山 西 Shanxi	73679	3095	8		1280	5558	20357	591
内蒙古 Inner Mongolia	26428	1930	7297	4	97		9281	2506
辽 宁 Liaoning	389152	607	736	894	47270	343	203784	550
吉 林 Jilin	74192	628	86		14190		23265	695
黑龙江 Heilongjiang	152912	441	6264	65	47761	26	51799	408
上 海 Shanghai	42980	3431	15	9136			14655	2875
江 苏 Jiangsu	42483	5078	191	2571	900	4240	11260	5372
浙 江 Zhejiang	10985	7338	13	2857	1	3000	1777	3726
安 徽 Anhui	35591	2391			78	8385	8311	3239
福 建 Fujian	17924	2025	24		294	68	4297	1588
江 西 Jiangxi	44726	1372	2		369	737	20417	561
山 东 Shandong	81976	3874	3881	151	502	6363	12778	5137
河 南 Henan	56110	2053	1075	3616	69	3944	5832	4421
湖 北 Hubei	19842	5089	39	15205	25	4640	4445	3201
湖 南 Hunan	30176	3322	238	2697	992	9131	6368	2323
广 东 Guangdong	70394	1786	207	1449			19867	345
广 西 Guangxi	19984	2125	114	4380			4081	774
海 南 Hainan	11039	444			22	4000	890	421
重 庆 Chongqing	6628	4163	8	9600	12	5417	2485	2839
四 川 Sichuan	15903	7011	13	15133	69	21391	2578	5081
贵 州 Guizhou	7567	2318	3	2000	15	1133	863	1303
云 南 Yunnan	7425	6678	20	12250	294	2082	2848	3109
西 藏 Tibet								
陕 西 Shaanxi	26625	1625	314				6870	827
甘 肃 Gansu	4136	5254					996	11426
青 海 Qinghai	866	5215					393	2786
宁 夏 Ningxia	596	3660						
新 疆 Xinjiang	2046	8279	6	1500	19	1053	253	1738

5-5 续表 1 continued

地 区 Region	电力、燃气及水的生产和供应业 Production & Distribution of Electricity,Gas & Water		建筑业 Construction		交通运输、仓储和邮政业 Traffic,Transport, Storage and Post		信息传输、计算机服务和软件业 Information Transfer, Computer Services and Software	
	年末人数（人） Year-end Figures (person)	平均生活费（元） Average Living Subsidy (yuan)	年末人数（人） Year-end Figures (person)	平均生活费（元） Average Living Subsidy (yuan)	年末人数（人） Year-end Figures (person)	平均生活费（元） Average Living Subsidy (yuan)	年末人数（人） Year-end Figures (person)	平均生活费（元） Average Living Subsidy (yuan)
全 国 National	**2698**	**7133**	**134657**	**1225**	**75290**	**1801**	**469**	**14785**
北 京 Beijing	4	250	675	12549	308	16463	103	42234
天 津 Tianjin	7	12625	150	2093	324	2689		
河 北 Hebei			2077	2340	3086	1272		
山 西 Shanxi	68		2146	659	3310	268	3	
内蒙古 Inner Mongolia			6881	1767	497	2897		
辽 宁 Liaoning	746	1545	54870	728	11327	480	104	173
吉 林 Jilin	42	3286	20687	271	6569	274		
黑龙江 Heilongjiang	33	7061	15757	264	3605	138		
上 海 Shanghai	99	16523	347	12589	4897	2960	14	31545
江 苏 Jiangsu	45	23340	1542	6248	3443	6342	48	21553
浙 江 Zhejiang	69	17750	849	5675	824	10588	31	13636
安 徽 Anhui	6		1700	4310	4144	834	4	
福 建 Fujian	39	26	1487	1963	2019	1832		
江 西 Jiangxi	36	2000	3174	3417	4252	1975	6	13500
山 东 Shandong	225	5063	4277	2354	5531	2220		
河 南 Henan	528	7106	1059	3814	2440	1658		
湖 北 Hubei	76	5961	955	4924	3264	4044		
湖 南 Hunan	142	7387	2566	2697	4668	1796		
广 东 Guangdong	251	16608	4558	845	4818	1076	25	14231
广 西 Guangxi	32	6806	1852	1580	1296	1569		
海 南 Hainan			276	308	1082	770	94	319
重 庆 Chongqing	31	160	1441	2665	749	1111	36	4474
四 川 Sichuan	50	14220	1228	5317	1707	1050	1	10000
贵 州 Guizhou	116	12293	1324	491	172	2260		
云 南 Yunnan	4	9750	691	1685	83	3670		
西 藏 Tibet								
陕 西 Shaanxi	9	2222	1448	505	588	5578		
甘 肃 Gansu	37	2162	522	3677	284	3339		
青 海 Qinghai			89	404				
宁 夏 Ningxia			20	13571				
新 疆 Xinjiang	3	48000	9	12667	3			

5-5 续表 2 continued

地区	Region	批发和零售业 Wholesale and Retail Trade		住宿和餐饮业 Accommodation and Restaurants		金融业 Finance		房地产业 Real Estate	
		年末人数（人） Year-end Figures (person)	平均生活费（元） Average Living Subsidy (yuan)	年末人数（人） Year-end Figures (person)	平均生活费（元） Average Living Subsidy (yuan)	年末人数（人） Year-end Figures (person)	平均生活费（元） Average Living Subsidy (yuan)	年末人数（人） Year-end Figures (person)	平均生活费（元） Average Living Subsidy (yuan)
全 国	**National**	**372812**	**1402**	**8418**	**3050**	**31775**	**20383**	**22429**	**4327**
北 京	Beijing	718	10825	538	11533			3270	15362
天 津	Tianjin	2418	2801	125	4079	124	29359	31	13000
河 北	Hebei	28804	951	256	3564	1098	21638	33	5375
山 西	Shanxi	20558	863	535	260	3096	21076	3579	430
内蒙古	Inner Mongolia	1076	1232	141	3387	379	22313		
辽 宁	Liaoning	44037	249	1189	422	2044	16882	3457	329
吉 林	Jilin	7633	1758	351	1618	474	13444	120	25
黑龙江	Heilongjiang	19479	770	671	531	1024	17247	63	
上 海	Shanghai	7043	5096	532	6555			456	2278
江 苏	Jiangsu	19397	3233	167	4976	1284	19074	697	7383
浙 江	Zhejiang	3473	4092	94	5575	938	28605	1219	2277
安 徽	Anhui	17724	1105	537	5010	1299	12672	126	211
福 建	Fujian	7792	1593	84	3800	503	13409	350	2086
江 西	Jiangxi	14203	724	94	2589	1362	14716	161	3261
山 东	Shandong	43284	1577	717	2289	4661	25546	459	6403
河 南	Henan	40244	1248	620	1548	1248	11520	383	894
湖 北	Hubei	6517	2533	121	5015	2022	19921	9	18778
湖 南	Hunan	8749	3197	385	2931	355	17152	1916	3897
广 东	Guangdong	33433	723	143	6268	3328	19043	1433	8392
广 西	Guangxi	9393	1009	248	1655	833	25035	687	1521
海 南	Hainan	6954	376			294	466	456	692
重 庆	Chongqing	961	2774	49	2348	456	27487	87	3862
四 川	Sichuan	6706	2318	281	2940	2464	27245	2	3667
贵 州	Guizhou	3058	1654	39		259	21061	1021	2594
云 南	Yunnan	1898	5252	158	2198	1052	23529	121	22674
西 藏	Tibet								
陕 西	Shaanxi	13909	1430	234	209	514	15322	2139	2064
甘 肃	Gansu	1751	2613	70	1557	73	14151	46	4783
青 海	Qinghai	122	3863	4	6000	8	32625		
宁 夏	Ningxia	535	2060			38	20943		
新 疆	Xinjiang	943	3269	35	7932	545	22225	108	5439

5-5 续表 3 continued

地 区	Region	租赁和商务服务业 Tenancy and Business Services		科学研究、技术服务和地质勘查业 Scientific Research, Technical Service & Geologic Perambulation		水利、环境和公共设施管理业 Management of Water Conservancy,Environment & Public Establishment		居民服务和其他服务业 Resident Services and Other Services	
		年末人数（人） Year-end Figures (person)	平均生活费（元） Average Living Subsidy (yuan)	年末人数（人） Year-end Figures (person)	平均生活费（元） Average Living Subsidy (yuan)	年末人数（人） Year-end Figures (person)	平均生活费（元） Average Living Subsidy (yuan)	年末人数（人） Year-end Figures (person)	平均生活费（元） Average Living Subsidy (yuan)
全 国	**National**	**63701**	**3465**	**1592**	**4995**	**2706**	**5990**	**11830**	**2303**
北 京	Beijing	1712	12068	121	22504	30	8065	75	12283
天 津	Tianjin	252	6237	9				532	11061
河 北	Hebei	960	5423	29		191	947	101	3922
山 西	Shanxi	16941	6160	17	7769	29	1448	611	227
内蒙古	Inner Mongolia	262	22565					259	2086
辽 宁	Liaoning	12710	336	728	2641	239	4569	2399	1100
吉 林	Jilin	320	1284	15	9059	257	4275	109	661
黑龙江	Heilongjiang	5055	599	18		506	582	751	1399
上 海	Shanghai	8581	2306	71	13449	29	17839	5352	1561
江 苏	Jiangsu	1442	5554	77	1416	384	13518	100	15103
浙 江	Zhejiang	849	7769	20	9100	64	11029	93	8684
安 徽	Anhui	459	4236	57	316	106	3343	189	2374
福 建	Fujian	310	1938	5	10200	42	2976	174	3828
江 西	Jiangxi	432	357					101	1931
山 东	Shandong	2397	6045	161	9989	54	10463	98	6800
河 南	Henan	1559	839	16	2000	15	3733	356	2485
湖 北	Hubei	1188	2856	24	5917	126	4672	110	2559
湖 南	Hunan	2050	3710	37	2064	376	9570	142	8034
广 东	Guangdong	1931	1378	153	1242	138	3871	31	5387
广 西	Guangxi	1286	829	18	6789	42	3613	94	602
海 南	Hainan	877	337						
重 庆	Chongqing	73	1928	3	14333	23	4760		
四 川	Sichuan	152	3553	2	9000	18	7056	7	2286
贵 州	Guizhou	652	442			12	4786	26	5920
云 南	Yunnan	140	6957	11	5182	19	2947	33	
西 藏	Tibet								
陕 西	Shaanxi	417	1413			6	12333	60	17
甘 肃	Gansu	347	3493						
青 海	Qinghai	249	10755						
宁 夏	Ningxia	3	18000						
新 疆	Xinjiang	95	7242					27	3214

5-5 续表 4 continued

地区	Region	教育 Education: 年末人数(人) Year-end Figures (person)	教育 Education: 平均生活费(元) Average Living Subsidy (yuan)	卫生、社会保障和社会福利业 Sanitation, Social Security & Social Welfare: 年末人数(人) Year-end Figures (person)	卫生、社会保障和社会福利业 Sanitation, Social Security & Social Welfare: 平均生活费(元) Average Living Subsidy (yuan)	文化体育和娱乐业 Culture, Sports and Entertainment: 年末人数(人) Year-end Figures (person)	文化体育和娱乐业 Culture, Sports and Entertainment: 平均生活费(元) Average Living Subsidy (yuan)	公共管理和社会组织 Public Management & Social Organization: 年末人数(人) Year-end Figures (person)	公共管理和社会组织 Public Management & Social Organization: 平均生活费(元) Average Living Subsidy (yuan)
全国	**National**	**3279**	**11111**	**11339**	**4997**	**889**	**4423**	**2137**	**4939**
北京	Beijing	394	11787	88	20010	32	11844	2	6500
天津	Tianjin	32	1406	21	5130	2	6000		
河北	Hebei	39	8769	323	787	76	158	49	9740
山西	Shanxi	705	25891	210	2464	226	435		
内蒙古	Inner Mongolia	34		224	11009				
辽宁	Liaoning	416	2384	3048	1058	1	5000	47	1128
吉林	Jilin	1		55	12719	8	14375	10	17300
黑龙江	Heilongjiang	19		101	751			6	12167
上海	Shanghai	194	5504	478	24401	194	6278	23	41080
江苏	Jiangsu	186	2956	1276	6698	44	11280		
浙江	Zhejiang	94	20118	534	6418	6	3500	37	14838
安徽	Anhui	11	10364	649	7058	16		175	5295
福建	Fujian		4000	437	3259	26	2425	41	1024
江西	Jiangxi	1		98	3323			18	
山东	Shandong	620	6847	1270	6418	12	10625	1049	2412
河南	Henan	279	11030	349	1670	27	1815	11	9909
湖北	Hubei	98	6379	262	5034	85	5435	476	7706
湖南	Hunan	86	10875	913	2706	7	1000	186	4457
广东	Guangdong	13	15313	55	12019	3	17333	7	6400
广西	Guangxi			8	6500				
海南	Hainan			94	806				
重庆	Chongqing	5	10500	202	2566	7	1571		
四川	Sichuan	9	27333	590	5648	26	16654		
贵州	Guizhou			7	3429				
云南	Yunnan	43				10	11000		
西藏	Tibet								
陕西	Shaanxi			37	15784	80	1949		
甘肃	Gansu			10	15600				
青海	Qinghai					1			
宁夏	Ningxia								
新疆	Xinjiang								

5-6 各地区城镇集体单位就业人员增加来源(2010年)

INCREASE OF EMPLOYMENT IN URBAN COLLECTIVE-OWNED UNITS BY REGION (2010)

单位: 人 (person)

地 区	Region	合 计 Total	从农村招收 Recruited from Countryside	从城镇招收 Recruited from Cities and Towns	录用的复员转业军人 Recruited Demobilized and Transferred Armymen	录用的大、中专、技工学校毕业生 Recruited Graduates	调 入 Transferred Into	#由外省、自治区、直辖市调入 Transferred from Other Regions	其 他 Others
全 国	**National**	**539258**	**264195**	**87440**	**6372**	**69627**	**40079**	**4389**	**71545**
北 京	Beijing	39524	21731	8549	43	2477	2120	373	4604
天 津	Tianjin	13099	554	557	9	572	1160	3	10247
河 北	Hebei	21850	11982	2126	513	2672	1792	17	2765
山 西	Shanxi	12419	2622	2598	73	2461	1917	4	2748
内蒙古	Inner Mongolia	7865	3105	1408	27	1059	590	1	1676
辽 宁	Liaoning	39867	28080	5843	229	1967	2189	72	1559
吉 林	Jilin	4619	1026	1681	43	799	793	21	277
黑龙江	Heilongjiang	5348	1407	1306	77	1051	985	11	522
上 海	Shanghai	12561	2446	1952	48	1172	1880	23	5063
江 苏	Jiangsu	27501	9192	4602	283	6447	2300	47	4677
浙 江	Zhejiang	48819	25571	6903	471	6215	4373	3160	5286
安 徽	Anhui	17517	7629	3822	160	1974	2038	2	1894
福 建	Fujian	17837	9741	2685	362	2710	1247	39	1092
江 西	Jiangxi	8943	2409	1458	267	3448	221		1140
山 东	Shandong	34835	15614	6026	516	7824	1587	253	3268
河 南	Henan	18415	10470	2309	381	2556	1084	2	1615
湖 北	Hubei	8510	4000	1877	127	1537	496	6	473
湖 南	Hunan	20815	12037	4545	427	1562	666	1	1578
广 东	Guangdong	72408	43319	12316	960	7781	1215	93	6817
广 西	Guangxi	19251	7186	1194	261	1058	5129	150	4423
海 南	Hainan	4393	470	311	14	269	3052	12	277
重 庆	Chongqing	17378	10675	3503	129	1621	592	2	858
四 川	Sichuan	24008	10214	4278	455	4399	1136	73	3526
贵 州	Guizhou	6422	3970	728	74	631	211	4	808
云 南	Yunnan	7059	3563	1017	146	1103	338	1	892
西 藏	Tibet	98	32	58		5	3		
陕 西	Shaanxi	7460	3373	851	170	2003	514	6	549
甘 肃	Gansu	3857	1285	593	32	1088	115	10	744
青 海	Qinghai	2132	1229	720	12	105	27		39
宁 夏	Ningxia	2391	1519	90	5	447	75		255
新 疆	Xinjiang	12057	7744	1534	58	614	234	3	1873

5-7 各地区城镇集体单位就业人员减少去向(2010年)

DECREASE OF EMPLOYMENT IN URBAN COLLECTIVE-OWNED UNITS BY REGION (2010)

单位: 人 (person)

地 区	Region	合 计 Total	离休、退休、退职 Retired and Resigned	开除、除名、辞退 Expelled Expunged and Dismissed	终止、解除合同 Contract Closed or Terminated	不在岗职工 Not-on-post Staff and Workers	死 亡 Death	调 出 Transferred Out	#调到外省、自治区、直辖市 Transferred to Other Regions	其 他 Others
全 国	**National**	**530066**	**109002**	**30861**	**238424**	**27251**	**4483**	**36488**	**1088**	**83557**
北 京	Beijing	39872	2955	1132	26593	450	118	3522	180	5102
天 津	Tianjin	15270	905	369	951	464	36	1930	4	10615
河 北	Hebei	28275	6140	4900	11234	2449	230	1752	21	1570
山 西	Shanxi	13229	6058	425	1809	775	214	2515	13	1433
内蒙古	Inner Mongolia	7810	1215	749	3110	1289	55	458		934
辽 宁	Liaoning	48320	13708	405	28254	1728	551	1874	5	1800
吉 林	Jilin	10472	1990	373	5620	717	119	501	3	1152
黑龙江	Heilongjiang	20409	9050	869	5456	3277	307	1269	16	181
上 海	Shanghai	15762	3949	212	4425	1066	52	1555	22	4503
江 苏	Jiangsu	25828	4205	501	11726	582	146	2277	73	6391
浙 江	Zhejiang	33880	4215	1184	22280	551	111	2218	335	3321
安 徽	Anhui	19391	3235	1030	5363	998	107	954	3	7704
福 建	Fujian	15680	2868	1374	8266	771	102	814	31	1485
江 西	Jiangxi	9126	1736	149	1215	1536	98	246	1	4146
山 东	Shandong	28443	7460	1665	9131	1148	351	2333	35	6355
河 南	Henan	17419	3848	850	9464	539	251	1268	8	1199
湖 北	Hubei	7613	2748	214	2533	570	145	597	13	806
湖 南	Hunan	11240	2784	302	6208	472	178	639	1	657
广 东	Guangdong	68394	14434	8498	36353	1915	348	1712	15	5134
广 西	Guangxi	19689	3785	240	5460	3219	307	4318	206	2360
海 南	Hainan	1836	766	61	686	51	47	100	14	125
重 庆	Chongqing	17147	1729	1908	8391	360	77	412	71	4270
四 川	Sichuan	16253	2697	797	8829	573	158	894	4	2305
贵 州	Guizhou	4642	779	212	1268	291	49	237		1806
云 南	Yunnan	8548	1293	667	3373	779	56	807	1	1573
西 藏	Tibet	193		9	106	24	4	7		43
陕 西	Shaanxi	7930	3308	732	1709	381	170	620	3	1010
甘 肃	Gansu	5043	582	55	1907	49	48	288	3	2114
青 海	Qinghai	1965	121	583	497	106	5	11		642
宁 夏	Ningxia	2682	76	19	1740	19	5	96	1	727
新 疆	Xinjiang	7705	363	377	4467	102	38	264	6	2094

六、其他单位就业人员和工资总额

EMPLOYMENT AND TOTAL WAGES IN OTHER OWNERSHIP UNITS

6-1 分行业其他单位就业人员和工资总额(2010年)

EMPLOYMENT AND TOTAL WAGES IN OTHER OWNERSHIP UNITS BY SECTOR (2010)

项　　目	Item	年末人数(千人) Year-end Figures (1000 persons)	#女性 Female	工资总额(千元) Total Wages (1000 yuan)	平均工资(元) Average Wage (yuan)
全国总计	**National Total**	**59376**	**22089**	**2094974127**	**35801**
按登记注册类型分组	**Grouped by Registration Status**				
内资	Domestic Funded	41145	13297	1418388428	34996
股份合作	Cooperative Units	1559	592	46857489	30271
联营	Joint-owned Units	365	115	12208212	33939
国有联营	State Joint-owned Units	133	37	5793394	44385
集体联营	Collective Joint-owned Units	61	21	1557695	25500
有限责任公司	Limited Liability Corporations	26134	7877	845593214	32799
国有独资	State Funded Corporations	3393	874	156889361	46891
股份有限公司	Share-holding Corporations Ltd	10239	3664	443024216	44118
其他	Others	2848	1049	70705297	25253
港、澳、台商投资	Funded by Entrepreneurs from Hong Kong, Macao and Taiwan	7697	3833	243150617	31983
外商投资	Foreign Funded	10535	4959	433435082	41739
按国民经济行业分组	**Grouped by Sector**				
农、林、牧、渔业	**Agriculture,Forestry,Farming of Animals and Fishing**	**140**	**50**	**2907471**	**21359**
农业	Agriculture	48	19	879463	18960
林业	Forestry	15	4	322300	21491
畜牧业	Farming of Animals	41	15	858815	20968
渔业	Fishing	12	3	395012	33064
农、林、牧、渔服务业	Service Activities for Agriculture, Forestry, Farming of Animals and Fishing	23	9	451881	20694
采矿业	**Mining**	**3091**	**522**	**137280705**	**44907**
煤炭开采和洗选业	Mining and Washing of Coal	2237	351	101343169	45882
石油和天然气开采业	Extraction of Petroleum and Natural Gas	453	92	24882192	55260
黑色金属矿采选业	Mining of Ferrous Metal Ores	111	21	3468019	31149
有色金属矿采选业	Mining of Non-ferrous Metal Ores	166	33	4582993	27922
非金属矿采选业	Mining and Processing of Nonmetal Ores	122	24	2962989	24505
其他采矿业	Mining of Other Ores	2		41343	26916
制造业	**Manufacturing**	**30862**	**13152**	**933403579**	**30609**
农副食品加工业	Processing of Food from Agricultural Products	1104	496	24845760	23016
食品制造业	Manufacture of Foods	745	371	19804539	27409
饮料制造业	Manufacture of Beverage	721	268	20417843	28675
烟草制品业	Manufacture of Tobacco	45	20	2543668	62458
纺织业	Manufacture of Textile	2132	1339	46656306	21914
纺织服装、鞋、帽制造业	Manufacture of Textile Wearing Apparel, Footware,and Caps	1928	1332	46179901	23853
皮革、毛皮、羽毛(绒)及其制品业	Manufacture of Leather,Fur,Feather and Its Products	892	557	20183710	22573
木材加工及木、竹、藤、棕、草制品业	Processing of Timbers,Manufacture of Wood, Bamboo,Rattan,Palm,and Straw Products	247	100	5077323	20628

6-1 续表 1 continued

项 目	Item	年末人数(千人) Year-end Figures (1000 persons)	#女性 Female	工资总额(千元) Total Wages (1000 yuan)	平均工资(元) Average Wage (yuan)
家具制造业	Manufacture of Furniture	345	127	8715249	25501
造纸及纸制品业	Manufacture of Paper and Paper Products	561	211	14232801	25494
印刷业和记录媒介的复制	Printing,Reproduction of Recording Media	273	120	7864352	28776
文教体育用品制造业	Manufacture of Articles for Culture, Education and Sport Activity	448	269	10489179	23148
石油加工、炼焦及核燃料加工业	Processing of Petroleum ,Coking,Processing of Nucleus Fuel	422	121	18773788	44686
化工原料及化学制品制造业	Manufacture of Chemical Raw Material and Chemical Products	1783	559	56474011	31750
医药制造业	Manufacture of Medicines	889	417	29361553	33672
化学纤维制造业	Manufacture of Chemical Fiber	193	76	5321542	28116
橡胶制品业	Manufacture of Rubber	406	153	11476576	28538
塑料制品业	Manufacture of Plastic	769	367	20372949	26542
非金属矿物制品业	Manufacture of Non-metallic Mineral Products	1585	469	39094858	24795
黑色金属冶炼及压延加工业	Manufacture and Processing of Ferrous Metals	1303	291	51537239	39958
有色金属冶炼及压延加工业	Manufacture & Processing of Non-ferrous Metals	714	188	21104155	29677
金属制品业	Manufacture of Metal Products	983	307	27366550	28181
通用设备制造业	Manufacture of General Purpose Machinery	1697	484	55856206	33614
专用设备制造业	Manufacture of Special Purpose Machinery	1438	435	48459963	34588
交通运输设备制造业	Manufacture of Transport Equipment	2516	703	101030906	41373
电气机械及器材制造业	Manufacture of Electrical Machinery & Equipment	2128	954	63609732	30380
通信设备、计算机及其他电子设备制造业	Manufacture of Communication Equipment, Computer and Other Electronic Equipment	3453	1827	122639844	36188
仪器仪表及文化、办公用机械制造业	Manufacture of Measuring Instrument and Machinery for Cultural Activity & Office Work	608	293	20629539	34372
工艺品及其他制造业	Manufacture of Artwork,Other Manufacture	510	290	12527501	24324
废弃资源和废旧材料回收加工业	Recycling and Disposal of Waste	26	7	756036	28501
电力、燃气及水的生产和供应业	**Production and Distribution of Electricity,Gas and Water**	**1014**	**295**	**47565905**	**47164**
电力、热力的生产和供应业	Production and Supply of Electric Power and Heat Power	768	206	37795785	49303
燃气生产和供应业	Production and Distribution of Gas	108	37	4434864	41840
水的生产和供应业	Production and Distribution of Water	137	52	5335256	39253
建筑业	**Construction**	**8271**	**988**	**225163026**	**27522**
房屋和土木工程建筑业	Construction of Building & Civil Engineering	7180	825	192736012	27136
建筑安装业	Architectural Installation	602	92	19817358	33248
建筑装饰业	Architectural Decoration	263	44	7204851	27729
其他建筑业	Other Construction	226	28	5404805	24279
交通运输、仓储和邮政业	**Traffic,Transport,Storage and Post**	**2080**	**572**	**88979880**	**43176**
铁路运输业	**Transport Via Railway**	**106**	**25**	**5495152**	**51443**
道路运输业	**Transport Via Road**	**643**	**199**	**18439059**	**28967**

6-1 续表 2 continued

项 目	Item	年末人数（千人）Year-end Figures (1000 persons)	#女 性 Female	工资总额（千元）Total Wages (1000 yuan)	平均工资（元）Average Wage (yuan)
城市公共交通业	Urban Public Traffic	640	166	19914262	31525
水上运输业	Water Transport	257	44	15385309	59985
航空运输业	Air Transport	154	56	16714777	110731
管道运输业	Transport Via Pipeline	9	2	455925	51239
装卸搬运和其他运输服务业	Loading,Unloading,Portage & Other Transport Services	155	48	7318960	47393
仓储业	Storage	78	23	3171070	41107
邮政业	Post	38	9	2085366	55064
信息传输、计算机服务和软件业	**Information Transfer, Computer Services and Software**	**1223**	**467**	**87808159**	**74178**
电信和其他信息传输服务业	Telecom & Other Information Transfer Services	612	261	38519160	64032
计算机服务业	Computer Services	175	59	13750450	79846
软件业	Software Industry	435	147	35538549	86686
批发和零售业	**Wholesale and Retail Trade**	**3499**	**1778**	**120252161**	**35109**
批发业	Wholesale	1495	616	69173831	47213
零售业	Retail Trade	2003	1162	51078330	26061
住宿和餐饮业	**Accommodation and Restaurants**	**1451**	**787**	**33571487**	**23505**
住宿业	Accommodation	731	396	18493021	25387
餐饮业	Restaurants	720	391	15078466	21547
金融业	**Finance**	**2737**	**1471**	**205044685**	**77445**
银行业	Bank	1215	625	124984546	105514
证券业	Securities	148	61	22775235	168512
保险业	Insurance	1322	760	52072332	40736
其他金融活动	Other Financial Activities	51	25	5212572	105007
房地产业	**Real Estate**	**1571**	**538**	**56998075**	**37102**
房地产开发经营	Real Estate Exploitation Management	782	259	34346324	44761
物业管理	Management Concerning Dwelling	637	220	16739196	26804
房地产中介服务	Real Estate Agency Service	83	35	3238722	41907
租赁和商务服务业	**Tenancy and Business Services**	**1409**	**584**	**68536166**	**50179**
租赁业	Tenancy	35	8	1187380	33720
商务服务业	Business Service	1374	576	67348786	50614
科学研究、技术服务和地质勘查业	**Scientific Research,Technical Service and Geological Prospecting**	**686**	**210**	**45209080**	**67716**
研究与实验发展	Research and Experimental Development	75	27	5639089	76701
#自然科学研究与实验发展	Research and Experimental Development on Physical Science	10	4	792569	85822
工程和技术研究与实验发展	Research and Experimental Development on Engineering and Technical Research	48	16	3788613	81259
农业科学研究与实验发展	Research and Experimental Development on Agricultural Science Research	3	1	135155	54040
医学研究与实验发展	Research and Experimental Development on Medical Research	13	6	854368	67539

6-1 续表 3 continued

项　目	Item	年末人数（千人）Year-end Figures (1000 persons)	#女性 Female	工资总额（千元）Total Wages (1000 yuan)	平均工资（元）Average Wage (yuan)
社会人文科学研究与实验发展	Research and Experimental Development on Social Science and Humanities	3	1	68384	27245
专业技术服务业	Professional Technique Services	438	125	27670834	64875
#气象服务	Weather Services	1	1	54173	40488
地震服务	Earthquake Services			17201	43437
海洋服务	Ocean Services	1		60524	84649
测绘服务	Plotting Services	8	3	307142	41754
技术检测	Technique Detection	30	11	1446045	48356
环境监测	Environmental Monitoring	3	1	138140	49655
工程技术与规划管理	Engineering Technic & Programming Management	313	79	20627921	67538
科技交流和推广服务业	Services of Science and Technique Intercommunion and Generalization	140	48	9834619	72237
地质勘查业	Geological Prospecting	32	9	2064538	65676
水利、环境和公共设施管理业	**Management of Water Conservancy, Environment and Public Establishment**	**185**	**69**	**5533301**	**30217**
水利管理业	Management of Water Conservancy	11	3	383853	37391
环境管理业	Environmental Management	51	22	1649274	32563
公共设施管理业	Management of Public Establishment	123	44	3500174	28642
居民服务和其他服务业	**Resident Services and Other Services**	**235**	**120**	**5946813**	**25536**
居民服务业	Resident Services	84	41	2007566	24094
其他服务业	Other Services	152	78	3939247	26339
教育	**Education**	**468**	**255**	**16211879**	**35282**
#初等教育	Primary Education	58	34	1886859	33283
中等教育	Secondary Education	161	81	6005779	37762
高等教育	Higher Education	85	42	3260442	39283
卫生、社会保障和社会福利业	**Sanitation,Social Security & Social Welfare**	**186**	**115**	**6303732**	**34672**
卫生	Sanitation	175	108	6049848	35334
社会保障业	Social Security	2	1	63226	28038
社会福利业	Social Welfare	8	5	190658	22863
文化体育和娱乐业	**Culture, Sports and Entertainment**	**162**	**77**	**5985953**	**37107**
新闻出版业	Journalism and Publishing Activities	22	11	1318029	58991
广播、电影、电视和音像业	Broadcasting,Movies,Television and Audiovisual Activities	34	15	1672303	50386
文化艺术业	Culture and Art	24	10	795247	34788
体育	Sports Activities	11	4	454847	42221
娱乐业	Entertainment	71	37	1745527	24193
公共管理和社会组织	**Public Management & Social Organization**	**107**	**40**	**2272070**	**21392**
#中国共产党机关	Chinese Communist Party Organs				
国家机构	Organ of State				
人民政协和民主党派	People's Political Consultative Conference and Democratic Parties				
群众社团、社会团体和宗教组织	Mass Communities, Social Communities and Religion Organizations	35	14	1166196	33368

6-2 各地区分行业其他单位就业人员和工资总额(2010年)

EMPLOYMENT AND TOTAL WAGES IN OTHER OWNERSHIP UNITS BY SECTOR AND REGION (2010)

地区	Region	总计 Total 年末人数(人) Year-end Figures (person)	#女性 Female	工资总额(千元) Total Wages (1000 yuan)	平均工资(元) Average wage (yuan)	内资 Domestic Funded 年末人数(人) Year-end Figures (person)	#女性 Female	工资总额(千元) Total Wages (1000 yuan)	平均工资(元) Average wage (yuan)
全国	**National**	**59375695**	**22088817**	**2094974127**	**35801**	**41144522**	**13296580**	**1418388428**	**34996**
北京	Beijing	4349273	1688796	281061498	66246	3176422	1193553	175613472	56540
天津	Tianjin	1205611	434016	57719574	48557	610555	177836	30834964	51140
河北	Hebei	1636727	537348	51730817	31953	1324017	421431	42518060	32205
山西	Shanxi	1327447	358803	46608169	35863	1197235	317900	43568237	36660
内蒙古	Inner Mongolia	708431	221333	23169761	31275	664967	201657	21812528	31287
辽宁	Liaoning	2038179	679114	71941989	35191	1507030	437546	54293511	35670
吉林	Jilin	875778	289687	25471153	28874	769430	251435	21579962	27753
黑龙江	Heilongjiang	1056535	347016	29293914	27469	961378	307456	26810604	27600
上海	Shanghai	2382682	1018249	151735523	63544	941692	326395	69426512	73078
江苏	Jiangsu	4522267	1957209	152437922	34273	2435230	895854	82169747	34160
浙江	Zhejiang	6392605	2260948	209135821	33476	4243298	1183419	141879750	34413
安徽	Anhui	1491042	477616	49107468	33867	1274570	379106	43080167	34645
福建	Fujian	3350539	1531728	94405879	28978	1429329	510151	41914311	31171
江西	Jiangxi	827557	344795	21199228	26044	603599	224177	16301868	27405
山东	Shandong	4597815	1829464	133605824	29328	3188585	1118859	92833601	29542
河南	Henan	3121598	998278	89656101	29272	2883977	903107	83100529	29334
湖北	Hubei	2110425	715219	58103272	28262	1811296	586667	48136689	27236
湖南	Hunan	2048504	634544	55637922	27844	1807951	518635	49579631	28131
广东	Guangdong	6602097	2953418	240411915	36779	2402685	862923	105229207	44618
广西	Guangxi	960923	311034	25802399	28146	788640	240820	20930284	27852
海南	Hainan	243012	98350	7288389	30560	184551	71392	5682950	31367
重庆	Chongqing	1302984	411787	41634118	33223	1156737	355124	36648990	32977
四川	Sichuan	2011216	630291	53533041	27081	1850645	562195	48939012	26938
贵州	Guizhou	604018	191971	16878649	28517	568424	178589	15958915	28676
云南	Yunnan	1212226	368240	27368185	23253	1158598	346316	25926615	23073
西藏	Tibet	10063	2985	305472	33642	10063	2985	305472	33642
陕西	Shaanxi	966207	351076	30432327	32445	840443	297789	25915532	31666
甘肃	Gansu	400539	124028	10905357	27375	388136	119969	10566607	27385
青海	Qinghai	129474	34614	3072771	23171	115494	31548	2730378	23014
宁夏	Ningxia	213262	62366	9077783	40148	200129	58625	8636208	40531
新疆	Xinjiang	676659	224494	26241886	34477	649416	213121	25464115	34711

6-2 续表 1 continued

地区	Region	股份合作 Cooperative Units 年末人数(人) Year-end Figures (person)	#女性 Female	工资总额(千元) Total Wages (1000 yuan)	平均工资(元) Average wage (yuan)	联营 Joint-owned Units 年末人数(人) Year-end Figures (person)	#女性 Female	工资总额(千元) Total Wages (1000 yuan)	平均工资(元) Average wage (yuan)
全国	**National**	**1559031**	**592295**	**46857489**	**30271**	**364807**	**114608**	**12208212**	**33939**
北京	Beijing	120148	51373	2864276	23872	9314	4337	380072	39632
天津	Tianjin	9010	3162	460013	48870	3873	909	131851	34158
河北	Hebei	60934	23373	1994397	33143	15901	3152	737225	48222
山西	Shanxi	26215	8574	602085	23254	3644	1309	60240	16383
内蒙古	Inner Mongolia	20576	6605	458859	22204	1774	821	51675	28740
辽宁	Liaoning	53553	17954	1331434	23024	13499	2835	303506	22336
吉林	Jilin	17568	7089	355341	17328	1417	472	21231	15004
黑龙江	Heilongjiang	110850	43088	2935350	26822	7724	3786	190526	24782
上海	Shanghai	37687	11158	3216576	82236	6870	2329	384028	53531
江苏	Jiangsu	63066	23396	1831211	29450	11000	3544	283924	26333
浙江	Zhejiang	150887	63011	5909110	39794	13666	4622	472316	35456
安徽	Anhui	47311	19070	1173680	25783	7611	1724	188195	25049
福建	Fujian	81449	28112	2321005	29249	19523	5681	588156	29771
江西	Jiangxi	23092	9890	558475	24225	3983	989	97667	22772
山东	Shandong	161391	65247	4000792	25465	32768	10252	1529061	46466
河南	Henan	91605	34554	2734501	29928	10651	3615	273054	25245
湖北	Hubei	48501	18170	1197805	25380	22591	6535	666633	29380
湖南	Hunan	73807	26975	2059662	28058	16394	5747	374214	22983
广东	Guangdong	116197	47862	3951766	34163	88397	29750	3410049	39478
广西	Guangxi	29562	9391	842413	28627	7496	2205	160082	21839
海南	Hainan	4518	1850	104539	22976	2162	722	56445	26108
重庆	Chongqing	37840	12867	1122585	30148	23644	6435	601765	27853
四川	Sichuan	79009	26386	2190997	28125	10516	3336	300885	28948
贵州	Guizhou	23163	7545	866215	38211	4039	1511	79879	20020
云南	Yunnan	22129	7317	477875	22017	2961	1067	65429	22941
西藏	Tibet					493	121	7046	15588
陕西	Shaanxi	22179	8482	564843	26031	11758	4078	503733	43414
甘肃	Gansu	10334	3771	208097	20227	4638	755	153902	33140
青海	Qinghai	6299	2061	161008	24847	3214	589	32294	12630
宁夏	Ningxia	4877	2092	155373	32641	946	417	24746	26298
新疆	Xinjiang	5274	1870	207206	42582	2340	963	78383	33115

6-2 续表 2 continued

地 区	Region	国有联营 State Joint-owned Units 年末人数(人) Year-end Figures (person)	#女性 Female	工资总额(千元) Total Wages (1000 yuan)	平均工资(元) Average wage (yuan)	集体联营 Collective Joint-owned Units 年末人数(人) Year-end Figures (person)	#女性 Female	工资总额(千元) Total Wages (1000 yuan)	平均工资(元) Average wage (yuan)
全 国	**National**	**132774**	**36972**	**5793394**	**44385**	**61152**	**21068**	**1557695**	**25500**
北 京	Beijing	1596	780	99259	59867	2286	1041	111173	49520
天 津	Tianjin	1985	448	71207	35999	165	90	4226	23348
河 北	Hebei	14665	2669	717703	51049	64	24	739	11547
山 西	Shanxi	1024	350	19497	19040	596	406	13609	22644
内蒙古	Inner Mongolia	1182	522	35060	29813	115	27	3947	34322
辽 宁	Liaoning	1686	482	50765	30163	345	149	5408	15630
吉 林	Jilin	584	142	10064	17087	384	147	6519	17292
黑龙江	Heilongjiang	157	59	2827	21256	442	111	4555	10055
上 海	Shanghai	2227	570	107276	46460	584	235	24017	34212
江 苏	Jiangsu	2201	687	63128	30526	3546	1079	74329	21152
浙 江	Zhejiang	3002	963	130896	44477	3661	1061	111537	30667
安 徽	Anhui	1432	691	32023	22347	1032	340	40844	40320
福 建	Fujian	7011	2289	269453	38532	3177	596	84305	24429
江 西	Jiangxi	1419	385	36176	20899	258	69	7942	30903
山 东	Shandong	22658	5617	1293163	56308	4653	2212	115466	25009
河 南	Henan	2806	1080	89483	30008	3637	1447	73869	20462
湖 北	Hubei	7739	1785	294786	37591	5040	1354	106099	21237
湖 南	Hunan	2752	872	78782	28217	6819	2013	142764	21106
广 东	Guangdong	29330	9187	1552931	53668	8825	3404	228976	25835
广 西	Guangxi	2202	619	62732	29944	467	162	8462	18198
海 南	Hainan	1285	450	38940	30233	188	42	2810	15525
重 庆	Chongqing	9602	2262	217571	28154	7968	2648	249865	31573
四 川	Sichuan	3729	1544	94515	25496	1121	304	21148	19225
贵 州	Guizhou	753	279	14788	20625	1362	619	25796	19395
云 南	Yunnan	952	442	19434	20522	1335	403	24782	20214
西 藏	Tibet	38	13	226	5947	289	75	3397	13480
陕 西	Shaanxi	4440	920	211742	48266	1527	400	34706	22713
甘 肃	Gansu	2679	132	123787	46052	598	386	8363	13962
青 海	Qinghai	4	2	58	9667	42	22	664	15810
宁 夏	Ningxia	97	57	2004	20875	534	192	15173	28956
新 疆	Xinjiang	1537	674	53118	34605	92	10	2205	18375

6-2 续表 3 continued

地区	Region	有限责任公司 Limited Liability Corporations 年末人数(人) Year-end Figures (person)	#女性 Female	工资总额(千元) Total Wages (1000 yuan)	平均工资(元) Average wage (yuan)	国有独资 State Funded Corporations 年末人数(人) Year-end Figures (person)	#女性 Female	工资总额(千元) Total Wages (1000 yuan)	平均工资(元) Average wage (yuan)
全国	**National**	**26133865**	**7877381**	**845593214**	**32799**	**3392676**	**873864**	**156889361**	**46891**
北京	Beijing	2282118	830892	114420482	51189	312760	96505	21877088	70736
天津	Tianjin	361396	85778	17695334	49569	122556	22326	7139452	58743
河北	Hebei	709885	189242	23670996	33149	176701	40132	8492121	47413
山西	Shanxi	956102	227325	37207076	39214	253262	56372	12918180	52041
内蒙古	Inner Mongolia	454757	127288	14746971	30927	86001	25196	3598952	41974
辽宁	Liaoning	906577	252481	30370392	33018	201563	44773	8610249	43056
吉林	Jilin	425645	137310	10292696	23768	30729	10691	992035	32925
黑龙江	Heilongjiang	578734	170282	14483796	24533	161791	32575	4905463	31079
上海	Shanghai	470575	152075	27177049	56932	40536	11473	3224063	78117
江苏	Jiangsu	1068983	366770	34348086	32504	87947	30477	4039961	46158
浙江	Zhejiang	3008616	791575	89939690	30893	110435	37780	4687715	40811
安徽	Anhui	800400	217839	26528029	33997	179046	34219	10208814	57666
福建	Fujian	873971	312756	23225674	27844	26525	7088	1188058	50064
江西	Jiangxi	343537	127650	8192087	24183	22522	6452	900653	37763
山东	Shandong	2056525	667151	57223397	28208	212415	45429	9140925	42694
河南	Henan	1920772	550754	54199773	28775	154988	45674	6282309	40413
湖北	Hubei	1164299	356467	30795197	27114	102511	32820	3759853	37138
湖南	Hunan	1126708	273754	29910275	27271	157600	41563	4715299	30108
广东	Guangdong	1519729	513475	58576709	39271	247815	70672	13838843	57471
广西	Guangxi	498236	136457	12979295	27668	143499	14800	4467833	35772
海南	Hainan	123646	45494	3283919	27197	3018	942	255952	83644
重庆	Chongqing	864479	239847	26299503	31649	84220	27372	3409660	40466
四川	Sichuan	1229073	357210	30519049	25352	82810	27156	2696445	35041
贵州	Guizhou	403830	119174	10399178	26261	99873	20637	3311726	34031
云南	Yunnan	485665	159298	10943707	23369	36212	11901	1230411	35065
西藏	Tibet	4343	1569	191838	44520	3951	1483	179491	45754
陕西	Shaanxi	603046	207477	17564560	29819	63291	24362	2022510	32359
甘肃	Gansu	238385	70094	6503803	27087	39932	14065	1245287	30943
青海	Qinghai	83630	21192	1952884	22457	6405	1227	191307	25542
宁夏	Ningxia	157603	41963	7285570	43644	61157	12869	4170333	68242
新疆	Xinjiang	412600	126742	14666199	29660	80605	24833	3188373	39535

6-2 续表 4 continued

地 区	Region	股份有限公司 Share-holding Corporations Ltd 年末人数(人) Year-end Figures (person)	#女 性 Female	工资总额(千元) Total Wages (1000 yuan)	平均工资(元) Average wage (yuan)	其 他 Others 年末人数(人) Year-end Figures (person)	#女 性 Female	工资总额(千元) Total Wages (1000 yuan)	平均工资(元) Average wage (yuan)
全 国	**National**	**10238630**	**3663724**	**443024216**	**44118**	**2848189**	**1048572**	**70705297**	**25253**
北 京	Beijing	646575	249446	54816270	87852	118267	57505	3132372	26728
天 津	Tianjin	125689	50486	8743959	70733	110587	37501	3803807	34874
河 北	Hebei	475857	184996	14822260	31588	61440	20668	1293182	21036
山 西	Shanxi	187432	70177	5172560	27754	23842	10515	526276	22245
内蒙古	Inner Mongolia	178154	62463	6339999	33710	9706	4480	215024	21943
辽 宁	Liaoning	470994	142116	20841222	44486	62407	22160	1446957	23202
吉 林	Jilin	265884	89492	9649184	36090	58916	17072	1261510	22843
黑龙江	Heilongjiang	258719	88130	9083770	35215	5351	2170	117162	19711
上 海	Shanghai	405496	150736	37741643	92923	21064	10097	907216	44852
江 苏	Jiangsu	592693	241645	26919488	46221	699488	260499	18787038	27097
浙 江	Zhejiang	998719	287820	43381321	44252	71410	36391	2177313	31362
安 徽	Anhui	376667	123879	14180028	38467	42581	16594	1010235	24339
福 建	Fujian	312839	107409	11567163	42186	141547	56193	4212313	30694
江 西	Jiangxi	183136	67378	6308690	35098	49851	18270	1144949	23365
山 东	Shandong	803046	324590	26615258	33665	134855	51619	3465093	26023
河 南	Henan	648645	231956	20608930	32377	212304	82228	5284271	25087
湖 北	Hubei	469724	168283	13099293	28630	106181	37212	2377761	22823
湖 南	Hunan	473064	154698	14305171	30921	117978	57461	2930309	25850
广 东	Guangdong	604884	231723	36758667	62077	73478	40113	2532016	34868
广 西	Guangxi	151451	57260	4768069	32784	101895	35507	2180425	21767
海 南	Hainan	41373	16443	1958272	47524	12852	6883	279775	22361
重 庆	Chongqing	211275	87812	8100034	39913	19499	8163	525103	28237
四 川	Sichuan	493604	161851	15001129	30821	38443	13412	926952	24489
贵 州	Guizhou	121001	42861	4325602	36708	16391	7498	288041	17961
云 南	Yunnan	165224	57154	5620071	34749	482619	121480	8819533	18802
西 藏	Tibet	2624	839	94145	54799	2603	456	12443	4784
陕 西	Shaanxi	199677	76109	7119065	36999	3783	1643	163331	44883
甘 肃	Gansu	103618	37573	3256916	31698	31161	7776	443889	15820
青 海	Qinghai	19146	5565	535364	27481	3205	2141	48828	15442
宁 夏	Ningxia	32589	12382	1012339	30318	4114	1771	158180	22431
新 疆	Xinjiang	218831	80452	10278334	46677	10371	3094	233993	19986

6-2 续表 5 continued

地区	Region	港、澳、台商投资 Funded by Entrepreneurs from Hong Kong, Macao and Taiwan				外商投资 Foreign Funded			
		年末人数（人） Year-end Figures (person)	#女性 Female	工资总额（千元） Total Wages (1000 yuan)	平均工资（元） Average wage (yuan)	年末人数（人） Year-end Figures (person)	#女性 Female	工资总额（千元） Total Wages (1000 yuan)	平均工资（元） Average wage (yuan)
全国	**National**	**7696504**	**3833068**	**243150617**	**31983**	**10534669**	**4959169**	**433435082**	**41739**
北京	Beijing	424333	184519	32237577	79097	748518	310724	73210449	100409
天津	Tianjin	125432	50164	5107348	41354	469624	206016	21777262	47111
河北	Hebei	92076	34683	2765948	30252	220634	81234	6446809	31098
山西	Shanxi	85981	29622	1612849	23924	44231	11281	1427083	32612
内蒙古	Inner Mongolia	15594	6211	445827	29001	27870	13465	911406	32218
辽宁	Liaoning	115920	46806	3618142	31106	415229	194762	14030336	34563
吉林	Jilin	25957	10891	555278	21604	80391	27361	3335913	42284
黑龙江	Heilongjiang	29693	12741	808278	27715	65464	26819	1675032	25428
上海	Shanghai	397361	201498	16930172	42002	1043629	490356	65378839	63182
江苏	Jiangsu	650261	337891	18646135	29244	1436776	723464	51622040	36749
浙江	Zhejiang	958315	486858	29437665	31114	1190992	590671	37818406	32093
安徽	Anhui	69896	31698	1765346	26094	146576	66812	4261955	30688
福建	Fujian	1102460	597194	28470672	25777	818750	424383	24020896	29703
江西	Jiangxi	100556	57886	1909884	19256	123402	62732	2987476	24905
山东	Shandong	288638	138059	7760571	27063	1120592	572546	33011652	29305
河南	Henan	114484	48946	2972200	27257	123137	46225	3583372	29620
湖北	Hubei	98840	48928	2553686	26748	200289	79624	7412897	38398
湖南	Hunan	118248	62441	2775052	24122	122305	53468	3283239	27201
广东	Guangdong	2579751	1308455	74914087	29193	1619661	782040	60268621	37386
广西	Guangxi	82342	39294	1610012	20620	89941	30920	3262103	37428
海南	Hainan	18143	8813	442186	24728	40318	18145	1163253	29495
重庆	Chongqing	51990	23286	1695981	34059	94257	33377	3289147	35738
四川	Sichuan	57676	26380	1523004	26580	102895	41716	3071025	29872
贵州	Guizhou	11796	4097	261217	22139	23798	9285	658517	27944
云南	Yunnan	24415	10428	612960	25264	29213	11496	828610	28562
西藏	Tibet								
陕西	Shaanxi	32968	16360	1155943	35257	92796	36927	3360852	38728
甘肃	Gansu	4658	1673	81950	17425	7745	2386	256800	32877
青海	Qinghai	3589	515	90769	25941	10391	2551	251624	24019
宁夏	Ningxia	993	262	25408	25821	12140	3479	416167	34545
新疆	Xinjiang	14138	6469	364470	25443	13105	4904	413301	31311

6-2 续表 6 continued

地 区	Region	农、林、牧、渔业 Agriculture Forestry, Farming of Animals and Fishing				采矿业 Mining			
		年末人数（人） Year-end Figures (person)	#女性 Female	工资总额（千元） Total Wages (1000 yuan)	平均工资（元） Average wage (yuan)	年末人数（人） Year-end Figures (person)	#女性 Female	工资总额（千元） Total Wages (1000 yuan)	平均工资（元） Average wage (yuan)
全 国	**National**	**139551**	**50254**	**2907471**	**21359**	**3091210**	**521527**	**137280705**	**44907**
北 京	Beijing	13198	5736	377277	28723	44361	5436	3066613	69384
天 津	Tianjin	1223	376	45304	35701	78345	5936	4640116	59391
河 北	Hebei	1271	517	17062	14862	152089	24967	7880897	51974
山 西	Shanxi	6287	2072	139363	22002	496533	86110	25719229	52910
内蒙古	Inner Mongolia	7015	2876	87523	12036	120694	19492	4772726	39533
辽 宁	Liaoning	8945	2593	288210	34241	256464	30238	12077050	47776
吉 林	Jilin	5363	1613	69862	13053	84842	22451	3282895	37574
黑龙江	Heilongjiang	6435	2202	64501	9965	217236	29901	6692161	31513
上 海	Shanghai	8658	1394	240199	35485	434	205	12268	27819
江 苏	Jiangsu	3055	814	64269	22480	49368	13142	1861304	37758
浙 江	Zhejiang	2066	667	49450	24288	10329	1769	324966	31806
安 徽	Anhui	10	2	235	23500	187501	24220	11229626	60969
福 建	Fujian	6532	2954	146035	22432	28384	2723	871385	30780
江 西	Jiangxi	3060	1238	64561	21307	25735	3984	596838	23201
山 东	Shandong	9281	4210	209896	22425	192637	31579	7618710	39481
河 南	Henan	13883	5558	262168	18946	362402	73967	17646109	49137
湖 北	Hubei	4626	1944	60856	13207	40319	5905	924661	22949
湖 南	Hunan	2037	737	43116	21590	55247	8297	1375374	24979
广 东	Guangdong	4309	1316	119871	27557	17099	3498	759821	45192
广 西	Guangxi	6588	2100	158670	24103	15886	3147	403372	24946
海 南	Hainan	996	266	16304	16127	1325	250	29301	22248
重 庆	Chongqing	3661	1566	57521	16439	52147	8321	1524563	29537
四 川	Sichuan	1817	749	37547	20653	88624	16209	2449326	27824
贵 州	Guizhou	1365	479	17598	12845	85058	11420	2849110	34097
云 南	Yunnan	5221	1632	84766	16431	109411	12569	2647830	24728
西 藏	Tibet					9	3	112	12444
陕 西	Shaanxi	556	196	11717	22024	56595	8013	2181659	39116
甘 肃	Gansu	1345	334	28889	21688	54284	13145	2748131	50738
青 海	Qinghai	3259	1307	28208	8893	11643	2394	315342	28003
宁 夏	Ningxia	987	328	25305	26034	52377	10072	3873374	74610
新 疆	Xinjiang	6502	2478	91188	15429	143832	42164	6905836	49205

地区	Region	制造业 Manufacturing 年末人数(人) Year-end Figures (person)	#女性 Female	工资总额(千元) Total Wages (1000 yuan)	平均工资(元) Average wage (yuan)	电力、燃气及水的生产和供应业 Production and Distribution of Electricity, Gas and Water 年末人数(人) Year-end Figures (person)	#女性 Female	工资总额(千元) Total Wages (1000 yuan)	平均工资(元) Average wage (yuan)
全国	**National**	**30862317**	**13151897**	**933403579**	**30609**	**1013712**	**294642**	**47565905**	**47164**
北京	Beijing	897973	327051	43507942	48900	46675	13214	3893241	83942
天津	Tianjin	670514	274924	28270311	42540	16249	4836	1129123	71946
河北	Hebei	832640	284215	22697059	27722	36141	10028	2007531	55842
山西	Shanxi	519090	152647	13055316	26053	25119	6667	906987	36481
内蒙古	Inner Mongolia	328318	114101	10033122	30477	32898	9425	1749661	53542
辽宁	Liaoning	1024837	365015	32613404	31924	62943	16467	2440995	39135
吉林	Jilin	448517	143416	13262204	29679	28565	7670	811443	29048
黑龙江	Heilongjiang	393270	146897	10023092	25741	29469	8535	928688	31813
上海	Shanghai	1273432	566191	65232381	50992	13844	2511	1155093	81748
江苏	Jiangsu	3138732	1485962	98671012	31975	57149	15485	3379945	59297
浙江	Zhejiang	3399807	1561056	98927811	29486	47385	12135	3153696	67097
安徽	Anhui	653104	248661	18332764	28864	39778	10084	1733284	44691
福建	Fujian	2343675	1228778	61955497	26545	33513	9870	1531291	45002
江西	Jiangxi	564315	253638	13483163	24335	22828	7031	784367	34401
山东	Shandong	3004888	1322480	81679155	27417	55909	16728	2031871	37094
河南	Henan	1342874	518062	34199780	25760	70464	21280	2639902	37288
湖北	Hubei	1056724	411354	28661590	27997	31062	9812	1144712	37252
湖南	Hunan	862373	299637	23584882	28163	36031	11505	1309730	36080
广东	Guangdong	4506133	2178339	141048245	31408	60248	16160	3699171	61309
广西	Guangxi	452553	175025	11078751	25562	19606	5632	801165	40623
海南	Hainan	70513	28821	1907272	27625	4416	1472	187911	42161
重庆	Chongqing	462844	170482	14086511	31362	43772	14659	2366404	54011
四川	Sichuan	945685	343529	24462910	26274	67989	22681	2402938	34908
贵州	Guizhou	242350	78506	6229202	26261	12671	3210	559141	43472
云南	Yunnan	431880	139154	9541657	22377	37271	11804	1459170	39455
西藏	Tibet	1913	538	45157	24200				
陕西	Shaanxi	458354	167478	12400389	27610	20334	6611	756642	37469
甘肃	Gansu	166447	51663	3829678	23206	11790	3640	450991	38862
青海	Qinghai	63550	13229	1501153	23153	2645	637	81265	29822
宁夏	Ningxia	87486	26792	2439547	27974	11769	3185	565281	51408
新疆	Xinjiang	217526	74256	6642622	30647	35179	11668	1504266	43509

6-2 续表 8 continued

地 区	Region	建筑业 Construction				交通运输、仓储和邮政业 Traffic, Transport, Storage and Post			
		年末人数（人） Year-end Figures (person)	#女 性 Female	工资总额（千元） Total Wages (1000 yuan)	平均工资（元） Average wage (yuan)	年末人数（人） Year-end Figures (person)	#女 性 Female	工资总额（千元） Total Wages (1000 yuan)	平均工资（元） Average wage (yuan)
全 国	**National**	**8271055**	**988399**	**225163026**	**27522**	**2080254**	**571819**	**88979880**	**43176**
北 京	Beijing	325341	56572	15027790	47194	395053	105774	19740283	50516
天 津	Tianjin	75402	13002	4321588	56542	60222	13271	3750967	62125
河 北	Hebei	186515	21144	3781755	19666	50570	12736	2300433	45181
山 西	Shanxi	83112	12131	1910463	20540	25886	10174	632669	24263
内蒙古	Inner Mongolia	100593	12856	3043371	23342	12294	4936	288049	23219
辽 宁	Liaoning	142249	23964	4388761	26504	72663	23476	2760958	39886
吉 林	Jilin	69987	11468	1659512	20888	30226	10249	668049	22243
黑龙江	Heilongjiang	116310	22176	2828528	20275	16458	5603	471077	29027
上 海	Shanghai	71385	11211	5158229	72274	209077	42467	12542262	59041
江 苏	Jiangsu	425355	47498	12067522	28631	117614	29330	3957510	33815
浙 江	Zhejiang	1677330	111104	45650437	28401	116190	31457	5248359	45647
安 徽	Anhui	274550	33847	7000515	26499	45652	15502	1191046	25980
福 建	Fujian	471610	75382	12105484	29846	42942	11198	1779172	42404
江 西	Jiangxi	72999	10771	1713287	23937	13713	5415	402425	29645
山 东	Shandong	481265	52827	12305313	25679	97791	31333	3916894	40287
河 南	Henan	670220	74772	15227647	23878	56580	17628	1342626	23952
湖 北	Hubei	493619	60526	12608206	25986	70124	20458	2343670	33881
湖 南	Hunan	510196	49661	11559139	23481	47931	14787	1399859	29017
广 东	Guangdong	317546	39586	9649313	31531	287718	68156	14511920	51538
广 西	Guangxi	187309	15207	5121491	30832	47640	13215	1227131	25574
海 南	Hainan	9436	1274	231850	25049	24050	6657	1129614	47559
重 庆	Chongqing	370894	54752	9695246	27608	43160	13583	1348016	31635
四 川	Sichuan	501103	79021	10902160	22403	56859	19167	1822494	32345
贵 州	Guizhou	51425	7658	1174678	23675	13829	4388	382840	28221
云 南	Yunnan	277134	43214	4955419	18650	43757	12782	1181131	27387
西 藏	Tibet	2067	575	84298	72359				
陕 西	Shaanxi	95029	13003	2494976	26121	34152	9813	1360287	44174
甘 肃	Gansu	67087	8202	1365688	20374	16507	6107	384422	22973
青 海	Qinghai	15668	2759	394102	21746	5036	2158	99436	19451
宁 夏	Ningxia	15683	3010	828509	26193	2743	1010	82463	29835
新 疆	Xinjiang	112636	19226	5907749	29232	23817	8989	713818	29831

6-2 续表 9 continued

地区 Region		信息传输、计算机服务和软件业 Information Transfer, Computer Services and Software				批发和零售业 Wholesale and Retail Trade			
		年末人数(人) Year-end Figures (person)	#女性 Female	工资总额(千元) Total Wages (1000 yuan)	平均工资(元) Average wage (yuan)	年末人数(人) Year-end Figures (person)	#女性 Female	工资总额(千元) Total Wages (1000 yuan)	平均工资(元) Average wage (yuan)
全 国	**National**	**1222561**	**466679**	**87808159**	**74178**	**3498827**	**1778169**	**120252161**	**35109**
北 京	Beijing	403208	145785	40884563	106289	496804	232251	30340122	63231
天 津	Tianjin	19688	6917	1394819	73211	84731	31492	3696083	44987
河 北	Hebei	30055	12798	1124502	37764	100683	51078	1896185	19431
山 西	Shanxi	11653	6122	346603	31307	54424	30054	848852	15826
内蒙古	Inner Mongolia	7080	3573	265681	37917	29966	17439	580901	19523
辽 宁	Liaoning	48254	19419	2782527	60527	112097	54228	3280128	28618
吉 林	Jilin	26955	8075	767549	28857	55061	27754	1160405	21138
黑龙江	Heilongjiang	27822	12061	1200218	43287	100327	50196	2566797	25938
上 海	Shanghai	48496	19604	5549975	115914	222669	122915	13687438	61414
江 苏	Jiangsu	60505	24625	3730862	64017	222675	125009	6761052	30802
浙 江	Zhejiang	89085	36993	6661791	78577	269751	141816	9741303	37006
安 徽	Anhui	16417	6700	684293	41545	73562	42452	2021718	28100
福 建	Fujian	29417	11861	1747500	62228	86660	44907	2431516	28859
江 西	Jiangxi	14765	7025	556150	38805	28623	15085	676349	23878
山 东	Shandong	39447	14189	1942784	48734	243533	133004	5462767	22732
河 南	Henan	20104	8363	792066	39655	164825	79884	3600654	21983
湖 北	Hubei	24247	8737	1025688	44023	150461	88523	3600592	24542
湖 南	Hunan	28761	10740	1106145	39934	120110	61143	2751170	23127
广 东	Guangdong	124176	47780	8112202	67276	306832	145839	12181003	40685
广 西	Guangxi	15324	6161	599700	39470	59449	28207	1401861	24087
海 南	Hainan	5338	1850	375727	68364	25556	11369	592033	23816
重 庆	Chongqing	18121	6018	1412309	78966	77712	40783	1998411	27041
四 川	Sichuan	31025	9317	1287195	41301	101779	46584	2331799	23405
贵 州	Guizhou	14740	5447	546597	37194	59117	26493	1131844	19529
云 南	Yunnan	18376	7521	662059	36921	107659	57434	2090499	20830
西 藏	Tibet					1211	320	36050	29769
陕 西	Shaanxi	30884	12267	1558027	52221	59571	33247	1376760	24222
甘 肃	Gansu	6336	2061	156088	24500	27643	14146	473778	17413
青 海	Qinghai	1398	374	44894	32603	9568	3774	198353	20731
宁 夏	Ningxia	1975	828	72279	37567	7297	4896	164566	23520
新 疆	Xinjiang	8909	3468	417366	47606	38471	15847	1171172	31127

6-2 续表 10 continued

地 区	Region	住宿和餐饮业 Accommodation and Restaurants 年末人数(人) Year-end Figures (person)	#女性 Female	工资总额(千元) Total Wages (1000 yuan)	平均工资(元) Average wage (yuan)	金融业 Finance 年末人数(人) Year-end Figures (person)	#女性 Female	工资总额(千元) Total Wages (1000 yuan)	平均工资(元) Average wage (yuan)
全 国	**National**	**1450545**	**787135**	**33571487**	**23505**	**2737168**	**1470663**	**205044685**	**77445**
北 京	Beijing	216388	111389	6824555	31789	250429	137303	39318055	165571
天 津	Tianjin	41073	11035	822719	21639	57605	31686	4762103	85828
河 北	Hebei	15420	8338	281680	17944	175626	90019	7535064	44206
山 西	Shanxi	18970	10821	277977	15063	47054	25550	2124720	45633
内蒙古	Inner Mongolia	10695	6452	218105	20921	33811	19774	1378297	41018
辽 宁	Liaoning	42801	24322	900341	20957	109625	62604	5333200	50058
吉 林	Jilin	15571	9170	288984	17950	42386	22587	1929110	47909
黑龙江	Heilongjiang	13041	7340	264621	20582	71451	34832	2729463	39318
上 海	Shanghai	99690	52388	3139313	31594	186336	101411	27729845	151432
江 苏	Jiangsu	83692	46970	1968367	23893	160385	88292	11886592	76284
浙 江	Zhejiang	130537	72965	2997769	23967	216033	121490	20556637	97375
安 徽	Anhui	25377	15174	457928	18222	75262	41003	3590732	48459
福 建	Fujian	54338	30603	1155160	21455	67515	36741	5186949	79277
江 西	Jiangxi	6462	4036	122809	19070	46448	25374	2069551	45376
山 东	Shandong	55261	30610	1173642	21530	216365	117642	10974494	52366
河 南	Henan	51858	28983	1042195	20296	129683	70176	5647252	44998
湖 北	Hubei	60210	36970	1212435	20604	64129	31782	2914965	48210
湖 南	Hunan	63320	34665	1213384	19536	125245	67861	5445677	44266
广 东	Guangdong	200647	108303	4686763	23753	233757	120846	21745832	95406
广 西	Guangxi	24925	12688	441650	17746	32065	15889	1970997	63513
海 南	Hainan	34055	18677	636220	18932	9408	4713	754651	82920
重 庆	Chongqing	32528	18705	710424	22009	75541	43903	3991944	58906
四 川	Sichuan	32557	16705	666351	20480	97512	46408	4612726	48132
贵 州	Guizhou	16177	8684	281206	17324	35664	18137	2127322	62519
云 南	Yunnan	40484	22431	637354	15800	26948	14785	1636155	63589
西 藏	Tibet	17	7	1197	70412	1249	605	96856	79002
陕 西	Shaanxi	41071	25202	709761	18310	80315	40539	3898429	53347
甘 肃	Gansu	8290	5075	129019	15546	25878	15100	1017595	39621
青 海	Qinghai	2078	1057	32609	16103	3022	1627	125460	41297
宁 夏	Ningxia	2978	1954	54812	16435	10605	3626	442568	42282
新 疆	Xinjiang	10034	5416	222137	21440	29816	18358	1511444	51851

6-2 续表 11 continued

地区	Region	房地产业 Real Estate 年末人数(人) Year-end Figures (person)	#女性 Female	工资总额(千元) Total Wages (1000 yuan)	平均工资(元) Average wage (yuan)	租赁和商务服务业 Tenancy and Business Services 年末人数(人) Year-end Figures (person)	#女性 Female	工资总额(千元) Total Wages (1000 yuan)	平均工资(元) Average wage (yuan)
全国	**National**	**1570814**	**537521**	**56998075**	**37102**	**1409368**	**584220**	**68536166**	**50179**
北京	Beijing	267531	104305	13907033	52696	489924	234391	34927608	74783
天津	Tianjin	26854	10321	1194526	47177	17063	5675	920493	55811
河北	Hebei	21977	7119	609117	28610	10642	5357	250335	23177
山西	Shanxi	16213	4969	164322	17459	5959	2303	118109	20049
内蒙古	Inner Mongolia	6923	2418	204207	22022	8112	2772	222238	27728
辽宁	Liaoning	60804	22219	1696243	28774	38666	10848	1148217	30005
吉林	Jilin	23630	7573	514912	22408	14599	5358	322875	22408
黑龙江	Heilongjiang	21262	7713	399305	18509	16825	7061	412841	25815
上海	Shanghai	80761	25369	3809569	46693	83372	36495	7243482	86323
江苏	Jiangsu	53171	19460	2197605	41994	50491	17429	1570143	32236
浙江	Zhejiang	113930	41829	4586126	41641	138858	55821	4425295	31841
安徽	Anhui	36228	12050	986221	27886	21136	6474	682960	38492
福建	Fujian	64535	20187	2205339	35268	73151	34476	1556937	23586
江西	Jiangxi	9931	3281	262098	26426	2095	707	70651	33421
山东	Shandong	79637	24985	2434317	30703	45322	16787	1343803	29886
河南	Henan	70669	23743	2071022	29581	43737	17425	1209273	27869
湖北	Hubei	44806	14194	1393537	31337	17943	6882	540972	30227
湖南	Hunan	76931	23904	2112328	27973	31509	9374	876608	28210
广东	Guangdong	224453	69844	8457747	38765	106854	47281	5936416	56094
广西	Guangxi	29954	9156	750323	25938	40512	11984	1119558	28230
海南	Hainan	25793	9240	704342	27640	7684	2600	156778	20618
重庆	Chongqing	41040	14138	1386845	34929	27438	4534	746445	27779
四川	Sichuan	41780	12899	1237239	30246	14956	5536	383019	26093
贵州	Guizhou	28573	10386	672541	23861	18627	5511	376442	20430
云南	Yunnan	35973	12699	765313	22006	40118	13735	908642	24600
西藏	Tibet	45	22	1223	27178	949	459	28136	29932
陕西	Shaanxi	33463	10707	1537432	47249	7461	2739	236508	31844
甘肃	Gansu	9169	2507	173033	18900	2029	755	44796	21746
青海	Qinghai	3896	1432	74086	19263	1704	814	40707	24259
宁夏	Ningxia	4788	1876	119012	25599	10960	3130	257942	26521
新疆	Xinjiang	16094	6976	371112	23190	20672	9507	457937	20543

6-2 续表 12 continued

地区	Region	科学研究、技术服务和地质勘查业 Scientific Research,Technical Service and Geological Prospecting 年末人数(人) Year-end Figures (person)	#女性 Female	工资总额(千元) Total Wages (1000 yuan)	平均工资(元) Average wage (yuan)	水利、环境和公共设施管理业 Management of Water Conservancy, Environment and Public Establishment 年末人数(人) Year-end Figures (person)	#女性 Female	工资总额(千元) Total Wages (1000 yuan)	平均工资(元) Average wage (yuan)
全 国	**National**	**685578**	**210087**	**45209080**	**67716**	**185361**	**68994**	**5533301**	**30217**
北 京	Beijing	250966	81038	20405343	84061	24004	7391	1009883	40964
天 津	Tianjin	22045	6898	1719796	81658	5714	1391	215774	37875
河 北	Hebei	10051	2044	1000904	102889	5449	2431	115226	21275
山 西	Shanxi	2645	931	47273	17920	734	280	11622	15192
内蒙古	Inner Mongolia	1890	612	66774	33690	1737	868	89549	51554
辽 宁	Liaoning	20278	6370	1182157	59621	4191	1264	109693	25798
吉 林	Jilin	10188	3052	289489	28507	5289	1766	104132	19482
黑龙江	Heilongjiang	10368	4335	347614	32255	3641	1699	87778	23552
上 海	Shanghai	31762	11029	3924253	122103	6899	2905	344547	48596
江 苏	Jiangsu	31108	8485	1842055	62139	13664	5246	408403	31017
浙 江	Zhejiang	60739	15537	2828998	48021	30656	9400	873314	28680
安 徽	Anhui	7330	1774	249183	35071	4571	2157	95246	21380
福 建	Fujian	15330	7004	567808	37937	4595	1362	126434	28329
江 西	Jiangxi	989	130	32529	33432	1647	990	24488	14877
山 东	Shandong	19235	5758	741886	40853	6226	2359	193520	32917
河 南	Henan	15889	4039	613023	38502	5251	2426	157139	29943
湖 北	Hubei	12389	3161	541323	44154	5599	971	120642	22931
湖 南	Hunan	13209	3398	578715	44400	4451	1785	104946	23285
广 东	Guangdong	72965	23844	4790012	68529	21640	10184	713137	33865
广 西	Guangxi	6243	1550	195896	32305	3834	1285	116151	30271
海 南	Hainan	3620	1006	88593	25502	3011	1170	77787	26360
重 庆	Chongqing	24837	6370	1473279	60104	4719	1661	100774	22565
四 川	Sichuan	6735	2108	275087	40007	4310	1447	60722	14335
贵 州	Guizhou	5365	1366	173907	32169	1207	531	19347	17182
云 南	Yunnan	7527	2311	239577	32340	6776	3417	117759	19182
西 藏	Tibet								
陕 西	Shaanxi	10993	2878	576994	52597	2011	879	57695	28790
甘 肃	Gansu	2093	544	73628	35603	44	9	1370	31136
青 海	Qinghai	1838	488	62346	34656	524	118	14917	33446
宁 夏	Ningxia	1797	595	107745	61780	227	86	5813	25721
新 疆	Xinjiang	5154	1432	172893	32148	2740	1516	55493	19630

地 区	Region	居民服务和其他服务业 Resident Services and Other Services				教 育 Education			
		年末人数 (人) Year-end Figures (person)	#女 性 Female	工资总额 (千元) Total Wages (1000 yuan)	平均工资 (元) Average wage (yuan)	年末人数 (人) Year-end Figures (person)	#女 性 Female	工资总额 (千元) Total Wages (1000 yuan)	平均工资 (元) Average wage (yuan)
全 国	**National**	**235331**	**119686**	**5946813**	**25536**	**468203**	**255187**	**16211879**	**35282**
北 京	Beijing	53285	30779	1401884	26589	57522	35970	2483706	43946
天 津	Tianjin	22476	12693	557678	24782	2808	1457	141225	50044
河 北	Hebei	978	476	18307	18893	4194	2705	157843	38583
山 西	Shanxi	1531	630	32660	21291	8357	5122	202723	24322
内蒙古	Inner Mongolia	1197	627	32706	28415	3222	2010	85520	26625
辽 宁	Liaoning	5567	2253	111081	20175	13407	5411	442952	33491
吉 林	Jilin	1710	760	34064	20038	5673	3087	150034	27784
黑龙江	Heilongjiang	6156	2948	93233	15959	3508	2080	105897	30059
上 海	Shanghai	20844	8303	700192	33012	14664	8364	669323	48330
江 苏	Jiangsu	3631	1436	80865	22980	22584	11865	879484	39144
浙 江	Zhejiang	7610	3318	194703	26212	41870	25044	1579511	38342
安 徽	Anhui	1983	1348	35943	18480	17135	8876	452508	27712
福 建	Fujian	5067	1920	166251	34679	14584	6544	609171	41925
江 西	Jiangxi	882	611	14315	16435	9730	3572	238014	24568
山 东	Shandong	10100	1938	260096	25816	25551	13871	811191	32349
河 南	Henan	8144	3983	200019	25021	52902	28286	1735720	32926
湖 北	Hubei	2768	1504	62105	22641	20475	7484	638391	32511
湖 南	Hunan	7893	3520	171220	22110	36215	19288	1103246	30698
广 东	Guangdong	37923	23490	1011644	26803	40555	26510	1541081	39215
广 西	Guangxi	3491	1283	59756	16012	8778	4719	202767	23506
海 南	Hainan	2283	1160	35019	15810	11371	5688	279416	25492
重 庆	Chongqing	6904	3576	156784	24135	11729	5837	380143	32825
四 川	Sichuan	2644	1063	60671	23943	8315	3517	298509	36355
贵 州	Guizhou	5743	2793	102980	17891	6464	3814	129418	20562
云 南	Yunnan	3994	1943	69346	17758	7298	4151	129409	18744
西 藏	Tibet								
陕 西	Shaanxi	8262	3978	254405	31250	13441	6172	648648	48727
甘 肃	Gansu	180	63	2283	12683	282	123	6330	22607
青 海	Qinghai	293	159	4725	16182	2085	1503	29410	14360
宁 夏	Ningxia	198	57	3924	19719	1340	893	32829	25195
新 疆	Xinjiang	1594	1074	17954	12494	2144	1224	47460	22345

6-2 续表 14 continued

地区 Region	卫生、社会保障和社会福利业 Sanitation,Social Security and Social Welfare				文化体育和娱乐业 Culture, Sports and Entertainment			
	年末人数 (人) Year-end Figures (person)	#女性 Female	工资总额 (千元) Total Wages (1000 yuan)	平均工资 (元) Average wage (yuan)	年末人数 (人) Year-end Figures (person)	#女性 Female	工资总额 (千元) Total Wages (1000 yuan)	平均工资 (元) Average wage (yuan)
全国 National	**185552**	**114570**	**6303732**	**34672**	**161595**	**77459**	**5985953**	**37107**
北京 Beijing	18056	12113	798695	46058	42691	20806	2095491	49014
天津 Tianjin	1174	824	34820	30598	1454	723	58706	38395
河北 Hebei	1118	812	26263	23180	1308	564	30654	22723
山西 Shanxi	2542	1589	47006	18855	904	476	14843	16547
内蒙古 Inner Mongolia	1391	882	36749	25573	595	220	14582	25763
辽宁 Liaoning	9686	5905	265331	27693	3855	1930	112346	29326
吉林 Jilin	3381	1994	74951	22400	3834	1643	80649	20340
黑龙江 Heilongjiang	1163	720	30642	25771	1493	717	38402	27063
上海 Shanghai	1246	840	95017	70020	8976	4597	495907	55353
江苏 Jiangsu	22618	13462	797183	36204	6470	2699	313749	49046
浙江 Zhejiang	11957	7350	510248	44443	6943	3368	298484	44804
安徽 Anhui	9499	6399	293147	31504	1947	893	70119	35830
福建 Fujian	4417	2983	150991	35419	3853	2050	108483	27845
江西 Jiangxi	2348	1504	63493	27546	963	388	23520	24475
山东 Shandong	10272	6696	366953	36160	3932	2119	102134	25565
河南 Henan	24101	13092	788120	32980	4653	1969	120555	26185
湖北 Hubei	7281	3503	202636	28915	3540	1474	103619	29887
湖南 Hunan	14066	8773	475601	34179	7385	3421	296919	38566
广东 Guangdong	16336	10637	704744	43570	22473	11639	723272	31570
广西 Guangxi	3658	2280	107486	29857	3023	1475	43781	15139
海南 Hainan	425	280	8931	20722	3012	1529	56030	19827
重庆 Chongqing	1311	808	30858	24051	4551	2041	166770	37292
四川 Sichuan	4254	2329	143370	34539	3216	1004	97547	30200
贵州 Guizhou	2856	1851	61470	21883	2157	1009	34482	15920
云南 Yunnan	4510	3173	76174	17936	6823	2937	152831	22357
西藏 Tibet								
陕西 Shaanxi	3187	2103	60369	19594	10500	5246	310990	31083
甘肃 Gansu	657	378	11872	18637	268	129	3397	12535
青海 Qinghai	1208	766	25096	20723	59	18	662	11220
宁夏 Ningxia	26	18	629	24192	26	10	1185	47400
新疆 Xinjiang	808	506	14887	18493	691	365	15844	22067

地 区 Region	公共管理和社会组织 Public Management and Social Organization			
	年末人数 (人) Year-end Figures (person)	#女 性 Female	工资总额 (千元) Total Wages (1000 yuan)	平均工资 (元) Average wage (yuan)
全 国 National	**106693**	**39909**	**2272070**	**21392**
北 京 Beijing	55864	21492	1051414	18867
天 津 Tianjin	971	559	43423	45422
河 北 Hebei				
山 西 Shanxi	434	155	7432	17124
内蒙古 Inner Mongolia				
辽 宁 Liaoning	847	588	8395	9900
吉 林 Jilin	1	1	34	34000
黑龙江 Heilongjiang	300		9056	30389
上 海 Shanghai	137	50	6230	46493
江 苏 Jiangsu				
浙 江 Zhejiang	21529	7829	526923	24724
安 徽 Anhui				
福 建 Fujian	421	185	4476	10632
江 西 Jiangxi	24	15	620	25833
山 东 Shandong	1163	349	36398	31432
河 南 Henan	13359	4642	360831	27049
湖 北 Hubei	103	35	2672	27833
湖 南 Hunan	5594	2048	129863	22952
广 东 Guangdong	433	166	19721	45756
广 西 Guangxi	85	31	1893	22012
海 南 Hainan	720	328	20610	31370
重 庆 Chongqing	75	50	871	11613
四 川 Sichuan	56	18	1431	26018
贵 州 Guizhou	630	288	8524	13487
云 南 Yunnan	1066	548	13094	13293
西 藏 Tibet	2603	456	12443	4784
陕 西 Shaanxi	28	5	639	22821
甘 肃 Gansu	210	47	4369	20904
青 海 Qinghai				
宁 夏 Ningxia				
新 疆 Xinjiang	40	24	708	16857

6-3 各地区分行业其他单位在岗职工人数和平均工资(2010年)

ON-POST STAFF AND WORKERS AND AVERAGE WAGE IN OTHER OWNERSHIP UNITS BY SECTOR AND REGION (2010)

地 区	Region	总 计 Total		农、林、牧、渔业 Agriculture,Forestry, Farming of Animals and Fishing		采矿业 Mining		制造业 Manufacturing	
		年末人数（人） Year-end Figures (person)	平均工资（元） Average Wage (yuan)	年末人数（人） Year-end Figures (person)	平均工资（元） Average Wage (yuan)	年末人数（人） Year-end Figures (person)	平均工资（元） Average Wage (yuan)	年末人数（人） Year-end Figures (person)	平均工资（元） Average Wage (yuan)
全 国	**National**	**55475337**	**35843**	**127441**	**21178**	**3016278**	**45208**	**29864810**	**30283**
北 京	Beijing	3914748	65755	12896	28838	44241	69407	869240	47620
天 津	Tianjin	1066022	48825	1099	38005	68422	63702	621026	40924
河 北	Hebei	1433204	32916	1271	14862	132164	52167	799479	27575
山 西	Shanxi	1297859	36384	4350	19980	494553	53056	513869	26124
内蒙古	Inner Mongolia	696002	31402	7012	12040	119724	39699	326674	30532
辽 宁	Liaoning	1922782	35527	8880	34413	254722	47981	987450	31911
吉 林	Jilin	849031	28959	5311	13108	83585	37695	441997	29572
黑龙江	Heilongjiang	970604	28519	6411	9940	215144	31672	371476	26307
上 海	Shanghai	1885209	68432	3818	40249	430	27309	1053116	51786
江 苏	Jiangsu	4192774	34260	2826	23769	48764	37968	2986257	31439
浙 江	Zhejiang	5880647	33689	1929	24794	9510	32134	3267758	29311
安 徽	Anhui	1378891	34587	10	23500	185854	61248	638473	29032
福 建	Fujian	3248290	28802	6426	22362	27808	31014	2323552	26285
江 西	Jiangxi	792958	26272	3019	21328	24726	23372	556020	24259
山 东	Shandong	4428518	29542	8256	22819	192350	39519	2961075	27371
河 南	Henan	2978241	29770	13552	19118	358470	49305	1328480	25829
湖 北	Hubei	1963096	28799	4599	13217	37556	23204	1023584	28200
湖 南	Hunan	1889592	28419	1852	21830	54596	25077	834417	28251
广 东	Guangdong	6458803	36347	4297	27290	15880	45726	4472020	30898
广 西	Guangxi	908747	28350	5811	23148	14962	25412	435482	25917
海 南	Hainan	239811	30346	950	16013	1310	22239	68889	26704
重 庆	Chongqing	1212029	33552	3129	17241	50646	29915	442864	31260
四 川	Sichuan	1911305	27345	1721	20925	86521	27973	933584	26364
贵 州	Guizhou	574494	29006	1237	12890	83349	34394	236860	26495
云 南	Yunnan	1125835	23768	4672	16522	106622	24823	402848	23063
西 藏	Tibet	6509	47722			9	12444	1900	24295
陕 西	Shaanxi	894181	33292	556	22024	54730	39696	445531	27783
甘 肃	Gansu	387351	27616	1287	21686	53533	51146	161124	23394
青 海	Qinghai	126997	23442	3259	8893	11224	28491	62791	23451
宁 夏	Ningxia	200004	42014	909	26567	48788	78346	86056	28116
新 疆	Xinjiang	640803	34807	6096	15139	136085	49797	210918	30656

6-3 续表 1 continued

地区 Region	电力、燃气及水的生产和供应业 Production & Distribution of Electricity,Gas & Water		建筑业 Construction		交通运输、仓储和邮政业 Traffic,Transport, Storage and Post		信息传输、计算机服务和软件业 Information Transfer, Computer Services and Software	
	年末人数（人） Year-end Figures (person)	平均工资（元） Average Wage (yuan)	年末人数（人） Year-end Figures (person)	平均工资（元） Average Wage (yuan)	年末人数（人） Year-end Figures (person)	平均工资（元） Average Wage (yuan)	年末人数（人） Year-end Figures (person)	平均工资（元） Average Wage (yuan)
全国 National	**984843**	**47856**	**7370217**	**28043**	**1920833**	**43979**	**1105500**	**76259**
北京 Beijing	46163	84558	297974	47751	367234	50364	382640	104425
天津 Tianjin	15191	72743	70279	58611	48520	69478	19211	73149
河北 Hebei	34477	57201	133785	20736	47438	46341	16061	49143
山西 Shanxi	24148	37440	79640	20627	25772	24314	9525	34837
内蒙古 Inner Mongolia	32653	53773	99909	23267	12278	23217	6626	39390
辽宁 Liaoning	61360	39662	129925	27746	71685	40008	45750	61376
吉林 Jilin	27952	29135	65656	21422	29796	22431	26773	28871
黑龙江 Heilongjiang	28305	32338	94928	21138	15952	29343	26086	44701
上海 Shanghai	13379	83864	57641	78120	147544	71286	41812	118766
江苏 Jiangsu	53679	61548	371990	29177	108198	34242	47978	72865
浙江 Zhejiang	44978	68891	1459282	28827	105776	47068	71526	86695
安徽 Anhui	39181	45137	228306	26602	42732	26415	14576	43562
福建 Fujian	32683	46023	420776	29870	42407	42697	25615	65719
江西 Jiangxi	22028	34966	61855	25011	13422	30069	12002	43466
山东 Shandong	54815	37354	464366	25858	96105	40050	38363	49212
河南 Henan	69355	37533	603021	24420	53162	24698	17681	43111
湖北 Hubei	30202	37772	426655	26878	67437	34074	23458	44598
湖南 Hunan	35260	36363	434930	24134	45228	29727	26133	41041
广东 Guangdong	59765	61231	286409	31969	278351	51783	118896	68434
广西 Guangxi	19005	41367	176946	30248	45932	25839	12582	42096
海南 Hainan	4361	42254	9084	25761	23960	47620	5329	68395
重庆 Chongqing	42578	55110	360722	27746	40292	32214	16701	82650
四川 Sichuan	66286	35420	462042	22702	55632	32240	29127	42310
贵州 Guizhou	11930	45121	43454	24552	13323	28563	13814	37773
云南 Yunnan	35470	40321	248709	18978	43279	27439	14680	36435
西藏 Tibet			1514	89396				
陕西 Shaanxi	19666	37604	84569	26951	31666	45652	25059	58365
甘肃 Gansu	11433	39625	62132	20364	16393	23082	6172	24797
青海 Qinghai	2553	31145	15072	21816	5020	19476	1367	33314
宁夏 Ningxia	11659	51543	13768	28299	2741	29848	1355	44226
新疆 Xinjiang	34328	44295	104878	29644	23558	29964	8602	48443

6-3 续表 2 continued

地区	Region	批发和零售业 Wholesale and Retail Trade 年末人数(人) Year-end Figures (person)	批发和零售业 Wholesale and Retail Trade 平均工资(元) Average Wage (yuan)	住宿和餐饮业 Accommodation and Restaurants 年末人数(人) Year-end Figures (person)	住宿和餐饮业 Accommodation and Restaurants 平均工资(元) Average Wage (yuan)	金融业 Finance 年末人数(人) Year-end Figures (person)	金融业 Finance 平均工资(元) Average Wage (yuan)	房地产业 Real Estate 年末人数(人) Year-end Figures (person)	房地产业 Real Estate 平均工资(元) Average Wage (yuan)
全国	**National**	**3296246**	**34473**	**1313353**	**24005**	**1954288**	**95969**	**1447830**	**37408**
北京	Beijing	464849	60034	190365	32660	185019	206007	242751	52410
天津	Tianjin	73171	42764	27709	26223	32896	116194	25892	46867
河北	Hebei	93995	19749	14345	17750	111584	57065	20569	29181
山西	Shanxi	53934	15824	18805	15083	34901	55794	15898	17596
内蒙古	Inner Mongolia	29861	19551	10666	20922	25705	46321	6871	22060
辽宁	Liaoning	108990	28294	41039	20865	65383	62767	58053	29054
吉林	Jilin	53494	21177	15418	17584	34430	52019	23089	22389
黑龙江	Heilongjiang	95125	26639	12834	20497	47319	50243	16194	19303
上海	Shanghai	164387	68420	55790	41366	164248	161252	49305	57101
江苏	Jiangsu	208191	31239	72210	25293	109786	97079	48328	43237
浙江	Zhejiang	244723	37628	119713	24979	160079	117602	105694	42438
安徽	Anhui	72003	28425	24046	18551	50271	62824	30318	28732
福建	Fujian	85039	28783	53680	21243	50121	98206	61684	34975
江西	Jiangxi	27624	24310	6439	19033	37794	51400	9668	26797
山东	Shandong	237244	22948	52565	21359	128553	73809	77920	30770
河南	Henan	161298	22184	50940	20501	90124	56933	69520	29793
湖北	Hubei	144984	24748	52830	21341	44560	58409	41676	32130
湖南	Hunan	117177	23293	59585	20269	90369	53462	74001	28254
广东	Guangdong	302657	39729	194196	23723	202060	103441	217656	38965
广西	Guangxi	57711	24373	24239	17623	22045	78988	26693	27171
海南	Hainan	25472	23688	33694	18868	9315	83393	25577	27662
重庆	Chongqing	75029	27323	32128	21991	37172	88293	34594	35112
四川	Sichuan	99838	23550	32161	20420	62790	60082	39858	30390
贵州	Guizhou	56753	19538	15533	17285	29781	70684	27058	24036
云南	Yunnan	103847	20934	39065	15934	21184	75714	33193	22118
西藏	Tibet	1155	29978	17	70412	1006	95811	45	27178
陕西	Shaanxi	56231	24467	40331	18346	51253	72253	32506	48195
甘肃	Gansu	27502	17402	8076	15633	25096	40248	9037	19030
青海	Qinghai	9409	21082	2078	16103	2823	43172	3849	19522
宁夏	Ningxia	7182	23585	2911	18349	6140	60055	4546	26098
新疆	Xinjiang	37371	31385	9945	21269	20481	62634	15787	23384

6-3 续表 3 continued

地 区	Region	租赁和商务服务业 Tenancy and Business Services 年末人数(人) Year-end Figures (person)	租赁和商务服务业 平均工资(元) Average Wage (yuan)	科学研究、技术服务和地质勘查业 Scientific Research, Technical Service & Geological Prospecting 年末人数(人) Year-end Figures (person)	科学研究、技术服务和地质勘查业 平均工资(元) Average Wage (yuan)	水利、环境和公共设施管理业 Management of Water Conservancy,Environment & Public Establishment 年末人数(人) Year-end Figures (person)	水利、环境和公共设施管理业 平均工资(元) Average Wage (yuan)	居民服务和其他服务业 Resident Services and Other Services 年末人数(人) Year-end Figures (person)	居民服务和其他服务业 平均工资(元) Average Wage (yuan)
全 国	**National**	**1243803**	**46966**	**613716**	**68552**	**162695**	**31494**	**220786**	**25618**
北 京	Beijing	387268	70618	214387	86792	22791	41118	48066	26421
天 津	Tianjin	15532	58250	18574	81537	4855	41227	18619	26428
河 北	Hebei	8305	22269	8421	118620	5093	21894	978	18893
山 西	Shanxi	5933	20100	2592	17968	640	15830	1530	21311
内蒙古	Inner Mongolia	8109	27733	1883	33736	1737	51554	1197	28415
辽 宁	Liaoning	37063	30130	18036	59869	3815	27386	5406	20202
吉 林	Jilin	13545	22853	9657	28887	5202	19655	1706	20051
黑龙江	Heilongjiang	16352	26041	9860	32687	2152	26589	6083	15975
上 海	Shanghai	65353	85973	27194	127133	4617	60351	18985	33183
江 苏	Jiangsu	45245	32731	28862	63432	10101	33839	3281	23364
浙 江	Zhejiang	130837	32292	52876	49851	23234	30305	7035	26950
安 徽	Anhui	12457	27186	6962	35711	4510	22483	1954	18637
福 建	Fujian	72165	23598	14792	38433	4421	28505	4869	34428
江 西	Jiangxi	2018	34107	960	33374	1528	15750	882	16435
山 东	Shandong	43556	30641	18754	40801	5831	33837	9994	25706
河 南	Henan	42669	28150	15162	39302	4939	31080	7634	25871
湖 北	Hubei	17500	30405	11167	46368	5163	23469	2749	22677
湖 南	Hunan	30742	28263	12299	43891	4118	23554	7580	22209
广 东	Guangdong	102242	54446	71294	67675	21159	34205	37091	26644
广 西	Guangxi	39983	28320	5689	33394	3772	30454	3463	16039
海 南	Hainan	7562	20591	3582	25467	2995	26336	2278	15762
重 庆	Chongqing	26182	27979	22199	59567	4436	23691	6874	24142
四 川	Sichuan	14432	26417	6427	40726	3472	15140	2625	23990
贵 州	Guizhou	18152	20467	4954	32739	1186	17074	5600	17878
云 南	Yunnan	38359	24889	6579	33859	5769	20263	3822	17536
西 藏	Tibet	844	31926						
陕 西	Shaanxi	7073	32058	10209	54290	1656	32656	8231	31297
甘 肃	Gansu	2026	21765	2036	35671	44	31136	171	12123
青 海	Qinghai	1686	24473	1810	34858	524	33446	293	16182
宁 夏	Ningxia	10466	26171	1746	62461	221	25790	196	19848
新 疆	Xinjiang	20147	20081	4753	32514	2714	19680	1594	12494

6-3 续表 4 continued

地区 Region	教育 Education		卫生、社会保障和社会福利业 Sanitation, Social Security and Social Welfare		文化体育和娱乐业 Culture, Sports and Entertainment		公共管理和社会组织 Public Management & Social Organization	
	年末人数（人） Year-end Figures (person)	平均工资（元） Average Wage (yuan)	年末人数（人） Year-end Figures (person)	平均工资（元） Average Wage (yuan)	年末人数（人） Year-end Figures (person)	平均工资（元） Average Wage (yuan)	年末人数（人） Year-end Figures (person)	平均工资（元） Average Wage (yuan)
全 国 National	**417943**	**34428**	**174323**	**34143**	**149372**	**37533**	**91060**	**22582**
北 京 Beijing	40878	38641	14283	41196	38503	49909	45200	19362
天 津 Tianjin	1887	59154	947	33283	1263	38521	929	46619
河 北 Hebei	2912	34907	1094	22979	1233	23252		
山 西 Shanxi	8005	24930	2455	18732	896	16696	413	17906
内蒙古 Inner Mongolia	3197	26651	1362	25658	538	22951		
辽 宁 Liaoning	11719	29197	8969	28938	3697	29437	840	9846
吉 林 Jilin	4371	25294	3306	21896	3742	20232	1	34000
黑龙江 Heilongjiang	3498	30094	1121	26237	1464	27276	300	30389
上 海 Shanghai	9658	48725	1007	56727	6820	61481	105	51569
江 苏 Jiangsu	19987	40236	21333	36111	5758	51873		
浙 江 Zhejiang	38075	39221	10874	44494	6611	45578	20137	25342
安 徽 Anhui	16207	28429	9171	32023	1860	37541		
福 建 Fujian	13829	42999	4265	34467	3766	27003	392	11092
江 西 Jiangxi	9693	24635	2326	27680	930	24907	24	25833
山 东 Shandong	23891	32739	9984	36617	3751	25355	1145	31786
河 南 Henan	51152	32918	23737	33255	4460	26374	12885	27622
湖 北 Hubei	18361	34084	7169	28877	3350	30768	96	28427
湖 南 Hunan	34831	30992	13726	34108	7341	38704	5407	23159
广 东 Guangdong	38250	36775	15948	43520	20268	32360	364	50041
广 西 Guangxi	7975	23750	3605	30134	2774	15768	78	23165
海 南 Hainan	11324	25515	419	20802	3006	19677	704	31504
重 庆 Chongqing	10681	33636	1275	24054	4452	37283	75	11613
四 川 Sichuan	7615	37455	4114	34647	3014	31201	46	30311
贵 州 Guizhou	6019	21034	2740	22036	2148	15923	603	13550
云 南 Yunnan	6085	19005	4103	17915	6524	22909	1025	13388
西 藏 Tibet							19	46529
陕 西 Shaanxi	12213	51258	2507	21033	10166	31545	28	22821
甘 肃 Gansu	259	23973	556	20754	268	12535	206	21078
青 海 Qinghai	2038	14338	1142	19774	59	11220		
宁 夏 Ningxia	1278	25813	16	33875	26	47400		
新 疆 Xinjiang	2055	21928	769	18303	684	22218	38	16450

6-4 各地区分行业其他单位其他就业人员和平均工资(2010)

OTHER EMPLOYMENT AND AVERAGE WAGE IN OTHER OWNERSHIP UNITS BY SECTOR AND REGION (2010)

地区	Region	总计 Total		农、林、牧、渔业 Agriculture,Forestry, Farming of Animals and Fishing		采矿业 Mining		制造业 Manufacturing	
		年末人数(人) Year-end Figures (person)	平均工资(元) Average Wage (yuan)	年末人数(人) Year-end Figures (person)	平均工资(元) Average Wage (yuan)	年末人数(人) Year-end Figures (person)	平均工资(元) Average Wage (yuan)	年末人数(人) Year-end Figures (person)	平均工资(元) Average Wage (yuan)
全国	**National**	**3900358**	**35200**	**12110**	**23677**	**74932**	**33009**	**997507**	**40436**
北京	Beijing	434525	70672	302	24553	120	62621	28733	87532
天津	Tianjin	139589	46435	124	14794	9923	28766	49488	63750
河北	Hebei	203523	24767			19925	50702	33161	31909
山西	Shanxi	29588	18672	1937	26597	1980	17647	5221	19513
内蒙古	Inner Mongolia	12429	24405	3	6000	970	26778	1644	19104
辽宁	Liaoning	115397	29754	65	8218	1742	17611	37387	32270
吉林	Jilin	26747	26180	52	7604	1257	30994	6520	36808
黑龙江	Heilongjiang	85931	17157	24	16783	2092	15121	21794	16092
上海	Shanghai	497473	44397	4840	29318	4	83500	220316	46987
江苏	Jiangsu	329493	34428	229	8081	604	18644	152475	42409
浙江	Zhejiang	511958	30994	137	15330	819	27494	132049	33987
安徽	Anhui	112151	25251			1647	30240	14631	22248
福建	Fujian	102249	34949	106	25617	576	19817	20123	56828
江西	Jiangxi	34599	20714	41	18409	1009	18998	8295	29709
山东	Shandong	169297	24020	1025	19216	287	14408	43813	29881
河南	Henan	143357	18061	331	11627	3932	23099	14394	18861
湖北	Hubei	147329	21252	27	11519	2763	19503	33140	21699
湖南	Hunan	158912	21011	185	19097	651	16601	27956	25389
广东	Guangdong	143294	56328	12	123917	1219	38369	34113	93441
广西	Guangxi	52176	24587	777	31692	924	17689	17071	15798
海南	Hainan	3201	50046	46	17526	15	23067	1624	82790
重庆	Chongqing	90955	28081	532	11907	1501	16858	19980	33639
四川	Sichuan	99911	21818	96	16117	2103	21736	12101	19137
贵州	Guizhou	29524	18925	128	12400	1709	18608	5490	15643
云南	Yunnan	86391	16576	549	15209	2789	21390	29032	12933
西藏	Tibet	3554	10472					13	10692
陕西	Shaanxi	72026	21620			1865	22588	12823	21047
甘肃	Gansu	13188	18130	58	21767	751	21700	5323	17281
青海	Qinghai	2477	13603			419	14587	759	8476
宁夏	Ningxia	13258	22407	78	19923	3589	31423	1430	19162
新疆	Xinjiang	35856	28457	406	21996	7747	39993	6608	30389

6-4 续表 1 continued

地区 Region		电力、燃气及水的生产和供应业 Production & Distribution of Electricity,Gas & Water		建筑业 Construction		交通运输、仓储和邮政业 Traffic,Transport, Storage and Post		信息传输、计算机服务和软件业 Information Transfer, Computer Services and Software	
		年末人数（人） Year-end Figures (person)	平均工资（元） Average Wage (yuan)	年末人数（人） Year-end Figures (person)	平均工资（元） Average Wage (yuan)	年末人数（人） Year-end Figures (person)	平均工资（元） Average Wage (yuan)	年末人数（人） Year-end Figures (person)	平均工资（元） Average Wage (yuan)
全 国	**National**	**28869**	**23117**	**900838**	**23328**	**159421**	**33589**	**117061**	**54473**
北 京	Beijing	512	29354	27367	41603	27819	52466	20568	141801
天 津	Tianjin	1058	57137	5123	28527	11702	33236	477	76154
河 北	Hebei	1664	18157	52730	16657	3132	26687	13994	24778
山 西	Shanxi	971	12562	3472	19939	114	13992	2128	15728
内蒙古	Inner Mongolia	245	22770	684	31789	16	25200	454	16553
辽 宁	Liaoning	1583	16042	12324	16002	978	32230	2504	45010
吉 林	Jilin	613	23678	4331	14117	430	9540	182	27031
黑龙江	Heilongjiang	1164	18016	21382	17725	506	18370	1736	21590
上 海	Shanghai	465	30551	13744	46786	61533	29099	6684	96791
江 苏	Jiangsu	3470	24730	53365	24922	9416	28991	12527	30251
浙 江	Zhejiang	2407	33346	218048	25521	10414	30490	17559	45167
安 徽	Anhui	597	15271	46244	26012	2920	19519	1841	26433
福 建	Fujian	830	18759	50834	29645	535	17081	3802	39120
江 西	Jiangxi	800	19232	11144	17893	291	10389	2763	18859
山 东	Shandong	1094	16048	16899	21339	1686	55004	1084	31343
河 南	Henan	1109	21717	67199	18580	3418	11706	2423	14559
湖 北	Hubei	860	19359	66964	20690	2687	28772	789	26805
湖 南	Hunan	771	23089	75266	19785	2703	18955	2628	28966
广 东	Guangdong	483	70718	31137	27297	9367	44421	5280	42148
广 西	Guangxi	601	19332	10363	39944	1708	18803	2742	27391
海 南	Hainan	55	34673	352	7023	90	28027	9	49444
重 庆	Chongqing	1194	17766	10172	22288	2868	21172	1420	34623
四 川	Sichuan	1703	17234	39061	18586	1227	37431	1898	25518
贵 州	Guizhou	741	16275	7971	19280	506	19393	926	28090
云 南	Yunnan	1801	21775	28425	15808	478	21711	3696	38993
西 藏	Tibet			553	44080				
陕 西	Shaanxi	668	33458	10460	19689	2486	26259	5825	28616
甘 肃	Gansu	357	15089	4955	20665	114	7302	164	11905
青 海	Qinghai	92	7265	596	20611	16	13250	31	11045
宁 夏	Ningxia	110	35755	1915	21263	2	11500	620	22838
新 疆	Xinjiang	851	13128	7758	20030	259	17821	307	24007

6-4 续表 2 continued

地 区	Region	批发和零售业 Wholesale and Retail Trade 年末人数(人) Year-end Figures (person)	批发和零售业 平均工资(元) Average Wage (yuan)	住宿和餐饮业 Accommodation and Restaurants 年末人数(人) Year-end Figures (person)	住宿和餐饮业 平均工资(元) Average Wage (yuan)	金融业 Finance 年末人数(人) Year-end Figures (person)	金融业 平均工资(元) Average Wage (yuan)	房地产业 Real Estate 年末人数(人) Year-end Figures (person)	房地产业 平均工资(元) Average Wage (yuan)
全 国	**National**	**202581**	**45570**	**137192**	**18570**	**782880**	**31412**	**122984**	**33409**
北 京	Beijing	31955	109080	26023	25430	65410	59767	24780	55333
天 津	Tianjin	11560	60395	13364	12315	24709	43132	962	55195
河 北	Hebei	6688	15214	1075	20645	64042	20595	1408	20524
山 西	Shanxi	490	15974	165	12375	12153	17703	315	13564
内蒙古	Inner Mongolia	105	10969	29	20533	8106	24483	52	15269
辽 宁	Liaoning	3107	41334	1762	23077	44242	30980	2751	21919
吉 林	Jilin	1567	19802	153	57486	7956	27495	541	23286
黑龙江	Heilongjiang	5202	12232	207	25900	24132	18009	5068	16062
上 海	Shanghai	58282	41418	43900	18855	22088	81675	31456	30391
江 苏	Jiangsu	14484	24496	11482	14890	50599	32518	4843	29898
浙 江	Zhejiang	25028	30832	10824	13284	55954	44786	8236	31364
安 徽	Anhui	1559	13861	1331	12611	24991	20265	5910	23543
福 建	Fujian	1621	33168	658	39125	17394	24041	2851	41667
江 西	Jiangxi	999	12157	23	29348	8654	19042	263	12430
山 东	Shandong	6289	13566	2696	28661	87812	21019	1717	27720
河 南	Henan	3527	12592	918	8289	39559	17581	1149	16921
湖 北	Hubei	5477	19004	7380	14550	19569	25058	3130	19821
湖 南	Hunan	2933	16555	3735	6319	34876	20681	2930	21296
广 东	Guangdong	4175	109769	6451	24772	31697	43966	6797	32436
广 西	Guangxi	1738	15845	686	22382	10020	29300	3261	14936
海 南	Hainan	84	61571	361	28266	93	38074	216	24920
重 庆	Chongqing	2683	18469	400	24144	38369	27486	6446	28942
四 川	Sichuan	1941	16304	396	25385	34722	25948	1922	27337
贵 州	Guizhou	2364	19314	644	18241	5883	19937	1515	20840
云 南	Yunnan	3812	18232	1419	12288	5764	17772	2780	20641
西 藏	Tibet	56	25446			243	8115		
陕 西	Shaanxi	3340	18840	740	16353	29062	21108	957	18084
甘 肃	Gansu	141	19416	214	12613	782	20675	132	10413
青 海	Qinghai	159	8462			199	13663	47	7222
宁 夏	Ningxia	115	15967	67	2514	4465	18298	242	16056
新 疆	Xinjiang	1100	20855	89	39367	9335	28289	307	14009

6-4 续表 3 continued

地 区	Region	租赁和商务服务业 Tenancy and Business Services		科学研究、技术服务和地质勘查业 Scientific Research, Technical Service & Geological Prospecting		水利、环境和公共设施管理业 Management of Water Conservancy,Environment & Public Establishment		居民服务和其他服务业 Resident Services and Other Services	
		年末人数（人）Year-end Figures (person)	平均工资（元）Average Wage (yuan)	年末人数（人）Year-end Figures (person)	平均工资（元）Average Wage (yuan)	年末人数（人）Year-end Figures (person)	平均工资（元）Average Wage (yuan)	年末人数（人）Year-end Figures (person)	平均工资（元）Average Wage (yuan)
全 国	**National**	**165565**	**75300**	**71862**	**60392**	**22666**	**21160**	**14545**	**24285**
北 京	Beijing	102656	91542	36579	67748	1213	37939	5219	28142
天 津	Tianjin	1531	33571	3471	82287	859	18710	3857	16047
河 北	Hebei	2337	26427	1630	21581	356	12472		
山 西	Shanxi	26	9286	53	15510	94	10638	1	6000
内蒙古	Inner Mongolia	3	14333	7	29917				
辽 宁	Liaoning	1603	26867	2242	57621	376	12075	161	19236
吉 林	Jilin	1054	17021	531	21366	87	9400	4	14500
黑龙江	Heilongjiang	473	18123	508	23559	1489	18905	73	14694
上 海	Shanghai	18019	87598	4568	93894	2282	24132	1859	31312
江 苏	Jiangsu	5246	28306	2246	46266	3563	23274	350	19372
浙 江	Zhejiang	8021	24336	7863	35696	7422	23409	575	17232
安 徽	Anhui	8679	55938	368	23290	61	6422	29	8069
福 建	Fujian	986	22789	538	23882	174	24040	198	39405
江 西	Jiangxi	77	13072	29	36200	119	3681		
山 东	Shandong	1766	11078	481	42834	395	20388	106	36385
河 南	Henan	1068	15744	727	25063	312	11578	510	11258
湖 北	Hubei	443	22532	1222	24114	436	16589	19	17526
湖 南	Hunan	767	25895	910	52095	333	20675	313	19459
广 东	Guangdong	4612	98952	1671	102764	481	19886	832	33100
广 西	Guangxi	529	21380	554	21494	62	20132	28	13537
海 南	Hainan	122	22246	38	28475	16	31286	5	36800
重 庆	Chongqing	1256	24143	2638	71189	283	7820	30	22889
四 川	Sichuan	524	17079	308	24511	838	11050	19	17737
贵 州	Guizhou	475	18958	411	24825	21	22857	143	18346
云 南	Yunnan	1759	18719	948	23237	1007	12629	172	22587
西 藏	Tibet	105	14245						
陕 西	Shaanxi	388	26426	784	25898	355	10645	31	17714
甘 肃	Gansu	3	8333	57	33228			9	23333
青 海	Qinghai	18	8136	28	22767				
宁 夏	Ningxia	494	33081	51	33512	6	18000	2	7000
新 疆	Xinjiang	525	25050	401	27163	26	13273		

6-4 续表 4 continued

地 区	Region	教 育 Education		卫生、社会保障和社会福利业 Sanitation, Social Security and Social Welfare		文化体育和娱乐业 Culture, Sports and Entertainment		公共管理和社会组织 Public Management & Social Organization	
		年末人数(人) Year-end Figures (person)	平均工资(元) Average Wage (yuan)	年末人数(人) Year-end Figures (person)	平均工资(元) Average Wage (yuan)	年末人数(人) Year-end Figures (person)	平均工资(元) Average Wage (yuan)	年末人数(人) Year-end Figures (person)	平均工资(元) Average Wage (yuan)
全 国	**National**	**50260**	**42499**	**11229**	**42669**	**12223**	**31964**	**15633**	**14493**
北 京	Beijing	16644	56826	3773	64494	4188	41171	10664	16765
天 津	Tianjin	921	31570	227	19578	191	37675	42	19357
河 北	Hebei	1282	47513	24	29676	75	15333		
山 西	Shanxi	352	10067	87	22276	8		21	1762
内蒙古	Inner Mongolia	25	23280	29	21000	57	50877		
辽 宁	Liaoning	1688	62741	717	11249	158	27000	7	15500
吉 林	Jilin	1302	35726	75	42217	92	24902		
黑龙江	Heilongjiang	10	16111	42	10861	29	15615		
上 海	Shanghai	5006	47465	239	111890	2156	35993	32	30313
江 苏	Jiangsu	2597	30166	1285	37591	712	26692		
浙 江	Zhejiang	3795	29871	1083	43956	332	30051	1392	16201
安 徽	Anhui	928	16083	328	17906	87	12368		
福 建	Fujian	755	22339	152	63862	87	62652	29	4414
江 西	Jiangxi	37	5588	22	13636	33	12303		
山 东	Shandong	1660	26369	288	19946	181	29485	18	4467
河 南	Henan	1750	33153	364	16107	193	19578	474	10092
湖 北	Hubei	2114	18867	112	31294	190	14603	7	20286
湖 南	Hunan	1384	23843	340	36928	44	17020	187	17379
广 东	Guangdong	2305	75236	388	45376	2205	24207	69	23275
广 西	Guangxi	803	21003	53	15886	249	4935	7	9000
海 南	Hainan	47	19050	6	15000	6	104000	16	26000
重 庆	Chongqing	1048	22052	36	23971	99	40667		
四 川	Sichuan	700	24034	140	31256	202	15580	10	6700
贵 州	Guizhou	445	13788	116	17707	9	15000	27	12074
云 南	Yunnan	1213	17158	407	18134	299	12309	41	11122
西 藏	Tibet							2584	4509
陕 西	Shaanxi	1228	20309	680	14542	334	15100		
甘 肃	Gansu	23	7348	101	7406			4	12000
青 海	Qinghai	47	15212	66	36676				
宁 夏	Ningxia	62	13032	10	8700				
新 疆	Xinjiang	89	31756	39	22231	7	6714	2	25000

6-5 各地区分行业其他单位不在岗职工人数及平均生活费(2010年)
NOT-ON-POST STAFF AND WORKERS AND AVERAGE LIVING SUBSIDIES IN OTHER OWNERSHIP UNITS BY SECTOR AND REGION (2010)

地 区	Region	总 计 Total		农、林、牧、渔业 Agriculture,Forestry, Farming of Animals and Fishing		采矿业 Mining		制造业 Manufacturing	
		年末人数(人) Year-end Figures (person)	平均生活费(元) Average Living Subsidy (yuan)	年末人数(人) Year-end Figures (person)	平均生活费(元) Average Living Subsidy (yuan)	年末人数(人) Year-end Figures (person)	平均生活费(元) Average Living Subsidy (yuan)	年末人数(人) Year-end Figures (person)	平均生活费(元) Average Living Subsidy (yuan)
全 国	**National**	**1592386**	**10437**	**4354**	**7774**	**126985**	**13514**	**737558**	**8921**
北 京	Beijing	93624	17671	96	17072	762	30223	17139	15027
天 津	Tianjin	66581	8408	300	8929	2378	26592	40323	4454
河 北	Hebei	99359	9337	12	10533	4975	11657	52213	7855
山 西	Shanxi	102725	11853	35	86	22582	16681	55304	12253
内蒙古	Inner Mongolia	31189	12416	40	7029	1647	16193	19394	14486
辽 宁	Liaoning	116793	9444	241	8342	8737	15191	54860	8826
吉 林	Jilin	35711	12329	5		9555	16701	12521	8459
黑龙江	Heilongjiang	50909	5525	27	17207	3592	5585	24940	5332
上 海	Shanghai	119316	11234	870	7901			54438	10064
江 苏	Jiangsu	124453	10588	333	10675	8275	12920	59288	10785
浙 江	Zhejiang	35597	14579	7	13429	1455	7488	12247	11361
安 徽	Anhui	58469	8329			16076	12122	20682	5165
福 建	Fujian	15494	9617	141	1199	307	8692	6040	11286
江 西	Jiangxi	34151	6257	1	2000	619	6708	25155	5965
山 东	Shandong	142438	9030	467	3141	9699	10320	78487	6735
河 南	Henan	95265	6843	150	2287	16709	4827	47609	7578
湖 北	Hubei	54902	11936	122	6050	1097	6909	24680	12461
湖 南	Hunan	57753	8366	17	3235	714	11336	21361	10601
广 东	Guangdong	32430	21391	76	15158	539	28515	11821	12324
广 西	Guangxi	20784	7882	1232	9639	151	4152	8307	6530
海 南	Hainan	4254	16537			2		1180	14008
重 庆	Chongqing	28270	10464			861	7917	10148	15305
四 川	Sichuan	43953	10410	7	1111	2146	9960	20413	10249
贵 州	Guizhou	16357	7507	2		1940	5648	8289	5115
云 南	Yunnan	25435	10308	101	3800	616	7663	12499	9466
西 藏	Tibet	45	18281					10	
陕 西	Shaanxi	43045	7791	60		1614	3744	24606	6087
甘 肃	Gansu	18355	10498			2398	29206	8198	7795
青 海	Qinghai	2558	10281			307	5304	1110	15205
宁 夏	Ningxia	5525	13828	4	4500	1964	21530	1053	12206
新 疆	Xinjiang	16646	19630	8	11400	5268	30690	3243	13147

6-5 续表 1 continued

地 区	Region	电力、燃气及水的生产和供应业 Production & Distribution of Electricity,Gas & Water		建筑业 Construction		交通运输、仓储和邮政业 Traffic,Transport, Storage and Post		信息传输、计算机服务和软件业 Information Transfer, Computer Services and Software	
		年末人数（人） Year-end Figures (person)	平均生活费（元） Average Living Subsidy (yuan)	年末人数（人） Year-end Figures (person)	平均生活费（元） Average Living Subsidy (yuan)	年末人数（人） Year-end Figures (person)	平均生活费（元） Average Living Subsidy (yuan)	年末人数（人） Year-end Figures (person)	平均生活费（元） Average Living Subsidy (yuan)
全 国	**National**	**43568**	**16071**	**166116**	**6849**	**121230**	**10655**	**16250**	**19541**
北 京	Beijing	2645	20234	22917	13979	6113	20894	828	21990
天 津	Tianjin	1051	22447	4366	10804	3523	26561	2	28140
河 北	Hebei	582	13348	13063	2181	5248	3926	750	17060
山 西	Shanxi	1668	6084	4232	7822	4949	3052	177	18633
内蒙古	Inner Mongolia	1542	15237	2035	4080	2817	2518	123	25968
辽 宁	Liaoning	6030	15409	18597	4069	8219	10564	809	19304
吉 林	Jilin	848	15137	2043	6188	2739	7458	87	16734
黑龙江	Heilongjiang	1707	8343	8870	1848	1314	3062	1245	14640
上 海	Shanghai	205	38774	4537	11295	12979	18186	464	15384
江 苏	Jiangsu	1421	17793	12699	8609	14004	8815	640	25425
浙 江	Zhejiang	405	20188	3228	8806	5344	9507	435	25422
安 徽	Anhui	782	12809	5154	5622	4310	4069	96	18346
福 建	Fujian	539	11217	2056	2246	744	5167	153	20453
江 西	Jiangxi	890	11668	1407	9901	1656	2058	206	12444
山 东	Shandong	3867	11923	8350	7636	8490	10419	3620	19588
河 南	Henan	2577	12894	7585	4631	5289	4849	264	21708
湖 北	Hubei	2604	22869	3991	7965	10325	10360	954	16801
湖 南	Hunan	2145	13498	13702	4082	3862	7043	1319	16649
广 东	Guangdong	1682	33999	3281	11780	4738	25993	950	32112
广 西	Guangxi	748	11507	3976	7776	1204	6423	366	19840
海 南	Hainan	392	17299	41	3920	902	14960	283	23161
重 庆	Chongqing	1386	20606	4109	3810	2190	4741	314	10037
四 川	Sichuan	4135	15314	3744	4991	4329	4689	321	10288
贵 州	Guizhou	122	11783	393	6717	569	10170	511	15286
云 南	Yunnan	1562	21771	2172	5631	1606	9851	596	22203
西 藏	Tibet			11	19000				
陕 西	Shaanxi	593	8209	2602	3732	1663	6625	357	19806
甘 肃	Gansu	82	14506	2650	5697	698	11502	32	9593
青 海	Qinghai	4	12750	118	4938	158	4767	15	17333
宁 夏	Ningxia	164	8884	1426	5997	226	7942	24	17000
新 疆	Xinjiang	1190	18054	2761	10023	1022	10550	309	22591

6-5 续表 2 continued

地区 Region		批发和零售业 Wholesale and Retail Trade		住宿和餐饮业 Accommodation and Restaurants		金融业 Finance		房地产业 Real Estate	
		年末人数（人）Year-end Figures (person)	平均生活费（元）Average Living Subsidy (yuan)	年末人数（人）Year-end Figures (person)	平均生活费（元）Average Living Subsidy (yuan)	年末人数（人）Year-end Figures (person)	平均生活费（元）Average Living Subsidy (yuan)	年末人数（人）Year-end Figures (person)	平均生活费（元）Average Living Subsidy (yuan)
全 国	**National**	**151333**	**7045**	**23209**	**7522**	**77433**	**31740**	**38481**	**8679**
北 京	Beijing	10480	16983	3996	15420	3348	62810	8024	16330
天 津	Tianjin	3237	7198	1166	8674	1953	44866	509	13862
河 北	Hebei	9586	6155	528	3718	10367	30759	319	5342
山 西	Shanxi	8170	2975	874	1447	2769	24693	1281	1821
内蒙古	Inner Mongolia	1275	2028	387	4168	557	26373	11	818
辽 宁	Liaoning	5455	6485	1002	2450	5549	26299	5681	3142
吉 林	Jilin	2575	6291	159	6258	3038	27385	513	7399
黑龙江	Heilongjiang	5964	2536	180	5505	2005	27751	707	810
上 海	Shanghai	8803	8713	3347	9293	1345	30406	4052	7695
江 苏	Jiangsu	16704	7464	2269	6804	2745	40513	3440	7701
浙 江	Zhejiang	4142	8153	654	7465	4388	43776	957	9579
安 徽	Anhui	5616	6489	399	1256	3104	23576	1275	5100
福 建	Fujian	1018	10328	152	4667	874	35655	148	6428
江 西	Jiangxi	1805	824	66	7333	2254	13787	14	9143
山 东	Shandong	18342	4907	1517	3600	6591	37772	1582	9363
河 南	Henan	9068	2578	369	3883	4306	18644	369	5356
湖 北	Hubei	6539	9446	370	5485	2079	22242	1446	5630
湖 南	Hunan	7578	4785	428	4647	2803	21346	2321	6150
广 东	Guangdong	1639	22167	446	11669	4914	40356	1528	11516
广 西	Guangxi	2522	6815	539	5000	555	22606	243	7863
海 南	Hainan	251	15532	297	1747	557	32642	192	8252
重 庆	Chongqing	3815	5797	748	3019	1604	25123	507	10010
四 川	Sichuan	3635	6566	1708	4832	2822	27846	386	9292
贵 州	Guizhou	1697	7835	325	4592	1364	33126	710	9075
云 南	Yunnan	2965	10231	415	6957	340	35823	1160	7227
西 藏	Tibet	1	16000						
陕 西	Shaanxi	4345	6489	537	3170	3400	31609	700	1189
甘 肃	Gansu	2185	4947	280	7265	766	20080	42	1952
青 海	Qinghai	162	3636	5	7200	12	35545	5	5000
宁 夏	Ningxia	293	5863	16	7069	217	16893	53	9869
新 疆	Xinjiang	1466	14747	30	6379	807	33127	306	15312

6-5 续表 3 continued

地 区	Region	租赁和商务服务业 Tenancy and Business Services		科学研究、技术服务和地质勘查业 Scientific Research,Technical Service & Geological Prospecting		水利、环境和公共设施管理业 Management of Water Conservancy,Environment & Public Establishment		居民服务和其他服务业 Resident Services and Other Services	
		年末人数(人) Year-end Figures (person)	平均生活费(元) Average Living Subsidy (yuan)	年末人数(人) Year-end Figures (person)	平均生活费(元) Average Living Subsidy (yuan)	年末人数(人) Year-end Figures (person)	平均生活费(元) Average Living Subsidy (yuan)	年末人数(人) Year-end Figures (person)	平均生活费(元) Average Living Subsidy (yuan)
全 国	**National**	**62187**	**9811**	**5829**	**11470**	**3563**	**11495**	**6796**	**10676**
北 京	Beijing	12142	16271	1420	17716	1777	11567	414	15768
天 津	Tianjin	7247	1844	232	14854	26	25333	228	9253
河 北	Hebei	1201	588	94	24598	321	21132	90	767
山 西	Shanxi	397	1426	26	9542	23	6217	99	880
内蒙古	Inner Mongolia	1293	14674	39	6923	1	28000		
辽 宁	Liaoning	870	8129	451	3630	20	14500	172	3743
吉 林	Jilin	1415	17073	158	10018	28	3032	10	24000
黑龙江	Heilongjiang	115	4049	91	1455	1	11000	53	1078
上 海	Shanghai	23543	10350	462	9004	406	14776	3057	13422
江 苏	Jiangsu	1119	6723	216	10125	186	13852	876	4664
浙 江	Zhejiang	1617	7971	389	20162	52	6109	20	10286
安 徽	Anhui	427	9366	427	8423	61	6787	6	13167
福 建	Fujian	3142	2347	9	1875	85	2174	1	4000
江 西	Jiangxi	9	4000	24	3417				
山 东	Shandong	688	5161	308	10126	40	974	189	5649
河 南	Henan	291	4038	129	7338	195		89	1089
湖 北	Hubei	198	6769	73	15052	175	5273	149	5019
湖 南	Hunan	778	8233	153	3192	60	6355	8	1500
广 东	Guangdong	453	35804	80	13855	15	13118	24	16639
广 西	Guangxi	707	7016	68	5182	5		34	3000
海 南	Hainan	24	417	4	667	4	41000	2	11333
重 庆	Chongqing	522	3161	103	733	45	814	59	5758
四 川	Sichuan	149	5810	52	14140	2	4000		
贵 州	Guizhou	30	318	24	11619	4	714	324	18926
云 南	Yunnan	1253	12846	52	4500	3		24	19222
西 藏	Tibet	23	11950						
陕 西	Shaanxi	1173	932	219	4450	26		858	8211
甘 肃	Gansu	983	5284	30	16242				
青 海	Qinghai	180	2385	444	10725			10	
宁 夏	Ningxia	71	13775	12	5167	2	14000		
新 疆	Xinjiang	127	6779	40	11159				

6-5 续表 4 continued

地区	Region	教育 Education		卫生、社会保障和社会福利业 Sanitation, Social Security and Social Welfare		文化体育和娱乐业 Culture, Sports and Entertainment		公共管理和社会组织 Public Management & Social Organization	
		年末人数（人） Year-end Figures (person)	平均生活费（元） Average Living Subsidy (yuan)	年末人数（人） Year-end Figures (person)	平均生活费（元） Average Living Subsidy (yuan)	年末人数（人） Year-end Figures (person)	平均生活费（元） Average Living Subsidy (yuan)	年末人数（人） Year-end Figures (person)	平均生活费（元） Average Living Subsidy (yuan)
全 国	**National**	**1779**	**9829**	**3032**	**9350**	**1961**	**12642**	**722**	**10229**
北 京	Beijing	124	17526	173	13428	775	23039	451	12204
天 津	Tianjin	31	1200			9	18900		
河 北	Hebei	2	10000	8	8733				
山 西	Shanxi	72	32313	1		48		18	22500
内蒙古	Inner Mongolia					28	7536		
辽 宁	Liaoning	54	21759	30	16533	5	10800	11	7100
吉 林	Jilin		47500	13	5214	4			
黑龙江	Heilongjiang	17		81	2692				
上 海	Shanghai	720	3855	3	52600	81	11901	4	1750
江 苏	Jiangsu	21	29160	189	9273	28	13414		
浙 江	Zhejiang	83	5000	32	3400	22	15476	120	8431
安 徽	Anhui	47	7289	6	7000	1	8000		
福 建	Fujian	70	19722	4		1	4000	10	
江 西	Jiangxi			17		28	3821		
山 东	Shandong	142	7949	32	32391	23	12708	4	62500
河 南	Henan	39	7829	74	2058	87	3750	66	1200
湖 北	Hubei	2	27000	3	1000	93	11220	2	10000
湖 南	Hunan	79	10759	385	6325	32	22967	8	7600
广 东	Guangdong	40	1658	31	1034	171	10711	2	4000
广 西	Guangxi	1	19000	52	3311	73	6649	1	1000
海 南	Hainan	101	12222			2	4500	20	
重 庆	Chongqing	62	100	1738	10648	59	6582		
四 川	Sichuan			17	3188	87	13915		
贵 州	Guizhou	7	929	46					
云 南	Yunnan	25	5105	14	12400	32	15500		
西 藏	Tibet								
陕 西	Shaanxi	17	6353	3	28750	272	489		
甘 肃	Gansu			6	4500			5	28800
青 海	Qinghai	20	600	8	9625				
宁 夏	Ningxia								
新 疆	Xinjiang	3		66	1955				

6-6 各地区其他单位就业人员增加来源(2010年)

INCREASE OF EMPLOYMENT IN OTHER OWNERSHIP UNITS BY REGION (2010)

单位: 人 (person)

地 区	Region	合 计 Total	从农村招收 Recruited from Countryside	从城镇招收 Recruited from Cities and Towns	录用的复员转业军人 Recruited Demobilized and Transferred Armymen	录用的大、中专、技工学校毕业生 Recruited Graduates	调 入 Transferred Into	#由外省、自治区、直辖市调入 Transferred from Other Regions	其 他 Others
全 国	**National**	**14058388**	**6710468**	**2934209**	**92594**	**2537796**	**449265**	**45997**	**1334056**
北 京	Beijing	1333233	464595	469634	3364	151654	83779	4056	160207
天 津	Tianjin	314437	108493	59584	897	32705	48813	1572	63945
河 北	Hebei	279740	116790	41814	2452	90635	8818	881	19231
山 西	Shanxi	197697	36125	13939	3122	108844	11439	195	24228
内蒙古	Inner Mongolia	97651	53510	23518	778	12955	3381	392	3509
辽 宁	Liaoning	244868	90116	63876	2273	48802	18144	1036	21657
吉 林	Jilin	124671	30691	42711	1465	21436	13798	151	14570
黑龙江	Heilongjiang	86438	18895	29054	1495	16328	6752	329	13914
上 海	Shanghai	955859	346354	215327	1149	72887	46862	5164	273280
江 苏	Jiangsu	1507324	655175	301813	4673	420083	28148	4015	97432
浙 江	Zhejiang	2083462	1260954	300447	9773	271624	29697	5590	210967
安 徽	Anhui	224947	63209	76259	2625	57722	5878	730	19254
福 建	Fujian	1064325	703915	152786	4754	152630	13428	1244	36812
江 西	Jiangxi	108294	37456	28322	1077	14038	2492	156	24909
山 东	Shandong	625076	228473	110843	4981	224573	19021	993	37185
河 南	Henan	217079	79329	42186	9729	59786	10445	1456	15604
湖 北	Hubei	270409	97590	85880	2718	64550	8603	656	11068
湖 南	Hunan	190601	66678	49351	3590	48478	5079	509	17425
广 东	Guangdong	2594126	1580605	479666	14418	409040	27998	8221	82399
广 西	Guangxi	197835	80781	35491	1655	28888	5326	605	45694
海 南	Hainan	40526	10243	9934	864	15365	1324	589	2796
重 庆	Chongqing	310363	136858	85196	3506	58084	13598	2167	13121
四 川	Sichuan	265458	123937	74531	3735	33628	7794	3519	21833
贵 州	Guizhou	74875	26948	21113	1266	15215	2487	404	7846
云 南	Yunnan	217725	115629	41013	1839	28018	5811	498	25415
西 藏	Tibet	613	117	140	3	178	81	8	94
陕 西	Shaanxi	123534	36210	27017	1710	38553	6961	319	13083
甘 肃	Gansu	36462	13043	4981	661	7850	3975	126	5952
青 海	Qinghai	14148	7170	2673	241	2923	344	90	797
宁 夏	Ningxia	40317	16801	9199	630	9981	2747	92	959
新 疆	Xinjiang	216295	103778	35911	1151	20343	6242	234	48870

6-7 各地区其他单位就业人员减少去向(2010年)

DECREASE OF EMPLOYMENT IN OTHER OWNERSHIP UNITS BY REGION (2010)

单位: 人 (person)

地 区	Region	合 计 Total	离休、退休、退职 Retired and Resigned	开除、除名、辞退 Expelled Expunged and Dismissed	终止、解除合同 Contract Closed or Terminated	不在岗职工 Not-on-post Staff and Workers	死 亡 Death	调 出 Transferred Out	#调到外省、自治区、直辖市 Transferred to Other Regions	其 他 Others
全 国	**National**	**11643518**	**1244975**	**758642**	**7449261**	**149506**	**22334**	**462379**	**47028**	**1556421**
北 京	Beijing	1100716	50426	23100	798626	7158	1386	74425	18412	145595
天 津	Tianjin	311333	17393	14449	174998	3961	565	49998	2331	49969
河 北	Hebei	234315	56611	28701	102628	5105	1111	16547	982	23612
山 西	Shanxi	139888	15077	6528	84830	9181	972	12403	967	10897
内蒙古	Inner Mongolia	84190	5393	7616	56256	1928	350	3260	330	9387
辽 宁	Liaoning	218603	34413	14797	128111	2919	1399	12243	360	24721
吉 林	Jilin	95039	10125	8171	52794	1508	634	12131	489	9676
黑龙江	Heilongjiang	86015	13422	6614	41302	1979	1043	15197	552	6458
上 海	Shanghai	855689	140493	44211	342017	31529	853	38432	2411	258154
江 苏	Jiangsu	1315107	149278	102205	903204	6377	1236	32573	3156	120234
浙 江	Zhejiang	1645882	95665	81078	1207674	15052	923	49514	4191	195976
安 徽	Anhui	155187	19719	10657	97999	1957	753	4351	713	19751
福 建	Fujian	854856	119759	75567	531588	6822	446	11186	795	109488
江 西	Jiangxi	65935	7003	5747	33849	2590	247	1773	234	14726
山 东	Shandong	532212	39211	43074	320547	9126	2043	20800	1464	97411
河 南	Henan	172400	25550	13474	95992	5188	1685	10606	670	19905
湖 北	Hubei	168546	18452	9698	106749	3303	593	8094	1445	21657
湖 南	Hunan	118078	19375	5886	71658	3594	583	4658	475	12324
广 东	Guangdong	2306468	290283	149310	1645699	9157	1191	28660	2656	182168
广 西	Guangxi	136636	14186	8854	86321	1703	498	4832	255	20242
海 南	Hainan	32827	6365	2928	16332	143	53	3369	519	3637
重 庆	Chongqing	226028	31278	17081	128106	2661	581	12434	2142	33887
四 川	Sichuan	197551	21093	16595	114526	4212	753	4684	339	35688
贵 州	Guizhou	60854	5728	4391	37481	956	424	2808	153	9066
云 南	Yunnan	157671	8090	23683	80022	3898	521	5503	308	35954
西 藏	Tibet	388	82	12	209		7	70	9	8
陕 西	Shaanxi	91831	12388	9103	46309	2668	482	7303	228	13578
甘 肃	Gansu	27718	5942	1569	12072	1968	359	1240	110	4568
青 海	Qinghai	14796	1438	1381	8074	1047	68	867	47	1921
宁 夏	Ningxia	34379	3074	9460	13163	667	141	1781	87	6093
新 疆	Xinjiang	202380	7663	12702	110125	1149	434	10637	198	59670

七、乡镇企业就业人员

EMPLOYMENT IN TOWNSHIP AND VILLAGE ENTERPRISES

7-1 乡镇企业单位数

TOWNSHIP AND VILLAGE ENTERPRISES

单位：万个 (10000 units)

年 份 Year	合 计 Total	农林牧渔业 Farming Forestry Animal husbandry & Fishery	工业企业 Industry	建筑业 Constructure	交通运输仓储业 Transport Storage	批发零售业 Wholesale and Retail Trade	住宿及餐饮业 Hotels and Catering Services	社会服务业 Social Services	其他企业 Others
1978	152.42	49.46	79.40	4.67	6.51	12.38			
1979	148.04	44.39	76.71	4.97	8.21	13.76			
1980	142.46	37.83	75.78	5.08	8.94	14.83			
1981	133.75	31.90	72.54	4.83	8.89	15.59			
1982	136.17	29.28	74.92	5.38	9.58	17.01			
1983	134.64	26.98	74.40	5.70	9.16	18.40			
1984	606.52	24.84	481.22	8.04	12.96	79.46			
1985	1222.45	22.42	493.03	8.26	10.61	688.13			
1986	1515.30	23.97	635.50	89.25	261.98	504.60			
1987	1750.24	23.12	708.28	90.25	325.24	603.35			
1988	1888.16	23.28	773.52	95.58	372.55	623.23			
1989	1868.63	22.68	736.47	92.55	379.88	637.05			
1990	1850.40	22.40	722.00	90.40	381.40	634.20			
1991	1908.88	23.09	742.57	88.81	400.34	654.07			
1992	2091.62	24.92	793.82	98.49	436.95	737.77			
1993	2452.90	27.90	918.40	121.70	486.40	656.30			
1994	2494.47	24.64	698.58	82.99	369.11	759.63	292.93		266.58
1995	2202.67	27.77	718.16	106.75	495.17	697.77	94.45		62.60
1996	2336.33	28.94	756.43	104.58	546.49	761.71			
1997	907.50	21.46	378.22	41.62	143.06	211.08	86.75		25.30
1998	2004.00	18.90	662.00	82.10	414.80	545.50	221.10		59.50
1999	2070.90	16.50	673.50	82.50	412.70	583.10	241.40		61.10
2000	2084.66	15.12	674.01	79.52	412.52	591.30	249.19		63.01
2001	2115.54	12.74	672.17	76.26	412.86	614.17	262.70		64.64
2002	2132.69	32.17	627.68	69.75	380.13	627.12	211.02	106.29	78.53
2003	2185.08	41.43	643.13	68.06	383.45	647.85	213.20	124.22	63.74
2004	2213.22	41.44	640.28	65.41	377.50	677.35	208.58	136.61	66.05
2005	2249.59	41.18	632.99	64.29	379.86	690.94	215.09	152.98	72.27
2006	2314.47	41.08	656.57	65.43	381.23	712.56	218.70	158.05	80.84
2007	2390.89	17.96	285.27	20.81	58.29	124.90	41.62	28.89	21.65
2008	2599.21	18.54	744.67	73.40	427.64	807.25	248.22	180.79	98.69
2009	2678.94	17.13	277.44	22.00	53.32	119.87	41.76	31.42	27.01
2010	2742.46	17.35	294.11	20.84	53.87	125.01	44.86	33.05	27.62

注：1.本表1978-1983年为乡村两级数，1984年以后为乡镇企业全部数(以下同)。
2.1997年乡镇企业数统计口径有所调整,与以前数据不可比(以下同)。
3.2007、2009、2010年数据按行业分组不含个体工商户(下表同)。

Note: a) Figures for 1978-1983 included only township and village level enterprises, since 1984 figuers has been covered all township and village enterprises(the same below).
b) In 1997 the statistical coverage of township and village enterprises was adjusted(the same below).
c) Data in 2007.2009.2010are not included individuals in each sector (the same below).

7-2 乡镇企业就业人数

EMPLOYMENT IN TOWNSHIP AND VILLAGE ENTERPRISES

单位：万人 (10000 persons)

年份 Year	合计 Total	农林牧渔业 Farming Forestry Animal husbandry & Fishery	工业企业 Industry	建筑业 Constructure	交通运输仓储业 Transport Storage	批发零售业 Wholesale and Retail Trade	住宿及餐饮业 Hotels and Catering Services	社会服务业 Social Services	其他企业 Others
1978	2826.56	608.42	1734.36	235.62	103.83	144.33			
1979	2909.34	533.00	1814.38	298.45	116.90	146.61			
1980	2999.67	456.07	1942.30	334.67	113.56	153.07			
1981	2969.56	379.94	1980.80	348.83	107.38	152.61			
1982	3112.91	344.00	2072.81	421.29	112.94	161.87			
1983	3234.64	309.22	2168.14	482.72	109.71	164.85			
1984	5208.11	283.93	3656.07	683.49	129.30	455.32			
1985	6979.03	252.38	4136.70	789.95	114.18	1685.82			
1986	7937.14	240.80	4761.96	270.37	541.26	1122.75			
1987	8805.18	244.18	5266.69	373.98	623.14	1297.19			
1988	9545.45	249.99	5703.39	1484.81	684.16	1423.10			
1989	9366.78	239.30	5624.10	1403.73	699.37	1400.28			
1990	9264.75	236.06	5571.69	1346.84	711.22	1398.94			
1991	9609.11	243.08	5813.55	1384.33	732.31	1435.84			
1992	10624.59	261.82	6336.40	1552.42	799.74	1674.34			
1993	12345.30	285.40	7259.60	1826.90	931.40	1407.80			
1994	12017.47	260.46	6961.51	1622.04	725.59	1614.53	418.17		415.16
1995	12862.06	313.52	7564.72	1932.52	952.03	1677.42	225.22		196.63
1996	13508.29	336.00	7860.14	1948.84	1062.32	2447.87			
1997	9158.28	276.96	6149.44	1273.40	382.03	622.99	347.74		105.72
1998	12536.55	273.91	7334.23	1633.75	886.34	1418.90	767.63		221.79
1999	12704.09	247.38	7395.32	1613.45	885.72	1514.02	834.90		213.29
2000	12819.57	222.04	7466.73	1581.09	898.49	1556.93	864.04		230.25
2001	13085.58	200.03	7615.11	1564.41	902.69	1643.74	924.54		235.07
2002	13287.71	205.37	7667.61	1460.36	861.62	1691.27	830.78	301.94	268.76
2003	13572.93	290.42	7856.23	1408.44	847.95	1673.36	829.87	380.27	286.39
2004	13866.17	284.72	8160.54	1375.98	844.47	1699.30	817.91	425.94	257.32
2005	14272.36	285.21	8452.06	1362.75	846.86	1784.47	854.11	419.23	267.67
2006	14680.11	273.05	8502.72	1266.89	946.87	1958.33	886.68	537.29	308.28
2007	15089.76	179.48	6836.55	732.51	270.13	639.94	333.17	173.85	163.39
2008	15450.56	185.64	8972.14	1348.83	1010.47	2075.01	950.21	582.49	325.77
2009	15588.24	182.11	6945.55	791.18	277.67	687.29	353.05	208.28	188.38
2010	15892.56	180.95	7105.25	803.78	277.37	676.92	361.91	214.17	195.40

八、职业培训与技能鉴定

VOCATIONAL TRAINING AND SKILL APPRAISAL

8-1 技工学校综合情况

GENERAL CONDITION OF VOCATIONAL SCHOOLS

单位：亿元、万人 (100 million yuan，10000 persons)

年 份 Year	技工学校个数(个) Number of Vocational Schools (unit)	招生人数 Students Newly Enrolled	在校学生人数 Number of Students in School	毕业生人数 Number of Graduates	在职教职工人数 Total Teachers and Staff	文化技术理论课教师 Teachers of Cultural and Technical Theory	生产实习指导教师 Production Guide Teachers
绝对数 Absolute figure							
1990	4184	50.6	133.2	24.3	30.8	10.4	3.2
1995	4521	74.6	189.0	68.5	33.7	11.5	3.9
2000	3792	50.4	140.1	64.6	24.0	10.5	3.5
2001	3470	55.1	134.7	47.7	22.0	10.0	3.4
2002	3075	73.3	153.0	45.4	20.3	9.5	3.2
2003	2970	91.6	193.1	45.3	20.2	9.6	3.4
2004	2884	109.7	234.4	53.5	20.4	9.6	3.8
2005	2855	118.4	275.3	69.0	20.4	9.7	3.8
2006	2880	134.8	320.8	86.4	21.5	10.4	4.2
2007	2995	158.5	367.1	99.7	24.0	11.2	5.0
2008	3075	161.4	397.5	109	24.7	12.2	5.4
2009	3064	156.4	414.3	115.2	25.8	12.5	6.0
2010	2998	158.6	421.0	121.3	26.5	12.7	6.3
比上年增长(%) Increase over Preceding year(%)							
1995	2.1	4.5	1.0	23.0	-1.0	0.9	1.6
2000	-7.5	-2.3	-10.2	-2.5	-11.0	-6.9	-6.7
2001	-8.5	9.4	-3.8	-26.1	-8.3	-4.9	-3.7
2002	-11.4	33.0	13.6	-4.9	-7.4	-5.0	-6.8
2003	-3.4	24.9	26.2	-0.2	-0.7	1.5	7.3
2004	-2.9	19.8	21.4	18.1	1.0		11.8
2005	-1.0	7.9	17.4	29.0		1.0	
2006	0.9	13.9	16.5	25.2	5.4	7.2	10.5
2007	4.0	17.6	14.4	15.4	11.6	7.7	19.0
2008	2.7	1.8	8.3	9.3	2.9	8.9	8.0
2009	-0.4	-3.1	4.2	5.7	4.6	2.8	11.6
2010	-2.2	1.4	1.6	5.4	2.6	1.2	4.3

8-1 续表 continued

单位：亿元、万人 (100 million yuan，10000 persons)

年 份 Year	兼职教师 人 数 Part-time Teachers	经费来源 合 计 Resourses of Funds	#事业经费 Operating Funds	#公司经费 Company Funds	经费支出 合 计 Expenditure	培训社会人员人次 Person-time of Trainees from the Society	培训社会人员结业人数 Graduates of Trainees Recruited from the Society
绝对数 Absolute figure							
1990	1.7	15.6	6.1	2.3	17.5		
1995	1.9	53.7	13.2	4.4	43.3	89.9	71.3
2000	2.7	56.9	21.9	3.2	59.4	158.5	156.7
2001	2.6	68.1	23.6	3.2	64.6	151.7	163.9
2002	2.6	67.4	28.2	2.8	67.1	208.6	196.9
2003	3.0	81.4	30.5	2.8	80.5	226.9	223.7
2004	2.9	112.5	37.4	5.2	102.8	265.6	257.5
2005	3.2	123.4	37.8	3.8	124.0	273.3	270.1
2006	3.6	143.1	43.9	3.0	148.7	337.7	330.2
2007	3.8	198.2				380.7	369.8
2008	4.1	204.4				400.0	389.8
2009	4.3	237.3				484.1	382.9
2010	4.4	260.4				468.4	371.3
比上年增长(%) Increase over Preceding year(%)							
1995	8.2	18.6	11.1	14.3	18.0	6.8	3.9
2000	-6.3	-4.6	0.8	-30.1	-0.9	6.3	8.4
2001	-4.1	19.7	7.7	0.6	8.7	-4.3	4.6
2002	-2.4	-1.1	19.4	-13.6	3.8	37.6	20.2
2003	17.4	20.8	8.2	0.1	20.0	37.6	20.2
2004	-3.3	38.2	22.6	85.7	27.7	17.1	15.1
2005	10.3	9.7	1.0	-26.9	20.6	2.9	4.9
2006	12.5	16.0	16.1	-21.1	19.9	23.6	22.3
2007	5.6	38.5				12.7	12.0
2008	7.9	3.1				5.1	5.4
2009	5.2	16.1				21.0	-1.8
2010	1.0	9.7				-3.2	-3.0

8-2 各地区技工学校综合情况(2010年)
GENERAL CONDITION OF VOCATIONAL SCHOOLS BY REGION (2010)

单位：人 (person)

地区	Region	技工学校个数(个) Number of Vocational Schools (unit)	劳动预备制度定点培训机构数 Number of Labor Pre-partory System Training Agency	在职教职工人数(人) Total Teachers and Staff (person)	#女性 Female	文化技术理论课教师 Teachers of Cultural and Technical Theory	#高级讲师 Senior Lecturers
全　国	**National**	**2998**	**1204**	**264944**	**110800**	**127032**	**32093**
北　京	Beijing	37	24	3671	1781	1322	426
天　津	Tianjin	39	7	3409	1496	1356	463
河　北	Hebei	166	29	12743	5885	6046	1758
山　西	Shanxi	110	60	7637	3571	3542	943
内蒙古	Inner Mongolia	32	20	3313	1656	2028	652
辽　宁	Liaoning	145	31	10799	4935	5359	1576
吉　林	Jilin	135	38	6397	3246	3482	1118
黑龙江	Heilongjiang	133	54	12316	5859	5645	1949
上　海	Shanghai						
江　苏	Jiangsu	132	28	18317	7780	8149	1808
浙　江	Zhejiang	68	22	6875	3021	3926	755
安　徽	Anhui	91	26	6295	2134	2991	755
福　建	Fujian	95	27	4752	2010	2361	638
江　西	Jiangxi	100	29	10263	4064	5727	1684
山　东	Shandong	209	152	27482	10146	14962	4088
河　南	Henan	183	81	13956	5803	6102	1571
湖　北	Hubei	130	63	11559	4300	6014	1570
湖　南	Hunan	129	62	10074	4521	5005	1370
广　东	Guangdong	246	57	27747	10770	11978	1760
广　西	Guangxi	52	22	5090	1861	2331	475
海　南	Hainan	14	5	1511	601	687	135
重　庆	Chongqing	80	80	5123	2026	2128	602
四　川	Sichuan	116	37	10136	4132	4935	952
贵　州	Guizhou	60	16	3251	1404	1623	354
云　南	Yunnan	36	19	4283	1643	2157	735
陕　西	Shaanxi	281	91	20103	8326	8705	1607
甘　肃	Gansu	78	40	4525	1603	2223	422
青　海	Qinghai	18	18	2331	1144	1213	361
宁　夏	Ningxia	20	4	2457	1145	984	351
新　疆	Xinjiang	63	62	8529	3937	4051	1215

8-2 续表 1 continued

单位：人 (person)

地区 Region	#讲师 Lecturers	#助理讲师 Assistant Lecturers	生产实习指导教师 Production Guide Teachers	高级实习指导教师 Senior	一级实习指导教师 Class One	二级实习指导教师 Class Two
全国 National	**44933**	**38434**	**62845**	**7261**	**13513**	**12299**
北京 Beijing	498	310	766	129	162	197
天津 Tianjin	401	432	736	157	180	216
河北 Hebei	2091	1742	2826	369	631	488
山西 Shanxi	1172	1109	1522	171	379	307
内蒙古 Inner Mongolia	678	297	518	73	100	79
辽宁 Liaoning	1973	1198	1727	235	361	349
吉林 Jilin	1251	872	1267	231	180	285
黑龙江 Heilongjiang	2071	1373	2337	308	499	368
上海 Shanghai						
江苏 Jiangsu	2637	2828	4657	433	816	911
浙江 Zhejiang	1383	1081	1539	127	312	279
安徽 Anhui	1046	897	1446	138	256	275
福建 Fujian	711	546	1078	142	223	246
江西 Jiangxi	2248	1552	2686	402	635	499
山东 Shandong	4830	6044	6179	872	1815	1341
河南 Henan	2252	2066	3683	409	908	765
湖北 Hubei	2333	1628	2703	326	696	515
湖南 Hunan	1885	1381	2945	284	823	641
广东 Guangdong	4273	4295	7785	526	1732	1418
广西 Guangxi	1007	723	1291	88	301	324
海南 Hainan	213	280	134	21	34	62
重庆 Chongqing	990	501	2126	350	401	451
四川 Sichuan	1637	1667	2167	200	380	439
贵州 Guizhou	717	445	539	45	114	151
云南 Yunnan	769	653	1635	147	270	249
陕西 Shaanxi	2636	2379	5147	516	658	765
甘肃 Gansu	854	699	935	101	143	210
青海 Qinghai	389	316	401	70	93	93
宁夏 Ningxia	320	230	415	60	65	99
新疆 Xinjiang	1668	890	1655	331	346	277

单位：人 (person)

地 区 Region	三级实习指导教师 Class Three	技师和高级技师 Technician and Senior Technician	一体化教师 Allround Teachers	兼职教师人数 Part-time Teachers	经费来源（亿元） Resouses of Funds (100 million yuan)	招生学校数（所） Number of School (unit)
全 国 National	**6552**	**18390**	**52377**	**43535**	**260.4**	**2409**
北 京 Beijing	53	186	874	1311	10.1	37
天 津 Tianjin	59	90	731	286	4.1	35
河 北 Hebei	179	625	2237	1688	10.2	137
山 西 Shanxi	175	438	767	936	5.4	76
内蒙古 Inner Mongolia	36	179	731	434	2.0	27
辽 宁 Liaoning	187	439	1658	999	11.9	96
吉 林 Jilin	243	270	1197	883	4.8	72
黑龙江 Heilongjiang	191	625	2405	2213	10.2	112
上 海 Shanghai						
江 苏 Jiangsu	418	1998	3844	3783	20.0	121
浙 江 Zhejiang	69	752	1728	738	11.2	68
安 徽 Anhui	208	328	758	1700	5.2	76
福 建 Fujian	141	193	1231	944	4.7	76
江 西 Jiangxi	378	681	2273	2102	7.0	83
山 东 Shandong	561	1590	3956	3221	36.4	184
河 南 Henan	386	1045	3030	2541	9.5	143
湖 北 Hubei	240	745	2200	2238	6.4	125
湖 南 Hunan	231	711	2235	1900	7.1	99
广 东 Guangdong	808	3181	7179	2460	44.1	187
广 西 Guangxi	99	354	1349	452	6.5	52
海 南 Hainan	17		371	129	1.7	10
重 庆 Chongqing	421	503	1001	1019	2.0	60
四 川 Sichuan	206	637	1800	1973	7.5	92
贵 州 Guizhou	79	117	389	540	2.6	29
云 南 Yunnan	76	337	1403	1867	4.1	35
陕 西 Shaanxi	612	1708	3295	4164	11.6	256
甘 肃 Gansu	168	172	653	969	4.6	51
青 海 Qinghai	18	89	260	215	1.9	15
宁 夏 Ningxia	46	71	520	484	2.1	13
新 疆 Xinjiang	247	326	2302	1346	5.7	42

8-2 续表 3 continued

单位：人 (person)

地区	Region	招生人数 Students Newly Enrolled	#高级班学生 Senior Class	#农业户口学生 New Students from Rural	在校学生人数 Number of Students in School	#女生 Female	#高级班学生 Senior Class
全国	**National**	**1586055**	**427811**	**1226322**	**4209752**	**1219865**	**1128714**
北京	Beijing	19433	7047	11920	50483	13711	14392
天津	Tianjin	9823	3800	5332	30054	7217	12515
河北	Hebei	63689	9204	50229	158592	43638	30530
山西	Shanxi	38637	7844	29922	111336	29400	22965
内蒙古	Inner Mongolia	9725	1173	3596	24139	5565	4575
辽宁	Liaoning	36430	8838	19787	103693	18443	27998
吉林	Jilin	23574	2206	12559	47308	11243	4492
黑龙江	Heilongjiang	82949	9448	55261	142109	47511	27482
上海	Shanghai						
江苏	Jiangsu	115761	44937	78248	315082	88707	113664
浙江	Zhejiang	39120	9295	31617	108791	27323	27469
安徽	Anhui	29441	7097	20745	83154	27602	20186
福建	Fujian	32965	6392	26255	84040	26757	15655
江西	Jiangxi	60388	16798	50240	169564	57321	52871
山东	Shandong	136995	66169	123000	397719	115342	158290
河南	Henan	110641	17939	80679	279428	68807	53503
湖北	Hubei	59872	7392	50351	182944	67568	23823
湖南	Hunan	59516	21776	54933	172649	40948	58769
广东	Guangdong	281998	90520	216948	755586	209819	232646
广西	Guangxi	51443	6598	43567	108235	33678	13177
海南	Hainan	12125	2325	9780	34270	10694	5358
重庆	Chongqing	33235	6283	26047	123694	35861	22050
四川	Sichuan	52019	8988	43377	141407	48836	24756
贵州	Guizhou	16327	1738	13038	33903	11922	5893
云南	Yunnan	38215	10571	33280	93835	28241	24919
陕西	Shaanxi	100138	33076	81482	271070	83731	89655
甘肃	Gansu	39944	14996	31295	91249	30126	25686
青海	Qinghai	9883	944	7844	33530	11329	4127
宁夏	Ningxia	2689	966	2023	12100	5297	2939
新疆	Xinjiang	19080	3451	12967	49788	13228	8329

8-2 续表 4 continued

单位：人 (person)

地 区	Region	#农业户口学生 New Students from Rural	毕业生人数 Number of Graduates	#获得中级职业资格 Won Medium Certificates	#获得高级职业资格 Won Senior Certificates	培训社会人员（人次） Person-time of Trainees from the Society (person-time)	培训社会人员结业人数 Graduates of Trainees Recruited from the Society
全 国	**National**	**3149865**	**1213353**	**849432**	**243094**	**4684099**	**3712771**
北 京	Beijing	32395	19611	14879	3765	101844	77842
天 津	Tianjin	17539	14095	6732	3997	38263	30778
河 北	Hebei	122196	62268	42907	10041	181744	133496
山 西	Shanxi	76714	48592	42401	4557	162464	101188
内蒙古	Inner Mongolia	11401	7133	4124	769	76587	52127
辽 宁	Liaoning	56302	34476	22645	5921	136963	94377
吉 林	Jilin	26257	15450	12120	1277	81740	62636
黑龙江	Heilongjiang	88481	39697	24287	4289	365430	328887
上 海	Shanghai						
江 苏	Jiangsu	214772	88815	62584	24344	355244	249969
浙 江	Zhejiang	86834	26328	19623	3983	206048	149093
安 徽	Anhui	59238	34982	25801	7497	158647	135531
福 建	Fujian	60459	26263	16443	5217	109890	55902
江 西	Jiangxi	139375	51359	32810	6693	97226	62403
山 东	Shandong	322977	133615	67302	55481	383220	337812
河 南	Henan	211687	74996	57570	11534	336845	285124
湖 北	Hubei	161209	76193	61780	5930	166133	131344
湖 南	Hunan	161214	44142	28350	15487	151864	140761
广 东	Guangdong	492938	127985	98607	28648	435833	375889
广 西	Guangxi	94742	34077	27591	2040	92468	59897
海 南	Hainan	27512	6978	5704	530	22623	18715
重 庆	Chongqing	100218	33058	26376	6004	147102	128641
四 川	Sichuan	110619	46910	36341	3466	181246	138087
贵 州	Guizhou	26200	9341	6219	1639	59535	24454
云 南	Yunnan	72692	28908	22401	5149	107867	84155
陕 西	Shaanxi	234075	82234	46536	20568	176495	144753
甘 肃	Gansu	73878	19944	16214	1287	67275	45027
青 海	Qinghai	24985	6881	6050	663	27205	26764
宁 夏	Ningxia	9223	3870	1994	896	26148	23454
新 疆	Xinjiang	33733	15152	13041	1422	230150	213665

8-2 续表 5 continued

单位：人 (person)

地区 Region	按培训对象分组 Grouped by Trainee			
	下岗失业人员 Laid-off and Unemployment Workers	劳动预备制学员 Pupils of Labour Preparatory System	在职职工 Workers	农村劳动者 Rural Workers
全国 National	**469435**	**398943**	**2125779**	**1279196**
北京 Beijing	6198	6600	68730	10247
天津 Tianjin	205	3157	24599	5129
河北 Hebei	23004	13900	73265	43046
山西 Shanxi	32779	57486	55718	12547
内蒙古 Inner Mongolia	11116	5509	38837	19073
辽宁 Liaoning	38568	4536	54816	27763
吉林 Jilin	23534	7591	32062	14873
黑龙江 Heilongjiang	88463	26277	128338	90667
上海 Shanghai				
江苏 Jiangsu	37847	23877	171729	59943
浙江 Zhejiang	16618	7814	123650	43765
安徽 Anhui	18590	14459	54482	57123
福建 Fujian	12106	6517	60692	20974
江西 Jiangxi	6969	11919	59213	13126
山东 Shandong	32050	43201	161109	92931
河南 Henan	30442	10826	177064	85372
湖北 Hubei	9993	9911	89352	49850
湖南 Hunan	13331	31535	55921	43294
广东 Guangdong	14537	14338	191758	208498
广西 Guangxi	3080	8198	43446	25859
海南 Hainan	812	968	5583	13478
重庆 Chongqing	4428	2325	80409	48562
四川 Sichuan	12921	11710	75460	57617
贵州 Guizhou	994	5818	36209	13264
云南 Yunnan	4499	11199	41966	39690
陕西 Shaanxi	7750	16231	66502	75077
甘肃 Gansu	3813	1797	25438	31912
青海 Qinghai	782	2592	18570	4068
宁夏 Ningxia	2207	987	7237	10295
新疆 Xinjiang	11799	37665	103624	61153

8-2 续表 6 continued

单位：人 (person)

地 区 Region	按获取证书分组 Grouped by Certification Level				技工学校学生就业人数 Employment of Students in Vocational Schools	#高级班学生 Students in Senior Class
	初级职业资格 Primary Certificates	中级职业资格 Medium Certificates	高级职业资格 Senior Certificates	技师和高级技师资格 Technicians and Senior Technicians Certificates		
全 国 National	**1406140**	**831931**	**249108**	**83424**	**1166988**	**279366**
北 京 Beijing	19722	17915	10080	3194	19160	3878
天 津 Tianjin	8941	9841	2587	2317	13002	4212
河 北 Hebei	44135	24141	8632	4247	60385	10599
山 西 Shanxi	25592	28534	23102	1739	46531	6189
内蒙古 Inner Mongolia	10276	11955	1727	1516	6640	1854
辽 宁 Liaoning	32410	19570	5697	2097	33424	8266
吉 林 Jilin	19766	15034	10192	3086	15172	1452
黑龙江 Heilongjiang	64504	38300	8326	5506	39022	5635
上 海 Shanghai						
江 苏 Jiangsu	89820	71590	22743	6799	86190	24090
浙 江 Zhejiang	40435	20931	11258	3830	25646	4093
安 徽 Anhui	76254	21704	4477	779	34411	7444
福 建 Fujian	16737	11350	4534	1776	25078	5512
江 西 Jiangxi	15178	23482	7479	1091	48561	16039
山 东 Shandong	203164	95558	29550	9540	127134	62912
河 南 Henan	45177	36080	11199	12973	72943	11496
湖 北 Hubei	65104	14011	3644	2234	69748	9008
湖 南 Hunan	41526	42769	14875	2807	43142	15487
广 东 Guangdong	209483	145304	17292	3810	125935	28603
广 西 Guangxi	26111	8886	3254	683	33122	2975
海 南 Hainan	4102	2827	644	89	6720	445
重 庆 Chongqing	48910	49820	7680	2328	32490	6004
四 川 Sichuan	48397	23101	5531	2386	45148	8270
贵 州 Guizhou	7831	3487	3373	285	8532	1394
云 南 Yunnan	52818	13884	11154	2481	27820	5674
陕 西 Shaanxi	75988	27343	4254	1359	76840	20518
甘 肃 Gansu	12590	12272	2389	574	18948	3566
青 海 Qinghai	4484	2259	1134	160	6806	669
宁 夏 Ningxia	7015	5499	1675	1272	3791	875
新 疆 Xinjiang	89670	34484	10626	2466	14647	2207

8-3 各地区就业训练中心综合情况(2010年)

EMPLOYMENT TRAINNING CENTERS BY REGION (2010)

单位：个，人，亿元 (unit, person, 100 million yuan)

地 区	Region	就业训练中心个数 Number of Employment Trainning Centers	在职教职工总人数 Total Teachers and Staff	#教 师 Teachers	兼职教师人数 Part-time Teachers	经费来源总计 Resouses of Funds	财 政 补助费 Financial Allowance
全 国	**National**	**3192**	**48023**	**30674**	**31191**	**19.1**	**5.2**
北 京	Beijing	18	633	245	479	0.6	0.1
天 津	Tianjin	19	423	139	625	0.5	0.0
河 北	Hebei	305	4207	2749	1412	0.3	0.1
山 西	Shanxi	79	1070	513	435	0.4	0.0
内 蒙 古	Inner Mongolia	114	1069	691	818	0.6	0.1
辽 宁	Liaoning	105	3682	1988	3162	0.3	0.2
吉 林	Jilin	68	867	592	628	0.4	0.1
黑 龙 江	Heilongjiang	82	767	449	705	0.4	0.2
上 海	Shanghai						
江 苏	Jiangsu	104	2660	1697	2390	1.9	0.4
浙 江	Zhejiang	89	801	442	1205	0.7	0.3
安 徽	Anhui	117	1519	1019	790	0.7	0.1
福 建	Fujian	45	378	207	491	0.2	0.1
江 西	Jiangxi	301	3839	2116	1645	1.6	0.5
山 东	Shandong	205	3944	2598	1446	1.1	0.4
河 南	Henan	159	1525	855	1848	0.5	0.1
湖 北	Hubei	124	2655	1712	1609	0.8	0.1
湖 南	Hunan	311	5983	5265	3928	2.4	1.0
广 东	Guangdong	145	2631	1328	2170	2.2	0.5
广 西	Guangxi	65	1589	885	734	0.3	0.1
海 南	Hainan	10	268	204	76	0.2	0.1
重 庆	Chongqing	38	375	296	247	0.3	0.2
四 川	Sichuan	170	1343	801	1570	0.5	0.1
贵 州	Guizhou	67	437	212	336	0.2	0.0
云 南	Yunnan	3			3	0.0	
西 藏	Xizang	8				0.0	
陕 西	Shaanxi	150	2686	1908	1032	0.7	0.1
甘 肃	Gansu	101	848	553	462	0.5	0.2
青 海	Qinghai	26	441	290	191	0.0	0.0
宁 夏	Ningxia	23	190	125	102	0.1	0.1
新 疆	Xinjiang	141	1193	795	652	0.8	0.1

8-3 续表 1 continued

单位: 亿元、人 (100 million yuan，person)

地 区	Region	职业培训补贴 Occupational Training Allowance	就业训练人数 Trainees	#女性 Female	结业人数 Number of Graduates	按训练对象分组 Grouped by Personnel: 劳动预备制学员 Pupils of Labour Preparatory System	下岗失业人员 Laid-off and Unemployment Workers
全 国	**National**	**12.0**	**8179266**	**3666127**	**7257643**	**514968**	**2532846**
北 京	Beijing	0.4	90354	40602	86315	568	23484
天 津	Tianjin	0.5	170243	73066	125893	1500	62019
河 北	Hebei	0.1	341278	142033	328919	34444	136847
山 西	Shanxi	0.3	150995	33366	141743	14073	35858
内蒙古	Inner Mongolia	0.6	215603	94890	192515	3952	115960
辽 宁	Liaoning	0.0	51230	27152	46107		31861
吉 林	Jilin	0.4	191702	76285	169234	6304	69363
黑龙江	Heilongjiang	0.2	155963	74457	147760	7273	95721
上 海	Shanghai						
江 苏	Jiangsu	1.2	957734	438572	903604	31333	387855
浙 江	Zhejiang	0.3	264005	123652	207123	1623	78157
安 徽	Anhui	0.5	249678	117532	245696	18678	75320
福 建	Fujian	0.1	155142	66104	150173	6329	26389
江 西	Jiangxi	1.1	639613	328555	568066	47568	183243
山 东	Shandong	0.6	543115	232311	449465	73364	184874
河 南	Henan	0.2	483633	219341	477011	29025	332979
湖 北	Hubei	0.8	567417	273989	494018	57632	123102
湖 南	Hunan	1.3	913548	403115	807953	67102	127095
广 东	Guangdong	1.4	610001	275616	442229	24809	70401
广 西	Guangxi	0.1	212913	98579	197444	1026	49342
海 南	Hainan	0.1	21888	9152	17091	1987	4313
重 庆	Chongqing	0.1	59359	27331	58747	424	27875
四 川	Sichuan	0.3	215114	111842	205422	8065	60998
贵 州	Guizhou	0.1	32250	15150	26687		4973
云 南	Yunnan	0.0	722	369	701		238
西 藏	Xizang	0.0	38576	11861	24200		15517
陕 西	Shaanxi	0.5	214732	110793	196814	16597	46499
甘 肃	Gansu	0.2	265841	98756	223762	53905	87961
青 海	Qinghai	0.0	25196	8872	23731		12268
宁 夏	Ningxia	0.0	80738	23466	69819	604	19940
新 疆	Xinjiang	0.7	260683	109318	229401	6783	42394

8-3 续表 2 continued

单位：人 (person)

地区	Region	按训练对象分组 Grouped by Personnel			按训练期限分组 Grouped by Duration		
		农村劳动者 Rural Workers	在职职工 Workers	其他 Others	六个月以下 Less than Half a Year	六个月至一年 Half to One Year	一年以上 More than One Year
全国	**National**	**3351752**	**1028749**	**624911**	**7467302**	**387863**	**116848**
北京	Beijing	43002	18576	4724	89462	466	426
天津	Tianjin	75185	16913	14626	169483		760
河北	Hebei	124788	9688	35509	310641	6912	233
山西	Shanxi	69933	21549	7349	118139	10802	3440
内蒙古	Inner Mongolia	87939	5283	2468	200074	9628	5901
辽宁	Liaoning	13369	532	5468	51230		
吉林	Jilin	49389	40712	21487	166867	16803	1147
黑龙江	Heilongjiang	40402	5912	6552	129990	6676	1190
上海	Shanghai						
江苏	Jiangsu	340369	137454	60723	932909	16405	8420
浙江	Zhejiang	84229	73411	26585	258698	1078	1184
安徽	Anhui	122584	19845	13251	236125	10380	3173
福建	Fujian	93960	18843	4652	147069	2704	400
江西	Jiangxi	292411	63081	30945	629674	4944	330
山东	Shandong	180582	54347	39229	468365	19476	9217
河南	Henan	43547	2356	71460	453798	20114	3099
湖北	Hubei	209957	105225	58790	498232	28434	4802
湖南	Hunan	437565	213851	67935	684950	177236	51362
广东	Guangdong	330396	112784	68112	588078	8042	11443
广西	Guangxi	132590	11005	14872	212032		
海南	Hainan	12575	1338	1162	21478		410
重庆	Chongqing	26336		4724	59359		
四川	Sichuan	111177	14232	12201	201920	10268	2926
贵州	Guizhou	17273	1165	8839	30367	1134	749
云南	Yunnan	375		109	722		
西藏	Xizang	18087	1024	3948	10545		
陕西	Shaanxi	116842	17112	12068	203569	2431	1284
甘肃	Gansu	22110	46838	12948	233473	28462	3906
青海	Qinghai	12838		90	25196		
宁夏	Ningxia	49886	5694	4614	79771	132	835
新疆	Xinjiang	192056	9979	9471	255086	5336	211

8-3 续表 3 continued

单位：人 (person)

地 区	Region	按获取证书分组 Grouped by Certification Level				就业人数 Employment
		初级职业资格 Primary Certificates	中级职业资格 Medium Certificates	高级职业资格 Senior Certificates	技师和高级技师资格 Technicians and Senior Technicians Certificates	
全 国	**National**	**2909613**	**623180**	**90681**	**49515**	**5995558**
北 京	Beijing	37208	12396	1241	70	51930
天 津	Tianjin	71068	6198	698		78054
河 北	Hebei	112085	19789	3317	86	281147
山 西	Shanxi	16285	13667	1017		84452
内蒙古	Inner Mongolia	49428	4309	194		169752
辽 宁	Liaoning	41496	4611			29970
吉 林	Jilin	55659	15012	1085	25	144781
黑龙江	Heilongjiang	34573	5631	276	103	117033
上 海	Shanghai					
江 苏	Jiangsu	272922	64744	8114	6780	713310
浙 江	Zhejiang	120031	22127	8167	1479	172264
安 徽	Anhui	158562	35261	4589	3216	194623
福 建	Fujian	102380	5405	246	416	121929
江 西	Jiangxi	363854	43710	2	2261	538330
山 东	Shandong	285339	50767	14657	3810	387086
河 南	Henan	6393	30479	4523	35	387684
湖 北	Hubei	236095	63743	7630	3281	395786
湖 南	Hunan	154725	86636	22893	2930	753650
广 东	Guangdong	197782	31610	7931	903	397914
广 西	Guangxi	70768	9483	593	2232	168783
海 南	Hainan	2483	537	49	121	12143
重 庆	Chongqing	26889	1186			46273
四 川	Sichuan	116771	24196	2155	3498	162748
贵 州	Guizhou	7195	2161			20401
云 南	Yunnan	544	132	25		701
西 藏	Xizang	3560	621		17475	17475
陕 西	Shaanxi	57905	10462	643	735	163308
甘 肃	Gansu	172508	51254			148821
青 海	Qinghai	3036				19107
宁 夏	Ningxia	23091	1998	48		70107
新 疆	Xinjiang	108978	5055	588	59	145996

8-4 各地区民办职业培训机构综合情况(2010年)

VOCATIONAL TRAINING AGENCIES BY REGION (2010)

地 区	Region	职业培训机构个数(个) Number of Vocational Training Agencies	在职教职工总人数(人) Total Teachers and Staff (person)	#教师 Teachers	兼职教师人数(人) Part-time Teachers (person)	经费来源(亿元) Resouses of Funds (100 million yuan)	财政补助费 Financial Allowance
全 国	**National**	**20144**	**260062**	**174785**	**89396**	**92.0**	**6.0**
北 京	Beijing	396	6539	3749	2897	1.6	0.1
天 津	Tianjin	339	2393	1675	3358	0.8	
河 北	Hebei	897	12700	8954	3339	2.2	0.0
山 西	Shanxi	449	5211	3218	1375	0.9	0.0
内蒙古	Inner Mongolia	282	3365	2177	1737	0.3	0.0
辽 宁	Liaoning	1183	14090	9853	5086	1.6	0.1
吉 林	Jilin	869	4552	3195	1334	0.3	0.0
黑龙江	Heilongjiang	897	6664	3887	2306	0.4	
上 海	Shanghai	496	15543	6448	3254	6.7	0.6
江 苏	Jiangsu	1220	14916	10162	6443	5.2	
浙 江	Zhejiang	778	6756	4521	3011	1.3	0.4
安 徽	Anhui	945	13855	9997	3108	2.2	0.0
福 建	Fujian	371	3965	2433	1718	0.9	0.0
江 西	Jiangxi	698	9770	6839	2998	5.9	0.6
山 东	Shandong	1285	12269	8822	4058	14.3	0.3
河 南	Henan	1357	18336	12881	5049	3.2	0.6
湖 北	Hubei	764	9058	6100	3125	1.6	0.0
湖 南	Hunan	753	7912	5971	3080	2.4	0.2
广 东	Guangdong	1435	16479	11229	5540	4.7	0.2
广 西	Guangxi	316	6107	4062	1599	0.8	0.0
海 南	Hainan	127	911	295	392	18.9	0.0
重 庆	Chongqing	703	9181	6656	3853	2.6	0.2
四 川	Sichuan	1444	17639	11718	5735	4.4	0.2
贵 州	Guizhou	157	3691	2312	761	0.9	0.0
云 南	Yunnan	754	14633	11285	6599	2.4	1.8
西 藏	Tibet	45	566	378	352		
陕 西	Shaanxi	176	9280	6591	1950	3.2	0.1
甘 肃	Gansu	487	5221	3768	1659	0.0	
青 海	Qinghai	94	1064	730	273	0.2	0.1
宁 夏	Ningxia	146	4163	2583	1867	0.6	
新 疆	Xinjiang	281	3233	2296	1540	1.3	0.3

8-4 续表 1 continued

单位：亿元、人 (100 million yuan, person)

地区	Region	职业培训补贴 Occupational Training Allowance	培训人数 Trainees	#女性 Female	结业人数 Number of Graduates	按培训对象分组 Grouped by trainee: 劳动预备制学员 Pupils of Labour Preparatory System	下岗失业人员 Laid-off and Unemployment Workers
全　国	**National**	**42.7**	**11556951**	**4369997**	**10052775**	**641062**	**1577428**
北　京	Beijing	0.2	285400	115257	265812	2708	20824
天　津	Tianjin	0.3	178023	89356	163256		33372
河　北	Hebei	0.2	300696	132111	264664	14435	39598
山　西	Shanxi	0.4	231298	83493	196980	23153	53842
内蒙古	Inner Mongolia	0.2	141804	57574	113103	8727	32860
辽　宁	Liaoning	0.8	441872	195343	382849	8878	156501
吉　林	Jilin	0.2	179230	87327	168875	8923	55956
黑龙江	Heilongjiang	0.1	165668	79126	148650	17985	49430
上　海	Shanghai	2.1	411279	185498	329982		43687
江　苏	Jiangsu	1.3	1192756	465078	1000784	63858	145288
浙　江	Zhejiang	0.5	347010	173637	233411	10507	30156
安　徽	Anhui	1.1	354317	167163	322013	20887	54096
福　建	Fujian	0.2	204025	81652	174357	23512	11681
江　西	Jiangxi	5.3	188628	66018	188628	19194	56588
山　东	Shandong	1.4	522542	189888	499053	54755	67360
河　南	Henan	0.7	1099600	506368	983755	52631	89188
湖　北	Hubei	0.0	514200	128550	449925	57134	60275
湖　南	Hunan	0.6	489648	223110	373836	48351	80369
广　东	Guangdong	0.9	1118000	49980	975563	23979	90518
广　西	Guangxi	0.3	260479	107176	224523	21883	20491
海　南	Hainan	18.9	35612	15464	27108		6716
重　庆	Chongqing	0.6	728359	271330	657998	57715	98498
四　川	Sichuan	1.9	769691	335070	671079	35077	124716
贵　州	Guizhou	0.3	86045	37817	68412	3799	10907
云　南	Yunnan	0.2	486624	185501	447237		27123
西　藏	Tibet		26267	9271	18916		15517
陕　西	Shaanxi	3.1	116430	59540	109100	14465	2505
甘　肃	Gansu	0.0	185210	73949	155533	31663	31794
青　海	Qinghai	0.1	63100	26208	63100		17871
宁　夏	Ningxia		149733	34272	136257	4272	18327
新　疆	Xinjiang	1.0	283405	137870	238016	12571	31374

8-4 续表 2 continued

单位：人 (person)

地 区 Region	按培训对象分组 Grouped by trainee			按训练期限分组 Grouped by Duration		
	农村劳动者 Rural Workers	在职职工 Workers	其他 Others	六个月以下 Less than Half a Year	六个月至一年 Half to One Year	一年以上 More than One Year
全 国 National	**4709193**	**2565979**	**1810069**	**9435527**	**1222251**	**672507**
北 京 Beijing	60033	130022	70450	268040	13136	3155
天 津 Tianjin	66101	33222	45328	160375	17648	
河 北 Hebei	143809	46095	55645	223519	53244	19023
山 西 Shanxi	84843	49763	10927	144843	46266	6288
内蒙古 Inner Mongolia	42592	16580	40763	114050	9955	3785
辽 宁 Liaoning	161714	49271	65201	400873	28876	10991
吉 林 Jilin	51893	34179	28019	166569	10182	2479
黑龙江 Heilongjiang	68662	13915	15201	127535	12253	3260
上 海 Shanghai	16286	127748	223558	396561	14351	367
江 苏 Jiangsu	336939	491198	155473	1067398	85362	39996
浙 江 Zhejiang	116438	137131	51095	318432	17263	11315
安 徽 Anhui	160573	27780	81165	253217	67874	16883
福 建 Fujian	59050	67003	28697	184040	10336	4674
江 西 Jiangxi	53873	15018	43955	126381	41498	20749
山 东 Shandong	233982	77219	83480	408946	63595	26512
河 南 Henan	766992	82596	108193	810123	210590	78887
湖 北 Hubei	161400	102840	4001	321375	64275	128550
湖 南 Hunan	185202	90417	41184	357380	77101	45206
广 东 Guangdong	484710	372563	144310	878129	203127	2264
广 西 Guangxi	79573	63957	74437	227975	8409	18486
海 南 Hainan	18251	690	9955	35184		
重 庆 Chongqing	269587	141144	161415	557662	38430	132267
四 川 Sichuan	377261	137964	84798	656471	51398	20458
贵 州 Guizhou	43299	10520	17520	66452	9543	10050
云 南 Yunnan	274778	151022	27993	480916	2097	3611
西 藏 Tibet	5728	1024	3948	26267		
陕 西 Shaanxi	31493	18173	36248	52765	24466	39199
甘 肃 Gansu	62686	28023	25634	133904	18219	20716
青 海 Qinghai	41715	1580	1934	63100		
宁 夏 Ningxia	69873	25312	31949	139532	9825	376
新 疆 Xinjiang	179857	22010	37593	267513	12932	2960

8-4 续表 3 continued

单位：人 (person)

地区	Region	按获取证书分组 Grouped by Certification Level				就业人数 Employment
		初级职业资格 Primary Certificates	中级职业资格 Medium Certificates	高级职业资格 Senior Certificates	技师和高级技师资格 Technicians and Senior Technicians Certificates	
全国	**National**	**3188090**	**1666215**	**407793**	**84213**	**7291335**
北京	Beijing	93185	59313	19468	5391	148011
天津	Tianjin	47896	67441	35365	5019	131319
河北	Hebei	52664	52339	8465	1838	229829
山西	Shanxi	34788	19976	2576	303	142365
内蒙古	Inner Mongolia	48606	16863	4518	2293	78845
辽宁	Liaoning	116452	73256	11442	1198	251282
吉林	Jilin	47281	12868	284	17	143368
黑龙江	Heilongjiang	64045	19006	2295	307	120066
上海	Shanghai	110397	87401	27083	5891	313815
江苏	Jiangsu	283525	157243	30771	6386	542087
浙江	Zhejiang	164178	38849	15109	2212	184949
安徽	Anhui	141854	74148	6173	373	276108
福建	Fujian	56609	21088	7815	1446	134770
江西	Jiangxi	37336	64306	4549	512	154674
山东	Shandong	178164	61522	19257	6334	374593
河南	Henan	147786	91327	12330	5875	921338
湖北	Hubei	155507	161979	72598	20988	308520
湖南	Hunan	141179	64110	4440	648	374550
广东	Guangdong	242901	93429	30550	2392	712616
广西	Guangxi	80375	21999	4600	884	144055
海南	Hainan	3203	897	40		27654
重庆	Chongqing	138477	56650	9305	1705	472180
四川	Sichuan	227429	146004	14144	4180	511910
贵州	Guizhou	27671	7148	1675	836	34115
云南	Yunnan	251978	85845	37104	3813	216221
西藏	Tibet	3560	621			13658
陕西	Shaanxi	40487	51362	16123	1128	10822
甘肃	Gansu	55819	21083	1626	228	10856
青海	Qinghai	8828	33	14		52744
宁夏	Ningxia	39968	21476	6966	1483	108556
新疆	Xinjiang	145942	16633	1108	533	145459

8-5 历年全国职业技能鉴定综合情况

STATISTICS OF OCCUPATIONAL SKILL TESTING

单位：个,人 (unit,person)

年　份	Year	职业技能鉴定机构数 Numbe of Testing Agencies	鉴定所数 Testing Agencies	鉴定站数 Testing Stations	工考委数 Workers Assessing Committees	考评人员人数 Number of the Assessors
1996		5682	2369	794	2519	37859
1997		5752	3012	1030	1710	50779
1998		6878	3690	1263	1925	70466
1999		7820	4202	2240	1378	97209
#行业合计	Subtotal of Industrial Administrations	904		904		24141
地方合计	Subtotal of Local Governments	6916	4202	1336	1378	73068
2000		8179	4440	2824	915	128033
#行业合计	Subtotal of Industrial Administrations	1445		1443	2	48383
地方合计	Subtotal of Local Governments	6734	4440	1381	913	79650
2001		8336	4702	2837	797	143068
#行业合计	Subtotal of Industrial Administrations	1501		1464	37	48455
地方合计	Subtotal of Local Governments	6835	4702	1373	760	94613
2002		8517	4448	3617	452	175247
#行业合计	Subtotal of Industrial Administrations	1776		1770	6	69230
地方合计	Subtotal of Local Governments	6741	4448	1847	446	106017
2003		7254	4780	2295	179	155971
#行业合计	Subtotal of Industrial Administrations	1131		1128	3	56821
地方合计	Subtotal of Local Governments	6121	4780	1165	176	99150
企业试点	Experimental Enterpnses	2		2		
2004		9441	4305	5062	74	198560
#行业合计	Subtotal of Industrial Administrations	3559	4	3554	1	81539
地方合计	Subtotal of Local Governments	5879	4301	1505	73	116282
企业试点	Experimental Enterpnses	3		3		739
2005		7567	4144	3260	163	161458
#行业合计	Subtotal of Industrial Administrations	1848	5	1824	19	59974
地方合计	Subtotal of Local Governments	5719	4139	1436	144	101484
企业试点	Experimental Enterpnses					

8-5 续表 1 continued

单位：个,人 (unit,person)

年 份 Year		职业技能鉴定机构数 Numbe of Testing Agencies	鉴定所数 Testing Agencies	鉴定站数 Testing Stations	工考委数 Workers Assessing Committees	考评人员人 数 Number of the Assessors
2006		7998	3860	4002	136	161596
#行业合计	Subtotal of Industrial Administrations	2020	12	2008		65571
地方合计	Subtotal of Local Governments	5823	3848	1839	136	91729
企业试点	Experimental Enterpnses	155		155		4296
2007		7794	4251	3378	165	158186
#行业合计	Subtotal of Industrial Administrations	1938	6	1932		56673
地方合计	Subtotal of Local Governments	5845	4245	1446	154	98395
企业试点	Experimental Enterpnses	11			11	3118
2008		9933	4096	4662	1175	203883
#行业合计	Subtotal of Industrial Administrations	1477	1	1476		72503
地方合计	Subtotal of Local Governments	8441	4095	3186	1160	124902
企业试点	Experimental Enterpnses	15			15	6478
2009		9538	4825	4486	227	232060
#行业合计	Subtotal of Industrial Administrations	2241	9	2188	44	80116
地方合计	Subtotal of Local Governments	7281	4816	2298	167	143719
企业试点	Experimental Enterpnses	16			16	8225
2010		9803	4612	5058	133	210497
#行业合计	Subtotal of Industrial Administrations	2137	12	2125		70109
地方合计	Subtotal of Local Governments	7647	4600	2933	114	130977
企业试点	Experimental Enterpnses	19			19	9411

8-5 续表 2 continued

单位：人 (person)

年 份 Year		本年鉴定考核人数 Number of the Candidates	初 级 Primary	中 级 Medium	高 级 Senior	技 师 Technicians	高级技师 Senior Technicians
1996		2685695	932642	1318141	360490	69132	5290
1997		3141832	1044325	1625749	427603	39478	4677
1998		3194218	1185862	1670410	278862	51799	7285
1999		3678723	1548193	1711318	369049	45329	4780
#行业合计	Subtotal of Industrial Administrations	300733	87304	147011	63460	2645	259
地方合计	Subtotal of Local Governments	3377990	1460889	1564307	305589	42684	4521
2000		4421880	1818534	2050863	505685	43794	3004
#行业合计	Subtotal of Industrial Administrations	762909	241359	343589	167271	10125	565
地方合计	Subtotal of Local Governments	3658971	1577175	1707274	338414	33669	2439
2001		5348001	2057575	2571508	645644	67688	5586
#行业合计	Subtotal of Industrial Administrations	892499	285684	367182	223536	14192	1905
地方合计	Subtotal of Local Governments	4455502	1771891	2204326	422108	53496	3681
2002		6619012	2373190	3204580	965404	69379	6459
#行业合计	Subtotal of Industrial Administrations	1318097	347894	577791	369192	20071	3149
地方合计	Subtotal of Local Governments	5300915	2025296	2626789	596212	49308	3310
2003		6875444	2461777	3338421	969477	96653	9116
#行业合计	Subtotal of Industrial Administrations	1105420	249368	486792	345449	20515	3296
地方合计	Subtotal of Local Governments	5770024	2212409	2851629	624028	76138	5820
企业试点	Experimental Enterpnses						
2004		8812781	3145324	4164858	1237088	215859	49652
#行业合计	Subtotal of Industrial Administrations	1700147	482348	731856	440143	35862	9938
地方合计	Subtotal of Local Governments	7096125	2662147	3429756	788987	176175	39060
企业试点	Experimental Enterpnses	16509	829	3246	7958	3822	654
2005		9577395	3222564	4552986	1456750	290637	54458
#行业合计	Subtotal of Industrial Administrations	1595369	362360	686936	489903	48197	7973
地方合计	Subtotal of Local Governments	7922895	2842964	3852384	948018	234071	45458
企业试点	Experimental Enterpnses	59131	17240	13666	18829	8369	1027

8-5 续表 3 continued

单位：人 (person)

年份 Year		本年鉴定考核人数 Number of the Candidates	初级 Primary	中级 Medium	高级 Senior	技师 Technicians	高级技师 Senior Technicians
2006		11821552	4140894	5269104	1909269	432423	65401
#行业合计	Subtotal of Industrial Administrations	2473429	916021	826698	629978	86015	14717
地方合计	Subtotal of Local Governments	9279660	3212161	4422694	1257031	338287	49487
企业试点	Experimental Enterpnses	68463	12712	19712	22260	8121	1197
2007		12231413	4389064	5422375	1907654	442715	69605
#行业合计	Subtotal of Industrial Administrations	1622348	465248	619235	461074	65822	10969
地方合计	Subtotal of Local Governments	10515051	3873553	4788802	1424504	370444	57748
企业试点	Experimental Enterpnses	94014	50263	14338	22076	6449	888
2008		13374707	5104213	5758542	2029246	403738	78968
#行业合计	Subtotal of Industrial Administrations	1736592	468497	633514	535833	86649	12099
地方合计	Subtotal of Local Governments	11560949	4598473	5108105	1477855	311085	65431
企业试点	Experimental Enterpnses	77166	37243	16923	15558	6004	1438
2009		14920761	6029998	6110523	2126028	544210	110002
#行业合计	Subtotal of Industrial Administrations	2049033	663297	806706	460363	98550	20117
地方合计	Subtotal of Local Governments	12674516	5279691	5234031	1634315	438111	88368
企业试点	Experimental Enterpnses	197212	87010	69786	31350	7549	1517
2010		16575457	6768836	6531792	2722092	453762	98975
#行业合计	Subtotal of Industrial Administrations	2831683	949906	951227	766652	129482	34416
地方合计	Subtotal of Local Governments	13495340	5704143	5495732	1918827	314609	62029
企业试点	Experimental Enterpnses	248434	114787	84833	36613	9671	2530

8-5 续表 4 continued

单位：人 (person)

年 份 Year	本年获取证书人数 Number of the Candidates Got the Certificates	初 级 Primary	中 级 Medium	高 级 Senior	技 师 Technicians	高级技师 Senior Technicians
1996	2146895	727215	1094809	271346	51262	2263
1997	2786360	949828	1439046	364024	30506	2956
1998	2858782	1071270	1491968	244529	44995	6020
1999	3141392	1341236	1466663	293584	36699	3210
#行业合计 Subtotal of Industrial Administrations	217186	60914	110560	44104	1534	74
地方合计 Subtotal of Local Governments	2924206	1280322	1356103	249480	35165	3136
2000	3726619	1553035	1743885		34175	2323
#行业合计 Subtotal of Industrial Administrations	521288	157155	239573	118036	6132	392
地方合计 Subtotal of Local Governments	3205331	1395880	1504312	275165	28043	1931
2001	4570081	1756881	2236967	523010	49689	3534
#行业合计 Subtotal of Industrial Administrations	645636	195946	280851	161054	7082	703
地方合计 Subtotal of Local Governments	3924445	1560935	1956116	361956	42607	2831
2002	5562607	2036748	2712382	761195	48852	3430
#行业合计 Subtotal of Industrial Administrations	1019654	269218	453267	286133	9718	1318
地方合计 Subtotal of Local Governments	4542953	1767530	2259115	475062	39134	2112
2003	5839222	2124504	2870097	768890	69501	6230
#行业合计 Subtotal of Industrial Administrations	892494	208524	401194	267989	12867	1920
地方合计 Subtotal of Local Governments	4946728	1915980	2468903	500901	56634	4310
企业试点 Experimental Enterpnses						
2004	7375590	2692723	3519811	982528	143818	36710
#行业合计 Subtotal of Industrial Administrations	1346661	390280	583697	345424	20988	6272
地方合计 Subtotal of Local Governments	6014314	2301666	2933089	629731	119828	30000
企业试点 Experimental Enterpnses	14615	777	3025	7373	3002	438
2005	7857292	2732405	3756905	1133278	195577	39127
#行业合计 Subtotal of Industrial Administrations	1233171	278809	551073	372000	27357	3932
地方合计 Subtotal of Local Governments	6575037	2438276	3194681	745632	162062	34386
企业试点 Experimental Enterpnses	49084	15320	11151	15646	6158	809

8-5 续表 5 continued

单位：人 (person)

年 份	Year	本年获取证书人数 Number of the Candidates Got the Certificates	初 级 Primary	中 级 Medium	高 级 Senior	技 师 Technicians	高级技师 Senior Technicians
2006		9252416	3124130	4390924	1440591	260830	35384
#行业合计	Subtotal of Industrial Administrations	1576857	377737	660904	488129	43178	6909
地方合计	Subtotal of Local Governments	7619774	2734026	3712773	933739	211694	27542
企业试点	Experimental Enterpnses	55785	12367	17247	18723	5958	933
2007		9956079	3687419	4518674	1429235	274176	46575
#行业合计	Subtotal of Industrial Administrations	1284859	384585	499805	361828	32760	5881
地方合计	Subtotal of Local Governments	8593861	3259275	4007337	1050805	236480	39964
企业试点	Experimental Enterpnses	77359	43559	11532	16602	4936	730
2008		11372105	4492273	4891989	1606473	318047	63323
#行业合计	Subtotal of Industrial Administrations	1448203	393277	514497	440977	86369	13083
地方合计	Subtotal of Local Governments	9863382	4069230	4363967	1152734	227947	49504
企业试点	Experimental Enterpnses	60520	29766	13525	12762	3731	736
2009		12320051	5251357	5134383	1516357	336623	81331
#行业合计	Subtotal of Industrial Administrations	1636149	562781	673659	335144	55143	9422
地方合计	Subtotal of Local Governments	10556864	4636816	4414218	1158564	276470	70796
企业试点	Experimental Enterpnses	127038	51760	46506	22649	5010	1113
2010		13929377	5899097	5544598	2097432	316663	71587
#行业合计	Subtotal of Industrial Administrations	2285392	801645	770516	626959	72822	13450
地方合计	Subtotal of Local Governments	11489343	5028937	4718723	1446776	238171	56736
企业试点	Experimental Enterpnses	154642	68515	55359	23697	5670	1401

8-6 各地区职业技能鉴定综合情况(2010年)

STATISTICS OF OCCUPATIONAL SKILL TESTING BY REGION (2010)

单位：个,人 (unit,person)

地 区	Region	职业技能鉴定机构数 Numbe of Testing Agencies	鉴定所数 Testing Agencies	鉴定站数 Testing Stations	工考委数 Workers Assessing Committees	考评人员人数 Number of the Assessors
全 国	**National**	**9803**	**4612**	**5058**	**133**	**210497**
行业合计	Subtotal of Industrial Administrations	2137	12	2125		70109
地方合计	Subtotal of Local Governments	7647	4600	2933	114	130977
企业试点单位	Experimental Enterpnses	19			19	9411
北 京	Beijing	109	78	3	28	3073
天 津	Tianjin	114	80	23	11	2523
河 北	Hebei	178	178			6674
山 西	Shanxi	155	116	39		3396
内 蒙 古	Inner Mongolia	205	4	201		3756
辽 宁	Liaoning	126	117	9		3615
吉 林	Jilin	39	33	6		194
黑 龙 江	Heilongjiang	48	36	12		851
上 海	Shanghai	303		303		3820
江 苏	Jiangsu	201	160	13	28	532
浙 江	Zhejiang	262	108	154		1406
安 徽	Anhui	414	1	413		8483
福 建	Fujian	523	512	11		1915
江 西	Jiangxi	319	247	72		5303
山 东	Shandong	146	10	136		341
河 南	Henan	562	343	175	44	3860
湖 北	Hubei	716	716			2285
湖 南	Hunan	225	217	6	2	6684
广 东	Guangdong	497	63	434		36733
广 西	Guangxi	342		342		3290
海 南	Hainan	81	75	6		184
重 庆	Chongqing	146	146			7343
四 川	Sichuan	466	257	209		9010
贵 州	Guizhou	88	88			1327
云 南	Yunnan	560	482	78		6314
西 藏	Tibet	6		6		102
陕 西	Shaanxi	313	181	132		4404
甘 肃	Gansu	74	74			283
青 海	Qinghai	60	30	29	1	772
宁 夏	Ningxia	52	51	1		1367
新 疆	Xinjiang	267	167	100		406
新疆兵团	Xinjiang Production and Construction Crops	50	30	20		731

8-6 续表 1 continued

单位：人 (person)

地区	Region	本年鉴定考核人数 Number of the Candidates	初级 Primary	中级 Medium	高级 Senior	技师 Technicians	高级技师 Senior Technicians
全国	**National**	**16575457**	**6768836**	**6531792**	**2722092**	**453762**	**98975**
行业合计	Subtotal of Industrial Administrations	2831683	949906	951227	766652	129482	34416
地方合计	Subtotal of Local Governments	13495340	5704143	5495732	1918827	314609	62029
企业试点单位	Experimental Enterpnses	248434	114787	84833	36613	9671	2530
北京	Beijing	251276	58381	88629	75438	25376	3452
天津	Tianjin	380540	253323	77397	37960	7696	4164
河北	Hebei	366226	80215	181317	87680	10063	6951
山西	Shanxi	302510	61268	169094	62191	8979	978
内蒙古	Inner Mongolia	143583	50283	79756	12174	1121	249
辽宁	Liaoning	402737	230006	130342	33938	6972	1479
吉林	Jilin	216565	104957	77483	33103	798	224
黑龙江	Heilongjiang	254558	90391	73970	67773	21326	1098
上海	Shanghai	440044	191774	164184	57587	23423	3076
江苏	Jiangsu	1227969	442948	570191	187191	25585	2054
浙江	Zhejiang	746711	491820	185221	59903	9468	299
安徽	Anhui	561470	243829	240417	67132	9965	127
福建	Fujian	444594	149026	195256	88115	10335	1862
江西	Jiangxi	356364	96941	201106	50821	5912	1584
山东	Shandong	838584	363323	308004	136190	28733	2334
河南	Henan	505222	173679	226967	83114	19119	2343
湖北	Hubei	443920	165952	176436	79915	6417	15200
湖南	Hunan	503662	212243	182322	96269	8992	3836
广东	Guangdong	1597721	644713	678421	248344	21672	4571
广西	Guangxi	362968	150505	163177	44185	4446	655
海南	Hainan	38965	12717	18929	5790	1127	402
重庆	Chongqing	396288	176125	174648	36783	7653	1079
四川	Sichuan	892108	347858	464201	53709	25155	1185
贵州	Guizhou	88671	37759	44078	6389	344	101
云南	Yunnan	457782	197693	171429	80557	7357	746
西藏	Tibet	9801	5728	2522	1537	14	
陕西	Shaanxi	435335	157444	222503	50480	4608	300
甘肃	Gansu	208077	102038	95812	9120	970	137
青海	Qinghai	49381	35505	6771	5082	1869	154
宁夏	Ningxia	66966	49298	13915	3069	643	41
新疆	Xinjiang	345846	280805	54680	7698	1616	1047
新疆兵团	Xinjiang Production and Construction Crops	158896	45596	56554	49590	6855	301

8-6 续表 2 continued

单位：人 (person)

地 区	Region	本年获取证书人数 Number of the Candidates Got the Certificates	初 级 Primary	中 级 Medium	高 级 Senior	技 师 Technicians	高级技师 Senior Technicians
全 国	**National**	**13929377**	**5899097**	**5544598**	**2097432**	**316663**	**71587**
行业合计	Subtotal of Industrial Administrations	2285392	801645	770516	626959	72822	13450
地方合计	Subtotal of Local Governments	11489343	5028937	4718723	1446776	238171	56736
企业试点单位	Experimental Enterpnses	154642	68515	55359	23697	5670	1401
北 京	Beijing	194622	51532	77392	54390	7940	3368
天 津	Tianjin	356132	234019	73404	36968	7695	4046
河 北	Hebei	327008	75155	163604	73385	9060	5804
山 西	Shanxi	261400	53345	147136	51408	8591	920
内蒙古	Inner Mongolia	133099	47528	73455	10766	1105	245
辽 宁	Liaoning	311200	173140	105450	24758	6562	1290
吉 林	Jilin	169773	81791	61777	25246	742	217
黑龙江	Heilongjiang	239176	86640	71334	60391	19758	1053
上 海	Shanghai	309779	145845	113049	33627	14404	2854
江 苏	Jiangsu	988524	372853	469711	126225	18586	1149
浙 江	Zhejiang	669932	442633	166133	51997	8934	235
安 徽	Anhui	467078	207776	199927	50871	8377	127
福 建	Fujian	382035	139102	165859	65536	9754	1784
江 西	Jiangxi	291310	96251	158325	31250	3901	1583
山 东	Shandong	703334	311048	253435	120529	16172	2150
河 南	Henan	459416	163432	210172	67399	16456	1957
湖 北	Hubei	411324	155507	161979	72598	6233	15007
湖 南	Hunan	429932	188806	156831	77084	3992	3219
广 东	Guangdong	1254029	549446	547020	136690	16905	3968
广 西	Guangxi	291963	127083	133310	27521	3446	603
海 南	Hainan	30190	10374	14727	3648	1089	352
重 庆	Chongqing	359176	165710	155685	30091	6667	1023
四 川	Sichuan	857126	334624	452699	47654	21068	1081
贵 州	Guizhou	76783	31995	38342	6027	324	95
云 南	Yunnan	383674	176341	151071	49173	6357	732
西 藏	Tibet	6467	4335	1249	869	14	
陕 西	Shaanxi	377127	138806	189835	43683	4528	275
甘 肃	Gansu	189871	92996	87884	7884	970	137
青 海	Qinghai	40948	28985	5888	4060	1865	150
宁 夏	Ningxia	46611	33556	9978	2399	643	35
新 疆	Xinjiang	326812	267865	49421	6868	1616	1042
新疆兵团	Xinjiang Production and Construction Crops	143492	40418	52641	45781	4417	235

九、劳动关系

LABOUR RELATION

9-1 历年劳动争议处理情况

LABOUR DISPUTES ACCEPTED AND SETTLED

单位：件 (piece)

项　目	Item	1996	1997	1998	1999	2000	2001	2002	2003
上期未结案件数	Number of Cases Left from Last Year-end	2634	2864	3475	3840	6374	8739	12472	16276
案件受理情况	Cases Accepted								
当期案件受理数	Cases	48121	71524	93649	120191	135206	154621	184116	226391
#集体劳动争议案件数	Number of Collective Labour Disputes	3150	4109	6767	9043	8247	9847	11024	10823
劳动者申诉案件数	Number of Cases Left from Last Year-end	41697	68773	84829	114152	120043	146781	172253	215512
劳动者当事人数(人)	Number of Laborers Involved(person)	189120	221115	358531	473957	422617	467150	608396	801042
#集体劳动争议劳动者当事人数	Number of Laborers Involved in Collective Labour Disputes	92203	132647	251268	319445	259445	286680	374956	514573
争议原因	Disputes Reasons								
劳动报酬	Labour Remuneration						45172	59144	76774
社会保险	Social Insurances						31158	56558	76181
变更劳动合同	Change the Labour Contract		2992	2840	3469	3829	4254	3765	5494
解除劳动合同	Relieve the Labour Contract		10337	13069	18108	21149	29038	30940	40017
终止劳动合同	End the Labour Contract		5344	4752	8031	10816	10298	12908	12043
其　他	Others		8917	9515	8626	12549			
案件处理情况	Cases Settled								
结案数	Number of Cases Settled	46543	70792	92288	121289	130688	150279	178744	223503
处理方式	by Manners of Settlement								
仲裁调解	by Mediation	24223	32793	31483	39550	41877	42933	50925	67765
仲裁裁决	by Arbitrition Lawsuit	12789	15060	25389	34712	54142	77250	77340	95774
其他方式	Others	9531	22939	35155	47027	34669	35096	50479	59954
处理结果	by Result of Settlement								
用人单位胜诉	Lawsuit Won by Units	9452	11488	11937	15674	13699	31544	27017	34272
劳动者胜诉	Lawsuit Won by Laborers	23696	40063	48650	63030	70544	71739	84432	109556
双方部分胜诉	Lawsuit Partly Won by Both Parties	13395	19241	27365	37459	37247	46996	67295	79475
案外调解案件数	Cases Mediated						63939	77342	58451

9-1 续表 continued

单位：件 (piece)

项 目	Item	2004	2005	2006	2007	2008	2009	2010
上期未结案件数	Number of Cases Left from Last Year-end	17117	17829	22165	25424	33084	83709	77926
案件受理情况	Cases Accepted							
当期案件受理数	Cases	260471	313773	317162	350182	693465	684379	600865
#集体劳动争议案件数	Number of Collective Labour Disputes	19241	16217	13977	12784	21880	13779	9314
劳动者申诉案件数	Number of Cases Left from Last Year-end	249335	293710	301233	325590	650077	627530	558853
劳动者当事人数(人)	Number of Laborers Involved(person)	764981	744195	679312	653472	1214328	1016922	815121
#集体劳动争议劳动者当事人数	Number of Laborers Involved in Collective Labour Disputes	477992	409819	348714	271777	502713	299601	211755
争议原因	Disputes Reasons							
劳动报酬	Labour Remuneration	85132	103183	103887	108953	225061	247330	209968
社会保险	Social Insurances	88119	97519	100342	97731			
变更劳动合同	Change the Labour Contract	4465	7567	3456	4695			
解除劳动合同	Relieve the Labour Contract	42881	54858	55502	67565	139702	43876	31915
终止劳动合同	End the Labour Contract	14140	14015	12366	12696			
其 他	Others							
案件处理情况	Cases Settled							
结案数	Number of Cases Settled	258678	306027	310780	340030	622719	689714	634041
处理方式	by Manners of Settlement							
仲裁调解	by Mediation	83400	104308	104435	119436	221284	251463	250131
仲裁裁决	by Arbitrition Lawsuit	110708	131745	141465	149013	274543	290971	266506
其他方式	Others	64550	69974	64880	71581	126892	147280	117404
处理结果	by Result of Settlement							
用人单位胜诉	Lawsuit Won by Units	35679	39401	39251	49211	80462	95470	85028
劳动者胜诉	Lawsuit Won by Laborers	123268	145352	146028	156955	276793	255119	229448
双方部分胜诉	Lawsuit Partly Won by Both Parties	94041	121274	125501	133864	265464	339125	319565
案外调解案件数	Cases Mediated	70840	93561	130321	151902	237283	185598	163997

9-2 各地区劳动争议处理情况(2010年)

LABOUR DISPUTES ACCEPTED AND SETTLED BY REGION (2010)

单位：件 (piece)

地区	Region	上期未结案件数 Number of Cases Left from Last Year-end	案件受理情况 Cases Accepted 当期案件受理数 Cases	#集体劳动争议案件 Number of Collective Labour Disputes	#劳动者申诉案件 Number of Cases Left from Last Year-end	劳动者当事人数(人) Number of Laborers Involved (person)	#集体劳动争议劳动者当事人数 Number of Laborers Involvedin Collective Labour Disputes
全国	**National**	**77926**	**600865**	**9314**	**558853**	**815121**	**211755**
北京	Beijing	14301	61050	518	60077	61050	13199
天津	Tianjin	3071	15139	99	14349	17003	1963
河北	Hebei	1667	14261	232	13941	20953	5467
山西	Shanxi	709	6481	138	5867	9274	1917
内蒙古	Inner Mongolia	212	4069	90	3233	8278	2797
辽宁	Liaoning	2391	22741	550	21298	34237	10195
吉林	Jilin	746	7528	107	2353	10388	2950
黑龙江	Heilongjiang	172	9082	80	8958	13127	2020
上海	Shanghai	6891	48746	91	46724	51246	2548
江苏	Jiangsu	2709	56677	273	54743	67634	8521
浙江	Zhejiang	2687	36080	602	34561	57009	21591
安徽	Anhui	323	7282	115	6783	10845	2816
福建	Fujian	731	13217	238	12594	19184	5924
江西	Jiangxi	3107	10432	323	5067	13870	3945
山东	Shandong	4480	38739	831	34733	54273	14455
河南	Henan	1351	18194	308	17877	23317	3242
湖北	Hubei	1823	19850	309	19573	24343	4665
湖南	Hunan	686	14660	806	13658	28698	11896
广东	Guangdong	22646	93307	1013	89465	144778	54163
广西	Guangxi	706	11753	58	11561	16387	2372
海南	Hainan	1061	3629	49	3609	5701	1441
重庆	Chongqing	944	27821	702	25208	35626	8372
四川	Sichuan	944	26023	834	20124	35472	9106
贵州	Guizhou	569	9590	79	9149	12351	2494
云南	Yunnan	260	4635	183	4212	7727	2833
西藏	Tibet	2	979	303	968	6964	5122
陕西	Shaanxi	560	6787	122	6264	8280	1615
甘肃	Gansu	1005	2786	62	2771	4678	1557
青海	Qinghai	25	547	46	533	1236	572
宁夏	Ningxia	209	2143	43	1987	2731	574
新疆	Xinjiang	876	6064	100	6064	7712	1306
新疆兵团	Xinjiang Production and Construction Crops	62	573	10	549	749	117

9-2 续表 1 continued

单位：件 (piece)

地区 Region	案件受理情况 Cases Accepted						
	争议原因 Causes of the Disputes						
	劳动报酬 Labour Remuneration	社会保险待遇及福利 Social Insurance and Welfare	#养老保险 Pension Insurance	#医疗保险 Medical Insurance	#工伤保险 Work Injury Insurance	#福利 Social Welfare	解除劳动合同 Relieve the Labour Contract
全　国 National	**209968**	**145399**	**46668**	**12191**	**68073**	**8833**	**31915**
北　京 Beijing	37746	5024	4173	65	414	125	29
天　津 Tianjin	4744	4454	2768	232	700	617	768
河　北 Hebei	3540	4921	2111	683	1652	163	684
山　西 Shanxi	2662	1836	290	79	1419	48	317
内蒙古 Inner Mongolia	1362	1475	391	71	968	31	211
辽　宁 Liaoning	9109	5416	2003	807	2224	329	1326
吉　林 Jilin	1407	3461	1216	304	1876	43	157
黑龙江 Heilongjiang	2098	5052	1008	220	3640	296	179
上　海 Shanghai	19832	7284				2317	1351
江　苏 Jiangsu	22107	12820	2928	314	8496	363	2327
浙　江 Zhejiang	12436	13589	3733	1261	7825	770	197
安　徽 Anhui	1936	2343	1065	176	1067	35	233
福　建 Fujian	5099	3484	582	178	2586	52	662
江　西 Jiangxi	2159	4426	2681	481	1102	183	498
山　东 Shandong	12185	8645	1657	709	4446	1014	2761
河　南 Henan	3541	5951	3051	889	1119	241	1383
湖　北 Hubei	4453	6653	3483	1287	1474	409	1197
湖　南 Hunan	4410	1945	275	323	1228	47	2765
广　东 Guangdong	37033	9744	1392	495	6572	789	9000
广　西 Guangxi	2799	4229	1495	2001	397	196	1084
海　南 Hainan	642	1085	983		89	13	122
重　庆 Chongqing	7650	6859	406	102	5916	118	960
四　川 Sichuan	4534	10760	2934	733	6171	329	1388
贵　州 Guizhou	1037	5463	1830	184	3408	36	219
云　南 Yunnan	648	2082	783	296	959	44	95
西　藏 Tibet	822	68	28	1	38	1	7
陕　西 Shaanxi	950	1697	832	119	662	51	1154
甘　肃 Gansu	539	1107	571	24	434	38	204
青　海 Qinghai	124	279	48	16	207	6	36
宁　夏 Ningxia	309	979	628	13	252	85	115
新　疆 Xinjiang	1854	2119	1287	128	622	41	439
新疆兵团 Xinjiang Production and Construction Crops	201	149	36		110	3	47

9-2 续表 2 continued

单位：件 (piece)

地 区	Region	案件处理情况 Cases Settled				
		结案数 Number of Cases Settled	处理方式 by Manners of Settlement			
			仲裁调解 by Mediation	仲裁裁决 by Arbitrition Lawsuit	仲裁撤诉 by Withdrawal	其他方式 Others
全 国	**National**	**634041**	**250131**	**266506**	**87644**	**29760**
北 京	Beijing	71276	18967	31630	17359	3320
天 津	Tianjin	15096	7405	4639	2681	371
河 北	Hebei	15508	5420	7585	1385	1118
山 西	Shanxi	6624	2175	3353	345	751
内蒙古	Inner Mongolia	4175	1520	1903	399	353
辽 宁	Liaoning	22810	8836	10280	2605	1089
吉 林	Jilin	7477	3996	2281	311	889
黑龙江	Heilongjiang	8995	3786	4178	711	320
上 海	Shanghai	51473	14797	24743	10834	1099
江 苏	Jiangsu	57822	30732	14468	11459	1163
浙 江	Zhejiang	37417	22930	8715	4814	958
安 徽	Anhui	7219	2933	3498	476	312
福 建	Fujian	13083	4917	5287	1579	1300
江 西	Jiangxi	11920	6716	4039	709	456
山 东	Shandong	39210	17078	14136	5558	2438
河 南	Henan	17960	7603	8116	1668	573
湖 北	Hubei	20867	8215	8044	2261	2347
湖 南	Hunan	14487	4256	8572	1508	151
广 东	Guangdong	105242	35566	55225	11349	3102
广 西	Guangxi	12158	3092	7863	1042	161
海 南	Hainan	3698	745	1973	709	271
重 庆	Chongqing	28323	12910	9601	2736	3076
四 川	Sichuan	26252	11222	10233	2879	1918
贵 州	Guizhou	9208	4315	3599	652	642
云 南	Yunnan	4683	1585	2521	345	232
西 藏	Tibet	972	850	109	8	5
陕 西	Shaanxi	7062	2592	3733	41	696
甘 肃	Gansu	3378	939	1867	216	356
青 海	Qinghai	539	208	221	41	69
宁 夏	Ningxia	2214	1135	739	202	138
新 疆	Xinjiang	6273	2543	2950	698	82
新疆兵团	Xinjiang Production and Construction Crops	620	147	405	64	4

9-2 续表 3 continued

单位：件 (piece)

地区	Region	案件处理情况 Cases Settled 处理结果 by Result of Settlement 用人单位胜诉 Lawsuit Won by Units	劳动者胜诉 Lawsuit Won by Laborers	双方部分胜诉 Lawsuit Partly Won by Both Parties	案外调解案件数 Cases Mediated
全 国	**National**	**85028**	**229448**	**319565**	**163997**
北 京	Beijing	11388	5123	54765	4947
天 津	Tianjin	2218	5722	7156	7414
河 北	Hebei	1236	9129	5143	5425
山 西	Shanxi	342	4503	1779	1700
内蒙古	Inner Mongolia	666	2152	1357	748
辽 宁	Liaoning	4273	12857	5680	1990
吉 林	Jilin	596	5875	1006	3076
黑龙江	Heilongjiang	1168	5974	1853	1810
上 海	Shanghai	9601	6700	35172	2806
江 苏	Jiangsu	6384	23305	28133	25306
浙 江	Zhejiang	4456	12389	20572	4164
安 徽	Anhui	731	3543	2945	2418
福 建	Fujian	1487	6533	5063	6330
江 西	Jiangxi	993	7661	3266	1824
山 东	Shandong	5552	19372	14286	10502
河 南	Henan	2371	7340	8249	4856
湖 北	Hubei	2454	7924	10489	
湖 南	Hunan	1086	7822	5579	5432
广 东	Guangdong	15582	26036	63624	51640
广 西	Guangxi	1679	6038	4441	2657
海 南	Hainan	228	2210	1260	228
重 庆	Chongqing	4084	10625	13614	7478
四 川	Sichuan	2826	13356	10070	1824
贵 州	Guizhou	1130	4514	3564	2136
云 南	Yunnan	456	3209	1018	2071
西 藏	Tibet	21	827	124	131
陕 西	Shaanxi	1059	1836	4167	597
甘 肃	Gansu	178	2177	1023	1482
青 海	Qinghai	39	396	104	4
宁 夏	Ningxia	248	1153	813	1207
新 疆	Xinjiang	435	2976	2862	1422
新疆兵团	Xinjiang Production and Construction Crops	61	171	388	372

9-3 劳动保障监察案件结案情况(2010)

CASES SETTLED BY LABOUR AND SOCIAL SECURITY INSPECTION ORGANIZATION(2010)

单位：件 (piece)

项　目	Item	2010
结案数	Cases Settled	**383746**
案件分类	Cases by Caused Reasons	
内部劳动保障规章制度	Inner Institutions on Labour and Social Security	19347
订立劳动合同	Signing Labour Contract	78465
女职工和未成年工特殊劳动保护	Special Protection for Female and Minor Workers and Employees	3492
工作时间和休息休假	Working Hours and Vocation	40734
支付工资和最低工资标准	Wage Payment and Minimum Wage Standard	174019
参加社会保险和缴纳社会保险费	Social Insurances	76599
职业介绍、职业技能培训和职业技能考核	Job Referral, Vocational Training and Vocational Qualification	9024
其　他	Others	32847
案件处理情况	Settlement of Cases	
责令限期改正	Orders to Make Corrections	234482
行政处理决定	Decisions of Administrative Settlement	15269
行政处罚决定	Decisions of Administrative Penalty	23784
警　告	Disciplinary Warning	8642
罚　款	Fine	15975
其他行政处罚	Others	550

9-4 劳动保障监察工作情况(2010)

LABOUR AND SOCIAL SECURITY INSPECTION (2010)

项　目	Item	2010
主动监察	Inspection on Initiative	
检查单位数(万户)	Employing Units Inspected (10000 households)	173.1
涉及劳动者人数(万人)	Labourers Involved (10000 persons)	9993.6
投诉结案数(万件)	Complaint Cases Settled (10000 pieces)	28.1
举报结案数(万件)	Cases Settled through Inspection upon Reporting (10000 pieces)	5.5
审查用人单位报送的书面材料涉及用人单位数(万户)	Employing Units Inspected through Examining Documents Reported (10000 households)	177.2
补签劳动合同(万人)	Number of Labour Contracts Signed for Inspection (10000 persons)	937.8
追发劳动者工资等待遇	Repay Wages and Other Benefits	
涉及劳动者人数(万人)	Labourers Involved (10000 persons)	502.1
金额(亿元)	Amount of Money (100 million yuan)	99.5
督促缴纳社会保险费	Levy of Social Insurance Fees for Inspection	
单位数(万户)	Employing Units Involved (10000 households)	13.9
金额(亿元)	Amount of Money (100 million yuan)	48.2
督促社会保险登记单位数(万户)	Registeration of Social Insurance for Inspection Employing Units Involved (10000 households)	8.8
取缔非法职业中介机构(户)	Number of Illegal Occupational Intermediary Agencies(household)	4988
清退风险抵押金金额(万元)	Amount of Money in Pledge Repaid to Employees (10000 Yuan)	4677.3
审查用人单位规章数(万件)	Number of Regulations of Employing Units Inspected (10000 pieces)	104.5
纠正用人单位违法规章数(万件)	Number of Regulations of Employing Units Corrected (10000 pieces)	17.3
向社会公布重大违法行为数(件)	Discolsed Serious Violations of Laws or Rules (piece)	387

十、社会保障

SOCIAL SECURITY

10-1　历年全国社会保险基金收入

REVENUE OF SOCIAL INSURANCE FUNDS

年　份 Year	合　计 Total	城镇职工基本养老保险 Urban Basic Pension Insurance	失业保险 Unemployment Insurance	城镇基本医疗保险 Urban Basic Medical Insurance	工伤保险 Work Injury Insurance	生育保险 Maternity Insurance
绝对数(亿元) Revenue (100 million yuan)						
1989	153.6	146.7	6.8			
1990	186.8	178.8	7.2			
1991	225.0	215.7	9.3			
1992	377.4	365.8	11.7			
1993	526.1	503.5	17.9	1.4	2.4	0.8
1994	742.0	707.4	25.4	3.2	4.6	1.5
1995	1006.0	950.1	35.3	9.7	8.1	2.9
1996	1252.4	1171.8	45.2	19.0	10.9	5.5
1997	1458.2	1337.9	46.9	52.3	13.6	7.4
1998	1623.1	1459.0	68.4	60.6	21.2	9.8
1999	2211.8	1965.1	125.2	89.9	20.9	10.7
2000	2644.9	2278.5	160.4	170.0	24.8	11.2
2001	3101.9	2489.0	187.3	383.6	28.3	13.7
2002	4048.7	3171.5	213.4	607.8	32.0	21.8
2003	4882.9	3680.0	249.5	890.0	37.6	25.8
2004	5780.3	4258.4	290.8	1140.5	58.3	32.1
2005	6975.2	5093.3	340.3	1405.3	92.5	43.8
2006	8643.2	6309.8	402.4	1747.1	121.8	62.1
2007	10812.3	7834.2	471.7	2257.2	165.6	83.6
2008	13696.1	9740.2	585.1	3040.4	216.7	113.7
2009	16115.6	11490.8	580.4	3671.9	240.1	132.4
2010	18822.8	13419.5	649.8	4308.9	284.9	159.6
比上年增长(%) Increase rate						
1990	21.6	21.9	5.9			
1991	20.5	20.6	29.2			
1992	67.7	69.6	25.8			
1993	39.4	37.7	53.0			
1994	41.0	40.5	41.9	119.9	90.4	73.8
1995	35.6	34.3	38.9	206.3	77.5	99.4
1996	24.5	23.3	28.2	96.6	34.7	87.8
1997	16.4	14.2	3.7	175.1	24.6	34.9
1998	11.3	9.0	45.7	15.9	55.9	31.1
1999	36.3	34.7	83.1	48.3	-1.3	10.1
2000	19.6	15.9	28.1	89.2	18.7	3.8
2001	17.3	9.2	16.8	125.7	14.2	23.1
2002	30.5	27.4	13.9	58.4	13.2	58.9
2003	20.6	16.0	16.9	46.4	17.4	18.3
2004	18.4	15.7	16.6	28.1	55.1	24.4
2005	20.7	19.6	17.0	23.2	58.7	36.4
2006	23.9	23.9	18.2	24.3	31.7	41.8
2007	25.1	24.2	17.2	29.2	36.0	34.6
2008	26.7	24.3	24.0	34.7	30.9	36.0
2009	17.7	18.0	-0.8	20.8	10.8	16.4
2010	16.8	16.8	12.0	17.3	18.7	20.5

10-2 历年全国社会保险基金支出
EXPENSES OF SOCIAL INSURANCE FUNDS

年　份 Year	合　计 Total	城镇职工基本养老保险 Urban Basic Pension Insurance	失业保险 Unemployment Insurance	城镇基本医疗保险 Basic Medical Insurance	工伤保险 Work Injury Insurance	生育保险 Maternity Insurance
绝对数(亿元) Expenses (100 million yuan)						
1989	120.9	118.8	2.0			
1990	151.9	149.3	2.5			
1991	176.1	173.1	3.0			
1992	327.1	321.9	5.1			
1993	482.2	470.6	9.3	1.3	0.4	0.5
1994	680.0	661.1	14.2	2.9	0.9	0.8
1995	877.1	847.6	18.9	7.3	1.8	1.6
1996	1082.4	1031.9	27.3	16.2	3.7	3.3
1997	1339.2	1251.3	36.3	40.5	6.1	4.9
1998	1636.9	1511.6	51.9	53.3	9.0	6.8
1999	2108.1	1924.9	91.6	69.1	15.4	7.1
2000	2385.6	2115.5	123.4	124.5	13.8	8.3
2001	2748.0	2321.3	156.6	244.1	16.5	9.6
2002	3471.5	2842.9	182.6	409.4	19.9	12.8
2003	4016.4	3122.1	199.8	653.9	27.1	13.5
2004	4627.4	3502.1	211.3	862.2	33.3	18.8
2005	5400.8	4040.3	206.9	1078.7	47.5	27.4
2006	6477.4	4896.7	198.0	1276.7	68.5	37.5
2007	7887.9	5964.9	217.7	1561.8	87.9	55.6
2008	9925.1	7389.6	253.5	2083.6	126.9	71.5
2009	12302.6	8894.4	366.8	2797.4	155.7	88.3
2010	14818.5	10554.9	423.3	3538.1	192.4	109.9
比上年增长(%) Increase rate						
1990	25.6	25.7	27.0			
1991	15.9	15.9	18.1			
1992	85.7	86.0	70.0			
1993	47.4	46.2	82.4			
1994	41.0	40.5	52.7	118.3	127.4	60.5
1995	29.0	28.2	32.9	150.2	92.4	95.3
1996	23.4	21.7	44.7	122.9	104.1	108.2
1997	23.7	21.3	33.1	149.5	64.5	49.4
1998	22.2	20.8	42.9	31.6	48.6	39.5
1999	28.8	27.3	76.6	29.6	70.5	4.1
2000	13.2	9.9	34.7	80.3	-10.5	17.1
2001	15.2	9.7	26.8	96.0	19.5	14.9
2002	26.3	22.5	16.6	67.7	20.6	33.3
2003	15.7	9.8	9.4	59.7	36.2	5.6
2004	15.2	12.2	5.8	31.9	22.9	39.3
2005	16.7	15.4	-2.1	25.1	42.6	45.7
2006	19.9	21.2	-4.3	18.4	44.2	36.9
2007	21.8	21.8	9.9	22.3	28.3	48.3
2008	25.8	23.9	16.4	33.4	44.4	28.6
2009	24.0	20.4	44.7	34.3	22.7	23.5
2010	20.5	18.7	15.4	26.5	23.6	24.4

10-3 历年全国社会保险基金累计结余

BALANCE OF SOCIAL INSURANCE FUNDS

年　份 Year	合　计 Total	城镇职工基本养老保险 Urban Basic Pension Insurance	失业保险 Unemployment Insurance	城镇基本医疗保险 Basic Medical Insurance	工伤保险 Work Injury Insurance	生育保险 Maternity Insurance
绝对数(亿元) Balance at the Year-end (100 million yuan)						
1989	81.6	68.0	13.6			
1990	117.3	97.9	19.5			
1991	169.7	144.1	25.7			
1992	252.8	220.6	32.1			
1993	303.7	258.6	40.8	0.4	3.1	0.8
1994	365.7	304.8	52.0	0.7	6.8	1.4
1995	516.8	429.8	68.4	3.1	12.7	2.7
1996	696.1	578.6	86.4	6.4	19.7	5.0
1997	831.6	682.8	97.0	16.6	27.7	7.5
1998	791.1	587.8	133.4	20.0	39.5	10.3
1999	1009.8	733.5	159.9	57.6	44.9	13.9
2000	1327.5	947.1	195.9	109.8	57.9	16.8
2001	1622.8	1054.1	226.2	253.0	68.9	20.6
2002	2423.4	1608.0	253.8	450.7	81.1	29.7
2003	3313.8	2206.5	303.5	670.6	91.2	42.0
2004	4493.4	2975.0	385.8	957.9	118.6	55.9
2005	6073.7	4041.0	519.0	1278.1	163.5	72.1
2006	8255.9	5488.9	724.8	1752.4	192.9	96.9
2007	11236.6	7391.4	979.1	2476.9	262.6	126.6
2008	15176.0	9931.0	1310.1	3431.7	384.6	168.2
2009	19006.5	12526.1	1523.6	4275.9	468.8	212.1
2010	22902.7	15365.3	1749.8	5047.1	561.4	261.4
比上年增长(%) Increase rate						
1990	43.8	44.0	43.1			
1991	44.6	47.2	32.0			
1992	49.0	53.1	24.9			
1993	20.1	17.2	27.1			
1994	20.4	17.9	27.5	63.8	118.1	87.6
1995	41.3	41.0	31.6	335.4	87.3	91.7
1996	34.7	34.6	26.2	107.9	55.8	81.6
1997	19.5	18.0	12.3	157.8	40.1	51.2
1998	-4.9	-13.9	37.6	20.5	42.9	37.1
1999	27.6	24.8	19.8	187.8	13.6	34.9
2000	31.5	29.1	22.6	90.8	28.8	20.6
2001	22.2	11.3	15.5	130.4	19.1	22.7
2002	49.3	52.6	12.2	78.1	17.7	44.5
2003	36.7	37.2	19.6	48.8	12.5	41.3
2004	35.6	34.8	27.1	42.8	30.0	33.1
2005	35.2	35.8	34.5	33.4	37.9	29.0
2006	35.9	35.8	39.7	37.1	18.0	34.4
2007	36.1	34.7	35.1	41.3	36.1	30.7
2008	35.1	34.4	33.8	38.5	46.5	32.9
2009	25.2	26.1	16.3	24.6	21.9	26.1
2010	20.5	22.7	14.8	18.0	19.8	23.2

10-4 历年全国城镇职工基本养老保险情况
URBAN BASIC PENSION INSURANCE

年 份 Year	年末参保人数(万人) Persons Covered at the Year-end (10000 persons)			基金收支情况(亿元) Revenue and Expenses(100 million yuan)		
	合 计 Total	职工 Workers	离退休人员 Retirees	基金收入 Revenue	基金支出 Expenses	累计结余 Balance at the Year-end
1989	5710.3	4816.9	893.4	146.7	118.8	68.0
1990	6166.0	5200.7	965.3	178.8	149.3	97.9
1991	6740.3	5653.7	1086.6	215.7	173.1	144.1
1992	9456.2	7774.7	1681.5	365.8	321.9	220.6
1993	9847.6	8008.2	1839.4	503.5	470.6	258.6
1994	10573.5	8494.1	2079.4	707.4	661.1	304.8
1995	10979.0	8737.8	2241.2	950.1	847.6	429.8
1996	11116.7	8758.4	2358.3	1171.8	1031.9	578.6
1997	11203.9	8670.9	2533.0	1337.9	1251.3	682.8
1998	11203.1	8475.8	2727.3	1459.0	1511.6	587.8
1999	12485.4	9501.8	2983.6	1965.1	1924.9	733.5
2000	13617.4	10447.5	3169.9	2278.5	2115.5	947.1
2001	14182.5	10801.9	3380.6	2489.0	2321.3	1054.1
2002	14736.6	11128.8	3607.8	3171.5	2842.9	1608.0
2003	15506.7	11646.5	3860.2	3680.0	3122.1	2206.5
2004	16352.9	12250.3	4102.6	4258.4	3502.1	2975.0
2005	17487.9	13120.4	4367.5	5093.3	4040.3	4041.0
2006	18766.3	14130.9	4635.4	6309.8	4896.7	5488.9
2007	20136.9	15183.2	4953.7	7834.2	5964.9	7391.4
2008	21891.1	16587.5	5303.6	9740.2	7389.6	9931.0
2009	23549.9	17743.0	5806.9	11490.8	8894.4	12526.1
2010	25707.3	19402.3	6305.0	13419.5	10554.9	15365.3

10-5 历年全国机关、事业单位城镇职工基本养老保险情况

URBAN BASIC PENSION INSURANCE (INSTITUTION AGENCIES AND ORGANIZATIONS)

年 份 Year	年末参保人数(万人) Persons Covered at the Year-end (10000 persons)			基金收支情况(亿元) Revenue and Expenses(100 million yuan)		
	合 计 Total	职工 Workers	离退休人员 Retirees	基金收入 Revenue	基金支出 Expenses	累计结余 Balance at the Year-end
1989						
1990						
1991						
1992						
1993						
1994						
1995						
1996						
1997						
1998						
1999	762.5	642.6	119.9	93.2	61.8	89.3
2000	1131.0	977.6	153.4	189.8	145.4	186.1
2001	1278.2	1068.9	209.3	253.0	204.4	233.2
2002	1458.0	1199.4	258.6	387.8	340.1	364.5
2003	1625.3	1322.0	303.3	470.6	405.9	441.7
2004	1674.0	1346.4	327.6	529.9	470.9	475.7
2005	1772.1	1409.8	362.3	601.6	545.0	534.3
2006	1909.7	1512.9	396.8	677.2	609.4	619.8
2007	1902.3	1492.6	409.7	823.6	811.3	633.2
2008	1939.7	1504.1	435.6	940.1	882.0	690.0
2009	1983.0	1524.0	459.0	1070.3	1007.8	751.8
2010	2072.9	1579.6	493.3	1201.1	1145.0	818.1

10-6 历年全国企业及其他城镇职工基本养老保险情况

URBAN BASIC PENSION INSURANCE(ENTERPRISES AND OTHERS)

年 份 Year	年末参保人数(万人) Persons Covered at the Year-end (10000 persons)			基金收支情况(亿元) Revenue and Expenses(100 million yuan)		
	合 计 Total	职工 Workers	离退休人员 Retirees	基金收入 Revenue	基金支出 Expenses	累计结余 Balance at the Year-end
1989	5710.3	4816.9	893.4	146.7	118.8	68.0
1990	6166.0	5200.7	965.3	178.8	149.3	97.9
1991	6740.3	5653.7	1086.6	215.7	173.1	144.1
1992	9456.2	7774.7	1681.5	365.8	321.9	220.6
1993	9847.6	8008.2	1839.4	503.5	470.6	258.6
1994	10573.5	8494.1	2079.4	707.4	661.1	304.8
1995	10979.0	8737.8	2241.2	950.1	847.6	429.8
1996	11116.7	8758.4	2358.3	1171.8	1031.9	578.6
1997	11203.9	8670.9	2533.0	1337.9	1251.3	682.8
1998	11203.1	8475.8	2727.3	1459.0	1511.6	587.8
1999	11722.9	8859.2	2863.7	1871.9	1863.1	644.2
2000	12486.4	9469.9	3016.5	2088.3	1970.0	761.0
2001	12904.3	9733.0	3171.3	2235.1	2116.5	818.6
2002	13278.6	9929.4	3349.2	2783.6	2502.8	1243.5
2003	13881.4	10324.5	3556.9	3209.4	2716.2	1764.8
2004	14678.9	10903.9	3775.0	3728.5	3031.2	2499.3
2005	15715.8	11710.6	4005.2	4491.7	3495.3	3506.7
2006	16856.6	12618.0	4238.6	5632.5	4287.3	4869.1
2007	18234.6	13690.6	4544.0	7010.6	5153.6	6758.2
2008	19951.4	15083.4	4868.0	8800.1	6507.6	9241.0
2009	21567.0	16219.0	5348.0	10420.6	7886.6	11774.3
2010	23634.4	17822.7	5811.6	12218.4	9409.9	14547.2

10-7 历年各地区城镇职工基本养老保险参保人数

CONTRIBUTORS OF URBAN BASIC PENSION INSURANCE BY REGION

单位：万人　　(10000 persons)

地区	Region	2001 合计 Total	2001 #离退休人员 Retirees	2002 合计 Total	2002 #离退休人员 Retirees	2003 合计 Total	2003 #离退休人员 Retirees	2004 合计 Total	2004 #离退休人员 Retirees
全国	**National**	**14182.5**	**3380.6**	**14736.6**	**3607.8**	**15506.7**	**3860.2**	**16352.9**	**4102.6**
北京	Beijing	425.9	124.3	436.2	133.2	448.5	141.5	459.7	148.6
天津	Tianjin	281.4	85.2	296.0	91.4	283.3	97.6	298.1	102.9
河北	Hebei	641.4	145.3	643.5	154.0	665.5	163.6	683.4	172.0
山西	Shanxi	365.6	81.8	361.8	85.4	364.4	88.1	376.7	93.3
内蒙古	Inner Mongolia	290.6	65.3	292.9	70.8	300.9	72.6	318.8	82.0
辽宁	Liaoning	1022.7	288.9	1039.2	302.2	1070.4	315.5	1101.0	333.8
吉林	Jilin	389.1	99.6	397.7	104.9	427.0	115.5	439.0	123.1
黑龙江	Heilongjiang	692.5	178.5	689.8	187.4	714.3	196.0	738.1	207.3
上海	Shanghai	683.5	239.9	699.8	246.9	715.6	254.6	770.9	265.3
江苏	Jiangsu	888.1	212.7	1063.5	252.9	1135.2	271.4	1214.1	288.8
浙江	Zhejiang	610.4	125.1	701.1	132.6	801.2	144.2	888.0	152.4
安徽	Anhui	432.7	98.5	432.3	102.8	456.6	113.6	463.9	118.8
福建	Fujian	242.0	58.4	285.1	61.6	364.2	79.4	377.5	83.7
江西	Jiangxi	328.8	78.2	339.8	82.6	355.9	93.4	371.8	99.9
山东	Shandong	1022.6	191.3	1043.0	205.3	1135.9	219.3	1218.7	232.2
河南	Henan	736.6	141.9	757.8	161.5	751.1	171.0	781.1	181.1
湖北	Hubei	612.1	137.7	628.8	147.2	732.4	177.9	780.5	195.4
湖南	Hunan	603.4	148.0	616.5	157.7	636.2	167.5	691.7	185.4
广东	Guangdong	1370.3	187.0	1405.4	193.5	1482.2	203.8	1588.8	220.4
广西	Guangxi	248.9	58.7	257.2	63.5	264.8	66.3	279.3	70.2
海南	Hainan	108.2	30.5	111.2	31.9	116.7	33.6	120.0	35.2
重庆	Chongqing	270.3	82.3	280.3	87.8	280.0	92.4	283.9	96.8
四川	Sichuan	578.9	169.4	589.2	178.1	605.5	187.5	668.0	202.7
贵州	Guizhou	159.0	42.4	168.9	44.9	168.0	48.0	174.9	50.0
云南	Yunnan	243.1	69.6	252.1	74.1	257.3	77.8	255.3	79.4
西藏	Tibet	7.1	2.6	7.0	2.6	7.3	2.8	7.6	3.0
陕西	Shaanxi	345.4	83.4	352.0	90.8	362.4	97.4	369.3	102.5
甘肃	Gansu	188.4	45.3	188.0	48.1	192.0	51.2	194.5	53.5
青海	Qinghai	51.9	14.9	54.2	15.0	56.4	15.9	58.5	16.5
宁夏	Ningxia	57.9	13.2	59.0	13.7	60.7	14.3	62.5	15.2
新疆	Xinjiang	258.4	77.6	262.1	79.6	269.3	83.0	294.8	87.3
中国人民银行	The People's Bank of China	19.8	3.1	19.8	3.3	19.8	3.4	17.1	3.5
中国农业发展银行	Agricutural Development Bank of China	5.4	0.2	5.5	0.3	5.6	0.4	5.8	0.4

10-7 续表 1 continued

单位：万人 (10000 persons)

地区	Region	2005 合计 Total	2005 #离退休人员 Retirees	2006 合计 Total	2006 #离退休人员 Retirees	2007 合计 Total	2007 #离退休人员 Retirees
全国	**National**	**17487.9**	**4367.5**	**18766.3**	**4635.4**	**20136.9**	**4953.7**
北京	Beijing	520.0	155.2	603.6	160.9	671.0	171.2
天津	Tianjin	308.3	107.7	328.2	112.7	344.8	119.2
河北	Hebei	707.9	184.2	747.5	196.0	795.6	210.2
山西	Shanxi	383.4	98.2	486.9	112.7	506.7	120.2
内蒙古	Inner Mongolia	338.9	86.1	356.6	91.1	370.9	96.6
辽宁	Liaoning	1193.6	360.8	1248.8	383.0	1299.7	408.1
吉林	Jilin	455.9	131.0	480.2	138.9	501.7	147.8
黑龙江	Heilongjiang	768.9	223.2	801.0	236.5	826.8	253.0
上海	Shanghai	830.0	290.7	891.7	314.4	932.4	340.5
江苏	Jiangsu	1345.6	307.9	1469.8	328.1	1602.3	353.3
浙江	Zhejiang	962.3	160.9	1052.6	170.9	1167.1	182.3
安徽	Anhui	471.7	124.8	495.2	133.8	530.3	144.8
福建	Fujian	409.6	88.9	456.1	93.6	512.8	98.1
江西	Jiangxi	387.4	105.5	415.0	111.6	475.0	118.5
山东	Shandong	1302.4	248.6	1368.0	261.7	1457.1	282.2
河南	Henan	814.0	194.2	863.8	208.2	912.9	224.7
湖北	Hubei	804.0	206.4	850.8	220.5	886.8	235.3
湖南	Hunan	718.6	195.2	751.6	209.9	784.0	227.3
广东	Guangdong	1796.1	231.2	1972.3	243.5	2226.8	257.2
广西	Guangxi	288.6	73.3	302.7	77.1	325.5	82.2
海南	Hainan	120.9	36.5	132.0	38.0	141.7	39.7
重庆	Chongqing	290.2	100.5	317.3	107.9	344.8	112.7
四川	Sichuan	793.4	230.7	842.7	244.9	917.4	269.4
贵州	Guizhou	183.7	51.7	193.2	54.1	205.9	56.5
云南	Yunnan	258.7	81.9	267.4	83.8	279.4	87.6
西藏	Tibet	7.7	3.1	7.6	3.1	8.1	3.0
陕西	Shaanxi	376.1	107.8	391.5	111.4	408.1	117.4
甘肃	Gansu	197.3	55.1	201.2	57.7	208.4	60.6
青海	Qinghai	60.0	16.9	62.5	17.4	65.2	18.0
宁夏	Ningxia	67.5	16.1	72.3	16.7	77.0	17.7
新疆	Xinjiang	302.1	89.0	313.3	90.9	327.7	93.7
中国人民银行	The People's Bank of China	17.1	3.7	17.2	3.9	17.3	4.1
中国农业发展银行	Agricutural Development Bank of China	5.7	0.5	5.6	0.5	5.6	0.6

10-7 续表 2 continued

单位：万人 (10000 persons)

地区	Region	2008 合计 Total	2008 #离退休人员 Retirees	2009 合计 Total	2009 #离退休人员 Retirees	2010 合计 Total	2010 #离退休人员 Retirees
全国	**National**	**21891.1**	**5303.6**	**23549.9**	**5806.9**	**25707.3**	**6305.0**
北京	Beijing	757.2	180.1	826.7	188.2	981.3	195.5
天津	Tianjin	376.5	129.3	401.5	136.5	431.5	143.6
河北	Hebei	862.5	222.7	919.5	238.0	988.4	259.5
山西	Shanxi	539.4	128.0	563.8	136.6	591.0	147.3
内蒙古	Inner Mongolia	389.5	102.9	410.8	112.8	430.7	119.2
辽宁	Liaoning	1406.2	429.9	1457.4	449.4	1496.9	472.7
吉林	Jilin	525.3	155.4	554.3	171.1	599.5	206.6
黑龙江	Heilongjiang	857.8	276.0	920.3	333.7	952.2	363.0
上海	Shanghai	967.7	357.8	1001.1	376.0	1049.5	392.2
江苏	Jiangsu	1751.6	378.6	1883.1	415.4	2033.0	449.1
浙江	Zhejiang	1386.9	194.8	1527.4	209.6	1702.2	223.6
安徽	Anhui	578.4	158.1	628.2	169.5	669.5	177.5
福建	Fujian	557.2	102.6	585.9	108.1	635.5	113.5
江西	Jiangxi	550.3	128.5	581.9	135.9	607.6	145.5
山东	Shandong	1565.9	305.0	1661.0	326.0	1773.0	345.1
河南	Henan	972.0	239.1	1019.1	254.5	1079.3	270.3
湖北	Hubei	932.3	252.0	982.0	273.6	1039.8	301.6
湖南	Hunan	829.1	235.3	879.1	246.1	938.9	265.4
广东	Guangdong	2444.3	273.0	2716.4	294.2	3215.2	339.6
广西	Guangxi	368.1	95.0	411.3	118.0	449.3	138.1
海南	Hainan	156.2	42.0	168.1	43.2	180.8	45.4
重庆	Chongqing	406.1	130.7	492.8	176.5	584.4	192.5
四川	Sichuan	1017.9	306.7	1176.2	393.5	1300.9	439.0
贵州	Guizhou	215.9	59.3	235.6	63.5	257.3	67.0
云南	Yunnan	293.7	89.3	306.5	90.2	317.4	92.3
西藏	Tibet	8.5	3.1	9.2	3.1	9.9	3.2
陕西	Shaanxi	433.4	124.4	458.8	131.0	550.4	150.3
甘肃	Gansu	221.0	64.0	230.9	67.5	242.5	71.3
青海	Qinghai	68.3	18.6	71.3	19.3	74.4	20.0
宁夏	Ningxia	82.6	18.8	89.4	20.0	107.8	30.5
新疆	Xinjiang	346.3	97.6	356.9	100.6	393.8	119.2
中国人民银行	The People's Bank of China	17.5	4.2	17.5	4.4	17.7	4.6
中国农业发展银行	Agricutural Development Bank of China	5.6	0.7	5.6	0.7	5.7	0.8

10-8　各地区城镇职工基本养老保险情况(2010年)

URBAN BASIC PENSION INSURANCE BY REGION(2010)

单位：万人、亿元　　(10000 persons，100 million yuan)

地　区	Region	参保职工年末人数 Active Contributors at the Year-end	#企业(含其他) Enterprises (others)	参保离退休人员年末人数 Retirees at the Year-end	基金收支情况 Revenue and Expenses 基金收入 Revenue	基金支出 Expenses	累计结余 Balance at the Year-end
全　国	**National**	**19402.3**	**17822.7**	**6305.0**	**13419.5**	**10554.9**	**15365.3**
北　京	Beijing	785.9	785.9	195.5	658.9	482.4	617.9
天　津	Tianjin	287.9	281.1	143.6	278.9	271.8	203.0
河　北	Hebei	728.9	602.7	259.5	584.6	451.8	562.9
山　西	Shanxi	443.7	364.2	147.3	404.4	269.4	637.4
内蒙古	Inner Mongolia	311.5	292.2	119.2	266.9	212.6	257.9
辽　宁	Liaoning	1024.2	961.5	472.7	834.1	755.8	739.3
吉　林	Jilin	392.9	392.9	206.6	289.8	252.8	351.8
黑龙江	Heilongjiang	589.2	529.2	363.0	524.1	500.1	479.0
上　海	Shanghai	657.3	596.6	392.2	889.9	847.5	462.0
江　苏	Jiangsu	1583.9	1503.4	449.1	1018.7	753.3	1271.8
浙　江	Zhejiang	1478.6	1407.3	223.6	605.1	429.1	1162.1
安　徽	Anhui	492.0	482.5	177.5	341.6	269.2	353.0
福　建	Fujian	522.0	464.8	113.5	204.1	187.7	141.2
江　西	Jiangxi	462.1	443.2	145.5	231.6	193.0	203.6
山　东	Shandong	1427.9	1190.2	345.1	942.4	748.2	1077.6
河　南	Henan	809.0	706.7	270.3	519.8	420.3	499.0
湖　北	Hubei	738.2	691.4	301.6	501.9	419.8	427.6
湖　南	Hunan	673.5	517.5	265.4	452.3	355.1	455.9
广　东	Guangdong	2875.6	2731.3	339.6	1139.1	627.7	2471.5
广　西	Guangxi	311.2	311.2	138.1	287.9	193.5	379.0
海　南	Hainan	135.4	111.2	45.4	80.2	74.1	64.9
重　庆	Chongqing	391.9	380.5	192.5	310.8	273.6	255.6
四　川	Sichuan	861.9	749.9	439.0	804.0	608.7	928.4
贵　州	Guizhou	190.3	180.7	67.0	144.6	107.4	177.9
云　南	Yunnan	225.1	216.3	92.3	194.0	144.2	229.3
西　藏	Tibet	6.8	5.5	3.2	14.1	7.6	9.7
陕　西	Shaanxi	400.1	357.4	150.3	302.8	265.0	215.8
甘　肃	Gansu	171.1	171.1	71.3	166.1	127.2	178.2
青　海	Qinghai	54.4	54.4	20.0	51.8	43.4	50.6
宁　夏	Ningxia	77.3	77.3	30.5	84.7	48.8	108.7
新　疆	Xinjiang	274.5	262.5	119.2	287.5	211.8	385.7
中国人民银行	The People's Bank of China	13.1		4.6			
中国农业发展银行	Agricutural Development Bank of China	4.9		0.8	2.9	2.1	7.3

10-9 各地区养老金社会化发放人数(2010年)

NUMBER OF PENSIONERS PAID BY THE SOCIALIZED AGENCIES BY REGION (2010)

地区	Region	社会化发放人数(万人) Pensioners Paid by the Socialized Agencies (10000 persons)	纳入社区管理的企业退休人数(万人) Community Administer Retirees (10000 persons)	纳入社区管理的企业退休人数占企业退休人员总数的比例(%) Ratio of Community Administer Retirees (%)
全国	**National**	**5805.8**	**4344.0**	**76.2**
北京	Beijing	195.5	174.0	90.4
天津	Tianjin	139.6	120.0	90.1
河北	Hebei	219.6	163.0	82.0
山西	Shanxi	130.6	102.0	83.9
内蒙古	Inner Mongolia	115.4	80.0	73.4
辽宁	Liaoning	442.8	367.0	89.4
吉林	Jilin	206.0	163.0	95.5
黑龙江	Heilongjiang	343.1	231.0	74.5
上海	Shanghai	347.4	285.0	96.9
江苏	Jiangsu	418.6	352.0	94.5
浙江	Zhejiang	198.9	148.0	82.5
安徽	Anhui	173.4	141.0	85.1
福建	Fujian	93.2	73.0	84.9
江西	Jiangxi	141.4	124.0	93.5
山东	Shandong	269.3	230.0	95.0
河南	Henan	244.4	173.0	76.0
湖北	Hubei	286.7	208.0	81.0
湖南	Hunan	212.3	138.0	71.8
广东	Guangdong	324.1	178.0	64.8
广西	Guangxi	138.1	94.0	78.8
海南	Hainan	38.3	25.0	64.5
重庆	Chongqing	189.2	93.0	75.1
四川	Sichuan	406.6	344.0	96.2
贵州	Guizhou	66.3	33.0	51.0
云南	Yunnan	87.8	56.0	64.8
西藏	Tibet	3.1		
陕西	Shaanxi	135.2	84.0	63.9
甘肃	Gansu	71.2	51.0	75.5
青海	Qinghai	20.0	14.0	60.9
宁夏	Ningxia	30.2	17.0	81.5
新疆	Xinjiang	64.8	45.0	85.9
新疆兵团	Xinjiang Production and Construction Crops	52.7	38.0	78.5

10-10 历年全国城镇基本医疗保险基本情况
PERSONS COVERED BY THE BASIC MEDICAL INSURANCE AT THE YEAR-END

年 份 Year	合计 Total	城镇职工基本医疗参保人数 Persons Covered by the Basic Medical Insurance of Employment	职工人数 Workers	退休人员人数 Retirees	城镇居民参保人数 Persons Covered by the Basic Medical Insurance of Non-employment
绝对数(万人) Absolute figure (10000 persons)					
1989					
1990					
1991					
1992					
1993	290.1	290.1	267.6	22.5	
1994	400.3	400.3	374.6	25.7	
1995	745.9	745.9	702.6	43.3	
1996	855.7	855.7	791.2	64.5	
1997	1762.0	1762.0	1588.9	173.1	
1998	1878.7	1878.7	1509.7	369.0	
1999	2065.3	2065.3	1509.4	555.9	
2000	3786.9	3786.9	2862.8	924.2	
2001	7285.9	7285.9	5470.7	1815.2	
2002	9401.2	9401.2	6925.8	2475.4	
2003	10901.7	10901.7	7974.9	2926.8	
2004	12403.6	12403.6	9044.4	3359.2	
2005	13782.9	13782.9	10021.7	3761.2	
2006	15731.8	15731.8	11580.3	4151.5	
2007	22311.4	18020.3	13420.3	4600.0	4291.1
2008	31821.6	19995.6	14987.7	5007.9	11826.0
2009	40147.0	21937.4	16410.5	5526.9	18209.6
2010	43262.9	23734.7	17791.2	5943.5	19528.3
比上年增长(%) Increase over Preceding Year %					
1990					
1991					
1992					
1993					
1994	38.0	38.0	40.0	14.3	
1995	86.3	86.3	87.6	68.0	
1996	14.7	14.7	12.6	49.0	
1997	105.9	105.9	100.8	168.5	
1998	6.6	6.6	-5.0	113.2	
1999	9.9	9.9	0.0	50.7	
2000	83.4	83.4	89.7	66.2	
2001	92.4	92.4	91.1	96.4	
2002	29.0	29.0	26.6	36.4	
2003	16.0	16.0	15.1	18.2	
2004	13.8	13.8	13.4	14.8	
2005	11.1	11.1	10.8	12.0	
2006	14.1	14.1	15.6	10.4	
2007	41.8	14.5	15.9	10.8	
2008	42.6	11.0	11.7	8.9	175.6
2009	26.2	9.7	9.5	10.4	54.0
2010	7.8	8.2	8.4	7.5	7.2

10-11 历年各地区城镇基本医疗保险参保人数

BASIC MEDICAL INSURANCE BY REGION

单位：万人 (10000 persons)

地区	Region	2001 城镇职工 Urban Staff	2001 #退休人员 Retirees	2002 城镇职工 Urban Staff	2002 #退休人员 Retirees	2003 城镇职工 Urban Staff	2003 #退休人员 Retirees	2004 城镇职工 Urban Staff	2004 #退休人员 Retirees	2005 城镇职工 Urban Staff	2005 #退休人员 Retirees
全国	**National**	**7285.9**	**1815.2**	**9401.2**	**2475.4**	**10901.7**	**2926.8**	**12403.6**	**3359.2**	**13782.9**	**3761.2**
北京	Beijing	240.7	89.4	321.1	113.2	436.1	134.7	483.9	141.7	574.8	155.1
天津	Tianjin	139.6	46.8	250.2	103.8	254.7	108.5	263.0	104.8	299.1	118.3
河北	Hebei	282.5	61.5	330.4	73.0	383.2	84.7	472.5	108.9	562.1	139.6
山西	Shanxi	157.3	34.4	216.7	49.5	245.5	51.3	295.5	63.9	324.9	73.0
内蒙古	Inner Mongolia	196.9	45.5	221.7	54.2	252.3	66.1	274.2	78.1	292.0	86.0
辽宁	Liaoning	313.6	90.4	619.0	188.7	697.7	217.2	783.7	247.3	864.2	280.0
吉林	Jilin	124.2	27.8	176.9	39.8	230.8	55.3	270.0	67.5	283.0	73.9
黑龙江	Heilongjiang	308.3	89.2	392.8	108.2	435.2	122.1	544.1	151.7	602.9	170.4
上海	Shanghai	680.5	238.9	694.8	245.9	709.6	250.6	714.1	260.9	728.6	275.9
江苏	Jiangsu	456.0	113.5	690.9	183.2	815.0	227.6	976.7	261.6	1124.1	303.0
浙江	Zhejiang	352.7	100.0	423.4	117.0	510.3	139.5	569.2	150.3	639.6	163.1
安徽	Anhui	232.8	53.6	273.4	65.6	318.2	79.8	362.2	97.7	387.1	112.7
福建	Fujian	171.0	38.3	230.0	54.7	247.8	61.8	285.9	69.5	333.0	77.2
江西	Jiangxi	71.6	12.2	106.6	22.7	188.2	45.7	250.4	65.8	276.7	75.0
山东	Shandong	490.2	86.0	625.6	119.5	691.1	138.0	771.9	153.5	861.5	176.7
河南	Henan	460.3	94.8	537.4	115.2	567.9	126.9	590.0	136.8	641.5	154.1
湖北	Hubei	255.4	54.5	338.1	80.6	416.6	110.1	466.8	132.5	502.0	147.2
湖南	Hunan	351.6	83.7	398.1	108.3	423.5	116.1	477.0	133.9	503.4	146.6
广东	Guangdong	544.8	84.4	717.7	118.8	877.0	146.4	1034.2	168.9	1235.3	180.3
广西	Guangxi	150.1	33.4	201.8	54.1	235.0	66.1	272.2	77.8	285.9	82.3
海南	Hainan	40.9	8.5	52.6	11.5	63.1	15.4	78.6	22.3	87.2	24.5
重庆	Chongqing	36.8	9.7	58.7	18.0	121.8	41.7	206.3	76.2	237.7	91.9
四川	Sichuan	437.6	128.3	480.6	150.1	531.2	173.8	587.6	196.5	647.0	220.2
贵州	Guizhou	31.1	6.9	94.6	26.6	134.1	38.2	152.6	44.0	180.5	51.5
云南	Yunnan	185.7	45.6	238.4	65.0	281.5	81.4	302.3	89.6	320.7	95.5
西藏	Tibet					6.0	1.8	7.1	2.8	15.2	4.8
陕西	Shaanxi	231.4	49.4	261.8	65.1	301.0	77.4	325.6	86.8	348.8	101.3
甘肃	Gansu	109.9	23.6	124.1	26.0	146.0	32.8	165.8	40.6	176.6	46.2
青海	Qinghai	38.3	12.6	51.1	16.3	56.4	17.8	60.2	19.5	62.0	20.4
宁夏	Ningxia	17.2	4.0	36.8	10.1	48.1	12.7	55.6	14.6	64.5	17.2
新疆	Xinjiang	177.0	48.1	235.7	70.6	276.7	85.3	304.4	93.2	321.1	97.5

10-11 续表 1 continued

单位：万人 (10000 persons)

地区	Region	2006		2007				2008			
		城镇职工		合计				合计			
		Urban Staff	#退休人员 Retirees	Total	#城镇职工 Urban Staff	#退休人员 Retirees	#城镇居民 Urban Staff	Total	#城镇职工 Urban Staff	#退休人员 Retirees	#城镇居民 Urban Staff
全 国	**National**	**15731.9**	**4151.5**	**22311.4**	**18020.3**	**4600.0**	**4291.1**	**31821.7**	**19995.6**	**5007.9**	**11826.1**
北 京	Beijing	679.5	163.9	929.4	783.0	172.9	146.4	1017.1	871.0	182.4	146.1
天 津	Tianjin	344.2	126.0	403.8	382.5	133.2	21.3	484.5	399.1	141.8	85.4
河 北	Hebei	615.9	158.6	746.3	686.3	183.9	60.0	1083.1	738.5	199.5	344.5
山 西	Shanxi	353.8	82.2	460.6	405.7	98.3	54.9	593.9	441.8	108.8	152.1
内蒙古	Inner Mongolia	316.2	93.1	451.6	352.7	103.8	98.9	612.5	373.7	108.6	238.8
辽 宁	Liaoning	959.3	307.4	1200.2	1087.8	346.5	112.4	1507.5	1209.3	386.5	298.1
吉 林	Jilin	376.3	101.2	767.2	427.8	118.2	339.4	937.4	450.9	131.8	486.5
黑龙江	Heilongjiang	708.2	192.9	826.7	752.2	202.3	74.5	1056.3	788.3	216.0	268.1
上 海	Shanghai	1023.3	291.0	1096.8	1096.8	306.4		1355.2	1171.7	320.9	183.5
江 苏	Jiangsu	1274.3	338.5	2136.6	1435.8	365.4	700.8	2837.6	1604.3	390.3	1233.3
浙 江	Zhejiang	730.6	172.9	946.2	855.0	185.5	91.2	1322.6	1053.9	198.3	268.7
安 徽	Anhui	441.2	124.7	953.3	486.2	137.1	467.1	1323.8	528.8	148.1	795.0
福 建	Fujian	370.1	85.2	477.4	406.1	91.0	71.3	796.5	435.7	101.4	360.7
江 西	Jiangxi	313.3	86.5	784.7	403.4	121.6	381.3	1207.1	503.2	149.4	704.0
山 东	Shandong	996.1	199.9	1292.3	1115.9	227.8	176.4	1847.0	1266.2	256.2	580.8
河 南	Henan	704.1	173.3	897.7	781.0	197.4	116.8	1549.4	840.9	220.8	708.6
湖 北	Hubei	565.3	166.6	870.5	644.5	196.3	226.0	1435.7	714.9	210.9	720.8
湖 南	Hunan	560.5	162.4	724.5	620.6	181.9	103.9	1321.6	682.0	206.5	639.6
广 东	Guangdong	1421.1	197.9	2281.6	2022.2	218.0	259.4	3551.8	2370.7	240.3	1181.1
广 西	Guangxi	302.0	88.7	361.4	339.3	99.2	22.1	568.2	361.4	103.8	206.8
海 南	Hainan	91.0	25.6	155.3	107.5	29.9	47.9	249.7	121.8	34.0	127.9
重 庆	Chongqing	257.5	97.4	327.5	284.7	104.7	42.8	550.6	326.2	115.1	224.4
四 川	Sichuan	734.5	247.8	1020.0	815.0	270.6	205.0	1413.8	893.5	296.7	520.4
贵 州	Guizhou	199.2	57.8	293.8	228.2	66.1	65.6	404.3	257.4	73.0	146.9
云 南	Yunnan	331.5	98.8	400.3	345.8	101.8	54.5	618.2	356.8	103.6	261.4
西 藏	Tibet	16.5	5.0	19.2	19.2	5.8		32.4	20.1	5.3	12.3
陕 西	Shaanxi	377.1	111.4	459.3	410.1	123.2	49.3	717.3	432.7	132.8	284.6
甘 肃	Gansu	195.8	51.7	449.5	221.5	61.6	228.0	522.2	248.9	68.8	273.2
青 海	Qinghai	64.5	22.0	95.8	70.1	23.0	25.7	93.6	72.1	24.5	21.5
宁 夏	Ningxia	73.1	19.9	114.0	78.3	21.4	35.7	158.7	83.2	22.7	75.4
新 疆	Xinjiang	335.8	101.2	367.9	355.1	105.1	12.7	652.1	376.6	109.0	275.5

单位：万人 (10000 persons)

地区	Region	2009 合计 Total	2009 #城镇职工 Urban Staff	2009 #退休人员 Retirees	2009 #城镇居民 Urban Staff	2010 合计 Total	2010 #城镇职工 Urban Staff	2010 #退休人员 Retirees	2010 #城镇居民 Urban Staff
全国	**National**	**40147.0**	**21937.4**	**5526.9**	**18209.6**	**43262.9**	**23734.7**	**5943.5**	**19528.3**
北京	Beijing	1083.9	938.4	191.8	145.5	1207.3	1063.7	215.1	143.7
天津	Tianjin	605.3	444.1	150.6	161.2	960.9	470.0	157.5	490.9
河北	Hebei	1421.1	802.1	219.7	619.0	1518.1	848.0	238.0	670.0
山西	Shanxi	879.0	534.6	128.5	344.5	923.5	562.0	140.0	361.5
内蒙古	Inner Mongolia	805.3	410.4	117.8	394.9	886.4	433.5	124.7	452.8
辽宁	Liaoning	1895.6	1347.0	444.5	548.6	2056.2	1408.7	464.1	647.5
吉林	Jilin	1242.8	486.4	147.4	756.4	1333.8	550.1	179.9	783.7
黑龙江	Heilongjiang	1544.3	851.3	256.5	693.0	1560.8	873.7	278.4	687.1
上海	Shanghai	1583.8	1329.6	372.5	254.2	1665.2	1405.9	388.8	259.2
江苏	Jiangsu	3031.0	1701.1	418.6	1329.9	3249.4	1848.3	443.2	1401.2
浙江	Zhejiang	1784.4	1173.7	211.8	610.7	1963.8	1344.4	226.8	619.4
安徽	Anhui	1435.8	570.2	160.4	865.6	1529.3	598.5	169.3	930.9
福建	Fujian	1137.2	503.7	114.7	633.5	1200.6	546.6	120.7	654.0
江西	Jiangxi	1300.4	515.1	151.6	785.3	1326.4	532.1	166.5	794.3
山东	Shandong	2540.2	1428.6	287.8	1111.6	2770.6	1541.3	316.7	1229.3
河南	Henan	1970.1	920.1	243.7	1050.0	2043.7	957.4	258.7	1086.4
湖北	Hubei	1811.7	820.4	236.2	991.3	1860.0	847.8	239.8	1012.3
湖南	Hunan	1831.9	746.4	225.6	1085.5	1894.5	777.4	236.9	1117.2
广东	Guangdong	4568.5	2556.4	259.4	2012.1	5043.2	3000.0	314.5	2043.2
广西	Guangxi	850.0	388.8	110.6	461.2	935.2	413.5	123.0	521.7
海南	Hainan	283.8	152.7	41.5	131.0	323.3	166.9	43.2	156.4
重庆	Chongqing	769.5	362.5	120.8	407.0	830.8	406.2	125.6	424.6
四川	Sichuan	1912.7	958.5	317.3	954.2	2063.1	1051.9	348.3	1011.2
贵州	Guizhou	567.0	279.5	85.1	287.5	602.5	293.5	88.2	309.0
云南	Yunnan	762.5	397.4	118.3	365.0	820.5	414.8	121.4	405.7
西藏	Tibet	36.0	22.6	6.4	13.5	38.6	23.5	6.6	15.1
陕西	Shaanxi	890.0	463.3	145.2	426.8	947.2	474.2	151.2	473.1
甘肃	Gansu	557.4	272.2	77.7	285.2	588.8	290.2	85.9	298.6
青海	Qinghai	104.8	75.7	24.6	29.1	140.3	78.7	25.2	61.6
宁夏	Ningxia	186.0	87.0	23.8	99.0	188.3	94.1	26.4	94.2
新疆	Xinjiang	755.0	397.5	114.7	357.4	790.5	417.7	119.0	372.7

10-12 各地区城镇基本医疗保险基本情况(2010年)

BASIC MEDICAL INSURANCE BY REGION(2010)

地区	Region	年末参保人数(万人) Persons Covered at the Year-end (10000 persons)	基金收支情况(亿元) Revenue and Expenses(100 million yuan)		
			基金收入 Revenue	基金支出 Expenses	累计结余 Balance at the Year-end
全国	**National**	**43262.9**	**4308.9**	**3538.1**	**5047.1**
北京	Beijing	1207.3	298.4	290.4	195.9
天津	Tianjin	960.9	115.2	103.5	50.5
河北	Hebei	1518.1	159.1	117.4	189.9
山西	Shanxi	923.5	87.1	69.6	115.1
内蒙古	Inner Mongolia	886.4	78.5	64.2	87.6
辽宁	Liaoning	2056.2	215.7	181.7	251.8
吉林	Jilin	1333.8	63.7	52.7	100.9
黑龙江	Heilongjiang	1560.8	127.3	103.7	189.5
上海	Shanghai	1665.2	329.7	300.2	204.6
江苏	Jiangsu	3249.4	362.8	287.7	459.8
浙江	Zhejiang	1963.8	301.2	242.7	372.9
安徽	Anhui	1529.3	99.2	82.3	126.4
福建	Fujian	1200.6	108.9	91.1	174.9
江西	Jiangxi	1326.4	64.5	49.6	84.6
山东	Shandong	2770.6	264.2	222.2	262.5
河南	Henan	2043.7	132.0	108.0	166.4
湖北	Hubei	1860.0	128.0	104.4	159.0
湖南	Hunan	1894.5	113.0	105.8	148.7
广东	Guangdong	5043.2	419.2	310.8	699.7
广西	Guangxi	935.2	77.9	56.6	117.7
海南	Hainan	323.3	26.9	20.6	29.8
重庆	Chongqing	830.8	76.0	61.2	92.4
四川	Sichuan	2063.1	226.9	165.0	284.7
贵州	Guizhou	602.5	47.8	38.0	55.4
云南	Yunnan	820.5	97.9	85.9	107.6
西藏	Tibet	38.6	9.9	6.4	12.7
陕西	Shaanxi	947.2	89.1	63.6	105.1
甘肃	Gansu	588.8	49.2	37.9	52.8
青海	Qinghai	140.3	25.9	18.3	33.6
宁夏	Ningxia	188.3	19.2	15.5	22.9
新疆	Xinjiang	790.5	94.4	80.9	91.5

10-13 各地区城镇职工基本医疗保险基本情况(2010年)

BASIC MEDICAL INSURANCE OF EMPLOYMENT BY REGION(2010)

地区 Region	年末参保人数(万人) Persons Covered at the Year-end (10000 persons)			基金收支情况(亿元) Revenue and Expenses (100 million yuan)				
	合计 Total	职工 Workers	退休人员 Retirees	基金收入 Revenue	基金支出 Expenses	累计结余 Balance at the Year-end	统筹基金 Mutual Assistance Fund	个人账户 Personal Accounts
全国 National	**23734.7**	**17791.2**	**5943.5**	**3955.4**	**3271.6**	**4741.2**	**3007.0**	**1734.1**
北京 Beijing	1063.7	848.5	215.1	296.8	285.7	191.6	188.4	3.1
天津 Tianjin	470.0	312.5	157.5	105.5	94.4	48.8	30.7	18.1
河北 Hebei	848.0	610.0	238.0	145.8	109.9	177.4	105.8	71.6
山西 Shanxi	562.0	422.0	140.0	80.8	66.4	106.4	49.5	56.9
内蒙古 Inner Mongolia	433.5	308.9	124.7	71.4	58.7	80.2	54.6	25.5
辽宁 Liaoning	1408.7	944.6	464.1	205.7	175.6	242.1	171.5	70.5
吉林 Jilin	550.1	370.3	179.9	52.9	45.4	90.3	65.3	25.0
黑龙江 Heilongjiang	873.7	595.3	278.4	113.3	95.4	174.9	117.7	57.2
上海 Shanghai	1405.9	1017.1	388.8	316.7	287.0	203.4	-22.1	225.6
江苏 Jiangsu	1848.3	1405.1	443.2	339.8	270.1	439.6	264.2	175.4
浙江 Zhejiang	1344.4	1117.6	226.8	280.3	223.9	361.6	269.4	92.2
安徽 Anhui	598.5	429.2	169.3	81.4	69.6	105.7	67.5	38.2
福建 Fujian	546.6	425.9	120.7	101.4	84.1	170.0	89.5	80.5
江西 Jiangxi	532.1	365.6	166.5	52.5	42.6	70.4	46.5	23.9
山东 Shandong	1541.3	1224.6	316.7	248.0	209.9	248.8	177.8	71.0
河南 Henan	957.4	698.7	258.7	119.0	97.7	153.0	87.1	65.8
湖北 Hubei	847.8	608.0	239.8	111.5	95.1	137.8	90.9	46.9
湖南 Hunan	777.4	540.5	236.9	97.2	94.8	133.2	72.5	60.7
广东 Guangdong	3000.0	2685.6	314.5	377.9	275.9	677.8	499.1	178.7
广西 Guangxi	413.5	290.5	123.0	70.0	53.0	108.8	60.7	48.1
海南 Hainan	166.9	123.7	43.2	24.0	18.8	26.2	22.7	3.6
重庆 Chongqing	406.2	280.6	125.6	69.1	55.2	89.6	58.0	31.6
四川 Sichuan	1051.9	703.6	348.3	195.2	142.6	257.7	185.6	72.1
贵州 Guizhou	293.5	205.3	88.2	44.2	35.2	51.5	28.4	23.1
云南 Yunnan	414.8	293.3	121.4	89.7	79.4	100.1	52.3	47.7
西藏 Tibet	23.5	16.9	6.6	9.1	5.9	12.0	9.2	2.7
陕西 Shaanxi	474.2	322.9	151.2	81.6	58.7	96.7	58.7	38.0
甘肃 Gansu	290.2	204.4	85.9	44.8	34.2	46.8	33.5	13.2
青海 Qinghai	78.7	53.5	25.2	24.4	17.3	32.1	15.1	17.0
宁夏 Ningxia	94.1	67.7	26.4	17.3	13.7	21.3	13.1	8.2
新疆 Xinjiang	417.7	298.8	119.0	88.2	75.6	85.5	43.7	41.8

10-14 各地区城镇居民基本医疗保险基本情况(2010年)

BASIC MEDICAL INSURANCE OF NONEMPLOYMENT BY REGION(2010)

地　区	Region	年末参保居民人数(万人) Non-employment Covered at the Year-end (10000 persons)	基金收支情况(亿元) Revenue and Expenses(100 million yuan)		
			基金收入 Revenue	基金支出 Expenses	累计结余 Balance at the Year-end
全　国	**National**	**19528.3**	**353.5**	**266.5**	**306.0**
北　京	Beijing	143.7	1.6	4.7	4.4
天　津	Tianjin	490.9	9.8	9.1	1.7
河　北	Hebei	670.0	13.2	7.4	12.6
山　西	Shanxi	361.5	6.2	3.3	8.7
内蒙古	Inner Mongolia	452.8	7.1	5.5	7.4
辽　宁	Liaoning	647.5	10.0	6.2	9.8
吉　林	Jilin	783.7	10.8	7.4	10.6
黑龙江	Heilongjiang	687.1	14.0	8.3	14.6
上　海	Shanghai	259.2	13.0	13.2	1.1
江　苏	Jiangsu	1401.2	23.0	17.6	20.2
浙　江	Zhejiang	619.4	21.0	18.8	11.2
安　徽	Anhui	930.9	17.8	12.7	20.7
福　建	Fujian	654.0	7.5	7.0	4.9
江　西	Jiangxi	794.3	12.0	7.0	14.1
山　东	Shandong	1229.3	16.2	12.4	13.8
河　南	Henan	1086.4	13.1	10.3	13.4
湖　北	Hubei	1012.3	16.5	9.3	21.2
湖　南	Hunan	1117.2	15.8	11.0	15.5
广　东	Guangdong	2043.2	41.3	35.0	22.0
广　西	Guangxi	521.7	7.9	3.6	8.9
海　南	Hainan	156.4	2.9	1.9	3.6
重　庆	Chongqing	424.6	6.9	6.0	2.8
四　川	Sichuan	1011.2	31.7	22.4	27.0
贵　州	Guizhou	309.0	3.6	2.8	3.9
云　南	Yunnan	405.7	8.2	6.5	7.6
西　藏	Tibet	15.1	0.9	0.5	0.7
陕　西	Shaanxi	473.1	7.5	4.9	8.4
甘　肃	Gansu	298.6	4.4	3.7	6.1
青　海	Qinghai	61.6	1.5	1.0	1.5
宁　夏	Ningxia	94.2	1.9	1.9	1.6
新　疆	Xinjiang	372.7	6.2	5.4	6.0

10-15 历年全国失业保险基本情况
UNEMPLOYMENT INSURANCE

年 份 Year	年末参保人数(万人) Contributors at the Year-end (10000 persons)	年末领取失业保险金人数(万人) Beneficiaries of Unemplo-ment Insurance Funds(10000 persons)	全年发放失业保险金(万元) Unemployed Relief (10000 yuan)
绝对数 Absolute figure			
1989			
1990			
1991			
1992	7443		8959
1993	7924		27847
1994	7968		50755
1995	8238		81964
1996	8333		138704
1997	7961		186780
1998	7928		203907
1999	9852	109	318722
2000	10408	190	561984
2001	10355	312	832563
2002	10182	440	1167736
2003	10373	415	1334448
2004	10584	419	1374983
2005	10648	362	1323767
2006	11187	327	1257582
2007	11645	286	1294405
2008	12400	261	1395349
2009	12715	235	1457592
2010	13376	209	1404485
比上年增长(%) Increase over Preceding Year %			
1990			
1991			
1992			
1993	6.5		210.8
1994	0.6		82.3
1995	3.4		61.5
1996	1.2		69.2
1997	-4.5		34.7
1998	-0.4		9.2
1999	24.3		56.3
2000	5.6	74.3	76.3
2001	-0.6	64.2	48.1
2002	-1.7	41.0	40.3
2003	1.9	-5.7	14.3
2004	2.0	1.0	3.0
2005	0.6	-13.5	-3.7
2006	5.0	-9.9	-5.0
2007	4.1	-12.4	2.9
2008	6.5	-8.7	7.8
2009	2.5	-10.0	4.5
2010	5.2	-11.0	-3.6

10-16 历年各地区失业保险参保人数

UNEMPLOYMENT INSURANCE BY REGION

单位：万人 (10000 persons)

地 区 Region	2001		2002		2003		2004	
	年末参保人数 Contributors at the Year-end	年末领取失业保险金人数 Beneficiaries at the Year-end	年末参保人数 Contributors at the Year-end	年末领取失业保险金人数 Beneficiaries at the Year-end	年末参保人数 Contributors at the Year-end	年末领取失业保险金人数 Beneficiaries at the Year-end	年末参保人数 Contributors at the Year-end	年末领取失业保险金人数 Beneficiaries at the Year-end
全 国 National	**10355**	**312**	**10182**	**440**	**10373**	**415**	**10584**	**419**
北 京 Beijing	287.2	5.5	299.6	4.8	306.6	5.2	308.2	3.8
天 津 Tianjin	214.3	10.8	196.3	12.4	193.5	9.4	195.1	5.1
河 北 Hebei	513.2	7.3	488.6	7.2	484.2	8.3	479.0	11.0
山 西 Shanxi	286.0	5.9	278.9	4.5	284.1	5.7	286.5	5.4
内蒙古 Inner Mongolia	217.7	5.4	219.7	7.1	221.6	5.7	222.3	5.8
辽 宁 Liaoning	656.7	20.3	591.2	82.2	622.2	67.0	616.2	81.7
吉 林 Jilin	283.8	13.2	284.0	15.6	292.9	16.2	282.2	12.2
黑龙江 Heilongjiang	532.6	12.5	466.0	19.6	479.0	12.6	475.8	9.7
上 海 Shanghai	430.7	13.1	436.0	14.4	441.1	14.0	487.8	15.9
江 苏 Jiangsu	766.5	39.5	735.6	49.7	761.6	48.9	797.1	43.6
浙 江 Zhejiang	391.1	33.0	390.0	27.5	396.8	17.4	428.4	11.3
安 徽 Anhui	375.2	11.5	378.8	17.5	380.8	23.4	371.1	26.4
福 建 Fujian	239.6	9.6	249.5	11.1	266.4	10.0	266.4	9.5
江 西 Jiangxi	235.9	2.1	226.7	3.9	215.5	5.9	226.6	7.2
山 东 Shandong	700.2	20.5	701.2	30.1	719.1	30.1	747.5	30.6
河 南 Henan	676.1	10.0	670.4	16.8	680.0	18.7	681.6	22.3
湖 北 Hubei	420.8	26.1	416.1	25.1	390.1	18.7	391.3	17.0
湖 南 Hunan	352.0	4.4	326.6	7.9	347.5	10.5	380.5	9.8
广 东 Guangdong	819.5	21.2	890.2	26.2	954.1	25.9	1005.8	23.4
广 西 Guangxi	217.7	5.0	215.5	7.6	219.1	8.9	226.4	9.8
海 南 Hainan	56.1	0.7	60.2	1.7	57.7	1.8	57.9	2.1
重 庆 Chongqing	210.0	7.7	205.3	9.1	199.5	8.1	193.4	9.2
四 川 Sichuan	412.2	11.9	402.9	14.0	400.0	12.6	398.6	12.6
贵 州 Guizhou	136.4	1.2	132.2	1.6	128.0	1.3	129.9	1.2
云 南 Yunnan	190.7	3.6	183.2	4.6	183.0	6.6	173.2	10.5
西 藏 Tibet	6.3		7.1		7.1		6.7	
陕 西 Shaanxi	304.9	3.5	315.7	7.3	323.3	8.2	325.5	7.2
甘 肃 Gansu	162.7	1.1	161.0	2.7	162.1	3.8	161.0	4.3
青 海 Qinghai	35.7	1.4	32.2	1.0	33.2	1.3	33.1	1.2
宁 夏 Ningxia	34.7	0.7	35.7	0.8	36.3	1.0	36.4	1.2
新 疆 Xinjiang	188.2	3.9	185.2	5.7	186.5	7.4	192.4	7.7

10-16 续表 1 continued

单位：万人 (10000 persons)

地 区	Region	2005 年末参保人数 Contributors at the Year-end	2005 年末领取失业保险金人数 Beneficiaries at the Year-end	2006 年末参保人数 Contributors at the Year-end	2006 年末领取失业保险金人数 Beneficiaries at the Year-end	2007 年末参保人数 Contributors at the Year-end	2007 年末领取失业保险金人数 Beneficiaries at the Year-end
全 国	**National**	**10648**	**362**	**11187**	**327**	**11645**	**286**
北 京	Beijing	357.5	3.5	482.2	3.1	535.3	3.0
天 津	Tianjin	197.5	3.8	216.7	3.6	221.5	3.3
河 北	Hebei	461.2	13.3	470.8	13.4	473.3	11.6
山 西	Shanxi	288.5	4.8	296.0	5.2	299.0	6.0
内蒙古	Inner Mongolia	222.2	4.9	223.5	5.0	223.7	4.7
辽 宁	Liaoning	607.7	46.5	614.1	25.9	622.1	19.6
吉 林	Jilin	199.4	7.5	224.4	10.2	228.7	13.9
黑龙江	Heilongjiang	459.6	10.3	457.5	17.8	464.1	15.3
上 海	Shanghai	466.1	17.8	476.4	18.5	491.5	14.9
江 苏	Jiangsu	838.3	30.2	901.1	22.7	968.5	21.2
浙 江	Zhejiang	444.7	7.2	504.4	6.5	584.7	6.3
安 徽	Anhui	360.3	24.3	362.6	17.9	364.5	14.1
福 建	Fujian	266.6	8.6	293.1	6.8	318.2	5.7
江 西	Jiangxi	230.7	6.0	241.0	4.9	251.5	5.3
山 东	Shandong	771.1	32.2	789.7	30.3	814.9	27.8
河 南	Henan	681.9	29.2	682.8	28.0	682.9	21.6
湖 北	Hubei	391.5	14.8	395.5	12.0	405.7	8.9
湖 南	Hunan	382.7	11.3	386.3	10.2	389.0	8.6
广 东	Guangdong	1099.1	20.4	1208.2	16.7	1295.5	14.3
广 西	Guangxi	219.9	9.4	222.3	8.1	223.8	7.2
海 南	Hainan	56.7	2.0	59.1	2.3	66.2	2.5
重 庆	Chongqing	188.2	6.4	193.0	4.8	196.7	4.1
四 川	Sichuan	380.5	15.6	400.0	16.3	418.2	11.3
贵 州	Guizhou	129.3	1.3	131.1	1.5	134.5	1.4
云 南	Yunnan	180.3	9.1	183.0	6.4	185.8	4.3
西 藏	Tibet	6.7		7.5		7.2	0.0
陕 西	Shaanxi	326.7	8.6	326.5	14.1	327.2	13.6
甘 肃	Gansu	160.0	5.4	160.5	7.5	161.8	7.1
青 海	Qinghai	33.2	1.1	34.0	1.0	34.7	2.1
宁 夏	Ningxia	37.2	1.2	38.3	1.2	40.1	1.5
新 疆	Xinjiang	202.4	5.6	205.4	4.8	213.6	4.7

10-16 续表 2 continued

单位：万人 (10000 persons)

地区 Region	2008 年末参保人数 Contributors at the Year-end	2008 年末领取失业保险金人数 Beneficiaries at the Year-end	2009 年末参保人数 Contributors at the Year-end	2009 年末领取失业保险金人数 Beneficiaries at the Year-end	2010 年末参保人数 Contributors at the Year-end	2010 年末领取失业保险金人数 Beneficiaries at the Year-end
全国 National	**12400**	**261**	**12715**	**235**	**13376**	**209**
北京 Beijing	614.3	2.6	675.7	1.8	774.2	1.6
天津 Tianjin	232.5	3.2	239.2	3.1	246.1	3.5
河北 Hebei	481.7	9.8	484.4	10.4	493.4	9.0
山西 Shanxi	312.2	7.3	293.3	6.1	305.7	4.6
内蒙古 Inner Mongolia	225.5	3.1	229.7	2.5	230.9	2.1
辽宁 Liaoning	622.7	15.7	625.3	13.4	626.9	11.4
吉林 Jilin	233.7	16.5	241.4	14.3	245.1	7.8
黑龙江 Heilongjiang	467.6	10.3	471.3	9.3	472.9	8.8
上海 Shanghai	511.8	14.0	523.5	14.6	556.2	11.6
江苏 Jiangsu	1052.2	21.5	1079.1	19.7	1153.8	19.7
浙江 Zhejiang	731.1	6.3	784.5	5.5	875.0	5.8
安徽 Anhui	373.1	12.8	377.8	10.5	384.0	7.8
福建 Fujian	338.7	4.6	348.1	3.6	374.2	3.2
江西 Jiangxi	266.3	3.4	275.5	3.4	265.3	8.2
山东 Shandong	864.1	24.9	899.5	23.0	931.2	20.7
河南 Henan	683.4	18.4	690.2	16.7	696.7	14.7
湖北 Hubei	422.9	7.4	440.3	7.0	469.7	6.4
湖南 Hunan	390.1	8.3	392.0	8.3	399.5	6.9
广东 Guangdong	1471.9	13.7	1470.7	12.8	1627.3	10.6
广西 Guangxi	234.6	8.0	237.0	7.6	238.4	6.2
海南 Hainan	84.7	3.3	97.5	2.8	112.5	1.6
重庆 Chongqing	210.1	4.4	215.9	4.7	237.4	3.7
四川 Sichuan	436.9	12.2	463.5	10.0	464.7	9.1
贵州 Guizhou	141.4	1.3	144.6	1.1	152.5	1.2
云南 Yunnan	191.9	3.7	198.7	3.5	209.6	3.2
西藏 Tibet	7.8	0.0	8.8	0.0	9.3	0.0
陕西 Shaanxi	329.3	9.1	331.0	9.3	331.6	7.5
甘肃 Gansu	162.6	5.6	164.1	3.7	164.2	2.4
青海 Qinghai	35.4	2.3	36.0	1.0	36.6	0.4
宁夏 Ningxia	44.4	1.4	44.9	1.1	47.6	1.0
新疆 Xinjiang	224.8	6.1	231.8	4.9	242.9	8.3

10-17 各地区失业保险基金基本情况(2010年)

UNEMPLOYMENT INSURANCE BY REGION(2010)

地 区	Region	参保人数 (万人) Employees Insured (10000 persons)	基金收入 (亿元) Revenue (100 million yuan)	基金支出 (亿元) Expenses (100 million yuan)	累计结余 (亿元) Balance at the Year-end (100 million yuan)
全 国	**National**	**13376**	**649.8**	**423.3**	**1749.8**
北 京	Beijing	774.2	30.0	25.1	86.6
天 津	Tianjin	246.1	21.1	13.5	48.7
河 北	Hebei	493.4	27.6	23.5	54.8
山 西	Shanxi	305.7	13.8	6.7	45.2
内蒙古	Inner Mongolia	230.9	11.6	4.7	28.7
辽 宁	Liaoning	626.9	39.3	16.3	62.0
吉 林	Jilin	245.1	12.0	5.8	33.2
黑龙江	Heilongjiang	472.9	13.8	16.4	54.5
上 海	Shanghai	556.2	71.7	60.7	87.4
江 苏	Jiangsu	1153.8	68.5	37.4	172.3
浙 江	Zhejiang	875.0	51.8	23.4	156.2
安 徽	Anhui	384.0	16.4	9.6	28.3
福 建	Fujian	374.2	11.6	5.6	52.3
江 西	Jiangxi	265.3	8.1	4.7	25.8
山 东	Shandong	931.2	43.0	31.3	143.2
河 南	Henan	696.7	18.8	14.8	42.9
湖 北	Hubei	469.7	15.9	8.4	47.0
湖 南	Hunan	399.5	14.5	7.5	37.3
广 东	Guangdong	1627.3	32.3	31.0	187.5
广 西	Guangxi	238.4	11.1	6.3	43.7
海 南	Hainan	112.5	3.7	1.8	14.3
重 庆	Chongqing	237.4	9.2	4.9	27.7
四 川	Sichuan	464.7	40.8	17.0	71.3
贵 州	Guizhou	152.5	7.6	5.3	32.8
云 南	Yunnan	209.6	8.2	6.5	36.4
西 藏	Tibet	9.3	1.4	0.8	4.7
陕 西	Shaanxi	331.6	16.6	11.8	42.6
甘 肃	Gansu	164.2	8.7	7.5	16.6
青 海	Qinghai	36.6	2.7	1.0	9.4
宁 夏	Ningxia	47.6	2.9	1.1	8.9
新 疆	Xinjiang	242.9	15.4	13.0	47.8

10-18 历年全国工伤保险基本情况
WORK INJURY INSURANCE

单位：万人 (10000 persons)

年 份 Year	年末参保人数 (万人) Contributors at the Year-end (10000 persons)	全年享受工伤待遇保险人数(万人) Beneficiaries at the Year-end (10000 persons)	基金收支情况(亿元) Revenue and Expenses(100 million yuan) 基金收入 Revenue	基金支出 Expenses	累计结余 Balance at the Year-end
绝对数 Absolute figure					
1989					
1990					
1991					
1992					
1993	1103.5		2.4	0.4	3.1
1994	1822.1		4.6	0.9	6.8
1995	2614.8		8.1	1.8	12.7
1996	3102.6		10.9	3.7	19.7
1997	3507.8		13.6	6.1	27.7
1998	3781.3		21.2	9.0	39.5
1999	3912.3		20.9	15.4	44.9
2000	4350.3		24.8	13.8	57.9
2001	4345.3	18.7	28.3	16.5	68.9
2002	4405.6	26.5	32.0	19.9	81.1
2003	4574.8	32.9	37.6	27.1	91.2
2004	6845.2	51.9	58.3	33.3	118.6
2005	8477.8	65.1	92.5	47.5	163.5
2006	10268.5	77.8	121.8	68.5	192.9
2007	12173.4	96.0	165.6	87.9	262.6
2008	13787.2	117.8	216.7	126.9	384.6
2009	14895.5	129.6	240.1	155.7	468.8
2010	16160.7	147.5	284.9	192.4	561.4
比上年增长(%) Increase over Preceding Year %					
1990					
1991					
1992					
1993					
1994	65.1		90.4	127.4	118.1
1995	43.5		77.5	92.4	87.3
1996	18.7		34.7	104.1	55.8
1997	13.1		24.6	64.5	40.1
1998	7.8		55.9	48.6	42.9
1999	3.5		-1.3	70.5	13.6
2000	11.2		18.7	-10.5	28.8
2001	-0.1	-0.6	14.2	19.5	19.1
2002	1.4	41.7	13.2	20.6	17.7
2003	3.8	24.2	17.4	36.2	12.5
2004	49.6	57.8	55.1	22.9	30.0
2005	23.9	25.4	58.7	42.6	37.9
2006	21.1	19.5	31.7	44.2	18.0
2007	18.6	23.4	36.0	28.3	36.1
2008	13.3	22.7	30.9	44.4	27.6
2009	8.0	10.0	10.8	22.7	21.9
2010	8.5	13.8	18.7	23.6	19.8

10-19 历年各地区工伤保险基本情况
WORK INJURY INSURANCE BY REGION

单位：万人 (10000 persons)

地区	Region	2001 年末参保人数 Contributors at the Year-end	2001 享受工伤待遇人数 Beneficiaries of Work Injury Insurance	2002 年末参保人数 Contributors at the Year-end	2002 享受工伤待遇人数 Beneficiaries of Work Injury Insurance	2003 年末参保人数 Contributors at the Year-end	2003 享受工伤待遇人数 Beneficiaries of Work Injury Insurance	2004 年末参保人数 Contributors at the Year-end	2004 享受工伤待遇人数 Beneficiaries of Work Injury Insurance
全　国	**National**	**4345**	**19**	**4406**	**27**	**4575**	**33**	**6845**	**52**
北　京	Beijing	204.7	0.1	221.1	**0.7**	242.9	1.2	258.9	2.5
天　津	Tianjin							147.2	0.1
河　北	Hebei	163.1	0.8	146.7	0.4	145.7	0.4	273.9	0.9
山　西	Shanxi	71.8	0.0	46.3	0.1	48.4	0.0	104.0	0.1
内蒙古	Inner Mongolia	26.7	0.5	23.8	0.2	31.8	0.3	85.0	0.5
辽　宁	Liaoning	390.6	5.0	390.5	6.0	345.8	7.3	404.2	8.2
吉　林	Jilin	30.7	1.1	36.6	1.5	37.1	1.2	114.3	3.1
黑龙江	Heilongjiang	104.4	0.1	119.0	0.9	130.9	1.1	202.7	4.3
上　海	Shanghai							488.3	0.1
江　苏	Jiangsu	473.9	0.7	480.0	1.3	503.0	1.7	577.2	2.7
浙　江	Zhejiang	219.7	0.6	226.0	1.0	287.7	1.4	360.4	2.7
安　徽	Anhui	73.4	0.2	69.8	0.3	68.0	0.4	102.0	0.5
福　建	Fujian	159.0	0.2	170.7	0.3	172.3	0.6	205.4	0.8
江　西	Jiangxi	137.8	0.2	129.3	0.2	129.7	0.3	134.7	0.4
山　东	Shandong	285.5	0.6	277.7	1.1	281.8	1.5	476.7	4.7
河　南	Henan	196.0	0.5	218.8	0.7	210.6	0.5	324.7	1.1
湖　北	Hubei	182.3	1.3	183.2	1.7	189.2	1.4	187.2	1.8
湖　南	Hunan					8.6	0.0	203.3	0.3
广　东	Guangdong	990.1	5.2	1049.9	8.0	1120.0	9.7	1215.1	11.3
广　西	Guangxi	124.1	0.1	117.3	0.2	120.3	0.3	133.5	0.7
海　南	Hainan	69.5	0.0	68.9	0.1	68.2	0.1	64.5	0.1
重　庆	Chongqing	25.0	0.1	29.7	0.1	26.5	0.2	122.6	0.4
四　川	Sichuan	179.3	0.5	167.4	0.6	161.4	1.2	195.6	1.6
贵　州	Guizhou	1.7	0.0	1.3	0.0	1.3	0.0	1.2	0.0
云　南	Yunnan	97.3	0.6	89.0	0.9	84.1	1.2	150.9	1.1
西　藏	Tibet								
陕　西	Shaanxi	24.5	0.1	25.6	0.0	35.1	0.1	115.1	0.7
甘　肃	Gansu	9.5	0.0	8.7	0.0	8.0	0.0	42.0	0.1
青　海	Qinghai	7.1	0.0	6.6	0.0	6.6	0.0	15.7	0.1
宁　夏	Ningxia	11.4	0.0	16.0	0.0	15.2	0.1	19.1	0.3
新　疆	Xinjiang	86.3	0.1	86.0	0.1	94.6	0.5	119.5	0.7

10-19 续表 1 continued

单位：万人 (10000 persons)

地区	Region	2005 年末参保人数 Contributors at the Year-end	2005 享受工伤待遇人数 Beneficiaries of Work Injury Insurance	2006 年末参保人数 Contributors at the Year-end	2006 享受工伤待遇人数 Beneficiaries of Work Injury Insurance	2007 年末参保人数 Contributors at the Year-end	2007 享受工伤待遇人数 Beneficiaries of Work Injury Insurance
全 国	**National**	**8478**	**65**	**10268**	**78**	**12173**	**96**
北 京	Beijing	303.9	3.0	465.3	1.5	609.2	1.6
天 津	Tianjin	162.9	0.9	209.7	1.7	257.2	2.3
河 北	Hebei	361.4	1.3	402.4	2.4	481.3	6.0
山 西	Shanxi	151.4	0.5	201.4	3.3	229.1	3.9
内蒙古	Inner Mongolia	110.2	0.7	131.6	0.8	163.6	1.3
辽 宁	Liaoning	474.6	9.1	510.0	8.5	572.3	9.1
吉 林	Jilin	136.7	2.2	174.7	3.0	206.8	2.6
黑龙江	Heilongjiang	257.5	3.8	303.0	3.9	351.7	4.9
上 海	Shanghai	523.7	0.5	817.7	0.7	884.4	0.9
江 苏	Jiangsu	680.2	3.7	812.7	5.6	921.0	6.6
浙 江	Zhejiang	453.1	4.8	603.9	7.4	1002.9	11.2
安 徽	Anhui	148.2	1.7	200.2	2.0	248.7	2.2
福 建	Fujian	239.1	1.3	261.0	1.5	294.8	1.9
江 西	Jiangxi	153.6	0.8	207.9	1.5	251.3	1.7
山 东	Shandong	578.7	5.7	647.3	5.8	745.0	7.0
河 南	Henan	404.0	1.5	421.0	1.7	448.3	2.6
湖 北	Hubei	230.3	1.1	275.5	1.5	327.5	2.0
湖 南	Hunan	228.2	0.7	280.1	2.0	342.4	2.6
广 东	Guangdong	1605.1	12.9	1868.2	13.5	2113.9	13.8
广 西	Guangxi	144.4	0.8	161.1	0.8	182.4	0.9
海 南	Hainan	68.9	0.1	71.5	0.2	78.4	0.2
重 庆	Chongqing	154.1	1.2	165.4	1.8	181.1	1.6
四 川	Sichuan	270.5	2.0	304.9	2.3	397.3	3.2
贵 州	Guizhou	65.8	0.1	90.5	0.6	110.5	0.9
云 南	Yunnan	166.9	1.2	173.8	1.1	188.5	1.6
西 藏	Tibet	1.9		2.3	0.0	3.7	0.0
陕 西	Shaanxi	149.2	1.8	210.3	0.7	232.0	1.0
甘 肃	Gansu	70.1	0.4	86.3	0.3	98.2	0.4
青 海	Qinghai	20.5	0.3	23.1	0.4	25.3	0.4
宁 夏	Ningxia	23.5	0.3	24.2	0.3	30.5	0.1
新 疆	Xinjiang	139.1	0.9	161.3	1.2	194.1	1.4

10-19 续表 2 continued

单位：万人 (10000 persons)

地区	Region	2008 年末参保人数 Contributors at the Year-end	2008 享受工伤待遇人数 Beneficiaries of Work Injury Insurance	2009 年末参保人数 Contributors at the Year-end	2009 享受工伤待遇人数 Beneficiaries of Work Injury Insurance	2010 年末参保人数 Contributors at the Year-end	2010 享受工伤待遇人数 Beneficiaries of Work Injury Insurance
全 国	**National**	**13787**	**118**	**14896**	**130**	**16161**	**147**
北 京	Beijing	666.5	1.8	747.1	4.1	823.8	4.4
天 津	Tianjin	274.9	2.7	292.2	3.1	304.5	4.1
河 北	Hebei	520.8	5.3	559.3	6.0	594.4	7.5
山 西	Shanxi	261.0	4.6	280.7	4.3	292.4	4.9
内蒙古	Inner Mongolia	185.4	1.4	199.1	1.6	207.5	1.8
辽 宁	Liaoning	659.6	8.5	695.8	9.0	730.0	10.0
吉 林	Jilin	234.9	4.1	272.2	3.0	300.5	3.7
黑龙江	Heilongjiang	390.9	4.5	401.8	5.6	415.1	6.2
上 海	Shanghai	950.4	1.2	934.0	1.3	961.0	1.7
江 苏	Jiangsu	1056.6	8.4	1118.1	9.3	1205.5	9.8
浙 江	Zhejiang	1261.8	16.9	1331.1	18.0	1475.1	20.2
安 徽	Anhui	292.9	2.9	320.6	3.9	351.1	4.4
福 建	Fujian	346.1	2.2	379.3	2.3	417.7	2.4
江 西	Jiangxi	313.6	2.0	340.2	1.9	371.7	2.7
山 东	Shandong	865.0	8.8	1064.6	9.2	1211.2	10.2
河 南	Henan	500.2	3.1	521.0	3.2	551.7	3.0
湖 北	Hubei	360.9	2.4	410.7	2.7	444.0	3.1
湖 南	Hunan	403.5	3.9	472.1	5.3	516.0	7.4
广 东	Guangdong	2302.3	15.2	2435.5	15.0	2657.8	14.7
广 西	Guangxi	204.9	1.1	221.7	1.2	235.7	1.4
海 南	Hainan	86.1	0.2	90.1	0.3	95.8	0.3
重 庆	Chongqing	208.2	4.2	226.5	4.7	266.0	5.6
四 川	Sichuan	464.6	4.6	515.8	6.1	583.8	6.0
贵 州	Guizhou	129.0	1.1	143.3	1.4	162.2	1.9
云 南	Yunnan	202.5	2.3	215.1	2.4	227.4	4.6
西 藏	Tibet	5.9	0.0	8.3		8.8	0.0
陕 西	Shaanxi	247.6	1.4	264.9	1.4	278.6	1.6
甘 肃	Gansu	108.9	0.8	119.7	0.8	130.1	1.1
青 海	Qinghai	29.9	0.5	40.1	0.5	43.2	0.5
宁 夏	Ningxia	37.5	0.2	42.4	0.2	48.9	0.3
新 疆	Xinjiang	214.5	1.6	232.3	1.9	249.3	2.0

10-20 各地区工伤保险基本情况(2010年)

WORK INJURY INSURANCE BY REGION (2010)

单位：人 (person)

地 区	Region	参保人数 Contributors at the Year-end	享受伤残待遇人数 Beneficiaries of Work Injury Insurance	#享受职业病待遇人数 Beneficiaries of Occupational Diseases	一至四级 Level 1 to Level 4 Disability	#职业病 Occupational Diseases	五至六级 Level 5 to Level 6 Disability	#职业病 Occupational Diseases
全 国	**National**	**161607122**	**1278647**	**81112**	**143208**	**40882**	**67087**	**11115**
北 京	Beijing	8237625	36495	6458	6132	3296	2117	1167
天 津	Tianjin	3044535	39343	7705	9599	5923	2782	1283
河 北	Hebei	5944394	60086	2927	7662	1600	4404	658
山 西	Shanxi	2923844	27806	1235	12508	683	1001	58
内蒙古	Inner Mongolia	2075224	15608	569	2350	154	2016	138
辽 宁	Liaoning	7299757	88137	10157	18370	5380	12131	2356
吉 林	Jilin	3005238	34326	3081	5480	1926	5777	676
黑龙江	Heilongjiang	4151055	54060	7031	8258	2372	11477	2049
上 海	Shanghai	9609668	14639	670	2472	594	167	11
江 苏	Jiangsu	12055173	86743	2660	8967	1945	1820	192
浙 江	Zhejiang	14751058	197831	825	1905	463	1720	221
安 徽	Anhui	3510629	39101	5316	7118	5198	383	1
福 建	Fujian	4177393	22178	2012	1004	222	269	96
江 西	Jiangxi	3717134	22695	1763	2895	641	2582	352
山 东	Shandong	12111910	82044	6123	11465	3011	3483	628
河 南	Henan	5517418	22319	1587	3300	455	1232	55
湖 北	Hubei	4439760	29118	195	2172	123	1224	15
湖 南	Hunan	5159720	67678	6976	1315	254	968	97
广 东	Guangdong	26578232	135179	1573	2269	49	1750	13
广 西	Guangxi	2356611	9949	612	765	119	509	72
海 南	Hainan	958445	2989	742	129	6	72	13
重 庆	Chongqing	2660265	49161	3177	2560	1290	444	43
四 川	Sichuan	5837976	46969	3421	7579	2039	2137	389
贵 州	Guizhou	1621791	16219	385	804	121	650	129
云 南	Yunnan	2273745	36981	989	7768	818	3558	66
西 藏	Tibet	87799	186		15		17	
陕 西	Shaanxi	2785924	11584	571	2092	389	768	91
甘 肃	Gansu	1300889	8158	141	1116	71	595	7
青 海	Qinghai	432255	2870	232	974	201	124	15
宁 夏	Ningxia	488687	2043	52	241	30	103	22
新 疆	Xinjiang	1841302	11833	1716	2931	1335	553	187
新疆兵团	Xinjiang Production and Construction Crops	651666	4319	211	993	174	254	15

注：工伤保险累计结余中含储备金。

a) Balance of work injury insurance includes reserves.

单位：人、亿元 (person, 100 million yuan)

地区	Region	七至十级 Level 7 to Level 10 Disability	#职业病 Occupational Diseases	其他 Others	#职业病 Occupational Diseases	基金收入 Revenue	基金支出 Expenses	累计结余 Balance at the Year-end
全国	**National**	**326896**	**12308**	**741456**	**16807**	**285**	**192**	**561**
北京	Beijing	11547	1754	16699	241	13	11	17
天津	Tianjin	6539	469	20423	30	6	5	11
河北	Hebei	15821	655	32199	14	16	13	19
山西	Shanxi	4461	259	9836	235	13	8	18
内蒙古	Inner Mongolia	5067	125	6175	152	5	3	8
辽宁	Liaoning	31246	2191	26390	230	15	10	24
吉林	Jilin	18014	411	5055	68	5	4	5
黑龙江	Heilongjiang	22690	1480	11635	1130	12	9	13
上海	Shanghai	9246	62	2754	3	13	5	38
江苏	Jiangsu	23544	305	52412	218	19	14	35
浙江	Zhejiang	30057	5	164149	136	22	14	38
安徽	Anhui	4900	2	26700	115	6	4	11
福建	Fujian	4454	746	16451	948	6	3	22
江西	Jiangxi	3216	315	14002	455	5	2	9
山东	Shandong	19895	910	47201	1574	20	15	27
河南	Henan	3862	131	13925	946	10	6	21
湖北	Hubei	5227	21	20495	36	5	3	11
湖南	Hunan	10936	386	54459	6239	11	8	14
广东	Guangdong	39827	147	91333	1364	30	20	127
广西	Guangxi	1782	61	6893	360	3	2	12
海南	Hainan	181	19	2607	704	1	0	4
重庆	Chongqing	12681	719	33476	1125	7	6	3
四川	Sichuan	15253	674	22000	319	12	8	22
贵州	Guizhou	6782	1	7983	134	6	5	7
云南	Yunnan	6726	100	18929	5	6	4	12
西藏	Tibet	104		50		0	0	1
陕西	Shaanxi	3218	88	5506	3	6	3	11
甘肃	Gansu	2288	61	4159	2	3	2	6
青海	Qinghai	518	15	1254	1	2	1	3
宁夏	Ningxia	692		1007		1	1	2
新疆	Xinjiang	4983	184	3366	10	4	3	8
新疆兵团	Xinjiang Production and Construction Crops	1139	12	1933	10	1	1	1

注：工伤保险累计结余中含储备金。

a) Balance of work injury insurance includes reserves.

10-21 各地区工伤认定情况(2010年)

单位：件

地区	Region	当期受理工伤认定数					
		合计	认定工伤件数				
			小计	在工作时间和工作场所内因工作原因受到事故伤害	工作时间前后在工作场所内从事与工作有关的预备性或者收尾性工作受到事故伤害	在工作时间和工作场所内因履行工作职责受到暴力等意外伤害	患职业病
		Total	Sub-total	Injured by the Work Accident at the Workplace During the Work Time	Injured by the Accident Related to the Preparation or Ending of Work at the Workplace During the Work Time	Injured by Non-work Accident such as Violence in Fulfilling Work-related Responsibilities at the Workplace During the Work Time	Suffering from the Occupational Disease
全　国	**National**	**1140601**	**1134703**	**1011921**	**8886**	**9860**	**15919**
北　京	Beijing	23834	23586	19175	190	273	1383
天　津	Tianjin	26772	26613	24101	199	174	410
河　北	Hebei	47159	46725	40493	265	535	445
山　西	Shanxi	13624	13343	11360	173	103	914
内蒙古	Inner Mongolia	8743	8606	7218	115	120	185
辽　宁	Liaoning	30285	30010	26698	289	277	341
吉　林	Jilin	10552	10397	9328	75	110	275
黑龙江	Heilongjiang	15662	15441	14183	167	132	345
上　海	Shanghai	55638	55365	48997	547	449	193
江　苏	Jiangsu	91005	90649	77890	426	446	674
浙　江	Zhejiang	220604	220387	211860	382	508	263
安　徽	Anhui	21144	21034	18254	124	168	311
福　建	Fujian	24238	24125	20314	407	216	309
江　西	Jiangxi	10434	10354	8878	92	66	192
山　东	Shandong	62872	62493	47029	1998	909	1362
河　南	Henan	17288	16963	13552	141	241	768
湖　北	Hubei	16558	16416	14143	210	269	195
湖　南	Hunan	46825	46524	37726	1492	1126	1997
广　东	Guangdong	215137	214641	198368	639	1688	639
广　西	Guangxi	9279	9206	7667	72	204	92
海　南	Hainan	2339	2304	1809	43	106	9
重　庆	Chongqing	55621	55531	52049	164	159	1904
四　川	Sichuan	45500	45270	39742	179	841	1181
贵　州	Guizhou	18960	18865	17737	69	160	334
云　南	Yunnan	20375	20222	18298	101	203	183
西　藏	Tibet	220	220	205	1		
陕　西	Shaanxi	7133	6981	5847	120	85	394
甘　肃	Gansu	5974	5869	4997	30	124	188
青　海	Qinghai	2319	2274	1977	12	21	52
宁　夏	Ningxia	3607	3575	2981	14	38	75
新　疆	Xinjiang	8294	8168	6951	134	88	228
新疆兵团	Xinjiang Production and Construction Crops	2606	2546	2094	16	21	78

WORK INJURY CERTIFICATION BY REGION (2010)

(piece)

Work Injury Certification Applications Accepted								当期不予受理申请件数 Work Injury Certification Applications Not Accepted
Cases Certified as Suffering Work Injury			视同工伤件数 Cases Considered as Suffering Work Injury				不予认定工伤件数 Cases Not be Certified or Considered as Suffering Work Injury	
因工外出期间由于工作原因受到伤害或者发生事故下落不明 Injured by Work-related Accident or Missing Due to Accident When Outside the Workplace Due to Work-related Reasons	在上下班途中受到机动车事故伤害 Injured by Automobile Accident on the Road to Work from Home and Back Home from Work	其他应当认定为工伤的情形 Other Circumstances That Shall be Certified as Suffering Work Injury as Stipulated by Laws and Regulations	小计 Sub-total	在工作时间和工作岗位突发疾病死亡或者在48小时之内经抢救无效死亡 Died Immediately or Within 48 Hours after Unsuccessful Salvage Due to Illness Outburst at the Workplace During the	在抢险救灾等维护国家利益、公共利益活动中受到伤害 Injured in Rescue Activities for Protecting the Common Good of the State and the Public in Case of Emergencies or Natural	因战、因公负伤致残到用人单位后旧伤复发 Recrudescing of Previous Injury as a Result of War or Public Activities on the Employee Who Hold an Honorable Disabled Veteran Certificate		
30433	**56894**	**790**	**5898**	**5213**	**407**	**278**	**8604**	**6027**
1350	1182	33	248	243	2	3	63	61
712	1012	5	159	149	7	3	92	107
1343	3643	1	434	403	28	3	248	208
270	523		281	279		2	47	24
461	507		137	135	2		103	44
1184	954	267	275	256	9	10	127	71
272	311	26	155	136	15	4	60	344
258	345	11	221	214	5	2	97	88
1918	3236	25	273	264	4	5	325	198
2130	9074	9	356	330	4	22	656	392
1836	5521	17	217	184	19	14	514	886
631	1542	4	110	103		7	211	170
503	2371	5	113	94	15	4	203	283
256	870		80	56	24		220	142
2310	8860	25	379	318	19	42	589	376
679	1567	15	325	308	5	12	139	121
562	938	99	142	111	20	11	150	200
2295	1865	23	301	185	59	57	438	236
6631	6650	26	496	408	50	38	2801	936
437	718	16	73	68	3	2	114	78
113	207	17	35	30	4	1	25	4
490	747	18	90	85	3	2	337	246
1385	1875	67	230	183	40	7	383	385
238	306	21	95	60	24	11	133	111
748	677	12	153	134	15	4	149	47
9	5						6	9
312	211	12	152	146	1	5	56	20
262	266	2	105	95	8	2	43	62
96	116		45	45			21	18
141	297	29	32	31	1		47	21
485	277	5	126	108	13	5	164	125
116	221		60	52	8		43	14

10-22 分地区因工死亡人员工伤认定情况(2010年)

单位：件

地区	Region	当期受理工伤认定数					
		合计	认定工伤件数				
		Total	小计 Sub-total	在工作时间和工作场所内因工作原因受到事故伤害 Injured by the Work Accident at the Workplace During the Work Time;	工作时间前后在工作场所内从事与工作有关的预备性或者收尾性工作受到事故伤害 Injured by the Accident Related to the Preparation or Ending of Work at the Workplace During the Work Time	在工作时间和工作场所内因履行工作职责受到暴力等意外伤害 Injured by Non-work Accident such as Violence in Fulfilling Work-related Responsibilities at the Workplace During the Work Time	患职业病 Suffering from the Occupational Disease
全　国	**National**	**19474**	**14219**	**7983**	**108**	**202**	**114**
北　京	Beijing	618	374	154	2	4	4
天　津	Tianjin	384	235	108	2	1	
河　北	Hebei	1731	1326	671	4	10	3
山　西	Shanxi	607	327	209	3	5	4
内蒙古	Inner Mongolia	441	306	175	2	6	1
辽　宁	Liaoning	620	364	228	3	6	1
吉　林	Jilin	334	194	132	1	1	1
黑龙江	Heilongjiang	560	346	280	5	9	2
上　海	Shanghai	674	409	210	3	4	1
江　苏	Jiangsu	1579	1248	494	12	13	20
浙　江	Zhejiang	1054	869	425	4	4	2
安　徽	Anhui	386	283	146	1	5	
福　建	Fujian	417	319	199	1	4	
江　西	Jiangxi	306	250	135	2		
山　东	Shandong	1554	1236	391	8	14	3
河　南	Henan	911	603	324		10	3
湖　北	Hubei	370	259	152	3	7	
湖　南	Hunan	1025	836	656	12	12	9
广　东	Guangdong	1539	1128	491	5	12	26
广　西	Guangxi	264	196	104	1	2	1
海　南	Hainan	64	30	18	1	3	
重　庆	Chongqing	580	494	436	2	3	3
四　川	Sichuan	882	693	465	7	25	
贵　州	Guizhou	520	456	383	3	5	1
云　南	Yunnan	621	487	391	4	17	1
西　藏	Tibet	11	11	5			
陕　西	Shaanxi	264	118	72	1	3	2
甘　肃	Gansu	303	203	135		2	3
青　海	Qinghai	131	86	46		1	
宁　夏	Ningxia	153	122	64	3	2	
新　疆	Xinjiang	431	323	230	13	12	23
新疆兵团	Xinjiang Production and Construction Crops	140	88	54			

WORK INJURY CERTIFICATION INVOLVING DEATHS BY REGION

(piece)

Work Injury Certification Applications Accepted								当期不予受理申请件数 Work Injury Certification Applications Not Accepted
Cases Certified as Suffering Work Injury			视同工伤件数 Cases Considered as Suffering Work Injury				不予认定工伤件数 Cases Not be Certified or Considered as Suffering Work Injury	
因工外出期间由于工作原因受到伤害或者发生事故下落不明 Injured by Work-related Accident or Missing Due to Accident When Outside the Workplace Due to Work-related Reasons	在上下班途中受到机动车事故伤害 Injured by Automobile Accident on the Road to Work from Home and Back Home from Work	其他应当认定为工伤的情形 Other Circumstances That Shall be Certified as Suffering Work Injury as Stipulated by Laws and Regulations	小计 Sub total	在工作时间和工作岗位突发疾病死亡或者在48小时之内经抢救无效死亡 Died Immediately or Within 48 Hours after Unsuccessful Salvage Due to Illness Outburst at the Workplace During the	在抢险救灾等维护国家利益、公共利益活动中受到伤害 Injured in Rescue Activities for Protecting the Common Good of the State and the Public in Case of Emergencies or Natural	因战、因公负伤致残到用人单位后旧伤复发 Recrudescing of Previous Injury as a Result of War or Public Activities on the Employee Who Hold an Honorable Disabled Veteran Certificate		
1537	**4259**	**16**	**5255**	**5213**	**36**	**6**	**445**	**49**
89	121		244	243	1			
36	88		149	149			18	2
137	501		405	403	2		5	
21	85		280	279		1	5	
56	65	1	135	135			18	2
41	79	6	256	256				
13	46		140	136	4			
19	30	1	214	214			9	
57	133	1	265	264	1			
156	553		331	330		1	40	2
87	347		185	184	1		21	5
20	111		103	103			15	2
38	77		98	94	4			
14	99		56	56			4	
139	681		318	318			52	11
74	191	1	308	308			4	
23	74		111	111			3	
49	98		189	185	2	2	16	2
194	400		411	408	2	1	152	19
31	57		68	68			18	
3	5		34	30	4			
19	31		86	85	1		24	1
52	143	1	189	183	6			
18	44	2	64	60	3	1	15	1
22	51	1	134	134			5	
6								
18	22		146	146				
34	29		100	95	5		6	
13	26		45	45			1	
11	42		31	31				
38	5	2	108	108				
9	25		52	52			14	2

10-23 各地区劳动能力鉴定情况(2010)

WORK CAPACITY ASSESSMENT BY REGION

单位：人 (person)

地区	Region	申请鉴定人数 Work Capacity Assessment Applicants						评定伤残等级人数 Persons Assessed as Certain Level of Work-related Disable				存在生活自理障碍人数
		小计 Sub-total	初次申请 First Applications	再次申请 Second Applications	#改变结论 Concusions Changed	复查申请 Reassessment Applications	#改变结论 Concusions Changed	小计 Sub-total	一至四级 Level 1 to Level 4	五至六级 Level 5 to Level 6	七至十级 Level 7 to Level 10	Persons Assessed as Living-related Disable
全国	**National**	**494918**	**473374**	**14110**	**4448**	**7434**	**2186**	**418857**	**25012**	**28777**	**365068**	**8788**
北京	Beijing	11537	10981	26	5	530	490	9093	974	775	7344	234
天津	Tianjin	7850	7220	251	98	379	105	6991	408	943	5640	151
河北	Hebei	14521	14005	163	63	353	258	13182	856	1199	11127	351
山西	Shanxi	9216	8967	180	100	69	35	8839	1229	1290	6320	623
内蒙古	Inner Mongolia	5820	5700	82	36	38	25	5494	350	730	4414	156
辽宁	Liaoning	17520	16567	224	63	729	220	15266	1821	1522	11923	553
吉林	Jilin	7246	6455	271	172	520	87	6483	286	493	5704	166
黑龙江	Heilongjiang	13127	12558	396	173	173	41	11650	618	1136	9896	260
上海	Shanghai	38259	36383	755	264	1121	7	33690	514	891	32285	298
江苏	Jiangsu	39106	37351	1407	280	348	33	34657	893	1453	32311	660
浙江	Zhejiang	47942	45562	2328	607	52	29	43976	855	1775	41346	225
安徽	Anhui	9750	9213	329	102	208	12	8058	460	794	6804	136
福建	Fujian	8011	7561	437	140	13	3	6441	422	390	5629	124
江西	Jiangxi	7910	7479	401	88	30	18	6925	312	588	6025	235
山东	Shandong	28323	27243	928	258	152	42	22982	1288	1681	20013	586
河南	Henan	10691	10375	236	97	80	30	8186	1112	723	6351	314
湖北	Hubei	17676	17142	392	199	142	11	16197	1472	2712	12013	314
湖南	Hunan	16511	15173	964	302	374	92	15430	549	926	13955	183
广东	Guangdong	77365	75817	487	64	1061	222	54180	855	1773	51552	547
广西	Guangxi	4618	4535	64	30	19	8	3846	849	524	2473	63
海南	Hainan	769	733	28	4	8	1	367	63	72	232	22
重庆	Chongqing	24794	23855	869	394	70	31	22403	1196	1012	20195	365
四川	Sichuan	31736	30348	1135	195	253	53	26755	2976	1711	22068	641
贵州	Guizhou	14781	13832	715	447	234	149	13465	786	965	11714	354
云南	Yunnan	8975	8572	375	136	28	4	6369	1009	882	4478	462
西藏	Tibet	434	430	4	2			380	32	68	280	12
陕西	Shaanxi	5415	5034	67	11	314	136	5038	684	449	3905	182
甘肃	Gansu	3361	3292	28	9	41	12	3049	613	410	2026	77
青海	Qinghai	948	911	16	3	21	8	879	123	93	663	34
宁夏	Ningxia	2586	2553	23	1	10		2421	813	361	1247	74
新疆	Xinjiang	6529	5995	512	97	22	7	4901	527	313	4061	294
新疆兵团	Xinjiang Production and Construction Crops	1591	1532	17	8	42	17	1264	67	123	1074	92

10-24 历年全国生育保险基本情况
MATERNITY INSURANCE

年 份 Year	年末参保人数(万人) Contributors at the Year-end (10000 persons)	基金收支情况(亿元) Revenue and Expenses(100 million yuan)		
		基金收入 Revenue	基金支出 Expenses	累计结余 Balance at the Year-end
绝对数 Absolute figure				
1989				
1990				
1991				
1992				
1993	557.2	0.8	0.5	0.8
1994	915.9	1.5	0.8	1.4
1995	1500.2	2.9	1.6	2.7
1996	2015.6	5.5	3.3	5.0
1997	2485.9	7.4	4.9	7.5
1998	2776.7	9.8	6.8	10.3
1999	2929.8	10.7	7.1	13.9
2000	3001.6	11.2	8.3	16.8
2001	3455.1	13.7	9.6	20.6
2002	3488.2	21.8	12.8	29.7
2003	3655.4	25.8	13.5	42.0
2004	4383.8	32.1	18.8	55.9
2005	5408.5	43.8	27.4	72.1
2006	6458.9	62.1	37.5	96.9
2007	7775.3	83.6	55.6	126.6
2008	9254.1	113.7	71.5	168.2
2009	10875.7	132.4	88.3	212.1
2010	12335.9	159.6	109.9	261.4
比上年增长(%) Increase over Preceding Year %				
1990				
1991				
1992				
1993				
1994	64.4	73.8	60.5	87.6
1995	63.8	99.4	95.3	91.7
1996	34.4	87.8	108.2	81.6
1997	23.3	34.9	49.4	51.2
1998	11.7	31.1	39.5	37.1
1999	5.5	10.1	4.1	34.9
2000	2.5	3.8	17.1	20.6
2001	15.1	23.1	14.9	22.7
2002	1.0	58.9	33.3	44.5
2003	4.8	18.3	5.6	41.3
2004	19.9	24.4	39.3	33.1
2005	23.4	36.4	45.7	29.0
2006	19.4	41.8	36.9	34.4
2007	20.4	34.6	48.3	30.7
2008	19.0	36.0	28.6	32.9
2009	17.5	16.4	23.5	26.1
2010	13.4	20.5	24.4	23.2

10-25 历年各地区生育保险基本情况

MATERNITY INSURANCE BY REGION

单位：万人 (10000 persons)

地区	Region	2001		2002		2003		2004	
		年末参保人数 Contributors at the Year-end	享受待遇人数 Beneficiaries of Maternity Insurance	年末参保人数 Contributors at the Year-end	享受待遇人数 Beneficiaries of Maternity Insurance	年末参保人数 Contributors at the Year-end	享受待遇人数 Beneficiaries of Maternity Insurance	年末参保人数 Contributors at the Year-end	享受待遇人数 Beneficiaries of Maternity Insurance
全国	**National**	**3455**	**24**	**3488**	**28**	**3655**	**36**	**4384**	**46**
北京	Beijing								
天津	Tianjin								
河北	Hebei	131.5	0.8	95.4	0.7	94.1	0.4	114.1	0.4
山西	Shanxi	108.0	0.3	84.3	0.3	84.3	0.2	93.2	0.2
内蒙古	Inner Mongolia	27.9	0.3	23.4	0.1	40.3	0.2	66.7	0.4
辽宁	Liaoning	227.8	1.2	216.1	1.2	199.1	1.5	215.9	2.1
吉林	Jilin	24.0	0.1	32.7	0.1	34.0	0.1	35.1	0.2
黑龙江	Heilongjiang	68.2	0.2	153.2	1.2	167.5	2.7	187.3	3.5
上海	Shanghai	443.7	0.1	452.9	3.7	461.1	4.1	505.6	4.9
江苏	Jiangsu	483.5	4.6	486.1	4.1	504.1	7.2	552.7	9.2
浙江	Zhejiang	187.6	1.7	193.7	1.9	215.0	2.1	239.8	3.0
安徽	Anhui	23.4	0.1	23.6	0.2	23.9	0.2	37.6	0.2
福建	Fujian	118.2	0.9	123.7	1.0	139.4	1.4	146.5	1.7
江西	Jiangxi	120.2	0.8	109.4	0.7	108.7	0.6	107.6	0.5
山东	Shandong	331.8	3.4	322.8	3.8	336.5	4.1	390.8	4.7
河南	Henan	196.4	1.1	205.9	1.1	199.2	1.1	201.2	1.5
湖北	Hubei	182.1	1.1	182.7	0.8	182.1	0.6	179.9	0.6
湖南	Hunan	3.7	0.0	3.4	0.0	3.3	0.0	212.9	0.5
广东	Guangdong	250.1	2.4	258.7	2.5	330.8	3.0	376.7	3.6
广西	Guangxi	113.5	1.2	106.8	1.1	111.1	1.2	134.8	1.6
海南	Hainan	10.8	0.1	23.2	0.2	28.4	0.2	31.7	0.4
重庆	Chongqing	23.6	0.2	19.9	0.1	16.5	0.1	12.9	0.0
四川	Sichuan	178.1	1.6	166.4	1.2	165.1	1.3	187.4	1.4
贵州	Guizhou	1.1	0.0	0.9	0.0	0.9	0.0	2.3	0.0
云南	Yunnan	96.1	1.2	86.9	1.0	82.8	1.4	142.3	2.3
西藏	Tibet								
陕西	Shaanxi	4.6	0.1	5.4	0.1	14.6	0.1	36.2	0.2
甘肃	Gansu	5.0	0.0	5.1	0.0	6.8	0.0	31.0	0.1
青海	Qinghai	6.6	0.1	4.3	0.0	5.2	0.1	5.8	0.1
宁夏	Ningxia	8.7	0.1	15.0	0.2	15.1	0.2	18.4	0.2
新疆	Xinjiang	78.9	1.0	86.4	1.0	85.7	2.0	117.4	2.5

10-25 续表 1 continued

单位：万人 (10000 persons)

地区	Region	2005		2006		2007	
		年末参保人数 Contributors at the Year-end	享受待遇人数 Beneficiaries of Maternity Insurance	年末参保人数 Contributors at the Year-end	享受待遇人数 Beneficiaries of Maternity Insurance	年末参保人数 Contributors at the Year-end	享受待遇人数 Beneficiaries of Maternity Insurance
全国	**National**	**5408**	**62**	**6459**	**108**	**7775**	**113**
北京	Beijing	226.1	1.1	263.3	6.7	290.6	9.8
天津	Tianjin	157.4	0.6	180.1	7.7	194.0	3.9
河北	Hebei	215.9	0.8	264.2	1.7	338.5	2.5
山西	Shanxi	95.6	0.3	98.1	0.4	104.4	0.3
内蒙古	Inner Mongolia	105.8	1.5	122.1	2.1	139.1	1.7
辽宁	Liaoning	220.1	2.7	378.7	4.9	423.0	13.2
吉林	Jilin	35.3	0.8	117.7	0.6	173.6	1.6
黑龙江	Heilongjiang	156.6	2.9	172.7	3.1	216.8	3.1
上海	Shanghai	539.3	5.8	555.1	16.8	592.0	7.3
江苏	Jiangsu	630.9	11.2	711.5	12.8	794.1	14.5
浙江	Zhejiang	284.9	3.7	382.7	6.9	505.0	6.1
安徽	Anhui	53.5	0.5	78.6	1.0	175.6	1.9
福建	Fujian	161.8	2.1	173.5	2.0	250.4	2.7
江西	Jiangxi	117.8	0.8	123.2	1.1	137.8	0.8
山东	Shandong	461.2	5.5	488.8	10.0	563.3	8.2
河南	Henan	228.4	1.5	238.4	2.0	279.1	2.2
湖北	Hubei	175.9	0.6	194.5	0.8	224.6	1.1
湖南	Hunan	250.2	3.2	308.5	5.2	369.3	5.6
广东	Guangdong	419.4	4.2	464.8	4.8	659.1	6.6
广西	Guangxi	141.4	1.9	145.2	1.9	163.5	2.3
海南	Hainan	34.9	0.5	40.6	0.7	66.7	0.8
重庆	Chongqing			96.8	0.6	116.9	2.2
四川	Sichuan	212.5	1.4	274.1	1.9	323.3	3.6
贵州	Guizhou	52.1	0.0	72.1	0.7	89.1	1.2
云南	Yunnan	156.1	2.5	159.5	2.6	165.1	2.2
西藏	Tibet					9.4	0.0
陕西	Shaanxi	43.1	0.8	86.3	0.5	120.9	0.9
甘肃	Gansu	40.0	0.3	47.0	0.4	53.3	0.7
青海	Qinghai	6.5	0.1	7.2	0.2	6.2	0.2
宁夏	Ningxia	21.6	0.2	18.1	0.4	19.2	0.4
新疆	Xinjiang	164.1	4.7	195.6	7.5	211.6	5.6

10-25 续表 2 continued

单位：万人 (10000 persons)

地 区	Region	2008 年末参保人数 Contributors at the Year-end	2008 享受待遇人数 Beneficiaries of Maternity Insurance	2009 年末参保人数 Contributors at the Year-end	2009 享受待遇人数 Beneficiaries of Maternity Insurance	2010 年末参保人数 Contributors at the Year-end	2010 享受待遇人数 Beneficiaries of Maternity Insurance
全 国	**National**	**9254**	**140**	**10876**	**174**	**12336**	**211**
北 京	Beijing	324.1	11.8	346.8	12.8	372.2	12.6
天 津	Tianjin	196.5	4.7	204.6	4.8	212.0	5.6
河 北	Hebei	408.5	5.2	489.9	6.7	561.5	5.2
山 西	Shanxi	148.3	0.7	185.8	0.9	211.6	1.7
内蒙古	Inner Mongolia	154.6	1.6	182.9	2.0	233.9	2.2
辽 宁	Liaoning	460.2	11.7	531.2	13.5	593.0	13.5
吉 林	Jilin	227.9	2.5	289.9	4.6	310.5	5.6
黑龙江	Heilongjiang	241.9	3.2	270.0	3.3	290.1	3.4
上 海	Shanghai	609.9	7.1	625.1	6.5	657.3	7.7
江 苏	Jiangsu	907.2	19.5	962.5	23.3	1086.4	24.4
浙 江	Zhejiang	690.0	8.1	750.7	10.4	863.7	12.4
安 徽	Anhui	231.0	3.5	303.6	4.6	346.9	5.0
福 建	Fujian	273.9	3.2	317.8	4.5	374.4	4.9
江 西	Jiangxi	156.6	0.6	163.0	0.7	170.0	1.0
山 东	Shandong	638.0	10.3	703.0	14.4	774.1	18.0
河 南	Henan	313.4	2.8	379.8	4.0	412.9	5.3
湖 北	Hubei	278.0	2.9	357.1	6.5	381.8	11.0
湖 南	Hunan	431.5	6.2	502.4	9.0	527.1	12.1
广 东	Guangdong	1011.2	9.7	1586.3	12.5	2038.5	24.3
广 西	Guangxi	176.5	3.0	199.0	3.2	218.5	3.6
海 南	Hainan	79.8	1.1	85.0	1.2	92.6	1.5
重 庆	Chongqing	141.6	2.6	155.5	3.7	175.7	4.9
四 川	Sichuan	373.0	4.4	426.4	5.8	484.2	5.9
贵 州	Guizhou	135.9	1.8	152.5	1.9	164.3	2.3
云 南	Yunnan	168.4	2.6	181.1	2.8	210.2	4.0
西 藏	Tibet	12.4	0.1	14.2	0.2	14.8	0.3
陕 西	Shaanxi	147.6	1.6	164.4	2.1	180.1	2.4
甘 肃	Gansu	59.1	0.6	71.2	0.7	82.0	1.0
青 海	Qinghai	6.3	0.1	6.3	0.1	6.4	0.1
宁 夏	Ningxia	25.1	0.4	30.7	0.5	39.8	0.6
新 疆	Xinjiang	225.4	6.4	236.8	6.6	249.4	8.4

10-26 各地区生育保险基本情况(2010年)

MATERNITY INSURANCE BY REGION(2010)

单位：万人、亿元 (10000 persons, 100 million yuan)

地 区	Region	享受待遇人数 Beneficiaries of Maternity Insurance	基金收入 Revenue	基金支出 Expenses	累计结余 Balance at the Year-end
全 国	**National**	**211**	**159.6**	**109.9**	**261.4**
北 京	Beijing	12.6	12.2	7.7	19.7
天 津	Tianjin	5.6	5.6	4.6	10.7
河 北	Hebei	5.2	4.7	2.5	6.8
山 西	Shanxi	1.7	2.2	1.2	4.0
内蒙古	Inner Mongolia	2.2	2.7	1.5	4.0
辽 宁	Liaoning	13.5	7.4	5.7	8.5
吉 林	Jilin	5.6	2.2	1.1	4.3
黑龙江	Heilongjiang	3.4	3.0	1.9	6.4
上 海	Shanghai	7.7	12.0	13.3	0.7
江 苏	Jiangsu	24.4	19.4	12.3	40.0
浙 江	Zhejiang	12.4	12.5	9.8	14.3
安 徽	Anhui	5.0	3.6	2.3	5.0
福 建	Fujian	4.9	4.3	2.9	8.2
江 西	Jiangxi	1.0	0.8	0.4	2.8
山 东	Shandong	18.0	11.7	9.1	19.0
河 南	Henan	5.3	4.5	2.4	8.1
湖 北	Hubei	11.0	3.8	2.0	8.1
湖 南	Hunan	12.1	4.2	2.6	8.5
广 东	Guangdong	24.3	19.2	12.2	30.7
广 西	Guangxi	3.6	2.5	1.6	5.8
海 南	Hainan	1.5	0.6	0.3	2.2
重 庆	Chongqing	4.9	2.1	1.6	4.1
四 川	Sichuan	5.9	5.0	3.9	10.9
贵 州	Guizhou	2.3	1.3	0.5	2.9
云 南	Yunnan	4.0	3.0	1.7	8.1
西 藏	Tibet	0.3	0.3	0.2	0.6
陕 西	Shaanxi	2.4	2.4	0.9	4.3
甘 肃	Gansu	1.0	1.0	0.5	1.9
青 海	Qinghai	0.1	0.2	0.1	0.5
宁 夏	Ningxia	0.6	0.6	0.3	0.7
新 疆	Xinjiang	8.4	4.6	2.8	9.9

10-27 各地区新型农村社会养老保险试点情况（2010年）

STATISTICS ON NEW RURAL OLD-AGE INSURANCE BY REGION (2010)

地 区	Region	参保人数（万人）Contributors at Year-end (10000 persons)	#达到领取待遇年龄参保人数 Number of Participants Who Have Reached the Prescribed Age of Benifit Entilement	基金收支情况(亿元) Revenue and Expenses(100 million yuan) 基金收入 Revenue	基金支出 Expenses	累计结余 Balance at Year-end
全 国	**National Total**	**10276.8**	**2862.6**	**453.4**	**200.4**	**422.5**
北 京	Beijing	168.5	17.7	21.2	7.1	57.2
天 津	Tianjin	79.4	65.6	28.5	9.7	36.4
河 北	Hebei	840.3	179.5	24.8	9.9	20.9
山 西	Shanxi	249.8	68.8	5.7	3.4	8.0
内蒙古	Inner Mongolia	168.8	41.8	5.6	2.9	7.7
辽 宁	Liaoning	146.8	33.6	5.5	2.4	3.1
吉 林	Jilin	86.7	32.2	2.4	1.2	1.4
黑龙江	Heilongjiang	131.2	27.7	7.2	2.1	3.9
上 海	Shanghai	28.9	14.1	6.9	6.8	25.0
江 苏	Jiangsu	333.5	132.4	27.9	15.7	53.9
浙 江	Zhejiang	290.8	134.2	16.5	7.3	16.7
安 徽	Anhui	349.3	93.0	13.9	7.3	10.1
福 建	Fujian	273.9	57.7	9.4	3.7	4.6
江 西	Jiangxi	272.3	75.2	7.0	3.2	4.3
山 东	Shandong	919.2	318.0	43.7	18.2	52.7
河 南	Henan	1211.8	251.1	46.6	16.2	23.2
湖 北	Hubei	380.0	115.0	12.4	6.4	7.8
湖 南	Hunan	581.8	217.8	17.2	10.1	8.6
广 东	Guangdong	157.6	51.8	6.5	3.5	5.0
广 西	Guangxi	220.4	59.6	8.5	3.9	4.6
海 南	Hainan	62.4	17.7	2.5	1.1	1.0
重 庆	Chongqing	807.4	265.0	33.5	23.6	9.9
四 川	Sichuan	669.6	199.6	29.6	14.2	21.6
贵 州	Guizhou	223.9	63.5	7.1	3.7	5.2
云 南	Yunnan	469.4	91.7	11.1	3.5	7.3
西 藏	Tibet	80.5	23.5	2.2	1.7	0.2
陕 西	Shaanxi	439.7	97.0	23.8	4.4	13.4
甘 肃	Gansu	185.5	38.0	15.7	3.5	0.8
青 海	Qinghai	65.1	16.8	1.9	0.5	1.4
宁 夏	Ningxia	24.7	4.7	0.8	0.3	0.7
新 疆	Xinjiang	357.9	58.0	8.0	2.7	5.8

注：本年度新农保数据是指经国务院批准开展新农保试点地区的数据，不包含老农保和地方自行开展新农保试点地区数据。

a)Annual statistics for new rural old-age insurance only cover areas where new rural old insurance pilot programs are launched under the state counsil's approval. They do not cover areas which still keep endowment insurance systems or areas which launched

十一、工会工作

TRADE UNION WORKS

11-1 各地区基层工会组织数(2010年)

NUMBER OF GRASSROOTS TRADE UNION BY REGION (2010)

单位：个 (unit)

地区	Region	总计 Total	内资企业 Enterprises of Domestic Funded 国有企业 State-owned	集体企业 Urban Collective-owned	股份合作企业 Cooperative	联营企业 Joint-owned	有限责任公司 Limited Liability Corporations	股份有限公司 Share-holding Corporations Ltd.
全国	**National**	**1976435**	**82024**	**80792**	**37781**	**7346**	**120529**	**48201**
北京	Beijing	22112	1515	1684	928	41	5282	896
天津	Tianjin	30073	1919	1263	419	65	1613	765
河北	Hebei	110328	3971	4795	1123	420	3437	1957
山西	Shanxi	53139	3871	4497	592	117	2288	1507
内蒙古	Inner Mongolia	50120	1705	770	591	176	4266	741
辽宁	Liaoning	70055	2732	2398	1611	190	4152	1944
吉林	Jilin	28109	1936	663	425	87	2076	726
黑龙江	Heilongjiang	45041	5713	2272	717	98	3713	1536
上海	Shanghai	53747	2339	2342	1338	77	2860	1470
江苏	Jiangsu	113129	2287	3135	3264	588	8956	3723
浙江	Zhejiang	117527	1997	1916	7363	359	12239	4489
安徽	Anhui	61256	3131	6491	1249	283	2976	1633
福建	Fujian	87716	3773	2518	1191	430	2079	1421
江西	Jiangxi	59186	4132	1481	1057	326	2175	844
山东	Shandong	162085	4794	7724	2700	355	11428	5389
河南	Henan	114311	4979	7340	1989	305	4816	2571
湖北	Hubei	88647	2802	5243	1755	498	4120	1870
湖南	Hunan	90068	3725	4841	1773	454	4530	1415
广东	Guangdong	200061	5614	5780	2021	419	11415	2591
广西	Guangxi	53366	3445	1897	343	914	1231	1319
海南	Hainan	11936	1109	619	178	61	2490	458
重庆	Chongqing	32885	850	1273	844	245	2616	1365
四川	Sichuan	106721	2443	2063	1243	170	7584	3246
贵州	Guizhou	43490	2476	1413	469	70	983	704
云南	Yunnan	32433	1256	976	528	43	2208	698
西藏	Tibet	5043	--	--	--	--		
陕西	Shaanxi	63104	3620	4011	1119	434	5321	1427
甘肃	Gansu	28711	1380	713	522	63	948	573
青海	Qinghai	10690	417	180	140	22	466	191
宁夏	Ningxia	10743	389	183	84	11	738	237
新疆	Xinjiang	19668	1663	309	205	24	1515	491

11-1 续表 continued

单位：个 (unit)

地 区 Region		私营企业 Private	其他企业 Others	个 体 经营户 Individuals	港澳台商投资企业 Funded by Entrepreneurs from HongKong, Macao & Taiwan	外 商 投资企业 Foreign Funded	事业单位 Institutions	机 关 Agencies and Organizations
全 国	**National**	**823631**	**11029**	**134832**	**35150**	**50250**	**339793**	**200034**
北 京	Beijing	4109	118	702	237	634	4168	1798
天 津	Tianjin	12240	141	3382	593	2444	4017	1212
河 北	Hebei	50526	278	15557	256	703	15583	11722
山 西	Shanxi	16545	135	3963	113	382	12673	6456
内蒙古	Inner Mongolia	22093	74	3651	41	185	8804	7023
辽 宁	Liaoning	32886	118	4548	329	1791	11737	5619
吉 林	Jilin	12214	16	1460	33	209	5988	2276
黑龙江	Heilongjiang	11426	57	2989	89	291	9735	6405
上 海	Shanghai	25060	538	1019	2925	6983	5368	1428
江 苏	Jiangsu	59021	272	2504	3495	7114	13075	5695
浙 江	Zhejiang	62261	296	2222	2022	3059	12408	6896
安 徽	Anhui	23405	171	3121	167	353	11546	6730
福 建	Fujian	44773	1937	6719	4564	2853	9777	5681
江 西	Jiangxi	24976	83	2392	258	1498	12809	7155
山 东	Shandong	80119	718	12651	947	7596	17420	10244
河 南	Henan	46639	195	10341	134	268	24138	10596
湖 北	Hubei	34264	370	7296	681	1035	20898	7815
湖 南	Hunan	39450	556	6304	137	263	15906	10714
广 东	Guangdong	104000	1293	14256	17200	9663	17627	8182
广 西	Guangxi	21201	271	4076	220	488	11005	6956
海 南	Hainan	2770	19	270	81	167	2450	1264
重 庆	Chongqing	11644	115	2437	63	227	6775	4431
四 川	Sichuan	23069	3090	7704	314	827	34287	20681
贵 州	Guizhou	10361	36	3117	24	73	10485	13279
云 南	Yunnan	7422	26	1008	102	284	8964	8918
西 藏	Tibet	--	--	--	--	--	--	--
陕 西	Shaanxi	19984	44	4992	60	640	14301	7151
甘 肃	Gansu	10081	25	1133	24	74	7513	5662
青 海	Qinghai	2151	3	2683	6	34	2132	2265
宁 夏	Ningxia	4750	5	1318	10	43	1787	1188
新 疆	Xinjiang	4191	28	1017	24	69	5666	4466

11-2 各地区工会会员人数(2010年)

TRADE UNION MEMBERS IN GRASSROOTS TRADE UNION BY REGION (2010)

单位；人 (person)

地 区	Region	总 计 Total	内资企业 Enterprises of Domestic Funded 国有企业 State-owned	集体企业 Urban Collective-owned	股份合作企业 Cooperative	联营企业 Joint-owned	有限责任公司 Limited Liability Corporations	股份有限公司 Share-holding Corporations Ltd.
全 国	**National**	**239964943**	**28199745**	**10446326**	**6117595**	**1470677**	**16779819**	**12234572**
北 京	Beijing	4050215	578385	159685	121037	2802	1143088	301709
天 津	Tianjin	4005168	728990	227063	133961	19725	218906	232029
河 北	Hebei	12726332	1289829	538529	228633	68478	611544	576062
山 西	Shanxi	7450933	1547360	511859	164211	25871	604054	456229
内蒙古	Inner Mongolia	5808703	884081	148900	130005	149301	525029	197999
辽 宁	Liaoning	10383383	1956801	590699	178396	20697	576728	601486
吉 林	Jilin	4687640	851289	84661	160877	21460	502492	277902
黑龙江	Heilongjiang	7486670	2543719	369980	99981	31256	464728	392973
上 海	Shanghai	7601602	734596	348627	128894	9827	553157	681951
江 苏	Jiangsu	15751146	1065935	555784	616832	84253	1297691	836123
浙 江	Zhejiang	14690866	479654	298507	1034539	142825	1587235	981974
安 徽	Anhui	6663678	797444	673057	218459	53577	433181	489433
福 建	Fujian	6946262	467035	174543	122201	52079	235542	295933
江 西	Jiangxi	6110442	841236	140752	145944	56763	196685	104932
山 东	Shandong	19733820	1576037	1165659	627126	71450	2130882	1246658
河 南	Henan	13240619	1749035	947046	358296	67462	713250	566335
湖 北	Hubei	11848150	890772	803406	406846	115389	935877	633816
湖 南	Hunan	10353939	1353495	680254	225903	69062	452426	366300
广 东	Guangdong	20650560	1091425	587563	282641	62330	920007	664104
广 西	Guangxi	5280492	763637	165753	68318	75176	201273	236719
海 南	Hainan	924317	252739	31398	18908	3760	116066	82750
重 庆	Chongqing	5230353	351782	180867	101063	138511	365082	235007
四 川	Sichuan	14372675	1091395	393211	179107	20815	630325	550505
贵 州	Guizhou	5352070	563497	76931	53319	21837	120064	154681
云 南	Yunnan	3781737	438907	77256	51831	12251	272670	264226
西 藏	Tibet	211248	--	--	--	--	--	--
陕 西	Shaanxi	5801732	1208669	321860	104092	51427	489434	341040
甘 肃	Gansu	3162393	535253	97077	74791	11339	171198	222036
青 海	Qinghai	898111	145134	11336	13612	1657	45589	25798
宁 夏	Ningxia	1074461	116550	46666	21298	1096	77071	42694
新 疆	Xinjiang	3420672	1286204	37094	46474	6423	187972	174695

11-2 续表 continued

单位：人 (person)

地区	Region	私营企业 Private	其他企业 Others	个体经营户 Individuals	港澳台商投资企业 Funded by Entrepreneurs from HongKong Macao&Taiwan	外商投资企业 Foreign Funded	事业单位 Institutions	机关 Agencies and Organization
全　国	**National**	**68399806**	**1720085**	**16096482**	**8321181**	**9562027**	**40460269**	**19645111**
北　京	Beijing	354759	8329	46392	46694	212819	556645	217871
天　津	Tianjin	865715	13465	271959	89578	417084	637504	149189
河　北	Hebei	4422524	102401	1554590	73341	170577	2002963	1086861
山　西	Shanxi	1596271	19139	409287	75274	68337	1356272	616769
内蒙古	Inner Mongolia	2164634	6531	266203	11021	56573	733219	535207
辽　宁	Liaoning	2816794	20768	462517	46611	415831	1915786	780269
吉　林	Jilin	1440305	2684	297752	9337	51996	711632	275253
黑龙江	Heilongjiang	1155180	10761	528990	15893	62909	1160638	649662
上　海	Shanghai	2735909	75323	81015	396889	1027785	679185	148444
江　苏	Jiangsu	6243960	29765	548251	675295	1366777	1781603	648877
浙　江	Zhejiang	6690959	61553	476271	447437	744863	1298792	446257
安　徽	Anhui	1822922	30429	301614	32088	83332	1233254	494888
福　建	Fujian	2516275	134221	291953	953007	471253	777710	454510
江　西	Jiangxi	2603746	6218	111409	77698	232306	995250	597503
山　东	Shandong	5877239	129105	1963641	210515	1206495	2562222	966791
河　南	Henan	3304958	20010	944223	44095	91320	3123914	1310675
湖　北	Hubei	3098455	45906	1101713	125722	292835	2549302	848111
湖　南	Hunan	3581231	49750	616459	38305	53896	2037793	829065
广　东	Guangdong	6510011	214328	768417	4817515	2114212	1957524	660483
广　西	Guangxi	1611970	12039	343314	35131	73579	1137129	556454
海　南	Hainan	82668	741	10684	7736	23729	208583	84555
重　庆	Chongqing	1082253	53191	1216869	13813	39243	694071	758601
四　川	Sichuan	1857506	650543	1484843	30437	107535	5140424	2236029
贵　州	Guizhou	782856	5312	581625	2538	17633	1129690	1842087
云　南	Yunnan	640515	2609	169764	14406	35950	1047387	753965
西　藏	Tibet	--	--	--	--	--	--	--
陕　西	Shaanxi	1029766	4553	463093	15752	90147	1199500	482399
甘　肃	Gansu	745602	2158	122886	4207	9584	734955	431307
青　海	Qinghai	81975	167	290121	1297	4850	157028	119547
宁　夏	Ningxia	316977	4366	215046	835	8431	152296	71135
新　疆	Xinjiang	365871	3707	155581	8646	10146	635985	501874

11-3 分地区基层单位建立职工代表大会制度情况(2010年)

EMPLOYEE CONGRESS SYSTEM IN GRASSROOTS TRADE UNION BY REGION (2010)

地　区	Region	建立职工(代表)大会制度的企事业单位(个) Number of Establishments with Employee Congress (unit)	本年度召开过职工(代表)大会的企事业单位(个) Number of Establishments with Congress Held (unit)	职工(代表)大会的职工代表(人) Congress Members (person)	#女职工代表 Female	实行厂务公开的企事业单位(个) Number of Establishments with Publishing Management Affairs (unit)
全　国	**National**	**996610**	**1868007**	**14497005**	**4423229**	**946583**
北　京	Beijing	9676	22524	213915	73422	9708
天　津	Tianjin	19051	31337	256911	82328	14446
河　北	Hebei	53722	71855	810368	225414	55038
山　西	Shanxi	32014	61488	466365	95596	28990
内蒙古	Inner Mongolia	24212	21303	363370	94152	23817
辽　宁	Liaoning	24536	43497	390694	108114	20295
吉　林	Jilin	8765	15696	172884	67388	5471
黑龙江	Heilongjiang	13812	22649	316069	90675	12295
上　海	Shanghai	36025	123334	530831	196610	29335
江　苏	Jiangsu	65815	185065	1265692	485940	59208
浙　江	Zhejiang	89899	179357	1651839	563746	89118
安　徽	Anhui	19029	23093	305801	85231	18506
福　建	Fujian	33984	37598	395679	121345	29518
江　西	Jiangxi	43704	56821	525032	134814	43761
山　东	Shandong	109934	298068	1555184	430783	101995
河　南	Henan	47176	45293	667088	165535	32354
湖　北	Hubei	55586	79878	775021	227658	54837
湖　南	Hunan	31206	29516	377551	105529	23113
广　东	Guangdong	68287	183547	808286	297425	89078
广　西	Guangxi	43396	45858	526526	160267	43280
海　南	Hainan	5938	3973	59675	18551	5918
重　庆	Chongqing	12654	19077	159030	49256	12404
四　川	Sichuan	40345	112959	504254	143644	38092
贵　州	Guizhou	24090	40031	254003	68438	24433
云　南	Yunnan	12398	19908	190566	65475	11542
西　藏	Tibet	140	113	1497	627	1272
陕　西	Shaanxi	35861	34897	371790	95237	34605
甘　肃	Gansu	17298	25778	238045	54926	17419
青　海	Qinghai	2971	3692	52091	15658	2818
宁　夏	Ningxia	7005	15857	82326	27765	6423
新　疆	Xinjiang	7816	13615	199987	68277	7289
国家机关		262	291	8013	3137	202
中直机关		3	39	622	266	3

11-4 各地区基层以上工会职业培训机构情况(2010年)

VOCATIONAL TRAINING ORGANIZATIONS ABOVE GRASSROOTS TRADE UNION BY REGION (2010)

地区	Region	工会开办的职业培训机构(个) Number of Vocational Training (Organizations)	本年度工会职业培训机构培训人次(人次) Trained Persons (person-time)	#下岗失业人员人次数 Laid-off and Unemployment Persons	#经培训实现再就业人次数 Reemployees
全　国	**National**	**3847**	**1822968**	**561547**	**282308**
北　京	Beijing	6	8702	1244	373
天　津	Tianjin	23	37691	7773	5334
河　北	Hebei	150	86813	35570	10693
山　西	Shanxi	914	68403	22593	11705
内蒙古	Inner Mongolia	74	48578	12220	5676
辽　宁	Liaoning	305	92098	57218	29438
吉　林	Jilin	65	12981	8462	3583
黑龙江	Heilongjiang	111	34283	23735	10847
上　海	Shanghai	10	23441	5419	457
江　苏	Jiangsu	103	76027	35902	14847
浙　江	Zhejiang	86	93723	15398	6778
安　徽	Anhui	114	65208	30766	21751
福　建	Fujian	53	41131	3871	2210
江　西	Jiangxi	65	53471	16705	7863
山　东	Shandong	114	102979	30738	13978
河　南	Henan	233	173648	43837	25411
湖　北	Hubei	116	89498	33609	17905
湖　南	Hunan	203	60982	14917	9720
广　东	Guangdong	51	36593	11717	7158
广　西	Guangxi	115	151304	28301	16654
海　南	Hainan	6	2088	1596	140
重　庆	Chongqing	55	31814	11025	7319
四　川	Sichuan	494	225834	55058	27045
贵　州	Guizhou	51	36197	7244	2894
云　南	Yunnan	108	47086	4298	1699
西　藏	Tibet	5	855	40	--
陕　西	Shaanxi	16	17463	7132	2802
甘　肃	Gansu	51	33338	13327	6222
青　海	Qinghai	82	21713	6620	4459
宁　夏	Ningxia	35	32730	9853	4670
新　疆	Xinjiang	33	16296	5359	2677

11-5 各地区基层工会开展合理化建议和劳动竞赛活动情况(2010年)
CONDITION OF CARRYING OUT RATIONALIZED PROPOSALS AND LABOR EMULATION IN GRASSROOTS TRADE UNION BY REGION (2010)

地 区	Region	本年度职工提出合理化建议件数(件) Rationalized Proposals Put Forward by the Staff and Workers This Year (case)	本年度已实施的合理化建议件数(件) Rationalized Proposals Practiced This Year (case)	本年度开展了劳动竞赛的基层工会(个) Grassroots Trade union Participating in Labor Emulation This Year (Organizations)	本年度参加劳动竞赛的职工(人次) Person/Time of Staff and Workers Participating in Labor Emulation (person-time)
全 国	**National**	**8640378**	**4123883**	**329747**	**59801950**
北 京	Beijing	420911	250053	5245	1939014
天 津	Tianjin	474253	201907	8494	3228403
河 北	Hebei	674586	245506	32032	4323926
山 西	Shanxi	332618	168406	5035	1669377
内蒙古	Inner Mongolia	52776	23342	3515	932064
辽 宁	Liaoning	526389	172887	7985	2205067
吉 林	Jilin	197025	111310	2767	695396
黑龙江	Heilongjiang	113350	48855	5504	1504505
上 海	Shanghai	956557	662224	9606	2228069
江 苏	Jiangsu	538021	225753	33288	4202361
浙 江	Zhejiang	341449	135608	26186	3684768
安 徽	Anhui	163737	49811	6082	1359691
福 建	Fujian	175576	79867	10648	1064792
江 西	Jiangxi	61882	22075	3385	762552
山 东	Shandong	1243937	648747	56869	6841196
河 南	Henan	226686	118328	12979	2751457
湖 北	Hubei	258770	137805	13898	2346372
湖 南	Hunan	176623	75989	10135	1167747
广 东	Guangdong	374810	131163	16731	2433477
广 西	Guangxi	93880	30874	8884	1211432
海 南	Hainan	15908	6294	701	199613
重 庆	Chongqing	458377	293623	6309	1654635
四 川	Sichuan	349653	123795	13165	2591414
贵 州	Guizhou	50322	22805	3693	680451
云 南	Yunnan	56730	26578	4826	1062983
西 藏	Tibet	64	64	48	5124
陕 西	Shaanxi	165484	54410	10069	1995473
甘 肃	Gansu	73189	27487	4643	790358
青 海	Qinghai	6167	2702	858	284837
宁 夏	Ningxia	25064	10795	3202	390778
新 疆	Xinjiang	34478	14573	2933	3588329
国家机关		885	247	30	5430
中直机关		221		2	859

11-6　各地区基层工会参与调节劳动争议工作情况(2010年)

CONDITION OF GRASSROOTS TRADE UNION PATICIPATING IN MEDIATION LABOR DISPUTE BY REGION (2010)

地　区	Region	建立劳动争议调解委员会的基层单位(个) Units with Labor Dispute Mediation Committee (unit)	劳动争议调解委员会委员(人) Member of Labor Dispute Mediation Committee (person)	#工会成员(职工代表) Delegates of Trade Union and Staff and Workers	本年度劳动争议调解委员会受理劳动争议件数(件) Cases Accepted by Labor Dispute Mediation Committee This Year (case)	#集体劳动争议 Collective Labor Dispute	本年度劳动争议调解委员会调解成功劳动争议件数(件) Cases Successfully Madiated by Labor Dispute Mediation Committee This Year (case)	#集体劳动争议 Collective Labor Dispute
全　国	**National**	**518652**	**1831535**	**910274**	**269926**	**6846**	**74791**	**3003**
北　京	Beijing	5566	26037	14230	6033	38	618	29
天　津	Tianjin	16269	61589	31580	7020	47	1650	21
河　北	Hebei	48845	153932	72370	6527	137	1190	107
山　西	Shanxi	5698	24796	12268	4714	49	1822	27
内蒙古	Inner Mongolia	19031	102408	49740	3028	57	548	13
辽　宁	Liaoning	11772	44232	21511	9858	102	1703	81
吉　林	Jilin	3228	12960	7181	1449	18	154	8
黑龙江	Heilongjiang	6588	25917	13937	5346	71	592	55
上　海	Shanghai	13160	48278	25557	4599	77	752	26
江　苏	Jiangsu	52540	180920	88185	20042	542	6594	358
浙　江	Zhejiang	53432	180719	91130	24874	479	6421	62
安　徽	Anhui	4499	18929	10341	5915	55	721	19
福　建	Fujian	26823	81203	38564	8535	128	3357	70
江　西	Jiangxi	2845	11031	5797	3975	471	1581	443
山　东	Shandong	67459	218409	107492	14375	406	4460	206
河　南	Henan	11895	43305	21309	7784	1977	1359	305
湖　北	Hubei	17294	61240	29353	16898	319	3714	113
湖　南	Hunan	4393	17221	8144	8295	282	1057	48
广　东	Guangdong	58211	186385	95493	42992	279	19191	193
广　西	Guangxi	16588	54630	27619	2758	113	343	79
海　南	Hainan	2642	11926	6458	416	45	154	39
重　庆	Chongqing	4094	19602	10481	7685	53	5532	35
四　川	Sichuan	24920	90351	45699	27042	492	6099	395
贵　州	Guizhou	5283	20816	10378	3202	104	877	14
云　南	Yunnan	5706	24083	12819	6769	52	444	22
西　藏	Tibet	57	329	213	23	7	--	--
陕　西	Shaanxi	13695	46946	21644	3650	56	676	29
甘　肃	Gansu	6734	24876	10911	5222	201	1471	11
青　海	Qinghai	929	3601	1941	755	2	14	
宁　夏	Ningxia	3960	13499	6308	2706	64	779	55
新　疆	Xinjiang	4416	20816	11249	7205	123	916	40
国家机关		78	457	314	234		2	
中直机关		2	92	58				

11-7 各地区基层以上工会职业介绍机构情况(2010年)

JOB EXCHANGES ABOVE GRASSROOTS TRADE UNION BY REGION (2010)

地 区	Region	工会开办职业介绍机构(个) Number of job Exchanges (unit)	#获得政府有关部门资质认定的机构 Qualificated by Labor and Security Bureau	本年度工会职业介绍机构成功介绍人次数(人次) Placed Jobseekers (person-time)	#下岗失业人员人次数 Laid-off and Unemployed Persons
全 国	**National**	**3052**	**966**	**2294825**	**592688**
北 京	Beijing	11	4	9377	2927
天 津	Tianjin	13	4	25252	6773
河 北	Hebei	152	94	87385	20359
山 西	Shanxi	64	28	40212	12966
内蒙古	Inner Mongolia	43	9	13522	3937
辽 宁	Liaoning	371	59	109833	62702
吉 林	Jilin	615	178	21748	11412
黑龙江	Heilongjiang	93	49	127087	44704
上 海	Shanghai	15	13	10063	5186
江 苏	Jiangsu	73	51	48255	21955
浙 江	Zhejiang	51	22	29866	5572
安 徽	Anhui	77	33	57681	27553
福 建	Fujian	46	16	41958	6593
江 西	Jiangxi	60	21	207928	36786
山 东	Shandong	109	49	181592	48090
河 南	Henan	160	83	358467	109691
湖 北	Hubei	83	43	84080	32893
湖 南	Hunan	642	48	31852	6991
广 东	Guangdong	31	18	17224	8075
广 西	Guangxi	58	22	414175	8815
海 南	Hainan	2		230	165
重 庆	Chongqing	15	11	31416	11426
四 川	Sichuan	95	50	217391	43244
贵 州	Guizhou	47	18	40268	19537
云 南	Yunnan	17	7	5189	3720
西 藏	Tibet	--	--	--	--
陕 西	Shaanxi	12	8	36298	19841
甘 肃	Gansu	30	9	12552	2162
青 海	Qinghai	6	3	638	238
宁 夏	Ningxia	24	5	15025	4305
新 疆	Xinjiang	37	11	18261	4070

十二、香港资料

MAIN INDICATORS OF HONG KONG

12-1 分行业全部就业人数

EMPLOYMENT BY ECONOMIC ACTIVITY

单位:千人 (1000 persons)

行业	Industry	2002	2003	2004	2005	2006	2007	2008
总 计	**Total**	**3218.4**	**3190.6**	**3273.5**	**3336.6**	**3400.8**	**3483.8**	**3518.8**
农林牧渔业	Agriculture,Hunting, Forestry and Fishing	9.1	7.0	8.5	8.7	8.2	6.4	8.3
制造业	Manufacturing	287.8	268.8	232.1	224.3	216.9	202.4	191.2
电力、天然气及水	Electricity,Gas and Water	15.8	16.1	14.6	15.0	14.6	15.2	14.1
建筑业	Construction	284.1	260.8	263.1	263.7	269.2	274.7	268.6
批发零售和餐饮、旅馆业	Wholesale and Retail Trade and Restaurants and Hotels	978.2	983.7	1061.9	1093.8	1104.8	1143.8	1145.5
交通运输和仓储业	Transport,Storage and Communication	343.1	343.5	355.1	357.3	369.2	372.2	377.9
金融保险、房地产和商业服务	Financing,Insurance,Real Estate and Business Services	474.9	468.4	480.2	503.3	525.7	548.0	580.0
团体、社会和个人服务	Community,Social and Personal Services	825.0	841.7	857.8	870.2	892.1	921.1	933.1
男	**Male**	**1794.0**	**1764.3**	**1800.8**	**1822.6**	**1840.4**	**1869.0**	**1870.0**
农林牧渔业	Agriculture,Hunting, Forestry and Fishing	6.1	4.6	5.8	6.0	5.2	4.0	5.7
制造业	Manufacturing	181.4	175.0	147.2	146.8	140.0	130.3	127.2
电力、天然气及水	Electricity,Gas and Water	12.9	13.6	12.4	12.5	12.3	12.6	11.7
建筑业	Construction	262.6	240.7	243.2	244.7	250.0	254.3	248.0
批发零售和餐饮、旅馆业	Wholesale and Retail Trade and Restaurants and Hotels	492.2	498.4	534.8	546.3	545.9	561.0	554.7
交通运输和仓储业	Transport,Storage and Communication	270.5	267.6	280.1	278.1	285.3	286.9	290.3
金融保险、房地产和商业服务	Financing,Insurance,Real Estate and Business Services	283.7	278.0	284.2	298.0	307.9	319.0	334.8
团体、社会和个人服务	Community,Social and Personal Services	284.3	286.0	292.7	289.8	293.8	301.0	297.4
女	**Female**	**1424.4**	**1426.3**	**1472.7**	**1514.0**	**1560.4**	**1614.8**	**1648.8**
农林牧渔业	Agriculture,Hunting, Forestry and Fishing	3.0	2.4	2.7	2.7	3.0	2.4	2.6
制造业	Manufacturing	106.3	93.8	84.9	77.5	76.9	72.1	63.9
电力、天然气及水	Electricity,Gas and Water	2.8	2.5	2.2	2.5	2.4	2.7	2.5
建筑业	Construction	21.5	20.1	19.9	19.0	19.3	20.4	20.6
批发零售和餐饮、旅馆业	Wholesale and Retail Trade and Restaurants and Hotels	486.0	485.3	527.1	547.5	558.9	582.8	590.8
交通运输和仓储业	Transport,Storage and Communication	72.6	75.9	75.0	79.2	83.8	85.4	87.5
金融保险、房地产和商业服务	Financing,Insurance,Real Estate and Business Services	191.2	190.4	196.0	205.3	217.8	229.0	245.2
团体、社会和个人服务	Community,Social and Personal Services	540.8	555.7	565.0	580.4	598.3	620.1	635.7

12-2 分职业全部就业人数

EMPLOYMENT BY OCCUPATION

单位：千人 (1000 persons)

职　　业	Occupation	2002	2003	2004	2005	2006	2007	2008
总　计	**Total**	**3218.4**	**3190.6**	**3273.5**	**3336.6**	**3400.8**	**3483.8**	**3518.8**
立法者高级官员和和管理人员	Legislators,Senior Officials and Managers	300.3	271.0	280.3	312.3	341.8	351.3	347.9
专业人员	Professio nals	196.0	203.0	210.5	229.3	233.8	240.8	250.0
技术和辅助专业人员	Technicians and Associate Professionals	573.1	583.8	610.4	618.2	656.3	672.4	667.2
职　员	Clerks	535.7	527.8	543.0	544.7	530.5	545.5	552.3
服务人员和商店与市场销售人员	Service Workers and Shop an and Market Sales Workers	468.6	481.3	513.5	524.9	514.6	536.6	557.9
农渔业技术人员	Skilled Agricultural and Fishery Workers	8.7	6.9	8.0	7.7	7.0	5.2	5.5
手艺人和有关行业工人	Craft and Related Trade Workers	288.2	270.5	266.8	265.9	258.9	261.7	260.3
设备和机械操作工、装配工	Plant and Machine Operators and Assemblers	237.1	233.2	233.9	224.9	223.0	217.8	216.4
简单劳动职业人员	Elementary Occupations	610.6	613.0	607.2	608.7	635.0	652.5	661.3
男	**Male**	**1794.0**	**1764.3**	**1800.8**	**1822.6**	**1840.4**	**1869.0**	**1870.0**
立法者高级官员和和管理人员	Legislators,Senior Officials and Managers	223.7	200.2	204.8	227.7	241.5	246.7	245.3
专业人员	Professio nals	128.0	132.9	135.9	151.9	149.1	152.6	155.5
技术和辅助专业人员	Technicians and Associate Professionals	335.0	344.2	354.7	355.1	365.0	379.1	369.0
职　员	Clerks	138.1	132.8	145.2	144.4	142.0	147.3	147.1
服务人员和商店与市场销售人员	Service Workers and Shop an and Market Sales Workers	243.9	250.3	256.9	255.9	251.3	253.9	261.2
农渔业技术人员	Skilled Agricultural and Fishery Workers	6.0	4.7	5.7	5.3	4.6	3.5	4.0
手艺人和有关行业工人	Craft and Related Trade Workers	276.7	260.1	255.2	256.0	249.9	251.6	250.9
设备和机械操作工、装配工	Plant and Machine Operators and Assemblers	207.0	204.5	207.2	201.4	201.4	197.1	200.1
简单劳动职业人员	Elementary Occupations	235.7	234.6	235.2	224.9	235.7	237.3	236.9
女	**Female**	**1424.4**	**1426.3**	**1472.7**	**1514.0**	**1560.4**	**1614.8**	**1648.8**
立法者高级官员和和管理人员	Legislators,Senior Officials and Managers	76.6	70.8	75.5	84.6	100.3	104.6	102.6
专业人员	Professio nals	68.1	70.1	74.7	77.4	84.7	88.2	94.5
技术和辅助专业人员	Technicians and Associate Professionals	238.2	239.6	255.7	263.0	291.3	293.2	298.2
职　员	Clerks	397.6	395.0	397.8	400.3	388.5	398.2	405.2
服务人员和商店与市场销售人员	Service Workers and Shop an and Market Sales Workers	224.8	231.0	256.6	269.0	263.3	282.8	296.8
农渔业技术人员	Skilled Agricultural and Fishery Workers	2.7	2.3	2.3	2.5	2.4	1.7	1.4
手艺人和有关行业工人	Craft and Related Trade Workers	11.5	10.4	11.6	9.9	9.0	10.1	9.4
设备和机械操作工、装配工	Plant and Machine Operators and Assemblers	30.1	28.8	26.6	23.5	21.6	20.7	16.3
简单劳动职业人员	Elementary Occupations	374.9	378.4	371.9	383.8	399.3	415.2	424.4

12-3　按年龄分组的失业人数

UNEMPLOYMENT BY AGE GROUP

单位：千人　　　　(1000 persons)

年龄分组 Age Group	2002	2003	2004	2005	2006	2007	2008
总　计 Total	**254.2**	**275.2**	**239.2**	**197.6**	**171.1**	**145.7**	**130.1**
15-19	22.6	21.0	17.7	13.8	13.1	12.5	9.2
20-24	36.6	37.4	30.5	28.6	27.3	22.3	22.1
25-29	28.0	29.6	22.6	19.2	16.6	14.5	14.4
30-34	26.4	28.9	22.4	17.5	15.4	15.3	11.3
35-39	29.8	31.6	25.6	19.1	17.0	12.3	12.1
40-44	34.2	37.6	32.1	25.9	19.3	17.1	14.8
45-49	31.1	36.8	35.1	29.2	25.4	19.1	17.6
50-54	25.4	29.7	28.7	24.0	19.8	17.6	15.9
55-59	14.0	17.5	18.0	15.8	14.0	12.0	10.0
60-64	4.4	4.1	5.3	3.9	2.8	2.8	2.4
65+	1.4	0.9	1.3	0.6			
男 Male	**164.0**	**180.0**	**151.8**	**127.5**	**110.2**	**89.2**	**79.4**
15-19	13.6	12.3	10.5	8.4	7.9	7.0	5.4
20-24	22.0	23.7	19.3	17.8	16.1	13.1	12.5
25-29	17.9	19.3	14.6	12.1	10.7	9.0	8.3
30-34	15.5	17.4	13.0	10.7	9.6	8.5	6.4
35-39	18.7	18.7	14.9	11.1	10.1	7.1	6.3
40-44	21.7	23.9	18.3	14.7	11.5	10.1	8.8
45-49	20.1	24.2	22.4	19.9	16.6	11.5	10.2
50-54	17.9	21.6	18.9	17.0	14.4	11.7	11.2
55-59	11.4	14.3	14.0	11.8	10.4	8.4	7.7
60-64	3.9	3.6	4.7	3.4	2.6	2.4	2.1
65+	1.3	0.9	1.2	0.6			
女 Female	**90.1**	**95.3**	**87.4**	**70.1**	**60.8**	**56.5**	**50.7**
15-19	9.0	8.7	7.1	5.4	5.2	5.5	3.7
20-24	14.7	13.7	11.2	10.8	11.2	9.2	9.6
25-29	10.1	10.3	8.1	7.1	6.0	5.5	6.1
30-34	10.9	11.5	9.4	6.9	5.8	6.8	4.9
35-39	11.1	12.9	10.7	8.0	7.0	5.2	5.8
40-44	12.5	13.7	13.8	11.2	7.7	7.0	6.0
45-49	10.9	12.6	12.7	9.3	8.8	7.6	7.4
50-54	7.5	8.1	9.8	7.0	5.4	5.8	4.6
55-59	2.6	3.2	4.0	3.9	3.5	3.6	2.3
60-64	0.5	0.5	0.6	0.5			

12-4 分行业失业人数

UNEMPLOYMENT BY ECONOMIC ACTIVITY

单位：千人 (1000 persons)

行业	Industry	2001	2002	2003	2004	2005	2006	2007	2008
总计	**Total**	**174.3**	**254.2**	**275.2**	**239.2**	**197.6**	**171.1**	**145.7**	**130.1**
农林牧渔业	Agriculture,Hunting, Forestry and Fishing		0.5						
制造业	Manufacturing	18.1	22.7	22.4	17.7	15.0	11.6	9.6	8.6
电力、天然气及水	Electricity,Gas and Water								
建筑业	Construction	35.0	53.4	61.3	50.1	39.2	33.8	25.0	19.4
批发零售和餐饮、旅馆业	Wholesale and Retail Trade and Restaurants and Hotels	57.0	83.1	88.0	75.3	63.4	55.7	49.1	45.5
交通运输和仓储业	Transport,Storage and Communication	15.9	19.8	24.0	19.7	17.9	15.1	12.9	12.6
金融保险、房地产和商业服务	Financing,Insurance,Real Estate and Business Services	15.1	23.1	25.5	22.7	18.3	16.7	13.9	13.1
团体、社会和个人服务	Community,Social and Personal Services	16.8	26.9	30.2	29.6	23.2	19.0	17.7	14.8
初次失业	Unemployed for the First Time	16.1	24.7	23.2	23.4	20.1	18.7	17.0	15.7
男	**Male**	**117.8**	**164.0**	**180.0**	**151.8**	**127.5**	**110.2**	**89.2**	**79.4**
农林牧渔业	Agriculture,Hunting, Forestry and Fishing								
制造业	Manufacturing	12.2	14.0	14.6	11.1	9.5	7.1	5.9	4.9
电力、天然气及水	Electricity,Gas and Water								
建筑业	Construction	33.9	51.8	58.8	47.6	38.0	32.5	24.2	18.7
批发零售和餐饮、旅馆业	Wholesale and Retail Trade and Restaurants and Hotels	30.8	43.5	45.4	37.5	33.4	28.6	24.3	23.1
交通运输和仓储业	Transport,Storage and Communication	13.8	16.3	20.4	17.0	15.2	13.2	10.6	10.4
金融保险、房地产和商业服务	Financing,Insurance,Real Estate and Business Services	9.9	15.2	16.8	15.5	12.6	11.4	8.5	8.7
团体、社会和个人服务	Community,Social and Personal Services	8.6	12.4	13.5	13.2	9.3	8.3	7.7	6.0
初次失业	Unemployed for the First Time	8.3	10.4	9.9	9.5	9.1	8.9	7.7	7.4
女	**Female**	**56.5**	**90.1**	**95.3**	**87.4**	**70.1**	**60.8**	**56.5**	**50.7**
农林牧渔业	Agriculture,Hunting, Forestry and Fishing								
制造业	Manufacturing	5.9	8.7	7.8	6.6	5.5	4.5	3.7	3.7
建筑业	Construction	1.1	1.5	2.5	2.5	1.3	1.2	0.9	0.7
批发零售和餐饮、旅馆业	Wholesale and Retail Trade and Restaurants and Hotels	26.2	39.6	42.6	37.8	29.9	27.2	24.8	22.4
交通运输和仓储业	Transport,Storage and Communication	2.2	3.5	3.6	2.8	2.7	2.0	2.2	2.2
金融保险、房地产和商业服务	Financing,Insurance,Real Estate and Business Services	5.1	7.8	8.7	7.2	5.7	5.4	5.3	4.4
团体、社会和个人服务	Community,Social and Personal Services	8.1	14.5	16.7	16.4	13.9	10.7	10.0	8.9
初次失业	Unemployed for the First Time	7.9	14.3	13.3	13.9	11.0	9.8	9.3	8.3

12-5 分职业失业人数

UNEMPLOYMET BY OCCUPATION

单位：千人 (1000 persons)

职业	Occupation	2002	2003	2004	2005	2006	2007	2008
总计	**Total**	**254.2**	**275.2**	**239.2**	**197.6**	**171.1**	**145.7**	**130.1**
立法者高级官员和和管理人员	Legislators,Senior Officials and Managers	8.4	6.7	5.3	6.1	4.6	4.3	3.4
专业人员	Professio nals	4.8	5.0	4.5	4.1	3.2	3.5	3.3
技术和辅助专业人员	Technicians and Associate Professionals	25.8	26.5	22.3	18.0	17.1	15.9	14.3
职员	Clerks	30.0	30.1	25.5	22.5	19.5	17.8	17.9
服务人员和商店与市场销售人员	Service Workers and Shop and and Market Sales Workers	47.3	55.3	46.8	39.0	33.3	28.2	26.7
手艺人和有关行业工人	Craft and Related Trade Workers	46.9	51.7	41.2	31.9	27.3	19.4	15.5
设备和机械操作工、装配工	Plant and Machine Operators and Assemblers	15.0	17.7	15.3	11.7	9.9	7.2	6.6
简单劳动职业人员	Elementary Occupations	51.0	58.7	54.6	43.8	37.3	32.3	26.7
初次失业	Unemployed for the First Time	24.7	23.2	23.4	20.1	18.7	17.0	15.7
男	**Male**	**164.0**	**180.0**	**151.8**	**127.5**	**110.2**	**89.2**	**79.4**
立法者高级官员和和管理人员	Legislators,Senior Officials and Managers	6.8	4.9	4.2	4.8	3.3	2.9	2.5
专业人员	Professio nals	3.5	3.5	3.1	3.0	2.4	2.6	2.4
技术和辅助专业人员	Technicians and Associate Professionals	18.1	18.4	15.3	12.0	11.1	10.2	9.2
职员	Clerks	9.0	8.6	8.5	7.2	6.4	6.4	5.5
服务人员和商店与市场销售人员	Service Workers and Shop and and Market Sales Workers	22.8	28.1	22.3	20.1	17.1	12.8	13.5
手艺人和有关行业工人	Craft and Related Trade Workers	45.9	50.9	40.1	31.3	26.8	18.9	14.8
设备和机械操作工、装配工	Plant and Machine Operators and Assemblers	11.4	14.2	12.3	9.3	7.9	5.8	5.3
简单劳动职业人员	Elementary Occupations	36.0	41.0	36.5	30.5	26.0	21.9	18.8
初次失业	Unemployed for the First Time	10.4	9.9	9.5	9.1	8.9	7.7	7.4
女	**Female**	**90.1**	**95.3**	**87.4**	**70.1**	**60.8**	**56.5**	**50.7**
立法者高级官员和和管理人员	Legislators,Senior Officials and Managers	1.6	1.7	1.1	1.3	1.3	1.4	0.9
专业人员	Professio nals	1.3	1.4	1.4	1.2	0.8	0.9	0.9
技术和辅助专业人员	Technicians and Associate Professionals	7.8	8.1	7.0	6.0	6.0	5.7	5.2
职员	Clerks	21.1	21.4	17.1	15.3	13.0	11.4	12.4
服务人员和商店与市场销售人员	Service Workers and Shop and and Market Sales Workers	24.5	27.2	24.6	18.9	16.2	15.3	13.2
手艺人和有关行业工人	Craft and Related Trade Workers	0.9	0.9	1.1	0.6			0.7
设备和机械操作工、装配工	Plant and Machine Operators and Assemblers	3.6	3.5	3.0	2.4	2.0	1.5	1.3
简单劳动职业人员	Elementary Occupations	15.1	17.7	18.1	13.4	11.3	10.4	7.9
初次失业	Unemployed for the First Time	14.3	13.3	13.9	11.0	9.8	9.3	8.3

12-6 非农行业工人日工资率

WAGES OF WAGE EARNERS BY ECONOMIC ACTIVITY

单位：元/日 (dollars/per day)

分 组	Group	2002	2003	2004	2005	2006	2007	2008
总 计	**Total**	**401.3**	**408.5**	**398.6**	**370.0**	**419.6**	**440.8**	**453.3**
制造业	Manufacturing	326.1	322.2	324.3	279.0	321.7	342.8	341.2
交通运输和仓储业	Transport,Storage and Communication	508.6	496.5	491.3	503.7	507.0	511.2	522.4
金融保险、房地产和商业服务	Financing,Insurance,Real Estate and Business Services	432.8	426.0	417.6	417.1	432.0	447.4	462.2
团体、社会和个人服务	Community,Social and Personal Services	524.6	518.4	525.8	500.4	518.9	548.0	533.2
男	**Male**	**476.0**	**469.2**	**451.4**	**397.3**	**482.4**	**491.7**	**502.1**
制造业	Manufacturing	419.2	406.1	380.4	282.4	420.8	436.4	430.3
交通运输和仓储业	Transport,Storage and Communication	510.5	497.4	491.9	504.4	507.6	510.9	523.5
金融保险、房地产和商业服务	Financing,Insurance,Real Estate and Business Services	432.8	426.1	417.7	417.1	432.0	447.4	462.2
团体、社会和个人服务	Community,Social and Personal Services	524.6	518.4	525.8	500.4	518.9	548.0	533.2
女	**Female**	**277.8**	**274.4**	**289.8**	**287.0**	**269.9**	**283.0**	**274.2**
制造业	Manufacturing	268.2	262.7	280.0	273.8	256.9	259.6	259.9

12-7 非农行业管理人员月工资率

WAGES OF SALARIED EMPLOYEES BY ECONOMIC ACTIVITY

单位: 元/月　　(dollars/per month)

分　组	Group	2002	2003	2004	2005	2006	2007	2008
总　计	**Total**	**11069.8**	**10854.3**	**10534.6**	**10671.1**	**10985.1**	**11378.5**	**11358.9**
制造业	Manufacturing	11950.7	11508.8	11498.1	11622.0	11972.4	11878	11881.3
批发零售和餐饮、旅馆业	Wholesale and Retail Trade and Restaurants and Hotels	11745.0	11580.8	11385.1	11704.9	11912.6	11916.3	12032.5
交通运输和仓储业	Transport,Storage and Communication	13381.7	13037.2	12711.3	13303.6	12772.8	13061.1	14101.2
金融保险、房地产和商业服务	Financing,Insurance,Real Estate and Business Services	10571.8	10645.4	9830.9	9815.3	10239.3	11195	10799.4
团体、社会和个人服务	Community,Social and Personal Services	6179.2	5972.9	6053.4	5934.3	6000.3	6570.1	6600
男	**Male**	**11619.0**	**11269.8**	**11025.0**	**11016.0**	**11391.9**	**11759.3**	**11792**
制造业	Manufacturing	12810.2	12082.7	11880.7	12248.6	12483.3	12596.7	12470.3
批发零售和餐饮、旅馆业	Wholesale and Retail Trade and Restaurants and Hotels	12867.8	12526.3	12299.3	12599.4	12856.4	12797.2	12803
交通运输和仓储业	Transport,Storage and Communication	14296.0	14056.1	13586.5	14032.0	13524.7	13962	15094.3
金融保险、房地产和商业服务	Financing,Insurance,Real Estate and Business Services	9606.4	9703.1	9110.3	8988.4	9422.4	10094	10011.9
团体、社会和个人服务	Community,Social and Personal Services	6993.0	6479.7	6536.4	6444.1	6493.3	6820.6	6710.4
女	**Female**	**10518.2**	**10445.8**	**10052.4**	**10319.5**	**10596.5**	**11015.2**	**10943**
制造业	Manufacturing	11123.2	11021.1	11139.3	11015.0	11552.3	11282.4	11335.9
批发零售和餐饮、旅馆业	Wholesale and Retail Trade and Restaurants and Hotels	10852.0	10836.7	10640.6	10998.1	11192.9	11217.6	11404.3
交通运输和仓储业	Transport,Storage and Communication	12059.8	11657.0	11538.6	12212.3	11721.8	11800.8	12719
金融保险、房地产和商业服务	Financing,Insurance,Real Estate and Business Services	12554.1	12319.7	11320.0	11579.2	11803.6	13113.1	12257.9
团体、社会和个人服务	Community,Social and Personal Services	5688.7	5617.7	5791.8	5576.3	5686.5	6429.5	6536.9

12-8 非农行业周工作小时

HOURS OF WORK BY ECONOMIC ACTIVITY

单位：小时／周 (hours/per week)

行业	Industry	2002	2003	2004	2005	2006	2007	2008
总计	**Total**	**46.9**	**46.6**	**47.1**	**46.9**	**46.3**	**46.6**	**45.5**
制造业	Manufacturing	45.6	45.4	46.5	46.4	45.5	45.8	44.6
电力、天然气及水	Electricity,Gas and Water	42.5	42.3	42.7	42.5	42.4	42.5	41.6
建筑业	Construction	41.5	41.3	42.6	42.6	42.1	43.1	41.8
批发零售和餐饮、旅馆业	Wholesale and Retail Trade and Restaurants and Hotels	48.5	48.4	48.7	48.3	47.3	47.7	46.7
交通运输和仓储业	Transport,Storage and Communication	47.4	47	48	47.6	47.2	47.4	46.2
金融保险、房地产和商业服务	Financing,Insurance,Real Estate and Business Services	46.8	46.7	47.0	47.1	46.3	46.2	45.1
团体、社会和个人服务	Community,Social and Personal Services	47.1	46.4	46.3	46.4	46.1	46.4	45.4
男	**Male**	**47.4**	**47.3**	**47.9**	**47.8**	**47.1**	**47.4**	**46.3**
制造业	Manufacturing	47.3	47.0	48.1	48.1	47.2	47.7	46
电力、天然气及水	Electricity,Gas and Water	42.7	42.8	43.0	42.8	42.6	43.0	42.3
建筑业	Construction	41.4	41.3	42.7	42.6	42.1	43.2	42
批发零售和餐饮、旅馆业	Wholesale and Retail Trade and Restaurants and Hotels	50.8	50.7	50.9	50.5	49.3	49.8	48.8
交通运输和仓储业	Transport,Storage and Communication	48.8	48.4	49.4	49.1	48.8	49.1	48
金融保险、房地产和商业服务	Financing,Insurance,Real Estate and Business Services	49.1	48.9	49.1	49.1	48.3	48.2	47.1
团体、社会和个人服务	Community,Social and Personal Services	44.6	44.3	44.5	44.3	44.3	44.2	43.2
女	**Female**	**46.1**	**45.8**	**46.0**	**45.9**	**45.4**	**45.6**	**44.7**
制造业	Manufacturing	42.6	42.3	43.5	43.2	42.4	42.4	41.7
电力、天然气及水	Electricity,Gas and Water	41.6	39.6	40.9	41.3	41.4	40.4	38.1
建筑业	Construction	42.2	41.7	42.1	42.4	42.1	42.6	40.3
批发零售和餐饮、旅馆业	Wholesale and Retail Trade and Restaurants and Hotels	46.3	46.1	46.4	46.1	45.4	45.6	44.8
交通运输和仓储业	Transport,Storage and Communication	42.2	41.9	42.6	42.1	41.6	41.6	40.4
金融保险、房地产和商业服务	Financing,Insurance,Real Estate and Business Services	43.4	43.5	43.9	44.2	43.6	43.6	42.4
团体、社会和个人服务	Community,Social and Personal Services	48.3	47.5	47.3	47.4	47.1	47.4	46.5

12-9 分行业职业伤害情况

OCCUPATIONAL INJURIES BY ECONOMIC ACTIVITY

项　　目	Item	2001	2002	2003	2004	2005	2006	2007
一、伤亡人数(人)	**Total (fatal and non fatal,person)**	**53719**	**47023**	**42022**	**44025**	**44267**	**46937**	**43979**
农林牧渔业	Agriculture,Hunting, Forestry and Fishing	145	158	155	166	148	162	176
采掘业	Mining and Quarrying	11	7	1	2	2		
制造业	Manufacturing	5979	5104	4004	4258	4110	4228	3967
电力、天然气及水	Electricity,Gas and Water	70	43	59	54	65	50	33
建筑业	Construction	9324	6369	4546	3918	3667	3499	3135
批发零售和餐饮、旅馆业	Wholesale and Retail Trade and Restaurants and Hotels	16934	14762	13059	14224	13926	14665	13916
交通运输和仓储业	Transport,Storage and Communication	5114	4712	4119	4640	4924	5491	5023
金融保险、房地产和商业服务	Financing,Insurance,Real Estate and Business Services	4522	4353	4494	5129	5276	5911	5772
团体、社会和个人服务	Community,Social and Personal Services	11596	11489	11565	11604	12136	12921	11953
其　他	Activities not Adepuately Defined	24	26	20	30	13	10	4
1、受伤人数	**Non fatal**	**53543**	**46813**	**41851**	**43838**	**44080**	**46750**	**43807**
农林牧渔业	Agriculture,Hunting, Forestry and Fishing	145	157	155	164	147	162	176
采掘业	Mining and Quarrying	11	7	1	2	2		
制造业	Manufacturing	5953	5088	3985	4229	4096	4207	3946
电力、天然气及水	Electricity,Gas and Water	68	43	58	53	65	50	32
建筑业	Construction	9282	6322	4513	3896	3626	3479	3098
批发零售和餐饮、旅馆业	Wholesale and Retail Trade and Restaurants and Hotels	16922	14743	13049	14205	13911	14639	13900
交通运输和仓储业	Transport,Storage and Communication	5077	4675	4093	4613	4891	5462	4997
金融保险、房地产和商业服务	Financing,Insurance,Real Estate and Business Services	4484	4298	4454	5080	5224	5856	5726
团体、社会和个人服务	Community,Social and Personal Services	11577	11454	11523	11566	12105	12885	11928
其　他	Activities not Adepuately Defined	24	26	20	30	13	10	4
2、死亡人数	**Fatal**	**176**	**210**	**171**	**187**	**187**	**187**	**172**
农林牧渔业	Agriculture,Hunting, Forestry and Fishing		1		2	1		
采掘业	Mining and Quarrying							
制造业	Manufacturing	26	16	19	29	14	21	21
电力、天然气及水	Electricity,Gas and Water	2		1	1			1
建筑业	Construction	42	47	33	22	41	20	37
批发零售和餐饮、旅馆业	Wholesale and Retail Trade and Restaurants and Hotels	12	19	10	19	15	26	16
交通运输和仓储业	Transport,Storage and Communication	37	37	26	27	33	29	26
金融保险、房地产和商业服务	Financing,Insurance,Real Estate and Business Services	38	55	40	49	52	55	46
团体、社会和个人服务	Community,Social and Personal Services	19	35	42	38	31	36	25

12-9 续表 continued

项　　目	Item	2001	2002	2003	2004	2005	2006	2007
二、每10万人死亡率	**Rates of Fatal Injuries per 100000 Employees**	**7.1**	**8.6**	**7.2**	**7.7**	**7.5**	**7.3**	**6.6**
采掘业	Mining and Quarrying							
制造业	Manufacturing	12.7	8.3	11.0	17.3	8.5	13.1	13.4
电力、天然气及水	Electricity,Gas and Water	24.3		12.0	12.2			12.6
建筑业	Construction	52.3	64.2	51.5	34.6	69.2	37.8	73.7
批发零售和餐饮、旅馆业	Wholesale and Retail Trade and Restaurants and Hotels	1.2	1.9	1.0	1.9	1.5	2.5	1.5
交通运输和仓储业	Transport,Storage and Communication	20.2	20.5	15.1	15.1	18.0	15.7	13.7
金融保险、房地产和商业服务	Financing,Insurance,Real Estate and Business Services	8.7	12.8	9.5	11.2	11.4	11.5	9.1
团体、社会和个人服务	Community,Social and Personal Services	3.4	6.2	7.3	6.5	5.2	5.7	3.9
三、损失工日数(日)	**Days Lost (days)**	**535225**	**490849**	**411677**	**420929**	**408423**	**424529**	**390369**
农林牧渔业	Agriculture,Hunting, Forestry and Fishing	1166	2087	2218	2339	1316	1503	1699
采掘业	Mining and Quarrying	69	91	13	5			
制造业	Manufacturing	66794	62070	45889	45841	45061	43568	40436
电力、天然气及水	Electricity,Gas and Water	281	628	548	423	503	386	337
建筑业	Construction	137632	105439	72946	58987	50364	45758	47179
批发零售和餐饮、旅馆业	Wholesale and Retail Trade and Restaurants and Hotels	141612	131085	110248	122486	118944	124159	111842
交通运输和仓储业	Transport,Storage and Communication	56851	55822	49546	50574	52181	57898	48415
金融保险、房地产和商业服务	Financing,Insurance,Real Estate and Business Services	42077	41633	42942	47872	48674	50597	51826
团体、社会和个人服务	Community,Social and Personal Services	88745	91995	87329	92405	91368	100662	88637
其　他	Activities not Adepuately Defined					13		

12-10 消费价格指数
CONSUMER PRICES INDICES

2000年=100　　　　(year of 2000=100)

项　　目	Item	2001	2002	2003	2004	2005	2006	2007	2008
总指数	General Indices	98.4	95.4	93.0	92.6	93.6	95.5	97.4	101.6
总指数(不含住房)	General Indices (excl. shelter)	99.0	97.1	95.5	96.8	98.0	98.8	100.9	105.3
食品指数	Food Indices	99.2	97.1	95.7	96.7	98.4	100.1	104.4	115
用电及燃料指数	Fuel and Light Indices	98.0	91.3	92.5	103.1	107.3	109.6	108.8	101.7
服装指数	Clothing Indices	95.4	96.1	93.6	99.6	101.5	102.5	106.8	107.7
租金指数	Rent Indices	97.0	91.4	87.0	82.5	82.5	86.4	88.1	91.7

十三、澳门资料

MAIN INDICATORS OF MACAO

13-1 分行业全部就业人数
EMPLOYMENT BY ECONOMIC ACTIVITY

单位：千人 (1000 persons)

行 业	Industry	2005	2006	2007	2008
总 计	**Total**	**237.5**	**265.1**	**300.4**	**323**
农林牧渔业	Agriculture,Huntung,Forestry and Fishing	0.3	0.5	0.2	0.6
制造业	Manufacturing	35.3	29.5	24.0	24.6
电力、煤气及水的供应业	Electricity, Gas, and Water Supply	1.2	0.9	1.2	0.9
建筑业	Construction	22.9	31.1	38.6	38.4
批发零售及修理业	Wholesale and Retail Trade; Repair of Motor Vehicles, Motorcycles and Personal and Household Goods	35.3	36.4	38.4	39.6
旅馆及餐饮业	Hotels and Restaurants	24.9	30.0	34.7	41.3
运输、仓储及通信业	Transport,Storageand Communications	14.8	16.8	16.4	16
金融保险业	Financial Intermediation	6.6	6.9	7.9	7.5
房地产业	Real Estate, Renting and Business Activities	14.3	16.3	20.1	23.8
公共管理与防务、义务社会保障业	Public Administration and Defence; Compulsory SocialSecurity	18.8	20.3	22.0	20.2
教 育	Education	10.3	11.3	11.9	11.5
卫生与社会工作	Health and Social Work	5.3	5.4	6.0	6.5
其他社区、社会和个人服务工作	Other Community, Social and Personal Service Activities	40.8	52.5	69.1	78.9
家庭服务业	Private Households with Employed Persons	6.2	6.9	9.6	13.3
享有治外法权的组织机构	Extra-territorial Organizations and Bodies	0.2	0.1	0.1	
其 他	Other	0.1	0.1		
男	**Male**	**124.3**	**141.6**	**160.5**	**172.3**
农林牧渔业	Agriculture,Huntung,Forestry and Fishing	0.2	0.3	0.1	0.3
制造业	Manufacturing	11.8	10.5	8.7	11.5
电力、煤气及水的供应业	Electricity, Gas, and Water Supply	1.0	0.8	1.0	0.6
建筑业	Construction	20.5	27.8	33.9	33.7
批发零售及修理业	Wholesale and Retail Trade; Repair of Motor Vehicles, Motorcycles and Personal and Household Goods	18.5	17.8	19.3	19.3
旅馆及餐饮业	Hotels and Restaurants	11.5	14.6	16.7	20.5
运输、仓储及通信业	Transport,Storageand Communications	11.0	12.0	11.8	11.8
金融保险业	Financial Intermediation	2.8	2.9	3.1	2.8
房地产业	Real Estate, Renting and Business Activities	9.0	9.9	11.7	14.5
公共管理与防务、义务社会保障业	Public Administration and Defence; Compulsory SocialSecurity	12.6	14.0	14.2	13.0
教 育	Education	3.0	3.7	3.8	3.5
卫生与社会工作	Health and Social Work	1.4	1.4	1.7	2.0
其他社区、社会和个人服务工作	Other Community, Social and Personal Service Activities	20.5	25.6	33.9	38.3
家庭服务业	Private Households with Employed Persons	0.3	0.3	0.5	0.3
享有治外法权的组织机构	Extra-territorial Organizations and Bodies	0.1			
其 他	Other	0.1			
女	**Female**	**113.2**	**123.5**	**139.8**	**150.7**
农林牧渔业	Agriculture,Huntung,Forestry and Fishing	0.2	0.3	0.1	0.3
制造业	Manufacturing	23.5	19.1	15.4	13.1
电力、煤气及水的供应业	Electricity, Gas, and Water Supply	0.2	0.1	0.2	0.2
建筑业	Construction	2.5	3.2	4.7	4.7
批发零售及修理业	Wholesale and Retail Trade; Repair of Motor Vehicles, Motorcycles and Personal and Household Goods	16.8	18.6	19.1	20.3
旅馆及餐饮业	Hotels and Restaurants	13.4	15.4	18.1	20.8
运输、仓储及通信业	Transport,Storageand Communications	3.8	4.8	4.5	4.2
金融保险业	Financial Intermediation	3.8	4.0	4.8	4.7
房地产业	Real Estate, Renting and Business Activities	5.3	6.4	8.5	9.3
公共管理与防务、义务社会保障业	Public Administration and Defence; Compulsory SocialSecurity	6.2	6.4	7.8	7.2
教 育	Education	7.4	7.7	8.1	7.9
卫生与社会工作	Health and Social Work	3.9	4.1	4.3	4.4
其他社区、社会和个人服务工作	Other Community, Social and Personal Service Activities	20.2	26.9	35.2	40.6
家庭服务业	Private Households with Employed Persons	5.9	6.6	9.1	12.9
享有治外法权的组织机构	Extra-territorial Organizations and Bodies	0.1	0.1	0.1	
其 他	Other				

13-2 分职业全部就业人数

EMPLOYMENT BY OCCUPATION

单位：千人 (1000 persons)

职　　业	Occupation	2002	2003	2004	2005	2006	2007	2008
总　计	**Total**	**204.9**	**205.4**	**219.1**	**237.5**	**265.1**	**300.4**	**323.0**
立法者高级官员和和管理人员	Legislators,Senior Officials and Managers	12.2	12.2	13.5	15.8	17.0	14.6	14.5
专业人员	Professio nals	6.9	7.8	7.8	7.5	9.4	10.3	11.7
技术和辅助专业人员	Technicians and Associate Professionals	18.9	19.3	20.4	21.4	23.5	28.2	26.3
职　员	Clerks	36.2	39.0	44.7	51.1	60.8	79.4	79.9
服务人员和商店与市场销售人员	Service Workers and Shop and and Market Sales Workers	43.4	40.8	45.3	48.5	54.8	60.7	72.8
农渔业技术人员	Skilled Agricultural and Fishery Workers	1.3	1.9	1.9	1.2	1.4	0.9	1.6
手艺人和有关行业工人	Craft and Related Trade Workers	23.0	22.7	23.0	24.8	27.9	31.8	32.7
设备和机械操作工、装配工	Plant and Machine Operators and Assemblers	27.7	25.3	25.8	26.7	25.3	21.9	23.1
简单劳动职业人员	Elementary Occupations	35.3	36.4	36.8	40.4	44.9	52.5	60.4
男	**Male**	**106.4**	**108.3**	**115.2**	**124.3**	**141.6**	**160.5**	**172.3**
立法者高级官员和和管理人员	Legislators,Senior Officials and Managers	9.4	9.5	10.6	11.8	12.8	10.9	10.6
专业人员	Professio nals	4.0	4.5	4.4	4.2	5.4	6.0	7.3
技术和辅助专业人员	Technicians and Associate Professionals	10.1	10.1	10.3	10.6	12.0	15.1	13.1
职　员	Clerks	12.6	13.3	15.2	19.1	23.3	30.5	30.8
服务人员和商店与市场销售人员	Service Workers and Shop and and Market Sales Workers	24.4	22.5	25.0	25.8	28.2	32.6	38.8
农渔业技术人员	Skilled Agricultural and Fishery Workers	1.0	1.6	1.5	1.0	1.1	0.7	1.2
手艺人和有关行业工人	Craft and Related Trade Workers	18.5	18.8	19.8	21.4	25.9	30.4	31.2
设备和机械操作工、装配工	Plant and Machine Operators and Assemblers	10.3	10.6	11.5	12.6	14.1	13.8	15.4
简单劳动职业人员	Elementary Occupations	16.0	17.5	16.9	17.8	18.8	20.6	23.8
女	**Female**	**98.5**	**97.1**	**103.9**	**113.2**	**123.5**	**139.8**	**150.7**
立法者高级官员和和管理人员	Legislators,Senior Officials and Managers	2.8	2.7	2.9	4.2	4.2	3.8	3.9
专业人员	Professio nals	2.9	3.2	3.4	3.3	4.0	4.3	4.4
技术和辅助专业人员	Technicians and Associate Professionals	8.8	9.2	10.2	10.8	11.5	13.1	13.2
职　员	Clerks	23.5	25.8	29.6	32.0	37.5	49.0	49.1
服务人员和商店与市场销售人员	Service Workers and Shop and and Market Sales Workers	19.0	18.4	20.3	22.7	26.6	28.1	33.9
农渔业技术人员	Skilled Agricultural and Fishery Workers	0.3	0.3	0.4	0.2	0.4	0.2	0.3
手艺人和有关行业工人	Craft and Related Trade Workers	4.5	3.8	3.2	3.4	2.0	1.4	1.5
设备和机械操作工、装配工	Plant and Machine Operators and Assemblers	17.5	14.8	14.2	14.1	11.2	8.1	7.7
简单劳动职业人员	Elementary Occupations	19.3	18.9	19.9	22.6	26.2	31.9	36.6

13-3 按年龄分组的失业人数
UNEMPLOYMENT BY AGE GROUP

单位：千人 (1000 persons)

年龄分组 Age Group	2001	2002	2003	2004	2005	2006	2007	2008
总 计 Total	**14.0**	**13.7**	**13.1**	**11.2**	**10.3**	**10.4**	**9.5**	**10.1**
14-19	1.1	1.2	1.1	1.0	1.1	0.9	1.0	1.0
20-24	1.6	1.6	1.9	1.8	1.5	1.7	1.7	1.8
25-29	1.4	1.2	1.2	1.1	1.0	1.0	0.7	0.8
30-34	1.3	1.2	1.1	1.0	0.7	0.7	0.9	0.5
35-39	2.1	1.9	1.4	1.2	1.1	1.1	0.8	0.9
40-44	2.9	2.6	2.2	1.6	1.4	1.5	1.0	1.2
45-49	2.1	2.1	2.3	1.7	1.7	1.5	1.2	1.5
50-54	1.0	1.0	1.3	1.1	1.1	1.1	1.2	1.5
55-59	0.4	0.6	0.6	0.6	0.6	0.6	0.7	0.6
60-64	0.1	0.2	0.1	0.1	0.2	0.2	0.2	0.2
65+								
男 Male	**9.5**	**9.1**	**8.3**	**6.8**	**5.8**	**5.6**	**5.6**	**5.7**
14-19	0.7	0.8	0.7	0.7	0.6	0.6	0.7	0.7
20-24	1.0	0.9	1.2	1.0	0.9	0.9	1.2	1.0
25-29	0.9	0.8	0.8	0.7	0.5	0.6	0.4	0.5
30-34	0.8	0.7	0.6	0.6	0.5	0.4	0.4	0.2
35-39	1.2	1.1	0.6	0.6	0.4	0.4	0.3	0.3
40-44	1.9	1.9	1.4	1.1	0.6	0.6	0.5	0.6
45-49	1.7	1.5	1.5	1.0	0.9	0.8	0.7	0.8
50-54	0.9	0.7	0.9	0.7	0.7	0.7	0.8	0.9
55-59	0.3	0.4	0.5	0.4	0.4	0.4	0.5	0.5
60-64	0.1	0.2	0.1	0.1	0.1	0.1	0.2	0.2
65+								
女 Female	**4.5**	**4.6**	**4.8**	**4.4**	**4.5**	**4.8**	**3.9**	**4.3**
14-19	0.4	0.4	0.4	0.3	0.4	0.3	0.3	0.3
20-24	0.6	0.7	0.7	0.8	0.6	0.8	0.6	0.7
25-29	0.5	0.4	0.5	0.5	0.4	0.4	0.4	0.4
30-34	0.5	0.5	0.5	0.4	0.2	0.3	0.4	0.3
35-39	1.0	0.8	0.7	0.6	0.6	0.7	0.5	0.6
40-44	0.9	0.8	0.8	0.5	0.9	0.9	0.5	0.6
45-49	0.4	0.6	0.8	0.7	0.8	0.7	0.5	0.6
50-54	0.1	0.3	0.3	0.4	0.4	0.5	0.4	0.5
55-59	0.1	0.1	0.1	0.2	0.1	0.2	0.3	0.2
60-64					0.1	0.1		

13-4 分行业失业人数

UNEMPLOYMENT BY ECONOMIC ACTIVITY

单位: 千人 (1000 persons)

行 业	Industry	2004	2005	2006	2007	2008
总 计	**Total**	**11.2**	**10.3**	**10.4**	**9.5**	**10.1**
农林牧渔业	Agriculture,Huntung,Forestry and Fishing		0.1		0.1	
制造业	Manufacturing	2.0	1.9	1.6	1.1	0.8
建筑业	Construction	1.3	1.2	1.4	1.7	2
批发零售及修理业	Wholesale and Retail Trade; Repair of Motor Vehicles, Motorcycles and Personal and Household Goods	1.9	1.5	1.5	1.5	1.3
旅馆及餐饮业	Hotels and Restaurants	2.1	1.4	1.7	1.4	1.5
运输、仓储及通信业	Transport,Storageand Communications	0.5	0.5	0.5	0.3	0.3
金融保险业	Financial Intermediation	0.1		0.1	0.1	0.1
房地产业	Real Estate, Renting and Business Activities	0.4	0.5	0.6	0.5	0.7
公共管理与防务、义务社会保障业	Public Administration and Defence; Compulsory socialSecurity		0.1			0.1
教 育	Education	0.2	0.2	0.2	0.1	0.1
卫生与社会工作	Health and Social Work	0.1	0.2	0.1	0.1	
其他社区、社会和个人服务工作	Other Community, Social and Personal Service Activities	1.1	1.2	1.4	1.1	1.7
家庭服务业	Private Households with Employed Persons	0.1	0.2	0.1	0.1	0.2
初次失业	Uemployed Persons without Previous Work Experience	1.2	1.3	1.1	1.3	1.4
男	**Male**	**6.8**	**5.8**	**5.6**	**5.6**	**5.7**
制造业	Manufacturing	0.9	0.6	0.6	0.4	0.4
建筑业	Construction	1.3	1.1	1.2	1.5	1.7
批发零售及修理业	Wholesale and Retail Trade; Repair of Motor Vehicles, Motorcycles and Personal and Household Goods	0.9	0.8	0.6	0.7	0.5
旅馆及餐饮业	Hotels and Restaurants	1.4	0.8	0.9	0.7	0.7
运输、仓储及通信业	Transport,Storageand Communications	0.4	0.4	0.3	0.2	0.2
金融保险业	Financial Intermediation	0.1		0.1		0.1
房地产业	Real Estate, Renting and Business Activities	0.4	0.4	0.4	0.4	0.4
公共管理与防务、义务社会保障业	Public Administration and Defence; Compulsory socialSecurity					
教 育	Education		0.1	0.1		
其他社区、社会和个人服务工作	Other Community, Social and Personal Service Activities	0.6	0.8	0.8	0.6	0.9
初次失业	Uemployed Persons without Previous Work Experience	0.8	0.7	0.6	0.8	0.7
女	**Female**	**4.4**	**4.5**	**4.8**	**3.9**	**4.3**
制造业	Manufacturing	1.1	1.3	1.1	0.7	0.5
建筑业	Construction		0.1	0.2	0.2	0.3
批发零售及修理业	Wholesale and Retail Trade; Repair of Motor Vehicles, Motorcycles and Personal and Household Goods	1.0	0.7	0.9	0.8	0.8
旅馆及餐饮业	Hotels and Restaurants	0.7	0.7	0.8	0.6	0.7
运输、仓储及通信业	Transport,Storageand Communications	0.1	0.1	0.1	0.1	
金融保险业	Financial Intermediation				0.1	
房地产业	Real Estate, Renting and Business Activities	0.1	0.1	0.1	0.2	0.2
教 育	Education	0.1	0.1	0.2	0.1	0.1
卫生与社会工作	Health and Social Work	0.1	0.2	0.1	0.1	
其他社区、社会和个人服务工作	Other Community, Social and Personal Service Activities	0.5	0.5	0.6	0.5	0.8
家庭服务业	Private Households with Employed Persons	0.1	0.1	0.1	0.1	0.2
初次失业	Uemployed Persons without Previous Work Experience	0.5	0.6	0.5	0.5	0.7

13-5 分职业失业人数

UNEMPLOYMET BY OCCUPATION

单位：千人　　　　　　　　　　　　　　　　　　　　　　　　　　　　　　　　　(1000 persons)

职　　业	Occupation	2002	2003	2004	2005	2006	2007	2008
总　计	**Total**	**13.7**	**13.1**	**11.2**	**10.3**	**10.4**	**9.5**	**10.1**
立法者高级官员和和管理人员	Legislators,Senior Officials and Managers	0.4	0.4	0.3	0.4	0.2	0.1	0.2
专业人员	Professio nals			0.1	0.1	0.2	0.1	0.1
技术和辅助专业人员	Technicians and Associate Professionals	0.5	0.3	0.5	0.2	0.4	0.3	0.2
职　员	Clerks	1.5	1.7	1.4	1.3	1.5	1.3	1.8
服务人员和商店与市场销售人员	Service Workers and Shop and and Market Sales Workers	3.0	3.0	3.2	2.4	2.9	2.4	2.1
农渔业技术人员	Skilled Agricultural and Fishery Workers		0.1		0.1	0.1	0.1	0.1
手艺人和有关行业工人	Craft and Related Trade Workers	3.0	2.2	1.3	1.2	1.3	1.3	1.4
设备和机械操作工、装配工	Plant and Machine Operators and Assemblers	1.6	1.2	1.1	1.2	0.9	0.8	0.5
简单劳动职业人员	Elementary Occupations	2.5	3.0	2.1	2.1	1.8	1.6	2.2
初次失业	Unemployed for the First Time	1.1	1.1	1.2	1.3	1.1	1.3	1.4
男	**Male**	**9.1**	**8.3**	**6.8**	**5.8**	**5.6**	**5.6**	**5.7**
立法者高级官员和和管理人员	Legislators,Senior Officials and Managers	0.4	0.3	0.2	0.3	0.1	0.1	0.2
专业人员	Professio nals					0.1		
技术和辅助专业人员	Technicians and Associate Professionals	0.3	0.2	0.3	0.2	0.2	0.2	0.2
职　员	Clerks	0.6	0.7	0.5	0.5	0.6	0.5	0.7
服务人员和商店与市场销售人员	Service Workers and Shop and and Market Sales Workers	1.5	1.7	1.9	1.3	1.5	1.1	1.1
农渔业技术人员	Skilled Agricultural and Fishery Workers				0.1		0.1	
手艺人和有关行业工人	Craft and Related Trade Workers	2.8	2.0	1.0	0.9	1.0	1.3	1.4
设备和机械操作工、装配工	Plant and Machine Operators and Assemblers	0.9	0.5	0.6	0.5	0.4	0.4	0.3
简单劳动职业人员	Elementary Occupations	1.7	2.1	1.5	1.2	0.9	1.0	1.1
初次失业	Unemployed for the First Time	0.8	0.7	0.8	0.7	0.6	0.8	0.7
女	**Female**	**4.6**	**4.8**	**4.4**	**4.5**	**4.8**	**3.9**	**4.3**
立法者高级官员和和管理人员	Legislators,Senior Officials and Managers		0.1		0.1	0.1		0.1
专业人员	Professio nals			0.1		0.1	0.1	0.1
技术和辅助专业人员	Technicians and Associate Professionals	0.1	0.1	0.2	0.1	0.1	0.1	0.1
职　员	Clerks	0.9	1.0	0.8	0.8	0.9	0.8	1.1
服务人员和商店与市场销售人员	Service Workers and Shop and and Market Sales Workers	1.4	1.3	1.3	1.1	1.4	1.3	1.1
手艺人和有关行业工人	Craft and Related Trade Workers	0.2	0.2	0.3	0.2	0.2	0.1	0.1
设备和机械操作工、装配工	Plant and Machine Operators and Assemblers	0.7	0.7	0.6	0.7	0.5	0.4	0.2
简单劳动职业人员	Elementary Occupations	0.8	0.9	0.6	0.9	0.9	0.6	1.0
初次失业	Unemployed for the First Time	0.4	0.4	0.5	0.6	0.5	0.5	0.7

13-6 非农行业平均工资

WAGES BY ECONOMIC ACTIVITY

单位:澳元/月　　(Patacas/m)

行　业	Industry	2005	2006	2007	2008
总　计	**Total**	**5775**	**6706**	**7800**	**8000**
采矿业	Mining and Quarrying	6251	7642	7500	
制造业	Manufacturing	3101	3140	4000	4000
电力、煤气及水的供应业	Electricity, Gas, and Water Supply	12969	13417	14100	15000
建筑业	Construction	5922	7521	8500	10000
批发零售及修理业	Wholesale and Retail Trade; Repair of Motor Vehicles, Motorcycles and Personal and Household Goods	4888	5576	6000	7000
旅馆及餐饮业	Hotels and Restaurants	4468	4885	5500	6100
运输、仓储及通信业	Transport,Storageand Communications	6455	6924	7800	8500
金融保险业	Financial Intermediation	8691	8825	9800	11000
房地产业	Real Estate, Renting and Business Activities	4198	4675	5500	5600
公共管理与防务、义务社会保障业	Public Administration and Defence; Compulsory socialSecurity	14521	14793	14900	18000
教　育	Education	9503	9636	9900	12000
卫生与社会工作	Health and Social Work	9705	8029	9900	10000
其他社区、社会和个人服务工作	Other Community, Social and Personal Service Activities	7837	9537	11600	12000
家庭服务业	Private Households with Employed Persons	2609	2543	2500	2700
男	**Male**	**6823**	**7716**	**8800**	**9500**
采矿业	Mining and Quarrying	6251	7642	7500	
制造业	Manufacturing	4765	5462	6500	5300
电力、煤气及水的供应业	Electricity, Gas, and Water Supply	14278	14116	14200	15000
建筑业	Construction	5994	7646	8800	10000
批发零售及修理业	Wholesale and Retail Trade; Repair of Motor Vehicles, Motorcycles and Personal and Household Goods	5724	5964	7100	7500
旅馆及餐饮业	Hotels and Restaurants	5630	6311	6800	8000
运输、仓储及通信业	Transport,Storageand Communications	6559	7097	7800	8500
金融保险业	Financial Intermediation	9670	9548	10100	14500
房地产业	Real Estate, Renting and Business Activities	4285	4610	5400	6000
公共管理与防务、义务社会保障业	Public Administration and Defence; Compulsory socialSecurity	13921	14599	14800	18000
教　育	Education	9956	9977	12900	15000
卫生与社会工作	Health and Social Work	11295	9329	13000	12000
其他社区、社会和个人服务工作	Other Community, Social and Personal Service Activities	7924	9654	11600	12000
家庭服务业	Private Households with Employed Persons	4801	5568	6700	6000
女	**Female**	**4572**	**5205**	**6300**	**7000**
制造业	Manufacturing	2795	2698	3100	3500
电力、煤气及水的供应业	Electricity, Gas, and Water Supply	8267	12167	14000	13000
建筑业	Construction	5414	5750	6600	7500
批发零售及修理业	Wholesale and Retail Trade; Repair of Motor Vehicles, Motorcycles and Personal and Household Goods	4324	4821	5200	6000
旅馆及餐饮业	Hotels and Restaurants	3915	4313	4900	6000
运输、仓储及通信业	Transport,Storageand Communications	5905	6578	7700	8500
金融保险业	Financial Intermediation	8006	8624	9700	10000
房地产业	Real Estate, Renting and Business Activities	4024	4743	5700	5500
公共管理与防务、义务社会保障业	Public Administration and Defence; Compulsory socialSecurity	15898	15902	16100	18200
教　育	Education	8771	8995	9700	11000
卫生与社会工作	Health and Social Work	8910	7853	8700	9000
其他社区、社会和个人服务工作	Other Community, Social and Personal Service Activities	7739	8708	11500	12000
家庭服务业	Private Households with Employed Persons	2582	2500	2500	2700

13-7 非农行业周工作小时
HOURS OF WORK BY ECONOMIC ACTIVITY

单位：小时/周　　(hours/per week)

行　业	Industry	2005	2006	2007	2008
总　计	**Total**	**47.5**	**47.1**	**46.9**	**46.9**
采矿业	Mining and Quarrying	52.0	54.4	52.8	
制造业	Manufacturing	47.5	47.2	47.3	47.7
电力、煤气及水的供应业	Electricity, Gas, and Water Supply	42.4	42.7	41.8	41.8
建筑业	Construction	46.6	47.1	47.1	46.4
批发零售及修理业	Wholesale and Retail Trade; Repair of Motor Vehicles, Motorcycles and Personal and Household Goods	49.3	48.9	48.8	48.6
旅馆及餐饮业	Hotels and Restaurants	51.4	49.8	48.7	48.1
运输、仓储及通信业	Transport,Storageand Communications	47.2	47.0	47.1	46.7
金融保险业	Financial Intermediation	43.3	43.2	43.2	43.0
房地产业	Real Estate, Renting and Business Activities	48.8	48.4	48.0	48.3
公共管理与防务、义务社会保障业	Public Administration and Defence; Compulsory socialSecurity	39.2	39.1	38.9	38.6
教　育	Education	42.2	41.7	41.9	42.6
卫生与社会工作	Health and Social Work	43.3	44.3	43.3	43.7
其他社区、社会和个人服务工作	Other Community, Social and Personal Service Activities	49.1	47.4	47.0	46.9
家庭服务业	Private Households with Employed Persons	48.9	51.5	48.7	50.0
男	**Male**	**47.7**	**47.3**	**47.1**	**47.0**
采矿业	Mining and Quarrying	52.0	54.4	52.8	
制造业	Manufacturing	48.0	47.7	47.5	48.2
电力、煤气及水的供应业	Electricity, Gas, and Water Supply	42.5	42.8	42.1	42.3
建筑业	Construction	46.6	47.2	47.4	46.5
批发零售及修理业	Wholesale and Retail Trade; Repair of Motor Vehicles, Motorcycles and Personal and Household Goods	50.0	49.2	49.3	48.8
旅馆及餐饮业	Hotels and Restaurants	51.7	49.6	48.9	48.2
运输、仓储及通信业	Transport,Storageand Communications	48.0	47.8	48.5	47.3
金融保险业	Financial Intermediation	43.6	43.2	43.6	43.4
房地产业	Real Estate, Renting and Business Activities	53.6	52.8	50.6	49.9
公共管理与防务、义务社会保障业	Public Administration and Defence; Compulsory socialSecurity	40.3	40.0	39.4	39.1
教　育	Education	41.8	41.6	41.2	41.8
卫生与社会工作	Health and Social Work	42.9	42.8	42.7	44.7
其他社区、社会和个人服务工作	Other Community, Social and Personal Service Activities	49.2	47.5	47.0	46.9
家庭服务业	Private Households with Employed Persons	56.2	55.1	48.4	54.8
女	**Female**	**47.3**	**46.9**	**46.6**	**46.8**
制造业	Manufacturing	47.3	46.9	47.2	47.2
电力、煤气及水的供应业	Electricity, Gas, and Water Supply	42.2	35.5	40.6	40.1
建筑业	Construction	46.4	46.3	45.4	44.9
批发零售及修理业	Wholesale and Retail Trade; Repair of Motor Vehicles, Motorcycles and Personal and Household Goods	48.9	48.7	48.2	48.4
旅馆及餐饮业	Hotels and Restaurants	51.2	50.0	48.6	48
运输、仓储及通信业	Transport,Storageand Communications	45.6	45.1	44.3	45.1
金融保险业	Financial Intermediation	43.1	43.2	42.9	42.8
房地产业	Real Estate, Renting and Business Activities	46.9	46.8	46.1	46.5
公共管理与防务、义务社会保障业	Public Administration and Defence; Compulsory socialSecurity	36.4	38.0	38.2	37.9
教　育	Education	42.3	41.7	42.2	43
卫生与社会工作	Health and Social Work	43.4	44.8	43.6	43.4
其他社区、社会和个人服务工作	Other Community, Social and Personal Service Activities	49.0	47.3	46.9	46.9
家庭服务业	Private Households with Employed Persons	48.8	51.3	48.7	49.8

13-8 消费价格指数

CONSUMER PRICES INDICES

项　　目	Item	2001	2002	2003	2004	2005	2006	2007	2008
总指数	General Indices	98.0	95.4	93.9	94.9	99.0	104.1	109.9	119.4
总指数(不含住房)	General Indices (excl. shelter)	98.1	95.6	94.2	95.5	99.2	102.7	106.8	114.8
食品指数	Food Indices	98.6	96.5	95.2	97.4	101.3	105.0	113.6	133.2
用电及燃料指数	Fuel and Light Indices	100.6	95.0	98.5	99.9	110.9	119.9	114.6	96.1
服装指数	Clothing Indices	95.3	85.5	74.9	77.4	76.7	73.1	74.0	79.3
租金指数	Rent Indices	97.4	94.8	92.7	92.1	98.1	112.0	128.3	147

注：以2000年为100。　Note: year of 2000=100.

13-9 分行业职业伤害情况

OCCUPATIONAL INJURIES BY ECONOMIC AVTIVITY

行　　业	Industry	2004	2005	2006	2007	2008
一、伤亡人数(人)	**Total （fatal and non fatal, person)**	**4605**	**4956**	**2779**	**3064**	**2631**
农林牧渔业	Agriculture,Huntung,Forestry and Fishing	2	4		1	
制造业	Manufacturing	753	650	333	281	194
电力、煤气及水的供应业	Electricity, Gas, and Water Supply	26	8	1	8	2
建筑业	Construction	741	861	672	420	288
批发零售及修理业	Wholesale and Retail Trade; Repair of Motor Vehicles, Motorcycles and Personal and Household Goods	539	594	321	339	304
旅馆及餐饮业	Hotels and Restaurants	900	1005	787	663	573
运输、仓储及通信业	Transport,Storageand Communications	307	343	141	177	97
金融保险业	Financial Intermediation	34	34	12	10	14
房地产业	Real Estate, Renting and Business Activities	234	273	131	192	259
公共管理与防务、义务社会保障业	Public Administration and Defence; Compulsory socialSecurity	88	105	34	55	18
教　育	Education	168	159	39	48	42
卫生与社会工作	Health and Social Work	43	62	42	38	30
其他社区、社会和个人服务工作	Other Community, Social and Personal Service Activities	749	811	241	816	783
家庭服务业	Private Households with Employed Persons	21	47	25	16	27
1.受伤人数	**Non fatal**	**4603**	**4941**	**2773**	**3050**	**2617**
农林牧渔业	Agriculture,Huntung,Forestry and Fishing	2	4		1	
制造业	Manufacturing	753	649	333	281	194
电力、煤气及水的供应业	Electricity, Gas, and Water Supply	26	8	1	7	2
建筑业	Construction	739	849	667	413	281
批发零售及修理业	Wholesale and Retail Trade; Repair of Motor Vehicles, Motorcycles and Personal and Household Goods	539	594	321	339	303
旅馆及餐饮业	Hotels and Restaurants	900	1005	787	663	573
运输、仓储及通信业	Transport,Storageand Communications	307	343	141	177	96
金融保险业	Financial Intermediation	34	34	12	10	14
房地产业	Real Estate, Renting and Business Activities	234	273	131	192	257
公共管理与防务、义务社会保障业	Public Administration and Defence; Compulsory socialSecurity	88	105	34	55	18
教　育	Education	168	159	39	48	42
卫生与社会工作	Health and Social Work	43	62	42	38	30
其他社区、社会和个人服务工作	Other Community, Social and Personal Service Activities	749	809	240	810	780
家庭服务业	Private Households with Employed Persons	21	47	25	16	27

13-9 续表 continued

行　　业	Industry	2004	2005	2006	2007	2008
2.死亡人数	**Fatal**	**2**	**15**	**6**	**14**	**14**
制造业	Manufacturing		1			
电力、煤气及水的供应业	Electricity, Gas, and Water Supply				1	
建筑业	Construction	2	12	5	7	7
批发零售及修理业	Wholesale and Retail Trade; Repair of Motor Vehicles, Motorcycles and Personal and Household Goods					1
运输、仓储及通信业	Transport,Storageand Communications					1
房地产业	Real Estate, Renting and Business Activities					2
其他社区、社会和个人服务工作	Other Community, Social and Personal Service Activities		2	1	6	3
二、损失工日数(日)	**Days lost**	**26477**	**27384**	**35886**	**65315**	**52227**
农林牧渔业	Agriculture,Huntung,Forestry and Fishing		4		4	
制造业	Manufacturing	3941	2711	3980	4115	2983
电力、煤气及水的供应业	Electricity, Gas, and Water Supply	20	5	16	86	149
建筑业	Construction	6703	9553	12602	18307	13942
批发零售及修理业	Wholesale and Retail Trade; Repair of Motor Vehicles, Motorcycles and Personal and Household Goods	3067	2926	3297	5015	5935
旅馆及餐饮业	Hotels and Restaurants	5015	5126	7564	6886	5819
运输、仓储及通信业	Transport,Storageand Communications	1510	1546	2401	5577	1830
金融保险业	Financial Intermediation	43	179	45	337	257
房地产业	Real Estate, Renting and Business Activities	1078	1416	1753	4891	4953
公共管理与防务、义务社会保障业	Public Administration and Defence; Compulsory socialSecurity	113	270	263	721	311
教　育	Education	631	513	472	669	476
卫生与社会工作	Health and Social Work	164	569	743	754	367
其他社区、社会和个人服务工作	Other Community, Social and Personal Service Activities	4182	2486	2637	17727	14916
家庭服务业	Private Households with Employed Persons	10	80	113	226	276

十四、台湾资料

MAIN INDECATORS OF TAIWAN

14-1 分行业全部就业人数

EMPLOYMENT BY ECONOMIC ACTIVITY

单位：千人 (1000 persons)

行 业	Industry	2004	2005	2006	2007	2008
总 计	**Total**	**9786**	**9942**	**10111**	**10294**	**10403**
农林牧渔业	Agriculture,Huntung,Forestry and Fishing	642	590	554	543	535
采矿业	Mining anf Quarrying	7	7	7	6	6
制造业	Manufacturing	2681	2732	2777	2842	2886
电力、煤气及水的供应业	Electricity, Gas, and Water Supply	93	89	88	93	99
建筑业	Construction	732	791	829	846	842
批发零售及修理业	Wholesale and Retail Trade; Repair of Motor Vehicles, Motorcycles and Personal and Household Goods	1726	1726	1759	1782	1770
旅馆及餐饮业	Hotels and Restaurants	607	634	665	681	687
运输、仓储及通信业	Transport,Storageand Communications	614	611	626	621	617
金融保险业	Financial Intermediation	390	406	407	404	411
房地产业	Real Estate, Renting and Business Activities	472	513	535	589	622
公共管理与防务、义务社会保障业	Public Administration and Defence; Compulsory socialSecurity	357	336	334	332	343
教 育	Education	538	556	563	588	605
卫生与社会工作	Health and Social Work	303	323	334	340	355
其他社区、社会和个人服务工作	Other Community, Social and Personal Service Activities	510	513	524	523	528
其 他	Other	114	116	111	101	98

14-2 失业人数和失业率

UNEMPLOYMENT AND UNEMPLOYMENT RATE

单位：千人，% (1000 persons,%)

行 业	Industry	2001	2002	2003	2004	2005	2006	2007	2008
总 计	**Total**	**450**	**515**	**503**	**454**	**428**	**411**	**419**	**450**
男	Men	302	348	326	288	259	245	248	271
女	Women	148	167	177	166	169	166	171	179
失业率	**Rates, total**	**4.6**	**5.2**	**5**	**4.4**	**4.1**	**3.9**	**3.9**	**4.1**
男	Men	5.2	5.9	5.5	4.8	4.3	4.1	4.1	4.4
女	Women	3.7	4.1	4.3	3.9	3.9	3.7	3.7	3.8

14-3 非农行业雇员月平均工资

WAGES OF EMPLOYEES BY ECONOMIC ACTIVITY

单位：新台币元/月 (New dollar/month)

行 业	Industry	2005	2006	2007	2008
采矿业	Mining and Quarrying	47671	53344	51057	51499
制造业	Manufacturing	41858	42393	43169	43105
电力、煤气及水的供应业	Electricity, Gas, and Water Supply	91184	97230	98448	89296
建筑业	Construction	38450	39168	40327	40792
批发零售及修理业	Wholesale and Retail Trade; Repair of Motor Vehicles, Motorcycles and Personal and Household Goods	39545	39380	39475	39980
旅馆及餐饮业	Hotels and Restaurants	25121	24960	25500	26747
运输、仓储及通信业	Transport,Storageand Communications	48618	48460	49234	49800
金融保险业	Financial Intermediation	65113	69054	75732	71319
房地产业	Real Estate, Renting and Business Activities	38819	38313	37877	40343
卫生与社会工作	Health and Social Work	55603	55429	56603	58122
男	**Male**				
采矿业	Mining and Quarrying	51865	58391	56162	57092
制 造 业	Manufacturing	48024	48521	49400	49219
电力、煤气及水的供应业	Electricity, Gas, and Water Supply	93678	99852	101160	91811
建筑业	Construction	40266	40928	42106	42505
批发零售及修理业	Wholesale and Retail Trade; Repair of Motor Vehicles, Motorcycles and Personal and Household Goods	42899	42660	42709	43268
旅馆及餐饮业	Hotels and Restaurants	27855	27380	28140	29230
运输、仓储及通信业	Transport,Storageand Communications	51492	51602	51888	52908
金融保险业	Financial Intermediation	72142	75231	82536	80222
房地产业	Real Estate, Renting and Business Activities	41932	40806	39993	43309
卫生与社会工作	Health and Social Work	92454	92550	94213	97384
女	**Female**				
采矿业	Mining and Quarrying	30708	34436	33143	32093
制造业	Manufacturing	33110	33749	34401	34389
电力、煤气及水的供应业	Electricity, Gas, and Water Supply	73387	78573	79724	72461
建筑业	Construction	30004	30803	31568	31895
批发零售及修理业	Wholesale and Retail Trade; Repair of Motor Vehicles, Motorcycles and Personal and Household Goods	36672	36180	36306	36754
旅馆及餐饮业	Hotels and Restaurants	23249	23295	23688	25064
运输、仓储及通信业	Transport,Storageand Communications	41907	41184	42905	42412
金融保险业	Financial Intermediation	60730	65262	71566	65907
房地产业	Real Estate, Renting and Business Activities	35022	35359	35529	37170
卫生与社会工作	Health and Social Work	45590	45607	46706	47929

14-4 非农行业月工作小时

HOURS OF WORK BY ECONOMIC ACTIVITY

单位：小时/月　　　　(hours/per month)

行业	Industry	2005	2006	2007	2008
采矿业	Mining and Quarrying	181.0	182.7	184.0	184.2
制造业	Manufacturing	188.8	187.3	187.3	184.7
电力、煤气及水的供应业	Electricity, Gas, and Water Supply	171.1	171.6	171.3	172.7
建筑业	Construction	177.7	178.1	176.9	176.4
批发零售及修理业	Wholesale and Retail Trade; Repair of Motor Vehicles, Motorcycles and Personal and Household Goods	177.6	175.3	174.8	175.9
旅馆及餐饮业	Hotels and Restaurants	174.0	173.6	172.5	172.3
运输、仓储及通信业	Transport,Storageand Communications	180.8	179.9	179.4	179.1
金融保险业	Financial Intermediation	168.0	168.6	167.1	167.5
房地产业	Real Estate, Renting and Business Activities	186.1	182.6	177.9	180.3
卫生与社会工作	Health and Social Work	176.0	175.3	175.1	174.4
男	**Male**				
采矿业	Mining and Quarrying	181.7	183.1	184.5	185.4
制造业	Manufacturing	190.6	189.4	189.4	186.8
电力、煤气及水的供应业	Electricity, Gas, and Water Supply	171.4	171.9	171.7	173.2
建筑业	Construction	178.2	178.9	177.9	177.8
批发零售及修理业	Wholesale and Retail Trade; Repair of Motor Vehicles, Motorcycles and Personal and Household Goods	177.4	174.9	174.4	176.6
旅馆及餐饮业	Hotels and Restaurants	172.7	173.6	172.9	172.4
运输、仓储及通信业	Transport,Storageand Communications	184.4	183.6	182.7	182.3
金融保险业	Financial Intermediation	169.8	169.7	167.9	168.0
房地产业	Real Estate, Renting and Business Activities	191.2	187.7	181.6	185.3
卫生与社会工作	Health and Social Work	176.6	175.7	174.5	173.5
女	**Female**				
采矿业	Mining and Quarrying	178.2	181.0	182.3	180.0
制造业	Manufacturing	186.2	184.7	184.5	181.9
电力、煤气及水的供应业	Electricity, Gas, and Water Supply	168.6	169.3	169.0	169.2
建筑业	Construction	174.7	173.6	171.7	169.9
批发零售及修理业	Wholesale and Retail Trade; Repair of Motor Vehicles, Motorcycles and Personal and Household Goods	177.8	175.8	175.2	175.3
旅馆及餐饮业	Hotels and Restaurants	174.9	173.7	172.2	172.3
运输、仓储及通信业	Transport,Storageand Communications	172.2	171.5	171.3	171.5
金融保险业	Financial Intermediation	166.8	167.8	166.7	167.1
房地产业	Real Estate, Renting and Business Activities	179.9	176.8	173.8	175.0
卫生与社会工作	Health and Social Work	175.9	175.1	175.2	174.7

14-5 消费价格指数

CONSUMER PRICES INDICES

2000年=100 (year of 2000=100)

项 目	Item	2001	2002	2003	2004	2005	2006	2007	2008
总指数	General Indices	100.0	99.8	99.5	101.1	103.5	104.1	105.9	109.7
食品指数	Food Indices	99.0	98.8	98.7	103.1	110.7	110.0	113.1	122.8
用电及燃料指数	Fuel and Light Indices	100.3	99.3	100.2	101.5	103.3	107.3	111.0	115.7
服装指数	Clothing Indices	98.3	98.9	100.3	103.4	103.3	100.8	103.9	105.8
租金指数	Rent Indices	99.9	99.0	98.0	97.3	97.3	97.5	97.7	98.3

14-6 分行业职业伤害情况

OCCUPATIONAL INJURIES BY ECONOMIC ACTIVITY

项 目	Item	2002	2003	2004	2005
一、伤亡人数(人)	**Total (fatal and non fatal,person)**	**36326**	**36488**	**38155**	**37348**
农林牧渔业	Agriculture,Hunting, Forestry and Fishing	508	501	500	400
采掘业	Mining and Quarrying	51	37	34	39
制造业	Manufacturing	17866	17779	18324	17580
电力、天然气及水	Electricity,Gas and Water	37	20	32	25
建筑业	Construction	8826	8857	9148	8900
批发零售和餐饮、旅馆业	Wholesale and Retail Trade and Restaurants and Hotels	4625	4868	5284	5519
交通运输和仓储业	Transport,Storage and Communication	1760	1713	1812	1806
金融保险、房地产和商业服务	Financing,Insurance,Real Estate and Business Services	496	546	603	621
团体、社会和个人服务	Community,Social and Personal Services	2157	2167	2418	2458
1、受伤人数	**Non fatal**	**35819**	**36087**	**37789**	**36966**
农林牧渔业	Agriculture,Hunting, Forestry and Fishing	432	437	443	361

14-6 续表 continued

项　目	Item	2002	2003	2004	2005
采掘业	Mining and Quarrying	48	34	32	38
制造业	Manufacturing	17707	17669	18240	17474
电力、天然气及水	Electricity,Gas and Water	34	16	27	21
建筑业	Construction	8698	8739	9059	8782
批发零售和餐饮、旅馆业	Wholesale and Retail Trade and Restaurants and Hotels	4576	4836	5245	5482
交通运输和仓储业	Transport,Storage and Communication	1715	1677	1778	1765
金融保险、房地产和商业服务	Financing,Insurance,Real Estate and Business Services	477	535	588	606
团体、社会和个人服务	Community,Social and Personal Services	2132	2144	2377	2437
2、死亡人数	**Fatal**	**507**	**401**	**366**	**382**
农林牧渔业	Agriculture,Hunting, Forestry and Fishing	76	64	57	39
采掘业	Mining and Quarrying	3	3	2	1
制造业	Manufacturing	159	110	84	106
电力、天然气及水	Electricity,Gas and Water	3	4	5	4
建筑业	Construction	128	118	89	118
批发零售和餐饮、旅馆业	Wholesale and Retail Trade and Restaurants and Hotels	49	32	39	37
交通运输和仓储业	Transport,Storage and Communication	45	36	34	41
金融保险、房地产和商业服务	Financing,Insurance,Real Estate and Business Services	19	11	15	15
团体、社会和个人服务	Community,Social and Personal Services	25	23	41	21
二、每10万人死亡率	**Rates of Fatal Injuries per 100000 Employees**	**6.5**	**5.0**	**4.4**	**4.5**
农林牧渔业	Agriculture,Hunting, Forestry and Fishing	21.7	17.8	15.7	10.7
采掘业	Mining and Quarrying	48.9	52.4	35.6	19.0
制造业	Manufacturing	5.9	4.1	3.0	3.8
电力、天然气及水	Electricity,Gas and Water	10.4	13.9	17.7	14.2
建筑业	Construction	18.8	17.5	13.1	17.2
批发零售和餐饮、旅馆业	Wholesale and Retail Trade and Restaurants and Hotels	3.2	2.0	2.3	2.1
交通运输和仓储业	Transport,Storage and Communication	8.9	7.2	6.7	7.9
金融保险、房地产和商业服务	Financing,Insurance,Real Estate and Business Services	6.4	4.8	4.3	4.9
团体、社会和个人服务	Community,Social and Personal Services	1.7	1.5	2.6	1.3
三、每10万人受伤率	**Rates of Non Fatal Injuries per 100000 Employees**	**455.8**	**445.3**	**453.0**	**432.8**
农林牧渔业	Agriculture,Hunting, Forestry and Fishing	121.5	120.7	122.3	99.4
采掘业	Mining and Quarrying	819.6	611.9	580.6	739.1
制造业	Manufacturing	655.7	643.6	648.9	625.1
电力、天然气及水	Electricity,Gas and Water	118.7	55.8	96.3	14.2
建筑业	Construction	1281.3	1295.5	1327.4	1262.2
批发零售和餐饮、旅馆业	Wholesale and Retail Trade and Restaurants and Hotels	306.2	309.5	317.0	314.7
交通运输和仓储业	Transport,Storage and Communication	339.6	337.9	354.3	343.3
金融保险、房地产和商业服务	Financing,Insurance,Real Estate and Business Services	68.1	72.5	75.6	73.7
团体、社会和个人服务	Community,Social and Personal Services	153.3	143.7	156.3	154.6

附录一、国外有关资料

MAIN INDICATORS OF OTHER COUNTRIES

附录1-1　全部就业人数

A1-1 EMPLOYMENT

单位：千人　　　　(1000 persons)

国　别	Country	2002	2003	2004	2005	2006	2007	2008
阿根廷	Argentina	8016.1	8956.2	9415.0	9638.7	10040.5	10116.0	10279.0
澳大利亚	Australia	9245.8	9464.9	9623.3	9968.6	10218.3	10512.3	10740.5
巴　西	Brazil	78958.9	80163.5	84596.3	87189.4	89318.0	90786.0	
加拿大	Canada	15310.4	15672.3	15947.0	16169.7	16484.3	16866.4	17125.8
埃　及	Egypt	17856.2	18118.6	18717.4	19341.7	20444.0	21723.8	
法　国	France	23942.0	24695.8	24800.3	24978.0	25133.5	25565.2	25913.2
德　国	Germany	36536.0	36172.0	35659.0	36566.0	37322.0	38163.0	38734.0
匈牙利	Hungary	3870.6	3921.9	3900.4	3901.5	3930.1	3926.2	3879.4
印度尼西亚	Indonesia	91647.0	92811.0	93722.0	93958.0	95457.0	99930.0	102553.0
意大利	Italy	21922.0	22133.0	22404.0	22563.0	22988.0	23222.0	23405.0
日　本	Japan	63300.0	63160.0	63290.0	63560.0	63820.0	64120.0	63850.0
韩　国	Korea, Rep	22169.0	22139.0	22557.0	22856.0	23151.0	23433.0	23577.0
马来西亚	Malaysia	9542.6	9869.7	9979.5	10045.4	10275.4	10538.1	10659.6
墨西哥	Mexico	38939.7	39221.5	40561.0	40791.8	42197.8	42906.7	43866.7
荷　兰	Netherlands	8018.0	7991.0	7928.0	7958.0	8108.0	8310.0	8457.0
新西兰	New Zealand	1876.8	1955.6	2024.1	2084.6	2134.7	2174.5	2188.2
挪　威	Norway	2286.0	2269.0	2276.0	2289.0	2362.0	2443.0	2524.0
巴基斯坦	Pakistan	38882.0	39852.0	42009.0	42816.0	46952.0	47651.0	49090.0
菲律宾	Philippines	30062.0	30635.0	31613.0	32313.0	32636.0	33560.0	34089.0
葡萄牙	Portugal	5145.6	5127.7	5127.5	5122.6	5159.5	5169.7	5197.8
罗马尼亚	Romania	9234.1	9222.5	9157.6	9146.6	9313.3	9353.3	9369.1
俄罗斯	Russian Fed.	66659.0	66432.0	67275.0	68169.0	68855.0	70570.0	70965.0
新加坡	Singapore	1573.7	1605.4	1632.1	1647.3	1796.7	1803.2	1852.0
瑞　典	Sweden	4244.0	4234.0	4213.0	4263.0	4341.0	4541.0	4593.0
泰　国	Thailand	34262.9	34677.1	35711.6	36302.4	36344.5	37122.0	37836.6
英　国	United Kingdom	27852.0	28132.0	28365.0	28665.0	28926.0	29100.0	29475.0
美　国	United States	136485.0	137736.0	139252.0	141730.0	144427.0	146047.0	145362.0

注：1)资料来源：《2008年国际劳工统计年鉴》(下同)。

a)Date resources:ILO 2008 Yearbook of Labour Statistics (same as below).

附录1-2　全部女性就业人数

A1-2 FEMALE EMPLOYMENT

单位：千人　　(1000 persons)

国　别	Country	2002	2003	2004	2005	2006	2007	2008
阿根廷	Argentina	3362.5	3805.3	3968.0	4081.4	4253.8		
澳大利亚	Australia	4114.8	4239.4	4292.3	4480.6	4612.8	4742.4	4861.3
巴　西	Brazil	32624.6	33228.4	35354.3	36695.7	37918.0	38423.0	
加拿大	Canada	7126.0	7324.2	7466.4	7575.0	7757.2	7977.5	8104.5
埃　及	Egypt	3305.5	3466.9	3781.0	3749.0	3884.2	4634.3	
法　国	France	10839.0	11392.9	11484.7	11628.0	11752.0	12043.3	12243.0
德　国	Germany	16200.0	16176.0	15978.0	16432.0	16860.0	17272.0	17546.0
匈牙利	Hungary	1758.1	1795.4	1783.1	1785.4	1792.7	1783.2	1768.6
印度尼西亚	Indonesia	33064.0	33311.0	33141.0	32519.0	33480.0	36782.0	38653.0
意大利	Italy	8236.0	8365.0	8783.0	8825.0	9049.0	9165.0	9341.0
日　本	Japan	25940.0	25970.0	26160.0	26330.0	26520.0	26590.0	26560.0
韩　国	Korea, Rep	9225.0	9108.0	9364.0	9526.0	9706.0	9826.0	9874.0
马来西亚	Malaysia	3400.8	3546.1	3589.1	3574.8	3656.8	3791.0	3808.5
墨西哥	Mexico	13516.8	13508.0	14423.0	14938.7	15599.9	16066.0	16465.0
荷　兰	Netherlands	3492.0	3511.0	3495.0	3537.0	3633.0	3763.0	3863.0
新西兰	New Zealand	870.6	898.8	928.5	964.6	988.4	1009.5	1023.2
挪　威	Norway	1076.0	1071.0	1074.0	1078.0	1111.0	1154.0	1192.0
巴基斯坦	Pakistan	5693.0	5835.0	7106.0	7243.0	9144.0	9533.0	10026.0
菲律宾	Philippines	11756.0	11762.0	11968.0	12403.0	12622.0	13018.0	13129.0
葡萄牙	Portugal	2320.9	2330.9	2338.6	2357.2	2369.8	2380.4	2400.7
罗马尼亚	Romania	4202.6	4165.7	4177.5	4135.4	4239.3	4237.0	4211.7
俄罗斯	Russian Fed.	32645.0	32605.0	33094.0	33620.0	34160.0	34920.0	34826.0
新加坡	Singapore	636.0	656.6	671.3		760.2	764.8	798.5
瑞　典	Sweden	2047.0	2043.0	2027.0	2038.0	2067.0	2150.0	2171.0
泰　国	Thailand	15390.8	15595.6	16012.8	16832.1	16706.3	17145.3	17431.6
英　国	United Kingdom	12819.0	12876.0	13038.0	13198.0	13348.0	13353.0	13572.0
美　国	United States	63582.0	64404.0	64728.0	65757.0	66925.0	67792.0	67876.0

附录1-3　第一产业就业人数

A1-3 EMPLOYMENT IN PRIMARY INDUSTRY

单位：千人　　　　(1000 persons)

国　别	Country	2002	2003	2004	2005	2006	2007	2008
阿根廷	Argentina	78.3	124.2	108.9	107.2	81.9		
澳大利亚	Australia	405.5	366.0	357.1	355.2	350.3	351.1	354.7
巴　西	Brazil	16277.0	16568.0	17734.0	17831.0	17264.0	16579.0	
加拿大	Canada	425.5	435.9	425.0	439.6	435.9	421.9	402.9
埃　及	Egypt	4913.8	5411.3	5958.2	5974.0	6370.7	6889.0	
法　国	France		1032.7	954.4	905.7	931.5	875.9	789.1
德　国	Germany	923.0	895.0	832.0	868.0	843.0	859.0	872.0
匈牙利	Hungary	240.9	215.2	204.9	194.0	190.8	182.9	174.1
印度尼西亚	Indonesia	40634.0	43042.0	40608.0	41310.0	40136.0	41207.0	41331.0
意大利	Italy	1096.0	1075.0	990.0	947.0	982.0	923.0	895.0
日　本	Japan	2960.0	2930.0	2860.0	2820.0	2720.0	2720.0	2680.0
韩　国	Korea, Rep	2069.0	1950.0	1825.0	1815.0	1785.0	1779.0	1686.0
马来西亚	Malaysia	1424.5	1408.2	1452.6	1470.4	1503.5	1558.2	1487.7
墨西哥	Mexico	6798.9	6383.5	6452.8	6059.9	6033.0	5772.4	5758.5
荷　兰	Netherlands	253.0	257.0	258.0	273.0	269.0	252.0	228.0
新西兰	New Zealand	164.9	159.7	153.2	148.6	152.4	155.9	152.0
挪　威	Norway	86.0	83.0	79.0	75.0	77.0	69.0	70.0
巴基斯坦	Pakistan	16366.0	16774.0	18084.0	18431.0	20364.0	20780.0	21919.0
菲律宾	Philippines	11122.0	11220.0	11381.0	11628.0	11682.0	11786.0	12030.0
葡萄牙	Portugal	636.9	642.1	618.1	606.2	603.9	601.4	595.6
罗马尼亚	Romania	3361.3	3292.2	2896.1	2939.3	2840.3	2756.7	2689.9
俄罗斯	Russian Fed.	7557.0	7230.0	6832.0	6935.0	6867.0	6347.0	6135.0
新加坡1	Singapore	13.3	13.8	13.7	17.8	22.5	20.7	22.7
瑞　典	Sweden	91.0	89.0	90.0	86.0	86.0	102.0	101.0
泰　国	Thailand	15799.3	15561.5	15115.4	15448.6	15315.3	15491.8	16067.0
英　国	United Kingdom	384.0	352.0	367.0	386.0	374.0	398.0	433.0
美　国	United States	3479.0	2275.0	2232.0	2197.0	2206.0	2095.0	2168.0

注：1)新加坡数据为农林牧渔业、采矿业、电力煤气及水的供应业以及其他行业的总和

1)Data from Singapore are the total of agriculture, hunting and forestry, mining and quarrying,electricity, gas and water supply and not classifiabl by economic activity.

附录1-4 第二产业就业人数

A1-4 EMPLOYMENT IN SECONDARY INDUSTRY

单位：千人 (1000 persons)

国 别	Country	2002	2003	2004	2005	2006	2007	2008
阿根廷	Argentina	1616.5	1939.3	2169.3	2262.5	2379.3		
澳大利亚	Australia	1949.0	1998.0	2057.7	2126.2	2190.7	2243.7	2320.6
巴 西	Brazil	16862.0	16742.0	17757.0	18655.0	19073.0	19954.0	
加拿大	Canada	3446.0	3482.1	3556.2	3555.8	3625.4	3642.2	3689.1
埃 及	Egypt	3672.1	3578.6	3735.1	4153.8	4507.4	4808.1	
法 国	France		6007.7	5944.2	5915.6	5965.0	5929.6	5963.9
德 国	Germany	11656.0	11265.0	10986.0	10870.0	11035.0	11363.0	11492.0
匈牙利	Hungary	1319.9	1305.9	1280.5	1264.0	1269.4	1281.3	1246.7
印度尼西亚	Indonesia	17194.0	16436.0	16873.0	17617.0	17739.0	18792.0	19260.0
意大利	Italy	6932.0	7019.0	6869.0	6941.0	6927.0	7003.0	6955.0
日 本	Japan	18790.0	18480.0	17960.0	17750.0	17890.0	17870.0	17460.0
韩 国	Korea, Rep	6057.0	6114.0	6198.0	6136.0	6096.0	5967.0	5888.0
马来西亚	Malaysia	3052.1	3160.6	3006.4	2986.4	3109.1	3000.0	3057.7
墨西哥	Mexico	9704.3	9793.8	10076.9	10471.3	10881.6	11121.7	11258.7
荷 兰	Netherlands	1584.0	1550.0	1554.0	1571.0	1573.0	1555.0	1533.0
新西兰	New Zealand	425.0	437.8	461.8	462.3	478.8	478.5	473.2
挪 威	Norway	495.0	486.0	473.0	475.0	490.0	513.0	529.0
巴基斯坦	Pakistan	8072.0	8274.0	8529.0	8693.0	9730.0	9993.0	9865.0
菲律宾	Philippines	4695.0	4840.0	4999.0	5025.0	4997.0	5121.0	5048.0
葡萄牙	Portugal	1727.7	1652.8	1595.9	1566.7	1577.2	1577.8	1520.9
罗马尼亚	Romania	2723.3	2750.0	2855.9	2775.8	2853.3	2937.5	2944.8
俄罗斯	Russian Fed.	19688.0	20189.0	20014.0	20304.0	20195.0	20598.0	20542.0
新加坡1	Singapore	395.5	401.3	390.9	356.8	396.7	405.3	417.4
瑞 典	Sweden	981.0	962.0	954.0	939.0	956.0	982.0	994.0
泰 国	Thailand	6791.6	6845.2	7325.3	7350.0	7499.4	7690.5	7401.6
英 国	United Kingdom	6607.0	6521.0	6297.0	6351.0	6371.0	6478.0	6253.0
美 国	United States	29800.0	28758.0	28959.0	29250.0	29999.0	30087.0	28922.0

注：1)新加坡数据为制造业和建筑业的总和。

1)Data from Singapore are the total of manufacture and construction.

附录1-5　第三产业就业人数

A1-5 EMPLOYMENT IN TERTIARY INDUSTRY

单位：千人　(1000 persons)

国　别	Country	2002	2003	2004	2005	2006	2007	2008
阿根廷	Argentina	6321.4	6892.7	7136.7	7269.0	7579.2		
澳大利亚	Australia	6891.1	7101.0	7208.4	7487.1	7677.2	7917.4	8065.0
巴　西	Brazil	45820.0	46854.0	49104.0	50701.0	52983.0	54252.0	
加拿大	Canada	11439.1	11754.2	11964.6	12174.3	12477.6	12866.4	13096.2
埃　及	Egypt	9270.3	9128.7	9024.1	9215.4	9565.7	10029.7	
法　国	France		17655.4	17901.6	18156.9	18236.9	18759.7	19160.2
德　国	Germany	23957.0	24014.0	23840.0	24825.0	25443.0	25940.0	26371.0
匈牙利	Hungary	2309.8	2400.8	2415.0	2443.5	2469.9	2462.0	2458.6
印度尼西亚	Indonesia	33821.0	33334.0	36241.0	35032.0	37581.0	39933.0	41961.0
意大利	Italy	13894.0	14039.0	14546.0	14674.0	15079.0	15295.0	15554.0
日　本	Japan	41570.0	41730.0	42430.0	42970.0	43200.0	43530.0	43690.0
韩　国	Korea, Rep	14044.0	14075.0	14534.0	14904.0	15270.0	15553.0	16004.0
马来西亚	Malaysia	5066.2	5301.0	5520.5	5588.6	5662.5	5979.9	6114.1
墨西哥	Mexico	22436.5	23044.3	24031.4	24260.5	25283.2	26012.3	26849.3
荷　兰	Netherlands	6179.0	6183.0	6114.0	6115.0	6269.0	6503.0	6696.0
新西兰	New Zealand	1286.9	1358.1	1409.2	1474.0	1503.4	1540.2	1563.1
挪　威	Norway	1704.0	1699.0	1722.0	1739.0	1793.0	1861.0	1925.0
巴基斯坦	Pakistan	14444.0	14804.0	15396.0	15692.0	16858.0	16878.0	17306.0
菲律宾	Philippines	14246.0	14577.0	15237.0	15661.0	15957.0	16654.0	17012.0
葡萄牙	Portugal	2779.7	2830.9	2913.3	2949.8	2978.4	2990.4	3081.4
罗马尼亚	Romania	3148.6	3179.4	3404.7	3427.4	3616.6	3653.8	3730.1
俄罗斯	Russian Fed.	39412.0	39012.0	40430.0	40927.0	41793.0	43627.0	44287.0
新加坡	Singapore	1164.9	1190.3	1226.8	1272.6	1377.4	1377.2	1411.9
瑞　典	Sweden	3170.0	3183.0	3168.0	3239.0	3297.0	3457.0	3497.0
泰　国	Thailand	11672.0	12270.4	13270.9	13503.5	13529.9	13939.9	14367.9
英　国	United Kingdom	20862.0	21259.0	21702.0	21927.0	22181.0	22224.0	22790.0
美　国	United States	103206.0	106704.0	108061.0	110281.0	112224.0	113863.0	114272.0

附录1-6 失业人数

A1-6 UNEMPLOYMENT

单位:千人 (1000 persons)

国别	Country	2002	2003	2004	2005	2006	2007	2008
阿根廷	Argentina	1955.8	1633.0	1361.6	1141.5	1049.2	936.0	898
澳大利亚	Australia	631.2	596.0	554.7	529.0	517.7	487.5	470.9
巴西	Brazil	7958.5	8640.0	8263.8	8953.0	8210.0	8059.6	
加拿大	Canada	1268.9	1286.2	1235.3	1172.8	1108.4	1079.4	1119.3
埃及	Egypt	2020.6	2240.7	2153.9	2450.0	2434.5	2135.1	
法国	France	2137.0	2295.0	2408.0	2429.0	2435.0	2222.0	2070.0
德国	Germany	3486.0	4023.0	4388.0	4583.0	4279.0	3608.0	3141.0
匈牙利	Hungary	238.8	244.5	252.9	303.9	316.8	311.9	329.2
印度	India	41171.0	41389.0	40458.0	39348.0	41466.0	39974.0	39112.0
印度尼西亚	Indonesia	9132.0	9939.0	10251.0	11899.0	10932.0	10011.0	9395.0
意大利	Italy	2163.0	2096.0	1960.0	1889.0	1673.0	1506.0	1692.0
日本	Japan	3590.0	3500.0	3130.0	2940.0	2750.0	2570.0	2650.0
韩国	Korea, Rep	752.0	818.0	860.0	887.0	827.0	783.0	769.0
马来西亚	Malaysia	343.5	369.8	366.6	368.1	353.6	351.4	368.5
墨西哥	Mexico	1145.6	1195.6	1539.8	1482.5	1377.7	1505.2	1593.3
荷兰	Netherlands	252.0	332.0	411.0	425.0	354.0	300.0	257.0
新西兰	New Zealand	106.4	97.8	84.9	82.5	85.4	82.8	95
挪威	Norway	92.0	107.0	106.0	111.0	84.0	63.0	67.0
巴基斯坦	Pakistan	3506.0	3594.0	3499.0	3566.0	3103.0	2680.0	2694.0
菲律宾	Philippines	3874.0	3936.0	4249.0	2748.0	2829.0	2653.0	2716.0
葡萄牙	Portugal	270.5	342.3	365.0	422.3	427.8	448.6	427.1
罗马尼亚	Romania	845.2	691.7	799.5	704.5	728.4	641.0	575.5
俄罗斯	Russian Fed.	5698.0	5959.0	5675.0	5263.0	5312.0	4588.0	4791.0
新加坡	Singapore	94.2	101.0	101.3	97.5	84.2	74.8	76.2
瑞典	Sweden	176.0	217.0	246.0	270.0	246.0	298.0	305.0
泰国	Thailand	616.3	543.7	548.9	495.8	449.9	442.2	450.9
英国	United Kingdom	1472.0	1420.0	1394.0	1397.0	1649.0	1621.0	1643.0
美国	United States	8378.0	8774.0	8149.0	7591.0	7001.0	7078.0	8924.0

附录1-7 制造业平均工资

A1-7 WAGES IN MANUFACTURING

国别	Country		单位	unit	2002	2003	2004	2005	2006	2007	2008
阿根廷	Argentina	(A)1	比索/小时	P./h.	4.46	5.06	6.3	7.63	9.72		
澳大利亚	Australia	(B)	澳元/小时	$A/h.	20.45		22.77		25.36		
巴西	Brazil	(B)	里亚尔/月	R./m.	901.85						
加拿大	Canada	(A)	元/小时	C$/h.	18.59	19.36	19.99	20.53	20.5	21.58	21.95
		(B)	元/周	C$/w.	818.64	837.36	860.63	895.4	904.66	939.63	947.38
埃及	Egypt	(A)	镑/周	P/w.	147	150	162	179	203		
法国	France	(A)	欧元/小时	Euros/h.	11.50	12.00	12.30	12.56	12.9	13.3	
		(B)	欧元/小时	Euros/h.	15.30	15.90	16.40	16.77	17.3	17.9	
德国	Germany	(A)	欧元/小时	Euros/h.	14.72	15.09	15.4	15.6	15.74		19.51
匈牙利	Hungary	(B)	福林/月	F./m.	114297	124770	136992	147234	156813	171564	184185
印度	India	(A)	卢比/月	R./m.	1158.6	1078.9	1731.8	1234.4	3525.9		
意大利	Italy	(A)	小时工资率	R.T./h.	91.7	94	96.7	99.4	102.7	105.6	109.1
		(C)		R.T./h.	91.5	93.9	96.9	99.5	103	106	109.8
日本	Japan	(B)	日元/月	Yen/m.	296400	296500	293100	292100	299600	296800	293400
韩国	Korea, Rep	(B)	1000元/月	Won/m.	1907.0	2074.0	2279.7	2458.0	2594.8	2772.0	2757.8
墨西哥	Mexico	(B)	比索/月	Mex$/m.	3554.8	3757.3	3887.9	4140.3	4422.6	4689.2	4679.3
荷兰	Netherlands	(B)	欧元/小时	Euros/h.	17.14	17.78	18.24	18.5			
新西兰	New Zealand	(B)	新元/小时	NZ$/h.	18.1	18.5	19.29	19.58	20.51	21.45	22.41
挪威	Norway	(B)	克郎/月	NKr/m.	25991	26944	27920	28908	30162	31983	33977
巴基斯坦	Pakistan	(B)	卢比/月	PRs/m.	4113.74						
菲律宾	Philippines	(B)	比索/日	P./d.	234.33	237.72	236.65	252.77	274.81	276.52	
葡萄牙	Portugal	(B)	欧元/月	Euros/m.	705	775	806	837	868	893	932
罗马尼亚	Romania	(B)	列伊/月	Lei/m.	4632583	5804147	7196971	8293	950	1146	
新加坡	Singapore	(B)	元/月	S$/m.	3154	3265	3350	3495	3618	3764	3955
瑞典	Sweden	(A)	克朗/小时	SKr/h.	118.2	122.0	126.1	129.9	133.8	139.5	
泰国	Thailand	(B)	铢/月	B/m.	6795.3	6432.2					
英国	United Kingdom	(B)	英镑/小时	£/h.	11.12	11.65	12.03	12.51	12.96	13.19	
美国	United States	(A)	美元/小时	USD/h.	15.29	15.74	16.15	16.56	16.81	17.26	17.74

注：1)(A)工人工资。

(B)全部雇员工资。

(C)管理人员工资。

2) 小时工资率指数，2005年12月=100。

3) 2005年开始，1新列伊=10000旧列伊。

Note: 1)(A) Wage earners.

(B) All employees.

(C) Salaried employees.

2) Index of hourly wage rates (Dec.2005=100).

3) 2005 New denomination: 1 leu = 10000 old lei.

附录1-8 消费价格指数

A1-8 CONSUMER PRICE INDEX

2000年=100 (year of 2000=100)

国别	Country	2002	2003	2004	2005	2006	2007	2008
阿根廷	Argentina	124.5	141.3	147.5	161.7	179.4	195.2	211.9
澳大利亚	Australia	107.6	110.5	113.1	116.1	120.2	123.1	128.3
巴西	Brazil	115.9	132.9	141.7	151.4	157.8	163.5	172.8
加拿大	Canada	104.8	107.8	109.8	112.2	114.4	116.9	119.6
埃及	Egypt	105.0	109.5	127.4	133.7	143.9	157.6	186.4
法国	France	103.6	105.8	108.0	109.9	111.8	113.4	116.6
德国	Germany	103.4	104.5	106.2	108.3	110.1	112.5	115.4
匈牙利	Hungary	115.0	120.3	128.5	133.1	138.3	149.3	158.4
印度	India	102.6	106.8	109.8	113.4	121.2	130.9	143.0
印度尼西亚	Indonesia	124.7	133.0	141.3	156.0	176.5	187.8	207.2
意大利	Italy	105.4	108.2	110.5	112.4	114.7	116.9	120.7
日本	Japan	98.4	98.1	98.1	97.8	98.1	98.1	99.5
韩国	Korea, Rep	106.9	110.7	114.7	117.8	120.4	123.5	129.2
马来西亚	Malaysia	103.2	104.4	105.9	109.1	113.0	115.3	121.5
墨西哥	Mexico	111.7	116.8	122.3	127.2	131.8	137.0	144.0
荷兰	Netherlands	107.6	109.9	111.2	113.1	114.4	116.2	119.1
新西兰	New Zealand	105.4	107.2	109.7	113.0	116.8	119.6	124.4
挪威	Norway	104.4	106.9	107.4	109.1	111.6	112.4	116.7
巴基斯坦	Pakistan	107.4	110.5	118.7	129.5	139.7	150.3	180.8
菲律宾	Philippines	110.1	113.9	120.6	129.8	137.9	141.8	155.0
葡萄牙	Portugal	108.0	111.6	114.2	116.7	120.4	123.3	126.4
罗马尼亚	Romania	164.8	189.9	212.5	231.7	246.9	258.8	279.1
俄罗斯	Russian Fed.	140.6	159.9	177.3	199.7	219.1	238.8	272.5
新加坡	Singapore	100.6	101.1	102.8 1	103.2	104.2	106.4	113.4
瑞典	Sweden	104.6	106.6	107.0	107.5	109.0	111.4	115.2
泰国	Thailand	102.3	104.1	107.0 1	111.8	117.0	119.6	126.1
英国	United Kingdom	103.5	106.5	109.6	112.7	116.3	121.3	126.1
美国	United States	104.5	106.9	109.7	113.4	117.1	120.4	125.0

附录二、主要统计指标解释

EXPLANATORY NOTES ON MAIN STATISTICAL INDICATORS

主要统计指标解释

就业人员 指从事一定社会劳动并取得劳动报酬或经营收入的人员。就业人员包括：（1）职工；（2）再就业的离退休人员；（3）私营业主；（4）个体户主；（5）私营企业和个体就业人员；（6）乡镇企业就业人员；（7）农村就业人员；（8）其他就业人员（包括现役军人）。

单位就业人员 指在各级国家机关、政党机关、社会团体及企业、事业单位中工作，取得工资或其他形式劳动报酬的全部人员。包括：在岗职工、再就业的离退休人员、民办教师以及在各单位中工作的外方人员和港澳台方人员、兼职人员、借用的外单位人员和第二职业者。不包括离开本单位仍保留劳动关系的职工。

职工 指在国有、城镇集体、联营、股份制、外商和港、澳、台投资、其他单位及其附属机构工作，并由其支付工资的各类人员。不包括下列人员：（1）乡镇企业就业人员；（2）私营企业就业人员；（3）城镇个体劳动者；（4）离休、退休、退职人员；（5）再就业的离、退休人员；（6）民办教师；（7）在城镇单位中工作的外方及港、澳、台人员；（8）其他按有关规定不列入职工统计范围的人员。（1998 年以后的数据均为在岗职工数据，其他相关指标如职工工资总额，职工平均工资等指标也从 1998 年按此口径进行了相应调整）。

在岗职工 指在本单位工作并由单位支付工资的人员，以及有工作岗位，但由于学习、病伤产假等原因暂未工作仍由单位支付工资的人员。

离开本单位仍保留劳动关系的职工（不在岗职工） 指由于各种原因，已经离开本人的生产或工作岗位，并已不在本单位从事其他工作，但仍与用人单位保留劳动关系的职工。

其他就业人员 各单位其他就业人员是指劳动统计制度规定不作职工统计，但实际参加各单位生产或工作并取得劳动报酬的人员。包括：再就业的离退休人员、民办教师以及在各单位中工作的外方人员和港、澳、台方人员。但不包括在各单位中工作并领取劳动报酬的在校学生。单位其他就业人员与在岗职工之和为该单位全部单位就业人员。

年末人数 指年末最后一天的实有人数。

国有单位 指资产归国家所有的经济组织。包括按《中华人民共和国企业法人登记管理条例》规定登记注册的非公司制的经济组织，以及中央、地方各级国家机关、事业单位和社会团体。

集体单位 指生产资料归集体所有，并按《中华人民共和国企业法人登记管理条例》规定登记注册的经济组织。

其他单位 包括股份合作单位、联营单位、有限责任公司、股份有限公司、港澳台商投资单位以及外商投资单位等其他登记注册类型单位。

使用的农村劳动力 指户粮关系在农村的职工。

第一产业 指农业（包括林、牧、渔业等）。

第二产业 指采掘业、制造业、电力、煤气及水的生产和供应业、建筑业。

第三产业 指上述第一、第二产业以外的其他行业。

企业 指从事商品生产、流通、经营和服务性经济活动，以营利为目的并在工商行政管理部门登记的独立核算单位。包括：农业企业，工业企业，建筑企业，交通运输和邮电通讯企业，商业企业，公共饮食企业，物资供销和仓储企业，房地产企业、居民服务企业和市内公共交通企业、文化企业，金融、保险企业（不包括中国人民银行总行），其他企业。

事业 指从事为生产和生活服务以及提高人民科学、文化水平和素质服务的独立核算单位。包括：农、林、牧、渔、水利事业，地质普查和勘探事业，勘察、建筑设计事业，交通运输事业，房地产管理、公用事业和咨询服务事业，卫生、体育和社会福利事业，教育、文化艺术和广播电影电视事业，科学研究和综合技术服务事业，其他事业。

机关 指具有代表国家权力和行使国家行政、检察、审判职能，组织协调社会、政治、经济、科技等活动的独立核算单位。包括：国家机关，政党机关和社会团体。

城镇单位就业人员工资总额 指各单位在一定时期内直接支付给本单位全部就业人员的劳动报酬总额。包括职工工资总额和其他就业人员工资总额。

工资总额 指各单位在一定时期内直接支付给本单位全部就业人员的劳动报酬总额。工资总额的计算应以直接支付给就业人员的全部劳动报酬为根据。各单位支付给就业人员的劳动报酬以及其他根据有关规定支付的工资，不论是计入成本的还是不计入成本的，不论是以货币形式支付的还是以实物形式支付的，均应列入工资总额的计算范围。工资总额包括计时工资、计件工资、奖金、津贴和补贴、加班加点工资、特殊情况下支付的工资。

其他就业人员工资总额 指各单位在一定时期内直接支付给本单位其他就业人员的全部劳动报酬。

平均工资 指企业、事业、机关等单位的就业人员在一定时期内平均每人所得的货币工资额。

计算公式为：

$$平均工资=\frac{报告期实际支付的全部就业人员工资总额}{报告期全部就业人员平均人数}$$

平均实际工资 指扣除物价变动因素后的就业人员平均工资。计算公式为：

$$平均实际工资=\frac{报告期就业人员平均工资}{报告期城市居民消费价格指数}$$

城镇失业人员 指城镇常住人口中一定年龄以上，有劳动能力，在调查期间无工作，当前有就业可能并以某种方式寻找工作的人员。在城镇劳动力调查中对城镇 1 6 岁及以上，具有劳动能力并同时符合以下各项条件的人员列为失业人员：

（1）在调查周内未从事为取得劳动报酬或经营利润的劳动，也没有处于就业定义中的暂时未工作状态；

（2）在某一特定期间内采取了某种方式寻找工作；

（3）当前如有工作机会可以在一个特定期间内应聘就业或从事自营职业。

城镇登记失业人员 是指有非农业户口，在劳动年龄(16 周岁至退休年龄)内，有劳动能力，无业而要求就业，并在当地就业服务机构进行求职登记的人员。不包括：(1)正在就读的学生和等待就学的人员；(2)已经达到国家规定的退休年龄或虽未达到国家规定的退休年龄但已经办理了退休(含离休)、退职手续的人员；(3)其他不符合失业定义的人员。

城镇失业率 指城镇失业人数同城镇就业人数、城镇失业人数之和的比。计算公式为：

$$城镇失业率=\frac{城镇失业人数}{城镇就业人数+城镇失业人数}\times 100\%$$

城镇登记失业率 城镇登记失业人员与城镇单位就业人员（扣除使用的农村劳动力、聘用的离退休人员、港澳台及外方人员）、城镇单位中的不在岗职工、城镇私营业主、个体户主、城镇私营企业和个体就业人员、城镇登记失业人员之和的比。计算公式为：

$$城镇登记失业率=\frac{城镇登记失业人数}{(城镇单位就业人员-使用的农村劳动力-聘用的离退休人员-聘用的港澳台及外方人员)+不在岗职工+城镇私营业主+城镇个体户主+城镇私营企业及个体就业人员+城镇登记失业人数}\times 100\%$$

城镇职工基本养老保险

1.（参保）职工人数 指报告期末按照国家法律、法规和有关政策规定参加基本养老保险并在社保经办机构已建立缴费记录档案的职工人数，包括中断缴费但未终止养老保险关系的职工人数，不包括只登记未建立缴费记录档案的人数。

2.（参保）离退休人员人数 指报告期末参加基本养老保险的离休、退休和退职人员的人数。

3. 基金收入 指根据国家有关规定，由纳入基本养老保险范围的缴费单位和个人按国家规定的缴费基数和缴费比例缴纳的养老保险基金，以及通过其他方式取得的形成基金来源的收入。包括单位和职工个人缴纳的基本养老保险费、基本养老保险基金利息收入、上级补助收入、下级上解收入、转移收入、财政补贴和其他收入。

4 基金支出 指按照国家政策规定的开支范围和开支标准从养老保险基金中支付给参加基本养老保险的个人的养老金、丧葬抚恤补助，以及由于保险关系转移、上下级之间调剂资金等原因而发生的支出。包括离休金、退休金、退职金、各种补贴、医疗费、死亡丧葬补助费、抚恤救济费、社会保险经办机构管理费、补助下级支出、上解上级支出、转移支出、其他支出等。

5. 基金累计结余 指截止报告期末基本养老保险基金收支相抵后的累计余额。

基本医疗保险

1. 参保人数 指报告期末按国家有关规定参加相应基本医疗保险的人数。

2. 基金收入 指由用人单位和个人按照国家规定的缴费基数、缴费比例或缴费标准缴纳的基本医疗保险基金，财政补助资金以及通过其他方式取得的形成基金来源的款项，包括：单位缴纳收入、个人缴纳收入、财政补助收入（含医疗救助补助个人收入）、财政补贴收入、利息收入和其他收入。

3. 基金支出 指按照国家政策规定的开支范围和开支标准，从基本医疗保险基金中支付给参保人员的医疗保险待遇支出，以及其他支出。包括住院医疗费用支出、门急诊医疗费用支出、个人账户基金支出、其他支出。

4. 基金累计结余 指截止报告期末基本医疗保险基金累计结余金额。

失业保险

1. 参保人数 指报告期末按照国家法律、法规和有关政策规定参加了失业保险的城镇企业、事业单位的职工及地方政府规定参加失业保险的其他人员的人数。

2. 基金收入 指报告期内筹集的失业保险基金的总额，包括失业保险费收入、利息收入、财政补贴收入、其他收入、转移收入、上级补助收入、下级上解收入。

3. 基金支出 指报告期内为保障失业人员基本生活、促进其再就业等支出的基金总额，包括失业保险金支出、医疗补助金支出、丧葬补助金和抚恤金支出、职业培训和职业介绍补贴支出、农民合同制工人一次性生活补助支出、其他支出、转移支出、上级补助支出、下级上解支出。

4. 基金累计结余 指截止报告期末失业保险基金收支相抵后的累计余额。

工伤保险

1. 参加保险人数 指报告期末依据国家有关规定参加工伤保险的职工人数和有雇工的个体工商户的雇工数。

2. 享受保险待遇人数 指年初至报告期末因工伤或职业病而享受工伤保险待遇的人数。为享受工伤医疗待遇中未评定等级的人数、享受伤残待遇人数以及享受因工死亡待遇人数之和。

3. 基金收入 指根据国家有关规定，由参加工伤保险的单位按国家规定的缴费基数和缴费比例缴纳的工伤保险基金，以及通过其他形式取得的形成基金来源的款项。包括：单位缴纳的社会统筹基金收入、财政补贴收入、利息收入、其他收入。

4. 基金支出 指按照国家政策规定的开支范围和开支标准从工伤保险基金中支付给参加工伤保险的人员及供养直系亲属工伤保险待遇支出及其他支出。包括工伤医疗费、伤残补助金、工亡补助金、护理费、丧葬补助费、工伤预防费用、职业康复费用和其他支出。

5. 基金累计结余 指截止报告期末工伤保险基金累计结余金额。

生育保险

1. 参保人数 指报告期末依据有关规定参加生育保险的人数。

2. 基金收入 指根据国家有关规定，由参加生育保险的单位按照国家规定的缴费基数和缴费比例缴纳的生育保险基金，以及通过其他方式取得的形成基金来源的款项，包括：单位缴纳的基金收入、利息收入和其他收入。

3. 基金支出 指按照国家政策规定的开支范围和开支标准，从生育保险基金中支付给参加生育保险的职工，因妊娠、分娩和计划生育手术而享受的待遇及其他支出。包括：生育津贴、医疗费用支出及其他支出。

4. 基金累计结余 指截止报告期末生育保险基金累计结余金额。

Explanatory Notes on Main Statistical Indicators

Employment refers to total number of persons engaged in social economic activities that generate income, including:

(1) Total formal employees

(2) Reemployed retirees

(3) Employers in urban private enterprises

(4) Urban individual laborers

(5) Employment in urban private enterprises and individual households

(6) Employment in township and village enterprises

(7) Rural laborers

(8) Other social laborers（Servicemen included）

Staff and Workers refers to those who work in (and receive income there from) units with state ownership, urban collective ownership, joint ownership, share holding stock ownership, limited liability corporations, foreign and Hong Kong, Macao, and Taiwan Chinese fund or other ownership and their affiliated units.

On-post Staff and Workers refer to those who are practically working in a certain urban unit, including those who are temporarily absent because of study, disease, vocation or other reasons.

Not-on-post Staff and Workers refer to those who have left his/her post and not engaged in other works the same unit, but still keep the labor relationships with the unit which he/she worked for.

Year-end Number refers to those who are employed on the last day of the year.

State-owned Units refers to various enterprises, institutions, and government administrative organizations at various levels, social organizations, etc., with state ownership of production means.

Collective-owned Units refers to various enterprises and institution with collective ownership of production means, including various rural economic organizations engaging in agriculture, forestry, animal husbandry and fishery, enterprises and institutions run by townships and villages; collective enterprises and institutions run by cities, counties, towns, and neighborhood committees.

Other Ownership Units involve joint ownership, share holding stock ownership, limited liability corporations, foreign and Hong Kong, Macao, and Taiwan Chinese fund or other ownership.

Employment in Urban Private Enterprises and Individual units refers to those who have their population records in urban area and take part in productions or operations in urban private enterprises or individual units, and get earnings from the units, including helpers, apprentices and employees.

Primary Industry refers to farming, forestry, animal husbandry and fishery.

Secondary Industry refers to mining and quarrying, manufacturing, electricity, gas and water production and supply and construction.

Tertiary Industry refers to the sectors except primary industry and secondary industry.

Enterprises refer to those units engaged in economic activities such as production, circulation, operation or service, etc.

Institutions refer to those units engaged in service activities for production and daily life, such as transportation, real estate, public affairs, health care, sports, education, social welfare, communication, science research, etc.

Organizations refer to those units engaged in organizing and coordinating activities on society, politics, economics and science, such as government and Party agencies, communities, social and personal services, etc.

Total wages refer to total remuneration payment to all employment in various units in urban area (excluded urban private sectors and individuals) during a certain period of time, including staff and workers and other employment (i.e., reemployed retirees or those who are from Hong Kong, Macao, Taiwan or other countries).

Total Wage Bill of employees refers to total remuneration payment to all employees in various units in urban area (excluded urban private sectors and individuals) during a certain period of time. The calculation of total wage bill is based on the total remuneration payment. Therefore, wages and salaries and other payments to employees should be included at all and regardless of its resource, category, both in kind or cash.

Average Wage of employees refers to the average wage level in money terms per employee during a certain period of time, it is calculated as follows:

$$\text{Average Wage of Employees} = \frac{\text{Total Wage Bill of employees Average Wage of in Reference Period}}{\text{Average Number employees in Reference Period}}$$

Average Real Wage of employees refers to the average wage of employees after deducting consumer price index, which is calculated as follows:

$$\text{Average Real Wage of Employees} = \frac{\text{Average Wage of Employees in Reference Period}}{\text{Urban Consumer Price Index in Reference Period}}$$

Urban Unemployment refers to those urban inhabitants who (1) aged 16 or above, (2)be able to but not work, (3)meanwhile looking for a job, and (4)available for work within two weeks.

Urban Registered Unemployment refers to those who (1) with nonagricultural residence cards, (2) within a certain working age scope (16 to retired age), (3)be able to but not work, (4)want to work and have registered in the local labor exchanges for looking for jobs.

Urban Unemployment Rate refers to the ratio of unemployment in urban area to total employment and unemployment in urban area, which is calculated as follows:

$$\text{Urban Unemployment Rate} = \frac{\text{Urban Unemployment}}{\text{Urban Employment} + \text{Urban Unemployment}} \times 100\%$$

Urban Registered Unemployment Rate refers to the ratio of urban registered unemployment to the sum of employment in urban units (excluded those who have agricultural residence cards, reemployed retirees, and those who are from Hong Kong, Macao, Taiwan or other countries) and not-on-post staff and workers and employment in urban private sectors and individuals and urban registered unemployment. It is calculated as follows:

$$\text{Urban Registered Unemployment Rate} = \frac{\text{urban registered unemployment}}{\begin{array}{l}\text{(employment in urban units - those who have agricultural}\\ \text{residence cards - reemployed retirees - those who are from}\\ \text{Hong Kong, Macal, Taiwan or other countries + not - on - post}\\ \text{staff and workers + employment in urban private sectors and}\\ \text{individuals + urban registered unemployment.}\end{array}} \times 100\%$$

Basic Pension Insurance

1. Number of staff and workers covered refer to staff and workers participating in the basic pension insurance programme according to national laws, regulations and related policies at the end of the reference period, who have already had payment records in social security management agencies, including those who have interrupt payment without terminating the insurance programme. Those who have registered in the programme but with no payment records are not included.

2. Number of retirees participating in the basic pension insurance programme refer to the number of retirees participating in basic pension insurance programmes by the end of the reference period.

3. Revenue of the basic pension insurance programme refers to payments made by employers and individuals participating in the pension insurance programme in accordance with the basis and proportion stipulated in State regulations, and income from other sources that become source of pension insurance fund, including the premium paid by employers and staff and workers, interest income, subsidies from higher level agencies, income as transfer from subordinate agencies, transferred income, government financial subsidies and other income.

4. Expenditure of basic pension insurance programme refer to payment made on pensions and funeral subsidies to those retired and resigned people covered in pension insurance programmes according to related national policies on scope and standard of expenditure. Also included are expenditure which arises due to shift of the insurance relationship or adjustment of funds among agencies. More specifically, included are pensions for resigned people, pensions for retired people, pension for people quitting jobs, various subsidies, medical fees, funeral subsidies, compensation payments, management fees for social security agencies, expenses on subsidies to lower subordinates, expenses as transfer to agencies at higher level, transferred expenditure and other expenditure.

5. Balance of basic pension insurance programme refers to the balance of basic pension insurance funds at the end of the reference period after deducting expenses from revenue.

Basic Medical Care Insurance

1. Number of people participating in the insurance programme refers to people participating in the basic medical care insurance programme according to related regulations as at the end of reference period.

2. Revenue of the insurance programme refers to payments made by employers and individuals participating in the medical care insurance programme in accordance with the basis and proportion stipulated in State regulations, and income from other sources that become source of medical insurance fund, including income paid by units, individual paid income, financial assistance's income (including individual income from medicaid), financial subsidies' income, interest income and other income.

3. Expenditure of the insurance programme refers to payment made to people covered in basic medical care insurance programme within the scope and standards of expenditure according to related national policies, and medical care payment and other expenses, including medical expenses of hospital inpatients, medical expenses for outpatients and emergency patients, payment from individual accounts and other expenditure.

4. Balance of the basic medical care insurance programme refers to the balance of medical care insurance funds at the end of the reference period.

Unemployment Insurance

1. Number of people covered refers to staff and workers in urban enterprises or institutions who have participated in the unemployment insurance programme according to relevant policies and regulations, and other people who have participated according to local government regulations, as at the end of reference period.

2. Revenue of the unemployment insurance programme refers to the total unemployment insurance funds raised in the reference period, including unemployment insurance premium, interest income, financial subsidies, other income, transferred income, subsidies from higher level agencies and income as transfer from subordinate agencies..

3. Expenditure of the unemployment insurance programme refers to total expenses during the reference period to guarantee the basic livelihood of unemployed people, and to encourage their re-employment. Included are unemployment relief, medical fees, funeral subsidies, compensation payments, training expenses, management fees for unemployment insurance agencies, subsidies to lower level agencies, expenses as transfer to higher level agencies, transferred expenditure and other expenditure.

4. Balance of the unemployment insurance programme refers to the balance of revenue of the programme after deducting expenses at the end of the reference period.

Work Injury Insurance

1. Number of people covered refers to staff and workers who have participated in the work injury insurance programme and number of employees in private business according to relevant national regulations at the end of the reference period.

2. Number of beneficiaries refers to number of people benefited from work injury insurance, as a result of work injury or occupational disease. It is the sum of beneficiaries from the work injury medical treatment withut rating, disabilities and deaths at work places.

3. Revenue of the work injury insurance programme refers to payments made by employers participating in the work injury insurance programme in accordance with the basis and proportion stipulated in State regulations, and income from other sources that become source of work injury insurance fund, including income of social comprehensive funds paid by employers, government financial subsidies, interest income and other income.

4. Expenditure of the work injury insurance programme refers to payments made from work injury insurance funds to those who participated in the work injury insurance programme and their direct dependents within the scope and standards of expenditure according to related national policies, and other expenditure, including medical fees for work injury, injury and disability subsidies, death subsidies, nursing fees, funeral subsidies, injury prevention fees, occupational rehabilitation fees and other expenditure.

5. Balance of the work injury insurance programme refers to the balance of the work injury funds at the end of the reference period.

Maternity Insurance

1. Number of people covered refers to people who have participated in the maternity insurance programme according to relevant regulation at the end of the reporting period.

2. Revenue of maternity insurance refers to payments made by employers participating in the maternity insurance programme in accordance with the basis and proportion stipulated in State regulations, and income from other sources that become source of maternity insurance fund, including income of funds paid by employers, interest income and other income.

3. Expenditure of the maternity insurance programme refers to payments made from maternity insurance funds to staff and workers who participate in the maternity insurance programme within the scope and standards of expenditure in accordance with related national policies, expenses paid for pregnancy, child delivery or surgeries related to family planning, and other expenditure, including allowance for child bearing, medical fees and other expenditure.

4. Balance of the maternity programme refers to the balance of the maternity insurance funds at the end of reference period.